MICHAEL GRÜTTNER

TALAR UND HAKENKREUZ

MICHAEL GRÜTTNER

TALAR UND HAKENKREUZ

Die Universitäten im Dritten Reich

C.H.Beck

Gefördert durch die DFG und die Gerda Henkel Stiftung
Gedruckt mit Unterstützung der Gerda Henkel Stiftung, Düsseldorf

www.chbeck.de
Umschlaggestaltung: Rothfos & Gabler, Hamburg
Umschlagabbildung: Einzug der deutschen Rektoren beim Jubiläum
der Georg-August-Universität Göttingen im Juni 1937.
Foto: Staatsarchiv Hamburg, (Bestand) 622-1/151 Schramm,
Signatur L 232, Fotos aus dem Bereich seiner
akademischen Lehrtätigkeit (1932–1965)
Satz: C.H.Beck.Media.Solutions, Nördlingen
Druck und Bindung: Pustet, Regensburg
Gedruckt auf säurefreiem und alterungsbeständigem Papier
Printed in Germany
ISBN 978 3 406 81342 9

myclimate

verantwortungsbewusst produziert
www.chbeck.de/nachhaltig

Inhalt

Einleitung

Die Universitäten blicken auf eine fast tausendjährige Vergangenheit zurück und gehören damit zu den langlebigsten Institutionen der europäischen Geschichte. Ihre Bedeutung hat im Laufe der Zeit immer mehr zugenommen. Nie zuvor war die Zahl der Universitäten, der Lehrenden und der Studierenden so groß wie in der Gegenwart. Die im 19. und 20. Jahrhundert entstehenden Forschungsuniversitäten verstanden sich als Orte der Aufklärung oder definierten sich sogar als «Hüterinnen von Wahrheit und Gerechtigkeit», wie es 1919 in einer öffentlichen Erklärung der deutschen Universitäten hieß.[1] Die vorliegende Untersuchung stellt die Frage, wie sich Einrichtungen, die mit einem so ambitionierten Selbstbild ausgestattet waren, in der Zeit der nationalsozialistischen Diktatur verhalten haben.

In den fast 80 Jahren, die seit dem Ende des Zweiten Weltkriegs vergangen sind, hatten es die Universitäten im Allgemeinen und die Historiker im Besonderen nicht eilig, sich mit dieser Frage näher auseinanderzusetzen. Das änderte sich in den 1990er Jahren, als erstmals zahlreiche Studien zur Geschichte verschiedener Hochschulen, Fakultäten und Institute oder auch einzelner Disziplinen und Hochschullehrer im Nationalsozialismus publiziert wurden. Eine Gesamtdarstellung der Universitätsgeschichte im Nationalsozialismus fehlte jedoch bislang.

Mehrere Anläufe sind in der Vergangenheit gescheitert. Einen besonders ehrgeizigen Versuch startete der Historiker Helmut Heiber, ein langjähriger Mitarbeiter des Münchener Instituts für Zeitgeschichte, der in den 1990er Jahren eine fünfteilige Geschichte der *Universität unterm Hakenkreuz* ankündigte. Das Mammutprojekt wurde indes schon nach Publikation der Teile I und II eingestellt.[2] Die drei veröffentlichten Bände mit einem Gesamtumfang von über 2000 Seiten zeichnen sich durch eine beeindruckende Kenntnis der Quellen aus, aber auch durch die erkennbare Freude des Verfassers, das gefundene Material weitgehend ungefiltert, gern in anekdotischer Form, zu präsentieren, und durch den Unwillen, die Darstellung durch Fragestellungen, Thesen oder Typologien zu strukturieren. Heibers Werk ist daher ein monumentales Fragment geblieben, das aufgrund seiner Materialfülle für die weitere Forschung dennoch unverzichtbar ist.

Die Fragestellungen, Schwerpunkte und Narrative der Forschung haben sich in den vergangenen Jahrzehnten deutlich verändert. In der älteren Literatur wurden die Universitäten zumeist als ein mehr oder weniger passives Objekt oder sogar als Opfer des NS-Regimes wahrgenommen. Es dominierte die Einschätzung, dass letztlich nur wenige «wirkliche» Nationalsozialisten in den Lehrkörper der Universitäten gelangt seien. Die Mehrheit der Wissenschaftler habe ihre traditionelle Arbeit fortgesetzt, als sei nichts geschehen. Die Frage nach der Anpassung der Wissenschaft an das NS-Regime beschränkte sich in der Regel auf die ideologische Anpassung. Vorherrschend war ferner die Deutung des Nationalsozialismus als eine wissenschaftsfeindliche Ideologie. Das neue medizinische Paradigma der Eugenik und die verbrecherischen Humanexperimente, die während des Krieges an KZ-Häftlingen oder Kriegsgefangenen stattfanden, wurden als «Pseudowissenschaft» deklariert und damit aus der Wissenschaftsgeschichte ausgegliedert.

Das war nicht alles falsch. Keine andere staatliche Institution wurde nach der nationalsozialistischen Machtübernahme so stark durch politisch motivierte «Säuberungen» dezimiert wie die Universitäten. Zudem erfuhren die Hochschulen nach 1933 einen erheblichen Verlust an Autonomie. Gleichwohl sind die Universitäten keineswegs nur Objekte nationalsozialistischer Herrschaft gewesen. Die Gleichschaltung der Hochschulen wurde 1933/34 nicht allein von außen vorangetrieben, sondern auch von innen. Und es waren nicht nur die Studierenden, die sich daran beteiligten, sondern auch Teile des Lehrkörpers. Die zahlreichen Parteieintritte von Hochschullehrern schon im Frühjahr 1933 sprechen eine deutliche Sprache. In allen wissenschaftlichen Disziplinen exponierten sich Hochschullehrer 1933/34 als aktivistische Vordenker einer neuen, nationalsozialistischen Wissenschaft.

Selbstverständlich ist auch die Frage, wie weit die NS-Ideologie Eingang in die universitäre Wissenschaft gefunden hat, sinnvoll, ja sogar notwendig. Allerdings war die ideologische Anpassung keineswegs so selten, wie lange Zeit behauptet wurde, und sie war nicht der einzige Weg, um als Wissenschaftler dem Regime zuzuarbeiten. Auch eine Forschung, die sich weiterhin traditionellen fachlichen Standards verpflichtet fühlte, konnte für die neuen Machthaber von großem Nutzen sein, wenn sie mit politischen Zielen des Nationalsozialismus wie Aufrüstung oder Autarkie im Einklang stand.

Gegen die behauptete Wissenschaftsfeindlichkeit des Nazi-Regimes spricht die simple Tatsache, dass die staatlichen Aufwendungen für die Wissenschaft seit 1933 nicht reduziert, sondern aufgestockt wurden. Der Nationalsozialismus stand der wissenschaftlichen Forschung nicht grundsätzlich feindselig gegenüber, wollte aber eine Wissenschaft, die seinen politischen Zielen diente. Es gibt auch keine vernünftigen Gründe, die Institutionalisierung der Eugenik oder tödlich verlaufende Humanexperimente pauschal als pseudowissenschaftlich abzutun. Die Eugenik war 1933 bereits eine international etablierte Strömung, und bei den medizinischen Versuchen mit unfreiwilligen Versuchspersonen handelte es sich um Forschungen, deren Problematik nicht in ihrer Unwissenschaftlichkeit lag, sondern in der brutalen Missachtung ethischer Regeln und Grenzen, die 1931 vom deutschen Staat klar definiert worden waren.

In der jüngeren Forschung erfreut sich der Begriff «Selbstmobilisierung» großer Popularität – ein Begriff, der auch in dieser Arbeit benutzt wird, weil er die Bereitschaft von Wissenschaftlern kennzeichnet, die eigene Forschung auf die politischen Bestrebungen des Regimes auszurichten. Ursprünglich bezog sich dieser Terminus auf die Bemühungen von Hochschullehrern in der zweiten Kriegshälfte, die Natur- und Technikwissenschaften stärker für die Rüstungsforschung einzusetzen.[3] In den vergangenen Jahren ist daraus in manchen Arbeiten ein Schlüsselbegriff geworden, der die Handlungsweise von Hochschullehrern und Wissenschaftlern während des Dritten Reiches generell charakterisieren soll. Diese Ausweitung ist jedoch nicht unproblematisch, weil sie den Eindruck erweckt, dass das Verhalten von Wissenschaftlern im Nationalsozialismus durchweg auf Eigeninitiative und Freiwilligkeit basierte. Eine solche Sichtweise läuft leicht darauf hinaus, den diktatorischen Charakter des Regimes und die massiven Anpassungszwänge, denen insbesondere der wissenschaftliche Nachwuchs ausgesetzt war, herunterzuspielen.[4]

Die vorliegende Studie ist die erste Gesamtdarstellung der deutschen Universitätsgeschichte im Nationalsozialismus. Sie basiert gleichermaßen auf langwieriger Arbeit in den Archiven wie auf der Auswertung der wissenschaftlichen Literatur. Forschungsgegenstand sind die 23 Universitäten, die am Ende der Weimarer Republik in Deutschland existierten, ferner die vier Universitäten, die 1938/39 im Zuge der nationalsozialistischen Expansionspolitik Teil des deutschen Universitätssystems wurden (Wien, Innsbruck, Graz, Prag), und schließlich zwei kurzlebige Neugründungen, die Reichsuniversitäten Posen und Straßburg. Die Technischen Hochschulen, die damals noch keinen Universitätsstatus hatten, bleiben unberücksichtigt, ebenso die Handelshochschulen, Kunsthochschulen, Musikhochschulen, Landwirtschaftlichen Hochschulen und Bergakademien. Nur am Rande wird das Schicksal der nichtdeutschen Universitäten in den von Deutschland besetzten Ländern behandelt, die zum Teil unter veränderten Bedingungen weiterarbeiten konnten, zum Teil geschlossen wurden, mitunter aber im Untergrund aktiv geblieben sind.

Die Struktur des Buches basiert auf folgenden Überlegungen: Universitätsgeschichte lässt sich in drei Bereiche aufgliedern, den institutionellen, den personellen und den fachwissenschaftlichen.[5] Die institutionelle Ebene zerfällt wiederum in zwei Teilbereiche, zum einen die verschiedenen Institutionen, die innerhalb und außerhalb der Universitäten als hochschulpolitische Akteure hervortraten, zum anderen die Universität selbst als eine hierarchisch gegliederte, der Lehre und Forschung gewidmete Einrichtung. Die personelle Ebene umfasst sowohl die Lehrenden als auch die Studierenden. Da über die Studierenden in der Zeit des Dritten Reiches bereits seit längerer Zeit eine umfangreiche Studie vorliegt,[6] kann die folgende Darstellung sich auf das wissenschaftliche Personal, insbesondere auf den Lehrkörper konzentrieren. Auf der fachwissenschaftlichen Ebene gilt es, zwischen den

Fakultäten und Fächern zu differenzieren, die sich während der NS-Diktatur sehr unterschiedlich entwickelten. In einer Studie über die Universitäten im Dritten Reich ist es außerdem unabdingbar, die Ausgangslage, also den Zustand der Universitäten am Ende der Weimarer Republik, sowie die Phase der «Machtergreifung» 1933/34 und die Nachgeschichte bis in die 1950er Jahre hinein genauer zu betrachten. Daraus ergab sich eine Gliederung des Buches in sechs Hauptkapitel:

Das erste Kapitel liefert einen Überblick über die deutsche Universitätslandschaft in der Endphase der Weimarer Republik. Die deutschen Universitäten waren ausnahmslos staatliche Institutionen, die aber ein relativ hohes Maß an Autonomie genossen. Politisch waren sie geprägt durch den Ausgang des Ersten Weltkriegs und die vehemente Ablehnung des Versailler Vertrages, hochschulpolitisch durch die Herrschaft der Ordinarien, an der sich trotz einiger Reformen in den Anfängen der Weimarer Republik nur wenig geändert hatte. Besondere Aufmerksamkeit gilt den jüdischen Hochschullehrern, die an einigen Universitäten eine bedeutende Rolle spielten, an anderen dagegen im Lehrkörper überhaupt nicht vertreten waren. Die vorliegende Untersuchung liefert dazu erstmals genaue Zahlen für sämtliche deutschen Universitäten. Schließlich wird die multiple Krise der Hochschulen am Ende der Weimarer Republik analysiert.

Das zweite Kapitel thematisiert die Phase der nationalsozialistischen Machtübernahme. Die Gleichschaltung der Universitäten wird hier als ein doppelter Prozess begriffen, zum einen als eine «Machtergreifung» von oben, die hauptsächlich von der Ministerialbürokratie ausging, zum anderen als «Machtergreifung» von unten, die von Universitätsangehörigen getragen wurde. Es wird gefragt, warum die Integration der Hochschulen in das NS-Regime sich ohne größere Konflikte und weitgehend geräuschlos vollziehen konnte. Ein wichtiger Teilaspekt ist die nationalsozialistische «Säuberung» der Universitäten, die den Lehrkörper erheblich dezimierte: Wer waren die Opfer dieser Politik und was wurde aus ihnen? Wie reagierte die Mehrheit der nicht betroffenen Hochschullehrer auf diese Maßnahmen?

Das dritte Kapitel untersucht die nationalsozialistische Hochschulpolitik und identifiziert zunächst die Ziele dieser Politik. Danach werden die wichtigsten hochschulpolitischen Akteure vorgestellt, das Reichserziehungsministerium, der NS-Lehrerbund, die Hochschulkommission der NSDAP, der Stab Heß bzw. die Parteikanzlei, der NS-Dozentenbund, das Amt Rosenberg und diverse Dienststellen der SS. Es war typisch für die im Hochschulbereich besonders stark ausgeprägten polykratischen Strukturen, dass viele dieser Akteure zumindest zeitweise versuchten, eine dominante Rolle in der Hochschulpolitik einzunehmen, und sich dabei untereinander in heftige Konflikte verstrickten, die gern mit Hilfe von Denunziationen und Intrigen ausgetragen wurden.

Im Mittelpunkt des vierten Kapitels steht die Frage, welche strukturellen Veränderungen an den deutschen Hochschulen zwischen 1933 und 1945 stattfanden. Zu diesen Veränderungen gehörten die Abschaffung universitärer Wahlen, die Einführung des «Führerprinzips» und die neue Macht nationalsozialistischer Parteifunktionäre, die schon bald in allen Universitätsgremien vertreten waren und bei Personalentscheidungen die «politische Zuverlässigkeit» der Kandidaten zu überprüfen hatten. Besonderes Augenmerk gilt dem Berufungsverfahren, denn hier zeigte sich ein hochschulpolitisches Grundproblem jeder Diktatur, die Frage nach einer angemessenen Gewichtung fachlicher und politischer Gesichtspunkte bei Personalentscheidungen.

Im Zentrum des fünften Kapitels steht die Frage, wie die deutschen Hochschullehrer zum Nationalsozialismus standen. Einen weiteren Schwerpunkt der Darstellung bilden die Anpassungszwänge, denen vor allem der wissenschaftliche Nachwuchs ausgesetzt war. Ausführlich geschildert wird der Aufstieg und Fall jener Wissenschaftler, die – wie Carl Schmitt oder Martin Heidegger – versuchten, sich als Vordenker des Nationalsozialismus in Stellung zu bringen. Ein weiteres Thema ist die sich wandelnde Einstellung des Regimes gegenüber Hochschullehrerinnen. Ferner werden Gründe benannt für die abnehmende Attraktivität des Hochschullehrerberufs, die in zahlreichen Fächern zu Nachwuchsmangel führte. Schließlich geht es in diesem und im folgenden Kapitel darum, das Spektrum an Verhaltensmöglichkeiten zwischen nationalsozialistischem Aktivismus und Widerstand gegen das Regime auszuloten.

Thema des sechsten Kapitels ist die Frage, inwieweit die Wissenschaft im Dienst des Nationalsozialismus gestanden hat. Nach einigen grundsätzlichen Überlegungen zum Verhältnis von Wissenschaft und Nationalsozialismus wird erörtert, welche universitären Disziplinen vom NS-Regime besonders gefördert wurden. Weiter werden die Veränderungen skizziert, die sich seit 1933 in den Fakultäten vollzogen. Da es im Rahmen dieser Arbeit nicht möglich ist, die Entwicklung sämtlicher Disziplinen zu untersuchen, konzentriert sich die Darstellung auf die wichtigsten Fakultäten und ihre Kernfächer. Dabei werden sehr unterschiedliche Entwicklungen in den einzelnen Fakultäten erkennbar. Allgemeine Aussagen über «die» Wissenschaft im Dritten Reich lassen sich daher nur schwer treffen. Die Einschränkung der Wissenschaftsfreiheit durch den Nationalsozialismus gerät in diesem Kapitel ebenso in den Blick wie die Tatsache, dass manchen Wissenschaftlern durch die während des Krieges stattfindende moralische Entgrenzung der Forschung sogar größere Spielräume gewährt wurden als zuvor.

Der Schlussteil fasst die wichtigsten Ergebnisse der Arbeit zusammen und behandelt darüber hinaus die kontroverse Frage, wie (in)effizient die nationalsozialistische Hochschulpolitik gegenüber den Universitäten letztlich gewesen ist. Ein Epilog analysiert die Nachgeschichte des Nationalsozialismus seit Kriegsende und schildert den Umgang mit der nationalsozialistischen Vergangenheit der Universitäten in beiden deutschen Staaten.

Hochschule und Politik werden in dieser Studie als zwei unterschiedliche, aber durch ständige Wechselwirkung miteinander verbundene und aufeinander angewiesene Sphären gesehen.[7] Bei der Analyse dieses Verhältnisses geht es nicht nur darum, inwieweit die Politik die Wissenschaft beeinflusst hat, sondern auch umgekehrt um die Frage, welchen Einfluss die Wissenschaft auf die Politik nahm. Zweifellos griff die Politik in der nationalsozialistischen Diktatur viel stärker in das Innenleben der Universitäten ein als in einer liberalen Demokratie. Gleichwohl wurde die Entwicklung universitärer Wissenschaft selbst im Dritten Reich keineswegs nur von außen gesteuert. Tatsächlich kann angesichts der polykratischen Struktur der Hochschul- und Wissenschaftspolitik von einer systematischen Lenkung der Hochschulen im Nationalsozialismus nur bedingt gesprochen werden.

Die Quellenlage zum Thema ist uneinheitlich. Die Akten des Amtes Wissenschaft im Reichserziehungsministerium sind 1943 teilweise einem Bombenangriff zum Opfer gefallen; nach Kriegsende kam es zu weiteren Zerstörungen. Gleichwohl bilden die verbliebenen Unterlagen dieses Bestandes, die heute im Bundesarchiv Berlin lagern (Bestand R 4901), die wichtigste Grundlage dieses Buches. Ergänzend wurden außerdem Akten der Kultusministerien und der Hochschulverwaltungen von Preußen, Baden, Thüringen und Hamburg eingesehen, die sich im Geheimen Staatsarchiv Berlin-Dahlem (Bestand Rep. 76) sowie im Generallandesarchiv Karlsruhe (Bestand 235), im Hauptstaatsarchiv Weimar und im Staatsarchiv Hamburg befinden. Sehr viel schlechter ist die Quellenlage für die mit Hochschulpolitik befassten Parteistellen. Die Hochschulkommission der NSDAP hat keinen archivierten Aktenbestand hinterlassen, und die wenigen im Bundesarchiv einsehbaren Restakten der Reichsleitung des NS-Dozentenbundes (Bestand NS 55) sind ausgesprochen kümmerlich. Doch sind die Unterlagen der lokalen Dozentenbundführungen, die bei Kriegsende fast überall vernichtet wurden, zumindest in zwei Universitätsarchiven (Jena und Frankfurt) teilweise erhalten geblieben und für diese Arbeit ausgewertet worden. Auch die Akten der Dienststelle des Parteiideologen Alfred Rosenberg konnten, soweit sie den Krieg überstanden haben, im Bundesarchiv Berlin (Bestände NS 8 und NS 15) eingesehen werden. Gleiches gilt für das Archiv der Reichsstudentenführung, das lange Zeit im Staatsarchiv Würzburg aufbewahrt wurde und sich heute ebenfalls im Bundesarchiv Berlin (Bestand NS 38) befindet. Exemplarisch wurden außerdem die für das Thema relevanten Unterlagen der Universitätsarchive in Berlin, Hamburg und Jena durchgesehen. Die meisten Professorenmemoiren, in denen die NS-Zeit thematisiert wird, sind als Quellen auffallend dürftig. Andere verfügbare Ego-Dokumente, etwa Briefeditionen oder Tagebücher, die in den letzten Jahren publiziert worden sind, ermöglichen dagegen einen aufschlussreichen Einblick in das Innenleben der Universitäten und ergänzen die Lektüre der Archivalien sinnvoll.

Bei der Bezeichnung von Gruppen wird dort, wo sich noch keine geschlechtsneutrale Formulierung (Studierende) durchgesetzt hat, meist das generische Maskulinum verwendet. Wenn im Folgenden also von Hochschullehrern und Professoren die Rede ist, sind stets nicht nur Männer, sondern sämtliche Angehörige des Lehrkörpers gemeint. Stattdessen stets von «Hochschullehrerinnen und Hochschullehrern» zu sprechen, würde – bei einem Frauenanteil von etwa 1 Prozent im Lehrkörper der deutschen Universitäten – ein falsches Bild der historischen Realität vermitteln.

Die langwierige Arbeit in den Archiven geriet an einem trüben Novembertag unversehens zu einem Abstecher in die eigene Familiengeschichte. In einer Akte des Bundesarchivs[8] stieß ich auf ein Schriftstück aus dem Jahre 1944, das eine Denunziation meiner Mutter enthielt, die damals als zwanzigjährige Medizinstudentin an der Universität Hamburg immatrikuliert war. Die Denunziantin, eine Kommilitonin meiner Mutter, berichtete über ihre «negative politische Einstellung» und ihre «krasse Ablehnung» des Regimes, vor allem aber über ihr Bedauern, nachdem das Attentat auf Hitler am 20. Juli 1944 missglückt war, «denn Hitler führe uns nur zum Untergang». Diese Vorwürfe, die im Kern zutreffend waren, hätten in der damaligen Zeit durchaus den Kopf kosten können. Meine Mutter hatte jedoch Glück im Unglück: Zwar kam sie aufgrund der Denunziation sofort in Haft. Aber der zuständige Staatsanwalt hatte die Zeichen der Zeit erkannt und sorgte dafür, dass sie nach einigen Monaten Untersuchungshaft aufgrund ihrer sich verschlechternden Gesundheit Haftverschonung erhielt. Ihr und allen anderen Angehörigen deutscher und europäischer Universitäten, die unter der Herrschaft des Nationalsozialismus gelitten haben, ist dieses Buch gewidmet.

1. Die Universitäten vor der nationalsozialistischen Machtübernahme

Die Hochschulen in der Weimarer Republik

Hochschulpolitik war in der Weimarer Republik wie schon im Kaiserreich Ländersache. Die Hochschulen unterstanden nicht der Aufsicht einer Reichsbehörde, sondern den Kultusministerien der einzelnen Länder. Die regelmäßig stattfindenden Hochschulkonferenzen der Länder und des Reiches sorgten jedoch für eine gewisse Koordination der hochschulpolitischen Aktivitäten.[1] Da die meisten deutschen Universitäten – 12 von 23 – auf preußischem Boden standen,[2] wirkte zudem die Hochschulpolitik des preußischen Kultusministeriums in der Regel für die anderen Länder richtungweisend. Bayern verfügte über drei Universitäten (München, Würzburg, Erlangen), Baden über zwei (Heidelberg, Freiburg). Jeweils eine Universität hatten die Länder Sachsen (Leipzig), Württemberg (Tübingen), Thüringen (Jena), Hessen (Gießen), Mecklenburg-Schwerin (Rostock) und Hamburg.

Das hierarchische Gefälle zwischen den einzelnen Universitäten war in Deutschland weniger markant ausgeprägt als in den USA.[3] Gleichwohl gab es drei Universitäten, die sich in Bezug auf ihr Prestige und ihre Größe deutlich von den anderen abhoben: Berlin, München und Leipzig.[4] Diese drei Universitäten beriefen im Allgemeinen keine wissenschaftlichen Newcomer auf ihre Lehrstühle, sondern Professoren, die sich an anderen Hochschulen bereits wissenschaftlich bewährt und als Ordinarien etabliert hatten. Wer auf einen ordentlichen Lehrstuhl in Berlin, München oder Leipzig berufen worden war, wechselte in der Regel nicht mehr an eine andere Universität, sondern lehrte und forschte dort bis zur Emeritierung. Von den Zeitgenossen und von der Forschung sind diese drei Universitäten daher als

«Schlussuniversitäten» oder als «Endstationsuniversitäten» bezeichnet worden.[5]

Die deutschen Universitäten waren staatliche Institutionen. Wichtige Entscheidungen, etwa über die Einrichtung neuer Lehrstühle oder Berufungen, konnten nicht ohne die Genehmigung der Kultusministerien gefällt werden. Dennoch verfügten die Hochschulen während der Weimarer Republik über ein relativ hohes Maß an Autonomie. Bei Berufungen gingen die Fakultäten davon aus, dass ihre Vorschläge vom zuständigen Ministerium akzeptiert werden würden, und in der Regel geschah dies auch.[6] Nur selten versuchte ein Kultusminister, gegen den erklärten Willen der Fakultäten eine konfrontative Personalpolitik zu betreiben. Das bekannteste Beispiel war der Sozialist Max Greil, der von 1921 bis 1924 das Volksbildungsministerium in Thüringen leitete und in dieser Zeit an der Universität Jena eine Reihe von politisch motivierten Berufungen durchsetzte.[7]

Die an den deutschen Universitäten tätigen Hochschullehrer (Professoren und Privatdozenten) bildeten um 1932 eine relativ kleine Gruppe von insgesamt rund 5400 Personen. Einschließlich der Lektoren, Lehrbeauftragten und sonstigen Lehrkräfte bestand der Lehrkörper sämtlicher Universitäten im Wintersemester 1932/33 aus 6140 Wissenschaftlern, darunter 74 Frauen.[8]

Als wichtigste Voraussetzung für den Beruf des Hochschullehrers hatte sich seit dem Kaiserreich die Habilitation durchgesetzt, eine Hochschulprüfung, mit der die Lehrbefugnis *(venia legendi)* für ein bestimmtes Fach verliehen wurde. Voraussetzung war in der Regel die Erstellung einer zweiten größeren wissenschaftlichen Arbeit (nach der Dissertation).[9] Die Habilitation erfolgte im Schnitt sieben Jahre nach der Promotion. Das Durchschnittsalter zum Zeitpunkt der Habilitation, das 1880 noch bei 29 Jahren gelegen hatte, stieg während der Weimarer Republik auf 33 Jahre. Die Verleihung der Lehrbefugnis war an den meisten Universitäten ausschließlich Angelegenheit der Fakultäten. In einigen Ländern (Bayern, Thüringen, Württemberg, Mecklenburg-Schwerin) lag die ultimative Entscheidung über die Habilitation beim zuständigen Ministerium.[10]

Während die Rangunterschiede zwischen den einzelnen Hochschulen in Deutschland eine geringere Rolle spielten als in den USA oder Großbritannien, war die Hierarchie innerhalb des Lehrkörpers, insbesondere die Differenz zwischen Ordinarien und Nichtordinarien, stärker ausgeprägt.[11] Die Hochschullehrerschaft teilte sich während der 1920er Jahre in sechs verschiedene Statusgruppen: ordentliche Professoren, persönliche Ordinarien, beamtete und nichtbeamtete außerordentliche Professoren, Privatdozenten und Honorarprofessoren.

Im Zentrum des Lehrkörpers standen die *ordentlichen Professoren (Ordinarien)*. Sie beherrschten die wichtigsten Universitätsgremien, und aus ihren Reihen rekrutierte sich das Führungspersonal der Hochschulen, der Rektor und die Dekane. Carl Heinrich Becker, der einflussreichste Bildungspolitiker der Weimarer Republik, hat die Machtposition der Ordinarien 1919 aus guten Gründen als «nahezu absolutistisch» bezeichnet.[12] Ordinarien waren Beamte, sie verfügten aber bei der Ausübung ihres Berufes – ähnlich wie Richter – über ein hohes Maß an Unabhängigkeit. Gegenüber anderen Beamtenkategorien genossen sie einige wichtige Privilegien: Sie hatten keine Vorgesetzten, konnten nicht gegen ihren Willen versetzt werden, und sie wurden nicht pensioniert, sondern emeritiert. Als Emeriti bezogen sie weiterhin ihr volles Grundgehalt und besaßen das Recht, ihre Lehrtätigkeit unvermindert fortzuführen.

Neben den Ordinarien existierte noch eine kleinere Gruppe von planmäßigen Hochschullehrern, die *beamteten außerordentlichen Professoren (Extraordinarien)*. Wie die ordentlichen Professoren hatten sie eine Lebenszeitstellung mit festem Einkommen. Ihr Verdienst und ihr hochschulpolitischer Einfluss waren jedoch geringer als der der Ordinarien. Zwischen Ordinarien und Extraordinarien stand der *persönliche Ordinarius*, der alle Rechte eines ordentlichen Professors besaß, aber nur das Gehalt eines Extraordinarius bezog.

Die übrigen Hochschullehrergruppen – Privatdozenten, nichtbeamtete Professoren und Honorarprofessoren – sind oft als «inoffizieller Lehrkörper» bezeichnet worden. Sie waren vielfach nur lose mit der Hochschule assoziiert und bezogen aus ihrer Lehrtätigkeit in der Regel kein festes Einkommen. Bei den *Privatdozenten* handelte es sich zumeist um jüngere Hochschullehrer, die mit der Habilitation ihre Befähigung zur Professur unter Beweis gestellt hatten. Privatdozenten hatten das Recht und die Pflicht, regelmäßig Lehrveranstaltungen anzubieten, ohne dass damit ein festes Einkommen verbunden war. Sechs Jahre nach der Habilitation konnten sie normalerweise mit der Ernennung zum *nichtbeamteten außerordentlichen Professor* rechnen. Ihr unsicherer Status veränderte sich dadurch nicht. Privatdozenten und nichtbeamtete Professoren stellten den Kreis der Anwärter für eine ordentliche Professur. Eine sechste Gruppe bildeten die *Honorarprofessoren*. Seit den 1920er Jahren wurde dieser Titel zumeist an wissenschaftlich qualifizierte Praktiker verliehen, deren Hauptberuf außerhalb der Hochschule lag.[13]

Nicht zu den Hochschullehrern zählte das übrige wissenschaftliche Personal: Lektoren, Lehrbeauftragte und nichthabilitierte Assistenten. *Lektoren* waren in der Regel als Sprachlehrer tätig. Viele von ihnen waren demzufolge Ausländer oder hatten einen Migrationshintergrund. *Lehrbeauftragte* beschäftigten sich in ihren Lehrveranstaltungen meist mit Spezialthemen, die vom regulären Lehrkörper nicht ausreichend abgedeckt wurden. Oft handelte es sich bei ihnen, ähnlich wie bei den Honorarprofessoren, um wissenschaftlich qualifizierte Praktiker aus Wirtschaft, Verwaltung und Politik.

Assistenten wurden in den Jahren der Weimarer Republik hauptsächlich in den medizinischen und naturwissenschaftlichen Fächern beschäftigt. Seit dem Beginn des 20. Jahrhunderts dienten Assistentenstellen zunehmend der Ausbildung des Nachwuchses, der über Promotion und Habilitation eine wissenschaftliche Karriere anstrebte.[14] Während der Weimarer Republik wurden Assistentenstellen oft mit bereits habilitierten Wissenschaftlern besetzt, die dadurch die lange – und vielfach vergebliche – Wartezeit auf einen Lehrstuhl finanziell leichter durchstehen konnten. Anders als in der Gegenwart boten nichthabilitierte Assistenten keine eigenen Lehrveranstaltungen an. Assistenten hatten befristete Zeitverträge. Kontinuierliche Vertragsverlängerungen, die sich manchmal über ein oder zwei Jahrzehnte erstreckten, waren aber keineswegs ungewöhnlich.[15]

Kennzeichnend für die Lage der meisten Assistenten war ihr stark personalisiertes Abhängigkeitsverhältnis zu einem Ordinarius, das manchmal weit in das Privatleben hineinreichte. Vor allem an den Medizinischen Fakultäten wurde von den Assistenten verlangt, die ihnen zur Verfügung stehende Zeit nahezu vollständig der Klinik zu widmen. Eine Verlobung oder gar eine Heirat galt als «legitimer Kündigungsgrund». Wer sich dennoch verlobte, tat dies heimlich, um seine Stellung nicht zu gefährden.[16] Der Philosoph Karl Löwith beschrieb die «typische Assistentenfigur an deutschen Universitätsseminaren» rückblickend als «beflissen und streberhaft, subaltern und kleinbürgerlich».[17]

Auch in materieller Hinsicht waren die Unterschiede zwischen den verschiedenen Statusgruppen des Universitätsbetriebes beträchtlich. An der Berliner Universität, deren Professoren ein vergleichsweise hohes Einkommen hatten, lag der durchschnittliche Jahresverdienst eines Ordinarius 1927 bei 25 500 Reichsmark (RM). Dagegen verdiente ein planmäßiger Extraordinarius im Schnitt nur 16 500 RM pro Jahr. Planmäßige Assistenten der Berliner Universität hatten 1928 im Schnitt einen Jahresverdienst von 6500 RM. Das entsprach etwa einem Viertel des durchschnittlichen Jahresverdienstes eines Ordinarius. Zum Vergleich: Die Arbeiterinnen und Arbeiter, die im Dienst der Friedrich-Wilhelms-Universität standen, verdienten im Schnitt 2366 RM. Von einer großbürgerlichen Existenzweise wurde dagegen (nach einer zeitgenössischen Definition von Werner Sombart) bei einem Jahreseinkommen von mehr als 30 000 RM gesprochen.[18]

Wie hoch der individuelle Verdienst der einzelnen Professoren tatsächlich war, hing ganz wesentlich von der Höhe der Kolleggelder (Vorlesungshonorare) ab. Diese wiederum stiegen und fielen mit der Anzahl der Studierenden, welche die Lehrveranstaltungen besuchten und dafür bezahlen mussten. Wer ein Orchideenfach vertrat, das wenige Hörer anzog, bekam daher nur minimale Kolleggelder. Auf der anderen Seite erhielten manche Vertreter großer Fächer, in deren Vorlesungen Hunderte von Studierenden strömten, Kolleggelder, die noch über dem Grundgehalt lagen. Diese Differenz konnte jedoch durch Kolleggeldgarantien, das heißt durch staatlich garantierte Mindesteinnahmen an Kolleggeldern, verringert werden.[19] Unter den 88 ordentlichen Professoren der Berliner Universität befanden sich 1927 neun Großverdiener, meist Juristen oder Mediziner, deren Jahresverdienst über 40000 RM lag. Ihnen standen 17 weitere Ordinarien gegenüber, deren jährliche Gesamtbezüge wegen geringer Vorlesungshonorare weniger als 18 000 RM betrugen.[20]

Überwiegend rekrutierten die Hochschullehrer sich in der Weimarer Republik aus dem Bürgertum. Anfang der 1930er Jahre ging fast die Hälfte von ihnen aus dem Bildungsbürgertum hervor, mit Vätern, die Professoren, Gymnasiallehrer, höhere Beamte, Juristen, Lehrer oder Pfarrer waren. Etwa 8 bis 9 Prozent stammten aus dem Besitzbürgertum. Rund ein Drittel kam aus Familien, die den alten und neuen Mittelschichten zugerechnet werden können. Kinder aus den Unterschichten waren im Lehrkörper der deutschen Hochschulen während der Weimarer Republik fast überhaupt nicht vertreten. Lediglich 1 Prozent der Hochschullehrer wuchs in einer Arbeiterfamilie auf. Allerdings gab es deutliche Unterschiede zwischen den verschiedenen Fakultäten. Während im Lehrkörper der Rechtswissenschaftlichen Fakultäten ein hohes Maß an sozialer Exklusivität herrschte, waren soziale Aufsteiger in den Katholisch-Theologischen Fakultäten häufiger vertreten.[21]

Obwohl Frauen seit 1919 über die Möglichkeit verfügten, sich zu habilitieren, blieb die Zahl der Hochschullehrerinnen gering. Die verfassungsrechtliche Gleichstellung der Frauen in der Weimarer Republik bedeutete noch nicht das Ende ihrer Diskriminierung an den Universitäten. Vielfach wurden an Frauen offenkundig andere Maßstäbe angelegt als an Männer. So lehnte die Philosophische Fakultät München 1932 die Zulassung einer Philosophin zur Habilitation mit der Begründung ab, «dass für weibliche Bewerber besonders scharfe Bedingungen gestellt sind, vor allem, um sie von dem Beginn einer aussichtslosen Laufbahn fern zu halten». Man wolle, so hieß es weiter, «um der Frauen willen diese nicht in die Konkurrenz hineinziehen».[22]

Am Ende der Weimarer Republik stellten Frauen gerade 1,2 Prozent des Lehrpersonals der deutschen Universitäten. An vier Universitäten (Erlangen, Königsberg, Münster, Tübingen) bestand die Dozentenschaft noch im Wintersemester 1932/33 ausschließlich aus Männern. Überdurchschnittlich viele Dozentinnen lehrten dagegen in Berlin,

Heidelberg, Jena, Gießen und vor allem in Hamburg.[23] Weder in der Weimarer Republik noch im Dritten Reich konnten habilitierte Wissenschaftlerinnen ernsthaft darauf hoffen, jemals die Spitze der Hochschullehrerhierarchie, ein Ordinariat, zu erreichen. Bis 1945 erhielt nur eine einzige Frau – die Pädagogin Mathilde Vaerting in Jena – einen ordentlichen Lehrstuhl an einer deutschen Universität. Ihre Berufung erfolgte gegen den erbitterten Widerstand der Universität.[24]

Für diese erste Generation von Hochschullehrerinnen lief die Berufswahl im Regelfall auf eine zölibatäre Lebensweise hinaus. 1925 hatten 9 von 45 Hochschullehrerinnen einen Ehepartner.[25] Ganz ungewöhnlich war zur damaligen Zeit noch ein Forscherpaar wie die Historiker Otto Hintze und Hedwig Guggenheimer, zumal die spätere Hedwig Hintze auch nach der Heirat ihre wissenschaftliche Karriere fortsetzte (sie habilitierte sich 1928 in Berlin) und sich nicht auf eine diskrete Hintergrundexistenz als Ehefrau und wissenschaftliche Hilfskraft ihres Mannes beschränkte.[26] Innerhalb der Historikerzunft sorgte dieses Verhalten für erheblichen Unmut.[27]

Exakte Angaben zur Religionszugehörigkeit der Universitätslehrerschaft liegen nur für die preußischen Universitäten vor (Tabelle 1). Sie zeigen vor allem die Dominanz eines protestantisch geprägten Bildungsbürgertums innerhalb der akademischen Elite.[28] Bei einem Bevölkerungsanteil von 64,1 Prozent stellten Protestanten nahezu drei Viertel des Lehrkörpers an preußischen Universitäten. Überrepräsentiert waren auch jüdische Wissenschaftler, die 8,8 Prozent des Lehrkörpers stellten (bei einem Bevölkerungsanteil von 0,9 Prozent). Katholiken blieben demgegenüber deutlich unterrepräsentiert. Obwohl fast ein Drittel der deutschen Bevölkerung katholisch war, gehörten nur 16,7 Prozent der preußischen Hochschullehrer der katholischen Kirche an. Selbst in Zentren des deutschen Katholizismus wie Köln, Bonn oder Münster bestand der Lehrkörper der Universitäten mehrheitlich aus Protestanten.[29] Diese Konstellation war wohl nicht das Ergebnis einer Diskriminierung katholischer Wissenschaftler, sondern primär Ausdruck der Bildungsferne großer Teile des deutschen Katholizismus. Manches spricht sogar dafür, dass Katholiken in Preußen zwischen 1919 und 1933 bevorzugt berufen wurden.[30]

Tabelle 1: Die Religionszugehörigkeit der Hochschullehrer an den preußischen Universitäten nach Statusgruppen, 1924[31]

Status	Evang.		Kath.		Jüdisch		Andere		Zusammen	
	abs.	in %	abs.	in %	abs.	in %	abs.	in %	abs.	in %
Planmäßige Prof.	770	78,0	168	17,0	39	4,0	10	1,0	987	100
Nichtbeamtete Prof.	350	68,1	63	12,3	97	18,9	4	0,8	514	100
Privatdozenten	379	70,1	110	20,3	43	7,9	9	1,7	541	100
Zusammen	1499	73,4	341	16,7	179	8,8	23	1,1	2042	100

Trotz der grundlegenden Veränderungen, die sich seit 1918 in der deutschen Politik vollzogen, blieb die organisatorische Struktur der Universitäten bemerkenswert konstant. Sie war geprägt von einer relativ schwachen Position der zentralen Stellen und einer weitreichenden Autonomie der einzelnen Fakultäten.[32] Sowohl der Rektor als auch der Universitätssenat hatten nur geringe Kompetenzen. Weder wurden sie regelmäßig über die Entscheidungsprozesse innerhalb der Fakultäten informiert, noch hatten sie das Recht, Beschlüsse der Fakultäten zu korrigieren. Der Universitätssenat als Leitungsgremium der Hochschule war für alle wichtigen Fragen zuständig, die außerhalb der Fakultätskompetenzen lagen. Der Rektor sorgte als Vorsitzender des Senats für die Umsetzung der Senatsbeschlüsse, verfügte außerdem über das Hausrecht und repräsentierte die Universität nach außen. Wenn in Konfliktzeiten rasche Entscheidungen zu treffen waren, konnte der Rektor durchaus an Statur gewinnen, aber im Regelfall war er schon aufgrund seiner kurzen Amtszeit – das Rektorat dauerte in der Weimarer Republik nur ein Jahr – nie mehr als ein Primus inter Pares. Da eine Wiederwahl auch erfolgreicher Rektoren nicht vorgesehen war, mussten sie – so das sarkastische Fazit des Staatswissenschaftlers Ludwig Bernhard – ihr Amt immer dann aufgeben, «wenn sie den komplizierten Mechanismus der Gesamtorganisation einigermaßen verstanden» hatten.[33] Als nebenamtlicher juristischer Berater des Rektors oder des Kurators agierten der Universitätsrat beziehungsweise der Universitätssyndikus. Sie spielten zudem eine wichtige Rolle in der studentischen Disziplinargerichtsbarkeit.

Zu den Besonderheiten der preußischen Universitäten gehörte das Amt des Kurators. Die Kuratoren waren die Vertreter des Kultusministeriums an den einzelnen Universitäten und als solche insbesondere für die Haushaltsplanung zuständig. Durch ihre Hände ging die gesamte Korrespondenz zwischen Universität und Ministerium. Vor Ort, an den Hochschulen, hatten die Kuratoren wenige Fürsprecher. Sie galten als lästiges Aufsichtsorgan des Ministeriums und als Hemmnis für eine wirkliche Selbstverwaltung der Universitäten. Auf den preußischen Rektorenkonferenzen und auf Veranstaltungen des Hochschulverbandes wurde in den Anfangsjahren der Weimarer Republik mehrfach die Abschaffung der Kuratoren gefordert.[34]

Die Fakultäten umfassten im weiteren Sinne alle Lehrkräfte und Studierenden der in der Fakultät vertretenen Fächer. Demgegenüber bildeten die engeren Fakultäten die wichtigsten Entscheidungsorgane der Universität. Sie entschieden über Promotion und Habilitation, waren für die Vollständigkeit des Lehrangebots verantwortlich und hatten das Recht, dem Ministerium Vorschläge zur Besetzung von Lehrstühlen und zur Ernennung von Honorarprofessoren oder nichtbeamteten außerordentlichen Professoren vorzulegen. Den Vorsitz führte der Dekan, der jeweils für ein Jahr gewählt wurde. Die Fakultäten funktionierten nach dem Prinzip der Ordinariendemokratie: Sämtliche Entscheidungen von Bedeutung fielen auf Sitzungen der engeren Fakultät, der alle ordentlichen Professoren angehörten. Selbst die Benotung von Dissertationen wurde per Abstimmung festgelegt, obwohl die große Mehrheit der Anwesenden nie in die zu beurteilende Arbeit hineingeschaut hatte.[35] Der Ausschluss der Nichtordinarien aus den Selbstverwaltungsgremien der meisten Universitäten führte in den Anfangsjahren der Weimarer Republik zu einer intensiven Debatte über die Reform der Hochschulen. Das Resultat dieser Diskussion waren neue Richtlinien und Statuten, die dafür sorgten, dass auch einige Vertreter der Nichtordinarien in die engeren Fakultäten einzogen. An der Vorherrschaft der Ordinarien änderte sich dadurch nichts. Die Studierenden waren in den engeren Fakultäten nicht vertreten.

Beim Blick auf die fachliche Struktur der Universitäten in der Weimarer Republik fällt vor allem die herausragende Stellung der Geisteswissenschaften auf. Unter den 1943 Hochschullehrern, die 1931 eine beamtete Professur – als Ordinarien oder Extraordinarien – hatten, vertraten 25 Prozent eine geisteswissenschaftliche Disziplin. Etwas geringer war die Zahl der Lehrstuhlinhaber in den medizinischen (23,9 Prozent) und in den naturwissenschaftlichen (20,7 Prozent) Disziplinen. Danach folgten mit deutlichem Abstand die Juristen (10,3 Prozent), die Wirtschaftswissenschaftler (4,3 Prozent), die evangelischen Theologen (6,7 Prozent) und schließlich mit 3,9 Prozent die katholischen Theologen.[36]

Das Studium war gemäß den zeitgenössischen Vorstellungen von «akademischer Freiheit» – wie schon im Kaiserreich – wenig strukturiert. In den Jahren zwischen Studienbeginn und Examen blieb es im Wesentlichen den Studierenden überlassen, welche Lehrveranstaltungen sie besuchten und wie intensiv sie studierten. Zwischenprüfungen, regelmäßige Klausuren oder andere Formen der Leistungskontrolle waren in den meisten Fächern unbekannt oder ließen sich relativ leicht umgehen. Gewiss gab es Unterschiede zwischen den verschiedenen Fächern. So war das Medizinstudium mit seinen Pflichtvorlesungen und der ärztlichen Vorprüfung nach dem fünften Semester vergleichsweise stark reglementiert. Für die meisten deutschen Studierenden eröffnete sich aber mit dem Beginn des Studiums die Aussicht auf eine Zeit großer Unabhängigkeit. Dieses System sollte die Fähigkeit fördern, ohne äußeren Zwang eigenständig zu arbeiten. Kritiker beklagten jedoch, dass viele Studierende nach der straff reglementierten Schulzeit mit den Freiheiten, die das Studium offerierte, nicht umgehen konnten und schon mit der Zusammenstellung ihres Stundenplans überfordert waren.[37] Die «akademische Lernfreiheit» konnte daher auch zu einer jahrelangen Vernachlässigung des Studiums führen, ohne dass dies auffiel und ohne dass die Studierenden deswegen Sanktionen befürchten mussten.

Professoren und Politik

Die militärische Niederlage Deutschlands im Ersten Weltkrieg und die Revolution von 1918/19 erschütterten die akademische Welt in ihren Grundfesten. Von wenigen Ausnahmen abgesehen, hatten sich alle Hochschullehrer und Studierenden mit dem Kaiserreich identifiziert. Dafür gab es nachvollziehbare Gründe. Die deutschen Hochschulen hatten im Kaiserreich den Gipfel ihrer nationalen und internationalen Reputation erreicht. Hochschullehrer genossen ein großes Sozialprestige, und die Wissenschaft wurde großzügig gefördert, wie der rasante Ausbau der Universitäten in dieser Zeit und die Gründung der Kaiser-Wilhelm-Gesellschaft im Jahr 1911 zeigen. Obwohl selbst liberale Hochschullehrer wie der Historiker Friedrich Meinecke die Revolution von 1918/19 als eine «furchtbare Katastrophe» empfanden,[38] schien die neue demokratische Republik an den Universitäten zunächst auf Akzeptanz zu stoßen. Diesen Eindruck vermittelten zumindest diverse öffentliche Bekundungen verschiedener Hochschulen, die sich auf den Boden der neuen Ordnung stellten.[39] So erklärten die Professoren und Dozenten der Berliner Universität am 17. November 1918 in einer Resolution, dass «sie sich bereitwillig der provisorischen neuen Regierung unterstellen, die endgültige Ordnung der Verhältnisse von einer auf lauteren demokratischen Grundsätzen aufgebauten Nationalversammlung erwarten und ihre ganze Arbeitskraft in den Dienst der zurückkehrenden Studenten und der neuen sich darbietenden Aufgaben der Volksbildung zu stellen bereit sind».[40]

Von den Studierenden kamen anfangs ähnliche Signale.[41] In Jena erklärte am 9. November 1918 eine von etwa 100 Personen besuchte Studentenversammlung, «ein großer Teil der Jenaer Studentenschaft» stehe «auf dem Grundsatze der Demokratisierung Deutschlands» und werde «den Geist wahrer Demokratie stützen und fördern».[42] In Leipzig verabschiedeten am 12. November etwa 700 Studierende eine Erklärung, welche die «vom Arbeiter- und Soldatenrat gewahrte, zur Erhaltung unseres Wirtschaftslebens unbedingt notwendige Ordnung» anerkannte und gleichzeitig freie Wahlen für eine allgemeine Volksvertretung forderte.[43] Auch eine studentische Vollversammlung an der Berliner Universität stellte sich am 23. November der «provisorischen Regierung zur Verfügung» und forderte die «baldigste Einberufung der Nationalversammlung». Bei den wenige Tage später stattfindenden Wahlen für den neuen Studentenausschuss der Universität Berlin setzte sich die Hochschulpartei durch, die nach eigenen Worten «auf dem Boden der neuen Zeit» stand.[44]

Die anfängliche Bereitschaft, die neue Zeit nolens volens zu akzeptieren, beruhte im Wesentlichen auf drei Ursachen: *Erstens* waren selbst hartgesottene Monarchisten von dem fast widerstandslosen Zusammenbruch der Monarchie so stark beeindruckt, dass sie nicht mit einer baldigen Rückkehr zur alten Ordnung rechneten. *Zweitens* erschienen die Einberufung der Nationalversammlung und die Etablierung einer parlamentarischen Demokratie zu diesem Zeitpunkt vielen Akademikern als einzige realistische Alternative zu einer Linksdiktatur nach bolschewistischem Muster.[45] *Drittens* schließlich bestand im Bürgertum die weitverbreitete Erwartung, eine parlamentarisch-demokratische Regierung werde in der Lage sein, bei künftigen Friedensverhandlungen mit den Alliierten bessere Ergebnisse zu erzielen.

Diese teils resignative, teils pragmatisch-taktische Einstellung gegenüber der Republik verflüchtigte sich indes schon im Laufe des Jahres 1919. Nach den Wahlen zur Nationalversammlung im Januar 1919 schrumpfte das Gespenst des Kommunismus auf eine Größe zusammen, die nicht mehr wirklich Furcht einflößte. Und die Hoffnung auf einen milden Frieden wich einem ungläubigen Entsetzen, als im Mai 1919 die Details des Versailler Vertragswerkes veröffentlicht wurden.

Der Berliner Historiker Theodor Schiemann musste nach Bekanntgabe der Versailler Friedensbedingungen, die ihm als das Ende Deutschlands erschienen, seine Vorlesung abbrechen, weil er am Katheder einen Weinkrampf erlitten hatte.[46] Der deutschnationale Pathologe Otto Lubarsch charakterisierte den Vertrag als ein «Machwerk» von «kalt ausgeklügelter Grausamkeit und Bosheit». Für den liberalen Theologen Adolf von Harnack war der Friedensvertrag ein «Teufelssieg des Imperialismus und Kapitalismus». Und der sozialdemokratische Jurist Hermann Heller behauptete noch 1931, der Versailler «Unrechtsvertrag» habe Deutschland in eine «weiße Sklavenkolonie» verwandelt.[47] Zu den wenigen Gemeinsamkeiten, auf die sich nahezu alle Hochschullehrer und Studierenden nach 1919 verständigen konnten, gehörte die Entschlossenheit, den Frieden von Versailles nicht zu akzeptieren. Dementsprechend war der Gedanke an einen künftigen Revanchekrieg sowohl bei den Studierenden als auch im Lehrkörper weitverbreitet, wie die lateinische Inschrift des Gefallenendenkmals der Berliner Universität von 1926 dezent, aber doch unmissverständlich signalisierte: *Invictis victi victuri*.[48]

Auch für manche Akademiker, die sich unter dem Eindruck des Kriegserlebnisses zunächst liberal-demokratischen oder sogar pazifistischen Ideen zugewandt hatten, markierte der Versailler Vertrag einen Wendepunkt in ihrer politischen Entwicklung. Der Theologe Hermann Wolfgang Beyer, seit 1926 Professor in Greifswald, hatte als Soldat am Ersten Weltkrieg teilgenommen und war als Kriegsgegner von der Front zurückgekehrt. Krieg war für ihn, wie er im Februar 1919 schrieb, «der grausamste, abscheuerregendste Mord».[49] Beyer bejahte die Weimarer Republik und erhoffte sich, wie viele andere Deutsche, einen milden Friedensvertrag auf der Grundlage des Vierzehn-Punkte-Programms, das der amerikanische Präsident Woodrow Wilson formuliert hatte. Umso größer war seine Bestürzung, als die alliierten Friedensbedingungen bekannt wurden. Am 8. Mai 1919 notierte er in seinem Tagebuch:

> Abends, als ich gerade fortgehen will … kommt die Zeitung und bringt … die Friedensbedingungen der Gegner. Nun fliegt der Blick gierig über die Zeilen – und erstarrt. Wir sind stumpf geworden durch das Ungeheuerliche unseres Erlebens … Aber heute, heut Abend, da zuckte es durch alle meine Adern, da schoß ein Strom von Blut mir zu Häupten und färbte mich glühend rot, daß es in mir brannte, da ballten sich die Fäuste in stechendem Schmerz, in Zorn, in Scham, in tiefer, tiefer Trauer. Da ist mir wieder ein idealer Glaube zerbrochen. Darin hatte ich des furchtbaren Krieges letzten Sinn zu finden gehofft, daß es nach ihm Frieden werden würde auf Erden. Das ist nun dahin: Nun wissen wir: Unser ganzes Leben wird sein, was unsere Jugend war: Kampf, Kampf, Kampf![50]

Mit dieser Enttäuschung begann Beyers Abwendung von der Weimarer Republik. Bei den Wahlen für die Nationalversammlung im Januar

1919 hatte er noch die liberaldemokratische DDP gewählt. Ein Jahr später unterstützte er die nationalliberale DVP. 1927/28 schloss er sich der republikfeindlichen DNVP an.[51] Eine ähnliche Entwicklung vollzogen viele seiner Kollegen. Spätestens seit der zweiten Hälfte des Jahres 1919 stand die Mehrzahl der deutschen Hochschullehrer der Weimarer Republik kritisch oder ablehnend gegenüber.

Zum Selbstverständnis der deutschen Universitäten in der Weimarer Republik gehörte die vehemente Abgrenzung gegen «Parteipolitik», «Parteienhader» und «Parteizersplitterung».[52] «Parteien und Parteipolitik», so fasste der Berliner Jurist Rudolf Smend diese Haltung zusammen, «stehen mit dem Wesen der Hochschule im Widerspruch».[53] In dieser Haltung vermischten sich zwei unterschiedliche Motive: zum einen die Furcht vor parteipolitischer Einflussnahme auf die Universitäten, insbesondere vor parteipolitisch motivierten Berufungen, zum anderen ein generelles Misstrauen gegenüber der parlamentarischen Demokratie und der tragenden Rolle, die politische Parteien in ihren Entscheidungsprozessen spielen.

Abneigung gegen Parteipolitik war daher nicht gleichbedeutend mit einer unpolitischen Haltung. Vielmehr trennte man an den Hochschulen zwischen Parteipolitik und einer Politik, die «nationale Interessen» vertrat. Letztere gehörte nach eigenem Selbstverständnis durchaus zum Aufgabenbereich der Hochschulen: «Wir sind eine deutsche Universität, und in dem furchtbaren Elend unseres Volkes ist es womöglich noch mehr als in früheren, glücklicheren Zeiten unsere heiligste Pflicht, für die Erhaltung und Neukräftigung des Deutschtums einzutreten und, wenn das Vaterland es fordert, mit voller Hingabe seinem Ruf zu folgen», erklärte 1920 der Rektor der Berliner Universität, der renommierte Althistoriker Eduard Meyer.[54] Ganz ähnlich verknüpfte der Leipziger Rektor Heinrich Siber 1927 den Grundsatz politischer Neutralität mit dem Bekenntnis «zum Vaterland» und «zum deutschen Volkstum».[55] In diesem Sinne positionierte sich im selben Jahr auch die deutsche Rektorenkonferenz in einer einstimmig angenommenen Resolution:

Es liegt den deutschen Hochschulen und ihren Rektoren fern, der studierenden Jugend die Beschäftigung mit den Problemen des politischen Lebens zu verwehren. Sie erachtet es vielmehr für selbstverständlich, daß Lehrer und Studenten mit heißem Herzen Anteil nehmen am Geschick des deutschen Vaterlandes. Dagegen lehnen sie mit dem Nachdruck ihrer Verantwortlichkeit gegenüber Staat und Wissenschaft das Hineintragen der Parteipolitik in die Hochschule grundsätzlich ab.[56]

Fraglos war diese Haltung stark durch Ressentiments gegen die Weimarer Parteiendemokratie beeinflusst.[57] Aber sie richtete sich auch gegen die politische Rechte, wenn die Autonomie der Hochschulen von dieser Seite bedroht schien. Als der nationalsozialistische Volksbildungsminister von Thüringen, Wilhelm Frick (der spätere Reichsinnenminister), 1930 dem Rasseforscher Hans F.K. Günther in Jena gegen den Willen der Universität einen Lehrstuhl einrichtete, protestierte der Hochschulverband öffentlich gegen diese «Politisierung der Hochschulen».[58] Ähnliches wiederholte sich während des Braunschweiger Hochschulkonflikts von 1931/32, als der nationalsozialistische Volksbildungsminister des Freistaates Braunschweig Dietrich Klagges in enger Zusammenarbeit mit dem Nationalsozialistischen Deutschen Studentenbund (NSDStB) versuchte, Rektor und Senat der TH Braunschweig auf die Knie zu zwingen.[59]

Gleichwohl haben sich überraschend viele Hochschullehrer zwischen 1919 und 1932 parteipolitisch engagiert. Wie aus neueren Lokalstudien hervorgeht, waren in der Weimarer Republik wahrscheinlich etwa 20 bis 30 Prozent aller Hochschullehrer Mitglieder einer politischen Partei. Das früher vorherrschende Bild vom unpolitischen Professor ist unter dem Eindruck dieser Forschungen weitgehend verblasst.[60] Gewiss gab es auch in der Weimarer Republik den Typ des weltfremden Gelehrten, der sich für alles, was außerhalb des eigenen Fachgebietes lag, nicht wirklich interessierte. Der Philosoph Karl Löwith berichtet in seinen Erinnerungen, er sei politisch indifferent gewesen, habe all die Jahre hindurch nie eine Zeitung gelesen und daher die nationalsozialistische Gefahr erst sehr spät erkannt.[61] Allerdings war dieser Professorentyp wohl weitaus seltener, als lange Zeit angenommen wurde.

Wie die bislang veröffentlichten Lokalstudien zeigen, war die Deutschnationale Volkspartei (DNVP) im Lehrkörper der meisten Universitäten die stärkste Partei, so zum Beispiel in Berlin, Tübingen, Göttingen, Bonn, Jena und Münster.[62] «Im allgemeinen wurde bis zum Beweis des Gegenteils angenommen, dass man deutsch-national sei», schrieb der Mathematiker Heinrich Behnke über die Lehrenden der Universität Münster, der er seit 1927 angehörte.[63] Als nationalkonservative Partei repräsentierte die DNVP jene Kräfte, welche die Weimarer Republik grundsätzlich ablehnten und – vor allem in den ersten Jahren der Republik – dem untergegangenen Kaiserreich nachtrauerten. Dementsprechend strebte die Partei eine Rückkehr zur Monarchie an. Enge Verbindungen bestanden zu den traditionellen Eliten in Industrie, Landwirtschaft, staatlicher Bürokratie und protestantischer Kirche. Die DNVP war eine antisemitische Partei. Doch fehlte dem deutschnationalen Antisemitismus jene radikale, rassistisch geprägte Unbedingtheit, die dem Nationalsozialismus zu eigen war.[64]

Nach der DNVP war die Deutsche Volkspartei (DVP) für Professoren besonders attraktiv. Im Lehrkörper einer vergleichsweise liberalen Universität wie Hamburg zählte sie sogar mehr Mitglieder als alle anderen Parteien.[65] Als nationalliberale Partei vertrat die DVP monarchistische Positionen, war in den 1920er Jahren gleichwohl an fast allen Kabinetten der Weimarer Republik beteiligt.[66] Gerade die Zwitterexistenz dieser Partei, die sich weder dem republikanischen noch dem republikfeindlichen Lager eindeutig zuordnen ließ, scheint sie für viele Hochschullehrer attraktiv gemacht zu haben, wie der Journalist und spätere Zeitungswissenschaftler Erich Everth 1922 konstatierte:

> Die Volkspartei ... erscheint den Professoren, wie vielen andern, als die Partei des *juste milieu*, bei der nichts zu riskieren ist, weder nach rechts noch nach links, die zwischen Altem und Neuem balanciert, auch wohl laviert, bei der man sich vor allem gesellschaftlich nicht kompromittiert. Damit ist gegeben ein platonischer Monarchismus, aber auch Bejahung des bestehenden Staates, *faute de mieux* und weil man als Gelehrter und Forscher doch am allerwenigsten Interesse an neuer Aufregung und neuem Umsturz hat. Jedenfalls verzichten die Anhänger dieser politischen Einstellung darauf, gegen die Republik zu hetzen oder polemisch aufzutreten, sei es in oder außerhalb der Universität.[67]

Zu den wichtigsten Stützen der Weimarer Republik zählte die Deutsche Demokratische Partei (DDP).[68] Im Lehrkörper der meisten deutschen Universitäten war die linksliberale DDP jedoch deutlich schwächer vertreten als die DNVP oder die DVP. Nur an der Universität Heidelberg spielten liberaldemokratische Hochschullehrer zeitweise eine dominante Rolle.[69] An den meisten anderen Universitäten hatten die liberalen Professoren dagegen eher Grund, sich als isolierte Minderheit zu fühlen. Dieser Prozess der Isolierung hatte, wie der Historiker Friedrich Meinecke 1925 schrieb, bereits während des Ersten Weltkriegs begonnen.[70] Zu den Anhängern der DDP gehörten neben überzeugten Demokraten viele «Vernunftrepublikaner» – Hochschullehrer, die sich nach dem Untergang der Monarchie der neuen Ordnung zuwandten, obwohl sie weiterhin dem Kaiserreich nachtrauerten: «Mein Intellekt erkennt und gibt zu, daß das Alte rettungslos verloren ist, daß es sich selber das Grab gegraben hat, mein Herz aber hängt nun einmal an diesem Alten und mag von ihm nicht lassen», schrieb der Historiker Hans Delbrück Ende des Jahres 1918.[71]

Anhänger der beiden großen Linksparteien SPD und KPD waren im Lehrkörper der 23 deutschen Universitäten nur selten vertreten. Vor allem die Kommunisten, die bei Reichstagswahlen bis zu 17 Prozent der Wählerstimmen für sich gewinnen konnten, spielten an den Hochschulen keine Rolle. Auch die katholische Zentrumspartei und die mit ihr verbundene Bayerische Volkspartei waren an den meisten Universitäten aufgrund der relativ geringen Zahl katholischer Hochschullehrer kein bedeutsamer politischer Faktor. Selbst in Hochburgen des deutschen Katholizismus blieb die Zahl ihrer Mitglieder überschaubar. In Bonn gehörten von 252 Professoren und Dozenten 15 der Zentrumspartei an, überwiegend katholische Theologen. An der Universität Münster zählte die Partei unter den insgesamt 218 Professoren 12 Mitglieder.[72]

An den meisten Universitäten stand vor 1933 eine starke Gruppe von deutschnationalen, republikfeindlichen Hochschullehrern einer deutlich schwächeren Minderheit von Liberalen und wenigen Sozialdemokraten gegenüber, die sich für die Weimarer Republik einsetzten.

Dazwischen lag, wie Friedrich Meinecke 1926 analysierte, «eine breite Masse von Elementen, die stimmungsmäßig nach rechts neigen, den heutigen Staat nicht lieben, aber auch nicht geradezu verachten und ihr kühles Verhältnis zu ihm durch eine fleißige Kritik seiner Mängel zu rechtfertigen suchen».[73] Meineckes Hoffnung, Teile dieser mittleren Gruppe für die Republik gewinnen zu können, erfüllte sich nicht. Stattdessen nahm die Zahl der Wissenschaftler, die sich an den Treffen des Weimarer Kreises verfassungstreuer Hochschullehrer beteiligten, zwischen 1927 (114 Teilnehmer) und 1932 (30 Teilnehmer) deutlich ab.[74] Die Hochschulen galten daher in der Weimarer Republik nicht zu Unrecht als «Hort der Reaktion», wie der sozialdemokratische *Vorwärts* 1920 konstatierte.[75]

Manche Hochschullehrer nutzten auch ihre Lehrveranstaltungen, um Ressentiments gegen die Republik zu schüren. In Tübingen beispielsweise «machten die beiden Historiker Johannes Haller und Adalbert Wahl ohne Rücksicht auf das jeweilige Vorlesungsthema aus ihrer antidemokratischen Haltung, aus ihrer Verachtung gegenüber der Republik, deren Regierungen und ihrer Politik kein Hehl», wie Theodor Eschenburg in Erinnerungen an seine Studienzeit berichtet hat. Bei Haller sei kaum eine Stunde vergangen, «in der nicht eine scharfe, vielfach sogar gehässige Bemerkung ... fiel, um mit großem Beifall aufgenommen zu werden». An der Berliner Universität, wo Eschenburg sein Studium fortsetzte, überwogen nach seiner Aussage ebenfalls «die undemokratischen Tendenzen». Der Althistoriker Eduard Meyer habe im Kolleg aus seiner «feindseligen Haltung» gegenüber der Weimarer Republik kein Hehl gemacht. «Die Geschichte Athens und Roms bot ja viele Möglichkeiten zum Vergleich, wenn sie auch manchmal nicht stimmten.» Durch Andeutungen habe auch der Historiker Albert Brackmann «immer wieder seine Vorliebe für die alte Monarchie» gezeigt. Der Staatsrechtler Heinrich Triepel sei in seiner Vorlesung immerhin «loyal» gewesen und habe «feindselige Bemerkungen» vermieden, gleichwohl «spürte man doch sehr deutlich seine innere Ablehnung», schrieb Eschenburg.[76]

Nostalgische Gefühle gegenüber dem untergegangenen Kaiserreich allein können die weitverbreitete Distanz der Hochschullehrer gegenüber der Weimarer Republik nicht erklären. Zwei weitere Faktoren kamen hinzu:

Erstens, der Zerfall bürgerlicher Sekurität, der in den ersten Jahren der Weimarer Republik seinen Höhepunkt erreichte.[77] Bestandteile dieses Prozesses waren der Verlust der Ersparnisse, die viele Professoren in Kriegsanleihen investiert hatten, die Auswirkungen der bürgerkriegsähnlichen Auseinandersetzungen zwischen 1918 und 1923 und die außergewöhnlichen Einkommensverluste der Inflationszeit. Im Januar 1920 betrugen die realen Bezüge der akademischen Beamten nur noch ein Fünftel des Vorkriegsstandes. Dadurch schrumpften die beträchtlichen Einkommensunterschiede, die vor dem Krieg zwischen beamteten Professoren und der Arbeiterschaft bestanden hatten, zeitweise erheblich zusammen.[78]

Diese Entwicklung stärkte, *zweitens,* die Überzeugung, dass Demokratie notwendigerweise soziale Nivellierung bedeute und damit auf einen Statusverlust der akademischen Elite hinauslaufe. Wie Max Weber bereits im Sommer 1918 registrierte, steckte hinter dem «Gezeter» gegen die Demokratie vor allem «die Angst um das Prestige der eigenen Schicht: des Diplom-Menschentums».[79] Ähnlich argumentierte der Münchener Philosoph Helmut Kuhn, der die kritische Einstellung seiner Kollegen gegenüber der Republik rückblickend auf «ein durch demokratische Gleichmacherei gekränktes Standesgefühl» zurückführte.[80]

Trotz dieser weitverbreiteten Antipathien gegenüber der Weimarer Republik konnte die NSDAP im Lehrkörper der Universitäten bis zur nationalsozialistischen Machtübernahme nicht wirklich Fuß fassen. So gehörten in Münster vor 1933 nur 5 von 218 Professoren der NSDAP an (2,3 Prozent). In Bonn besaßen lediglich 4 von 252 Professoren und Dozenten vor der «Machtergreifung» das nationalsozialistische Parteibuch (1,6 Prozent), in Berlin waren es 12 von 799 (1,5 Prozent), in Hamburg 10 von 271 (3,7 Prozent). Unter den 186 Angehörigen des Lehrkörpers der Universität Marburg befanden sich vor 1933 4 NSDAP-Mitglieder. Bei den wenigen Parteimitgliedern handelte es sich ganz überwiegend um Assistenten, Privatdozenten und außerordentliche Professoren, um Wissenschaftler also, die nicht zur Kerngruppe des Lehrkörpers gehörten.[81]

Selbst Professoren, die nach der «Machtergreifung» in das nationalsozialistische Lager übergingen, konnten der NSDAP zu Beginn der 1930er Jahre nur wenig abgewinnen. Für Franz Petri, der sich im Dritten Reich zu einem führenden «Westforscher» entwickelte, war Hitler noch im Januar 1933 ein «Demagoge, dessen persönliche Ehrlichkeit das Unheil nicht geringer macht».[82] Sein Kollege Theodor Mayer, später ein begeisterter Gefolgsmann Hitlers, kritisierte noch im Frühjahr 1933 die «Massendemagogie» der NSDAP und ihre «Unfähigkeit zu positiver Politik».[83] Der alldeutsche Hochschullehrer Johannes Haller, der im Juli 1932 öffentlich zur Unterstützung des Nationalsozialismus aufgerufen hatte, rückte schon zwei Monate später wieder von der NSDAP ab, weil er den Eindruck gewonnen hatte, dass «die Partei sich für die proletarische Richtung entschieden» habe.[84] Hinzu kam bei vielen die Furcht vor einer «Einschränkung der geistigen Freiheit»[85] und der universitären Autonomie. Wie berechtigt solche Ängste waren, hatte sich 1931/32 während des Braunschweiger Hochschulkonflikts gezeigt. Unter dem Eindruck dieser Ereignisse verurteilte eine außerordentliche Rektorenkonferenz im Dezember 1932 einstimmig die Eingriffe des nationalsozialistischen Ministers in die «Freiheit der Wissenschaft und in die akademische Selbstverwaltung» und bekundete gleichzeitig ihre Entschlossenheit, «die Freiheit des akademischen Lebens und der akademischen Lehre auch durch Zurückgreifen auf die staatlichen Machtmittel» zu verteidigen.[86] Schließlich hat auch die Angst vor Karrierenachteilen manchen sympathisierenden Hochschullehrer von einem Eintritt in die NSDAP abgehalten. In mehreren Ländern, darunter Preußen, war Beamten die Mitgliedschaft in der NSDAP zu Beginn der 1930er Jahre verboten.[87]

Diese vier Faktoren, das plebejische Profil der NSDAP, der demagogische Stil ihrer Propaganda, die Angst vor einer Einschränkung der akademischen Freiheit und die Furcht vor staatlichen Repressalien, sorgten dafür, dass vor der nationalsozialistischen Machtübernahme nur wenige Professoren den Weg in diese Partei fanden. Die Hochschullehrer gehörten mithin zu jenen traditionellen Eliten, die einen signifikanten Beitrag zur Zerstörung der Weimarer Republik leisteten, ohne am Aufstieg des Nationalsozialismus zur Massenbewegung in nennenswerter Weise beteiligt gewesen zu sein. Eine Organisation nationalsozialistischer Hochschullehrer bildete sich daher erst nach der «Machtergreifung».

Eine entschiedene Gegenposition zur NSDAP war von den meisten Professoren aber ebenso wenig zu erwarten. Das zeigte sich schon 1931, als Friedrich Meinecke versuchte, an der Berliner Universität einen öffentlichen Aufruf gegen den Nationalsozialismus zu organisieren. Geplant war, zunächst einmal acht «gute Namen zusammenzubringen», um danach den Aufruf mit der Bitte um Unterzeichnung an «sämtliche Berliner Kollegen» zu verschicken. Der Plan scheiterte jedoch schon im Vorfeld, weil es nicht gelang, diese acht «guten Namen» zu finden: «Jeder bisher Gefragte hat Gegengründe wie Brombeeren», klagte Meinecke einem Leipziger Kollegen: «Im Hintergrund richtet man sich eben auf die kommende Naziregierung schon ein.»[88]

Tabelle 2: Der nationalsozialistische Stimmenanteil bei studentischen Wahlen an den Universitäten und bei Reichstagswahlen, 1928–1933 (in Prozent)[89]

Jahr	Studentische Wahlen		Reichstagswahlen	
	Stimmenanteil des NSDStB	Wahlbeteiligung	Stimmenanteil der NSDAP	Wahlbeteiligung
1928	11,8	64,0	2,6	75,6
1929	19,3	60,9	–	–
1930	32,4	67,1	18,3	82,0
1931	44,6	76,4	–	–
1932[a]	49,1	65,1	37,4	84,1
1933	41,3	71,8	43,9	88,8

[a] Reichstagswahl vom 31. Juli 1932.

Im Gegensatz zu den Professoren zeigten sich die Studierenden schon zu einem sehr frühen Zeitpunkt ungewöhnlich aufnahmebereit für die Parolen der NSDAP. Zwischen 1928 und 1932 lag der nationalsozialistische Stimmenanteil bei Wahlen für studentische Gremien stets höher als bei Reichstagswahlen (Tabelle 2). 1931 erzielte der NSDStB bei studentischen Wahlen (mit hoher Wahlbeteiligung) schon fast 45 Prozent der Stimmen, 1932 waren es sogar 49 Prozent. Folgerichtig übernahm der NSDStB bereits 1931 die Leitung der Deutschen Studentenschaft, einer überregionalen Dachorganisation.[90] Der steigende Einfluss der Nationalsozialisten zeigte sich in der zunehmenden Aggressivität studentischer Politik, in der wachsenden Bereitschaft, mit physischer Gewalt gegen marxistische, republikanische oder jüdische Kommilitonen vorzugehen, und in hasserfüllten Kampagnen gegen einzelne Hochschullehrer, die aufgrund ihrer politischen Überzeugungen oder aus antisemitischen Gründen an der Lehre gehindert wurden. Für überregionale Schlagzeilen sorgte insbesondere das Vorgehen der Nationalsozialisten und ihrer Verbündeten gegen die Professoren Emil Julius Gumbel (Heidelberg), Günther Dehn (Halle) und Ernst Cohn (Breslau).[91]

Juden und Antisemitismus im akademischen Milieu

Die Geschichte jüdischer Gelehrter an den deutschen Universitäten lässt sich für die Jahre vor der nationalsozialistischen Machtübernahme sowohl als Erfolgsgeschichte wie auch als Diskriminierungsgeschichte schreiben. Die Erfolge zeigen sich zum einen in der relativ starken Präsenz von Juden im Lehrkörper der deutschen Universitäten und in wissenschaftlichen Großorganisationen wie der Kaiser-Wilhelm-Gesellschaft, zum anderen in der außergewöhnlich großen Zahl jüdischer Spitzenforscher. Im Wintersemester 1932/33 waren 6,2 Prozent des Lehrkörpers der deutschen Universitäten Juden oder Jüdinnen.[92] Zu dieser Zeit stellten Angehörige der jüdischen Religionsgemeinschaft 0,9 Prozent der deutschen Bevölkerung.[93] Zudem war in den ersten vier Jahrzehnten des 20. Jahrhunderts fast ein Drittel aller deutschen Nobelpreisträger jüdisch oder jüdischer Herkunft.[94] Es fällt auf, dass die jüdischen Lehrkräfte sich sehr ungleichmäßig auf die verschiedenen Universitäten verteilten. Besonders stark vertreten waren jüdische Hochschullehrer in Frankfurt, Berlin und Breslau. Im Lehrkörper der Universitäten Erlangen, Greifswald und Tübingen gab es dagegen keine Juden (Tabelle 27 im Anhang). Diese erheblichen Unterschiede lassen sich durch zwei Faktoren erklären: Zum einen spiegeln sie die Stärke der jüdischen Gemeinden in den einzelnen Universitätsstädten. Je größer die Gemeinde, desto größer war auch die Zahl der jüdischen Studierenden, und mit ihr wuchs in der Regel die Bereitschaft der Universitäten, begabte jüdische Wissenschaftler zu habilitieren und zu berufen. Es ist gewiss kein Zufall, dass die drei Universitäten, deren Lehrkörper einen besonders hohen Anteil jüdischer Gelehrter aufwiesen, in den Städten lagen, die zur damaligen Zeit die größten jüdischen Gemeinden Deutschlands beherbergten (Frankfurt, Berlin und Breslau).[95] Zum anderen verweist die Statistik auf den Einfluss des Antisemitismus an den verschiedenen Hochschulen. Eine Universität wie Tübingen hatte gegen Ende der Weimarer Republik auch deshalb keine jüdischen Dozenten, weil unter den Professoren offensichtlich ein stillschweigendes Einverständnis herrschte, Juden weder zu habilitieren noch zu berufen. So musste der langjährige Assistenzarzt der Tübinger Universitätsnervenklinik Alfred Storch Tübingen 1927 verlassen und nach Gießen wechseln, weil es ihm als Jude unmöglich war, sich an der Universität Tübingen zu habilitieren. In Gießen gelang die Habilitation ein Jahr später problemlos.[96] Im Februar 1933 fasste der Kanzler der Universität Tübingen August Hegler die vorherrschende Stimmung so zusammen: Man habe «hier die Judenfrage gelöst», indem «man nie davon gesprochen» habe.[97] Ähnlich äußerte sich im Januar 1934 der Dekan der Naturwissenschaftlichen Fakultät Erlangen.[98]

Insgesamt betrachtet waren jüdische Wissenschaftler im deutschen Universitäts- und Wissenschaftssystem aber überproportional vertreten. Diese Tatsache rief schon lange vor 1933 Antisemiten aller Couleur auf den Plan. Zu ihnen gehörten Angehörige völkischer oder nationalsozialistischer Gruppierungen wie der Physiker Johannes Stark, der 1930 anklagend von einer «Verjudung der deutschen Hochschulen» sprach.[99] Kritik kam jedoch auch von anderer Seite, beispielsweise aus dem katholischen Milieu. Als Konrad Adenauer, damals Oberbürgermeister von Köln, sich 1930 für die Berufung des renommierten jüdischen Juristen Hans Kelsen an die Kölner Universität einsetzte, sprach die *Kölnische Volkszeitung* von einem «Berufungsskandal». Adenauers Vorgehen sei unverständlich und befremdend: «Ist dem Oberbürgermeister nicht bekannt, daß die Universität Köln bereits mit Dozenten jüdischen Bekenntnisses überbesetzt ist; eine Tatsache, die auch in Professorenkreisen aus sachlichen Gründen starken Widerspruch findet?»[100]

Es überrascht daher nicht, dass jüdische Wissenschaftler in der Weimarer Republik vielfältiger Diskriminierung ausgesetzt waren. Aggressive Antisemiten wie der Hamburger Geograph Siegfried Passarge oder der Jenaer Zoologe Ludwig Plate, die sogar in ihren Vorlesungen antijüdische Bemerkungen fallen ließen, waren allerdings eher selten.[101] Auch persönliche Angriffe gegen jüdische Kollegen blieben an den Universitäten verpönt.[102] Der «Radauantisemitismus» galt als unakademisch. Stattdessen herrschte an vielen Hochschulen ein «stiller Antisemitismus», den «man mehr fühlen als deutlich wahrnehmen konnte», wie der Jurist Wolfgang Kunkel rückblickend notierte.[103] Dieser stille Antisemitismus fand sich sogar bei manchen Liberalen.[104]

Zwar hatten begabte jüdische Nachwuchswissenschaftler an den meisten deutschen Universitäten durchaus die Möglichkeit, sich zu habilitieren. Ihre Chancen, auf einen Lehrstuhl berufen zu werden, waren jedoch deutlich geringer als die ihrer protestantischen oder katholischen Kollegen – eine Tatsache, über die in Universitätskreisen bemerkenswert offen gesprochen wurde.[105] Max Weber gab 1919 in seiner berühmten Rede über *Wissenschaft als Beruf* jüdischen Wissenschaftlern in Anlehnung an Dante sogar den Rat, alle Hoffnungen auf eine Universitätskarriere aufzugeben: «lasciate ogni speranza».[106]

Das war allerdings eine Übertreibung. Tatsächlich konnten jüdische Wissenschaftler in der Weimarer Republik durchaus an die Spitze der universitären Hierarchie gelangen. An der Berliner Universität gehörten gegen Ende der Weimarer Republik 7 von 141 Ordinarien (5 Prozent) der jüdischen Religionsgemeinschaft an.[107] Vereinzelt wurden jüdische Ordinarien sogar zu Rektoren gewählt – so die Juristen Jakob Friedrich Behrend (1882/83 in Greifswald) und Max Pappenheim (1901/02 in Kiel) sowie der Philosoph Ernst Cassirer (1929/30 in

Hamburg).[108] Solche Erfolgsgeschichten waren jedoch Ausnahmefälle, wie die vergleichende Untersuchung von Universitätskarrieren im Kaiserreich und in der Weimarer Republik zeigt.

Tabelle 3: Die Ordinarienquote unter den an der Berliner Universität lehrenden Hochschullehrern nach Religionszugehörigkeit, 1871–1933[109]

Religion/Herkunft	Hochschullehrer 1871–1933		Davon erhielten ein Ordinariat bis 1933	
	absolut	in %	absolut	in %
Protestanten[a]	1336	69,9	597	44,7
Katholiken[b]	116	6,1	78	67,2
Juden	246	12,9	41	16,7
Getaufte jüdischer Herkunft	213	11,1	85	39,9
Zusammen	1911	100,0	801	41,9

[a] Ohne Protestanten jüdischer Herkunft. [b] Ohne Katholiken jüdischer Herkunft.

Tabelle 3 errechnet die Ordinarienquote unter den Hochschullehrern, die zwischen 1871 und 1933 an der Berliner Universität lehrten, und differenziert dabei zwischen den verschiedenen Religionsgemeinschaften. Die Ordinarienquote besagt, wie viele dieser Hochschullehrer bis 1933 eine ordentliche Professur erhielten – in Berlin oder anderswo. Insgesamt gelang es 801 von 1911 Berliner Hochschullehrern, zwischen 1871 und 1933 ein Ordinariat zu erhalten. Die durchschnittliche Ordinarienquote lag demzufolge bei 41,9 Prozent. Hinter dieser Durchschnittszahl verbergen sich jedoch erhebliche Unterschiede zwischen Angehörigen verschiedener Religionsgemeinschaften. Während Protestanten (mit 44,7 Prozent) und insbesondere Katholiken (mit 67,2 Prozent) eine überproportional hohe Ordinarienquote erreichten, lag die Ordinarienquote der Juden weit unter dem Durchschnitt: Von 246 jüdischen Hochschullehrern erhielten bis 1933 nur 41 (16,7 Prozent) einen ordentlichen Lehrstuhl. Jüdische Hochschullehrer kamen selten über den Status eines nichtbeamteten außerordentlichen Professors hinaus und blieben damit sehr viel häufiger als ihre christlichen Kollegen aus der eigentlichen Kerngruppe des Lehrkörpers ausgeschlossen. Dies galt keineswegs nur für Berlin, sondern für sämtliche preußischen Universitäten. 1924 waren in Preußen nur 4 Prozent der planmäßigen Professoren, aber 7,9 Prozent der Privatdozenten und 18,9 Prozent der nichtbeamteten außerordentlichen Professoren Juden.[110]

Zu diesen für jüdische Gelehrte sehr ungünstigen Karriereperspektiven trug neben antisemitischer Diskriminierung noch ein zweiter Faktor bei: die überproportional große Präsenz jüdischer Hochschullehrer an den Medizinischen Fakultäten.[111] Denn gerade in der Medizin waren – unabhängig von der Religionszugehörigkeit – die statistischen Chancen habilitierter Wissenschaftler, jemals ein Ordinariat zu erhalten, aufgrund des massiven Überhangs an nichtbeamteten Hochschullehrern besonders gering.[112]

Der Antisemitismus im Lehrkörper der deutschen Universitäten schloss jüdische Wissenschaftler also nicht generell aus, benachteiligte sie aber bei Personalentscheidungen, insbesondere bei der Besetzung von Lehrstühlen. Das war im Prinzip nichts Neues. Eine ähnliche Diskriminierung hatte es bereits im Kaiserreich gegeben.[113] Nach dem Ende des Ersten Weltkrieges nahmen antijüdische Ressentiments in akademischen Kreisen jedoch stark zu. Unter dem Eindruck der Kriegsniederlage, der Revolution und der Münchener Räterepublik, deren führende Persönlichkeiten vielfach jüdischer Herkunft waren,[114] verfestigte sich in Professorenkreisen die Vorstellung, dass Judentum und Subversion auf irgendeine Weise miteinander verknüpft waren. Im März 1919 schrieb der renommierte Münchener Physiker Arnold Sommerfeld einem Kollegen, er werde aufgrund des «jüdisch-politischen Unfugs mehr und mehr Antisemit».[115] Mit dieser Einstellung stand Sommerfeld keineswegs allein. Der jüdische Chemiker Richard Willstätter notierte rückblickend über seine Gespräche mit Freunden und Kollegen an der Universität München:

> Die Erbitterung über die Beteiligung von Juden unter den Revolutionären war furchtbar, und sie setzte sich fest. Ihnen schrieb man gern und bequem die Verantwortung zu, zunächst für den Untergang des Königtums und dann auch für die Machtergreifung im Reich durch Ebert und Scheidemann, und sogar besonders die Schuld an der Erschöpfung des Heeres ..., somit am tragischen Ausgang des gewaltigen Völkerringens. Einer meiner

Kollegen, Altphilologe und Historiker von großem Namen, urteilte: «Den Juden haben wir die Revolution zu verdanken.»[116]

1921 konstatierte der liberale Philosoph und Theologe Ernst Troeltsch daher völlig zu Recht, das gebildete Bürgertum habe sich «die Juden als Prügelknaben für alles» erfunden.[117]

Ein typischer Vertreter dieses professoralen Antisemitismus war der alldeutsche Historiker Dietrich Schäfer, der die jüdische Minorität 1922 als «zersetzendes Element» charakterisierte und zur Begründung auf die hervorragende Rolle von Juden in der Revolution von 1918/19 und in der linksliberalen Presse *(Frankfurter Zeitung)* verwies. Gleichzeitig machte Schäfer aber deutlich, dass er von der «Judenhetze», wie sie in völkischen Kreisen betrieben wurde, wenig hielt. Seiner Meinung nach sollten die Deutschen «den Juden nur gelten lassen, wenn er restlos in deutscher Denkart aufgeht».[118] Mit dieser Forderung nach vollständiger Assimilation übernahm Schäfer im Wesentlichen die Position, die sein Lehrer Heinrich von Treitschke vier Jahrzehnte zuvor im Berliner Antisemitismusstreit vertreten hatte.[119]

In die gleiche Kerbe schlug der Klassische Philologe Ulrich von Wilamowitz-Moellendorff. Wie viele konservative Hochschullehrer war Wilamowitz überzeugt, dass die «Novembermänner» (so nannte er die Revolutionäre von 1918/19) ebenso «wie die Bolschewiki sich auf jenes glaubenlose, staatlose, gewissenlose Judentum stützten, dessen Presse längst unsere Brunnen vergiftete, und zu ihren Helfern die Ostjuden herbeigerufen haben, die wir weder vertragen noch loswerden können». Gleichwohl grenzte Wilamowitz sich von «einem polternden, zum Rassenhaß ausgearteten Antisemitismus» ab und hob hervor, dass «nicht wenige» Juden «treue Deutsche» und glänzende Wissenschaftler geworden seien. Ziel müsse daher die «Eindeutschung unserer jüdischen Landsleute» sein – eine Aufgabe, die für Wilamowitz «schwierig und nur in Generationen erreichbar war».[120]

Ähnlich argumentierte ein anderer prominenter Vertreter des deutschnationalen Lagers, der Berliner Theologe Reinhold Seeberg. Sein Kampf galt dem «jüdischen Geist», der die «Zersetzung» nationaler Traditionen mit den Mitteln des Rationalismus und des Materialismus betreibe. Letztlich sei «dieses Judentum der Todfeind jeder wirklichen Kultur und jedes geistigen Fortschritts», behauptete Seeberg 1922. Doch musste auch er einräumen, dass dieser «jüdische Geist» keineswegs bei allen Juden zu finden sei: «Es ist keine Frage, daß wir unter unseren jüdischen Mitbürgern ... eine große Zahl ernster sittlicher Persönlichkeiten haben, welche dem Vaterland nach besten Kräften dienen und weiter zu dienen gewillt sind, welche die nationale Not dieser Zeit innerlich mitempfinden ... Wer hätte ... den Mut, solche Personen und Kreise von sich zu stoßen oder ihr Bemühen geringschätzig als ‹jüdisch› abzutun!»[121]

Selbst ein liberaler Hochschullehrer wie der renommierte Romanist Ernst Robert Curtius, der sich ausdrücklich vom Antisemitismus distanzierte, übernahm diese Sichtweise zumindest teilweise. In seinem vielgelesenen Werk *Deutscher Geist in Gefahr* (1932) betonte Curtius ebenfalls die «Verflechtung des deutschen Judentums mit sozialistischen oder marxistischen oder ‹submarxistischen› Gesellschaftslehren». Waren doch nach seiner Auffassung «unsere Juden ... zum überwiegenden Teile und in maßgebender Betätigung der Skepsis und der Destruktion zugeschworen ... Dagegen müssen wir uns wehren, weil Destruktion in einer so zerklüfteten Nation wie der deutschen zehnfach gefährlich ist.» In seinem Fazit unterschied Curtius sich dann allerdings deutlich von seinen nationalkonservativen Kollegen: «Wir bekämpfen nicht das Judentum, sondern die Destruktion, nicht eine Rasse, sondern eine Negation.»[122]

Schäfer, Wilamowitz-Moellendorff und Seeberg verknüpften starke antisemitische Ressentiments mit der Auffassung, dass keineswegs alle Juden dem von ihnen skizzierten Negativbild entsprachen. Dementsprechend schloss professoraler Antisemitismus in der Weimarer Republik kollegiale oder sogar freundschaftliche Beziehungen zu einzelnen Juden keineswegs aus. Das galt selbst für Hochschullehrer, die in späteren Jahren als entschiedene Parteigänger des Nationalsozialismus und als rabiate Antisemiten hervortraten. Der Psychologe Erich Jaensch beispielsweise, der sich seit 1933 als Vertreter antisemitischer Rassentypologien exponierte, beteiligte sich noch 1931 an einer Festschrift für seinen jüdischen Kollegen William Stern.[123] Der Jurist Karl

August Eckhardt, der nach 1933 eine zentrale Rolle bei der Nazifizierung der Juristischen Fakultäten spielte, widmete im selben Jahr eines seiner Bücher dem jüdischen Kollegen Max Pappenheim als «Zeichen herzlichster Verehrung».[124] Hans Heyse, nach 1933 einer der lautstärksten Nazi-Philosophen, war in den 1920er Jahren mit seinem jüdischen Kollegen David Baumgardt befreundet, der ihn als «ruhigen und freundlichen jungen» Wissenschaftler in Erinnerung behielt.[125] Der Experimentalphysiker Johannes Stark, in der NS-Zeit ein führender Vertreter der antisemitischen «Deutschen Physik», schlug 1928 seinen jüdischen Kollegen Otto Stern für den Physik-Nobelpreis vor.[126] Starks Freund und Gesinnungsgenosse Philipp Lenard machte 1896 der Schwester seines früheren Chefs, des Physikers Heinrich Hertz, einen Heiratsantrag, der freilich abgelehnt wurde.[127] Anderenfalls wäre Lenard womöglich nicht als fanatischer Antisemit, sondern als «nichtarisch Versippter» in die Annalen des Dritten Reiches eingegangen.

Die Lage der jüdischen Hochschullehrer während der Weimarer Republik lässt sich also in zwei Befunden zusammenfassen: *Erstens,* Juden waren im Lehrkörper der deutschen Universitäten deutlich überrepräsentiert. *Zweitens,* die Masse der jüdischen Hochschullehrer kam nicht über die Position eines Privatdozenten oder nichtbeamteten außerordentlichen Professors hinaus. Unter den planmäßigen Professoren und insbesondere unter den Ordinarien waren Angehörige der jüdischen Religionsgemeinschaft nur schwach vertreten.[128]

Gute Chancen auf einen Lehrstuhl hatten jüdische Wissenschaftler dann, wenn sie ihre nichtjüdischen Konkurrenten fachlich deutlich übertrafen und zudem politisch und habituell den Erwartungen ihrer nichtjüdischen Kollegen entsprachen. Wer hingegen wie die Göttinger Mathematikerin Emmy Noether nicht nur jüdischer Herkunft war, sondern auch Frau und Sozialistin, konnte zwar auf den Professorentitel hoffen, aber nicht mit einem Lehrstuhl rechnen, selbst wenn es sich wie in ihrem Fall um eine der bedeutendsten Wissenschaftlerinnen des 20. Jahrhunderts handelte.[129]

Im Gegensatz zu den Hochschullehrern jüdischer Religion hatten getaufte Juden deutlich bessere Karrierechancen. Wie aus Tabelle 3 hervorgeht, lag die Ordinarienquote von getauften Hochschullehrern jüdischer Herkunft in Berlin bei 39,9 Prozent, nur knapp unter dem Durchschnitt (41,9 Prozent) und damit sehr viel höher als die Ordinarienquote ihrer jüdischen Kollegen (16,7 Prozent). Offensichtlich spielte der Rassenantisemitismus, der den Lehrkörper der deutschen Universitäten ab 1933 erheblich dezimierte, während der Weimarer Republik unter den Professoren noch keine entscheidende Rolle. Aus der Sicht der mehrheitlich konservativen Professorenschaft war der Entschluss, sich taufen zu lassen, nicht nur die Entscheidung für eine andere Religionsgemeinschaft, sondern auch ein symbolischer Akt, der die Bereitschaft zur Eingliederung in die Mehrheitsgesellschaft verkörperte. Jüdische Wissenschaftler konnten daher, wenn sie sich taufen ließen, ihre Karrierechancen beträchtlich verbessern. Selbst in deutschnationalen Professorenkreisen waren Hochschullehrer jüdischer Herkunft durchaus präsent. Von 1926 bis 1933 leitete sogar ein getaufter Jude, der Berliner Pathologe Otto Lubarsch, den Reichsausschuss deutschnationaler Hochschullehrer.[130] Seine Person – nach nationalsozialistischen Kriterien war Lubarsch ein «Volljude» – kennzeichnet auf markante Weise den Unterschied zwischen deutschnationaler und nationalsozialistischer Judenfeindschaft.

Die Krise der Universitäten am Ende der Weimarer Republik

Die 1929/30 einsetzende Staats-, Wirtschafts- und Gesellschaftskrise leitete die Endphase der Weimarer Republik ein. Geprägt war sie zum einen von einer rasch steigenden Arbeitslosenquote, die auf ihrem Höhepunkt bei über 40 Prozent lag,[131] zum anderen von einer sozialen Panik auch unter denjenigen, die ihre Arbeit nicht verloren. Politisch waren die Jahre 1930 bis 1932 durch den Übergang von der parlamentarischen Regierungsweise zu einem Präsidialregime gekennzeichnet, in dem der Reichspräsident und seine Berater das eigentliche Machtzentrum der Republik bildeten. Bei den Reichstagswahlen verloren Liberale, Sozialdemokraten und Konservative große Teile ihrer bisherigen Wählerschaft. Hauptnutznießer dieser Entwicklung war die NSDAP, die bei den Septemberwahlen von 1930 erstmals zur Massenpartei avancierte. Daneben konnte auch die KPD die Zahl ihrer Wähler und Mitglieder deutlich vergrößern.

Das Gefühl, in einer tiefen, scheinbar ausweglosen Krise zu stecken, erfasste die Hochschulen nicht weniger als andere Bereiche der deutschen Gesellschaft: «Die Welt brennt. Wer weiß, ob nach 1 Jahr noch etwas steht von dem, was in unserer Jugend stand», schrieb der renommierte Erziehungswissenschaftler Eduard Spranger im Oktober 1930. «In mir ist alles wie zugeschnürt. Wir sind an einem toten Punkt, wo nur die Explosion hilft – und jeder fürchtet sich vor ihr, weil er den Krieg noch in Erinnerung hat. – Mir kommt es vor, als ob wir träumend am Abgrund stünden.»[132]

An den Universitäten aktivierte diese Krisenstimmung einen weiteren Radikalisierungsschub nach rechts. Ehemalige Liberale wie Willy Hellpach in Heidelberg, die in den 1920er Jahren die liberaldemokratische DDP unterstützt hatten, äußerten nun Zweifel am Parlamentarismus oder erklärten sogar öffentlich, die parlamentarische Demokratie sei für Deutschland nicht geeignet.[133] Ähnliche Entwicklungen lassen sich selbst bei Professoren beobachten, die nach 1933 zu den Opfern nationalsozialistischer Politik gehörten, etwa bei Hans Rothfels.[134] Einige Hochschullehrer vollzogen innerhalb kurzer Zeit einen radikalen Positionswechsel. Besonders drastisch fiel dieser im Falle des Hamburger Pädagogen Gustav Deuchler aus, der zwischen 1919 und 1931 der liberaldemokratischen DDP angehört hatte und im April 1932 als erster Hamburger Ordinarius der NSDAP beitrat.[135]

Seinem Beispiel folgten vor 1933 nur wenige. Unübersehbar war jedoch, dass nationalsozialistische Begriffe und Deutungsmuster unter dem Eindruck der krisenhaften Lage nun auch von Hochschullehrern übernommen wurden, die nicht der NSDAP angehörten. Wie selbstverständlich sprach beispielsweise der Historiker Fritz Hartung in seiner Rede auf der Reichsgründungsfeier der Berliner Universität im Januar 1932 von den Deutschen als «Volk ohne Raum».[136] Während Hartung, der keiner politischen Partei angehörte, dieses Schlagwort nur en passant benutzte und auf eine argumentative Erläuterung verzichtete, benannte der deutschnationale Theologe Hermann Wolfgang Beyer einige Monate später die politischen Implikationen dieses Begriffs ohne Umschweife. In einer Rede vor dem Verein für Innere Mission erklärte er im April 1932: «Entweder unser Volk gewinnt wieder Lebensraum oder wir müssen einen guten Teil unseres Volkes verhungern und aussterben lassen ... Wir müssen also – ob wir es wollen oder nicht – den Kampf um neuen Lebensraum für unser Volk wieder aufnehmen.»[137]

Die krisenhafte Situation der deutschen Universitäten zu Beginn der 1930er Jahre lässt sich jedoch nicht ausschließlich als Folge der allgemeinen Staats- und Gesellschaftskrise verstehen, sondern war teilweise Ausdruck struktureller Probleme, die schon vor Beginn der Weltwirtschaftskrise bestanden hatten. Die Krise der Universitäten hatte drei unterschiedliche Aspekte: Sie war erstens finanzieller Natur, zweitens eine Legitimationskrise und drittens eine Krise des wissenschaftlichen Nachwuchses.

Die *finanzielle Lage* der Hochschulen verschlechterte sich zwischen 1930 und 1933 ganz erheblich. Traditionell setzte sich das Budget der Universitäten aus Zuschüssen des Staates und aus eigenen Einnahmen zusammen. Wichtigste eigene Einnahmequelle waren die Universitätskliniken. Danach folgten mit weitem Abstand die Studiengebühren. Für weitere Einnahmen sorgten – sofern vorhanden – die landwirtschaftlichen Institute und die den Hochschulen zur Verfügung stehenden Stiftungsmittel. Insgesamt betrugen die eigenen Einnahmen der preußischen Universitäten 1931 etwa 26,7 Millionen RM.[138] Die staatlichen Zuschüsse waren etwa doppelt so hoch (Tabelle 4).

Die wirtschaftlichen Verhältnisse der Universitäten in der Weimarer Republik sind zu Recht mit einer «Achterbahn» verglichen worden.[139] Nach außerordentlich prekären Nachkriegsjahren, die durch Mittelknappheit, durch Inflation und schließlich durch die Hyperinflation gekennzeichnet waren, verbesserte sich die materielle Lage der Universitäten in den mittleren Jahren der Weimarer Republik deutlich. Innerhalb von sechs Jahren stiegen die Ausgaben des Preußischen Staates für die Universitäten von 44,4 Millionen RM (1924) auf 70,8 Millionen RM (1929). Auf diese Periode relativer Stabilisierung folgte jedoch 1930 ein erneuter Einbruch, der mit massiven Etatkürzungen verbunden war. 1932 erhielten die Universitäten vom preußischen Staat nur noch 43,2 Millionen RM (Tabelle 4). Das war eine Reduktion der staatlichen Zuwendungen um 40 Prozent innerhalb von drei Jahren. Drastische Kürzungen der Universitätsetats waren auch außerhalb Preußens an der Tagesordnung, beispielsweise in Sachsen und Württemberg.[140]

Tabelle 4: Ausgaben des preußischen Staates für die Universitäten, 1914–1933 (in Millionen RM)[141]

Jahr	Ausgaben	Jahr	Ausgaben
1914	26,8	1928	68,8
1919	22,9	1929	70,8
1924	44,4	1930	58,0
1925	46,1	1931	53,3
1926	49,7	1932	43,2
1927	60,0	1933	42,2

Das hatte für die Universitäten erhebliche Konsequenzen: Während in den mittleren Jahren der Weimarer Republik zahlreiche Neu- oder Umbauprojekte realisiert werden konnten, kam die Bautätigkeit 1931/32 weitgehend zum Erliegen. Selbst dringend notwendige Maßnahmen wie die Modernisierung der Kinderklinik in Leipzig oder der seit Jahren geplante Neubau der ersten Chirurgischen Universitätsklinik in Berlin mussten aufgeschoben werden. In Tübingen wurde der Neubau der Chirurgie im Rohbau gestoppt.[142] Gleichzeitig erfolgten Gebührenerhöhungen und Gehaltskürzungen. In Preußen wurden die Gehälter der Ordinarien zwischen 1930 und 1933 um ein Viertel reduziert. Für einen Sturm der Empörung sorgte 1931 eine preußische Notverordnung, mit der die Emeritierung, ein traditionelles Vorrecht der Professoren, durch die Pensionierung ersetzt werden sollte. Letztlich konnte dieses Vorhaben aber nicht umgesetzt werden, weil der Staatsgerichtshof die neue Regelung für verfassungswidrig erklärte.[143]

Die *Legitimationskrise der Universitäten* war hervorgerufen durch eine vielstimmige Kritik an der «Lebensferne» der Hochschulen sowie an der zunehmenden Spezialisierung und Aufsplitterung des Wissenschaftsbetriebes.

Für den Orientalisten und Hochschulpolitiker Carl Heinrich Becker lag im Verhältnis der Wissenschaft zum Leben die «eigentliche Krise im Wissenschaftsbegriff». An den Universitäten, so führte Becker 1925 aus, sei die «Lebensabgewandtheit das Glaubensbekenntnis der geisteswissenschaftlichen Mehrheit». Hier habe man «geradezu Angst vor der Beeinflussung durch das Leben und die Praxis». Die Gegenwart sei für viele Geisteswissenschaftler «das an sich Verdächtige, weil hier die reine Erkenntnis nie vor Fehlerquellen sicher ist, weil der Abstand fehlt», konstatierte Becker.[144] Ein charakteristisches Beispiel für diese Einstellung lieferte eine führende geisteswissenschaftliche Fachzeitschrift, die *Deutsche Vierteljahrsschrift für Literaturwissenschaft und Geistesgeschichte*, deren Redaktion es grundsätzlich ablehnte, Beiträge über noch lebende deutsche Schriftsteller zu publizieren.[145]

Der Philosoph Karl Löwith, damals ein noch weitgehend unbekannter Privatdozent, wurde mit dieser Haltung konfrontiert, als er in Marburg eine Vorlesung über die Frühschriften von Karl Marx anbot. Löwith bat darum, diese Lehrveranstaltung als Vorlesung für «Hörer aller Fakultäten» anzukündigen. Sein Wunsch wurde ihm mit der Begründung verweigert, eine Vorlesung über Marx sei nicht von allgemeinem Interesse. Als Löwith nachfragte, warum Vorlesungen über «Das Leben Mohammeds» oder «Die gotische Plastik in Frankreich» eher von allgemeinem Interesse sein sollten als die philosophischen Frühschriften von Marx, bekam er folgende Antwort: «Allgemeine Vorlesungen wie etwa über das Leben Mohammeds können Sie nicht zum Vergleich heranziehen. Hier handelt es sich um die großen führenden Männer der Weltgeschichte, über die ein abgeschlossenes Urteil vorliegt und die darum auch weite Kreise interessieren und keineswegs bloß die Fachleute oder eine bestimmte Gruppe.» Für Löwith war diese Argumentation ein «Muster» der damaligen akademischen Denkweise: «Eine geschichtliche Kraft muß schon ‹historisch› geworden sein, d.h. niemanden etwas angehen, um von allgemeinem Interesse zu sein.»[146]

Die Debatte über die «Lebensferne» von Universität und Wissenschaft zieht sich wie ein roter Faden durch die Reformdiskussion der 1920er und 1930er Jahre. Kritik an einer lebensfernen Wissenschaft kam von liberalen Hochschullehrern wie dem Wirtschaftswissenschaftler und Soziologen Alfred Weber, von Konservativen wie dem Historiker Gerhard Ritter und nicht zuletzt von den Nationalsozialisten.[147]

Nicht minder laut waren die Klagen über eine wachsende Spezialisierung universitärer Wissenschaft. Die rasche Zunahme des verfügbaren Wissens hatte zur Folge, dass die Universitäten zwar immer mehr Detailkenntnisse produzierten und vermittelten, aber immer weniger in der Lage waren, eine umfassende Orientierung zu geben – aus der Sicht Carl Heinrich Beckers eine «verhängnisvolle» Entwicklung:

> Unter dem Zusammenwirken von Spezialisten ging das eigentlich Problematische, das Grundsätzliche verloren und damit das Schöpferische. Wir erzogen Ohren-, Nasen- und Hautspezialisten, aber keine Ärzte; die germanistischen, romanistischen und sonstigen Philologen beherrschten virtuos die Lautverschiebungen und zählten alle Hebungen und Senkungen in der Dichtkunst; aber ein lebendiges Bild der Kulturzusammenhänge ihres Fachgebietes besaßen im günstigen Falle die klassischen Philologen.[148]

Diese Tendenz zur Spezialisierung trug dazu bei, dass die Öffentlichkeit den Universitäten zunehmend weniger Aufmerksamkeit schenkte.[149] Aus Sicht der Hochschulen war diese Entwicklung höchst problematisch, denn sie unterminierte den Anspruch der Professoren, als geistige Führer der Nation zu wirken. Begriffe wie «Synthese» oder «Ganzheit», die von dem Bemühen zeugten, der Spezialisierung entgegenzutreten, hatten daher in den intellektuellen Diskussionen der Weimarer Republik Hochkonjunktur.[150]

In den 1920er Jahren war diese Debatte über die Lebensferne der Wissenschaft, über Spezialisierung und Synthese im Wesentlichen ein akademischer Disput. Das änderte sich Anfang der 1930er Jahre. Denn nun übernahmen die nationalsozialistischen Studierenden diese Kategorien als politische Kampfbegriffe und nutzten sie für eine Fundamentalkritik der «liberalistischen Hochschule». 1932 war in einem Flugblatt des NS-Studentenbundes zu lesen:

Es gab eine Zeit, da waren die deutschen Hochschulen Brennpunkte des geistigen Lebens unseres Volkes, da schleuderte ein Fichte seine aufwühlenden Mahnrufe in die deutsche Nation, da rangen die Geister mit heißem Herzen um die Gestaltung der deutschen Weltanschauung. Und heute? ... Auf den Hochschulen ist die Spezialisierung zum Lebensprinzip erhoben, ihr Geist wird von der quantitativen Einstellung beherrscht. Die Quantität des Wissens bestimmt überwiegend die Examina ... An Stelle des Vollschauens ist das Teilsehen getreten ... Wir fordern von der Wissenschaft qualitative Werte, Erkenntnisse, die in fruchtbarer Beziehung zum Leben, zum Menschen stehen.[151]

Noch deutlich aggressivere Formulierungen finden sich in einer Broschüre des nationalsozialistischen Studentenführers Andreas Feickert.[152] Die Universität, so lautete der Tenor seiner Vorwürfe, habe zu den Problemen der Gegenwart nichts mehr zu sagen:

Die liberalistische Hochschule stand ohne Verbindung zum Leben, als kalter Hauch über dem Leben. Das Leben kümmerte sich nicht um sie, ... und sie kümmerte sich nicht um das Leben ... Wen interessierten die Bücher und die Probleme anders als wieder die Dozenten? ... Durch die bisherige akademische Ausbildung hat man ja im Grunde genommen alles getan, um den Akademiker im späteren Leben lächerlich zu machen, indem man ihn wirklichkeitsfern, abstrakt, als Mönch beinahe erziehen wollte. Das Ideal des liberalistischen Studenten ist doch letzten Endes der bücherochsende Streber, der das Leben und die Wirklichkeit zu kennen meint, wenn er Bücher über sie kennt.[153]

Der wichtigste Aspekt der universitären Krise war die *prekäre Situation des wissenschaftlichen Nachwuchses.* Die Zeitgenossen sprachen von «akademischer Berufsnot» und meinten damit die außerordentlich unsicheren Zukunftsaussichten in fast allen akademischen Berufen. Darunter litten insbesondere die Studierenden. Zeitgenössischen Schätzungen zufolge war die Zahl der Hochschulabsolventen in der Endphase der Weimarer Republik etwa zwei- bis dreimal so hoch wie der tatsächliche Bedarf an Akademikern.[154]

Zu den von diesem Problem besonders stark betroffenen Gruppen gehörten die habilitierten Nachwuchswissenschaftler. Über einen längeren Zeitraum hinweg hatte sich der Anteil der planmäßigen Professoren im Lehrkörper der deutschen Universitäten relativ kontinuierlich verringert, während gleichzeitig die Zahl der Privatdozenten und nichtbeamteten außerordentlichen Professoren erheblich größer geworden war.[155] Zu Beginn der 1930er Jahre bestand die überwiegende Mehrheit des Lehrkörpers aus in ungesicherten Verhältnissen lebenden habilitierten Nachwuchskräften. 1931 standen den 1721 Ordinarien 1364 Privatdozenten und 1301 nichtbeamtete außerordentliche Professoren gegenüber. Mithin kamen auf zwei Ordinarien drei habilitierte Nachwuchswissenschaftler, die darauf hofften, irgendwann einmal ein Ordinariat zu erhalten, obwohl die statistische Wahrscheinlichkeit, dieses Ziel jemals zu erreichen, gering war. Etwas günstiger wird das Bild, wenn man alle beamteten Professoren (Ordinarien und planmäßige Extraordinarien) den nichtbeamteten Hochschullehrern (Privatdozenten und nichtbeamtete außerordentliche Professoren) gegenüberstellt.[156] Dann ergibt sich ein Verhältnis von 1943 planmäßigen Professoren zu 2665 habilitierten Wissenschaftlern ohne Lehrstuhl. Auf 100 planmäßige Professoren kamen demnach 137 habilitierte Wissenschaftler, die auf einen Lehrstuhl hofften.[157]

Allerdings variierten die Karrierechancen der Nachwuchswissenschaftler je nach Fachrichtung erheblich. Besonders ungünstig war die Lage des Nachwuchses an den Medizinischen Fakultäten. Dort standen 100 beamtete Professoren 265 habilitierten Nachwuchswissenschaftlern ohne Lehrstuhl gegenüber. Ein beträchtlicher Überhang an habilitierten Nichtordinarien bestimmte auch die Situation in den naturwissenschaftlichen und geisteswissenschaftlichen Fächern. Hier lag das Verhältnis von beamteten und nichtbeamteten Hochschullehrern bei 100 zu 144 (Naturwissenschaften) und 100 zu 102 (Geisteswissenschaften). Ganz anders war die Lage dagegen an den Theologischen und Juristischen Fakultäten. Hier hatte sich schon seit Längerem die Praxis eingebürgert, die Zahl der Habilitationen an den voraussichtlichen Nachwuchsbedarf anzupassen.[158] Bei den Theologen kamen daher auf 100 beamtete Professoren nur 54 nichtbeamtete Hochschullehrer, an den Rechtswissenschaftlichen Fakultäten betrug das Verhältnis 100 zu 40.[159]

Zusammenfassend lässt sich festhalten, dass nur der juristische und theologische Nachwuchs zu Beginn der 1930er Jahre relativ gute Aussichten hatte, nach der Habilitation einen Lehrstuhl zu erhalten. In allen anderen Fakultäten waren die Karrierechancen für jüngere Wissenschaftler dagegen ausgesprochen miserabel. Nach Berechnungen, die der Hochschulverband 1931 veröffentlichte, konnte von den Privatdozenten und nichtbeamteten außerordentlichen Professoren der Philosophischen Fakultäten Anfang der 1930er Jahre nur etwa ein Drittel damit rechnen, jemals einen Lehrstuhl zu erhalten, an den Medizinischen Fakultäten war es sogar nur ein Siebtel.[160] Dabei muss aber berücksichtigt werden, dass nicht alle Nachwuchsärzte mit der Habilitation einen Lehrstuhl anstrebten. Manche Mediziner habilitierten sich hauptsächlich in Erwartung des der Habilitation folgenden Professorentitels, der den Weg in eine Chefarztposition ebnen sollte.[161]

Jene Wissenschaftler, die trotz der Überfüllung des akademischen Arbeitsmarktes schließlich eine planmäßige Professur erhielten, hatten darauf seit der Habilitation im Schnitt mehr als neun Jahre gewartet. Das durchschnittliche Erstberufungsalter, das 1880 noch unter 35 Jahren gelegen hatte, betrug 1931 schon 41,5 Jahre.[162]

Die extrem schwierige Lage des wissenschaftlichen Nachwuchses war nicht primär das Ergebnis der Weltwirtschaftskrise, sondern Folge einer längerfristigen Entwicklung. Allerdings verschärfte der Ausbruch der Weltwirtschaftskrise die bereits bestehenden Probleme, weil die massiven Etatkürzungen, denen die Hochschulen zwischen 1930 und 1933 ausgesetzt waren, die Karrierechancen des wissenschaftlichen Nachwuchses noch zusätzlich minderten. Um den Fiskus zu entlasten, wurde vielfach auf die Wiederbesetzung freiwerdender Lehrstühle verzichtet und gleichzeitig das Emeritierungsalter auf 68 oder sogar 70 Jahre heraufgesetzt.[163]

Es liegt nahe, die Existenzprobleme des wissenschaftlichen Nachwuchses als Ergebnis einer «Überproduktionskrise» zu deuten. Das ist indes nicht wirklich treffend, jedenfalls nicht in dem Sinne, dass die Hochschulen wissenschaftlichen Nachwuchs über den realen Bedarf hinaus ausgebildet hätten. Vielmehr ist die Anzahl der Lehrstühle seit dem Beginn des 20. Jahrhunderts deutlich hinter der wachsenden Zahl der Studierenden zurückgeblieben. 1920 und 1931 kam an den Universitäten ein ordentlicher Professor auf 60 Studierende, doppelt so viele wie zu Beginn des Jahrhunderts. Der Blick auf die Hochschullehrer insgesamt bestätigt diesen Trend, wenn auch, aufgrund der überproportionalen Zunahme der Nichtordinarien, weniger deutlich. Die Zahl der Studierenden pro Hochschullehrer stieg von 13 (1900) auf 21 im Jahr 1931 (Tabelle 5). Angesichts dieser Entwicklung fällt es schwer, die kritische Situation der habilitierten Nachwuchswissenschaftler auf dem akademischen Arbeitsmarkt als «Überproduktionskrise» oder «Überfüllungskrise» zu bezeichnen. Vielmehr war die von großen fiskalischen Problemen geplagte Weimarer Republik[164] schlicht außerstande, die Zahl der Lehrstühle an die rapide steigende Zahl der Studierenden anzupassen.

Tabelle 5: Die Relation von Hochschullehrern und Studierenden an den deutschen Universitäten, 1900–1931[165]

	1900	1910	1920	1931
Studierende	33790	53378	86624	103912
Hochschullehrer	2651	3233	3631	4924
Ordinarien (ohne Emeriti)	1119	1236	1447	1721
Studierende pro Hochschullehrer	13	16	24	21
Studierende pro Ordinarius	30	43	60	60

Über die materielle Lage der nichtbeamteten habilitierten Wissenschaftler informieren die regelmäßigen statistischen Erhebungen, die das preußische Kultusministerium in der Weimarer Republik durchführte. Von den 1557 Privatdozenten und außerordentlichen Professoren, die im Sommer 1931 an den preußischen Universitäten lehrten, waren 510 planmäßige oder außerplanmäßige Assistenten. Weitere 435 hatten einen regulären Hauptberuf, beispielsweise als Studienräte, Ärzte oder Lektoren. 259 Privatdozenten oder nichtbeamtete Professoren verfügten über einen besoldeten Lehrauftrag, ein Stipendium oder beides. Schließlich nennt die Statistik eine Gruppe von 248 habilitierten Wissenschaftlern, die ihr laufendes Einkommen aus «sonstiger vergüteter Beschäftigung» bezogen, beispielsweise als wissenschaftliche Hilfsarbeiter. Der preußischen Statistik zufolge waren nur 105 von 1557 Privatdozenten oder nichtbeamteten Professoren 1931 ohne laufendes Einkommen.[166]

In einer materiell ausweglosen Lage befanden sich die meisten Nachwuchswissenschaftler also nicht. Zwar ermöglichten die Stipendien, Lehrauftragsvergütungen oder Assistentenstellen in der Regel nur ein bescheidenes Auskommen. Sie reichten jedoch aus, um sicherzustellen, dass die meisten Privatdozenten und nichtbeamteten außerordentlichen Professoren selbst auf dem Höhepunkt der Weltwirtschaftskrise nicht am Hungertuch nagen mussten.

Besser erklären lässt sich die «verzweifelte Stimmung»[167] im wissenschaftlichen Nachwuchs, wenn man auf den soziologischen Begriff der Statusinkonsistenz zurückgreift. Statusinkonsistenz ist dann gegeben, wenn unterschiedliche Bestandteile des sozialen Status einer Person (Einkommen, Beruf, Bildungsniveau etc.) in einem nicht stimmig erscheinenden Verhältnis zueinander stehen. Der Begriff verweist in der hier skizzierten historischen Situation auf eine tiefe Kluft zwischen dem großen Sozialprestige des Hochschullehrerberufes, vor allem wenn er mit dem Professorentitel verbunden war, und dem oft prekären Lebensstandard des Nachwuchses. Im Alltag führte diese Kluft vielfach zu Situationen, die als demütigend empfunden wurden, wie ein Betroffener 1930 in der *Frankfurter Zeitung* anschaulich beschrieb:

> Wenn … in der Schule Geld gesammelt wird für die Beschaffung eines Gegenstandes oder einer Einrichtung, die der ganzen Schule zugute kommt, und sich jeder Schüler wenigstens mit fünfzig Pfennigen an der Sammlung beteiligt, und wenn dann der Sohn eines Professors sich auch nur mit diesem Minimum an der Sammlung beteiligen will, dann sagt ihm der Lehrer: Du kannst doch gut fünf Mark stiften, dein Vater ist doch Professor an der Universität. Wie beschämend für den Vater, wenn er dem Sohn gestehen muss, dass er ihm eigentlich nicht einmal die fünfzig Pfennige zu geben vermag. Der Lehrer ahnt zumeist nicht, dass der Vater des missachteten Schülers auf den Knien danken würde, wenn er eine gesicherte pensionsfähige Stelle und ein festes Gehalt hätte wie der Herr Studienrat.[168]

Vielleicht noch wichtiger war die weitverbreitete Empfindung, einen Lebensweg eingeschlagen zu haben, der sich als Sackgasse erwiesen hatte. Der Marburger Privatdozent Erwin Wiskemann hat dieses

Lebensgefühl seiner wissenschaftlichen Generation im Oktober 1932 auf dem Danziger Hochschultag beschrieben:

> Wir können … feststellen, daß selbst dort, wo das Einkommen gesichert ist, oder es jedenfalls für den Moment noch ausreichend ist, daß der Einzelne nicht mehr auszukommen glaubt. Es schwebt über ihm nicht nur die ganze Ungewissheit der allgemeinen Lage, nicht nur das Krisenhafte dieses Generationsumbruchs, sondern in ganz konkreter Weise steht er unter dem Eindruck des Nichtmehrvorwärtskommens. Die Barrieren sind vor ihm irgendwie zu. Bei uns ist es doch heute so, daß zahlreiche Lehrstühle nicht einmal mehr besetzt werden, daß eine Aussicht für den Nichtordinarius nicht mehr vorhanden ist.[169]

2. Die nationalsozialistische Machtübernahme an den Universitäten

Politik der Gleichschaltung

Das Wintersemester 1932/33 ging Ende Februar 1933 zu Ende. Fast zur selben Zeit setzte Reichspräsident Hindenburg mit der Verordnung zum Schutz von Volk und Staat alle wesentlichen Grundrechte der Weimarer Verfassung außer Kraft und leitete damit die entscheidende Phase der nationalsozialistischen Machtübernahme ein. Anfang Mai, zu Beginn des Sommersemesters, war die politische Landschaft bereits wesentlich verändert. Der Reichstag hatte sich mit dem Ermächtigungsgesetz selbst entmachtet, die Konzentrationslager füllten sich mit den Gegnern der neuen Machthaber, und das Gesetz zur Wiederherstellung des Berufsbeamtentums ermöglichte die Entlassung jüdischer und «politisch unzuverlässiger» Hochschullehrer. Im Zuge der Gleichschaltung der Länder waren die Kultusministerien fast überall von altgedienten Nationalsozialisten übernommen worden.[1]

An den Universitäten erhielt die Politik der Gleichschaltung ihre spezifische Dynamik aus zwei unterschiedlichen Quellen: zum einen durch die Gesetze, Verordnungen und Erlasse der neuen Kultusminister, zum anderen durch die Aktionen von nationalsozialistischen Studierenden, die versuchten, auf eigene Faust eine nationalsozialistische «Hochschulrevolution» zu inszenieren. An den Hochschulen gab es daher neben der «Machtergreifung von oben» 1933/34 auch eine «Machtergreifung von unten», getragen hauptsächlich von Mitgliedern des NS-Studentenbundes (NSDStB), die sich als Repräsentanten der neuen Zeit fühlten und im Namen der Jugend und des «Führers» die traditionellen Hierarchien ins Wanken brachten. Die daraus resultierenden Auseinandersetzungen zeigten alle Merkmale eines Generationskonflikts.[2]

Ihren ersten Höhepunkt erreichten die studentischen Aktionen kurz nach der Reichstagswahl vom 5. März 1933, bei der die Nationalsozialisten und ihre nationalkonservativen Verbündeten zusammen eine knappe absolute Mehrheit erreichten. In den Tagen danach ging der NSDStB dazu über, als erste offensive Machtdemonstration die Hakenkreuzfahne an zahlreichen Universitätsgebäuden zu hissen. Eine Parteifahne über einer Universität widersprach dem Selbstverständnis der deutschen Hochschulen auf eklatante Weise. Die Universitätsleitungen versuchten daher vielfach, die Studierenden an dieser symbolischen Besitznahme zu hindern, waren dabei aber nur selten erfolgreich.

In Göttingen verweigerte der Kurator das Aufziehen der Fahnen. Als die nationalsozialistischen Studenten trotz des Verbots die Fahnen hissten, ließ der Kurator sie wieder einziehen. Darauf reagierte ein SS-Mitglied mit einem Ultimatum: Wenn die Hakenkreuzfahnen nicht innerhalb einer halben Stunde wieder aufgezogen seien, werde man die zuständigen Beamten «wenn nötig unter Gewalt» dazu zwingen. Angesichts dieser Drohung gab die Universität schließlich nach.[3] In Köln marschierte am 8. März 1933 eine Abordnung von etwa hundert Nazis vor der Universität auf und hisste die Fahne der NSDAP, ohne sich auf Verhandlungen einzulassen. In einer Aktennotiz der Universitätsleitung hieß es lakonisch: «Der Abordnung wurde auf Anordnung des Rektors ... erklärt, daß der Rektor gegen die Hissung der Fahne Protest einlege, sich aber der Gewalt füge.»[4] In Heidelberg verhinderte Rektor Willy Andreas das Hissen der Fahne am 6. März 1933 noch mit dem Argument, er könne die Beflaggung als auf die Verfassung vereidigter Beamter nur gestatten, wenn eine entsprechende Verordnung des Ministeriums vorliege. Drei Tage später zählte dieses Argument nicht mehr. Ohnmächtig musste der Rektor zusehen, wie sich eine große Menge enthusiastischer Nationalsozialisten vor der Universität versammelte und Hakenkreuzfahnen auf den Universitätsgebäuden aufzog. Ähnliche Konflikte vollzogen sich auch anderswo. Mancherorts – etwa in Frankfurt – fügten sich die Universitätsleitungen von vornherein in das Unvermeidliche und verzichteten auf Widerspruch. Letztlich konnten die Nationalsozialisten sich im Streit um die Beflaggung der Hochschulen offenbar überall durchsetzen. Die Kraftprobe endete am 12. März mit einem Erlass des Reichspräsidenten, dass staatliche Gebäude in Zukunft sowohl mit der schwarzweiß-roten Fahne des Kaiserreichs als auch mit der Hakenkreuzfahne zu beflaggen seien.[5]

Selbstverständlich fühlten sich die nationalsozialistischen Studenten auch berufen, an der «Säuberung» der Universitäten mitzuwirken. In einem Rundschreiben, von der Presse als «Spionageerlass» betitelt, forderte der nationalsozialistische Reichsführer der Deutschen Studentenschaft Gerhard Krüger dazu auf, Informationen über jüdische, kommunistische, liberale und pazifistische Professoren zusammenzutragen und einen «wirksamen Boykott» gegen unerwünschte Hochschullehrer zu organisieren, «deren Entfernung aus dem Amt durch den Staat nicht sofort möglich ist».[6] Der Boykott sollte sich gezielt gegen einzelne herausragende Vertreter des «liberalen Systems» richten: «Wenn die Großen wirklich getroffen werden, so fallen die Kleinen rings von selbst mit.»[7]

An vielen Universitäten riefen die Studentenführer daraufhin zum Boykott bestimmter Professoren auf. Breitbeinig postierten sich Studenten in SA-Uniform vor den Hörsälen und sorgten für den Abbruch der Vorlesungen. Viele betroffene Hochschullehrer resignierten und beantragten ihre Versetzung in den Ruhestand. Andere hielten dem Druck stand und versuchten, ihre Lehrveranstaltungen trotz des Boykotts fortzusetzen. Zu den Letzteren gehörte der Berliner Jurist Martin Wolff. Wolff war bis 1933 der populärste Dozent der Juristischen Fakultät Berlin gewesen[8] und konnte zu Recht darauf vertrauen, dass ein Teil seiner Hörer weiter zu ihm halten würde. Die nationalsozialistischen Studierenden reagierten mit Vorlesungsstörungen und wüsten antisemitischen Beschimpfungen. Über Wolffs erste Vorlesung im Sommersemester 1933 berichtete sein Assistent Robert Krawielicki in einem Brief:

> Es war entsetzlich, Wolff hatte heute sein erstes Kolleg, und die Schamröte steigt mir ins Gesicht, wenn ich an das zurückdenke. Es ist mir völlig unbegreiflich, und selbst mit Psychose und Verhetzung nicht zu erklären ... Von der Mehrzahl der Hörer wurde er stürmisch begrüßt, die anderen lärmen und schreien. Auf der Tafel steht: Hört nicht bei Juden, boykottiert die Juden. Und als Wolff zum Schluß den Hörsaal verläßt, muß er durch eine Reihe von SA-Leuten Spießruten laufen, die ihm Pfuirufe ins Gesicht schreien, und «Jude verrecke».[9]

Trotz solcher Demütigungen gab Wolff nicht auf und setzte mit Unterstützung des Rektors und eines Teils der Studierenden seine Vorlesungen fort. Letztlich konnte er seine Vertreibung von der Berliner Universität aber nur hinauszögern. Im Juli 1935 wurde Wolff emeritiert. 1938 emigrierte er nach Großbritannien.[10]

Die Boykottaktionen, die in den Jahren 1934/35 fortgesetzt wurden, trafen in der Regel jüdische und «nichtarische» Hochschullehrer, die aufgrund der Ausnahmeregelungen des Berufsbeamtengesetzes von 1933 zunächst von der Entlassung verschont geblieben waren. An einigen Universitäten richtete sich der studentische Zorn aber auch gegen «arische» Professoren, wenn ihre Lehrveranstaltungen nicht regimekonform waren. In Tübingen kam es in der Vorlesung des katholischen Theologen Karl Adam zu tumultartigen Szenen. Nationalsozialistische Studenten warfen Adam vor, judenfreundliche Äußerungen getätigt zu haben, und beschimpften ihn als «schwarzes Mistvieh». Adam erhielt daraufhin ein Lehrverbot, das allerdings schon nach wenigen Tagen wieder aufgehoben wurde. Ähnlich erging es dem Tübinger Juristen Felix Genzmer, der in seiner Vorlesung kritische Bemerkungen zur NS-Ideologie gemacht hatte.[11]

An einer Reihe von Hochschulen kam es auch außerhalb der Lehrveranstaltungen zu Aktionen gegen einzelne Hochschullehrer. In Frankfurt wurde der Physiologe Gustav Embden von nationalsozialistischen Studenten aus seinem Institut gezerrt und musste sich mit dem Schild «Ich bin ein Jude» durch die Stadt führen lassen.[12] Andere Studierende brachen in das Haus des Physikers Friedrich Dessauer ein, der ihnen als Zentrumspolitiker jüdischer Abstammung verhasst war. Das Inventar des Hauses wurde geplündert oder mutwillig zerstört.[13] In Münster erschienen zwei SA-Leute im Pharmakologischen Universitätsinstitut und untersagten dem jüdischen Institutsdirektor Hermann Freund «die weitere Ausübung seiner dienstlichen Tätigkeit».[14] In Kiel drangen drei SA-Männer in die Wohnung des Astronomen Hans Rosenberg ein und teilten ihm mit, dass «er sich bis auf weiteres als vom Amt suspendiert zu betrachten habe».[15]

Studentische Übergriffe dieses Typs sprachen sich in der Universität zwar schnell herum, blieben einer größeren Öffentlichkeit aber weitgehend unbekannt. Für internationales Aufsehen sorgte dagegen die «Aktion wider den undeutschen Geist», die im April 1933 mit der Veröffentlichung eines Plakats startete, das in zwölf Punkten zum Kampf gegen die Juden aufrief.[16] Ihren Höhepunkt erreichte diese Kampagne einen Monat später mit den Bücherverbrennungen. In 19 deutschen Universitätsstädten[17] wurden unter den Augen zahlreicher Zuschauer die Werke jüdischer, marxistischer oder pazifistischer Autoren verbrannt. Die größte Aufmerksamkeit erhielt die Berliner Bücherverbrennung, die am 10. Mai auf dem Berliner Opernplatz stattfand. Als Hauptredner trat Propagandaminister Joseph Goebbels auf, der den Zuschauern verkündete, das «Zeitalter eines überspitzten jüdischen Intellektualismus» sei nunmehr zu Ende. Organisator dieser Kundgebungen war jedoch, im Gegensatz zu einer weitverbreiteten Legende, nicht das von Goebbels geleitete Propagandaministerium, sondern die seit 1931 von Nationalsozialisten geführte Deutsche Studentenschaft.

In vier Universitätsstädten exponierten sich auch Hochschullehrer als Redner bei den Bücherverbrennungen: die Germanisten Hans Naumann (Bonn) und Gerhard Fricke (Göttingen), der Philosophieprofessor Ferdinand Weinhandl (Kiel), der Kunsthistoriker Eugen Lüthgen (Bonn) und der evangelische Theologe Karl Bornhausen (Breslau).[18] Demgegenüber waren die Rektoren in der Regel bemüht, den studentischen Radikalismus zu entschärfen. Ihr Ärger richtete sich vornehmlich gegen den Plan der Studentenfunktionäre, an allen Hochschulen «Schandpfähle» zu errichten, um «undeutsche» Schriften anzuprangern («heute für Schriftsteller, morgen für Professoren»). Da das preußische Kultusministerium in dieser Frage den Standpunkt der Rektoren teilte, kam es letztlich nur in wenigen Universitätsstädten (Erlangen, Königsberg, Münster, Rostock) zur Aufstellung von «Schandpfählen».[19]

Auch in den folgenden Wochen und Monaten profilierten sich die nationalsozialistischen Studierenden als die entscheidende Kraft bei der Nazifizierung der Universitäten. Manche Professoren hatten das Gefühl, die nationalsozialistischen Studentenfunktionäre seien zum eigentlichen Machtzentrum der Hochschulen avanciert. «Was ist aus der stolzen Heidelberger Universität geworden», klagte der Historiker Otto Brandt 1934 einem Berliner Kollegen. «Nicht der Rektor, sondern ein wilder Studentenführer regiert, in dessen Vorzimmer Professoren über eine Stunde geduldig warten, bis sie gnädigst vorgelassen werden.»[20]

Einige Studentenführer hatten sich tatsächlich in einen veritablen Machtrausch hineingesteigert. So verkündete der Leipziger Hochschulgruppenführer des NSDStB, Eduard Klemt, im Juni 1933: «Wir sehen uns mit genau derselben Frechheit, wie einst als SA-Leute auf der Straße, heute im Hörsaal um und entscheiden, ob ein Professor bleiben kann oder nicht. Kriterium wird sein: Jener Mann kann nicht mehr Professor sein, weil er uns nicht mehr versteht ... Wir Jungen haben die Hochschule in der Hand und können daraus machen, was wir wollen».[21]

Sichtbarster Ausdruck dieses neuen Selbstbewusstseins war die scharfe öffentliche Kritik der Studentenfunktionäre an der Zurückhaltung, welche die meisten Professoren vor 1933 gegenüber dem Nationalsozialismus an den Tag gelegt hatten. Die Wissenschaft habe «kein Ohr mehr für den brausenden Strom des Lebens» gehabt, erklärte der Bundesführer des NSDStB, Gerd Rühle. Der Sieg der nationalsozialistischen Revolution sei daher «mit wenigen Ausnahmen ohne Verdienst der Hochschullehrerschaft, mitunter sogar in schroffstem Gegensatz zu ihr erfochten worden».[22] Auch konservative Hochschullehrer, welche die «nationale Erhebung» vielfach begrüßt hatten, wurden vom NSDStB nicht als Bündnispartner betrachtet, sondern als «Reaktionäre» abgelehnt. Eine stark nationalkonservativ ausgerichtete Universität wie Tübingen war für den Studentenführer Martin Sandberger «eine der reaktionärsten in ganz Deutschland».[23] Bald machte das Schimpfwort vom «verkalkten Professor» die Runde und wurde bis «zum Überdruß verbreitet», wie der Mathematiker Heinrich Behnke in seinen Memoiren berichtet.[24]

Die nationalistischen Professoren nahmen derartige Äußerungen als massive Herausforderung professoraler Autorität wahr. Als solche waren die studentischen Attacken offensichtlich auch gemeint, wie der Reichsführer der Deutschen Studentenschaft, Andreas Feickert, 1934 klarstellte:

> Es wird heute viel davon gesprochen, daß die Studentenschaft kein Autoritätsgefühl mehr habe, daß sie sich anmaße, zum Teil gleichberechtigt neben den Dozenten zu stehen. Sie hat Autoritätsgefühl, sie beweist es ja in SA und Arbeitsdienst, wo sie gehorcht ... Aber sie kann sich in dieser Zeit um die veraltete Autorität veralteter Professoren nicht kümmern.[25]

Die nationalsozialistische Presse und führende Politiker der NSDAP nahmen Vorwürfe dieser Art gern auf. Als der neue preußische Kultusminister Bernhard Rust im Mai 1933 erstmals vor die Berliner Universität trat, machte er sich die Kritik der studentischen Aktivisten ausdrücklich zu eigen:

> Meine Herren Professoren, begreifen Sie das Geschehen dieser Jahre! Es ist die Jugend selbst gewesen, die hier politisch vorangegangen ist ... Meine Herren Professoren, in diesen Jahren, wo dieser undeutsche Staat und seine undeutsche Führung der deutschen Jugend den Weg verlegten, da haben Sie in professoraler Einsamkeit und in Hingebung an Ihre große Forschungsarbeit übersehen, daß die Jugend in Ihnen den Führer der Zukunft der deutschen Nation suchte. Die Jugend marschierte, aber, meine Herren, Sie waren nicht vorn ... Ich fühle die ganze Verantwortung vor der Zukunft der deutschen Hochschule im besonderen, wenn ich Ihnen ein Wort sage, das Sie recht verstehen wollen, so wie es gemeint ist: Es verlieren nicht nur Könige ihre Krone, es verlieren ganze Generationen das Recht der Erstgeburt, wenn sie vor den großen Problemen der Nation nicht bestehen.[26]

Die selbstbewusste Aggressivität des NSDStB provozierte an einer Reihe von Hochschulen heftige Konflikte mit der Universitätsleitung. Rektoren, die den Nationalsozialisten offen entgegentraten, mussten sich in der Regel auf eine kurze Amtszeit einrichten. Das galt in verstärktem Maße für jene Rektoren, die zu den Anhängern der Weimarer Republik zählten. Der letzte frei gewählte Rektor der Universität Freiburg, der Anatom Wilhelm von Möllendorff, ein Mitglied der liberaldemokratischen DDP, der sein Amt am 15. April 1933 antrat, war sofort massiven Angriffen der nationalsozialistischen Presse ausgesetzt und entschloss sich schon fünf Tage später zum Rücktritt vom Rektorat. Seine Nachfolge übernahm Martin Heidegger.[27]

In Kiel konfrontierten die studentischen Aktivisten im Februar 1933 den Rektor August Skalweit, einen Nationalökonomen, mit einer politischen Wunschliste. Gefordert wurde unter anderem das Verbot der kommunistischen Studentengruppe, die Einrichtung eines Lehrstuhls für Kriegsgeschichte und Wehrpolitik sowie die Möglichkeit, universitäre Räume für eigene Veranstaltungen nutzen zu können. Skalweit, der sich einige Wochen vorher auf einer Rektorenkonferenz für «rücksichtslose Schärfe» gegenüber den «unruhigen Elementen» in der Studentenschaft ausgesprochen hatte,[28] reagierte ablehnend. Ein Gespräch mit Vertretern der Nationalsozialisten beendete er schon nach wenigen Minuten. Daraufhin wurden im Rektorat die Scheiben seines Amtszimmers eingeworfen. Es folgten Stinkbomben, die Öffnung von Hydranten, Demonstrationen, Protestversammlungen, Schlägereien und Polizeieinsätze. Als die Studierenden einen zweitägigen Proteststreik ankündigten, schlossen Rektor und Senat die Universität für drei Tage. Nach weiteren Verhandlungen, bei denen die Universitätsleitung Zugeständnisse machen musste, legte Skalweit am 5. März 1933 sein Amt als Rektor nieder. Die Studierenden rächten sich, indem sie seinen Namen öffentlich auf eine Liste «untragbarer» Professoren setzten. Skalweits Nachfolger wurde der Theologe und Historiker Otto Scheel. Scheel hatte vor 1933 als Gegner des Nationalsozialismus gegolten, vermied nun aber alles, was den Zorn der Nazi-Studenten hätte erregen können. Rückblickend urteilte sein Vorgänger, Scheel sei «wie weiches Wachs» in den Händen der Nationalsozialisten gewesen.[29]

In Berlin geriet Rektor Eduard Kohlrausch mit dem NSDStB in Konflikt, weil er sich im Vorfeld der Bücherverbrennung weigerte, das antisemitische Plakat «Wider den undeutschen Geist!» in den Räumen der Universität zu tolerieren. Kohlrausch beanstandete insbesondere die These 5 («Der Jude kann nur jüdisch denken. Schreibt er deutsch, dann lügt er») und die These 7: «Wir fordern ... von der Zensur: Jüdische Werke erscheinen in hebräischer Sprache. Erscheinen sie in Deutsch, sind sie als Übersetzung zu kennzeichnen.»[30] Obwohl Kohlrausch den Antisemitismus keineswegs grundsätzlich ablehnte, war er nicht bereit, solche «Entgleisungen» zu tolerieren. Die Berliner NS-Studenten reagierten mit einer Presseerklärung, in der sie die Entfernung des Plakats, «das von der Berliner Studentenschaft gesichert worden» sei, ablehnten und deutlich machten, dass sie den baldigen Rücktritt Kohlrauschs vom Rektorat erwarteten.[31] Zu einem weiteren Konflikt kam es Anfang Mai 1933, als Kohlrausch seinem jüdischen Kollegen Martin Wolff zu Hilfe eilte, der zur Zielscheibe aggressiver studentischer Boykottaktionen geworden war. Nachdem Kohlrausch auf diese Weise seine Bereitschaft gezeigt hatte, den Übergriffen der Studierenden entgegenzutreten, plädierten beträchtliche Teile des Senats und des Lehrkörpers für seine Wiederwahl als Rektor. Doch Kohlrausch lehnte ab und schied noch im Mai 1933 aus dem Amt. Zur Begründung teilte er dem Prorektor mit: «Selbst wenn ich das Vertrauen der Kollegen habe. Aber ich habe das Vertrauen der ‹Studentenschaft› nicht. So bin ich für die Universität eine untragbare Belastung. Meine Wahl würde als Provokation empfunden und wäre nur Auftakt zu Konflikten und Unruhen.»[32] Innerhalb weniger Monate waren der NSDStB und die von ihm kontrollierten «Studentenschaften» vom Unruhestifter am Rande des Geschehens zu einem hochschulpolitischen Machtzentrum mutiert, ohne dessen «Vertrauen» der Rektor der größten deutschen Universität keine Chance mehr sah, sein Amt erfolgreich auszuüben. Kohlrauschs Nachfolger im Rektorat, Eugen Fischer, ein Anthropologe, der versprach, sich «rückhaltlos» für «die nationalsozialistische Sache» einzusetzen,[33] hatte diese Probleme nicht.

An der Ablehnung des NSDStB scheiterte auch der nationalkonservative Rektor Hermann Stieve in Halle. Stieve war Anfang Mai 1933 gegen das dezidierte Votum der nationalsozialistischen Studentenführer mit großer Mehrheit zum Rektor gewählt worden. Der Anatom war jahrelang Mitglied der Deutschnationalen Volkspartei (DNVP) und des Stahlhelm, Bund der Frontsoldaten gewesen. Aber er hatte – was ihm der NSDStB übelnahm – vor der Reichspräsidentenwahl von 1932 nicht für Hitler, sondern für Hindenburg geworben. Zudem trat Stieve noch 1933 öffentlich für die Unabhängigkeit wissenschaftlicher Forschung vom Staat ein[34] und schreckte vor Konflikten mit den nationalsozialistischen Studierenden nicht zurück. Als drei führende Funktionäre des NSDStB Halle ihre neu gewonnene Machtposition nutzten, indem sie sich selbst Stipendien verschafften, versuchte Stieve erfolglos, ein Disziplinarverfahren gegen die drei Selbstversorger einzuleiten. Im Gegenzug erklärten die Studentenführer, die sich «schwer beleidigt» fühlten, man werde mit dem Rektor bis zur Beilegung des Konflikts nicht mehr verhandeln. Daraufhin verzichtete Stieve auf eine erneute Kandidatur für das Rektorat.[35]

Es wäre zu einfach, solche Auseinandersetzungen nur als Konflikt zwischen Studierenden und dem Lehrkörper zu sehen. Denn an vielen Hochschulen arbeiteten die nationalsozialistischen Studierenden eng mit sympathisierenden Hochschullehrern zusammen. In Hamburg war der NSDStB schon seit 1931 im Kontakt mit dem Historiker Adolf Rein, der sich Anfang 1933 mit einer Broschüre über die «Idee der politischen Universität» als Vordenker der neuen Zeit profilieren konnte.[36] An der Universität Leipzig gehörte dem 1933 gebildeten Nationalen Ausschuss für die Erneuerung der Universität neben zwei Studentenfunktionären auch der Extraordinarius Georg Gerullis an, ein Baltendeutscher. Als Vertrauensdozent des Leipziger NSDStB profilierte sich außerdem der Agrarwissenschaftler Arthur Golf.[37] In Halle fand der studentische Zentralausschuss zur Durchführung der nationalen Revolution mit dem Prähistoriker Hans Hahne und dem Internisten Heinz Kürten ebenfalls zwei Berater aus dem Lehrkörper der Universität.[38] An der Universität Tübingen konnten die nationalsozialistischen Studentenführer auf die Unterstützung des Volkskundlers Gustav Bebermeyer zurückgreifen.[39] In Rostock arbeiteten vor allem der Hygieniker Hans Reiter und der Chemiker Franz Bachér mit den nationalsozialistischen Studierenden an der Nazifizierung der Universität.[40] Für sie alle war die nationalsozialistische Machtübernahme der Beginn einer steilen Karriere. Mit Ausnahme von Golf, der schon in der Weimarer Republik zum Ordinarius ernannt worden war, und Reiter, der im Juli 1933 die Leitung des Reichsgesundheitsamtes übernahm, erhielten alle 1933/34 ordentliche Professuren. Rein, Gerullis, Golf und Hahne wurden zu Rektoren ihrer Universitäten ernannt. Für Bebermeyer wurde im April 1933 das Amt des «Kommissars der Universität Tübingen mit besonderen Vollmachten» geschaffen.[41] Bachér übernahm 1935 die Leitung der Hochschulabteilung im neu gegründeten Reichserziehungsministerium (REM).[42]

Ein weiteres Charakteristikum jener Zeit waren die zahlreichen Denunziationen, von denen auch die Hochschulen nicht verschont blieben.[43] Viele von ihnen lassen sich ebenfalls als eine Extremform des Generationenkonflikts verstehen. Denn im Regelfall waren es Assistenten, die ihre eigenen Chefs denunzierten, sei es aus ideologischem Fanatismus, sei es, weil sie sich schlecht behandelt fühlten oder weil sie auf den Lehrstuhl des Denunzierten hofften. In Bonn wurde der deutschnationale Dermatologe Erich Hoffmann von drei Mitarbeitern zu Fall gebracht, die sorgfältig «judenfreundliche» und regimekritische Äußerungen ihres Chefs protokolliert hatten («dass sich doch kein Jude findet, der den Hitler mal abknallt»). Resultat ihrer Denunziation war zunächst die Beurlaubung, dann die vorzeitige Emeritierung Hoffmanns.[44] Am Geologischen Institut der Universität Hamburg intrigierte der Assistent Rudolf Heinz gegen den Institutsleiter Roland Brinkmann, den er als Sozialdemokraten von ausgeprägt jüdischer Geisteshaltung charakterisierte. Nach längerem Kesseltreiben wurde Brinkmann 1937 aus der NSDAP ausgeschlossen und wenig später in den Ruhestand versetzt. Sein Verfolger erhielt im selben Jahr einen Lehrstuhl in Leipzig und avancierte während des Krieges zum Gaudozentenführer in Sachsen.[45] Am Zoologischen Institut der Universität Münster hetzte der habilitierte Assistent Heinrich Jakob Feuerborn die Studierenden gegen seinen Vorgesetzten Leopold von Ubisch auf, der ihm einst bei der Besetzung des Lehrstuhls vorgezogen worden war. Da Ubisch von den Nationalsozialisten als «Halbjude» kategorisiert wurde, war der Erfolg der Kampagne vorhersehbar. Ubisch, als «Frontkämpfer» des Ersten Weltkriegs eigentlich durch die Ausnahmeklauseln des Berufsbeamtengesetzes geschützt, gab schließlich auf und emigrierte nach Norwegen. Feuerborns Hoffnung, den freigewordenen Lehrstuhl übernehmen zu können, erfüllte sich jedoch nicht.[46]

Nicht immer hatten die von den Denunzianten erhobenen Vorwürfe politischen Charakter. Im Falle des Greifswalder Geographen Gustav Braun standen angebliche Devisenvergehen und eine unkorrekte Abrechnung von Vorlesungsgebühren im Zentrum der Kritik, die nicht nur von Assistenten, sondern auch von Studierenden vorgebracht wurde. Braun, ein autokratischer Ordinarius alter Schule, kam aufgrund dieser Vorwürfe in Untersuchungshaft und wurde im Oktober 1933 in den Ruhestand versetzt. Sein späterer Freispruch durch das Reichsgericht im Dezember 1934 änderte daran nichts mehr.[47] Tragisch endete die Denunziation des Pathologen Walter Gross in Münster, der von seinen nationalsozialistischen Assistenten durch Drohungen und Vorwürfe – Anlass waren angebliche Unterschlagungen seiner Sekretärin – in den Tod getrieben wurde. Aus Angst, die Kritik seiner Assistenten könnte ihn ins Konzentrationslager bringen, vergiftete Gross sich im September 1933 mit Zyankali. «Ich sehe keinen Ausweg gegenüber dem unerbittlichen Fanatismus dieser jungen Leute; und ich kann nicht leben von der Gnade solcher Menschen», hieß es in seinem Abschiedsbrief.[48] Der Terror des NSDStB, der damit verbundene Verlust an Rechtssicherheit, die sich häufenden Denunziationen und die schon im April einsetzenden Beurlaubungen unerwünschter Hochschullehrer[49] schufen ein Klima der Einschüchterung, das sich im Frühjahr 1933 nicht nur an den Universitäten, sondern in der deutschen Gesellschaft insgesamt ausbreitete. Unter dem Eindruck solcher Entwicklungen vollzog sich an den Hochschulen ein atmosphärischer Wandel. Ein offenes Gespräch im größeren Kreis über politische und hochschulpolitische Fragen war für diejenigen, die dem Regime mit Kritik, Vorbehalten oder Ablehnung gegenüberstanden, nicht mehr möglich. Über die veränderten «Beziehungen der Menschen untereinander» berichtete der Mathematiker Heinrich Behnke in seinen Memoiren: «Viele gingen auf Distanz ihren bisher freundschaftlich gesonnenen Kollegen und Nachbarn gegenüber. Man konnte ja nicht wissen, wie man durch den Umgang mit anderen Menschen belastet würde! ... Die großen Scharen von Überläufern mussten sich bewähren, und sie taten es, indem sie alle ihnen unzuverlässig erscheinenden Personen unentwegt beobachteten.»[50]

Zur «Gleichschaltung der Hochschulen mit dem Willen der Regierung» ordnete der kommissarische Kultusminister Preußens, Bernhard Rust, am 21. April die Neuwahl von Rektoren und Dekanen «sofort nach Semesterbeginn» an.[51] Die Kultusministerien der anderen Länder folgten dieser Initiative. Von freien Wahlen lässt sich nur noch bedingt sprechen. Zum einen ließ Rusts Runderlass keine Zweifel daran, dass der Minister die Wahl von Rektoren erwartete, die der neuen Regierung zumindest nahestanden, zum anderen wurde an einigen Universitäten erheblicher Druck auf die Wahlgremien ausgeübt, sich für bestimmte Kandidaten zu entscheiden, so unter anderem in Münster, Marburg und Hamburg.[52] Unter den neuen Rektoren befanden sich Konservative wie der Nationalökonom Dietrich Preyer (Königsberg) oder die Juristen Eberhard Schmidt (Hamburg) und Walther Merk (Marburg). An einigen Hochschulen gelangten nun aber erstmals prononcierte Anhänger des Nationalsozialismus in das Rektorat, unter ihnen Ernst Krieck (Frankfurt), Karl Lothar Wolf (Kiel) und Martin Heidegger (Freiburg).[53]

Einen gewissen Abschluss des Gleichschaltungsprozesses markierten die neuen Universitätsverfassungen, die zwischen August 1933 (Baden) und Januar 1934 (Hamburg) in Kraft traten.[54] Kernpunkt der neuen Verfassungen war die Einführung des «Führerprinzips», das den Rektor zum Führer der Universität und die Dekane zu Führern der Fakultäten erklärte. Abstimmungen und andere Gepflogenheiten, die an demokratische Strukturen erinnerten, waren fortan verpönt. In der Praxis stellte sich bald heraus, dass die realen Machtstrukturen weit vielschichtiger waren, als die offiziellen Texte vermuten lassen. Dennoch markierten die neuen Universitätsverfassungen eine hochschulpolitische Zäsur. Indem sie vor allem das Amt des Rektors stärkten, der fortan vom Ministerium ernannt wurde, bewirkten die neuen Regelungen eine Verlagerung der Kompetenzen von den Hochschulen zur Ministerialbürokratie und damit einen beträchtlichen Verlust an universitärer Autonomie.

Die Position des Hochschulverbandes

Wenn es eine Organisation gab, die 1933 den Anspruch erheben konnte, im Namen der deutschen Hochschullehrer zu sprechen, dann war dies der 1920 gegründete Verband der Deutschen Hochschulen. Obwohl der Verband de facto eine Interessenvertretung von Hochschullehrern war, definierte er sich offiziell als korporativer Zusammenschluss von Hochschulen. Neben den Universitäten und Technischen Hochschulen umfasste er die Forstwirtschaftlichen, Landwirtschaftlichen und Tierärztlichen Hochschulen, außerdem die Bergakademien und (seit 1932) die Handelshochschulen.[55] Oberstes Entscheidungsorgan des Verbandes waren die in der Regel alle zwei Jahre stattfindenden Hochschultage. Den Schwerpunkt der Verbandsaktivitäten bildete die Vertretung professioneller Interessen, etwa der Kampf gegen die Abschaffung der Emeritierung, die am Ende der Weimarer Republik zur Debatte gestanden hatte. Der Verband erhob seine Stimme aber auch, wenn es darum ging, «nationale Interessen» zu verteidigen. Dazu gehörte insbesondere die scharfe Kritik am Versailler Vertrag und an der «Kriegsschuldlüge».

Zum Grundbestand der hochschulpolitischen Überzeugungen gehörte die Ablehnung parteipolitischer Eingriffe in das Innenleben der Universitäten. Der Verbandsvorsitzende Fritz Tillmann, ein katholischer Theologe, hatte diese Position im Oktober 1932 auf dem Danziger Hochschultag noch einmal bekräftigt:

> Man hört heute wieder das Wort, daß die Reform der deutschen Hochschulen unter den Primat des Politischen gestellt werden müsse. Ich will nicht verkennen, daß diese Formel einen guten und gesunden Sinn haben kann. Aber unsere große Sorge ist ..., daß unter dem Politischen zumeist das Parteipolitische verstanden wird. Und dagegen werden wir uns, um der Hochschule und der Wissenschaft willen, mit unserer letzten Kraft wehren. Die deutsche Hochschule empfängt ihre Lebensform und die Gesetze ihrer Lebensführung aus der Idee der Forschung und der Freiheit der Wissenschaft und ihrer Lehre, nicht aber aus dem Machtwillen und dem Machtstreben irgendeiner Partei.[56]

Solche Aussagen richteten sich am Ende der Weimarer Republik auch gegen hochschulpolitische Maßnahmen der NSDAP. Im Braunschweiger Hochschulkonflikt von 1931/32 reagierte der Hochschulverband mit einer Eingabe an den Reichspräsidenten, in der Hindenburg gebeten wurde, aufgrund der Artikel 15 und 48 der Reichsverfassung gegen die Eingriffe des NSDAP-Ministers in die Selbstverwaltung der Hochschule vorzugehen.[57]

Die Frage, wie die Universitäten auf das aggressive Auftreten des NSDStB reagieren sollten, gehörte in der Endphase der Weimarer Republik zu den Kernfragen, mit denen sich der Hochschulverband auseinandersetzen musste. Um diese Frage entwickelte sich eine kontroverse Debatte auf dem Danziger Hochschultag im Oktober 1932.[58] Der Vorstand des Hochschulverbandes hatte eine Resolution vorbereitet, deren zentrale Passagen unmissverständlich an die Adresse des NSDStB gerichtet waren: «Parteipolitische Zersetzung, unverantwortliches Reden und Kritisieren, krampfhaftes Hoffen auf Unerreichbares zerwühlen den Körper des deutschen Volkes und gefährden die Universitäten». Eine Verabschiedung des Entwurfs scheiterte jedoch am Widerspruch des Berliner Erziehungswissenschaftlers Eduard Spranger. Spranger argumentierte, eine Erklärung gegen den Nationalsozialismus widerspreche «unserer immer wieder betonten unpolitischen Haltung». Zugleich forderte er seine Kollegen auf, mehr Verständnis zu zeigen für die «ungeheure Ursprünglichkeit» der nationalsozialistischen Studentenbewegung, obwohl auch er die «rüde Form», in der diese Bewegung daherkam, ausdrücklich bedauerte.[59] Andere Redner wandten sich ebenfalls gegen die Resolution, teils aus ähnlichen Gründen wie Spranger, teils aus Furcht, eine Kritik am NSDStB könnte auf die Studenten provozierend wirken. Schließlich wurde anstelle der ursprünglich vorgesehenen Erklärung einstimmig eine Botschaft an die Studierenden verabschiedet, die nur noch eine stark abgeschwächte Kritik an der Politik des NSDStB enthielt. Zwar kritisierte die Entschließung weiterhin «parteipolitische Zersetzung, unverantwortliches Reden und Bruderzwist bis zur Gewalttätigkeit». Im Zentrum aber stand nunmehr der Appell an gemeinsame Wertvorstellungen:

> Wir hoffen zuversichtlich, daß es gelingen wird, das Erbe der akademischen Kriegsgeneration zu neuem Leben zu erwecken und wieder wie in der Frontkämpferzeit eine Zusammenfassung aller deutschen Studenten zu schaffen, die bereit ist, gemeinsam mit uns ein einheitliches Reich des Geistes und der Tat zu bilden, unabhängig von zersetzendem Parteigeist, aufgebaut auf festem nationalem Willen und eingegliedert in das Ganze der deutschen Volksgemeinschaft.[60]

Spranger gehörte auch dem Vorstand des Hochschulverbandes an, der im Frühjahr 1933 vor der Herausforderung stand, auf die grundlegenden Veränderungen zu reagieren, die sich innerhalb und außerhalb der Hochschulen vollzogen. Der neunköpfige Vorstand – sechs Ordinarien und drei Nichtordinarien – bot in politischer Hinsicht ein heterogenes Bild: Der Vorstandsvorsitzende Fritz Tillmann war Mitglied der katholischen Zentrumspartei. Drei Vorstandsmitglieder, Ludwig von Köhler (Tübingen), Adolph Nägel (TH Dresden) und Alwin Schleicher (TH Aachen), waren zumindest zeitweise Mitglieder der nationalliberalen Deutschen Volkspartei (DVP) gewesen. Zwei weitere, Wilhelm Schlink (TH Darmstadt) und Edwin Fels (München), hatten sich der DNVP angeschlossen. Spranger war politisch ungebunden, hatte aber im Herbst 1932 öffentlich zur Wahl der DNVP aufgerufen.[61] NSDAP-Mitglieder gehörten dem Vorstand Anfang 1933 nicht an, aber einige Mitglieder zeigten Sympathie für die Regierung Hitler, wie Spranger später berichtet hat.[62] Möglicherweise dachte er dabei an den Geologen Friedrich Solger, der schon seit Jahren eine führende Rolle im Bund völkischer Lehrer spielte, oder an den Chemiker Alwin Schleicher, der noch im Frühjahr 1933 in die NSDAP eintrat.[63]

Nach Hitlers Ernennung zum Reichskanzler bemühte sich der Hochschulverband durch Kontaktaufnahme zu konservativen Regierungsmitgliedern, die Leitung des preußischen Kultusministeriums «überparteilich und fachmännisch zu besetzen». Doch schon wenige Tage später übernahm mit Bernhard Rust ein Nationalsozialist die Leitung des Ministeriums. Der Vorstandsvorsitzende Tillmann hoffte nun zumindest auf einen deutschnationalen Staatssekretär, der «Erfahrung und Tatkraft genug besitzt, um dem Minister den notwendigen Widerstand leisten zu können».[64] Diese Erwartung erfüllte sich ebenfalls nicht. Mitte März 1933 teilte Tillmann einem Vorstandskollegen mit, er sehe «sehr trübe in die Zukunft und fürchte auch für die Hochschulen allerhand Schlimmes».[65]

Angesichts der immensen politischen und hochschulpolitischen Veränderungen, die sich nach den Reichstagswahlen vom 5. März in rasender Geschwindigkeit vollzogen, wurde der Vorstand aus den Hochschulen gedrängt, eine Stellungnahme zu den aktuellen Ereignissen abzugeben. Tillmann sträubte sich jedoch lange gegen eine solche «Kundgebung», die er «nicht bloß für überflüssig, sondern für schädlich» hielt: «Sie bringen eine Spaltung in die Kollegenschaft und werden in der Öffentlichkeit falsch verstanden oder bewusst falsch gedeutet».[66] Doch schon wenige Wochen später wich der Verbandsvorstand von dieser Linie ab und veröffentlichte am 3. April eine knappe Erklärung gegen angebliche «Greuelpropaganda im Ausland», die ganz der offiziellen Regierungslinie entsprach.[67] Schließlich setzte sich am 21. und 22. April 1933 auf einer Vorstandssitzung in Würzburg der Standpunkt durch, dass eine grundsätzliche Stellungnahme des Verbandes zu den politischen Ereignissen unumgänglich sei. Eduard Spranger entwarf noch während der Sitzung einen Text, der nach interner Diskussion und einigen Abänderungen schließlich von allen anwesenden Vorstandsmitgliedern unterzeichnet wurde.

Der nationalkonservative Erziehungswissenschaftler Spranger hatte der Weimarer Republik distanziert gegenübergestanden, betrachtete aber auch die nationalsozialistische Machtübernahme mit großer Skepsis. Einer Freundin schrieb er im März 1933: «Ich bin nicht jung genug, um den Rausch zu teilen, nicht gewissenlos genug, mich zu verschreiben.» Gleichzeitig beklagte er, «daß das Wahre, in dem wir uns bisher gemeinsam glaubten, die tiefste Gefährdung durchmacht, die sich denken läßt».[68]

Für solche Gefühlsregungen war in einer öffentlichen Erklärung kein Platz. Dennoch gehört die am 22. April 1933 publizierte Würzburger Erklärung des Verbandsvorstandes zu den wenigen öffentlichen Dokumenten des Frühjahrs 1933, in denen neben Zustimmung und Unterstützung auch Vorbehalte gegen die nationalsozialistische Machtübernahme artikuliert wurden. Die Erklärung begann mit einem emphatischen Bekenntnis zur «nationalen Erhebung», vermied aber eine klare Stellungnahme zum Nationalsozialismus. Hitler wurde nicht erwähnt, wohl aber Reichspräsident Hindenburg:

> Die Wiedergeburt des Deutschen Volkes und der Aufstieg des neuen Deutschen Reiches bedeutet für die Hochschulen unseres Vaterlandes Erfüllung ihrer Sehnsucht und Bestätigung ihrer stets glühend empfundenen Hoffnungen. Wie sie das Reich Bismarcks im geistigen Sinne mitbegründet, es im Weltkrieg und gegen undeutsche Bedrohung der Nachkriegszeit verteidigt haben, so folgen jetzt ihre Professoren und Studenten den Führern, die der ehrwürdige Herr Reichspräsident eingesetzt hat, mit Vertrauen und Begeisterung.

Die Erklärung betonte weiter den Willen der Hochschullehrer zur Reform, ihre Bereitschaft, «neue Formen der Nationalerziehung» wie Arbeitsdienst oder Wehrsport zu unterstützen. Die Zerschlagung der Linksparteien, die seit Ende Februar im Gange war, wurde euphemistisch als «Fortfall unseliger Klassengegensätze» begrüßt.

Nach dieser grundsätzlichen Zustimmung zur «nationalen Auferstehung» meldete der Text in vier Punkten teils offen, teils verklausuliert Bedenken an: Die Erklärung bejahte zwar «eine Politisierung, die den gemeinsamen nationalen Willen stärkt», lehnte aber «*die* Form der Politisierung ab, die eine Verengung auf Sonderanschauungen» bedeute. Damit bekräftigte der Hochschulverband noch einmal seinen in der Vergangenheit unablässig wiederholten Grundsatz, dass die Wissenschaft frei bleiben müsse von parteipolitischem Einfluss. Weiter wurde die Notwendigkeit betont, die «Mannigfaltigkeit der Lebensformen und der Überzeugungen» zu bewahren. Doch war dieses Bekenntnis zum Pluralismus bereits mit einer erheblichen Einschränkung verbunden: «Für die Freiheit der Überzeugung, soweit sie aus deutschem Wesen entspringt, werden wir wie bisher mit Festigkeit eintreten.» Zudem formulierte der Vorstand des Hochschulverbandes ein deutliches Bekenntnis zur Autonomie der Hochschulen: «Wir verteidigen unsere alten ehrwürdigen Formen: die Selbstverwaltung durch Rektor, Senat und Fakultäten, ... die Selbstergänzung des Lehrkörpers.» Schließlich enthielt der Text einen Passus, der allgemein als Kritik an den nationalsozialistischen Studenten interpretiert wurde:

«Aus den inneren Kräften unserer Volksverbundenheit heraus werden wir ... den Kampf aufnehmen nicht nur gegen Bedrückung von außen, sondern auch gegen die Schädigung unseres Volkes durch Lüge, Gewissensdruck und ungeistige Art».[69]

Diese Erklärung lässt sich nicht als Ausdruck hemmungsloser Anbiederung abtun,[70] sie war vielmehr ein ambivalentes Dokument, das die widersprüchliche Gefühlslage vieler Hochschullehrer recht präzise zum Ausdruck brachte. Es spiegelte die weitverbreitete Aufbruchsstimmung im Bürgertum, die Hoffnung auf eine «nationale Wiedergeburt», die keineswegs nur bei eingefleischten Nationalsozialisten zu erkennen war, aber auch die berechtigte Furcht vor einer Zerstörung der akademischen Selbstverwaltung, vor parteipolitischen Eingriffen in das Innenleben der Hochschulen und vor dem überschäumenden Aktivismus der nationalsozialistischen Studierenden. Bemerkenswert an der Erklärung ist ferner das auffällige Schweigen über die zu erwartenden Massenentlassungen unerwünschter Hochschullehrer, die seit dem Inkrafttreten des Berufsbeamtengesetzes am 7. April 1933 auf der Tagesordnung standen. Hier deutete sich bereits an, dass jene Wissenschaftler, die in den folgenden Monaten und Jahren von den deutschen Universitäten vertrieben wurden, nicht mit der Solidarität ihrer Kollegen rechnen konnten.

Die Veröffentlichung dieser Erklärung rief zunächst nur schwache Reaktionen hervor. Das änderte sich erst Wochen später, nachdem Hitler sich bereit erklärt hatte, eine Delegation des Hochschulverbandes in der Reichskanzlei zu empfangen. Die Einladung führte zu einem Proteststurm, der die Reichskanzlei in Form zahlreicher Telegramme erreichte. Den Anfang machte die Deutsche Studentenschaft. Dort hatte man inzwischen bemerkt, dass die Kampfansage gegen «Lüge, Gewissensdruck und ungeistige Art» gegen die nationalsozialistischen Studierenden gerichtet war. Die Deutsche Studentenschaft reagierte rechtschaffen empört und erklärte, sie lehne den Hochschulverband ab, solange noch ein Unterzeichner des Aufrufs im Vorstand vertreten sei. Hitler wurde gebeten, den geplanten Empfang abzusagen. Diesem Vorgehen schlossen sich in einer konzertierten Aktion mehrere regimenahe Rektoren an, die im Zuge der Gleichschaltung der Hochschulen gerade erst in ihre Ämter gelangt waren – unter ihnen Martin Heidegger (Freiburg), Karl Lothar Wolf (Kiel), Hubert Naendrup (Münster), Ernst Leupold (Köln) und Ernst Krieck (Frankfurt).[71] Daraufhin sagte die Reichskanzlei den geplanten Empfang des Hochschulverbandes wegen «außergewöhnlich starker Arbeitsüberlastung» des Reichskanzlers ab.[72]

Spranger trat weiter mit offenem Visier für seine Überzeugungen ein. Drei Tage nach der Würzburger Erklärung bat er Minister Rust um seine Entpflichtung als Ordinarius an der Berliner Universität. Als Begründung verwies er zum einen auf den «Spionageerlass» der Deutschen Studentenschaft, zum anderen auf die Berufung des Nationalsozialisten Alfred Baeumler, dem das Ministerium einen Lehrstuhl für politische Pädagogik an der Universität Berlin einrichtete, ohne die Philosophische Fakultät an dieser Entscheidung zu beteiligen.[73] Das Rücktrittsgesuch sollte die Hochschullehrer aufrütteln, für die Autonomie der Hochschulen zu kämpfen. Diese Hoffnung erfüllte sich jedoch nicht. Spranger erhielt zwar «schöne Sympathiekundgebungen», wie er später berichtete, aber «keiner hat auch nur einen Finger gerührt, um meine Aktion zu unterstützen, worauf ich mit Bestimmtheit gerechnet hatte».[74] Das galt auch für den Hochschulverband, dessen Vorstand Spranger am 21. Mai 1933 mit einer weiteren Erklärung in den Rücken fiel: «Wenn Herr Professor Spranger mit gewissen Wendungen des Aufrufs vom 22. April die Deutsche Studentenschaft gemeint hat, so ist das eine persönliche Auffassung … Der Vorstand des Hochschulverbandes hat in seinem Aufruf durchaus keine Vorwürfe gegen die Deutsche Studentenschaft erheben wollen … Der Aufruf sollte vielmehr ein Bekenntnis der Deutschen Hochschulen zur nationalen Regierung und den Willen zur Mitarbeit beim Wiederaufbau unseres Staates zum Ausdruck bringen.»[75]

Diese Erklärung ist nicht nur ein Dokument der Charakterlosigkeit und der mangelnden Zivilcourage, sondern auch ein Indikator, der zeigt, wie stark sich die Atmosphäre an den Hochschulen innerhalb weniger Wochen verändert hatte und wie gering der Spielraum für öffentlichen Dissens inzwischen geworden war. Gleichzeitig verdeutlichte sie das Scheitern von Sprangers Initiative. Statt die Hochschullehrer für seine Ziele zu aktivieren, musste er sein Entlassungsgesuch zurückziehen.

Die Distanzierung von Spranger war eine der letzten Amtshandlungen des Vorstands. Schon wenige Tage später, am 1. Juni 1933, folgte auf dem Erfurter Hochschultag die Gleichschaltung des Hochschulverbandes. Zu dem Hochschultag konnten alle dem Verband angeschlossenen Hochschulen satzungsgemäß drei Vertreter entsenden: den Rektor sowie je einen Vertreter der Ordinarien und der Nichtordinarien. Unter der Regie von Erich Seidl, dem Führer der neu gegründeten Reichsfachschaft Hochschullehrer im NS-Lehrerbund (NSLB),[76] wurde in Erfurt ein neuer Vorstand gewählt, der sich «rückhaltlos zur nationalsozialistischen Weltanschauung» bekannte.[77] Den Vorsitz übernahm auf Drängen Seidls der weitgehend unbekannte Agrarwissenschaftler Friedrich Schucht von der Landwirtschaftlichen Hochschule Berlin. Schucht, ein «Märzgefallener» von 1933, setzte sich in einer Kampfabstimmung mit 64 zu 46 Stimmen gegen den nationalkonservativen Juristen Eduard Kohlrausch durch, der in den Wochen zuvor als Rektor der Berliner Universität durch seine Konflikte mit den nationalsozialistischen Studierenden für Schlagzeilen gesorgt hatte.[78] Wie Schucht später berichtete, waren es hauptsächlich die Vertreter der Nichtordinarien, die dem Verband «eine nationalsozialistische Führung brachten; die Ordinarien konnten sich in ihrer überwiegenden Mehrzahl von ihrer bisherigen Parteizugehörigkeit und engen traditionellen Bindung noch nicht freimachen».[79] Nach diesem Akt der Selbstgleichschaltung stand der erhofften Audienz bei Hitler nichts mehr im Wege. Bei dem Empfang, der am 23. Juni 1933 stattfand, hob der Hämatologe Viktor Schilling hervor, «dass unter den Nichtordinarien als der jüngeren Generation der Gedanke des Nationalsozialismus schon viel stärkere Ausbreitung gefunden habe, und dass wohl ein Drittel der jüngeren Hochschullehrer bereit sei, sich aus voller Überzeugung hinter die deutsche nationale Regierung zu stellen».[80]

Wie sich bald herausstellen sollte, war auch dem nunmehr gleichgeschalteten Hochschulverband keine Zukunft beschieden. Dafür sorgten zum einen interne Querelen. Mehrere Rektoren – darunter Martin

Heidegger (Freiburg), Ernst Krieck (Frankfurt) und Karl Lothar Wolf (Kiel) – stellten die Existenzberechtigung des Verbandes infrage, der durch das Führerprinzip überflüssig geworden sei.[81] Gewichtiger war indes das schroffe Verhalten des preußischen Kultusministeriums, das öffentlich bekannt gab, es werde in Zukunft nicht mehr mit dem Hochschulverband verhandeln.[82] Das Ministerium war gerade dabei, eine eigene Hochschullehrerorganisation, die «Dozentenschaften», zu gründen,[83] und empfand die Existenz des Hochschulverbandes offenkundig als überflüssig. Damit stand der Verband bereits drei Wochen nach seiner Selbstgleichschaltung mit dem Rücken zur Wand. Gegen seine Auflösung sprach indes die Existenz seiner Hinterbliebenenkasse, die den Nichtordinarien beziehungsweise ihren Angehörigen eine materielle Absicherung im Todesfall bot. Gestützt wurde der Verband zudem durch das Reichsministerium des Innern, das bemüht war, seinen – bescheidenen – hochschulpolitischen Einfluss auszubauen.

Vor diesem Hintergrund entstand im November 1933 unter der «Aufsicht» des Reichsinnenministeriums der Reichsverband der Deutschen Hochschulen als «freiwilliger» Zusammenschluss des Hochschulverbandes mit der Deutschen Rektorenkonferenz, der Kulturpolitischen Arbeitsgemeinschaft Deutscher Hochschullehrer, dem Bayerischen Hochschullehrerbund und der Gesellschaft «Deutscher Staat». Zum Führer der neuen Organisation ernannte das Reichsinnenministerium den Würzburger Rektor Herwart Fischer,[84] einen Gerichtsmediziner. Fischer versuchte, den Reichsverband als Interessenvertretung der Ordinarien und als Gegengewicht zu den «Dozentenschaften» neu zu positionieren.[85] Doch auch dieser Schritt bewahrte den Verband nicht vor dem Gang in die Bedeutungslosigkeit.[86] Seit der Gründung des Reichserziehungsministeriums im Frühjahr 1934 besaß das Reichsministerium des Innern keine hochschulpolitischen Kompetenzen mehr. Spätestens seit diesem Zeitpunkt führte der Reichsverband nur noch ein Schattendasein. Seine Auflösung erfolgte im November 1935 und erneut – nunmehr rechtskräftig – im Juli 1936. Das Verbandsvermögen und die Hinterbliebenenkasse wurden dem neu gegründeten Reichsdozentenwerk zugeschlagen.

Die Professorenaufrufe von 1933

Öffentliche Aufrufe und Erklärungen von Professoren zu aktuellen politischen Themen waren seit dem Ersten Weltkrieg Bestandteil des politischen Diskurses in Deutschland. Diese Tradition setzte sich im Jahr 1933 fort. Im Vorfeld der Reichstagswahlen vom 5. März 1933 sammelte der NSDStB «auf Wunsch des Führers» Unterschriften für einen Aufruf von Hochschullehrern, die erklärten,

> daß wir in der Machtübernahme Adolf Hitlers und dem Zusammenschluß der nationalen Kräfte, die am Wiederaufbau des deutschen Volkes mit tätig sein wollen, den richtigen Weg sehen, der ungeheuren Not und Verelendung des deutschen Volkes Einhalt zu gebieten ... Die marxistisch-bolschewistischen Einflüsse auf den Geist unseres Volkes müssen aufhören. Deshalb erklären wir uns bereit, an dem großen Aufbauwerk der Reichsregierung mit all unseren Kräften mitzuarbeiten.[87]

Die Veröffentlichung dieser Erklärung erfolgte am 3. März 1933 mit 301 Unterschriften von Privatdozenten und Professoren zahlreicher Hochschulen, darunter auch Lehrkräfte von Technischen und Landwirtschaftlichen Hochschulen, Pädagogischen Akademien, von der Forstlichen Hochschule Eberswalde und der Bergakademie Clausthal. 41 weitere Unterschriften wurden nachgeliefert.[88] Unter den Unterzeichnern war die Medizinische Fakultät Kiel besonders stark vertreten. Von 52 Professoren und Dozenten unterstützten immerhin 22 öffentlich die «Machtübernahme Adolf Hitlers».[89]

Im Vergleich zu früheren Aufrufen zugunsten der NSDAP in der Endphase der Weimarer Republik, die von maximal 56 Hochschullehrern unterzeichnet worden waren,[90] verweist die Zahl der Unterzeichner auf eine wachsende Akzeptanz des Nationalsozialismus im Lehrkörper der deutschen Hochschulen. Um die Wirkung des Aufrufes zu vergrößern, wurde der Text in einigen Universitätsstädten auch von örtlichen Presseorganen nur mit den Namen der lokalen Unterzeichner publiziert.[91]

Wie der Jenaer Rektor Abraham Esau in einem Rundschreiben konstatierte, war «die überwiegende Mehrzahl» der vom NSDStB angesprochenen Hochschullehrer «nicht geneigt, diesen Aufruf so zu unterzeichnen, wie er ihnen vorgelegt worden ist».[92] Esau formulierte deshalb einen alternativen Aufruf, der am 27. Februar an die Rektoren aller wissenschaftlichen Hochschulen versandt wurde. Im Gegensatz zum Aufruf des NSDStB sollte Esaus Erklärung nicht primär die Nationalsozialisten unter den Hochschullehrern ansprechen, sondern vor allem die nationalkonservative Mehrheit. Dementsprechend betonte der Text die Überparteilichkeit der neuen Regierung, die als eine Art patriotische Sammlungsbewegung dargestellt wurde. Positiver Bezugspunkt der Erklärung war Reichspräsident Hindenburg, während Hitlers Name überhaupt nicht erwähnt wurde:

> Die unterzeichneten deutschen Hochschullehrer begrüßen es mit großer Freude, dass die von dem Herrn Reichspräsidenten berufene nationale Reichsregierung es sich zur Aufgabe gemacht hat, über alle Parteiinteressen hinweg alle vaterländischen Kräfte des deutschen Volkes zu gemeinsamer Arbeit zu sammeln, damit endlich dem deutschen Volk der Weg zur Freiheit und Gleichberechtigung mit allen anderen Völkern und die Möglichkeit zu erfolgversprechender Arbeit auf allen Gebieten der Kultur und der Wirtschaft wieder offenstehe ... Wir sind der festen Überzeugung, dass jetzt der Augenblick gekommen ist, wo über alles Trennende hinweg das deutsche Volk zusammenstehen muss, unter der Führung seines verehrten Reichspräsidenten und der deutschen Männer, die sein Vertrauen haben.[93]

Die Reaktion an den Hochschulen fiel sehr unterschiedlich aus. Verschiedene Universitäten meldeten innerhalb weniger Tage eine große Anzahl von Unterzeichnern. Aus Breslau trafen 84 Unterschriften ein, aus Königsberg 102, aus Leipzig 105, aus Münster sogar 116. In Würzburg fanden sich aber lediglich 16 Unterzeichner, in Rostock nur 31. Und selbst in Jena unterzeichneten nur 21 Angehörige des Lehrkörpers den Aufruf ihres Rektors. Mehrere Rektoren äußerten grundsätzliche Bedenken: Aus Bonn antwortete Adolf Zycha, ein Jurist, er halte es «nicht für richtig», wenn die Hochschulen «ohne äußere Notwendigkeit» mit politischen Erklärungen hervorträten. Der Kölner Rektor Godehard Josef Ebers, ein Mitglied der katholischen Zentrumspartei, hielt die geplante Kundgebung sogar für «höchst gefährlich, weil sie einen Gewissenszwang ausübt und denjenigen Kollegen, die sich nicht anschließen, die nationale Gesinnung abspricht». Einige

Kölner Hochschullehrer, hauptsächlich Mediziner, beteiligten sich trotz dieser Einwände an der Unterschriftenaktion. «Schwerste Bedenken» äußerte auch der Rektor der Berliner Universität, Eduard Kohlrausch. Seine Entscheidung, den Jenaer Aufruf nicht an den Lehrkörper weiterzuleiten, wurde vom Universitätssenat nachträglich gebilligt.[94] Diesen Bedenken schloss sich der Vorsitzende des Hochschulverbandes, Fritz Tillmann, an. Marburgs Rektor Walther Merk, ein deutschnationaler Jurist, hatte zwar keine inhaltlichen Bedenken, äußerte aber «Zweifel, ob es überhaupt rätlich ist, daß wir Hochschullehrer in Wahlzeiten als *geschlossene Gruppe* an die Öffentlichkeit treten». Einige Rektoren, die sich nicht an der Unterschriftensammlung beteiligten, unter ihnen Eugen Locher in Erlangen, verwiesen zur Begründung auf die «Kürze der zur Verfügung stehenden Zeit». Obwohl Esaus Erklärung mehr Unterzeichner zählte als der Aufruf des NSDStB, verzeichnete der Jenaer Rektor somit nur an 4 von 23 Universitäten eine erhebliche Resonanz. Angesichts dieser enttäuschenden Bilanz verzichtete Esau letztlich auf eine Publikation.[95]

Neben solchen Versuchen, auf Reichsebene als politischer Faktor in Erscheinung zu treten, lassen sich vor Ort, an einzelnen Universitäten, auch lokale Initiativen nachweisen.

So erklärte eine Gruppe von Hochschullehrern der Berliner Universität in einem öffentlichen Aufruf, der am 4. März 1933 publiziert wurde, sie sehe «in dem Zusammenschluss der nationalen Kräfte unter Führung von Adolf Hitler als Reichskanzler den einzig möglichen Weg, das Vaterland aus seiner wirtschaftlichen Notlage und seelischen Bedrängnis herauszuführen zur Wiedergewinnung nationaler Würde, Wehrhaftigkeit und Freiheit».[96] Zu den neun Erstunterzeichnern dieser Kundgebung gehörten der Anthropologe Eugen Fischer, der Orthopäde Hermann Gocht, der Theologe Hans Lietzmann, der Chemiker Georg Lockemann und der Germanist Gustav Neckel. Drei von ihnen (Fischer, Lietzmann, Lockemann) waren Mitglieder der nationalkonservativen DNVP. Wie viele Berliner Hochschullehrer den Aufruf letztlich unterschrieben, ist nicht bekannt. Überliefert ist jedoch ein Protestschreiben des Historikers Friedrich Meinecke, der den Initiatoren vorwarf, «Unfrieden» und «Spaltung» in «unsere Reihen» zu tragen:

Es sollte den ersten Unterzeichneten nicht unbekannt sein, dass es viele Kollegen von stärkster nationaler Gesinnung gibt, die diese Kundgebung nicht mit ihrem vaterländischen Gewissen zu vereinigen vermögen. Sie fühlen sich ... unter einer Pression, wenn sie durch eine solche Aufforderung, das heutige Regierungssystem zu begrüßen, vor ein Ja oder Nein gestellt werden – umso mehr, als das heutige Regierungssystem dazu neigt, denjenigen die volle nationale Gesinnung abzusprechen, die sich nicht unbedingt zu ihm bekennen.[97]

Vier Monate später hatte sich die politische Situation bereits grundlegend gewandelt. Alle politischen Parteien außer der NSDAP waren verboten worden oder standen kurz vor der Selbstauflösung. Die NSDAP beherrschte die politische Szenerie konkurrenzlos. Die «nationale Erhebung» hatte sich in eine nationalsozialistische Machtübernahme verwandelt. Professorenaufrufe, die aus nationalkonservativer Perspektive für eine rechtsgerichtete Koalitionsregierung warben, waren damit obsolet geworden. Entsprechend eindeutig fiel eine Stellungnahme der Universität München aus, die am 11. Juni 1933 nach einstimmigem Beschluss des Senats zum Ausdruck brachte, «daß wir freudig bereit sind, an den Aufgaben des nationalsozialistischen Staates nach besten Kräften mitzuarbeiten».[98]

Noch weitreichender war eine Loyalitätserklärung der Universität Erlangen, die im Juli 1933 zunächst von der Medizinischen Fakultät und anschließend von einer Dozentenversammlung einstimmig gebilligt wurde. Der Text war an den Gauleiter Hans Schemm gerichtet, der die Universität am 1. Juli besucht hatte, und kam in seiner Wortwahl einer intellektuellen Selbstaufgabe gleich: «Die Erlanger Universität stellt alle ihre Kräfte freudig dem nationalsozialistischen Staat zur Verfügung. In welcher besonderen äußeren und inneren Form das geschehen soll, dazu erbitten wir Ihre Aufforderung.»[99]

Initiiert wurde die Erklärung vom Dekan der Medizinischen Fakultät, dem Chirurgen Otto Goetze. Zur Begründung verwies Goetze auf die Gefahr, dass Universitätsangelegenheiten zukünftig über die Köpfe der Professoren hinweg nur noch von der Regierung zusammen mit den nationalsozialistischen Studierenden geregelt werden könnten. Der schroffe Gegensatz zwischen dem neuen Staat und der Wissenschaft, der sich unnötigerweise entwickelt habe, müsse daher durch eine Initiative der Universität beendet werden. Die Professoren dürften nicht durch negative Kritik an mancherlei «noch Falschem» abseitsstehen. Heute müsse jeder entscheiden, ob er in die aktive Front eintreten oder sich ihr als Gegner widersetzen wolle. Neutralität könne es nicht geben.[100]

Die größte politische Unterschriftensammlung wurde 1934 unter dem Titel *Bekenntnis der Professoren an den deutschen Universitäten und Hochschulen zu Adolf Hitler und dem nationalsozialistischen Staat* veröffentlicht.[101] Mit rund 960 Unterzeichnern[102] war dies die quantitativ bedeutendste Erklärung deutscher Hochschullehrer seit dem Ersten Weltkrieg. Die Publikation dokumentierte darüber hinaus die Reden einer Kundgebung, die am 11. November 1933 auf Initiative des sächsischen NS-Lehrerbundes in Leipzig stattgefunden hatte. Anlass war die einen Tag später stattfindende «Volksabstimmung» über Hitlers Außenpolitik, insbesondere über seine Entscheidung, aus dem Völkerbund auszutreten. In Leipzig hatten neun Professoren vor einem überwiegend akademischen Publikum zur Unterstützung der nationalsozialistischen Politik aufgerufen – unter ihnen renommierte Gelehrte wie der Philosoph Martin Heidegger, der Theologe Emanuel Hirsch, der Kunsthistoriker Wilhelm Pinder und der Chirurg Ferdinand Sauerbruch. Hier wurde auch jene Erklärung präsentiert, die der sächsische NS-Lehrerbund wenig später allen Hochschulen mit der Bitte um Unterzeichnung zustellte und im August 1934 mit den Namen der Unterzeichner und den Redemanuskripten veröffentlichte.[103] Angesichts der großen Zahl der Unterschriften gilt diese Publikation vielfach als Indikator für das beträchtliche Ausmaß an Unterstützung, über das der Nationalsozialismus mittlerweile im Lehrkörper der deutschen Universitäten verfügte. Demgegenüber argumentierte Fritz K. Ringer, die Zahl von 960 Unterzeichnern beweise, dass das Dritte Reich nur «von einer kleinen Minderheit innerhalb der akademischen Welt Deutschlands voll und ganz unterstützt wurde».[104]

Bei genauerem Hinsehen erweisen sich beide Schlussfolgerungen als fragwürdig. Zum einen stammte ein beträchtlicher Teil der Unterzeichner nicht aus Universitäten, sondern aus Landwirtschaftlichen Hochschulen, Bergakademien, Lehrerbildungsanstalten, Forsthochschulen oder Philosophisch-Theologischen Hochschulen. 191 Unterschriften kamen von Wissenschaftlern, die an einer Technischen Hochschule tätig waren. Nur 338 der etwa 960 Unterzeichner lehrten an einer Universität. Das waren knapp 6 Prozent des Lehrkörpers der deutschen Universitäten im Wintersemester 1933/34. Lediglich an drei Universitäten (Hamburg, Marburg, Göttingen) konnte eine große Zahl von Unterschriften akquiriert werden. An manchen Universitäten wurden dagegen überhaupt keine Unterschriften gesammelt, so in Freiburg, Würzburg, Tübingen und Erlangen («vom Herrn Rektor abgelehnt, ad acta»), obwohl die NSDAP auch an diesen Universitäten mittlerweile über eine größere Zahl von Mitgliedern verfügte.[105]

Zum anderen ergibt eine Überprüfung der Namensliste, dass nicht wenige Unterzeichner in der Folgezeit von den Universitäten vertrieben wurden oder sich als Gegner des Nationalsozialismus exponierten. Zu den Hamburger Unterzeichnenden gehörten die «Nichtarier» Friedrich Ebrard, Otto Kestner, Walter Kirschbaum und Martin Mayer, außerdem der Mathematiker Emil Artin, der 1937 wegen seiner «nichtarischen» Ehefrau entlassen wurde, sowie die aus politischen Gründen vertriebenen Wissenschaftler Kurt Leese und Carl von Tyszka und die wegen «politischer Unzuverlässigkeit» entlassene Psychologin Margarete Eberhardt.[106] Aus Leipzig wurden unter anderem die Namen des Nationalökonomen Bruno Moll, des Zeitungswissenschaftlers Erich Everth, des Pädagogikprofessors Theodor Litt, des Philologen Konstantin Reichardt und des Anglisten Levin L. Schücking aufgelistet. Moll wurde 1934 als «Nichtarier» entlassen, Everth aus politischen Gründen vorzeitig emeritiert. Litt und Reichardt beendeten ihre Lehrtätigkeit in Leipzig 1937 aufgrund politischer Differenzen. Schücking, ein langjähriges Mitglied der Deutschen Friedensgesellschaft, gehörte zu den Leipziger Professoren, die 1933 aufgrund ihrer politischen Einstellung von der Entlassung bedroht waren.[107] Unter den Marburger Unterzeichnern befanden sich der Klassische Philologe Georg Rohde, der 1935 wegen seiner «nichtarischen» Ehefrau in die Türkei emigrierte, und der marxistische Romanist Werner Krauss, der 1943 aufgrund seiner Beteiligung am Widerstand («Rote Kapelle») vom Volksgerichtshof zum Tode verurteilt wurde.[108] Die

Wahrscheinlichkeit, dass alle diese Personen 1933/34 den Wunsch verspürten, freiwillig ein öffentliches Bekenntnis zu Hitler und zum NS-Staat abzugeben, dürfte sehr gering sein.

Wie aber kam die Namensliste dann zustande? Einer der Unterzeichner, Hans-Georg Gadamer, behauptete später, die Zustimmung der Marburger Universitätsangehörigen sei bei einer Versammlung eingeholt worden, «in der wir öffentlich gefragt wurden, ob jemand dagegen ist, und wo wir alle nicht den Mut hatten, Ja zu sagen; denn das hätte Emigration bedeutet. Das ist dann als Unterschrift für diesen Aufruf verwertet worden.»[109] Leider lässt sich diese Aussage nicht überprüfen.

Wichtiger ist aber vermutlich ein anderer Aspekt: Viele Hochschullehrer unterschrieben den Aufruf keineswegs in dem Bewusstsein, damit ein Bekenntnis zu Hitler und zum Nationalsozialismus abzulegen. Denn der den Hochschulen zur Unterschrift vorgelegte Text hatte ursprünglich einen politisch neutralen Titel: *Ruf an die Gebildeten der Welt.*[110] Und auch der Aufruf selbst war kein eindeutig nationalsozialistischer Text:

> Alle Wissenschaft ist unlösbar verbunden mit der geistigen Art des Volkes, aus dem sie erwächst. Voraussetzung erfolgreicher Arbeit ist daher die unbeschränkte geistige Entwicklungsmöglichkeit und die kulturelle Freiheit der Völker. Erst durch das Zusammenwirken der volksgebundenen Wissenschaftspflege der einzelnen Völker ersteht die völkerverbindende Macht der Wissenschaft. Unbeschränkte geistige Entwicklung und kulturelle Freiheit der Völker können nur gedeihen auf der Grundlage gleichen Rechts, gleicher Ehre, gleicher politischer Freiheit, also in der Atmosphäre eines wirklichen allgemeinen Friedens. – Aus dieser Überzeugung heraus richtet die deutsche Wissenschaft an die Gebildeten der ganzen Welt den Appell, dem Ringen des durch Adolf Hitler geeinten deutschen Volkes um Freiheit, Ehre, Recht und Frieden das gleiche Verständnis entgegenzubringen, welches sie für ihr eigenes Volk erwarten.[111]

Im Kern ging es in diesem Aufruf darum, im Ausland für die Akzeptanz der deutschen Außenpolitik zu werben, die zum damaligen Zeitpunkt auf die Überwindung des Versailler Vertrages ausgerichtet war. Dieses Ziel aber war in der gesamten deutschen Bevölkerung praktisch unumstritten. Selbst viele Deutsche, die dem Nationalsozialismus kritisch oder ablehnend gegenüberstanden, fanden die Außenpolitik des Regimes lange Zeit unterstützenswert.[112] Darüber hinaus wurden die «kulturelle Freiheit» und die «unbeschränkte geistige Entwicklungsmöglichkeit» beschworen, außerdem die «völkerverbindende Macht der Wissenschaft» und der «allgemeine Frieden» – allesamt Ziele und Werte, die im schroffen Gegensatz zur NS-Ideologie standen. Abgesehen von der en passant aufgestellten Behauptung, das deutsche Volk sei durch Hitler «geeint» worden, finden sich in dem Aufruf keine genuin nationalsozialistischen Inhalte. Erst der nachträglich eingefügte Titel der Publikation *(Bekenntnis der Professoren ... zu Adolf Hitler)* schuf eine politische Eindeutigkeit, die den namentlich aufgeführten Hochschullehrern im Augenblick der Unterzeichnung nicht bewusst sein konnte. Insofern sind die Unterschriften von Hochschullehrern, die offenkundig keine Nationalsozialisten waren, nachvollziehbar.

Letztlich verrät das *Bekenntnis der Professoren an den deutschen Universitäten und Hochschulen zu Adolf Hitler und dem nationalsozialistischen Staat* daher fast nichts über die Unterstützung, die der Nationalsozialismus mittlerweile im Lehrkörper der deutschen Universitäten erfuhr. Weder kann man davon ausgehen, dass alle Nationalsozialisten den Aufruf unterzeichnet haben, noch wäre es gerechtfertigt, alle Unterzeichner als Anhänger des Nationalsozialismus zu bezeichnen.

Die «Säuberung» der Universitäten

Die systematische Vertreibung von Hochschullehrern aus politischen Gründen vollzog sich in vier Etappen.[113]

Die erste Etappe begann wenige Wochen nach Hitlers Ernennung zum Reichskanzler mit dem Gesetz zur Wiederherstellung des Berufsbeamtentums vom 7. April 1933,[114] dessen Geltungsbereich später auch auf alle nichtbeamteten Hochschullehrer und Dozenten ausgedehnt wurde. Dieses Gesetz ordnete die Entlassung von Juden und «Nichtariern» (§ 3) an sowie von Personen, die «nicht die Gewähr dafür bieten, daß sie jederzeit rückhaltlos für den nationalen Staat eintreten» (§ 4). «Nichtarier» im Sinne der Ersten Verordnung zur Durchführung des Berufsbeamtengesetzes war jede Person, die mindestens ein jüdisches Großelternteil hatte.[115] Der antisemitische § 3 enthielt verschiedene Ausnahmeregelungen, von denen zwei bedeutungsvoll werden sollten: Ehemalige «Frontkämpfer» und Angehörige gefallener Soldaten blieben zunächst ebenso von Entlassungen verschont wie Hochschullehrer, die schon vor dem Ersten Weltkrieg zu Beamten ernannt worden waren. Diese Ausnahmeregelungen, von denen anfangs zahlreiche Hochschullehrer profitierten, erwiesen sich schon bald als Provisorium.

Die zweite Etappe begann im Herbst 1935 nach Inkrafttreten des Reichsbürgergesetzes, eines der berüchtigten Nürnberger Gesetze. Zwei Verordnungen zum Reichsbürgergesetz verfügten die Entlassung aller noch im Amt verbliebenen «jüdischen» Beamten und Hochschullehrer zum Ende des Jahres 1935. Nichtbeamteten Hochschullehrern und bereits emeritierten jüdischen Professoren wurde die Lehrbefugnis entzogen. Als Juden definierte die Erste Verordnung zum Reichsbürgergesetz alle Personen, die «von mindestens drei der Rasse nach volljüdischen Großeltern» abstammten.[116]

Die dritte Etappe fiel in die Jahre 1937/38. Jetzt traf es zum einen die «jüdischen Mischlinge», die ein oder zwei jüdische Großelternteile hatten, zum anderen jene Hochschullehrer, deren Ehepartner als Juden oder «Mischlinge» galten. Ausnahmen wurden nur gemacht, wenn «eine strenge Prüfung ergeben hat, daß der Beamte nicht nur fachlich besonders tüchtig, sondern auch wegen besonderer Zuverlässigkeit, wegen schwerer Kriegsbeschädigung oder wegen besonderer Verdienste um die Partei oder sonstiger Verdienste der Belassung im Amte ... würdig ist».[117] Auf diese Weise überstand eine Handvoll Hochschullehrer den Säuberungsprozess, obwohl sie vom Regime als «Mischlinge» oder als «jüdisch versippt» eingestuft worden waren.[118]

Die vierte und letzte Etappe dieser Entwicklung fiel in das Jahr 1939, als das Reichserziehungsministerium nach Inkrafttreten einer neuen Reichs-Habilitations-Ordnung die bereits habilitierten Dozenten und nichtbeamteten außerordentlichen Professoren dazu verpflichtete, einen Antrag auf Ernennung zum «Dozenten neuer Ordnung» zu stellen. Diese Regelung führte zu einer erneuten Überprüfung nahezu aller nichtbeamteten Hochschullehrer. Als Ergebnis dieser letzten systematischen «Säuberung» der Universitäten des «Altreichs» musste eine Reihe von Hochschullehrern, denen die Ernennung zu Dozenten neuer Ordnung beziehungsweise zu außerplanmäßigen Professoren verweigert wurde, aus dem Hochschuldienst ausscheiden. Unter den Betroffenen war eine größere Zahl von Dozenten, die aufgrund ihrer kirchlichen Bindungen als politisch suspekt galten. Insgesamt blieb die Zahl der politisch-ideologisch motivierten Ablehnungen in dieser vierten Etappe aber gering.[119]

Was war das Ergebnis dieser Politik? Tabelle 18 (Anhang) gibt einen Überblick über die Vertreibungsverluste aller deutschen Universitäten in den zwölf Jahren der nationalsozialistischen Diktatur. Ausgangspunkt dieser Tabelle ist der gesamte Lehrkörper im Wintersemester 1932/33 – von den Emeriti bis zu den Lehrbeauftragten und Lektoren.[120]

Bei der Analyse der Vertreibungsverluste wird zwischen Entlassungen, entlassungsähnlichen Fällen und freiwilligen Rücktritten mit politischem Hintergrund unterschieden: Zu den Entlassenen zählen alle Dozenten, die aufgrund einer offiziellen Verfügung aus der Universität ausscheiden mussten. «Entlassungsähnliche Fälle» sind alle Angehörigen des Lehrkörpers, die durch Aufgabe ihrer Lehrtätigkeit mit größter Wahrscheinlichkeit einer späteren Entlassung zuvorkamen. Dazu zählen insbesondere sämtliche Personen, die als «Nichtarier» galten. Diese Kategorie schließt außerdem Hochschullehrer ein, die vor einer unausweichlichen Entlassung verstarben oder Suizid begingen. Ein «freiwilliger Rücktritt mit politischem Hintergrund» ist dann gegeben, wenn Hochschullehrer ihre Tätigkeit aus eigenem Entschluss aufgaben, ohne dass beim Verbleiben im Amte eine Entlassung unausweichlich gewesen wäre.[121] Unberücksichtigt bleiben dagegen Versetzungen an andere Hochschulen sowie Entlassungen, die schon nach kurzer Zeit wieder aufgehoben wurden.

Um die Statistik übersichtlicher zu gestalten, werden in den folgenden Tabellen die entlassungsähnlichen Fälle den Entlassungen zugeordnet. Wie Tabelle 18 (Anhang) zeigt, wurden im Dritten Reich insgesamt rund 19,5 Prozent des Lehrkörpers entlassen. Tatsächlich war der personelle Verlust, den die deutschen Universitäten durch die nationalsozialistische Politik erlitten, noch größer. Denn in diese Verlustbilanz müssen auch jene Wissenschaftler einbezogen werden, deren Ausscheiden hier als «freiwilliger Rücktritt mit politischem Hintergrund» bezeichnet wird. Zahlenmäßig war diese Gruppe allerdings klein. An den 23 damals in Deutschland bestehenden Universitäten lassen sich insgesamt 58 Wissenschaftler dieser Gruppe zuordnen. Dies ist ein zusätzlicher Verlust von rund 0,9 Prozent. Insgesamt haben die deutschen Universitäten nach der nationalsozialistischen Machtübernahme somit rund 20,5 Prozent, ein Fünftel ihres Lehrkörpers aus politischen Gründen eingebüßt.

Tabelle 6: Entlassungen an den deutschen Universitäten nach Entlassungsgründen (1933–1945)[122]

Entlassungsgründe	**Entlassungen**	
	absolut	**in %**
Juden	379	31,6
«Nichtarier»	465	38,8
Jüdischer bzw. «nichtarischer» Partner	115	9,6
Andere Entlassungsgründe	240	20,0
Zusammen	1199	100,0

Tabelle 6 informiert über die Entlassungsgründe. 31,6 Prozent der Entlassenen mussten aus der Universität ausscheiden, weil sie der jüdischen Religionsgemeinschaft angehörten. Die größte Gruppe der Betroffenen (38,8 Prozent) bildeten jene Wissenschaftler, die aufgrund ihrer (teilweise) jüdischen Herkunft entlassen wurden, obwohl sie dem Judentum nicht oder nicht mehr angehörten. Da die Angehörigen dieser Gruppe, von wenigen Konfessionslosen abgesehen, fast alle Mitglieder einer christlichen Kirche waren, ist es nicht sinnvoll, sie dem Judentum zuzurechnen. Stattdessen werden sie hier als «Nichtarier» bezeichnet, um deutlich zu machen, dass es sich um eine oktroyierte Identität handelte, die aus der rassistischen Ideologie des

Nationalsozialismus resultierte. Weitere 9,6 Prozent der Entlassungen betrafen Wissenschaftler, deren Partner Jüdinnen oder jüdischer Herkunft waren. Zusammengerechnet sind also 80 Prozent der betroffenen Wissenschaftlerinnen und Wissenschaftler aus antisemitischen Gründen entlassen worden, obwohl nicht einmal ein Drittel der Entlassenen zur jüdischen Religionsgemeinschaft gehörte. Die übrigen 20 Prozent werden in der Kategorie «andere Entlassungsgründe» zusammengefasst. Diese Kategorie umfasst im Wesentlichen sechs verschiedene Gruppen:

Erstens: *Angehörige der Linksparteien.* Entlassene Anhänger der Linksparteien gehörten, soweit sie parteipolitisch organisiert waren, ganz überwiegend der SPD an, vereinzelt auch der KPD oder einer der linken Splitterparteien.[123] Während alle KPD-Anhänger sofort nach der nationalsozialistischen Machtübernahme entlassen wurden, verfuhr der NS-Staat mit Sozialdemokraten, soweit sie «Arier» waren, weniger rigoros. Einige wenige SPD-Mitglieder überstanden daher die Phase der Säuberungen. In Marburg beispielsweise konnte der sozialdemokratische Theologe Georg Wünsch seine Lehrtätigkeit mit Unterstützung des NSDAP-Kreisleiters fortsetzen, nachdem er sich öffentlich zum «nationalen Aufbruch» und zur Bedeutung von Rassen als «Urmächte des Daseins» bekannt hatte.[124]

Zweitens: *Konfessionell gebundene Hochschullehrer.* An den Theologischen Fakultäten wurden anfangs vor allem pazifistische Professoren entlassen, beispielsweise Mitglieder des Friedensbundes Deutscher Katholiken. Später waren in erster Linie Mitglieder der Bekennenden Kirche von den Säuberungen betroffen, unter anderem Dietrich Bonhoeffer, dem 1936 die Lehrbefugnis entzogen wurde. Seit 1938/39 waren konfessionell gebundene Professoren an den Universitäten generell unerwünscht – Resultat einer wachsenden Feindseligkeit der Nationalsozialisten gegen die christlichen Kirchen.[125]

Drittens: *Liberale.* Von den Hochschullehrern, die während der Weimarer Republik liberalen Parteien angehört hatten, waren vornehmlich Mitglieder der Deutschen Demokratischen Partei (DDP) und ihrer Nachfolgeorganisation, der Deutschen Staatspartei, gefährdet, weil sie als liberaldemokratische Kraft das verhasste Weimarer

«System» repräsentierte. Zudem galt die DDP zu Recht als die politische Partei, die von den meisten deutschen Juden gewählt und unterstützt wurde.[126] Die Mitgliedschaft in der DDP allein führte jedoch nicht automatisch zur Entlassung.

Viertens: *Nationalkonservative.* Die Nationalkonservativen agierten 1933 als Bündnispartner und Steigbügelhalter der Nationalsozialisten, verloren aber im Laufe der 1930er Jahre zunehmend an Einfluss. Ein Teil der nationalkonservativen Hochschullehrer lief in das nationalsozialistische Lager über, während andere auf Distanz blieben. Von den Letzteren standen einige im Kontakt zum konservativen Widerstand. Zu nennen sind hier in erster Linie die Freiburger Kreise, deren Angehörige während des Krieges teilweise inhaftiert und entlassen wurden.[127]

Fünftens: *Homosexuelle.* Homosexuelle Opfer nationalsozialistischer Vertreibungspolitik spielen in der Literatur zur Universitätsgeschichte im Dritten Reich fast keine Rolle. Dies liegt wohl hauptsächlich an der geringen Zahl der Betroffenen. Unter den 1199 entlassenen Wissenschaftlern mussten 9 Personen ihre Lehrtätigkeit wegen des Vorwurfs homosexueller Handlungen einstellen. Zudem handelte es sich bei den entlassenen Homosexuellen mehrheitlich um aktive Nationalsozialisten.[128] In dieser speziellen Gruppe lassen sich die Grenzen zwischen Verfolgern und Verfolgten daher nicht immer eindeutig ziehen, ein Befund, der dazu beigetragen hat, dass diese Opfergruppe in der Vergangenheit manchmal ignoriert wurde.

Sechstens: *Freimaurer.* Die Freimaurer wurden im Dritten Reich zu den «überstaatlichen Mächten» gezählt, als «Instrument des Judentums» diffamiert oder als Propagandisten «der westlichen Humanitäts- und Verbrüderungsideologie» attackiert.[129] Die Mitgliedschaft in einer Freimaurerloge konnte daher nach 1933 zu vielfältiger Diskriminierung führen. Auch unter den vertriebenen Hochschullehrern finden sich mindestens 20 ehemalige Logenangehörige. Bei den meisten lagen allerdings neben der Logenzugehörigkeit zusätzliche Gründe vor, warum sie aus Sicht des Regimes unerwünscht waren: eine jüdische Herkunft oder eine «nichtarische» Partnerin, die aktive Tätigkeit in liberalen Parteien oder politisch unerwünschte Publikationen. Die

Logenzugehörigkeit wirkte wie ein Minuspunkt in der Personalakte, der nur dann zur Entlassung führte, wenn weitere Minuspunkte hinzukamen. Dementsprechend konnten andere ehemalige Freimaurer ihre Hochschullaufbahn fortsetzen.[130]

In ihrer großen Mehrzahl wurden die entlassenen Lehrkräfte also Opfer der antisemitischen Politik des Regimes. Vor diesem Hintergrund ist die Statistik über die Entlassungszahlen der einzelnen Universitäten (Tabelle 18 im Anhang) höchst aufschlussreich. Von den insgesamt 1199 Entlassungen entfielen 498 (41,5 Prozent) auf nur drei Universitäten (Berlin, Frankfurt, Breslau). Andere Universitäten wie Würzburg, Erlangen und Tübingen blieben demgegenüber von der Säuberungspolitik weitgehend unberührt. Diese Zahlen reflektieren nicht, wie vermutet werden könnte, die unterschiedliche Härte des Regimes im Umgang mit realen oder vermeintlichen Gegnern. Denn gerade im Falle der jüdischen oder «nichtarischen» Hochschullehrer hatten die Kultusministerien keinen wirklichen Handlungsspielraum. Juden wurden in jedem Fall entlassen – unabhängig davon, ob sie hochdekorierte Frontkämpfer des Ersten Weltkriegs oder Kommunisten waren. Wissenschaftler jüdischer Herkunft blieben nur in wenigen Ausnahmefällen verschont. In erster Linie zeigen die höchst unterschiedlichen Entlassungszahlen der einzelnen Universitäten somit an, wie groß der Anteil jüdischer und «nichtarischer» Wissenschaftler im Lehrkörper der verschiedenen Universitäten vor 1933 war.

Im Zuge der Durchführung des Berufsbeamtengesetzes mussten die entlassenen Lehrkräfte Auskunft über ihre Mitgliedschaft in politischen Parteien geben. Die Auswertung solcher und anderer Quellen bietet die Chance, ein politisches Profil der Entlassenen zu erstellen. Tabelle 7 berücksichtigt sämtliche Parteimitgliedschaften der entlassenen Lehrkräfte während der Weimarer Republik, soweit sie aus den Akten erschlossen werden können, darunter auch kurzfristige Mitgliedschaften, die schon vor 1932 wieder beendet worden waren.

312 (26 Prozent) entlassene Lehrkräfte waren zwischen 1919 und 1932 Mitglieder einer politischen Partei. Bemerkenswert: Während die deutschen Hochschullehrer insgesamt mehrheitlich Parteien wie die nationalkonservative DNVP oder die rechtsliberale DVP unter-

stützten, die der Weimarer Demokratie ablehnend oder zumindest distanziert gegenüberstanden, gehörten die entlassenen Hochschullehrer überwiegend Parteien an, die die Weimarer Republik unterstützten (Tabelle 7). Das waren in erster Linie die liberale Deutsche Demokratische Partei (DDP) und deren Nachfolgeorganisation, die Deutsche Staatspartei (DStP), sowie die Sozialdemokratische Partei Deutschlands (SPD). Die nationalliberale DVP, die nationalkonservative DNVP und das katholische Zentrum verfügten unter den Entlassenen über deutlich weniger Rückhalt. Zahlenmäßig unbedeutend blieben die Mitglieder der Kommunistischen Partei (KPD) und, wenig überraschend, auch die Nationalsozialisten (NSDAP).

Tabelle 7: Mitglieder politischer Parteien unter den entlassenen Lehrkräften (1919–1932)[131]

KPD	4
SPD	83
DDP/DStP	110
DVP	43
Zentrum	19
DNVP	39
NSDAP	6
Andere	8
Zusammen	312

Die winzige Gruppe der Dozentinnen, die am Ende der Weimarer Republik gerade einmal 1,2 Prozent des Lehrkörpers stellten, wurde durch die Entlassungen deutlich stärker dezimiert als die große Gruppe ihrer männlichen Kollegen: Von insgesamt 74 Wissenschaftlerinnen sind 26 (35 Prozent) entlassen worden, wie aus Tabelle 28 (Anhang) hervorgeht. Wenn wir darüber hinaus drei Wissenschaftlerinnen berücksichtigen, die aus eigenem Entschluss die Universität verließen («freiwilliger Rücktritt mit politischem Hintergrund»), dann ergibt sich sogar eine Gesamtzahl von 29 vertriebenen Dozentinnen, mithin eine Verlustquote von 39,2 Prozent. Es liegt nahe, die Ressentiments der Nationalsozialisten gegen Hochschullehrerinnen[132] für diesen ungewöhnlich hohen Vertreibungsverlust verantwortlich zu machen. Diese Annahme erweist sich jedoch als falsch. Ausschlaggebend war vielmehr der überproportional große Anteil von Jüdinnen oder Frauen jüdischer Herkunft in dieser ersten Generation von Hochschullehrerinnen. Von den 26 entlassenen Frauen waren 21 (81 Prozent) Jüdinnen oder «Nichtarierinnen».[133]

Wie reagierte die Mehrheit der nicht betroffenen Hochschullehrer auf das Schicksal ihrer von Entlassung bedrohten Kollegen? Das Gesetz zur Wiederherstellung des Berufsbeamtentums, das die Massenentlassungen einleitete, trat am 7. April 1933 in Kraft. Nur fünf Tage später fand in Wiesbaden eine Rektorenkonferenz statt. Rückblickend betrachtet war dies die letzte Rektorenkonferenz vor der Gleichschaltung der Universitäten. Von Ausnahmen abgesehen waren die meisten anwesenden Rektoren noch in der Endphase der Weimarer Republik in freien Wahlen zu Amt und Würden gekommen. Auf dieser Rektorenkonferenz schlug der Hamburger Rektor, der Jurist Leo Raape, vor, über einen gemeinsamen Protest gegen die Entlassung der jüdischen Kollegen nachzudenken. Die Mehrheit der versammelten Magnifizenzen lehnte diesen Vorschlag jedoch als «gefährlich und aussichtslos» ab. Einige der Anwesenden teilten ganz offensichtlich die nationalsozialistische Kritik an der angeblichen «Verjudung» der Universitäten. Unter ihnen war der Rektor der Berliner Universität, Eduard Kohlrausch, der Raapes Vorschlag mit den Worten zurückwies: «Wir haben eine schwere Schuld auf uns geladen, wir haben viele Riegel nicht vorgeschoben, die man hätte vorschieben können. Die Verjudung ist gekommen, weil man sich nicht entgegengestellt hat.»[134] Der Freiburger Rektor, der katholische Theologe Joseph Sauer, kommentierte das Ergebnis der Diskussion in seinem Tagebuch: «Die Judensperre hat leider zu keiner grundsätzlichen Haltung geklärt [sic!]. Es wurde viel von der Würde der Hochschulen gesprochen, aber in keiner Weise diese auch zum Ausdruck gebracht … Das Gefühl der Ohnmacht lastet schwer auf unserer Tagung; würdevolle Haltung wäre allein der Schritt der sieben Göttinger gewesen. Eine große Entscheidungsstunde hat uns erbärmlich klein gesehen.»[135]

Diese Diskussion war symptomatisch für die Reaktion der deutschen Hochschullehrer auf die destruktive Politik des NS-Regimes.

Ein ähnliches Bild zeigte sich auf Fakultätsebene. Von den mehr als hundert Fakultäten, aus denen das deutsche Universitätssystem zum damaligen Zeitpunkt bestand, haben sich, soweit bekannt, nur zwei prinzipiell gegen die Entlassungspolitik ausgesprochen: die Philosophische Fakultät Hamburg und die Medizinische Fakultät Heidelberg.

Die Hamburger Philosophische Fakultät verabschiedete Ende April bei zwei Gegenstimmen eine Resolution, in der es hieß: «Die Fakultät bedauert die Eingriffe in den Lehrkörper. Der Dekan wird gebeten, dies den betroffenen Herren in einem ausführlichen Schreiben mitzuteilen.» Allerdings wurde gleichzeitig vereinbart, über diese Entscheidung Stillschweigen zu bewahren. In erster Linie diente der Beschluss wohl der eigenen psychischen Entlastung.[136] Ebenfalls im April 1933 äußerte sich die Medizinische Fakultät Heidelberg in einer Denkschrift, die dem Badischen Kultusministerium übergeben wurde. Die Denkschrift, die folgenlos bleiben sollte, ging zunächst auf das antisemitische Standardargument ein, Juden seien ein Element der «Zersetzung», und bezog dann deutlich gegen die Säuberungspolitik Stellung:

> Wir sehen die großen Gefahren, die durch das Überhandnehmen nur zersetzender Geistesrichtungen entstanden sind, aber wir können nicht übersehen, daß das deutsche Judentum teilhat an großen Leistungen der Wissenschaft, und daß aus ihm große ärztliche Persönlichkeiten hervorgegangen sind. Gerade als Ärzte fühlen wir uns verpflichtet, innerhalb aller Erfordernisse von Volk und Staat den Standpunkt wahrer Menschlichkeit zu vertreten und unsere Bedenken geltend zu machen, wo die Gefahr droht, daß verantwortungsbewusste Besinnung durch rein gefühlsmäßige oder triebhafte Gewalten verdrängt werde und dadurch die große deutsche Aufgabe Schaden leide.[137]

Kurz, grundsätzliche Kritik an der Vertreibungspolitik im universitären Raum war selten und gelangte in der Regel überhaupt nicht an die Öffentlichkeit. Für diese Zurückhaltung gab es unterschiedliche Gründe:

Viele jüngere Wissenschaftler beobachteten die 1933 einsetzende «Säuberung» der Hochschulen offensichtlich mit großen Erwartungen. Denn es lag auf der Hand, dass die Karrierechancen des wissenschaftlichen Nachwuchses sich durch die Entlassungen deutlich verbessern würden. Der Historiker Fritz Hartung klagte bereits im Frühjahr 1933 über die «Aasgeier», die «es nicht abwarten können, bis das Ministerium die jüdischen Kollegen entfernt, und die sich rechtzeitig für Lehraufträge und Professuren vormerken lassen».[138] Unter solchen Umständen erschien dem Physiker Max Planck, der sich für eine ganze Reihe bedrohter Kollegen einsetzte,[139] ein öffentlicher Protest sinnlos. Als sein Kollege Otto Hahn ihm vorschlug, eine möglichst große Zahl prominenter Professoren zusammenzubringen, um gegen die Behandlung der jüdischen Kollegen zu protestieren, antwortete Planck: «Wenn heute 30 Professoren aufstehen und sich gegen das Vorgehen der Regierung einsetzen, dann kommen morgen 150 Personen, die sich mit Hitler solidarisch erklären, weil sie die Stellen haben wollen».[140]

Dieses Motiv galt natürlich weniger oder gar nicht für die bereits etablierten Hochschullehrer. Aber auch von den Ordinarien kam nur selten prinzipielle Kritik am Berufsbeamtengesetz und ähnlichen Maßnahmen. Die meisten liberalen oder linken Hochschullehrer hielten sich schon deshalb zurück, weil viele von ihnen selbst potentielle Opfer der NS-Diktatur waren. Bei der Mehrheit der nationalkonservativen Ordinarien dominierte hingegen eine eigenartige Ambivalenz, die auf der einen Seite die Maßnahmen des Regimes für nachvollziehbar oder sogar für notwendig hielt, auf der anderen Seite aber die Auswirkungen dieser Politik im Individualfall lebhaft bedauerte. So schrieb der Berliner Theologe Hans Lietzmann, ein Mitglied der DNVP, im Mai 1933 an einen Kollegen: «Der Auszug der Kinder Israel vollzieht sich auch hier wie überall. Als Ganzes wohl eine Notwendigkeit nach langen Jahren üblen Mißbrauchs: aber im einzelnen zuweilen mit schweren Verlusten menschlicher und wissenschaftlicher Art.»[141] Ähnlich zwiespältig äußerte sich Fritz Hartung. Als Dekan der Philosophischen Fakultät Berlin setzte er sich für verschiedene von Entlassung bedrohte Kollegen ein, in seiner privaten Korrespondenz aber zeigte er Verständnis für die Maßnahmen der Regierung: «Im allgemeinen verstehe ich den Kampf gegen die Juden durchaus, angesichts mancher zu 90% verjudeter Universitätsinstitute; aber manches Einzelschicksal wird unerhört hart betroffen.»[142] Auch ein Liberaler wie der Berliner Pharmakologe Wolfgang Heubner, der den Nationalsozialismus nicht bejahte, vertrat 1936 den Standpunkt, «dass der öffentliche Einfluss der Juden in der Zeit des sozialistisch-demokratischen Regimes zu weit gegangen sei und viele gute Deutsche erbittert habe. Die unterschiedslose Verfolgung jetzt entspreche einem zu weit gehenden Pendelschlag nach der anderen Seite.»[143] Selbst ein international renommierter Wissenschaftler wie der Chirurg Ferdinand Sauerbruch, der 1933 vehement für einzelne bedrohte Kollegen eintrat, sprach damals von einer «Verjudung»[144] der deutschen Universitäten.

Insgesamt konnten die neuen Machthaber davon ausgehen, dass ihre Politik der «Säuberung» auch bei vielen nichtnationalsozialistischen Hochschullehrern zumindest auf ein gewisses Verständnis stieß. Das gleichzeitig anklingende Bedauern über den damit einhergehenden Verlust geschätzter Kollegen findet sich sogar bei manchen Nationalsozialisten, so beispielsweise bei dem Juristen Otto Koellreutter, einem der wenigen Hochschullehrer, die schon vor 1933 öffentlich für die NSDAP eingetreten waren. In einem Artikel, den Koellreutter im April 1933 dem *Völkischen Beobachter*, der Parteizeitung der NSDAP, anbot, polemisierte er gegen den «Einfluss des Judentums und eines oft noch gefährlicheren Halbjudentums» sowie gegen eine «ungeheure jüdische Überfremdung» wissenschaftlicher Kongresse, plädierte gleichzeitig aber emphatisch gegen einen völligen Ausschluss jüdischer Wissenschaftler aus den deutschen Hochschulen: «Vor allem möchte ich mich ... offen dazu bekennen, dass gerade Juden von starken menschlichen Qualitäten als Hochschullehrer tätig gewesen sind und es auch heute noch sind. Die vornehme, im besten Sinne liberale Persönlichkeit meines verstorbenen Kollegen [Eduard] Rosenthal an der Jenaer Universität wird mir immer unvergessen bleiben. Und auch heute wirken Kollegen jüdischen Bluts an den Hochschulen, an deren wissenschaftlicher und persönlicher Qualität nicht zu rütteln ist.»[145]

Das Verhalten der meisten Fakultäten gegenüber den Entlassungen entsprach dieser Einstellung: eine passive Haltung im Grundsätzlichen, bei gleichzeitiger Bereitschaft, sich für einzelne bedrohte Personen einzusetzen – insbesondere, wenn es sich um herausragende Wissenschaftler und beliebte Kollegen handelte, deren Lage nicht aussichtslos erschien. So unterschrieben beispielsweise 28 Kollegen und ehemalige Schüler eine Petition zugunsten des jüdischen Mathematikers Richard Courant, unter ihnen Werner Heisenberg, Max von Laue, Max Planck, Ludwig Prandtl und Arnold Sommerfeld.[146] In München trat die Philosophische Fakultät energisch für den Philosophen Richard Hönigswald ein, während die Juristen den Völkerrechtler Karl Neumeyer unterstützten.[147] An der Universität Marburg erhielt der Pädiater Ernst Freudenberg, der 1937 wegen seiner «nichtarischen» Ehefrau entlassen wurde, vielfältigen Beistand nicht nur aus der Universität, sondern auch von Fachkollegen und Patienteneltern.[148] In Halle konnte der Historiker Hans Herzfeld mit einer breiten Unterstützung innerhalb der Universität rechnen.[149]

Mancherorts stellten sich auch Studierende hinter bedrohte Lehrkräfte. In einer Solidaritätsadresse für die in Gießen lehrende «nichtarische» Archäologin Margarete Bieber, hieß es: «Es ist uns, Ihren Schülern, in diesem Augenblick ein dringendes Bedürfnis, Sie vor aller Öffentlichkeit unserer unwandelbaren Treue und Verehrung zu versichern.»[150] An der Universität Kiel unterstützten mehrere Studierende den Klassischen Philologen Felix Jacoby und erklärten, «dass Herr Professor Jacoby stets das volle Vertrauen seiner Schüler genossen hat und noch genießt».[151] In Göttingen verbürgte sich eine Gruppe von Studierenden in einem Telegramm an das Kultusministerium für die «nationale Gesinnung» des Juristen Gerhard Leibholz und bat «ergebenst, Herrn Professor Leibholz der Regierung der nationalen Revolution zu erhalten».[152] Man könnte diese Liste von Interventionen zugunsten Einzelner, die fast immer erfolglos blieben, noch erheblich erweitern. Doch das würde die Proportionen verzerren. Denn das Signum der Zeit war nicht die Solidarisierung, sondern ein auffallender Mangel an Solidarität mit den Opfern nationalsozialistischer Politik.

Tabelle 8: Emigration und Remigration der entlassenen Lehrkräfte

Entlassene Lehrkräfte insgesamt (1933–1945)	1199
Nicht emigriert (1933–1945)	480
Emigranten (1933–1945)	719
Darunter Remigranten (ab 1945)	106

Was wurde aus den entlassenen Wissenschaftlern nach ihrem Ausscheiden aus der Hochschule? Während die meisten vertriebenen Hochschullehrer versuchten, sich außerhalb Deutschlands eine neue Existenz aufzubauen, blieb eine starke Minderheit im Land: 719 entlassene Wissenschaftler (60 Prozent) emigrierten, während 480 (40 Prozent) Deutschland nicht verließen.

Unter den Emigranten finden wir eine große Bandbreite unterschiedlicher Lebensläufe. Die besten Chancen, sich eine neue Existenz aufzubauen, hatten talentierte junge Wissenschaftler, die international vernetzt waren, relativ gut Englisch sprachen und sich wissenschaftlich bereits einen Namen gemacht hatten. Einen fast bruchlosen Übergang in eine zweite Karriere schaffte zum Beispiel der jüdische Physiologe Hans Adolf Krebs. Krebs hatte sich im Dezember 1932, wenige Wochen vor Hitlers Ernennung zum Reichskanzler, mit einer Arbeit habilitiert, die schon bald als bedeutende wissenschaftliche Leistung anerkannt und auch außerhalb Deutschlands öffentlich gewürdigt worden war. Die Nachricht, dass dieser vielversprechende junge Wissenschaftler von der Universität Freiburg die Kündigung erhalten hatte, setzte sofort lebhafte Bemühungen in Gang, ihm neue Arbeitsmöglichkeiten zu verschaffen. Bereits fünf Monate nach Hitlers Machtübernahme konnte Krebs nach Cambridge reisen, wo er ein Rockefeller-Stipendium erhielt. Zwei Jahre später ging er zunächst als *Lecturer*, später als Professor nach Sheffield. 1953 erhielt Krebs den Nobelpreis für Medizin, ein Jahr später wurde er auf eine Professur in Oxford berufen.[153]

Das entgegengesetzte Extrem verkörperte die Berliner Historikerin Hedwig Hintze, die als «Nichtarierin», Sozialdemokratin und Frau schon vor 1933 eine Außenseiterin im deutschen Wissenschaftsbetrieb gewesen war. Hedwig Hintze war Spezialistin für französische Geschichte. Nachdem sie 1933 die Lehrbefugnis verloren hatte, lag es nahe, sich in Frankreich eine neue wissenschaftliche Existenz aufzubauen. Da es ihr nicht gelang, dort dauerhaft Fuß zu fassen, kehrte sie im März 1936 nach Berlin zurück. Angesichts der Radikalisierung des NS-Regimes emigrierte sie 1939 erneut, diesmal in die Niederlande, wo sie seit Mai 1940 unter deutscher Besatzung leben musste. Hintze versuchte nun, Europa zu verlassen. Sie erhielt einen Ruf an die New School for Social Research in New York, konnte diese Stelle aber nicht antreten, weil sie kein Einreisevisum für die USA bekam. Ihre letzten Lebensjahre waren durch Depressionen, Vereinsamung und wachsende Todesangst geprägt. Seit April 1942 musste sie den Judenstern tragen. Drei Monate später starb sie nach einem Schlaganfall im niederländischen Exil.[154]

Viele, die Deutschland während der NS-Diktatur verließen, mussten nach ihrer Emigration mehrfach das Land wechseln – weil es ihnen zunächst nicht gelang, einen ihren Erwartungen entsprechenden Arbeitsplatz zu finden oder weil die aggressive Expansionspolitik des NS-Regimes sie dazu zwang, sich einen neuen Zufluchtsort zu suchen. Der Philosoph Ernst Cassirer beispielsweise ging 1933 nach England und lehrte als Gastprofessor in Oxford, zog 1935 nach Schweden, wo er einen Lehrstuhl in Göteborg erhielt, und übersiedelte schließlich 1941 in die USA, wo er zunächst an der Yale University, später an der Columbia University lehrte.[155]

Tabelle 29 (Anhang) listet die Endstationen dieser akademischen Migrationsbewegungen (bis 1945) auf. Das Ergebnis ist erstaunlich: Obwohl die Emigranten sich in viele Teile der Welt zerstreuten, kamen mehr als 60 Prozent von ihnen letztlich in nur zwei Ländern unter, in den USA (44,9 Prozent) und in Großbritannien (16,3 Prozent). Diese beiden Länder boten sowohl Karrierechancen auf hohem wissenschaftlichem Niveau als auch eine gewisse Sicherheit vor dem NS-Regime. Weitere bedeutsame Aufnahmeländer waren die Schweiz (7,6 Prozent) und Palästina (5,3 Prozent). Auffallend ist ferner die relativ große Bedeutung der Türkei als Aufnahmeland für 4,5 Prozent der emigrierten Lehrkräfte – Ergebnis der türkischen Bildungspolitik unter Kemal Atatürk, die das wissenschaftliche Know-how der Emigranten bewusst für einen Ausbau und eine Modernisierung des türkischen Hochschulsystems nutzte. An der neu gegründeten Universität Istanbul war zeitweise die Hälfte aller Lehrstühle mit vertriebenen deutschen Professoren besetzt.[156]

Das Leben jener Wissenschaftler, die nach dem erzwungenen Ende ihrer Lehrtätigkeit in Deutschland blieben, verlief höchst unterschiedlich. Für jüdische Wissenschaftler und solche, die vom Regime als «Juden» kategorisiert wurden, war dies eine Zeit der Entrechtung, der Vereinsamung und der Demütigungen, unter Bedingungen, die ihren Handlungsspielraum immer weiter einschränkten und schließlich ihr Leben bedrohten. Die Tagebücher des Romanisten Victor Klemperer lassen uns diese Entwicklung auf beklemmende Weise nachvollziehen. Klemperer, ein Hochschullehrer protestantischer Konfession, der den Nationalsozialisten als «Volljude» galt, war zunächst als Kriegsfreiwilliger des Ersten Weltkriegs durch die Ausnahmeregelungen des Berufsbeamtengesetzes geschützt und wurde deshalb erst 1935 entlassen. In den folgenden Jahren setzte Klemperer seine Forschungen zur französischen Literaturgeschichte im Privaten fort. Doch Ende 1938 wurde ihm die Nutzung der Hochschulbibliothek verboten, eine Maßnahme, die Klemperer als «absolute Mattsetzung» empfand, weil eine Fortsetzung seiner Arbeit dadurch praktisch unmöglich geworden war. 1940 mussten er und seine Frau ihr Haus aufgeben und fortan auf beengtem Raum in einem «Judenhaus» leben. Schließlich folgte 1943 die Verpflichtung zur Zwangsarbeit. Sein Überleben verdankte Klemperer hauptsächlich seiner Ehe mit einer «Arierin», die trotz aller Erniedrigungen, denen sie als «jüdisch Versippte» ausgesetzt war, zu ihm hielt.[157]

Anders als Klemperer hatten einige Wissenschaftler, die von den Nationalsozialisten als «Arier», «Mischlinge» oder «jüdisch Versippte» eingestuft wurden, durchaus die Möglichkeit, sich nach dem Verlust ihrer Universitätsstellung eine neue berufliche Existenz aufzubauen. Theologen konnten in der Regel problemlos als Pfarrer in den Dienst ihrer Kirche treten. Für Naturwissenschaftler, die während des Krieges überall händeringend gesucht wurden, boten sich neue Chancen in der Industrie. Der Geologe Carl Walter Kockel, dessen Frau als «Mischling 1. Grades» galt, arbeitete nach dem erzwungenen Ende seiner wissenschaftlichen Karriere für eine Firma, die auf geophysikalische Untersuchungen spezialisiert war. Der Würzburger Chemiker Siegfried Skraub, den die Reichsstelle für Sippenforschung als «Mischling 1. Grades» klassifiziert hatte, war nach seiner Entlassung für verschiedene Firmen der Chemieindustrie tätig, in denen er zeitweise sogar Leitungsfunktionen übernahm.[158] Der Tübinger Mathematiker Erich Kamke, der 1937 wegen seiner «nichtarischen» Ehefrau entlassen wurde, setzte seine Forschungen in den folgenden Jahren außerhalb der Universität mit Unterstützung des Reichsluftfahrtministeriums und des Reichsforschungsrats fort. Als die Gestapo ihn 1944 in ein Arbeitslager einweisen wollte, verhinderte Kamke diese Maßnahme mit Unterstützung einflussreicher Kollegen durch den Hinweis auf seine «kriegswichtigen» Forschungen.[159]

Wie viele der Entlassenen wurden Opfer nationalsozialistischer Vernichtungspolitik? 41 Männer und Frauen starben in Lagern, wurden als Gegner des Regimes hingerichtet oder fielen auf andere Weise der Gewalt des Regimes zum Opfer.[160] Die meisten von ihnen waren Juden oder «Nichtarier». Unter ihnen befanden sich die Germanistikprofessorin Agathe Lasch, die 1942 zusammen mit ihren Schwestern nach Riga deportiert und dort ermordet wurde, der Theaterwissenschaftler Max Herrmann und der Dermatologe Karl Herxheimer, die beide 1942 im Ghetto Theresienstadt starben, sowie der Pharmakologe Hermann Freund, der 1944 in Auschwitz ermordet wurde. Andere Hochschullehrer wie Dietrich Bonhoeffer, Johannes Popitz oder Jens Jessen sind wegen ihrer Beteiligung am Widerstand hingerichtet worden.[161]

Neben diesen unmittelbaren Opfern nationalsozialistischer Gewalt gab es noch eine zweite Gruppe von indirekten Opfern, nämlich jene Wissenschaftler, die aus eigenem Entschluss ihr Leben beendeten. Diese zweite Gruppe umfasste 46 Personen.[162] Ein Teil dieser Suizide erfolgte kurz nach der Entlassung oder angesichts der bevorstehenden Entlassung. In anderen Fällen war die Selbsttötung Ausdruck der Hoffnungslosigkeit angesichts zunehmender Diskriminierung und Vereinsamung. Eine größere Gruppe von Wissenschaftlern setzte ihrem Leben angesichts der zu erwartenden Deportation ein Ende. Einige Suizide erfolgten erst Jahre nach der Entlassung, gegen Ende des Krieges oder in der Emigration. Es ist daher nicht immer sicher, ob die Entlassung und ihre Folgen das Hauptmotiv für den Entschluss bildeten, sich das Leben zu nehmen.

Die Konsequenzen der Massenentlassungen für Nazi-Deutschland lassen sich in drei Punkten zusammenfassen: Verlust an wissenschaftlicher Substanz, Umwälzung des akademischen Arbeitsmarktes und Stärkung des wissenschaftlichen Potentials von Deutschlands zukünftigen Kriegsgegnern.

Erstens: Die hier präsentierten Zahlen über die Konsequenzen der nationalsozialistischen Säuberungen für die Universitäten rechtfertigen es nicht, von einer «geistigen Enthauptung Deutschlands» zu sprechen, wie in älteren Veröffentlichungen zu lesen ist.[163] Doch war der durch die Entlassungen verursachte Verlust an wissenschaftlicher Substanz deutlich größer, als die schiere Zahl der entlassenen Wissenschaftler vermuten lässt. Wie die Arbeiten von Ute Deichmann und Klaus Fischer[164] zeigen, waren wissenschaftliche Spitzenkräfte unter den emigrierten Wissenschaftlern weit überproportional vertreten. Dafür spricht auch die große Zahl der Nobelpreisträger, die von der nationalsozialistischen Säuberungspolitik betroffen waren. Unter den 1257 vertriebenen Lehrkräften der 23 deutschen Universitäten befanden sich 11 Wissenschaftler, die vor oder nach der Emigration den Nobelpreis erhielten. Betrachten wir das gesamte Wissenschaftssystem im deutschsprachigen Raum, ergibt sich sogar eine Zahl von insgesamt 24 Nobelpreisträgern, die vor dem NS-Regime aus Deutschland und Österreich geflohen sind.[165]

Zweitens: Für viele Zeitgenossen standen beim Blick auf die Entlassungen aber nicht die Verluste im Vordergrund, sondern die Auswirkungen dieser Politik auf den akademischen Arbeitsmarkt. Für jüngere Wissenschaftler, die Anfang der 1930er Jahre Grund hatten, sich als «verlorene Generation» zu fühlen, eröffneten sich mit den Massenentlassungen neue Karrierechancen, und viele von ihnen waren offensichtlich entschlossen, sie zu nutzen. Der massenhafte Eintritt in die NSDAP gerade aus den Reihen der Assistenten, Privatdozenten und nichtbeamteten Professoren spricht für sich.[166]

Drittens: Schließlich haben die Entlassungen und die folgende Emigration Deutschlands zukünftige Kriegsgegner gestärkt, da mehr als 60 Prozent der Emigranten in die USA oder nach Großbritannien gingen. Bemerkenswerterweise ist diese Entwicklung an den Schalthebeln nationalsozialistischer Politik lange Zeit nicht als Problem wahrgenommen worden. Erst 1942/43 wurden in Deutschland die Konsequenzen der Entlassungspolitik jenseits der offiziellen Feindbilder reflektiert. Zu diesem Zeitpunkt gehörten die siegreichen Blitzkriege längst der Vergangenheit an. Zudem war die Wehrmacht mittlerweile auf waffentechnisch zentralen Forschungsfeldern (Radartechnik) gegenüber den Alliierten ins Hintertreffen geraten. Vor diesem Hintergrund begann in Deutschland eine Diskussion über die Defizite der nationalsozialistischen Wissenschaftspolitik, an der sich auch hochrangige Regimegrößen wie Hermann Göring oder Joseph Goebbels beteiligten. Im Zuge dieser Debatte wurden die Massenentlassungen der Anfangsjahre nun mancherorts mit anderen Augen gesehen. Auf der Salzburger Rektorenkonferenz von 1943 wies der Freiburger Rektor Wilhelm Süss in einem ausführlichen Referat über die Probleme deutscher Wissenschaftspolitik darauf hin, «dass wir ... mit den ins feindliche Ausland gegangenen wissenschaftlichen Emigranten der Gegenseite einen nicht unbeträchtlichen Potentialgewinn geliefert haben».[167] Noch erstaunlicher ist eine Rede, die Göring im Sommer 1942 hielt, nachdem er die Leitung des neu gegründeten Reichsforschungsrates übernommen hatte. Darin erklärte er ausdrücklich, es sei falsch, bedeutende Forscher nur wegen ihrer jüdischen Herkunft oder einer jüdischen Ehefrau zu entlassen.[168] Zu einem Zeitpunkt, als die meisten jüdischen beziehungsweise «nichtarischen» Wissenschaftler Deutschland längst verlassen hatten und der Genozid an den europäischen Juden bereits zahllose Opfer gefordert hatte, wirkten Görings Äußerungen freilich ausgesprochen realitätsfremd.

Weder Göring noch Süss ahnten zu dieser Zeit, in welchem Ausmaß einige Emigranten tatsächlich an militärisch brisanten Forschungen beteiligt waren, weil in Deutschland bis 1945 keine Informationen über das größte militärische Forschungsprojekt der Alliierten vorlagen, das *Manhattan Project*. Es waren die aus Deutschland geflüchteten Physiker Albert Einstein (bis 1933 Direktor des Kaiser-Wilhelm-Instituts für Physik in Berlin), Leo Szilard (bis 1933 Privatdozent an der Universität Berlin) und Eduard Teller (bis 1933 Hilfsassistent in Göttingen), die zusammen mit Eugene Wigner (bis 1933 außerordentlicher Professor an der Technischen Hochschule Berlin) das amerikanische Atombombenprojekt in Gang brachten, indem sie den amerikanischen Präsidenten auf das militärische Potential der Atomenergie hinwiesen. Angetrieben von dem Alptraum, Hitler könne als Erster über die Atombombe verfügen, beteiligten sich darüber hinaus zahlreiche europäische Emigranten in führender Position an den Forschungen, die schließlich zur Entwicklung der ersten Atombombe führten. Zu ihnen gehörten neben Szilard und Teller unter anderem Hans Bethe (bis 1933 an den Universitäten München und Tübingen), John von Neumann (bis 1933 an der Universität Berlin), Otto Robert Frisch (bis 1933 an der Universität Hamburg), Victor Weisskopf (1931/32 Assistent von Erwin Schrödinger in Berlin), Rudolf Peierls (ein Doktorand von Werner Heisenberg), aber auch Enrico Fermi und Emilio Segrè, die nach den italienischen Rassegesetzen von 1938 in die USA emigriert waren.[169]

Die Hochschullehrer in der Zeitenwende von 1933/34

Die Stimmung an den Hochschulen war 1933/34 geprägt durch die vom Regime geschürte Hoffnung auf einen «nationalen Aufbruch», aber auch durch die anstehenden Massenentlassungen, durch Eingriffe der Ministerialbürokratie in die universitäre Selbstverwaltung und durch den Aktivismus des NSDStB, der dafür sorgte, dass jede Art von Widerspruch künftig mit unabsehbaren Risiken verbunden war.

Unter solchen Umständen waren nur sehr wenige bereit, gegen den Strom zu schwimmen. Zu dieser kleinen Minorität gehörte der Greifswalder Mathematiker Clemens Thaer, der im April 1933 in einem Gasthaus eine Veranstaltung gegen den grassierenden Antisemitismus organisierte.[170] Weit größeres Aufsehen erregte ein Artikel, den der renommierte Berliner Psychologe Wolfgang Köhler im April 1933 in der *Deutschen Allgemeinen Zeitung* veröffentlichte. Köhler kritisierte darin in vorsichtiger Form eine Personalpolitik, die darauf hinauslief, dass «in jedem Lebensbereich nicht der schlechthin geeignetste unter allen Männern deutscher Gesinnung, sondern überall der Nationalsozialist des Bereiches die Führung in seine Hand nimmt». Auch den Antisemitismus schloss Köhler in seine Kritik ein. Er und seine Freunde könnten «der These nicht zustimmen, daß jeder Jude, als Jude, eine niedere, minderwertige Form von Menschentum darstellt ... Meine Freunde denken, daß es unentbehrliche Träger im Haus der deutschen Kultur gibt, welche von Juden stammen. Jeder Stoß, der eben durch dies Haus geht, macht sie für das Haus und seine Zukunft zittern.»[171]

Zuvor hatte die *Deutsche Allgemeine Zeitung* bereits über Eduard Sprangers Rücktrittsgesuch[172] berichtet, in dem dieser mit deutlichen Worten das Verhalten der nationalsozialistischen Studierenden und die – ohne Beteiligung der Universität erfolgte – Errichtung eines Instituts für politische Pädagogik an der Universität Berlin kritisierte.[173] Im Mai 1933 trat auch der Frankfurter Altphilologe Karl Reinhardt vom Lehramt zurück. Zur Begründung erklärte Reinhardt in einem Schreiben an das Kultusministerium, die Erfüllung seiner Amtspflichten fordere von ihm «auf Schritt und Tritt Opfer der Gesinnung», die er nicht als gerechtfertigt ansehen könne. Eine Kopie des Briefes ging an die liberale *Frankfurter Zeitung*, die ihn jedoch nicht abdruckte.[174] In beiden Fällen war der Rücktritt wohl als Fanal gedacht, das die Kollegen aktivieren sollte. Als dieser Effekt ausblieb, nahmen sowohl Spranger als auch Reinhardt ihre Lehrtätigkeit wieder auf.

Es wäre zu kurz gegriffen, aus der geringen Zahl derer, die öffentlich opponierten, zu folgern, die große Mehrheit der Hochschullehrer habe die Errichtung der NS-Diktatur mit Enthusiasmus begrüßt. Wie der 1933 als «Nichtarier» von der Berliner Universität vertriebene Kunsthistoriker Werner Weisbach berichtete, gab es «eine ganze Anzahl von Dozenten», welche die nationalsozialistische Gleichschaltung der Universitäten als «verderblich» ansah. Es habe aber fast niemand den Mut gehabt, öffentlich zu protestieren. Stattdessen, so Weisbach weiter, «beschränkte man sich darauf, in gegenseitiger privater Aussprache und insgeheim zu schimpfen, ohne sich öffentlich hervorzuwagen. Nach außen hin sah es so aus ..., als ob die Gesamtheit der akademischen Welt – bis auf vereinzelte Ausnahmen – in bestes Einvernehmen mit der neuen Regierung trat.»[175]

Diese Konstellation erschwert es, die unterschiedlichen Tendenzen im Lehrkörper der Universitäten zu benennen und zu gewichten. Die große Zahl der Parteieintritte verweist jedoch unmissverständlich auf eine starke Strömung, die direkt in das nationalsozialistische Lager führte. Nach den Märzwahlen von 1933 reihten sich auch Hunderte von Hochschullehrern in die vor den Parteibüros wartenden Schlangen ein, um die Mitgliedschaft in der NSDAP zu beantragen. An der Universität Hamburg gehörten im Sommersemester schon 58 Hochschullehrer (21,4 Prozent des Lehrkörpers) der NSDAP an. In Greifswald waren es zum gleichen Zeitpunkt 20,3, in Bonn sogar 23 Prozent.[176] Zurückhaltender blieben demgegenüber die Hochschullehrer der Berliner Universität. Von den Lehrenden der Hauptstadtuniversität besaßen 1933 nur 11,1 Prozent das Parteibuch der NSDAP.[177]

Die Masse der «Märzgefallenen» oder «Maikäfer» (wie die neuen Parteigenossen bald spöttisch genannt wurden[178]) rekrutierte sich aus den Reihen der Assistenten, Privatdozenten und außerordentlichen Professoren.[179] «Die aktiven Nationalsozialisten sind fast ausschließlich auf den Kreis der jüngeren Dozenten beschränkt», urteilte Carl Schmitt 1934 in einem unveröffentlichten Bericht über die Lage der Juristischen Fakultäten.[180]

Gefördert wurde diese Entwicklung durch das erkennbare Bemühen der nationalsozialistischen Hochschulpolitiker, sich als Interessenvertretung der jüngeren Nichtordinarien zu profilieren. Ganz in diesem Sinne verkündete der Philosophieprofessor Alfred Baeumler, «einer der geistigen Führer der nationalsozialistischen Bewegung» (so der *Völkische Beobachter)*, in einem Vortrag an der Universität München: «Es ist ein Grundirrtum zu sagen, Wissenschaft und Staat seien eine Sache des Alters. Wir lassen uns nicht mehr ein wenig Müdigkeit, ein wenig Kleinmut in Verbindung mit Technik und Virtuosität als Weisheit des Alters einreden.»[181] In Tübingen forderte der nationalsozialistische Kultminister von Württemberg, Christian Mergenthaler, im Mai 1933, die Universität müsse sich vorbehaltlos zum «Geist der Volksgemeinschaft» bekennen, die «keinen Unterschied ... zwischen dem ältesten Ordinarius und dem jüngsten Privatdozenten» mehr zulasse.[182] Sichtbares Zeichen dieser Aufwertung des wissenschaftlichen Nachwuchses war die Gründung der preußischen «Dozentenschaften» als Zusammenschluss der Nichtordinarien im Oktober 1933.[183]

Viele Hochschullehrer brachten ihre Unterstützung des neuen Regimes und seines «Führers» öffentlich in Zeitungsartikeln, Aufsätzen oder Broschüren zum Ausdruck. Selbst eine Universität wie Heidelberg, die vor 1933 zu Recht als relativ liberale Hochschule gegolten hatte, brachte zahlreiche Bekennerschreiben dieser Art hervor. So feierte der Jurist Walter Jellinek in einem Aufsatz Hitlers «politischen Weitblick, seine Energie, seine Kunst, gleichgesinnte Mitarbeiter zu gewinnen, seine seltene Organisationsgabe, seine Fähigkeit, als Redner auf große Massen zu wirken, kurz sein Genie». Hermann Güntert, ein Philologe, verglich den «Führer» der NSDAP mit einem Arzt, der «in der äußersten Krise die Eiterbeulen aufschnitt, bevor die tödliche Blutvergiftung eingetreten war». Der Theologe Theodor Odenwald meldete der Öffentlichkeit, er sei «inne geworden, daß wir in Blut und Boden verkettet, gebunden und umgriffen sind». Odenwald versprach, künftig «nicht nur zum nationalsozialistischen politischen Regiment Ja zu sagen, sondern auch die nationalsozialistische Revolutionierung des gesamten Lebensbereiches zu wollen». Andere Heidelberger Hochschullehrer lobten die Überwindung des Länderpartikularismus und priesen die Ideologie der «Volksgemeinschaft», die «den Deutschen aus dem Elend und der Ohnmacht parteipolitischer, klassenmäßiger Zersplitterung emporgerissen» habe, wie der Mineraloge Otto Erdmannsdörffer zu wissen glaubte.[184] Solche Wortmeldungen können als ein Akt der Selbstgleichschaltung verstanden werden. Die Verfasser waren im Allgemeinen Angehörige einer jüngeren Generation von Hochschullehrern, die bis zu diesem Zeitpunkt politisch nur wenig oder gar nicht hervorgetreten waren.[185]

Das Lehrangebot der Universitäten veränderte sich ebenfalls. Bereits 1933/34 wurden vermehrt Lehrveranstaltungen zu Themen angeboten, in denen sich die Bereitschaft ausdrückte, Anschluss an die neue Zeit zu gewinnen. Vorlesungen und Seminare zu militärischen und eugenischen Themen standen dabei besonders hoch im Kurs. Im Vorlesungsverzeichnis der Universität Greifswald finden sich unter anderem Vorlesungen über «Physik im Heere», über «nationalsozialistisches Strafrecht» oder über «Erbpflege und Bevölkerung». Andere Professoren lasen über «Europäische Vorgeschichte und Rassengeschichte» oder «Nordische Führergestalten».[186] An der Universität Bonn beschloss der Rechtshistoriker Karl August Eckhardt 1933, anstelle der ursprünglich geplanten Veranstaltung «Grundzüge des Bürgerlichen Rechts» eine öffentliche Vorlesung über «Die Juden in der deutschen Rechtsgeschichte» anzubieten.[187] Der Rostocker Physiker Pascual Jordan hielt seit dem Wintersemester 1933/34 regelmäßig Seminare über Ballistik ab.[188] Da solche Themen zu diesem Zeitpunkt weder von den Ministerien noch von den damals gültigen Studien- und Prüfungsordnungen vorgeschrieben wurden, müssen sie ebenfalls als Akte freiwilliger Gleichschaltung angesehen werden.[189]

Die Motive für dieses Verhalten lassen sich nur im Einzelfall eruieren. Der Rechtshistoriker Eckhardt gehörte zu den wenigen Ordinarien, die schon vor 1933 zum Nationalsozialismus übergegangen waren.[190] Manche Parteigenossen von 1933, unter ihnen politische Schwergewichte wie Alfred Baeumler, sympathisierten bereits längere Zeit mit der NSDAP und wären wohl schon in der Weimarer Republik der Partei beigetreten, wenn sie nicht berufliche Nachteile befürchtet hätten. In anderen Fällen spielte Existenzangst vermutlich eine wesentliche Rolle. So war der Heidelberger Jurist Walter Jellinek, der sich 1933 so enthusiastisch über Hitler äußerte, nach nationalsozialistischen Kriterien ein «Nichtarier». Was er über Hitlers «Genie» schrieb, war möglicherweise eine Verzweiflungstat mit dem Ziel, die drohende Entlassung zu verhindern.[191]

Solche Bestrebungen, die eigene Existenz durch Zugeständnisse an die neuen Machthaber zu retten, waren 1933/34 nicht selten.[192] Selbst ein Theodor Adorno unternahm einige zaghafte Versuche, sich in das Dritte Reich hinüberzuretten. 1933 rechtfertigte er eine Verordnung, die es dem Rundfunk untersagte, «Negerjazz» in sein Programm aufzunehmen;[193] ein Jahr später veröffentlichte er eine lobende Rezension einer Chorpublikation von Herbert Müntzel, der Gedichte des Reichsjugendführers Baldur von Schirach vertont hatte. Müntzels Zyklus sei besonders hervorzuheben, schrieb Adorno: «Nicht bloß, weil er durch die Wahl der Gedichte Schirachs als besonders nationalsozialistisch markiert ist, sondern auch durch seine Qualität.»[194]

Schwierig zu bewerten sind abrupte Konversionen von Wissenschaftlern, die bislang ganz andere politische Standpunkte vertreten hatten. Ein Extrembeispiel war das Verhalten des nichtbeamteten außerordentlichen Professors für Philosophie August Faust, der unter seinen Heidelberger Kollegen bis 1933 als engagierter Demokrat galt. Aber schon unmittelbar nach den Reichstagswahlen im März 1933 begann er umzudenken: «Wer bin ich, ich als Individuum, daß ich mich dem Willen eines ganzen Volkes widersetzen dürfte?», fragte er seinen jüdischen Kollegen Raymond Klibansky.[195] Faust schloss sich bald darauf diversen NS-Organisationen an und entwickelte sich in den folgenden Jahren zu einem der profiliertesten nationalsozialistischen Philosophieprofessoren, der vor allem im Amt Rosenberg geschätzt wurde.[196] In einem solchen Fall liegt es nahe, opportunistische Motive zu vermuten. Von Wissenschaftlern, die sich dem Nationalsozialismus schon früher zugewandt hatten, wurden die vielen neuen Parteimitglieder des Frühjahrs 1933 daher mit Misstrauen beobachtet. Der Historiker Walter Frank kanzelte jene Intellektuellen, die erst 1933 zur NSDAP gestoßen waren, verachtungsvoll als «geschmeidige Höflinge» und als «Griechlein», als charakterlose Intellektuelle, ab:

> Die nationalsozialistische Bewegung hat in den rauhen Jahren ihres Kampfes die uneingeschränkte Verachtung der in Deutschland behausten Griechlein genossen. Sie war den Griechlein zu ungeistig. Aber das wurde sofort anders, als der Nationalsozialismus siegte; es war, als ob dem Sieg eine vergeistigende Macht innewohnte. Von allen Seiten kamen nun die Griechlein, klug und gebildet und charakterlos, grüßten bieder «mit deutschem Gruß» und erboten sich, den nationalsozialistischen Sieg «geistig zu unterbauen».[197]

Um den Verdacht des Opportunismus aus der Welt zu schaffen, reagierten nicht wenige «Märzgefallene» auf solche Angriffe mit dem sprichwörtlichen Eifer des Konvertiten, der versucht, durch Überanpassung alle Zweifel an der Aufrichtigkeit seines Handelns zu beseitigen.[198]

Die regimenahen Hochschullehrer sammelten sich anfangs vor allem in der Kulturpolitischen Arbeitsgemeinschaft deutscher Hochschullehrer, die im März 1933 gegründet worden war. Zu den Gründungsmitgliedern gehörten Martin Heidegger, Erich Jaensch, Ernst Krieck, Hans Naumann und Erich Rothacker. Die Kulturpolitische Arbeitsgemeinschaft verstand sich als «Gesinnungs-, Arbeits- und Kampfgemeinschaft». Mitglied konnte nur werden, wer «die völkische Bedingtheit aller echten Kultur» als «unerläßliche Voraussetzung» für die Arbeit an der Hochschule betrachtete, wie es in der Gründungserklärung hieß. Ziel war «die Erneuerung der Wissenschaft ... im Dienste der vor uns stehenden völkischen Gesamtaufgabe».[199] Um dieses Ziel zu erreichen, plante die Arbeitsgemeinschaft «eine nachhaltige Einflussnahme auf Stellenbesetzungen».[200] Trotz der offenkundigen Nähe zum Weltbild der NSDAP wollte sie ihre Ziele «in voller organisatorischer Unabhängigkeit verfolgen» und sich nicht in den Dienst «einer einzelnen politischen Partei» stellen.[201] In der Praxis kam die Kulturpolitische Arbeitsgemeinschaft, die ein halbes Jahr nach ihrer Gründung knapp 300 Mitglieder zählte,[202] nie über den Status eines professoralen Debattierklubs hinaus. Dies lag nicht nur an inhaltlichen Differenzen und starken persönlichen Animositäten, die sich hauptsächlich gegen Heidegger richteten.[203] Wichtiger noch: Weder in der Partei noch im Staatsapparat bestand Interesse an einer unabhängigen Organisation von Hochschullehrern. Der Kulturpolitischen Arbeitsgemeinschaft war daher nur ein kurzes Dasein beschieden. Bereits im November 1933 wurde sie zusammen mit anderen Vereinigungen in den neu gegründeten Reichsverband der deutschen Hochschulen eingegliedert, der dem Reichsinnenministerium unterstand.[204]

Den zahlreichen Hochschullehrern, die Anschluss an das nationalsozialistische Lager suchten, standen auf der anderen Seite die Kritiker und Gegner des Regimes gegenüber. Da öffentliche Kritik am Nationalsozialismus seit 1933 mit erheblichen Risiken verbunden war, ist es nicht möglich, die genaue Größe dieser Gruppe festzustellen. Legt man die Zahl der im Zuge der «Säuberungen» entlassenen Hochschullehrer zugrunde, dann umfasste sie 1933 aber mindestens ein Fünftel des Lehrkörpers. Die Kritiker äußerten ihr Unbehagen in aller Regel nur in Privatgesprächen oder Tagebüchern, seltener auch in Briefen. Der Nationalökonom Gustav Aubin, der als Rektor der Universität Halle bereits leidvolle Erfahrungen mit dem NS-Studentenbund gemacht hatte,[205] prognostizierte schon wenige Wochen nach Hitlers Ernennung zum Reichskanzler hellsichtig, «dass wir am Anfang eines regelrechten Terrorsystems stehen». Hitler werde, sobald er die Polizei unter Kontrolle habe, seine nationalkonservativen Koalitionspartner fallen lassen und jede Opposition niederschlagen, schrieb er im Februar 1933 an seinen Bruder.[206] Der Bonner Romanist Ernst Robert Curtius, einer der führenden Vertreter seines Faches, der sich selbst als «konservativ und liberal» charakterisierte, interpretierte die nationalsozialistische Machtübernahme als «Revolution der Massen». Im Sommer 1933 schrieb er an eine französische Bekannte:

> Sie können sich nicht vorstellen, was es bedeutet, im heutigen Deutschland zu leben. Das Recht, die Vernunft und die Kultur werden geschmäht. Das Tier ist von der Kette gelassen, der Geist ist terrorisiert. Die Luft läßt sich nicht mehr atmen. Selbst die materielle Existenz ist nicht mehr sicher.[207]

Auch manche Nationalkonservative wie der Wirtschaftswissenschaftler Gerhard Albrecht (Jena) beobachteten die Etablierung der nationalsozialistischen Diktatur mit Beklommenheit. In Gesprächen kritisierte Albrecht, ein führendes Mitglied des Stahlhelm, Bund der Frontsoldaten, die «Methoden des finstersten Mittelalters, wie sie heute angewendet werden», die «Knebelung der Presse» und die Instrumentalisierung des Radios als «Werkzeug in der Hand der Regierung». Den Nationalsozialismus interpretierte er ähnlich wie Curtius als ein «System, das auf eine Diktatur der Masse hinausläuft».[208] Prompt wurde Albrecht wegen solcher Äußerungen von einem Doktoranden denunziert; seine Universitätslaufbahn konnte er nur unter großen Schwierigkeiten fortsetzen.

Schwieriger einzuschätzen ist die Gruppe derjenigen, die weder eindeutig als Anhänger noch als Gegner des Regimes identifiziert werden können. Viele verhielten sich zunächst einmal passiv: «Man wartete allgemein ab, wie sich die Dinge entwickeln würden und vermied jede eigene Bloßstellung», berichtete Karl Löwith aus Marburg.[209] Diese abwartende Haltung war oft das Resultat einer ambivalenten Einstellung gegenüber dem Geschehen. Im Oktober 1933 konstatierte Max Kloß (TH Berlin), ein Vorstandsmitglied des nunmehr gleichgeschalteten Hochschulverbandes, dass «auch heute noch in unseren Kreisen vielfach eine Zustimmung zu den Maßnahmen der Regierung Hitler und der Ausdruck des Vertrauens in die *Person* des Führers verbunden wird mit gewissen Vorbehalten und Bedenken nach dem kennzeichnenden Stichwort: ‹Ja – aber.›»[210]

Worin bestand diese Ambivalenz? Die Rhetorik der «nationalen Wiedergeburt» ließ auch die nationalkonservativen Hochschullehrer in aller Regel nicht unberührt. Dem standen Entwicklungen gegenüber, die auf viele arrivierte Ordinarien beunruhigend wirkten. Dazu gehörte der rasche Machtverlust der konservativen Kräfte innerhalb der Regierungskoalition, der sich bereits im Frühjahr 1933 abzeichnete: «Der Jubel, den man empfand, als die alten Farben wiederkamen, ist nicht mehr so froh wie anfangs», schrieb der Tübinger Kirchenhistoriker Karl Müller im Mai 1933.

> Die Sorgen ... wachsen bei mir täglich: für das geistige Leben, Kirche, Wissenschaft, Universität sind sie besonders groß. Aber sie wollen auch sonst sich nicht verdrängen lassen: die große Trommel und das ganze Tamtam ... die geistige Art der Männer, die Hitler zunächst umgeben, die Schwäche des alten Herrn [Hindenburg], die Verdrängung alles nicht nationalsozialistischen aus der Regierung, die doch immer weiter sich ausdehnt – alles das und so manches andere stimmt uns schwer sorglich.[211]

Naturgemäß stieß auch der Jugendkult des Regimes an den Hochschulen nicht überall auf Zustimmung. Im Juli 1933, kurz nach seinem 48. Geburtstag, räsonierte der Hallenser Historiker Siegfried Kaehler in einem Brief über das höchst merkwürdige Erlebnis, daß einer dem Anschein nach an sich noch leistungsfähigen Generation, die immerhin einiges durchgefochten hat, von der nachfolgenden bescheinigt wird, daß sie überlebt sei ... Es scheint ja in der Tat so, als ob wir auf die Menschenschicht, die heute mit elementarer Gewalt in den Staat eingebrochen ist, den Eindruck von kostümierten Gestalten machten, die sich aus einem Museum in den hellichten Tag verirrt haben.[212]

Den Heidelberger Rektor Willy Andreas beunruhigte im April 1933 besonders der Mangel an Rechtssicherheit. Die Gesamtsituation beurteilte er in einem privaten Schreiben als «unendlich ernst». Die Stimmung in «aufbauwilligen Kreisen» habe sich seit dem «Tag von Potsdam» am 21. März 1933 «auffallend und für mein Gefühl erschreckend verändert. Hoffentlich schreitet die Regierung bald zu positiven Massnahmen, statt das Gefühl der Rechtsunsicherheit zu vermehren.»[213]

Hochschulpolitisch befürchteten viele Professoren aus gutem Grund massive Eingriffe der neuen Machthaber in die universitäre Selbstverwaltung, speziell bei personalpolitischen Entscheidungen.[214] Selbst ein alter Rechtsradikaler wie der Hamburger Geograph Siegfried Passarge, der Hitler 1933 öffentlich als «Geschenk Gottes» feierte, äußerte gleichzeitig Bedenken gegen «eine grundlegende Änderung des Berufungswesens».[215] Solche Probleme beschäftigten allerdings in erster Linie die Ordinarien, die bis zu diesem Zeitpunkt die Geschicke der Universitäten weitgehend als Alleinherrscher gelenkt hatten. Im Kaiserreich und in der Weimarer Republik war die Hochschulautonomie letztlich nur eine Chiffre für die Herrschaft der Ordinarien gewesen.[216] Ihre Bemühungen, traditionelle Strukturen zu bewahren, verfolgten somit auch das Ziel, eigene Machtpositionen zu sichern. Unabhängig von ihrer politischen Einstellung wollten die Ordinarien im eigenen Hause weiterhin Herr bleiben.

Die Furcht vor dem Verlust der akademischen Freiheit artikulierte der emeritierte Theologe Gustav Krüger in einer bemerkenswerten Rede, die er im Juni 1933 vor dem Universitätssenat Gießen hielt:

Was ist denn ein Professor? Professor kommt von profiteri. Das heißt bekennen ... Ein Professor der Theologie, der sich bei seiner Arbeit die Richtschnur von der Kirche vorschreiben läßt, der gehört nicht an die Universität ... Und wie ist ein Strafrechtlehrer oder gar ein Staatsrechtslehrer denkbar, der sich seine Gedanken nicht ohne jede Beeinflussung durch eine außeruniversitäre Instanz bildet und sie ausspricht. Nicht zu reden vom Staatswirtschaftler: Wo soll es hinführen, wenn ein solcher nicht auch das gute am Kommunismus hervorheben darf, wenn er solches zu sehen glaubt. Nicht zu reden auch vom Historiker: Wie kann der die Geschichte der letzten 14 Jahre verfolgen und verständlich machen, wenn es ihm verboten sein soll, die Verdienste, die sich Friedrich Ebert in schwierigster Lage im Staat erworben hat, ins rechte Licht zu stellen?[217]

Liberale und konservative Ordinarien verknüpften daher – wie schon die Würzburger Erklärung des Hochschulverbandes vom 22. April[218] – Loyalitätserklärungen für das Regime gern mit dem Hinweis auf die Notwendigkeit, die universitäre Autonomie und die akademische Freiheit zu erhalten. Der nationalsozialistische Historiker Adolf Rein, damals der einflussreichste Repräsentant des Regimes an der Hamburger Universität, sah darin eine raffinierte Taktik, um den «eigentlichen Angriff» auf die traditionelle Struktur der deutschen Universität zu parieren. Im Mai 1933 schrieb er:

Diese beiden Positionen werden bezogen: einmal die Bereitschaft, ein mehr oder minder äußerliches oder innerliches Bekenntnis zur neuen Staatsordnung abzulegen, und dann, dadurch gesichert, den eigentlichen Angriff auf die überlieferte Form der Hochschule mit dem Schlagwort der «akademischen Freiheit» abzuwehren. Wir wissen, daß mit keinem Begriff so viel Missbrauch getrieben werden kann wie mit diesem: jede individuelle Beliebigkeit, jede Nichtigkeit, ja jede Art von geheimer Feindschaft gegen den Geist der neuen Epoche werden unter dem Schild der «akademischen Freiheit» – Palladium des Liberalismus – gedeckt.[219]

Schließlich waren viele Hochschullehrer bestürzt über das aggressive Auftreten der nationalsozialistischen Studentenführer, die in den konservativen Professoren keine Bündnispartner, sondern verkalkte Reaktionäre sahen. Zahlreichen Ordinarien erschien die Universität im Jahr 1933 daher als eine verkehrte Welt, in der die Vertreter der Studierenden und des wissenschaftlichen Nachwuchses das große Wort führten, während die etablierten Professoren zur Zielscheibe allgemeiner Kritik geworden waren. «Der seelische Druck wird immer übler», schrieb der Klassische Philologe Eduard Schwartz Ende April an einen

Kollegen. «Das Schlimmste ist, daß unsere Stellung zu den Studenten zerstört wird, wenn die Grünschnäbel durchdringen, die die Hochschulen durchpolitisieren wollen ... Wir brauchen jetzt Männer mit kühlem Kopf und festem Charakter, wo so viele mit ihren 4 Extremitäten nicht zufrieden sind und sich noch etliche mehr zulegen möchten, um besser kriechen zu können.»[220]

Der Adressat dieses Schreibens, der Theologe Hans Lietzmann, stimmte dieser Einschätzung nicht zu. Zwar zeigte das DNVP-Mitglied Lietzmann sich ebenfalls bekümmert über den Trend, «die Studenten als Träger des Nationalbewusstseins zu feiern und uns Professoren in allen Tonarten zu versichern, daß wir versagt hätten». Im Vordergrund aber stand seine Überzeugung, «daß es mit Deutschland vorwärts gehe!» In den Problemen, die seinen Kollegen beunruhigten, sah Lietzmann wie viele andere «Auswüchse», die mit der Zeit verschwinden würden: «Noch gehen die Wellen der Revolution hoch, aber die Gefahr ist erkannt, und die Zeit wird kommen, wo der gesunde Sinn des Volkes und die eherne Notwendigkeit der Geschichte die Auswüchse bändigen und beseitigen wird, die heute allen wahrhaft Verantwortlichen Sorge bereiten.»[221] Im preußischen Kultusministerium, so glaubte Lietzmann, herrsche «der beste Wille», nichts Unvernünftiges zu tun. «Und weil man doch auch bei uns den festen Willen hat, diese Regierung zu stützen und sie vor Mißerfolg zu bewahren, erträgt man manches, wogegen man bei einer roten Regierung aufbegehren würde.»[222]

Erheblich verstärkt wurde die Bereitschaft, sich mit den neuen Machthabern zu arrangieren, durch die im Bürgertum weitverbreitete Überzeugung, ein Zusammenbruch der Regierung Hitler werde zu einer Machtübernahme der Kommunisten führen.[223] Selbst ein Mann wie der Freiburger Nationalökonom Adolf Lampe, der dem Nationalsozialismus mit erkennbarer Reserve gegenüberstand und in späteren Jahren wegen seiner Verbindungen zum nationalkonservativen Widerstand inhaftiert wurde, gab zu Beginn des Sommersemesters 1933 in seiner Vorlesung ein Statement ab, in dem er unter Hinweis auf die Gefahr des Kommunismus zur Unterstützung der neuen Regierung aufrief:

> In dieser Stunde der äußersten Bedrohung sind neue Männer an das Ruder des Staatsschiffes getreten. Es kann und darf nicht sein, dass sie der Gefahr nicht Herr würden, denn es kann keinem Denkenden zweifelhaft sein, dass hinter einem solchen unvorstellbaren Misserfolg die Furchtbarkeit eines bolschewistischen Zerfalles liegt, der Deutschland für *unabsehbare* Zeiten aus der Weltgeschichte ausstreichen würde. Daraus folgt die Pflicht aller verantwortungsbewussten Deutschen an ihrem Posten ... im Dienste an der Gesamtheit das Letzte einzusetzen, das sie zu bieten haben. Diese Pflicht besteht ganz unbekümmert darum, ob der Einzelne das Geschehen der Gegenwart in *allen* seinen Einzelheiten bejaht oder ob er – wie ich es für meine Person ehrlich eingestehe – innerlich gewisse Vorbehalte zu machen hat.[224]

Diese – weit übertriebene – Furcht vor dem Kommunismus motivierte auch den Historiker Fritz Hartung zu dem Wunsch, «dass die jetzige Regierung der Schwierigkeiten Herr werde, denn wenn sie scheitern sollte, so würde meiner Ansicht nach nicht die geistig und wirtschaftlich zerriebene bürgerliche Mitte, sondern der Bolschewismus das Erbe antreten».[225]

3. Nationalsozialistische Hochschulpolitik: Strukturen, Ziele und Akteure

Strukturen und Ziele nationalsozialistischer Hochschulpolitik

Für die Aufgabe, die Hochschulen zu übernehmen und sie im Sinne der nationalsozialistischen Ideologie umzustrukturieren, war die NSDAP 1933 schlecht gerüstet. Parteifunktionäre, Lehrende oder Studierende, die 1933 eine nationalsozialistische Umgestaltung der Hochschulen in Angriff nehmen wollten, waren mit einem doppelten Vakuum konfrontiert:

Erstens enthielten die offiziellen Texte der Partei – Hitlers *Mein Kampf* und das Parteiprogramm – fast keine Hinweise auf die Inhalte einer künftigen nationalsozialistischen Hochschulpolitik. Wer in Hitlers *Mein Kampf* nach Konzepten suchte, stieß dort lediglich auf eine allgemeine Kritik des deutschen Erziehungssystems, das zu einseitig auf die reine Anhäufung von Wissen ausgerichtet sei. Ein völkischer Staat werde in erster Linie auf das «Heranzüchten kerngesunder Körper» achten. In zweiter Linie müsse die Entwicklung des Charakters betrieben werden und «erst als Letztes die wissenschaftliche Schulung». Außerdem solle die Wissenschaft als Instrument zur «Förderung des Nationalstolzes» dienen.[1] Als ein tragfähiges Konzept kann man diese wenigen verstreuten Bemerkungen sicherlich nicht bezeichnen.

Zweitens gab es 1933 in der Partei keine Institution, die für Hochschulpolitik zuständig war. In der Phase der Gleichschaltung der Hochschulen wurde dieses Vakuum hauptsächlich vom Nationalsozialistischen Deutschen Studentenbund (NSDStB)[2] gefüllt, der zeitweise einen kaum verhüllten Führungsanspruch erhob.[3] Auch der Nationalsozialistische Lehrerbund bemühte sich in der Anfangszeit mit begrenztem Erfolg, an den Hochschulen Fuß zu fassen. Die staatliche Hochschulpolitik blieb zunächst Ländersache. Für eine gewisse Vereinheitlichung sorgte aber – ähnlich wie bereits in der Weimarer Republik[4] – die deutlich erkennbare Vorreiterposition des preußischen Kultusministeriums. Wichtige hochschulpolitische Erlasse des preußischen Ministeriums wurden von den übrigen Kultusverwaltungen oft fast wortgleich übernommen. Dagegen erwies sich die von Rudolf Buttmann geleitete Abteilung III (Wissenschaft, Bildung und Schule) des Reichsinnenministeriums in der Praxis als relativ einflusslos.

Der «Führer» der NSDAP interessierte sich nicht für Hochschulangelegenheiten. Dieses Desinteresse war so offenkundig, dass selbst ein fanatischer Anhänger Hitlers wie der Physiker Johannes Stark 1933 zu der resignierten Schlussfolgerung gelangte: «Wissenschaft ist Hitler grundsätzlich unsympathisch.»[5] Wirklich korrekt war diese Feststellung indes nicht. Tatsächlich verknüpfte Hitler eine gewisse Hochachtung vor der Wissenschaft und gelegentliches Interesse an den Ergebnissen naturwissenschaftlicher Forschung[6] mit einer profunden Abneigung gegen Intellektuelle und Professoren.[7]

Seine wenigen wichtigen hochschulpolitischen Entscheidungen traf Hitler meist dann, wenn unterschiedliche Staats- und Parteistellen sich in internen Konflikten festgebissen hatten und aus eigener Kraft keinen Ausweg mehr fanden. In solchen Situationen hat Hitler einige substantielle Entscheidungen getroffen, zum Beispiel gegen die Kasernierung der Studenten in «Kameradschaftshäusern» (1934), gegen den Fortbestand der Korporationen (1935)[8] und gegen den Wunsch des Parteiideologen Alfred Rosenberg, ein Weisungsrecht unter anderem für den Bereich der Wissenschaft zu erhalten (1940).[9] Derartige Beschlüsse erwiesen sich stets als definitiv und wurden von allen Beteiligten ohne weiteren Widerspruch akzeptiert. Doch seit 1936 nahm Hitlers Bereitschaft, in solchen Auseinandersetzungen als Schiedsrichter zu agieren, deutlich ab. Nun konzentrierte er sich auf jene Politikfelder, die ihm besonders wichtig waren: Außenpolitik, Aufrüstung, Kriegsvorbereitung. Im Zuge dieser Entwicklung ging er mehr und mehr dazu über, andere Politikbereiche – darunter die Hochschulpolitik – zu ignorieren und die streitenden Parteien sich selbst zu überlassen.

Sofern Hitler aus eigenem Antrieb gelegentlich hochschulpolitische Initiativen ergriff, brachte er zumeist persönliche Neigungen oder Abneigungen zum Ausdruck. Nicht selten ging es dabei um Angelegenheiten von drittrangiger Relevanz. Zwei Beispiele: Gleich mehrfach hat Hitler seine Antipathie gegen die Verleihung akademischer Ehrungen (Ehrendoktor, Ehrensenator usw.) an nationalsozialistische Politiker zum Ausdruck gebracht und dadurch die Universitäten zur Zurückhaltung auf diesem Gebiet gezwungen.[10] Und nach dem Anschluss Österreichs verkündete Hitler, in Linz, der Stadt seiner Jugend, solle eine Technische Hochschule entstehen.[11] Zwar bestand für eine solche Neugründung aufgrund der drastisch gesunkenen Zahl der Studierenden[12] kein Bedarf. Auch war es gerade in den technischen Fächern immer schwerer geworden, die Lehrstühle mit qualifizierten Wissenschaftlern zu besetzen. Gegen einen «Führerbefehl» gab es indes keine Einspruchsmöglichkeit. Und so wurde im Oktober 1943 tatsächlich die Technische Hochschule Linz eröffnet. Bei genauerem Hinsehen handelte es sich allerdings eher um die Karikatur einer Hochschule, die aber perfekt auf Hitlers persönliche Interessen zugeschnitten war: Die gesamte TH bestand lediglich aus einer Architekturabteilung mit zwei Lehrstühlen.[13]

Die wichtigsten Einrichtungen nationalsozialistischer Hochschulpolitik entstanden erst in den Jahren 1934 bis 1936. Dazu gehörten das 1934 gegründete Reichserziehungsministerium (REM), die Hochschulkommission der NSDAP (1934), der 1934/35 entstandene Nationalsozialistische Deutsche Dozentenbund (NSDDB) und schließlich das Amt Wissenschaft in der Dienststelle von Alfred Rosenberg (1936). Es war charakteristisch für die innere Struktur des Dritten Reiches, dass die Kompetenzen dieser neuen Organisationen zu keinem Zeitpunkt klar voneinander abgegrenzt wurden. Jede dieser Institutionen hat daher – zumindest zeitweise – versucht, sich als *die* zentrale Schaltstelle nationalsozialistischer Hochschulpolitik zu etablieren. Das führte zu zahlreichen Konflikten. Vielfach handelte es sich um reine Machtkämpfe.

Es wäre zu einfach, solche Auseinandersetzungen nur als Konflikt zwischen Staat und Partei zu interpretieren. Vielmehr entwickelten sich auch zwischen unterschiedlichen Parteistellen heftige Rivalitäten. Andererseits waren informelle Allianzen von staatlichen Stellen und Parteigliederungen gegen andere Parteiämter keineswegs ungewöhnlich. Bereits 1935 wurde die Arbeitskraft der meisten Hochschulpolitiker des NS-Staates in hohem Maße durch solche Konflikte beansprucht, wie der Reichsführer des NSDStB, Albert Derichsweiler, 1935 mit bemerkenswerter Offenheit feststellte:

> Auf den verschiedensten Wegen versuchte man, die Umformung der Hochschule durchzuführen und zersplitterte dabei die willigen Kräfte in den verschiedensten Organisationen und Gruppen, die dann in Zuständigkeitsfragen ihr Betätigungsfeld sahen und die eigentliche Aufgabe, die neue Hochschule, mehr oder weniger aus dem Blickfeld verloren.[14]

Derichsweiler war damals offenbar der Meinung, dass es sich hier um einen vorübergehenden Zustand handelte, eine Erwartung, die sich indes als Illusion erweisen sollte. Nur im studentischen Bereich gelang es 1936, durch die Gründung der Reichsstudentenführung die erbitterten Kompetenzkämpfe der ersten Jahre weitgehend zu beenden.[15] Darüber hinaus aber blieb ein grundsätzlicher Wandel aus. Da Hitler sich aus den hochschulpolitischen Kompetenzstreitigkeiten so weit wie möglich heraushielt, ist letztlich niemand aus diesen Konflikten als eindeutiger Sieger hervorgegangen. Keine der neuen Institutionen erlangte auf dem Feld der Hochschulpolitik eine wirklich dominante Position. Ein führender nationalsozialistischer Hochschulreformer wie Ernst Krieck konnte 1939 nur noch mit Wehmut auf die Aufbruchsstimmung der Anfangszeit zurückblicken:

> 1933 war die unerhörte Möglichkeit, einer schöpferischen ... Ziele zeigenden, bahnbrechenden Führung gegeben. Das ist inzwischen auf der ganzen Linie gründlich versiebt. Von *sämtlichen* an der Kulturpolitik Beteiligten. Darüber könnte man ein Buch schreiben, wahrscheinlich mit dem Erfolg, dass der Verfasser um der Wahrheit willen eingesperrt würde. Führung auf dem Gebiet der Wissenschaft und der Literatur ist annähernd Anarchie,

urteilte Krieck in einem vertraulichen Schreiben an den Reichsstudentenführer.[16] Noch im März 1943 klagte Heinrich Härtle, ein Wissenschaftspolitiker im Dienste Alfred Rosenbergs, dass «auf wissenschaftlichem Gebiete die Desorganisation und der Ressortstreit ... noch größer ist als auf anderen Gebieten».[17] Dieser ständige Ressortstreit und die Schwäche der beteiligten Akteure führten vielfach zu einem Zustand gegenseitiger Blockade, in dem zahlreiche Initiativen zur nationalsozialistischen Umgestaltung der Hochschulen steckenblieben.

Die von Krieck beklagte «Führungslosigkeit» ermutigte wiederum andere Stellen zu wissenschaftspolitischen Interventionen: Neben dem NSDStB mischten sich diverse Dienststellen der SS und das Propagandaministerium (vor allem durch Zensurmaßnahmen) häufiger in hochschulpolitische Angelegenheiten ein. Einzelne Gauleiter beeinflussten ebenfalls in massiver Weise die Entwicklung der Hochschulen innerhalb ihres Herrschaftsbereiches. Besonders die Gauleiter beziehungsweise Reichsstatthalter von Sachsen (Martin Mutschmann), Thüringen (Fritz Sauckel) und Württemberg (Wilhelm Murr) waren für ihre Eingriffe in lokale Hochschulangelegenheiten bekannt.[18]

Das für den NS-Staat charakteristische Neben- und Gegeneinander unterschiedlicher Machtzentren, kurz: der polykratische Charakter der NS-Diktatur, hat die Hochschulpolitik offenbar besonders stark geprägt. Von einer einheitlichen, zentral gelenkten Hochschulpolitik konnte daher im Dritten Reich nicht die Rede sein. Manche Historiker meinen sogar, es habe eine nationalsozialistische Hochschulpolitik überhaupt nicht gegeben.[19] Mir erscheint diese These nicht überzeugend. Auch wenn die Nationalsozialisten 1933 offensichtlich nicht über einen hochschulpolitischen Masterplan verfügten, bleibt doch unbestreitbar, dass das Gesicht der deutschen Universitäten in den folgenden Jahren durch politische Maßnahmen, die sich an den Grundprinzipien der NS-Ideologie orientierten, so tiefgreifend verändert wurde wie seit mehr als einem Jahrhundert nicht mehr. Diese Veränderungen ergaben sich mit einer gewissen Logik aus den eingeschliffenen Welt- und Feindbildern des Nationalsozialismus. Fünf Schwerpunkte lassen sich ausmachen:

Erstens: Die Beseitigung demokratischer Entscheidungsstrukturen (soweit man davon an den Universitäten vor 1933 sprechen konnte). Das Führerprinzip, das an die Stelle der traditionellen universitären Selbstverwaltung treten sollte, ließ sich in der Praxis allerdings nur schwer umsetzen, da die Stellung der Rektoren, die offiziell zu Führern der Universitäten avancierten, durch konkurrierende Machtansprüche unterminiert wurde.

Zweitens: Die Vertreibung jüdischer, «nichtarischer» und politisch unliebsamer Hochschullehrer oder Studierender. Während die Zahl der Studierenden, die dadurch von den Hochschulen vertrieben wurden, vergleichsweise gering war,[20] erlebte der Lehrkörper der Universitäten durch diese Politik sowohl qualitativ als auch quantitativ einen erheblichen Aderlass.

Drittens: Eine Personalpolitik, bei der neben dem Kriterium der fachlichen Leistung politische Gesichtspunkte eine wesentliche Rolle spielten. So einig sich die verschiedenen hochschulpolitischen Institutionen des NS-Staates über die Notwendigkeit einer «politischen Auslese» der Hochschullehrer waren, so uneinig blieben sie, wenn zu entscheiden war, wer diese «Auslese» vornehmen sollte und wie fachliche oder politische Auswahlkriterien gewichtet werden sollten.

Viertens: Die Aufwertung der bislang unterprivilegierten Teile des Lehrkörpers. Die Stellung der Nichtordinarien und des wissenschaftlichen Nachwuchses wurde 1933/34 deutlich gestärkt. Von den älteren, nationalkonservativen Ordinarien wurde eine grundlegende Umstellung nicht mehr erwartet. Ihre allmähliche Ersetzung durch jüngere Nachwuchswissenschaftler sollte den Weg frei machen für die neue, nationalsozialistische Hochschule.

Fünftens: Die Einrichtung neuer Lehrstühle in Fächern, die politisch und ideologisch als besonders relevant erschienen (insbesondere Eugenik, Volkskunde, Vor- und Frühgeschichte, Agrarwissenschaften). In aller Regel entstanden diese neuen Lehrstühle nicht durch zentrale Direktiven von oben. Vielmehr handelte es sich überwiegend um Initiativen, die von einzelnen Fakultäten, Universitäten und Universitätsrektoren ausgingen.

Allerdings sollte die nationalsozialistische Hochschulpolitik nicht als statisches Maßnahmenbündel, sondern als dynamischer Prozess verstanden werden, der mindestens vier verschiedene Phasen durchlief. Jede dieser Phasen war durch beträchtliche Veränderungen der Rahmenbedingungen geprägt.

Die erste Phase umfasst die Jahre 1933 bis 1936. Gekennzeichnet war diese Periode durch die Massenentlassungen jüdischer und politisch unerwünschter Hochschullehrer sowie durch zahlreiche Maßnahmen, welche die Autonomie der Hochschulen zugunsten der Staats- und Parteibürokratie einschränkten. Hauptziel der Politik war es, die universitäre Wissenschaft ideologisch zu durchdringen. Als Avantgarde der «nationalsozialistischen Revolution» an den Hochschulen gebärdeten sich der NS-Studentenbund und die von ihm kontrollierten «Studentenschaften», die insbesondere 1933/34 eine bedeutende Rolle spielten. Die traditionellen Rechte der Ordinarien wurden eingeschränkt. Teile der Partei – insbesondere der NSDStB – nahmen gegenüber den Hochschulen und den Hochschullehrern eine grundsätzlich kritische, oft sogar verächtliche Haltung ein.

Eine zweite Phase erstreckt sich über den Zeitraum von 1937 bis 1939. Um 1936/37 deutete sich ein Kurswechsel in der Hochschulpolitik an. Mit dem Vierjahresplan und der Gründung des Reichsforschungsrats wurden die Hochschulen verstärkt in die Kriegsvorbereitungen einbezogen. Wie die in vielen Disziplinen sichtbar werdende Nachwuchsknappheit zeigte, hatte der Hochschullehrerberuf deutlich an Attraktivität verloren. Im Oktober 1936 kamen führende Hochschulpolitiker der Partei bei einer Besprechung in Frankfurt zu dem Ergebnis, dass die Lage der Hochschullehrer verbessert werden müsse. Erforderlich sei «eine geistige Befriedung» der Hochschullehrer, da «weite Kreise der im Augenblick noch nicht entbehrlichen, weil nicht ersetzbaren wissenschaftlichen Arbeiter in Deutschland sich getreten und bedrückt fühlen».[21] Tatsächlich wurde den Hochschullehrern seit 1937 wieder ein größerer Freiraum gewährt.

Die dritte Phase umfasste die Kriegsjahre von 1939 bis 1941. Sie war gekennzeichnet durch vielfältige Anstrengungen, die Wissenschaft für die Zwecke des Krieges nutzbar zu machen. Gleichzeitig aber reduzierte der Staat die Fördermittel von DFG und Reichsforschungsrat für die Hochschulforschung. Außerdem wurde ein stetig wachsender Teil des wissenschaftlichen Personals von der Wehrmacht eingezogen, während die Zahl der Studierenden seit dem Winter 1939/40 wieder zunahm. Diese Entwicklungen haben die Qualität von Lehre und Forschung stark beeinträchtigt. In den besetzten Territorien kam es zur Neugründung oder Übernahme bestehender Universitäten (Straßburg, Posen, Prag) durch das Regime.

Die vierte Phase zwischen 1942 und 1945 war geprägt durch das Bemühen, die Hochschulinstitute besser als zuvor für die Zwecke des Krieges zu nutzen. Die finanzielle Förderung der als «kriegswichtig» betrachteten Hochschulforschung wurde großzügig aufgestockt. Andererseits führten die immer massiver werdenden alliierten Bombenangriffe zur Zerstörung zahlreicher Universitätseinrichtungen und zur Verlagerung vieler Institute und Bibliotheken, die dadurch vor Luftangriffen geschützt werden sollten. Mehr und mehr musste sich die Hochschulpolitik nun darauf beschränken, die Funktionsfähigkeit der Universitäten aufrechtzuerhalten.

Das Reichserziehungsministerium (REM)

Der einflussreichste hochschulpolitische Akteur während der NS-Zeit war das Reichsministerium für Wissenschaft, Erziehung und Volksbildung – meist knapp als Reichserziehungsministerium (REM) bezeichnet.[22] Die Gründung des Ministeriums am 1. Mai 1934 leitete eine Zentralisierung der staatlichen Schul- und Hochschulpolitik ein. Von den drei Kandidaten, die für das Amt des Reichserziehungsministers in die engere Auswahl genommen worden waren – Hans Schemm, Rudolf Buttmann und Bernhard Rust[23] –, entschied Hitler sich für den preußischen Erziehungsminister Rust. Faktisch übernahm damit das preußische Kultusministerium die Aufgaben des neuen Reichsministeriums.[24]

Bernhard Rust, ein früherer Studienrat, gehörte 1925/26, als die gerade wieder gegründete NSDAP noch eine Splitterpartei am Rande des Geschehens war, zu jener Gruppe von norddeutschen Gauleitern, die sich in Opposition zur Münchener Zentrale um Gregor Straßer scharte. In Rusts Gau Hannover und in seiner Wohnung hatten mehrere Treffen dieser Gruppierung stattgefunden, die indes schon im Februar 1926 wieder auseinanderfiel.[25] Danach verwandelte Rust sich in einen treuen Gefolgsmann Hitlers, auch wenn er offenbar gelegentlich von inneren Zweifeln heimgesucht wurde.[26] Als Gregor Straßer im Dezember 1932 gegen den «Alles oder nichts»-Kurs Hitlers rebellierte, schlug Rust sich sofort auf die Seite seines «Führers». Er informierte Hitler als Erster über Straßers Aktivitäten und trug dadurch möglicherweise dazu bei, eine Spaltung der Partei zu verhindern.[27] Dieser Loyalitätsbeweis in einer ernsten Krisensituation war vermutlich ausschlaggebend für Hitlers Entschluss, Rust zunächst das preußische Kultusministerium und schließlich das Reichserziehungsministerium zu übertragen.

Rust, der bei der Amtseinführung freimütig bekannte, er habe kein «entwickeltes Programm»,[28] zeigte im Bereich der Hochschulpolitik nur wenig Initiative. Die leitenden Beamten des Ministeriums hatten es in der Regel schwer, überhaupt bis zu ihrem Minister vorzudringen. So beschwerte sich der Leiter des Amtes Wissenschaft, Otto Wacker, 1938 bei Rust darüber, dass er seit seinem Amtsantritt «nur in sehr beschränktem Umfange die Möglichkeit hatte, Ihnen Vortrag zu halten, so daß oft Dinge monatelang liegen bleiben mußten».[29]

Diese Passivität war nicht zuletzt eine Folge seines prekären Gesundheitszustandes. Rust hatte im Ersten Weltkrieg eine schwere Kopfverletzung davongetragen und litt viele Jahre lang unter einer Trigeminusneuralgie, einer äußerst unangenehmen Form von Kopfschmerzen. Wohlmeinende Mitarbeiter deuteten seine Neigung zu starkem Alkoholkonsum als Reaktion auf diese Schmerzen.[30] Hinzu kam eine ausgeprägte Labilität. Ehemalige Beamte des REM haben Rust übereinstimmend als Person beschrieben, die starken Gemütsschwankungen unterworfen war, mal voller Schwung und Optimismus, dann wieder unter Depressionen leidend, die ihn unfähig machten, Entschlüsse zu fassen.[31]

Das Ansehen des Reichserziehungsministers in der Wissenschaft erodierte rasch. Für den Philosophieprofessor Erich Rothacker war

Rust «ein netter feiner, aber in Hochschuldingen völlig hilfloser Mann».[32] «Der Chef R[ust] bedeutet tatsächlich nichts», konstatierte 1936 der Berliner Erziehungswissenschaftler Eduard Spranger.[33] Ein dem Regime nahestehender Philosophieprofessor, Oskar Becker, charakterisierte den Minister als «dürftiges Mittelmaß».[34] Auch mancher Funktionär des NSDDB nahm intern kein Blatt vor den Mund, wenn es darum ging, «die Torheit oder Ahnungslosigkeit unseres Freundes Rust»[35] zu geißeln. Während der Salzburger Rektorenkonferenz von 1943 musste Rust es sich sogar gefallen lassen, auf einem Bierabend vom Straßburger Rektor Karl Schmidt als «missgeratener Treuhänder der Wissenschaft» verspottet zu werden.[36]

Auch in der NS-Elite hatte Rust nur wenige Bundesgenossen. Reichskirchenminister Hanns Kerrl scheint in diesem Kreis sein einziger Freund gewesen zu sein. Hoffnungslos zerrüttet war das Verhältnis zu Goebbels, der in seinem Tagebuch über den Reichserziehungsminister notierte: «Er ist faul, kann nichts und besitzt wenig Intelligenz.»[37] Der Parteiideologe Alfred Rosenberg beschrieb Rust 1940 als «haltlos», «alt» und «krank».[38] Albert Speer empfand ihn als «farblos».[39] Im Sicherheitsdienst der SS (SD) galt der Reichserziehungsminister als «völliger Versager».[40] Milder, aber nicht grundsätzlich anders urteilte der ehemalige Gauleiter Albert Krebs, der Rust als eine «etwas weiche» Persönlichkeit beschrieb, «die der Kraft zu klaren Entschlüssen und Entscheidungen weitgehend ermangelte».[41] Reichsfinanzminister Lutz Graf Schwerin von Krosigk charakterisierte Rust rückblickend als Idealisten «von einer gefühlsbetonten, beinahe naiven Gläubigkeit. Da er weder einen starken Willen noch allzu viel Verstand besaß, wurde er von Menschen, die härter waren und über Tatkraft verfügten, leicht überspielt. In seinem eigenen Ressort hatte er von Jahr zu Jahr weniger zu sagen und zu Hitler kaum noch Zutritt.»[42] Nur im faschistischen Italien hielt man Rust noch 1943 für eine der geistigen Größen des nationalsozialistischen Deutschlands.[43]

Offenkundig fehlten diesem Minister die Härte und Durchsetzungsfähigkeit, die notwendig waren, um im Dritten Reich als nationalsozialistischer Spitzenpolitiker zu reüssieren.[44] Charakteristisch für das schwach entwickelte Selbstbewusstsein dieses Mannes war seine Nachgiebigkeit gegenüber einflussreichen Persönlichkeiten aus Politik und Gesellschaft, die ihm von Angesicht zu Angesicht gegenübertraten. Wer Rust persönlich aufsuchte und energisch seine Anliegen vortrug, verabschiedete sich meist mit dem Gefühl, ein offenes Ohr für alle Wünsche und Forderungen gefunden zu haben. So wurde es im Laufe der Jahre zur Gewohnheit, dass «in allen Fällen, wo man etwas zu holen wünscht, sich unter Umgehung des Amtschefs oder der Referenten an den Reichsminister selbst wendet, da von dort eher eine Nachgiebigkeit zu erwarten» war, wie Amtschef Otto Wacker konstatierte.[45] Auf diese Weise kam es 1939 zu einem der größten Berufungsskandale des Dritten Reiches, als der Lehrstuhl für Theoretische Physik an der Universität München nicht mit dem Nobelpreisträger Werner Heisenberg, sondern mit Wilhelm Müller, einem fachlich unbedeutenden Vertreter der «Deutschen Physik», besetzt wurde. Die Berufung erfolgte auf Weisung Rusts, nachdem der Nazi-Physiker Johannes Stark sich über die Köpfe der zuständigen REM-Beamten hinweg persönlich an den Reichserziehungsminister gewandt hatte.[46]

Allerdings konnten Rusts Gesprächspartner in solchen Fällen nie sicher sein, ob die Zusagen des Ministers lange Bestand haben würden, da Rusts Mitarbeiter ihren Chef meist ebenso leicht vom Gegenteil überzeugen konnten oder seine Versprechungen schlicht ignorierten. Johannes Stark[47] musste diese Erfahrung ebenso machen wie Rudolf Heß, Gerhard Wagner (der Beauftragte für Hochschulfragen im Stab Heß) und Franz Wirz (der faktische Leiter der Hochschulkommission der NSDAP).[48]

Rusts Ablösung wurde mehrfach erwogen.[49] Doch Hitler konnte sich nicht dazu entschließen, den Reichserziehungsminister vor die Tür zu setzen. «Der Führer ist unglücklich, aber will ihn in Erinnerung an alte Tage nicht fallen lassen», notierte Alfred Rosenberg 1940 in seinem Tagebuch.[50] Vermutlich war es diese etwas sentimentale Anhänglichkeit Hitlers gegenüber den alten Kumpanen aus der «Kampfzeit»,[51] die dafür sorgte, dass Rust weiter auf seinem Ministersessel verbleiben konnte. Statt den Reichserziehungsminister zu entlassen, zog Hitler es vor, ihn durch Nichtbeachtung zu strafen. Rust wurde nicht mehr zum Mittagessen in die Reichskanzlei eingeladen[52] und war damit faktisch aus dem inneren Kreis der Machthaber verbannt. Während des Krieges brach Hitler den Kontakt nahezu vollständig ab.[53] 1943/44 machte man sich in der Parteikanzlei erneut auf die Suche nach einem Ersatz für Rust. In die engere Wahl gezogen wurden der Reichsstudentenführer und Gauleiter von Salzburg, Gustav Adolf Scheel, sowie der Gauleiter der Steiermark, Sigfried Uiberreither. Auch die Gauleiter Hugo Jury (Niederdonau), Gustav Simon (Moselland), Rudolf Jordan (Magdeburg-Anhalt) und Hartmann Lauterbacher (Süd-Hannover-Braunschweig) waren als Kandidaten im Gespräch.[54] Letztlich blieb der Reichserziehungsminister aber bis zum Ende im Amt. Erst in Hitlers «Politischem Testament» vom 29. April 1945 wurde Scheel dann doch noch zum Reichserziehungsminister ernannt,[55] eine Entscheidung, die zu diesem Zeitpunkt – das Ministerium befand sich bereits im Zustand der Auflösung – keinerlei Relevanz mehr hatte.

Mit einem Minister an der Spitze, der innerhalb der NS-Hierarchie sukzessive an Gewicht verlor und schließlich zu einem Gegenstand des Spottes und der Verachtung wurde, war die Durchsetzungsfähigkeit des REM von vornherein beschränkt. Verstärkt wurde dieses Problem noch durch einen anderen Faktor, den Amtschef Otto Wacker 1938 gegenüber Rust zur Sprache brachte. Die «sehr schwache … politische Stellung des Reichserziehungsministeriums» führte Wacker vor allem darauf zurück, dass das REM eine ausschließlich staatliche Institution war, deren Arbeit nicht durch politischen Rückhalt in der Partei abgesichert wurde:

> Sobald … Fragen von großer und weitgehender Bedeutung auftauchen, insbesondere Fragen von grundsätzlicher Neuschöpfung aus nationalsozialistischem Geiste heraus, tritt der Mangel und die Schwäche des Reichserziehungsministeriums als eines rein staatlichen und damit auf den staatlichen Bereich beschränkten Arbeitskörpers sofort bis in alle Einzelheiten in Erscheinung.[56]

Das REM bemühte sich, diese Schwachstelle durch gute Beziehungen zur Wehrmacht auszugleichen, und galt bald als «militärfromm».[57]

Insbesondere zum Heereswaffenamt und seinem Leiter, General Karl Becker, pflegte Rust ein herzliches Verhältnis.[58] Allerdings zeigte die Wehrmacht nach Beckers Tod im April 1940 nur noch geringe Bereitschaft, diese Einstellung zu honorieren. Im Oktober 1940 registrierte ein Beamter des REM mit Bestürzung, «daß das Oberkommando der Wehrmacht offensichtlich auf Wünsche (Forderungen) der Reichsstudentenführung schneller und tatkräftiger reagiert, als auf unsere Wünsche».[59]

Die mit der Gründung des REM angestrebte Zentralisierung – im NS-Jargon: «Verreichlichung» – der Hochschulpolitik gelang nur teilweise. Am erfolgreichsten waren diese Bemühungen im Bereich der Personalpolitik. Bereits zweieinhalb Monate nach Gründung des Ministeriums begann das REM damit, die personalpolitischen Kompetenzen der Länder drastisch zu beschneiden: Im Juli 1934 wies Rust die Kultusministerien beziehungsweise die Unterrichtsverwaltungen der Länder an, vor der Einleitung von Berufungsverhandlungen stets die Zustimmung des REM einzuholen und nach dem Ende der Verhandlungen die getroffenen Vereinbarungen vorzulegen.[60] Mit der im Dezember 1934 erlassenen Reichs-Habilitations-Ordnung[61] ging auch die Erteilung und Entziehung der Lehrbefugnis in die Hände des REM über. Durch das Hochschullehrergesetz vom 21. Januar 1935 erhielt das REM außerdem das Recht, beamtete Hochschullehrer zu versetzen oder zu entpflichten.[62] Einige Tage später übernahm das Reichsministerium zudem die Ernennung der Rektoren.[63] Bereits im Februar 1935 kam dieser Prozess zu einem gewissen Abschluss: Mit einem Erlass an die Unterrichtsverwaltungen der Länder ordnete Rust an, sämtliche Berufungsverfahren und Disziplinarangelegenheiten an das Amt Wissenschaft seines Ministeriums abzugeben. Auch die Ernennung von Honorarprofessoren und nichtbeamteten außerordentlichen Professoren, die Erteilung oder Entziehung von Lehraufträgen sowie die Anstellung und Entlassung von Lektoren waren fortan Sache des REM.[64] Auf der staatlichen Ebene war das REM dadurch zehn Monate nach seiner Gründung eindeutig zur hochschulpolitisch dominanten Kraft geworden.

Zu einer vollständigen Entmachtung der außerpreußischen Länderministerien kam es jedoch nicht. Zum einen blieben die Kultusministerien der Länder bei allen personalpolitischen Entscheidungen «in den Dienstweg eingeschaltet». Ihre Hochschulreferenten agierten dabei nicht als verlängerter Arm des REM, sondern fühlten sich in erster Linie den Landesregierungen und den Gauleitern der NSDAP verpflichtet.[65] Zum anderen blieb die Finanzierung der Hochschulen weitgehend eine Angelegenheit der Länder. Dementsprechend konnte das REM bei Verhandlungen über Berufungen an außerpreußische Hochschulen zukünftigen Ordinarien keine finanziellen Zusagen zur Ausstattung ihrer Institute oder Kliniken machen, ohne zuvor die Zustimmung der Länderministerien einzuholen.[66]

Um zu einer vollständigen «Verreichlichung» der Hochschulen zu kommen, strebte das REM deshalb seit 1935 zwei Ziele an: eine direkte Unterstellung der Hochschulverwaltungen in den außerpreußischen Ländern unter das REM und eine Übertragung der Hochschulhaushalte der Länder auf den Reichshaushalt.[67] Zwischen 1935 und 1942 unternahm das Ministerium immer wieder neue Vorstöße, um diese Ziele zu erreichen. Der vom REM präsentierte Gesetzentwurf[68] stieß jedoch auf den Widerstand des preußischen Finanzministers Johannes Popitz, der – als Honorarprofessor an der Berliner Universität – selbst stark an Hochschulfragen interessiert war und auf den hochschulpolitischen Einfluss seines Ressorts nicht verzichten mochte. Es gelang Popitz, den preußischen Ministerpräsidenten Göring von seiner Position zu überzeugen.[69] Gegen den Widerstand Görings ließen sich die Pläne zur «Verreichlichung» der Hochschulen nicht durchsetzen, es sei denn, der «Führer» persönlich hätte das REM in dieser Frage unterstützt. Hitler, dem das Problem im März 1942 vorgelegt wurde, wich jedoch einer klaren Entscheidung aus und entschied, «daß die Verreichlichung der wissenschaftlichen Hochschulen für die Dauer des Krieges zurückzustellen ist».[70] Damit war das Projekt endgültig gescheitert.

Das REM, das 1938 etwa 500 Mitarbeiter zählte,[71] war organisatorisch in sechs verschiedene Ämter aufgeteilt: Neben dem Zentralamt (Z) und dem Ministeramt (M) gehörten dazu das Amt für Wissenschaft (W), das für Hochschulen und wissenschaftliche Forschungsinstitute zuständig war, und das Amt für Erziehung (E), in dessen Arbeitsbereich hauptsächlich das Schulwesen fiel. Hinzu kamen noch das Amt für Volksbildung (V) und das Amt für körperliche Erziehung.[72]

Im Amt Wissenschaft des Ministeriums wurde zwischen «Nazis» und «Spezis» unterschieden.[73] Die «Nazis», überwiegend Parteimitglieder, die der NSDAP lange vor 1933 beigetreten waren,[74] besetzten nahezu alle relevanten Führungspositionen, hatten in der Regel aber wenig Erfahrung mit Verwaltungsarbeit und waren daher auf das Fachwissen der «Spezis», der Spezialisten, angewiesen – meist Berufsbeamte alten Stils, die als Experten für Haushaltsfragen, Besoldungsangelegenheiten oder Verwaltungsrecht benötigt wurden.

Beim Blick auf die Organisationsstruktur des Amtes Wissenschaft fällt vor allem die Einrichtung der Fachreferate ins Auge.[75] Während im preußischen Kultusministerium ein Referat für sämtliche Personalangelegenheiten der Hochschullehrer zuständig gewesen war, wurden die Personalia im Amt Wissenschaft Fachreferenten übertragen, die in der Lage waren, die Kandidaten auch fachlich zu beurteilen. Hintergrund war die Absicht des Ministeriums, stärker als in früheren Zeiten auf Berufungsverfahren und andere Personalentscheidungen Einfluss zu nehmen.

Bei den Fachreferenten handelte es sich überwiegend um relativ junge Wissenschaftler, die das Ende der Weimarer Republik als Assistenten oder Privatdozenten erlebt hatten.[76] Als Hitler 1933 zum Reichskanzler ernannt wurde, lag ihr Durchschnittsalter bei 34 Jahren. Mehr als zwei Drittel von ihnen waren der NSDAP bereits in der Weimarer Republik beigetreten. Nur zwei dieser Wissenschaftler hatten schon vor 1933 einen Lehrstuhl erhalten, die übrigen erreichten dieses Ziel, von wenigen Ausnahmen abgesehen, nach der nationalsozialistischen Machtübernahme. Oft wurde die Tätigkeit im Ministerium mit der Berufung auf ein Ordinariat an einer Berliner Hochschule verbunden. Auf diese Weise konnte das Ministerium seinen Etat entlasten, während die Referenten durch eine Lebensstellung «gegen Wechselfälle in der politischen Laufbahn» abgesichert wurden.[77]

Der erste Leiter des Amtes Wissenschaft, der Mathematiker Theodor Vahlen,[78] war bei der Übernahme des Amtes bereits 64 Jahre alt – eine ungewöhnliche Personalentscheidung in einer Zeit, in der überall Vertreter der jüngeren Generation an die Schalthebel der Macht kamen. Ausschlaggebend für seine Ernennung war die Tatsache, dass Vahlen zu den ganz wenigen Hochschullehrern gehörte, die sich schon in der Frühzeit der NSDAP öffentlich für den Nationalsozialismus exponiert hatten. Vahlen, seit 1911 ordentlicher Professor für Mathematik in Greifswald, war 1923 in die NSDAP eingetreten und im selben Jahr zum Rektor der Universität Greifswald gewählt worden. Aus Protest gegen den Weimarer Staat hatte er 1924 am Verfassungstag die schwarz-rot-goldene Fahne der Republik vom Universitätsgebäude entfernen lassen. Vahlen war daraufhin von der preußischen Regierung suspendiert und 1927 aus dem Staatsdienst entlassen worden. Als Gauleiter von Pommern übernahm er zwischen 1925 und 1927 eine Führungsposition in der NSDAP. 1930 erhielt er einen Lehrstuhl an der TH Wien. 1933 holte Rust ihn in das Preußische Kultusministerium.

Das Amt Wissenschaft im REM gliederte sich von 1934 bis 1937 in zwei Abteilungen: die Hochschulabteilung (W I), die zunächst von Vahlen selbst, seit April 1935 von dem Rostocker Chemiker Franz Bachér geleitet wurde, und die Forschungsabteilung (W II), deren Leitung Erich Schumann übernahm.[79] Schumann, eine schillernde, gut vernetzte Persönlichkeit, war seit 1932 Leiter der Forschungsabteilung im Heereswaffenamt und entwickelte sich zum wichtigsten Organisator der Wehrwissenschaft im Dritten Reich. Faktisch handelte es sich bei der Forschungsabteilung um eine Dependance des Heereswaffenamtes, mit dem Ziel, die zivile Forschung für militärische Zwecke einzuspannen.[80] Allerdings wurde die Forschungsabteilung schon 1937 wieder aufgelöst: Nachdem der Versailler Vertrag 1935/36 faktisch zu Makulatur geworden war, konnte die Wehrmacht ihre eigenen großen Forschungseinrichtungen aufbauen, und für die militärische Nutzung der zivilen Forschung sorgte seit 1937 der neu gegründete Reichsforschungsrat.[81]

Die Universitäten galten in der Hochschulabteilung unter Vahlen und Bachér als noch zu eroberndes Territorium. Bezeichnenderweise sprach man damals im Ministerium von den Hochschulen als «der Front».[82] Trotz der Anpassungsbereitschaft, die viele Hochschullehrer 1933 an den Tag legten, wurde ihnen die Zurückhaltung, die sie in der «Kampfzeit» gegenüber dem Nationalsozialismus gezeigt hatten, nicht vergessen. Bei der Besetzung von Lehrstühlen ließ das REM die Vorschläge der Fakultäten in zahlreichen Fällen unberücksichtigt, um stattdessen eigene Kandidaten zu berufen oder Vorschläge diverser Parteistellen zu berücksichtigen.[83] Traditionelle Privilegien der Hochschullehrer – beispielsweise die Unversetzbarkeit der ordentlichen Professoren – wurden durch Gesetze oder Verordnungen beseitigt.[84]

Machtpolitisch stieß das Amt Wissenschaft schon bald an seine Grenzen. 1935 scheiterte der Versuch, durch die Gründung einer Reichsakademie der Forschung einen vom REM kontrollierten «Generalstab» der deutschen Wissenschaft zu etablieren.[85] Auch in den heftigen Kompetenzkämpfen mit der Hochschulkommission der NSDAP und später mit dem NSDDB vermochte sich das Amt Wissenschaft des REM 1935/36 nicht wirklich durchzusetzen. 1936 war der Elan, mit dem Vahlen, Bachér und ihre Mitarbeiter sich an die Nazifizierung der Hochschulen gemacht hatten, weitgehend verbraucht. Vahlen wurde Ende 1936 abgelöst, da er nach Einschätzung des Ministers noch nicht einmal zu einer «rein technischen Führung der Geschäfte des Amtes Wissenschaft» in der Lage war.[86] Wenig später musste auch Bachér seinen Sessel im Ministerium räumen.

Zum kommissarischen Nachfolger Vahlens wurde Anfang 1937 der SS-Oberführer Otto Wacker ernannt.[87] Wacker war der NSDAP bereits 1925 als Student beigetreten und hatte nach Studium und Promotion als Parteijournalist für die NSDAP in Baden gearbeitet. Dort war er 1933 zum Kultusminister ernannt worden, ein Amt, das er auch während seiner Tätigkeit im REM beibehielt.[88] Wacker brachte aus Baden einige Mitarbeiter mit, die fortan eine wichtige Rolle im Amt Wissenschaft spielten – darunter der frühere Rektor der Universität Heidelberg, Wilhelm Groh, der von 1937 bis 1941 als stellvertretender Amtschef agierte, und Oberregierungsrat Hans Huber, der neben seiner Tätigkeit im Ministerium auch als V-Mann für den SD arbeitete.[89] Im Gegensatz zu seinem Vorgänger – und auch zu seinem

Nachfolger – betrieb der neue Amtsleiter eine systematische Hochschulpolitik. Wacker war sich der Tatsache bewusst, dass die bisherige Politik des Amtes Wissenschaft wenig dazu beigetragen hatte, die Hochschullehrer für das Regime zu gewinnen. Rückblickend schrieb er über die Lage bei seinem Amtsantritt:

> Ich kannte die Mißstimmung, die in der Hochschullehrerschaft zum Teil sehr berechtigt herrschte und die allmählich die Form einer Depression angenommen hatte ... Ich kannte schließlich auch die Auseinandersetzungen, wenigstens von der Peripherie, die zwischen den Parteiinstitutionen, Hochschulkommission, NSD-Dozentenbund, Stab Rosenberg und Amt Wissenschaft im Reichserziehungsministerium laufend im Gange waren und deren Auswirkungen natürlich an der Hochschule überaus deutlich spürbar wurden ... Meine Auffassung, wonach die Entwicklung so wie bisher nicht weitergehen könne und endlich etwas Positives geschehen müsse, war ja nicht nur meine eigene Anschauung, sondern auch die zahlreicher Dienststellen.[90]

Ein Grund für diese «Mißstimmung» waren die zahlreichen öffentlichen Angriffe auf die Intellektuellen im Allgemeinen und die Hochschullehrer im Besonderen. Dadurch hatten die Universitäten beträchtlich an Prestige verloren.[91] Der seit 1936 in einer Reihe von wissenschaftlichen Disziplinen sichtbar werdende Nachwuchsmangel war mindestens zum Teil auf diesen Prestigeverlust zurückzuführen. Wacker entschloss sich, den Interessen der Wissenschaftler fortan wieder stärker entgegenzukommen. Auf einer Rektorenkonferenz im Dezember 1937 erläuterte er die neue hochschulpolitische Linie seiner Dienststelle und warb um das Vertrauen der Hochschullehrer:

> Der Grundgedanke, der mich von vornherein geleitet hat, war der, daß es darauf ankommt, in möglichst rascher Zeit eine Förderung des Ansehens der Wissenschaft und der Hochschule zu erreichen ... Daß die Hochschule sehr gelitten hat unter den verschiedenen Dingen, die ich nicht im einzelnen aufzuzählen brauche, ist ... von vielen Stellen auch schon erkannt. Eine ganz besonders schwierige Situation scheint mir die zu sein, das nötige Verständnis bei sämtlichen und besonders bei den entscheidenden Parteistellen für den Gesamtkomplex Wissenschaft zu erzeugen (Beifall) ... Es soll bei den Hochschulen, bei den Rektoren, die in den letzten Jahren so unglücklich über die Entwicklung gewesen sind, das Gefühl erweckt werden, daß ... sie in Berlin auf alle Fälle in allen grundsätzlichen Fragen Unterstützung finden werden.[92]

Diese Ankündigungen blieben nicht folgenlos. Die Fakultäten erhielten nach Wackers Amtsantritt wieder größeres Mitspracherecht bei Personalentscheidungen. Die zuvor häufig geübte Praxis, Berufungen gegen den Willen der Fakultäten oder sogar ohne Konsultation der Fakultäten vorzunehmen, wurde seit 1937 seltener.[93] Auf Rektorenkonferenzen, die in der Ära Vahlen/Bachér eher den Eindruck einer Befehlsausgabe mit anschließender Fragestunde gemacht hatten,[94] etablierte sich unter Wacker ein vergleichsweise dialogischer Stil, der den Rektoren die Möglichkeit gab, Probleme offen zu diskutieren.[95] Auch versuchte das Ministerium – mit begrenztem Erfolg – das Ansehen der Universitäten in der Öffentlichkeit wieder zu heben.

Die konfliktreiche Beziehung des REM zu den für Hochschulpolitik zuständigen Parteistellen, vor allem zum Stab Heß und zum NSDDB, erfuhr unter der Regie Wackers ebenfalls eine spürbare Entspannung. Voraussetzung war allerdings dessen Bereitschaft, der Partei das zuzugestehen, was Vahlen und Bachér noch verweigert hatten, eine Beteiligung an nahezu allen hochschulpolitischen Entscheidungen. Wackers wichtigster Erfolg auf diesem Terrain war die Verständigung mit dem Stab Heß und dem NSDDB über ein einheitliches Berufungsverfahren. Bezeichnenderweise wurde diese Einigung nur möglich, weil Himmler seinem SS-Oberführer Wacker den Kontakt zu Bormann vermittelte.[96] Von einer klaren Abgrenzung der Kompetenzen zwischen dem REM und den mit Hochschulpolitik befassten Parteistellen konnte aber auch weiterhin nicht die Rede sein.

1938 entschloss sich Wacker, das Kernproblem seiner Dienststelle anzugehen: In einer ausführlichen Denkschrift[97] führte er seinem Minister erneut die geringe Durchsetzungsfähigkeit seines Amtes vor Augen und betonte die demotivierende Wirkung der polykratischen Strukturen im Wissenschaftsbetrieb:

> Es unterliegt weder bei meinen Mitarbeitern im Amte Wissenschaft des Reichserziehungsministeriums, noch bei der Masse der mit Wissenschaft und Erziehung befassten Personen des Dritten Reiches … irgendeinem Zweifel, daß die politische Stellung des Reichserziehungsministeriums tatsächlich eine sehr schwache ist, eine Erscheinung, die jede Arbeit jedes Abteilungsleiters und Referenten täglich belastet und erschwert und die sich

> sogar auf die Durchschlagskraft auch der besten Mitarbeiter des Hauses lähmend auswirkt.

Dadurch werde die Arbeit des Amtes Wissenschaft zur «Sisyphusarbeit»:

> Dies tritt sofort klar in Erscheinung, gerade auf dem Gebiet der Planung, wo es notwendig wird, an einem Ort ein Institut zu schließen und an einem anderen das betreffende Institut besser auszubauen und zu verstärken. Die bestehenden Mängel und die begrenzte Befugnis derer, die dies durchzuführen haben, führen dazu, daß tausend Einwendungen lokaler, persönlicher oder sonstiger Natur die größten Pläne monatelang hemmen oder sie gar undurchführbar machen und das Ergebnis besteht dann nur darin, daß die Verantwortlichen ein halbes Leben an Nervenkraft opfern, ohne weiterzukommen.

Um die mangelnde Durchsetzungskraft des Amtes Wissenschaft zu beseitigen, machte Wacker in ultimativer Form zwei Vorschläge: Zum einen müsse seine eigene Position im Ministerium durch eine «direkte Unterstellung» unter den Minister und durch zusätzliche Vollmachten gestärkt werden. Als Ziel schwebte ihm offensichtlich die Stellung eines Staatssekretärs im REM vor.[98] Zum anderen sei es notwendig, dass im Bereich der Wissenschaftspolitik «an der Spitze eine klare Zusammenfassung durch Personalunion herbeigeführt wird mit dem Ziele, die Kräfte der Partei und des Staates bezüglich dieses Sektors in eine zielklare, zweckmäßige und einfache Arbeitsrichtung zu bringen». Eine Verwirklichung dieser Forderung hätte bedeutet, Wacker neben der Leitung des Amtes Wissenschaft im REM auch noch die Führung des NSDDB und der Hochschulkommission der NSDAP zu übertragen. Eine ähnliche Lösung war zwei Jahre zuvor für den studentischen Bereich gefunden worden. Damals hatten Rust und Rudolf Heß gemeinsam Gustav Adolf Scheel zum Reichsstudentenführer ernannt. Scheel übernahm damit in Personalunion sowohl die Leitung der staatlichen Deutschen Studentenschaft als auch des NSDStB, einer Parteigliederung. Dieser Schritt beendete mit einem Schlag die jahrelangen Machtkämpfe zwischen beiden Organisationen und führte zu einer bemerkenswerten Stabilisierung der nationalsozialistischen Studentenpolitik.[99]

Die Denkschrift lief auf eine grundlegende Neuorientierung der nationalsozialistischen Hochschulpolitik hinaus, genauer gesagt auf die Überwindung ihrer polykratischen Struktur. Die praktische Umsetzung seiner Vorschläge hätte Wacker in eine ähnliche Position versetzt wie einige Staatssekretäre im Reichsministerium des Inneren, die parallel zu ihrer staatlichen Stellung hohe Parteiämter innehatten und dadurch in der Lage waren, ihren Geschäftsbereich wie ein selbständiges Ressort zu führen.[100]

Freilich war der offizielle Adressat dieser Denkschrift, der Reichserziehungsminister Bernhard Rust, kaum der geeignete Mann, um derart weitreichende Vorschläge durchzusetzen. Wacker wandte sich daher wiederum hilfesuchend an die SS. Himmler zeigte sich erneut bereit, ihn zu unterstützen, und ließ eine Kopie der Denkschrift an die Reichskanzlei schicken, mit der Bitte, Wackers Anliegen dem «Führer» vorzutragen.[101] Hitler jedoch zeigte sich desinteressiert und ließ nur verlauten, es müsse Rust überlassen bleiben, die angesprochenen Fragen zu regeln.[102] Rust wiederum war lediglich bereit, seinen Amtschef zum Unterstaatssekretär zu ernennen.[103] Über Wackers wichtigsten Vorschlag, die hochschulpolitischen Führungspositionen von Staat und Partei in einer Person zusammenzufassen, konnte der Reichserziehungsminister gar nicht entscheiden, weil seine Befugnisse sich allein auf den staatlichen Sektor erstreckten. Wacker resignierte daraufhin, erklärte seinen Rücktritt als Leiter des Amtes Wissenschaft und zog sich auf sein Amt als badischer Kultusminister zurück. Mit seinem Rücktritt endete der einzige ernsthafte Versuch, die polykratischen Strukturen der nationalsozialistischen Hochschulpolitik zu überwinden.

Zum Nachfolger Wackers als Chef des Amtes Wissenschaft ernannte Rust im April 1939 den Chemiker Rudolf Mentzel.[104] Mentzel war schon in den 1920er Jahren zur NSDAP gestoßen und hatte zwischen 1930 und 1933 in Göttingen zunächst als Ortsgruppenleiter, dann als Kreisleiter für die Partei gearbeitet. Seit dieser Zeit hatte er engen Kontakt zum späteren Reichserziehungsminister Rust, der als Gauleiter von Süd-Hannover-Braunschweig sein unmittelbarer Vorgesetzter in der NSDAP gewesen war. Gleichzeitig beteiligte Mentzel sich als Privatassistent seines Parteifreundes Gerhart Jander an Forschungsarbeiten, die im Auftrag der Reichswehr am Chemischen Universitätsinstitut Göttingen durchgeführt wurden. 1934 holte ihn sein Duzfreund Rust in das REM, wo er als Referent in Erich Schumanns Forschungsabteilung (W II) eingestellt wurde. Ein Jahr später erhielt Mentzel ein Ordinariat an der TH Berlin. Zwischen ihm und Schumann entwickelte sich eine intensive Zusammenarbeit, die für Mentzels weitere Karriere außerordentlich vorteilhaft war. Nach Berichten von Zeitgenossen soll Mentzel stark unter dem Einfluss von Schumann gestanden haben, der es vorgezogen habe, im Hintergrund zu bleiben und aus dem Verborgenen die Fäden zu ziehen.[105]

Mentzel ist gelegentlich als «Technokrat» charakterisiert worden.[106] Angesichts seiner langjährigen Tätigkeit für die NSDAP in den Jahren vor der «Machtergreifung» ist dies wohl kaum eine sinnvolle Zuordnung. Zutreffend ist jedoch, dass Mentzel und Schumann sich für Wissenschaft nicht primär unter ideologischen Aspekten interessierten, sondern vor allem unter dem Gesichtspunkt ihrer Verwertbarkeit für den militärisch-industriellen Komplex (Wehrmacht, Vierjahresplan etc.). Den Geisteswissenschaften stand Mentzel nach eigener Aussage «gleichgültig» gegenüber.[107]

Als Wissenschaftler war Mentzel unbedeutend. Trotz politischer Protektion hatte er sich 1933 nur mit Mühe und Not habilitiert.[108] Unter anderen politischen Umständen hätte er wohl niemals die Hochschullehrerlaufbahn einschlagen können.[109] Nach dem Zusammenbruch des NS-Regimes beschrieb ihn sein früherer Chef Gerhart Jander als «tüchtigen Chemiker» ohne «überdurchschnittliche Befähigung» und attestierte ihm eine «etwas primitive, zu Vereinfachungen neigende seelische und charakterliche Konstitution» sowie einen Hang zu «rauherer Lebensart».[110] Seiner raschen Karriere als Hochschulpolitiker tat dieses Naturell keinen Abbruch. Faktisch war Mentzel seit 1939 als Leiter des Amtes Wissenschaft im REM, als Präsident der Deutschen Forschungsgemeinschaft (DFG) und als Vizepräsident des Reichsforschungsrates der mächtigste Hochschulpolitiker des Dritten Reiches. Diesen Aufstieg verdankte er vor allem dem dichten Netz an nützlichen Beziehungen, das er sich seit der «Kampfzeit» aufgebaut hatte. Als exzellenter Netzwerker, der sich mit aller Welt duzte, stand Mentzel nicht nur mit seinem Minister auf gutem Fuß, sondern unterhielt daneben – über seinen Freund Erich Schumann – vorzügliche Beziehungen sowohl zur Wehrmacht als auch zur SS, in der er es bis zum Brigadeführer bringen sollte.

Gegenüber denen, die seinem Aufstieg im Wege standen, konnte Mentzel hart und unnachgiebig sein. Die Wissenschaftspolitiker des Amtes Rosenberg, deren Vorstöße Mentzel mit taktischem Geschick ins Leere laufen ließ,[111] bekamen dies ebenso zu spüren wie Johannes Stark, den Mentzel und Schumann nach einem längeren Machtkampf aus der Führung der DFG verdrängten.[112] Die daraus erwachsende Feindschaft (Stark über Mentzel: «Ein junger, bornierter, gewissenloser, machthungriger Bursche»[113]) erklärt, warum Mentzel nicht die von Stark und Philipp Lenard initiierte «Deutsche Physik» unterstützte, sondern vielmehr Starks Widersacher ermutigte, ihre Gegenposition zu formulieren.[114] Mit eigenen hochschulpolitischen Konzepten ist Mentzel dagegen selten hervorgetreten. Vom Amt Wissenschaft des REM gingen unter seiner Führung nur wenige nennenswerte Initiativen aus. Energisch handelte der Amtsleiter Wissenschaft vor allem dann, wenn es um die Sicherung der eigenen Machtstellung ging.[115]

Freilich musste auch Mentzel die Erfahrung machen, dass die politische Schwäche des REM selbst durch Rückendeckung seitens der SS nicht ausgeglichen werden konnte. Zwar erwies sich der Kontakt zu Himmler für die eigene Karriere als überaus nützlich. Auch war die Zugehörigkeit zur SS für Mentzel gewiss von Vorteil, um gegenüber den Machtansprüchen des Amtes Rosenberg selbstbewusst auftreten zu können. Von einer eindeutigen Dominanz auf dem Feld der Hochschulpolitik blieb das Amt Wissenschaft des REM aber weit entfernt. Stattdessen mussten Mentzel und seine Mitarbeiter während des Krieges personalpolitische Kompetenzen an die erstarkende Parteikanzlei abtreten.[116] «Das Erziehungsministerium hat sich den es attackierenden Parteiinstanzen gegenüber nicht gewachsen gezeigt», urteilte Goebbels im Juni 1943.[117]

Diese Situation erschwerte eine zielstrebige und kohärente Politik des Ministeriums. Bald spottete man an den Schulen und Hochschulen über die Einführung einer neuen minimalen Maßeinheit: «Ein Rust» sei der Zeitraum zwischen dem Erlass einer Verordnung und ihrer Aufhebung.[118] Der Witz war durchaus symptomatisch für das geringe Ansehen des Ministeriums an den Hochschulen. Abgesehen von der Ära Wacker, dessen Politik meist als universitätsfreundlich wahrgenommen wurde,[119] dominierte an den Universitäten eine skeptische Einstellung gegenüber den Entscheidungen des Ministeriums. 1941 konstatierte ein SD-Bericht: «Im allgemeinen herrscht der Eindruck vor, daß an der Zweckmäßigkeit der meisten vom REM kommenden Anordnungen stark gezweifelt wird, und daß nachgeordnete Dienststellen sowie einzelne Professoren und Studenten sich selbst bemühen müssen, so vernunftgemäß wie möglich zu arbeiten, um doch ein einigermaßen zweckmäßiges Studium durchführen zu können.»[120]

Während des Krieges verwandelte sich das Gebäude des Ministeriums aufgrund zahlreicher Bombenschäden sukzessive in einen Trümmerhaufen, dessen Reparatur schließlich aufgrund fehlender Baumaterialien aufgegeben werden musste.[121] Das Amt Wissenschaft wurde im Frühjahr 1944 in die Dahlemer Gertraudenschule ausgelagert. Der Berliner Ordinarius Fritz Hartung, der dort im April 1944 dienstlich zu tun hatte, notierte nach dem Besuch: «In kalten Schulzimmern hausen jeweils mehrere Beamte zusammen, es fehlt an allem, an Schreibpapier, an Telefon usw. Wenn es in kriegswichtigen Behörden nicht wesentlich besser ist, dann verlieren wir den Krieg bestimmt.» Maliziös fügte er hinzu: «Bei unserem Ministerium kann man ja in der Regel froh sein, wenn der Betrieb keine Resultate produziert.»[122]

Der NS-Lehrerbund (NSLB) und die «Dozentenschaften»

Während in der Weimarer Republik noch keine nationalsozialistische Hochschullehrerorganisation existierte, gab es seit dem Frühjahr 1933 gleich mehrere Versuche, die Hochschullehrer im Sinne des Regimes zu organisieren.

Bereits im April 1933 entstand die Reichsfachschaft Hochschullehrer und Wissenschaftler im NS-Lehrerbund (NSLB). Der 1929 vom bayerischen Kultusminister Hans Schemm gegründete NSLB war vor 1933 ganz überwiegend eine Organisation von Volksschullehrern ohne Rückhalt an den Hochschulen gewesen.[123] Seit dem Frühjahr 1933 bemühte sich Schemm, den Lehrerbund zu einem Gesamtverband aller Erzieherinnen und Erzieher auszubauen. Dadurch gerieten auch die Hochschulen in den Rekrutierungsbereich des NSLB. Gründer und anfänglicher Leiter der Reichsfachschaft Hochschullehrer war Erich Seidl, ein Bergbauingenieur, der zuvor schon versucht hatte, die Hochschullehrer in Alfred Rosenbergs Kampfbund für deutsche Kultur zu organisieren.[124] Seidl bemühte sich während des gesamten Sommersemesters 1933 mit großer Energie darum, in der Hochschulpolitik Fuß zu fassen. Er gründete einen Führerrat, ernannte an nahezu allen Hochschulen Obleute des NSLB,[125] veröffentlichte Vorschläge zur Hochschulreform[126] und beteiligte sich aktiv an der Gleichschaltung des Hochschulverbandes und des Verbandes der Nichtordinarien.[127]

Vor Ort, an den einzelnen Hochschulen, entfaltete Seidls Reichsfachschaft dagegen keine größeren Aktivitäten. Da der NSLB als Organisation in den Entscheidungsgremien der Universitäten kaum vertreten war, sich zudem auf Anweisung Seidls aus personalpolitischen Angelegenheiten heraushalten sollte[128] und im Sommer 1933 nur wenige aktive Mitglieder zählte, spielte er in der Phase der Gleichschaltung der Universitäten nirgendwo eine führende Rolle. Insbesondere an den Philosophischen Fakultäten konnte Seidl nach eigenem Eingeständnis «keine arbeitsfreudigen Mitarbeiter finden».[129] Bei aller Anpassungsbereitschaft, die viele Hochschullehrer seit 1933 an den

Tag legten, widersprach Schemms Ziel einer großen Gesamtorganisation der Erzieher, die «vom Hochschullehrer bis zur Kindergärtnerin» reichen sollte, schlicht dem professoralen Bedürfnis nach Distinktion.

Auch in der Ministerialbürokratie nahm man die «einzige parteiamtlich anerkannte berufsständische Organisation der Hochschullehrer und Wissenschaftler» (Seidl über die Reichsfachschaft)[130] zunächst nicht besonders ernst. Jedenfalls musste Seidl bald etwas kleinlaut einräumen, dass die Vorschläge des NSLB zur Hochschulreform in den Kultusministerien weitgehend unbeachtet geblieben waren.[131]

Tatsächlich beobachtete das preußische Kultusministerium die Aktivitäten des NSLB mit Misstrauen. Der Lehrerbund stand außerhalb des eigenen Machtbereiches und drohte daher, die hochschulpolitische Führungsrolle des Ministeriums infrage zu stellen. Das Ministerium gründete deshalb im Oktober 1933 eine eigene Organisation von Hochschullehrern, die «Dozentenschaften». Diese sollten die preußischen Hochschullehrer und vor allem den Hochschullehrernachwuchs im Sinne des Regimes erfassen und gleichzeitig einen Ersatz für die Verbände der Assistenten und Nichtordinarien schaffen, die im Zuge der Gleichschaltung aufgelöst wurden. Nach dem Gründungserlass des preußischen Kultusministeriums[132] war die Mitgliedschaft in einer «Dozentenschaft» für sämtliche Assistenten, Privatdozenten und nichtbeamteten außerordentlichen Professoren Pflicht, während beamtete Hochschullehrer die Möglichkeit hatten, sich freiwillig anzuschließen. In der Praxis sah dies so aus, dass einzelne Ordinarien, die für ihre nationalsozialistische Einstellung bekannt waren, aufgefordert wurden, sich der «Dozentenschaft» ihrer Hochschule anzuschließen.[133]

Die lokalen «Dozentenschaften» der einzelnen Hochschulen wurden zu einer «Preußischen Dozentenschaft» zusammengeschlossen. Ihre Führung übernahm auf Anweisung von Minister Rust der damals gerade sechsundzwanzigjährige Biologe Walter Greite, der als außerplanmäßiger Assistent an der Landwirtschaftlichen Hochschule in Berlin tätig war.[134] Greite wiederum nominierte die Führer der lokalen «Dozentenschaften». Überwiegend handelte es sich um Privatdozenten, teils auch um nichthabilitierte Assistenten und vereinzelt sogar um nichtpromovierte Hilfsassistenten.[135]

Die «Dozentenschaften» waren keine Gesinnungsgemeinschaft, deren Mitglieder unter politischen Gesichtspunkten ausgewählt wurden. Sie erfassten aber auch nicht den gesamten Lehrkörper der preußischen Universitäten, sondern im Wesentlichen nur die Nichtordinarien. Gleichwohl sollten die «Dozentenschaften» ausdrücklich keine Interessenvertretung des wissenschaftlichen Nachwuchses sein.[136] Das alles wirkt zunächst verwirrend, war aber überaus charakteristisch für die nationalsozialistische Hochschulpolitik in den ersten Jahren des Dritten Reiches. In der Gründung der «Dozentenschaften» spiegelte sich die in der Partei weitverbreitete Überzeugung, dass die künftige nationalsozialistische Hochschule nur das Werk der Jugend sein könne, während die «ältere Generation versagt und ausgespielt» habe, wie der Generaldirektor der Kaiser-Wilhelm-Gesellschaft, Friedrich Glum, rückblickend notierte.[137] Die älteren Ordinarien waren zwar vorerst noch unentbehrlich, sollten aber möglichst bald jüngeren, linientreuen Kräften Platz machen. Den «Dozentenschaften» war dabei die Aufgabe zugedacht, die Stellung des wissenschaftlichen Nachwuchses im Gefüge der Universitäten zu stärken.

Schöpfer dieser Konstruktion war Ministerialrat Joachim Haupt.[138] Haupt hatte sich bereits 1922 der NSDAP angeschlossen und gehörte nach der Gründung des NSDStB zu den führenden nationalsozialistischen Studentenfunktionären. Nach seiner Entlassung aus dem Schuldienst war Haupt 1931 Schriftleiter einer Parteizeitung, der *Niedersächsischen Tageszeitung* in Hannover geworden. Aus dieser Zeit stammte seine Bekanntschaft mit dem Gauleiter von Süd-Hannover-Braunschweig Bernhard Rust, der ihn 1933 in das preußische Kultusministerium holte.[139] 1933/34 avancierte Haupt im Hochschulbereich zum wichtigsten Exponenten eines «linken» Nationalsozialismus, der öffentlich die «Verstaatlichung der Banken» forderte und den «langweiligen Nationalsozialismus» der Parteimehrheit kritisierte.[140]

Von den Ordinarien – auch von den nationalsozialistischen Ordinarien – wurde die Gründung der «Dozentenschaften» als eine politische Misstrauenserklärung interpretiert. Der Vorsitzende des Reichsverbandes der Deutschen Hochschulen, Herwart Fischer, sah in der Neugründung den bewussten Versuch, «einen Keil in die Dozentenschaft zu treiben».[141] Noch schärfer fiel die Kritik des prominenten Philosophen Erich Rothacker aus, der schon 1932 öffentlich für den Nationalsozialismus eingetreten war. Nach seiner Ansicht lief Haupts Politik im preußischen Kultusministerium darauf hinaus, die akademischen Habenichtse zum «Klassenhass» gegen die Ordinarien anzustiften:

> Der Mann kann doch seine innere Überzeugung, dass *nur* seine Generation mit echter nationalsozialistischer Gesinnung begnadet sei, nicht aufgeben. Was ist ihm im Grunde der Ordinarius einer Universität neben einem Privatdozenten oder Assistenten einer tierärztlichen, landwirtschaftlichen oder Handelshochschule. Das ist im Grunde genommen der Kern der Mentalität dieser «Generation», sie ist ohne einen kräftigen Schuss von Klassenhass gar nicht zu verstehen. Alles, was von dieser Seite über «Wissenschaft» gesagt wird, ist höfliche oder politisch zweckmäßige Phrase, hinter der keine wirkliche Überzeugung steht.[142]

Die Annahme, dass die Gründung der preußischen «Dozentenschaften» sich vor allem gegen die etablierten Lehrstuhlinhaber richtete, war keineswegs aus der Luft gegriffen. In der Tat hat die Stoßrichtung gegen die Ordinarien das Selbstverständnis der «Dozentenschaft» ganz erheblich geprägt. Sehr deutlich kommt dies in einer *Rede an die Mitglieder einer Dozentenschaft* zum Ausdruck, die Ernst Kriecks Hausblatt *Volk im Werden* 1934 abdruckte. Darin hieß es:

> Kameraden! Es hat mich noch keiner von Ihnen gefragt, was man eigentlich so in großen Zügen zu tun hat, wenn man sich in der Dozentenschaft oder sonst einer politischen Organisation um eine neue deutsche Hochschule bemüht. Das ist ganz bezeichnend. Denn Sie glauben ja, die Antwort im vorhinein zu wissen. Und sie stellen sich unsere Arbeit fast ebenso vor, wie es die «Ordinarien» sich denken: Kampfstellung gegen alles Arrivierte, ein schönes Vorrecht der Jugend! Und heute selbstverständlich unter nationalsozialistischem Zeichen! Also so eine bessere akademische Gewerkschaft. Personalpolitik, ganz ohne hintenrum natürlich, das braucht's gar nicht, der Staat und die Partei stützen ja heute solche Bestrebungen! Sie sagen: Gott sei Dank, die «Ordinarien» sagen: Leider![143]

Somit existierten im Herbst 1933 zwei Organisationen, die unabhängig voneinander versuchten, die Hochschullehrer im Sinne des Nationalsozialismus zusammenzufassen: die von Seidl geführte Reichsfachschaft Hochschullehrer und Wissenschaftler im NSLB, und die «Preußische Dozentenschaft» unter der Führung Greites. Hinter dem NSLB stand der bayerische Kultusminister Schemm, hinter den «Dozentenschaften» der preußische Kultusminister Rust. Beide waren zugleich Gauleiter der NSDAP. Sowohl Rust als auch Schemm zeigten sich jedoch bemüht, einen offenen Konkurrenzkampf zu vermeiden. Schon der Gründungserlass der «Dozentenschaften» enthielt als versöhnliche Geste die Bestimmung, dass sämtliche Führer und Unterführer der «Dozentenschaften» gleichzeitig dem NSLB angehören mussten. Außerdem einigten sich Rust und Schemm im November 1933 darauf, die Leitung der wichtigsten Reichsfachschaften des NSLB mit den zuständigen Beamten des preußischen Kultusministeriums zu besetzen. Seidl musste daraufhin die Führung der von ihm gegründeten Reichsfachschaft Hochschullehrer abgeben. In der Hochschulpolitik spielte er fortan keine Rolle mehr. Zum neuen Führer der Reichsfachschaft I (Hochschullehrer) des NSLB avancierte Joachim Haupt, der ein paar Tage vorher die Leitung der Hochschulabteilung im preußischen Kultusministerium übernommen hatte.[144] Für eine kurze Zeit schien es, als würden Staat und Partei im Erziehungs- und Hochschulbereich miteinander verschmelzen.

Unter der Führung Haupts setzte eine verstärkte Mitgliederwerbung des NSLB ein, für die nun auch die «Dozentenschaften» eingespannt wurden. Ein atmosphärisch aufschlussreicher Bericht des Philosophen Karl Löwith über die erste Versammlung der «Dozentenschaft» an der Universität Marburg schildert die Erfolge dieser Politik:

> Am Schluß forderte man uns auf, dem ... nationalsozialistischen Lehrerbund beizutreten. Ein Formular wurde herumgereicht, und einer nach dem anderen unterzeichnete seinen Beitritt, bis ein schüchterner Theologe die Hand erhob und sich die Frage erlaubte, ob man nicht vorher die Satzungen dieses Lehrerbundes einsehen könne, um zu wissen, was man denn unterschreibe. Unser Führer war etwas verlegen und bedauerte, die Satzungen noch nicht aus Berlin erhalten zu haben und sie also auch selbst nicht zu kennen. Daraufhin zögerten einige mit dem weiteren Unterschreiben. –

Und das waren dieselben Menschen, die einen Monat zuvor um jeden Quark auf stundenlangen Diskussionen bestanden, ehe ein Beschluss gefasst werden konnte.[145]

Innerhalb kürzester Zeit schossen die Mitgliederzahlen des NSLB nun in die Höhe.[146] Anfang 1934 zählte die Reichsfachschaft Hochschullehrer des NSLB nach eigenen Angaben bereits 1600 Mitglieder.[147] Davon waren allerdings viele nach dem korporativen Beitritt des gleichgeschalteten Deutschen Nichtordinarien-Verbandes ohne eigenes Zutun aufgenommen worden.[148]

Parallel zum Ausbau des NSLB expandierten auch die «Dozentenschaften», obwohl ihre eigentümliche Struktur durchaus umstritten war. Vor allem das Argument, hier entstehe eine Art Gewerkschaft der Nichtordinarien blieb nicht ohne Wirkung.[149] Den sächsischen Gauleiter Martin Mutschmann entsetzte diese Vorstellung derart, dass er drohte, jeden, der sich in Sachsen an der Gründung von «Dozentenschaften» beteilige, in ein Konzentrationslager zu sperren.[150] Vorbehalte gegen die Übernahme des preußischen Modells gab es auch im badischen Kultusministerium. Der Leiter der dortigen Hochschulabteilung Eugen Fehrle[151] lehnte es ab, «von einer badischen Dozentenschaft zu sprechen und dabei die Dozenten, die ... immer noch die Hauptdozenten sind, auszuschließen oder höchstens gnadenweise zuzulassen». Auf diese Weise werde ein «Riss» im Lehrkörper der Hochschulen entstehen, der für die Bildung der «Volksgemeinschaft» nicht von Vorteil sein könne.[152]

Trotz dieser Bedenken, die so oder ähnlich auch von anderer Seite formuliert wurden, folgten am Ende fast alle Länder dem preußischen Beispiel und gründeten ebenfalls «Dozentenschaften» – zunächst in Thüringen (November 1933), dann in Hamburg (Januar 1934), Baden (Februar 1934), Bayern (März 1934), Hessen (seit April 1934) und in Mecklenburg (Mai 1934).[153] Im Juni 1934 wurden sogar an den sächsischen Hochschulen «Dozentenschaften» eingerichtet.[154] In Württemberg, wo das Kultusministerium die Gründung von «Dozentenschaften» weiterhin verweigerte, entstanden diese als Parteiorganisation ohne staatliche Unterstützung und Anerkennung.[155] Allerdings wurde das preußische Modell nicht überall bis ins Detail kopiert. In Baden erhielt die neue Einrichtung einen anderen Namen (Junglehrerschaft der badischen Hochschulen), um den Ausschluss der Ordinarien nicht als Herabsetzung erscheinen zu lassen.[156] Und in Hamburg gehörten die Assistenten nicht der «Dozentenschaft» an, wohl aber die beamteten außerordentlichen Professoren, sofern sie kein selbständiges Fach vertraten.[157]

Im März 1934 wurden die «Dozentenschaften» der einzelnen Länder dann in einem nationalen Dachverband, der Deutschen Dozentenschaft zusammengefasst, deren Führung zunächst Walter Greite übernahm. Auf Initiative Hans Schemms wurde die neue Organisation gleichzeitig in den NSLB eingegliedert, so dass sämtliche Angehörige der Deutschen Dozentenschaft nolens volens dem NSLB angehörten.[158] Davon ausgenommen blieben im Wesentlichen nur die Ordinarien, die aber an einigen Hochschulen ebenfalls nachdrücklich aufgefordert wurden, sich dem NSLB anzuschließen.[159] Vor Ort, an den einzelnen Hochschulen, trat der NSLB aber trotz seiner hohen Mitgliederzahlen weiterhin selten in Erscheinung.

Anders die «Dozentenschaften»: Sie gewannen eine Zeitlang ganz erheblichen Einfluss. Ihre Vertreter saßen sowohl in den Universitätssenaten als auch in den engeren Fakultäten und waren dadurch über alle Interna des Universitätslebens informiert. In Preußen übersandte das Kultusministerium 1934/35 sämtliche Berufungsvorschläge der Fakultäten an die Deutsche Dozentenschaft zur Stellungnahme, und die Berufungsakten des Ministeriums – soweit sie überliefert sind – zeigen, dass Einwände oder Gegenvorschläge der Deutschen Dozentenschaft in Preußen mindestens genauso ernst genommen wurden wie die Voten der Fakultäten. Noch größer war dieser Einfluss in allen Angelegenheiten des wissenschaftlichen Nachwuchses. Die Leiter der Dozentenschaften waren nicht nur – wie es in einem Ministerialerlass hieß – «maßgeblich» an der Einstellung der Assistenten beteiligt.[160] Darüber hinaus unterstanden der Deutschen Dozentenschaft auch die Dozenten-Akademie und die Dozentenlager, die der Kontrolle des wissenschaftlichen Nachwuchses dienten und von allen angehenden Hochschullehrern durchlaufen werden mussten.[161]

In auffälligem Kontrast zur hochschulpolitischen Bedeutung der Deutschen Dozentenschaft stand die wissenschaftliche Bedeutungslosigkeit ihrer Leiter. Weder Walter Greite noch sein Nachfolger Heinz Lohmann[162] haben je an einer Hochschule gelehrt. Greite scheiterte während des Krieges gleich mehrfach bei dem Versuch, sich mit einer «anthropologischen» Untersuchung über die Wiener Juden zu habilitieren.[163] Sowohl Greite als auch Lohmann sind offensichtlich allein aufgrund ihrer politischen Meriten ausgewählt worden.

An der Universitätsspitze führte die Etablierung der «Dozentenschaften» vielfach zu einer Art Doppelherrschaft: Neben dem offiziellen Führer der Universität, dem Rektor, der aus den Reihen der Ordinarien gewählt wurde, stand der Führer der «Dozentenschaft» als Repräsentant der nicht arrivierten Nachwuchskräfte, die sich politisch als Kern einer zukünftigen nationalsozialistischen Universität sahen. Dazu gesellten sich als dritter Machtfaktor noch die Studentenfunktionäre. Diese Konstellation wirkte naturgemäß außerordentlich konfliktfördernd.[164]

Auch nationalsozialistische Rektoren wie der Kieler Chemiker Lothar Wolf empfanden sie bald als lästig und gelangten zu der Ansicht, «dass die derzeitige Organisation der Dozentenschaft notwendigerweise geeignet ist, menschliche Spannungen schlimmster Sorte zu erzeugen».[165] Sogar in der Reichskanzlei trafen wiederholt Klagen über die Führer der «Dozentenschaften» ein:

> Die Leitung in der Dozentenschaft haben ältere *Nicht*ordinarien an sich gerissen, die in ihrem Fach nichts erreichten, z. T. weil sie unfähig waren, und die nunmehr hoffen, auf dem Wege über die Politik noch in Amt und Würden zu kommen. Es handelt sich hier … um Leute, die erst *nach* dem Umschwung zum Nationalsozialismus kamen und nun durch Übereifer den Mangel früherer Partei-Verdienste zu ersetzen suchen. Sie haben es verstanden, durch die Behauptung, daß alle, die unter dem früheren System bereits Ordinarien waren, im besten Fall als hoffnungslose Liberalisten dem neuen Staat nichts bieten könnten, die Ansicht zu verbreiten, daß … alle Neubesetzungen von Lehrstühlen durch junge Kräfte erfolgen sollten.[166]

Vermutlich waren es solche und ähnliche Beschwerden, die das REM 1935 dazu veranlassten, das mit den «Dozentenschaften» entstandene

Konfliktpotential wieder einzudämmen. Einen ersten Schritt in diese Richtung bedeuteten die Richtlinien zur Vereinheitlichung der Hochschulverwaltung vom 1. April 1935, in denen die Leiter der örtlichen «Dozentenschaften» (ebenso wie die Leiter der «Studentenschaften») dem Rektor unterstellt wurden. Zudem gehörten fortan sämtliche an der Hochschule tätigen Lehrkräfte und Assistenten einschließlich der Ordinarien zur «Dozentenschaft».[167] Vier Monate später kündigte das REM schließlich die Auflösung der Deutschen Dozentenschaft zum 1. November 1935 an. Nach der Gründung des NS-Dozentenbundes, der zu diesem Zeitpunkt ebenfalls von Heinz Lohmann geleitet wurde, war die Deutsche Dozentenschaft faktisch überflüssig geworden. Die Durchführung der Dozentenlager und die Kurse der Dozenten-Akademien übernahm das Ministerium in eigener Regie.[168] Die Leiter der Dozentenschaften an den einzelnen Hochschulen blieben jedoch weiterhin im Amt und behielten zunächst auch die ihnen zugewiesenen Kompetenzen.

Mit dem Ende der Deutschen Dozentenschaft erlosch auch die Pflichtmitgliedschaft für Nichtordinarien im NSLB. Zwar blieb die Reichsfachschaft Hochschullehrer im NSLB weiterhin bestehen, aber ihre Mitgliederzahl ging nun rapide zurück. Im April 1936 gehörten in Baden nur noch 2 von 557 Dozenten dem NSLB an, in Berlin waren es 62 von 1500, im Gau Köln-Aachen 28 von 168.[169] Bei den verbliebenen Mitgliedern handelte es sich zu einem großen Teil wohl um Dozenten der Hochschulen für Lehrerbildung, an denen zukünftige Volksschullehrer ausgebildet wurden.[170]

Der Stab Heß und die Hochschulkommission der NSDAP

Mit der Ernennung von Rudolf Heß zum «Stellvertreter des Führers» im April 1933 begründete Hitler eine neue Dienststelle der Partei (hier durchgängig als «Stab Heß» bezeichnet), die im Laufe der Jahre eine außerordentlich starke Machtposition im NS-Staat erlangen sollte.[171] Erreicht wurde diese herausgehobene Stellung insbesondere durch die rastlose Aktivität des Stabsleiters Martin Bormann, der 1941 die Leitung der Dienststelle übernahm, die fortan unter der Bezeichnung «Parteikanzlei» agierte. Der Stab Heß avancierte nicht nur zur wichtigsten Führungsinstanz der Partei, sondern bemühte sich auch erfolgreich um Einflussnahme auf die Arbeit der Ministerien. Im Vordergrund stand dabei zunächst die Beteiligung an der Gesetzgebung und an der Ernennung von Beamten.

Schon bald versuchte der Stab Heß, auch im Bereich der Hochschul- und Wissenschaftspolitik Kompetenzen an sich zu reißen.[172] Eine zentrale Rolle spielte dabei Reichsärztcführer Gerhard Wagner,[173] der im Stab Heß primär für «Fragen der Volksgesundheit» zuständig war. 1934 ernannte Heß ihn darüber hinaus zu seinem Sachbearbeiter für Hoch- und Fachschulfragen.[174] Wagner, der nicht zuletzt aufgrund seines direkten Zugangs zu Hitler über eine starke Machtposition verfügte,[175] bemühte sich seit Herbst 1933 mit Unterstützung von Heß, Einfluss auf die Medizinischen Fakultäten zu gewinnen. In einem Rundschreiben an die Kultusministerien vom 6. November 1933 forderte Heß, die Medizinischen Fakultäten sollten sich künftig in Fragen der Studienreform und bei der Besetzung von Lehrstühlen mit Wagner in Verbindung setzen.[176] Das Rundschreiben blieb jedoch weitgehend unbeachtet.[177] Offenbar verspürten weder die Kultusministerien noch die Medizinischen Fakultäten das Bedürfnis, sich von Wagner beraten zu lassen. Wagner entschloss sich daraufhin zu einer härteren Gangart. Er ernannte an allen Medizinischen Fakultäten «Vertrauensleute der Reichsleitung der NSDAP»[178] und unterstellte sie seinem Freund und Mitarbeiter Franz Wirz,[179] einem Dermatologen. Am 14. Januar 1934 kamen diese Vertrauensleute zu einer ersten Versammlung im Münchener Braunen Haus zusammen. In Anwesenheit von Heß und Schemm entwickelte sich die Zusammenkunft zu einer aggressiven Abrechnung mit «dem reaktionären Geiste auf den Hochschulen». Von der Berufung jüdischer Professoren über die «Vernachlässigung» der Rassenhygiene und der Naturheilkunde bis zur «Verständnislosigkeit» gegenüber den nationalsozialistischen Studierenden hielten Wagner und seine Mitarbeiter den Universitäten im Allgemeinen und den

Medizinischen Fakultäten im Besonderen ein langes Sündenregister vor.

Diese Attacken waren massiv und pauschal, aber nicht undifferenziert, denn sie konzentrierten sich bewusst auf die Ordinarien, denen Wagner vorwarf, «daß sie die Weltanschauung des Nationalsozialismus noch nicht begriffen haben und zum Teil offenbar auch nicht fähig sind, ihn zu begreifen». Demgegenüber wurden die Nichtordinarien als Opfer autokratischer Strukturen umworben. Besonders exponierte sich dabei Franz Wirz, der seit 1927 als nichtbeamteter außerordentlicher Professor an der Universität München lehrte. Wirz, den Erich Rothacker als «verbitterten Privatdozenten» charakterisierte,[180] sprach also auch in eigener Sache, wenn er die prekäre Lage der Nichtordinarien an den medizinischen Fakultäten schilderte:

> Heute ist es so, daß auf einen Ordinarius sieben Extraordinarii treffen. Von diesen sieben rückt einer in das Ordinariat ein. Die anderen sechs sind meist trotz jahrzehntelanger hervorragender Leistungen um ihr eigentliches Ziel betrogen. Sie können sich noch glücklich preisen, wenn sie sich auf Grund ihrer Vorbildung eine neue Existenz schaffen können ... Wer ist wissenschaftlich produktiver gewesen? Nicht die Autokraten waren es, sondern die Machtlosen. Das ist schon rein durch das Zahlenverhältnis 7 zu 1 bedingt gewesen ... Dem Leistungsprinzip entsprechend müssen die Extraordinarii ihrer ideellen und materiellen Stellung nach den Ordinarii angeglichen werden.[181]

Schon aus fiskalischen Gründen war eine solche Forderung, die auf eine Vervielfachung der Lehrstühle hinauslief, völlig unrealistisch. Sie ist auch nie in die Praxis umgesetzt worden. Die Ausführungen von Wirz sind gleichwohl kennzeichnend für die Strategie, mit der es den Nationalsozialisten nach 1933 gelungen ist, einen beachtlichen Teil der wissenschaftlichen Nachwuchskräfte für sich zu gewinnen, indem sie deren spezifische Probleme aufgriffen und radikale Lösungen in Aussicht stellten: «Man stützt sich auf diejenigen, die bisher sich zurückgesetzt fühlten, auf die (wirklich oder scheinbar) ‹Entrechteten›, auf die Hungrigen», wie der Dresdener Romanist Victor Klemperer in seinem Tagebuch notierte.[182]

Vier Tage nach der Münchener Zusammenkunft übermittelte Gerhard Wagner «im Auftrage des Stellvertreters des Führers» den Rektoren die Namen der von ihm ernannten Vertrauensleute und forderte die Universitäten auf, diese Vertrauensleute künftig zu allen Sitzungen des Universitätssenats, der Medizinischen Fakultäten und medizinischer Berufungskommissionen hinzuzuziehen.[183] Das preußische Kultusministerium sah in dieser «Verfügung» einen Eingriff in seinen Kompetenzbereich und reagierte am 29. Januar 1934 mit einem Runderlass, in dem es Wagners «Eingriff in die Hochschulverwaltung» für unzulässig erklärte. Dem «Ersuchen» sei daher nicht zu entsprechen.[184] Über die folgenden Verhandlungen zwischen dem Stab Heß und dem preußischen Kultusministerium liegen keine genauen Informationen vor. Bekannt ist nur das Resultat, genauer gesagt, die Kapitulation des preußischen Kultusministeriums, die im April 1934 bekannt gegeben wurde: Rust zog den Erlass vom 29. Januar zurück und gewährte Wagners Vertrauensleuten künftig die Mitgliedschaft in den Medizinischen Fakultäten. Gleichzeitig übermittelte das Ministerium «zur Beachtung» das bis dato weitgehend ignorierte Rundschreiben des Stabes Heß vom 6. November 1933, in dem die Medizinischen Fakultäten aufgefordert worden waren, sich vor der Besetzung von Lehrstühlen und in anderen wichtigen Fragen mit Wagner in Verbindung zu setzen.[185] Andere Kultusministerien hatten bereits vorher eingelenkt.[186]

Damit war es dem Stab Heß gelungen, sich trotz anfänglicher Widerstände in den Medizinischen Fakultäten festzusetzen. Die neu ernannten Vertrauensleute entfalteten sofort rege Aktivitäten. Dazu gehörte insbesondere die Erstellung von politischen Gutachten für den Stab Heß. Solchen Gutachten konnte bei Berufungen erhebliches Gewicht zukommen. Einige dieser Vertrauensleute traten mit großem Selbstbewusstsein auf und erhoben den Anspruch, nicht nur bei Berufungen, sondern auch bei Habilitationen gehört zu werden.[187] Manche versuchten, allein oder in Zusammenarbeit mit Gesinnungsgenossen, politisch motivierte Berufungen durchzusetzen, und scheuten dabei auch vor offenen Konflikten mit Fakultät und Rektor nicht zurück.[188] Andere, vergleichsweise moderate Vertrauensleute (beispielsweise in Hamburg und Freiburg) hielten bei Berufungen am Primat der fachlichen Qualität fest und gingen gegenüber der Fakultätsmehrheit nicht auf Konfrontationskurs.[189]

Die erfolgreiche Etablierung an den Medizinischen Fakultäten ermutigte den Stab Heß, seinen Einfluss auch auf die anderen Fakultäten auszudehnen. Am 10. Juli 1934 gab Heß die Gründung einer Hochschulkommission bei der Reichsleitung der NSDAP bekannt. Die Einrichtung der neuen Kommission wurde mit der Notwendigkeit begründet, in hochschulpolitischen Fragen eine «ständige Fühlungnahme» zwischen der Führung der NSDAP und den Kultusministerien zu gewährleisten. Die Hochschulkommission erhielt von Heß zum einen den Auftrag, alle aus der Partei kommenden hochschulpolitischen Initiativen zu sammeln, zu prüfen und gegebenenfalls befürwortend weiterzuleiten. Zum anderen sah Heß die Aufgabe der Kommission darin, von den Kultusministerien die hochschulpolitischen «Absichten in grundsätzlicher und personeller Hinsicht, die in diesen Ministerien bearbeitet werden, zur Stellungnahme entgegenzunehmen» – wie der «Stellvertreter des Führers» etwas ungelenk formulierte.[190] Mit anderen Worten: Die Kommission sollte die hochschulpolitischen Entscheidungsprozesse innerhalb der NSDAP zentralisieren und gleichzeitig ein Gegengewicht der Partei zum gerade gegründeten Reichserziehungsministerium bilden.

Die Auswahl der Mitglieder überließ Heß im Wesentlichen den Führern der für die einzelnen Fachgebiete zuständigen Parteistellen. Das waren Hans Frank als Führer des Bundes Nationalsozialistischer Deutscher Juristen, Gerhard Wagner als Führer des NS-Ärztebundes, Hans Schemm als Führer des NSLB und der Parteiideologe Alfred Rosenberg.[191] Auf Vorschlag Hans Franks avancierten Carl Schmitt und Ludwig Fischer zu Referenten für die Juristischen Fakultäten.[192] Wagner ernannte Franz Wirz zum Referenten für medizinische Hochschulangelegenheiten, während der Münchener Chemiker und NSLB-Funktionär Heinrich Gall von Schemm beauftragt wurde, das Referat für die Technischen Hochschulen und die naturwissenschaftlichen Fächer zu übernehmen.[193] Für die Philosophischen Fakultäten nominierte Schemm den 28-jährigen Wilhelm von Kloeber, einen Nazi-Historiker, den Schemm 1933 der Universität München als Lehrbeauftragten aufgedrängt hatte. Kloeber wurde jedoch von Alfred Rosenberg abgelehnt und gehörte der Hochschulkommission nur kurze Zeit an.[194] An seiner Stelle benannte Rosenberg eine ganze Reihe von Referenten für die geisteswissenschaftlichen Disziplinen: Alfred Baeumler[195] (Philosophie und Geistesgeschichte), Hans Reinerth[196] (Früh- und Vorgeschichte), Walter Frank[197] (Geschichte), Robert Scholz[198] (Kunstgeschichte), Walter Herzog (Musik und Musikwissenschaft), Werner Kurz (Dramaturgie) und den Hauptschriftleiter des *Börsenblattes für den deutschen Buchhandel,* Hellmuth Langenbucher (Literaturwissenschaft).[199] In den folgenden Monaten kamen noch weitere Mitglieder und Referenten hinzu, darunter Fritz Todt als Führer des Nationalsozialistischen Bundes Deutscher Technik, der Reichsführer des NSDStB Albert Derichsweiler, Karl Pieper als Referent für das Fach Zahnheilkunde und der Agrarwissenschaftler Konrad Meyer – der gleichzeitig auch im REM tätig war – als Referent für landwirtschaftliche Angelegenheiten.[200]

Die Leitung der Kommission wollte Heß zunächst dem bisherigen Geschäftsführer der NSDAP, Philipp Bouhler, übertragen.[201] Gegen diesen Plan protestierte jedoch Alfred Rosenberg, der die Leitung der Kommission für sich beanspruchte.[202] Um das zu verhindern, übernahm Heß kurzerhand selbst den Vorsitz der Hochschulkommission.[203] Tatsächlich hat er diese Position aber nie ausgefüllt. Faktisch wurde die Kommission von Gerhard Wagner und seinem Freund Franz Wirz geführt, der offiziell als Geschäftsführer der Kommission fungierte. Da Wagner hauptamtlich für Gesundheitspolitik zuständig war, lag das Alltagsgeschäft der Kommission in den Händen von Wirz. Sowohl Wagner als auch Wirz waren Ärzte, und so konzentrierte sich die Tätigkeit der Hochschulkommission auf das Terrain, das beide am besten kannten, die Medizinischen Fakultäten.

Damit hatte sich die hochschulpolitische Lage grundlegend verändert. Mit der Gründung des REM und der Hochschulkommission waren sowohl im staatlichen Bereich als auch in der Parteispitze zwei hochschulpolitische Zentralstellen entstanden, ohne dass es zu einer Abgrenzung der Aufgaben gekommen wäre. Nachdem Hitler im September 1934 auf dem Reichsparteitag der NSDAP den Primat der Partei gegenüber dem Staat proklamiert hatte («Nicht der Staat befiehlt uns, sondern wir befehlen dem Staat»[204]), ließ die Hochschulkommission aber keine Zweifel mehr an ihrer Absicht, künftig die Vorherrschaft zu übernehmen. Auf der zweiten Tagung der Vertrauensleute an den Medizinischen Fakultäten, die im Oktober 1934 in Jena stattfand, erklärte Wirz, auch in der Hochschulpolitik müsse «die Führung bei der Partei liegen und die Initiative von der Bewegung ausgehen. Träger dieser Initiative ist die Hochschulkommission». Dem Staat, also vor allem dem REM, blieb aus dieser Sicht nur noch die Aufgabe, die Vorstellungen der Hochschulkommission «verwaltungsmäßig» umzusetzen.[205]

Aus naheliegenden Gründen war das REM mit einer solchen Arbeitsteilung keineswegs einverstanden. Im Hause Rust bemühte man sich vielmehr, über die im April gemachten Zugeständnisse nicht hinauszugehen. Intern wurde beschlossen, die Hochschulkommission nicht an der Verleihung von Dozenturen, der Ernennung nichtbeamteter außerordentlicher Professoren und der Vergabe von Lehraufträgen zu beteiligen.[206] Zwar wies das REM die Kultusministerien der Länder im September 1934 an, bei der Übersendung von Berufungsvorschlägen auch eine «Äußerung» der Hochschulkommission beizulegen,[207] betonte aber gleichzeitig, es betrachte die Voten der Hochschulkommission keineswegs als verbindlich. Die Hochschulkommission habe «kein Vetorecht, sondern nur das Recht, Gutachten abzugeben. Die Entscheidungen lägen nach wie vor einzig und allein bei den Länderministerien, sofern das Reichserziehungsministerium zugestimmt habe».[208] Daraufhin drohte der Stab Heß den Referenten des REM mit disziplinarischen Maßnahmen seitens der Partei, falls es zu Berufungen ohne Genehmigung der Hochschulkommission kommen sollte. Das REM erhielt jedoch Rückendeckung durch den preußischen Ministerpräsidenten Göring. Auf einer Sitzung des Ministerrates tat Göring die Drohung seitens der Partei als «unerheblich» ab; in Preußen trügen nur er und Rust die Verantwortung für Berufungen.[209] Damit hatte die allgemeine Verwirrung einen Höhepunkt erreicht.

Trotz der Bemühungen des REM, die Hochschulkommission kleinzuhalten, war deren Einfluss unverkennbar. Zwar blieb der Versuch von Wagner und Wirz, die Reform des Medizinstudiums in die Hand zu bekommen, ohne Erfolg.[210] Anders sah es jedoch im Bereich der Personalpolitik aus. Schon auf der zweiten Tagung der Vertrauensleute im Oktober 1934 konnte Wirz triumphierend verkünden, seit der Gründung des REM im Mai sei es gelungen, innerhalb kurzer Zeit 34 Berufungen gemäß den Vorstellungen der Hochschulkommission durchzusetzen.[211] Auch wenn diese Behauptung sich nicht überprüfen lässt, besteht kein Zweifel, dass Wagner und Wirz eine Zeitlang an den Medizinischen Fakultäten großen Einfluss auf Berufungen ausübten. Den besten Beleg dafür liefern die erstaunlichen Karrieren, die viele von Wagners Vertrauensleuten[212] unmittelbar nach der nationalsozialistischen Machtübernahme machten. Vor der «Machtergreifung» waren diese Vertrauensleute fast alle Privatdozenten oder nichtbeamtete außerordentliche Professoren gewesen. Nur einer von 25 Vertrauensleuten, deren Namen sich aus den Akten erschließen lassen, war bereits vor 1933 zum Ordinarius ernannt worden. Von den übrigen 24 Vertrauensleuten erhielten 13 in den Jahren 1933/34 einen ordentlichen Lehrstuhl. Die Hochschulkommission und ihre Vertrauensleute waren, so zeigen diese Zahlen, ganz offensichtlich nicht nur ein Instrument zur politischen Kontrolle der Universitäten, sondern auch eine Seilschaft, deren Angehörige mit Erfolg bestrebt waren, sich gegenseitig Lehrstühle zu verschaffen. Vielfach erfolgten diese Berufungen gegen den Willen der Fakultäten, und mitunter machten selbst nationalsozialistische Hochschullehrer kein Hehl aus ihrer Überzeugung, dass es sich um «Fehlberufungen» handelte.[213] Nach 1934 ging der personalpolitische Einfluss der Hochschulkommission aber offenkundig zurück. Nur fünf von den elf Vertrauensleuten Wagners, die bis Ende 1934 kein Ordinariat erhalten hatten, wurden in den folgenden Jahren (bis 1945) auf einen ordentlichen Lehrstuhl berufen.[214]

Außerhalb der Medizinischen Fakultäten war die Durchsetzungsfähigkeit der Hochschulkommission wesentlich geringer, da die Kommission an den übrigen Fakultäten nicht über ein Netz von Vertrauensleuten verfügte, das es ermöglichte, direkten Einfluss auf die

Beratungen der Fakultät zu nehmen und bei Berufungen über alle infrage kommenden Kandidaten innerhalb kurzer Zeit politische Beurteilungen einzuholen. Doch haben die Referenten der Hochschulkommission auch an anderen Fakultäten dazu beigetragen, wissenschaftliche Karrieren zu befördern oder zu verhindern. So scheiterte die Berufung des katholischen Rechtshistorikers Eugen Wohlhaupter an die Universität Jena im Winter 1934/35 an einem negativen Gutachten der Hochschulkommission («Er gilt in München als pechschwarz»).[215]

Häufig waren die für Lehrstühle vorgeschlagenen Nachwuchswissenschaftler den zuständigen Referenten der Hochschulkommission gar nicht bekannt, so dass die Kommission sich außerstande sah, eine fundierte Stellungnahme abzugeben. Meist verfielen die Referenten dann auf den Ausweg, fehlende Informationen bei den studentischen Fachschaften anzufordern.[216] Um solche Probleme in Zukunft zu vermeiden, forderte Wirz die Referenten der Hochschulkommission im Februar 1935 auf, für ihre Fachgebiete ebenfalls ein Netz von Vertrauensleuten an allen Hochschulen zu schaffen, wie es an den Medizinischen Fakultäten bereits existierte.[217]

Zu einer Verwirklichung dieses Entschlusses kam es offenbar nicht mehr, da die Tätigkeit der Hochschulkommission durch den immer härter werdenden Kompetenzkampf mit dem REM zunehmend paralysiert wurde. Im Ministerium hatte man inzwischen nähere Auskünfte über Franz Wirz, den starken Mann der Hochschulkommission, eingeholt und war dabei auf überraschende Tatsachen gestoßen. Es stellte sich heraus, dass Wirz, der in der Öffentlichkeit rasch den Habitus eines «alten Kämpfers» angenommen hatte, der NSDAP erst seit dem Frühjahr 1933 angehörte und zudem in erster Ehe mit einer «Jüdin» verheiratet gewesen war. Außerdem kursierten Gerüchte, er habe während der Münchener Räterepublik «eine stark links gerichtete Gesinnung» gezeigt.[218] Was an dieser Entwicklung überrascht, ist nicht so sehr der Gesinnungswandel, den Wirz – aus welchen Motiven auch immer – an den Tag gelegt hatte. Ähnliche Fälle gab es häufiger unter den zahlreichen neuen Parteigenossen des Frühjahrs 1933. Höchst ungewöhnlich war jedoch die Tatsache, dass Wirz zeitweise zum führenden Hochschulpolitiker der NSDAP aufsteigen konnte, obwohl die politisch anstößigen Teile seiner Biographie im Stab Heß seit Januar 1934 bekannt waren. Diesen Aufstieg verdankte er ausschließlich der Förderung durch seinen ehemaligen Kriegskameraden Gerhard Wagner.

Im REM nahm man die neuen Erkenntnisse mit Genugtuung zur Kenntnis. Endlich verfügte das Ministerium über ein schlagkräftiges Argument gegen die Machtansprüche der Hochschulkommission. Es sei für das Ministerium nicht akzeptabel, so erklärte im November 1934 ein Referent des REM, sich bei personalpolitischen Entscheidungen «über die politische Einstellung des betreffenden medizinischen Kandidaten belehren zu lassen von einer Seite, die selbst unseren Grundsätzen für eine derartige Beförderung nicht einmal voll entspricht und den Beweis für eine gefestigte nationalsozialistische Weltanschauung noch zu leisten hat».[219]

Auf diese Weise moralisch gestärkt, entschloss sich das Amt Wissenschaft des REM im Februar 1935, gegenüber der «Wühlarbeit der Hochschulkommission»[220] eine härtere Gangart einzuschlagen. Im Februar 1935 wies das REM die Hochschulverwaltungen der Länder unter Aufhebung früherer Erlasse an, bei Berufungen künftig keine Stellungnahmen der Hochschulkommission mehr einzuholen.[221] Wenige Tage später ordnete Rust intern an, die Zusammenarbeit mit dem Stab Heß und der Hochschulkommission in Zukunft auf jene Bereiche zu beschränken, für die Heß nach einem Erlass Hitlers vom 27. Juli 1934 zuständig war, nämlich auf die Gesetzgebung und den Erlass von Rechtsverordnungen.[222] Demnach war die Hochschulkommission fortan bei Berufungen und anderen personalpolitischen Entscheidungen nicht mehr zu konsultieren.

Heß versuchte daraufhin, in einem Gespräch mit Rust den Konflikt zu entschärfen. Das Gespräch verlief so, wie es angesichts der Persönlichkeitsstruktur des Reichserziehungsministers zu erwarten war: Rust stimmte den Ausführungen von Heß weitgehend zu, entschuldigte sich schließlich sogar für sein eigenmächtiges Vorgehen und versprach, die Zusammenarbeit mit der Hochschulkommission wieder aufzunehmen. Weitere Besprechungen Rusts mit Wagner und Wirz verliefen ähnlich harmonisch. Wie Heß später berichtete, äußerten sich sowohl Wirz als auch Wagner nach ihrer Rückkehr «geradezu begeistert über das Ergebnis der Besprechungen» und über die entgegenkommende Einstellung des Reichserziehungsministers, «der völlig dem Standpunkt der Partei gerecht wurde».[223]

Es dauerte indes nicht lange, bis die Referenten des Amtes Wissenschaft ihren Minister wieder auf Linie gebracht hatten, und wenig später ging das REM erneut zum Angriff über. Anfang Mai kritisierte ein Runderlass in scharfen Worten die «unzulässige Einmischung unverantwortlicher Personen in Angelegenheiten der Wissenschaftsverwaltung».[224] Eventuelle Zweifel, wer damit gemeint war, wurden auf einer Rektorenkonferenz beseitigt, die Ende Mai 1935 in Berlin stattfand. Dort instruierte der Leiter der Hochschulabteilung des REM, Franz Bachér, die anwesenden Magnifizenzen über die neue Linie des Ministeriums: Die Partei und ihre Vertrauensleute seien nicht zuständig für Angelegenheiten,

> die unmittelbar zum Sektor der Hochschule gehören. Daß dazu alle Dinge gehören, die in der Fakultät ... beredet werden – dazu gehört die Besetzung der Lehrstühle –, ist außer jedem Zweifel und juristisch einwandfrei nachgewiesen ... Das heißt also praktisch – und das müssen Sie wissen –, daß bei Besetzungen an den Hochschulen die Hochschulkommission überhaupt nichts zu sagen und zu schreiben hat ... In der Hochschulsphäre hat die Hochschulkommission nichts mehr zu suchen.[225]

Die Rektoren, die in den Vertrauensleuten der Hochschulkommission vielfach einen lästigen Störfaktor sahen,[226] unterstützten diese Politik demonstrativ durch eine Resolution, in der die «Maßnahmen» des Reichserziehungsministers begrüßt wurden[227] – eine Initiative, die ihrem Urheber, dem Rektor der TH München, beinahe ein Parteiausschlussverfahren eingebracht hätte.[228]

Zur gleichen Zeit waren die Referenten des Ministeriums mit großem Eifer dabei, ihr Belastungsmaterial über Wirz, das noch durch zusätzliche Gerüchte und Verdächtigungen angereichert wurde, in Parteikreisen zu verbreiten. Dabei exponierten sich besonders der für die Medizinischen Fakultäten zuständige Referent Werner Jansen[229] und sein Freund Heinz Lohmann, der Führer der Deutschen Dozentenschaft. Wirz, selbst ein bewährter Intrigant – 1933 hatte er sich als Drahtzieher einer Denunziationskampagne gegen seinen Chef, den Dermatologen Leo von Zumbusch, betätigt[230] –, versuchte sich gegen diese Angriffe zu wehren, indem er seinerseits Material gegen Lohmann und Jansen sammelte und im Mai 1935 ein Parteiverfahren gegen Lohmann beantragte. Damit begann eine langjährige Auseinandersetzung, die bis vor das Oberste Parteigericht der NSDAP (OPG) führte und erst 1939 ohne greifbare Resultate zu den Akten gelegt wurde.[231] Es würde zu weit führen, die gegenseitigen Vorwürfe hier im Einzelnen auszubreiten. Schon in einem frühen Stadium der Auseinandersetzung war jedoch zu erkennen, dass die Parteigerichte wenig Neigung zeigten, Wirz (dem «Märzgefallenen» von 1933) in einer Auseinandersetzung mit dem «alten Kämpfer» Lohmann (Parteimitglied seit 1928) Beistand zu leisten. Wirz, das zeichnete sich 1935 ab, wurde allmählich zu einer Belastung für die hochschulpolitischen Ambitionen des Stabes Heß.

Dennoch konnten Heß und Wagner sich nicht dazu entschließen, Wirz von der Führung der Hochschulkommission zu entbinden. Stattdessen bevorzugten sie eine andere Lösung, mit der faktisch die Entmachtung der Hochschulkommission eingeleitet wurde: Am 2. Juli gründete Heß auf Vorschlag Wagners den Nationalsozialistischen Deutschen Dozentenbund (NSDDB), der in den folgenden Monaten und Jahren die der Hochschulkommission zugedachten Aufgaben übernahm. Damit waren Wirz und seine Hochschulkommission überflüssig geworden, auch wenn niemand dies so klar aussprechen mochte. Der politisch angeschlagene Wirz erhielt neue Aufgaben im Einflussbereich des Reichsärzteführers. Die Hochschulkommission spielte seit dem Winter 1935/36 keine Rolle mehr, obwohl sie zumindest auf dem Papier noch einige Jahre existierte.[232] Erst 1939 verschwand sie endgültig von der Bildfläche.[233]

Die kurze Geschichte der Hochschulkommission ist weitgehend die Geschichte ihres Konfliktes mit dem REM. Dabei handelte es sich im Wesentlichen um einen Machtkampf. Obwohl die Auseinandersetzung mit großer Leidenschaft geführt wurde und obwohl beide Lager sich gegenseitig einen Mangel an nationalsozialistischer Haltung vorwarfen, sind in den Akten kaum inhaltliche Differenzen überliefert. Die einzige Ausnahme bilden gewisse «Bedenken», die Wirz Anfang 1935 gegenüber der neuen Reichs-Habilitations-Ordnung äußerte.[234] Wo aber gravierende inhaltliche Divergenzen fehlten, da lag es nahe, die Auseinandersetzung vornehmlich mit den Mitteln der Intrige und mit Hilfe von Denunziationen zu führen – ein für die Wissenschaftspolitik im Dritten Reich durchaus charakteristischer Vorgang.[235]

Die Niederlage der Hochschulkommission bedeutete freilich nicht, dass das REM sich gegenüber der Partei durchgesetzt hätte. Der Stab Heß war auch weiterhin nicht dazu bereit, die Hochschulen dem Staat zu überlassen. Nur die ständige Präsenz der Partei in allen Bereichen könne eine Bürokratisierung und Aushöhlung des Nationalsozialismus verhindern, schrieb Heß in einer Denkschrift über den Konflikt mit dem REM, die er seinem «Führer» Anfang 1936 übermittelte:

> Der Organisation der Partei steht keine Bürokratie und keine Gegnerschaft in den eigenen Reihen im Wege. Es ist hier wie überall, die Partei stellt den Quell dar, von dem aus der Strom der nationalsozialistischen Idee dauernd bis in die entlegensten Teile des Volkes strömt. Staatliche Arbeit ohne die Partei, heisst diesen Quell versiegen lassen.

Gerade weil der Staat ein autoritärer Staat sei, bedürfe er der Kontrolle durch die Partei, argumentierte Heß:

> Ich bin der Meinung, dass je autoritärer der Staat geführt wird, je mehr einzelne Referenten dadurch früher nie gekannte Machtbefugnisse und politische Auswirkungsmöglichkeiten erhalten, je unabhängiger sich diese Referenten fühlen, desto mehr die Partei mit ihrem Kontroll- und Beratungsmechanismus, der bis in die kleinsten Zellen reicht, eingeschaltet werden muss, als Gegengewicht gegen menschliche Schwächen und Unzulänglichkeiten des Einzelnen.[236]

Tatsächlich konnte der ursprüngliche Anspruch des REM, die Hochschulpolitik in eigener Verantwortung ohne Eingriffe der Partei zu gestalten, nicht aufrechterhalten werden. Der Sieg über die Hochschulkommission blieb ein vorübergehender Erfolg. In den folgenden

Jahren konnte der Stab Heß seinen hochschulpolitischen Einfluss weiter ausbauen.

Ein entscheidender Schritt auf diesem Wege war der Erlass Hitlers vom 24. September 1935, in dem die Beteiligung des «Stellvertreters des Führers» bei der Ernennung von Beamten des höheren Dienstes vorgeschrieben wurde.[237] Seit diesem Zeitpunkt war das REM verpflichtet, dem Stab Heß sämtliche Berufungsvorschläge zur Stellungnahme zu unterbreiten. Die Frage, welche Bedeutung dieser Stellungnahme zukommen sollte, ließ der Erlass bezeichnenderweise ebenso offen wie spätere Erlasse oder Verordnungen, die sich mit diesem Thema beschäftigten.[238] Schließlich musste das REM aber den Standpunkt des Stabes Heß akzeptieren, der ein Vetorecht bei Berufungen beanspruchte.[239] Damit war die Besetzung von Lehrstühlen gegen den Willen der Partei unmöglich geworden.

Trotz anfänglicher Misserfolge war es Heß und Bormann also letztlich doch gelungen, sowohl in der Gesetzgebung als auch im Bereich der Personalpolitik wichtiges Terrain zu erobern. In den folgenden Jahren wirkte der Stab Heß weiterhin an allen wichtigen hochschulpolitischen Entscheidungen mit, von der Reform der Studienordnungen über die Vereinheitlichung der Hochschullehrerbesoldung bis zur Neuordnung des Berufungsverfahrens. Besonderen Eifer entwickelten Heß, Bormann und ihre Referenten dabei in drei Bereichen:

Mit fanatischer Hartnäckigkeit betrieb vor allem Bormann die Vertreibung der wenigen «Nichtarier» oder «nichtarisch Versippten», die nach 1935 noch als Hochschullehrer oder Studierende an den Hochschulen verblieben waren. Nachdem die Ausschaltung der aus rassenideologischer Sicht suspekten Hochschullehrer 1938 praktisch abgeschlossen war, konzentrierte der Stab Heß sich auf die Verdrängung der noch studierenden «Mischlinge», ein Prozess, der bei Kriegsende schon weit vorangeschritten, aber noch nicht abgeschlossen war.[240]

Einen zweiten Schwerpunkt bildete der Kampf gegen die Theologischen Fakultäten. Obwohl Bormann und die SS-Mitglieder im Amt Wissenschaft des REM sich 1938 über das Ziel schnell einigen konnten, wurden die detaillierten Pläne zur Auflösung der Theologischen

Fakultäten nach Beginn des Krieges zurückgestellt, um den inneren Frieden nicht zu gefährden. Auf kaltem Wege ging der Abbau der Theologischen Fakultäten aber auch in den Kriegsjahren weiter.[241]

Ein strategisches Ziel, das nie aus den Augen verloren wurde, war drittens die Stärkung der Partei zu Lasten des Staates. In der Hochschulpolitik ging es dem Stab Heß in erster Linie darum, an allen personalpolitischen Entscheidungen staatlicher Stellen maßgeblich beteiligt zu werden. Dieses Ziel konnte im Wesentlichen erreicht werden. Nach Durchsetzung des Vetorechts bei Berufungen gelang es Heß und Bormann, dem REM in den folgenden Jahren weitere Zugeständnisse abzuringen: Seit 1938 konnte die Entpflichtung eines Hochschullehrers nach Erreichen des Emeritierungsalters von 65 Jahren nur noch mit Zustimmung des Stabes Heß hinausgeschoben werden.[242] Drei Jahre später setzten Bormann und seine Mitarbeiter eine «Beteiligung» ihrer Dienststelle bei der Ernennung der Rektoren durch.[243] 1941 verpflichtete sich das REM, vor der Ernennung von Dozenten zu außerplanmäßigen Professoren das Votum der Parteikanzlei einzuholen.[244] Ab August 1941 war bereits bei der kommissarischen Ernennung von Professoren, Rektoren und Kuratoren[245] eine Stellungnahme der Parteikanzlei erforderlich.[246] Gegen die von der Parteikanzlei ebenfalls gewünschte Beteiligung an der Ernennung von Dekanen und Dozenten[247] sträubte sich das Ministerium dagegen erfolgreich.

In den Jahren des Zweiten Weltkriegs entwickelte sich die Parteikanzlei unter der Leitung Bormanns zu einem der wichtigsten Machtzentren des Dritten Reiches. Nachdem das Referat für Hochschulpolitik durch die Krankheit und den Tod Gerhard Wagners (im März 1939) eine Zeitlang vakant geblieben war, wurde 1940 ein neuer Referent für Hochschulpolitik eingestellt, der sofort beträchtliche Aktivitäten entfaltete: Kurt Krüger, ein ehemaliger Hochschulgruppenführer des NSDStB, der in den 1930er Jahren zeitweise auch für das REM gearbeitet hatte.[248] Neidvoll registrierte ein Mitarbeiter von Alfred Rosenbergs Wissenschaftsamt wenige Monate nach Krügers Amtsübernahme: «Der Stab Heß baut sich, besonders durch Ministerialrat Krüger, allmählich ein eigenes Amt Wissenschaft auf ... Er konnte sich jetzt im Kriege, da wir alle Kräfte verloren haben, neu fünf hauptamtliche Kräfte anstellen».[249]

Seit 1938, spätestens aber seit 1941 gab es kaum noch relevante hochschulpolitische Maßnahmen, an denen der Stab Heß beziehungsweise die Parteikanzlei nicht beteiligt war. Gleichwohl hatte auch ihr hochschulpolitischer Einfluss Grenzen. Zum einen brauchte die Parteikanzlei, sofern sie grundlegende Veränderungen anstrebte, die Unterstützung Hitlers – eine Unterstützung, die keineswegs immer garantiert war. Bormanns vergebliche Bemühungen, Reichserziehungsminister Rust durch einen jüngeren Gauleiter zu ersetzen,[250] lassen daran keinen Zweifel. Zum anderen fällt auf, dass der Stab Heß beziehungsweise die Parteikanzlei nur relativ selten aus eigener Initiative heraus handelte. Im Regelfall agierte die Parteikanzlei als Veto-Instanz gegenüber Vorschlägen, die von außen, von der Ministerialbürokratie oder aus der Partei, an sie herangetragen wurden. Zwar versuchten Bormanns Hochschulreferenten während des Krieges häufiger, dem REM eigene Kandidaten für die Besetzung freier Lehrstühle aufzudrängen, und gelegentlich machte die Parteikanzlei sogar Vorschläge zur Einrichtung neuer Lehrstühle. Gegenüber solchen Vorstößen zeigte sich das Ministerium aber schon aus reinem Selbsterhaltungstrieb wenig konzessionsbereit.

Der NS-Dozentenbund (NSDDB)

Über den Nationalsozialistischen Deutschen Dozentenbund (NSDDB) finden sich in der Literatur zur nationalsozialistischen Hochschulpolitik stark voneinander abweichende Einschätzungen. Während einige Autoren dem NSDDB eine «Schlüsselposition» zusprechen,[251] beschreiben andere ihn als eine relativ schwache Organisation.[252] Die Aussagen von Zeitgenossen fallen ebenfalls höchst unterschiedlich aus. Die Behauptung, der NSDDB habe die Lehrkörper der Universitäten beherrscht und über Berufungen entschieden,[253] steht hier neben der Aussage, der Dozentenbund sei eine Organisation gewesen, «die niemand so recht ernst nahm».[254]

Der NSDDB ist gleich zweimal von unterschiedlicher Seite gegründet worden. Die erste Gründung erfolgte im Dezember 1934 durch den Leiter des NSLB, Hans Schemm, als Untergliederung der Reichsfachschaft Hochschullehrer im NSLB. Die Führung der neuen Organisation übertrug Schemm dem Chemiker Heinrich Gall. Gall war nichtbeamteter außerordentlicher Professor an der Universität München, hauptsächlich aber ein politischer Multifunktionär, der unter anderem als Referent in der Reichsleitung des NSLB, in der Hochschulkommission der NSDAP und im REM tätig war.[255] Nach den Vorstellungen von Schemm und Gall sollte der NSDDB innerhalb der Reichsfachschaft als «Stoßtrupp der Bewegung» tätig sein. Ende 1934 gehörte die Mehrheit der Hochschullehrer – darunter sämtliche Nichtordinarien – zwangsweise dem NSLB an. Da bei Zwangsmitgliedern keine ideologische Zuverlässigkeit vorausgesetzt werden konnte, wollte Schemm mit dem NSDDB eine «Kerntruppe» aus aktiven Nationalsozialisten schaffen. Mitglied des NSDDB konnte daher nur sein, «wer die Echtheit seiner Überzeugung unter Beweis gestellt und sich kämpferisch bewährt hat».[256] Dazu zählten vor allem Parteimitglieder, die der NSDAP bereits vor der Machtübernahme beigetreten waren. Wer erst nach Hitlers Ernennung zum Reichskanzler den Weg zum Nationalsozialismus gefunden hatte, bedurfte der «Bürgschaft zweier bewährter Nationalsozialisten», um einen Aufnahmeantrag stellen zu können. Angesichts solcher Aufnahmebedingungen waren die Mitgliederzahlen des NSDDB zunächst sehr gering. An der Hamburger Universität zählte er im Mai 1935 gerade zehn Mitglieder. Dabei handelte es sich, mit einer Ausnahme, um Nichtordinarien, die der Partei bereits vor 1933 beigetreten waren.[257] An der Universität Leipzig gehörten ihm etwa zur gleichen Zeit 17 Mitglieder oder «Gäste» an.[258]

Im März 1935 starben kurz hintereinander sowohl Schemm als auch Gall. Damit war der neuen Organisation schon vier Monate nach ihrer Gründung die Führungsspitze abhandengekommen. Joachim Haupt, der Leiter der Reichsfachschaft Hochschullehrer im NSLB, ernannte daraufhin Heinz Lohmann zum neuen Führer des NSDDB.[259] Lohmann war damals Führer der Deutschen Dozentenschaft, außerdem Referent im REM und einer der Intimfeinde des Leiters der NSDAP-Hochschulkommission, Franz Wirz. Dadurch befand sich der NSDDB, obwohl es sich um eine Parteiorganisation handelte, im Frühjahr 1935 vollständig im Einflussbereich des REM.

Der Stab Heß, der zu dieser Zeit gerade in heftige Kompetenzkollisionen mit dem REM verwickelt war, beobachtete diese Entwicklung mit Missvergnügen. Wagner und Heß erkannten jedoch sofort, welche Chancen der Tod von Schemm bot, um das Kräfteverhältnis in der Hochschulpolitik zu ihren Gunsten zu verändern. Im Juli 1935 erklärte Heß den NSDDB «in seiner bisherigen Organisationsform» als Untergliederung des NSLB für aufgelöst und verkündete gleichzeitig die Neugründung der Organisation als Parteigliederung und Zusammenschluss aller Parteimitglieder an den Hochschulen.[260] Von den sieben Parteigliederungen der NSDAP war der NSDDB mit zunächst einigen Hundert, später einigen Tausend Mitgliedern die bei weitem kleinste. Die Organisation ist auch nie in der Lage gewesen, sich allein von den Beiträgen ihrer Mitglieder zu finanzieren, sondern benötigte stets beträchtliche Zuschüsse vom Reichsschatzmeister der NSDAP.[261]

Mit der Neugründung des NSDDB im Sommer 1935, die auf Initiative Gerhard Wagners erfolgte,[262] schlugen Heß und Bormann zwei Fliegen mit einer Klappe: Zum einen wurde der NSDDB dem Einfluss des REM entzogen und stattdessen der eigenen Kontrolle unterstellt. Zum anderen entstand auf diese Weise ein Ersatz für die Hochschulkommission der NSDAP, die aufgrund der Vergangenheit ihres Leiters Franz Wirz in politischen Misskredit geraten war.

Zum Leiter des neuen NSDDB ernannte Heß den Münchener Chirurgen Walter Schultze.[263] Ähnlich wie Wirz kam Reichsdozentenführer Schultze aus dem Kreis bayerischer NS-Ärzte um Gerhard Wagner.[264] Im Gegensatz zu Wirz verfügte er jedoch über eine lupenreine nazistische Vergangenheit. Der Chirurg war der NSDAP schon während der revolutionären Nachkriegskrise beigetreten, hatte sich 1923 am Hitler-Ludendorff-Putsch beteiligt und war 1933 als Ministerialdirektor zum Leiter der Abteilung Gesundheitswesen im bayerischen Innenministerium ernannt worden. Schultze war der Typ des groben, polternden «alten Kämpfers».[265] Er hatte vor 1933 nie an einer Universität gelehrt, war aber 1934 zum Honorarprofessor an der Universität München ernannt worden. Hochschulpolitische Zielvorstellungen, die über die üblichen Gemeinplätze hinausgingen, sucht man in seinen Texten und Reden vergeblich. Im Wesentlichen erschöpfte sich sein Streben darin, den Einfluss des NSDDB so weit wie möglich auszudehnen und möglichst viele Lehrstühle mit aktiven Nationalsozialisten zu besetzen.

Der neue, nunmehr von NSLB und REM unabhängige NSDDB agierte ähnlich wie der NSDStB auf drei Ebenen: An der Spitze stand die in München residierende Reichsdozentenführung, die im Sommer 1937 (ohne das Verwaltungspersonal) aus sieben teils hauptamtlichen, teils nebenamtlichen Kräften bestand.[266] Eine führende Rolle spielte neben Schultze der Münchener Pathologe Gustav Borger, zunächst als persönlicher Referent Schultzes, seit 1938 als Leiter des Amtes Wissenschaft. Der nationalsozialistische Historiker Ernst Anrich hielt ihn für den «eigentlichen Kopf der Reichsleitung» des NSDDB.[267] Als Stabsleiter (Geschäftsführer) der Reichsdozentenführung amtierte seit 1935 der Jurist Hermann Hiltner. Beide, Borger und Hiltner, hatten sich erst 1933 der NSDAP angeschlossen.[268] Ähnlich wie schon in der Hochschulkommission dominierten also auch in der Führung des NSDDB die Mediziner.

Eine mittlere Entscheidungsebene bildeten die Gaudozentenbundführer, die in allen NSDAP-Gauen ernannt wurden, in denen sich mehrere Hochschulen befanden. Sie unterstanden sowohl dem Reichsdozentenführer («in fachlicher Hinsicht») als auch dem NSDAP-Gauleiter («disziplinär»).[269] Im Gegensatz zu den meisten Gaustudentenführern handelte es sich bei den Gaudozentenbundführern um nebenamtliche Parteifunktionäre; hauptberuflich waren fast alle als Hochschullehrer oder Assistenten tätig. 1935/36, kurz nach seiner Gründung, zählte der NSDDB insgesamt 25 Gaudozentenbundführer; ihre Zahl stieg im Zuge der nationalsozialistischen Expansionspolitik bis 1944 auf 29.[270]

Schließlich: Vor Ort agierten die Dozentenbundführer der einzelnen Hochschulen, die dieses Amt ebenfalls nur nebenberuflich ausübten. Dozentenbundführer wurden an allen Hochschulen ernannt, an denen der NSDDB aktiv wurde. Neben den Universitäten gehörten dazu Technische Hochschulen, Musikhochschulen, Hochschulen und Akademien der bildenden Künste, Handelshochschulen, Landwirtschaftliche Hochschulen, Medizinische Akademien, Tierärztliche Hochschulen, Bergakademien sowie die Forstliche Hochschule in Eberswalde – insgesamt mehr als 90 Institutionen.[271] Ihre Ernennung erfolgte durch den Gauleiter «im Einvernehmen» mit dem Reichsdozentenführer.[272]

Über die Entwicklung der Mitgliederzahlen des NSDDB liegt nur wenig Material vor, dessen Zuverlässigkeit zudem oft fraglich ist. Nach den ursprünglich von Heß erlassenen Richtlinien sollte der NSDDB lediglich eine Zusammenfassung aller Parteimitglieder unter den deutschen Hochschullehrern sein.[273] Erst ab Juli 1936 erhielt der NSDDB vom Stab Heß die Erlaubnis, auch Hochschullehrer aufzunehmen, die nicht der Partei angehörten.[274] Im Juli 1938 erklärte Schultze auf einer Arbeitstagung des NSDDB, die Organisation umfasse nunmehr ein Viertel aller Hochschullehrer.[275] Drei Jahre später behauptete der Reichsdozentenführer sogar, der NSDDB habe 7200 Mitglieder.[276] Von den etwa 11 700 Professoren, Dozenten und Assistenten, die damals an den wissenschaftlichen Hochschulen des «Großdeutschen Reiches» tätig waren,[277] wären demnach mehr als 61 Prozent im NSDDB organisiert gewesen. Diese Angaben waren aber höchstwahrscheinlich stark übertrieben, wie einige lokale Mitgliederlisten des NSDDB zeigen, die zufällig erhalten geblieben sind. Die Auswertung dieser Listen (Tabelle 9) ergibt Momentaufnahmen von drei verschiedenen Universitäten (Jena, Gießen, Frankfurt), die zu unterschiedlichen Zeitpunkten entstanden sind und naturgemäß nicht einheitlich ausfallen.

Wie Tabelle 9 zeigt, erfasste der NSDDB zum Zeitpunkt der Erstellung dieser Listen an keiner der drei Hochschulen mehr als 40 Prozent der dort tätigen Wissenschaftler. Von einer Pflichtmitgliedschaft im NSDDB[278] konnte also keine Rede sein, auch nicht von einer Pflichtmitgliedschaft für Nichtordinarien.[279] Lokalstudien über Hamburg und Gießen deuten vielmehr darauf hin, dass die Zahl der NSDDB-Mitglieder im Lehrkörper der Universitäten niedriger lag als die der NSDAP-Mitglieder.[280]

Tabelle 9: Mitgliederzahlen des NSDDB an den Universitäten Frankfurt, Gießen und Jena, 1936–1942[281]

Jahr	Hochschule	Zahl der Wissenschaftler	Darunter Mitglieder des NSDDB	
			absolut	in %
1936	Jena	219[1]	27	12,3
1939	Jena	320[2]	59	18,4
1940	Gießen	163[1]	65	39,9
1942	Frankfurt	246	93	37,8

[1] Ohne Berücksichtigung der Assistenten [2] Einschließlich der Assistenten

Als aktiver hochschulpolitischer Faktor traten die Mitglieder des NSDDB an vielen Universitäten ohnehin nicht in Erscheinung. Der Hamburger Gaustudentenführer Hans Ochsenius beschrieb den örtlichen NSDDB 1938 in einem vertraulichen Schreiben als eine Organisation «aus Kartei und Papier». Über den Hamburger Gaudozentenbundführer Edgar Irmscher urteilte Ochsenius: «Aus eigener Initiative faßt Irmscher die Angehörigen des Dozentenbundes nicht zusammen … Sonst hätte sich irgendwelcher Einfluß einer Gruppe von NS-Dozenten im Rahmen des Dozentenbundes bemerkbar machen müssen. Der Dozentenbund zeigt das entsprechende Bild an allen Hamburger Hoch- und Fachschulen».[282]

An der größten deutschen Universität lagen die Dinge ähnlich. Der Berliner Dozentenbundführer Walther Schering berichtete 1944, er habe es «nicht für richtig gehalten, eine große und umfangreiche Organisation aufzuziehen», und stattdessen «die meiste Arbeit eigentlich ganz allein geleistet».[283] Sicher war dies nicht an allen Universitäten so. Mancherorts trat der NSDDB als Organisation stärker in Erscheinung. So wurden in Bonn regelmäßige «Monatsversammlungen» abgehalten, zu deren Besuch alle Mitglieder verpflichtet waren. Daneben bestand im Bonner NSDDB noch ein «Kleiner Kreis» von Aktivisten und Funktionären, der ebenfalls zu regelmäßigen Treffen zusammenkam.[284]

Vielfach beschränkten sich die Aktivitäten des NSDDB aber auf eine Handvoll Funktionäre. Im Vordergrund standen dabei die Dozentenbundführer. Ihre Lage gestaltete sich anfangs relativ schwierig. Obwohl sie (jedenfalls im Regelfall) die ranghöchsten Parteifunktionäre ihrer Hochschule waren, verfügten die Dozentenbundführer zunächst weder über klare Kompetenzen noch über finanzielle Mittel.[285] Ihre Situation verbesserte sich jedoch im April 1936: Um die Vielzahl der hochschulpolitischen Kompetenzkonflikte zu reduzieren, kamen der NSDDB und das REM überein, in Zukunft die Ämter des örtlichen Dozentenbundführers und des Leiters der «Dozentenschaft» «möglichst in einer Hand» zu vereinigen.[286] Fortan mussten sich beide Seiten auf einen gemeinsamen Kandidaten für die Besetzung beider Ämter einigen. Das gelang in der Praxis erstaunlich reibungslos.[287]

Von dieser Regelung, die bis 1945 an fast allen Hochschulen praktiziert wurde, profitierte vor allem der NSDDB, dessen Dozentenbundführer nun die aus den Universitätsetats finanzierten Büros der Dozentenschaftsleiter einschließlich der dort beschäftigten Büroangestellten übernehmen konnten.[288] Faktisch wurden den Dozentenbundführern mit dieser Regelung auch die Kompetenzen des Leiters der «Dozentenschaft» übertragen. Dazu gehörten ein fester Sitz im Universitätssenat, die Entsendung von jeweils zwei Vertretern in die engeren Fakultäten und eine «maßgebliche» Beteiligung des Leiters der «Dozentenschaft» bei der Einstellung der Assistenten.[289]

Wer waren die Dozentenbundführer? Der Philosoph Hans-Georg Gadamer hat den NSDDB in seinen Erinnerungen als einen «Haufen wildgewordener Nicht-Arrivierter» charakterisiert.[290] In der Tat rekrutierten die Funktionäre des NSDDB sich anfangs – ebenso wie die ersten Führer der «Dozentenschaften» und die Vertrauensleute der Hochschulkommission – fast vollständig aus den Reihen der Nichtordinarien.[291] Im Laufe der Zeit nahm der Anteil der Ordinarien aber deutlich zu. 1937 war schon fast jeder dritte Dozentenbundführer ein Ordinarius.[292] In der Endphase des Drittes Reiches dominierten dann eindeutig die Ordinarien. 1944 waren an den Universitäten des «Altreichs» 16 von 22 Dozentenbundführern, also mehr als zwei Drittel, ordentliche Professoren.[293] In dieser Entwicklung spiegelte sich die zunehmende Etablierung jener Nachwuchskräfte, die sich seit 1933/34 als nationalsozialistische Aktivisten profiliert hatten. Je weiter dieser

Prozess voranschritt, desto mehr verlor der Gegensatz zwischen Ordinarien und Nichtordinarien die politische Dimension, die er in den Jahren nach der «Machtergreifung» gehabt hatte. Der wachsende Anteil der Ordinarien unter den Funktionären des NSDDB war aber auch das Resultat einer veränderten Politik der Reichsdozentenführung, die während des Krieges bewusst das Ziel verfolgte, als Dozentenbundführer «nur ältere Kameraden und wenn möglich Ordinarien» heranzuziehen, «die auch entsprechende Achtung an ihrer Hochschule genießen».[294]

Damit hatte der Reichsdozentenführer ein Kernproblem seiner Organisation angedeutet, das geringe Prestige der NSDDB-Funktionäre an den Hochschulen, aber auch in Parteikreisen. Ein wissenschaftlich gut qualifizierter Hochschullehrer wie der Physiker Wolfgang Finkelnburg, der 1940/41 als Dozentenbundführer in Darmstadt wirkte, fürchtete daher nicht ohne Grund, mit der Übernahme dieses Amtes seine Reputation als seriöser Wissenschaftler zu gefährden, «weil bei uns der Dozentenbund in dem Ruf steht, dass seine einzige praktische Wirksamkeit die ist, fachlich unfähige Leute auf Ordinariate zu bringen, und dass dadurch die deutsche Naturwissenschaft in unverantwortlicher Weise geschädigt» werde.[295] Vielfach galten Schultzes Dozentenbundführer als Menschen, die versuchten, ihre wissenschaftliche Bedeutungslosigkeit durch politische Hyperaktivität zu überspielen. Gelegentlich wurden solche Urteile selbst von Parteistellen übernommen. Kein Blatt vor den Mund nahm beispielsweise der stellvertretende Gaustudentenführer von Hamburg, Wilhelm Formel, als er 1944 in einem internen Schreiben seine Erfahrungen mit dem NSDDB in einem vernichtenden Urteil über die fachlichen und menschlichen Qualitäten der Dozentenbundfunktionäre zusammenfasste:

> Der NSD-Dozentenbund in Hamburg hat, wie an den meisten deutschen Hochschulen, bisher eine überaus klägliche Rolle gespielt. Ursache dafür war, dass sich vornehmlich solche Männer zusammenfanden, die mit ihrer politischen Tätigkeit das ersetzen wollten, was an fachlichem Können nicht vorhanden war, oder aber es sammelten sich solche Professoren, die in der Atmosphäre der Professorenschaft ein geeignetes Feld der Personalpolitik, der Intrige und des persönlichen Ehrgeizes sahen.[296]

Selbst der Parteiideologe Alfred Rosenberg referierte 1941 in einem Schreiben an Heß zustimmend

> die Klagen mancher Forscher von Format über gewisse Gaudozentenbundführer. Hier sind nicht selten Menschen, die es in der Wissenschaft nicht weit gebracht haben, mit parteiamtlichen Vollmachten versehen worden, diese versuchen nunmehr, ihre wissenschaftliche Unzulänglichkeit durch Hervorheben dieser Vollmachten zu verdecken und schikanieren dadurch manchen tadellosen wissenschaftlichen Forscher.[297]

In der Tat mangelte es vielen Dozentenbundführern offensichtlich an fachlicher Qualifikation. Willi Willing, der langjährige Gaudozentenbundführer von Berlin, ist nach 1945 zu Recht als wissenschaftliche «Null» charakterisiert worden.[298] Sein Thüringer Kollege Karl Astel, ein Sportarzt, erhielt 1934 einen Lehrstuhl an der Universität Jena, obwohl er – von seiner Dissertation abgesehen – keine wissenschaftlichen Publikationen vorweisen konnte.[299] Artur Schürmann, der Gaudozentenbundführer von Süd-Hannover-Braunschweig, ist selbst von nationalsozialistischen Kollegen wie Jens Jessen in wissenschaftlicher Hinsicht ausgesprochen zurückhaltend beurteilt worden.[300] Über den langjährigen Dozentenbundführer der Universität Leipzig, den Anatomen Max Clara, hieß es in den internen «Personalnotizen» des «Bevollmächtigten für das Sanitäts- und Gesundheitswesen»: «Hat wenig originelles gemacht. Kann keine makroskopische Anatomie. Studenten machen sich über ihn lustig».[301] Den Göttinger Dozentenbundführer Werner Blume, ebenfalls ein Anatom, beschrieb ein einflussreicher NS-Professor seiner Universität als «grobe, energische Natur», zwar «grundanständig», aber «wissenschaftlich simpel» und für ein «Kolleg mit wissenschaftlichen Ansprüchen kaum zu brauchen».[302] Immerhin hatte Blume sich in seinem Fach bereits 1931 habilitiert. Dagegen wurde Eugen Mattiat, der 1939 von ihm das Amt des Dozentenbundführers übernahm, 1938 auf einen Lehrstuhl für Volkskunde berufen, obwohl er weder promoviert noch habilitiert war. Nach seiner Berufung musste er zunächst einmal für ein Semester beurlaubt werden, um sich in sein Fachgebiet einzuarbeiten.[303]

Wenn viele dieser NSDDB-Funktionäre trotz wissenschaftlicher

Unzulänglichkeit akademische Karrieren machten, die schließlich auf einen Lehrstuhl führten, dann lag dies offensichtlich an der Rückendeckung, die sie aus dem politischen Raum erhielten.[304] Bei Karl Astels Berufung nach Jena machte sich die langjährige Freundschaft mit Gauleiter Fritz Sauckel bezahlt, der ihn im Sommer 1933 nach Jena holte. Man kannte sich seit den 1920er Jahren aus dem Deutschvölkischen Schutz- und Trutzbund.[305] Max Clara erhielt seinen Leipziger Lehrstuhl 1935 auf Drängen der Hochschulkommission der NSDAP.[306] Eugen Mattiat verdankte seine Berufung nach Göttingen hauptsächlich der Fürsorge des REM, für das er einige Jahre lang als Referent tätig gewesen war.[307]

Allerdings erweist sich bei genauerem Hinsehen die Zahl jener NSDDB-Funktionäre, die ihre Professur ausschließlich politischer Protektion verdankten, als relativ gering.[308] Die meisten Dozentenbundführer hatten vor 1933 bereits als Assistenten, Privatdozenten oder nichtbeamtete außerordentliche Professoren an einer Universität gearbeitet und konnten durchaus die herkömmlichen akademischen Qualifikationsnachweise (Promotion und Habilitation) vorweisen.

Ausgewählt wurden die Dozentenbundführer in erster Linie unter dem Gesichtspunkt ihrer politischen Loyalität. War dieses Amt also hauptsächlich «alten Kämpfern» vorbehalten, die nicht im Verdacht standen, aus opportunistischen Gründen zum Nationalsozialismus übergelaufen zu sein? Die kollektivbiographische Analyse bestätigt diese Vermutung nicht. Von 93 Dozentenbundführern waren nur 36 (39 Prozent) der NSDAP bereits vor 1933 beigetreten. Die meisten hatten sich erst 1933 oder noch später zum Parteieintritt entschlossen.

Der politische Alltag der NSDDB-Funktionäre war von Fragen der Personalpolitik dominiert.[309] Nachdem der NSDDB sich fest etabliert hatte, bedurfte es bei nahezu allen Personalentscheidungen einer politischen Stellungnahme des Dozentenbundführers: Nicht nur bei Berufungen und bei der Einstellung von Assistenten, sondern auch bei Habilitationen und bei der Verleihung von Dozenturen, bei der Vergabe von Lehraufträgen oder Stipendien[310] und bei Reisen zu auswärtigen Kongressen[311] wurde routinemäßig das Votum des zuständigen Dozentenbundführers eingeholt.

Diese politischen Gutachten begründeten im Wesentlichen die hochschulpolitische Machtstellung des NSDDB. Negative politische Gutachten des Dozentenbundes hatten großen Einfluss auf Berufungsverfahren.[312] Solche Gutachten richteten sich gegen Hochschullehrer, die als Kritiker des Nationalsozialismus hervorgetreten waren oder als Träger gegnerischer Weltanschauungen galten. Zu den Letzteren zählten in späteren Jahren auch Parteimitglieder mit starken kirchlichen Bindungen.[313] So scheiterte 1941 die Berufung des NSDAP-Mitglieds Hans Friedrich Krallinger auf einen Göttinger Lehrstuhl, weil der NSDDB den praktizierenden Katholiken ablehnte.[314] Allerdings waren eindeutig negative Voten des NSDDB relativ selten. Die Auswertung von 532 politischen Gutachten über Berufungskandidaten aus den Jahren 1938 bis 1945 ergab, dass weniger als 10 Prozent dieser Gutachten sehr negative und nur etwas mehr als 10 Prozent sehr positive Beurteilungen enthielten.[315]

Die Tätigkeit als personalpolitische Kontrollinstanz bildete das Kerngeschäft des NSDDB. Manche Dozentenbundführer hatten indes größere Ambitionen und bildeten faktisch eine Art Nebenregierung, die den offiziellen Führern der Universitäten – den Rektoren – das Leben schwer machte.[316] Einige besonders ehrgeizige und durchsetzungsfähige Dozentenbundführer erlangten zeitweise eine beherrschende Stellung an ihren Hochschulen. Zu ihnen gehörten der Gaudozentenbundführer von Süd-Hannover-Braunschweig, Artur Schürmann,[317] und der Tübinger Dozentenbundführer Robert Wetzel.[318] Beide begnügten sich nicht damit, politische Gutachten zu verfassen, sondern versuchten, bei Stellenbesetzungen eigene – politische und persönliche – Vorstellungen notfalls auch gegen den Willen der Fakultät durchzudrücken. Daneben gab es freilich auch andere NSDDB-Funktionäre, die für die Wahrung des fachlichen Niveaus eintraten und eine primär politisch motivierte Personalpolitik ablehnten[319] oder sogar (wie Enno Freerksen in Kiel) prinzipiell die Ansicht vertraten, «daß Eingriffe in die Wissenschaft aus nichtwissenschaftlichen Gründen nicht gut tun».[320]

Drei Jahre nach der Neugründung, im Juni 1938, verkündete Reichsdozentenführer Schultze, der Aufbau des NSDDB sei abgeschlossen.[321] Zu diesem Zeitpunkt verfügte der Dozentenbund bereits über 70 hauptamtliche Mitarbeiter.[322] Der Reichsdozentenführer bemühte sich nun darum, das Tätigkeitsfeld seiner Organisation über die Personalpolitik hinaus auszuweiten. Dazu gehörte die Einrichtung von getarnten «Auslandsämtern» des NSDDB an den einzelnen Hochschulen, die für die Betreuung der in Deutschland tätigen ausländischen Wissenschaftler zuständig waren und diesen durch Exkursionen, Vorträge, Besichtigungen und Abendveranstaltungen ein positives Bild vom «neuen Deutschland» vermitteln sollten.[323] Um nicht nach außen als Parteistellen in Erscheinung zu treten, wurden sie offiziell als «Auslandsämter der Dozentenschaft» bezeichnet.[324] Außerdem beschloss die Reichsdozentenführung, eine eigene politisch-wissenschaftliche Zeitschrift zu gründen. Der erste Versuch, ein offizielles Organ des NSDDB unter dem Titel *Die deutsche Hochschule* auf die Beine zu stellen, scheiterte allerdings, wohl aufgrund der strikten Ablehnung des Projekts durch Alfred Rosenberg.[325] Daraufhin übernahmen führende Funktionäre des NSDDB im März 1940 die völkische Zeitschrift *Deutschlands Erneuerung* (ehemals eine Publikation der Alldeutschen) und machten daraus unter der Schriftleitung Robert Wetzels ein inoffizielles Organ des NSDDB.[326]

Die wichtigste Neuerung aber war die Entscheidung, «das Schwergewicht der Arbeit nunmehr auf die fachliche Ausrichtung» zu legen.[327] Fünf Jahre waren seit der «Machtergreifung» vergangen, und noch immer konnte niemand autoritativ sagen, wie eine nationalsozialistische Germanistik, eine nationalsozialistische Philosophie oder gar eine nationalsozialistische Naturwissenschaft auszusehen habe. 1938 etablierte die Reichsdozentenführung unter der Leitung von Gustav Borger ein eigenes Amt Wissenschaft und begann mit der Einrichtung von Fachgruppen, in denen die NSDDB-Mitglieder verwandter Disziplinen zusammengefasst wurden. Parallel dazu entstanden an einzelnen Universitäten Wissenschaftliche Akademien des NSDDB als interdisziplinärer Zusammenschluss für eine politisch ausgerichtete Wissenschaft. In den Fachgruppen und Wissenschaftlichen Akademien des NSDDB sollten nach den Vorstellungen Schultzes «Richtlinien und Grundsätze» für eine systematische Nazifizierung der Wissenschaft erarbeitet werden.[328] Um diese Pläne auch politisch abzusichern, legte die Reichsdozentenführung Heß und Bormann 1938 den Entwurf einer «Anordnung» über den «Aufgabenbereich» des NSDDB vor. Die «Hauptaufgabe» des NSDDB, so hieß es in dem Entwurf, sei «die Neugestaltung der deutschen Wissenschaft und der deutschen Hochschulen auf nationalsozialistischer Grundlage» sowie der «planmäßige Einsatz der nationalsozialistischen Wissenschaft für das Volksganze».[329]

Fasst man diese verschiedenen Bestrebungen zusammen, dann handelte es sich um einen ehrgeizigen Versuch, den politisch-ideologischen Einfluss des NSDDB erheblich auszuweiten. Dieser Versuch ist weitgehend gescheitert. An den Hochschulen stießen die Initiativen des NSDDB nur auf schwache Resonanz. Die Pläne zur Gründung von Wissenschaftlichen Akademien des NSDDB waren selbst innerhalb der Organisation umstritten. In Berlin wurde dieses Projekt von den örtlichen Funktionären rundweg abgelehnt, unter anderem mit dem Argument, die «Zusammenfassung wahrhaft nationalsozialistischer Dozenten» in einer Akademie bedeute einen «Rückzug und damit die ungewollte Erklärung, nicht zur Durchdringung, Eroberung und Umgestaltung der gesamten Hochschule fähig zu sein».[330] Letztlich kam es nur an vier Universitäten (zunächst in Göttingen, Tübingen und Kiel, später auch in Gießen) zwischen 1937 und 1940 zur Gründung von NSDDB-Akademien, die nach Beginn des Krieges alle große Schwierigkeiten hatten, sich zu behaupten. Die Göttinger Akademie ging bereits 1939, zwei Jahre nach ihrer Gründung, an «innerer Auszehrung» ein.[331] Das Zeitschriftenprojekt des NSDDB erwies sich ebenfalls als glatter Misserfolg. Obwohl Schultze in einem Rundschreiben alle «Dozentenbundskameraden» zur «umgehenden Bestellung» aufgefordert hatte, fand *Deutschlands Erneuerung* nur wenige Leser. Zwei Jahre nach der faktischen Übernahme durch den NSDDB wurde die Zahl der Abonnenten intern ohne Umschweife als «kümmerlich» charakterisiert.[332]

Ausschlaggebend für das Scheitern der Expansionspolitik der Reichsdozentenführung waren jedoch die Widerstände in Staat und Partei. Das Verhältnis zum REM war von Anfang an konfliktgeladen;

dafür hatte Schultze selbst gesorgt, indem er nach der Neugründung des Dozentenbundes gegenüber dem Ministerium einen ausgesprochen rüden Ton anschlug. Im Oktober 1935 hatte der gerade ernannte Reichsdozentenführer auf einer Tagung des NSDDB gegenüber den anwesenden Referenten des Ministeriums erklärt, er habe zu Verhandlungen «keine Lust mehr» und werde sich in Zukunft zur Durchsetzung seiner Ziele nicht des Zuckerbrotes, sondern nur noch «der Reitpeitsche» bedienen. Die Aufgabe des Staates, also des REM, bestehe lediglich darin auszuführen, was die Partei beschlossen habe.[333]

Obwohl sich in den folgenden Jahren, vor allem nach dem Amtsantritt Otto Wackers, ein gewisser Modus Vivendi einspielte, blieb das Verhältnis zum REM angespannt. Noch 1941 behauptete Schultze, das REM betreibe Wissenschaftspolitik «ohne jede nat[ional]soz[ialistische]. Ausrichtung».[334] Unter solchen Umständen war das Ministerium keineswegs an einem Machtzuwachs des NSDDB interessiert. Auf Rektorenkonferenzen wurden die Rektoren von den Vertretern des REM ermuntert, die Bedeutung der Dozentenbundführer nicht zu überschätzen und ihnen nicht zu viel Macht zuzugestehen.[335] Auf die Gründung der «Wissenschaftlichen Akademien» des NSDDB reagierte das REM mit einem Runderlass, in dem es vor einer «Absonderung» und einer «Zersplitterung der Einheit der Hochschule» warnte.[336]

Die größten Gefahren für Schultzes Dozentenbund lauerten allerdings nicht im staatlichen Bereich, sondern in der Partei. In den Führungszirkeln der NSDAP galt der NSDDB nie als einflussreicher Faktor. Dafür sorgten schon die niedrigen Mitgliederzahlen und das geringe Prestige des Reichsdozentenführers, der in Parteikreisen unter dem Spitznamen «Bubi» Schultze bekannt war. Während Reichsstudentenführer Scheel von Parteigrößen wie Heß, Bormann oder Goebbels geschätzt und gefördert wurde,[337] gab es nach dem Tod Gerhard Wagners im März 1939 keinen einflussreichen Parteiführer mehr, der daran interessiert war, Schultze und seinen Dozentenbund zu unterstützen. Im Stab Heß nutzte man den NSDDB im Wesentlichen nur als Lieferanten für politische Beurteilungen. Wichtige hochschulpolitische Entscheidungen wollte man Schultze und seinen Mitarbeitern dagegen lieber nicht überlassen. Im Dezember 1937 bat Bormann das

REM, sich in hochschulpolitischen Grundsatzfragen künftig nur noch an den Stab Heß zu wenden. Der NSDDB sei innerhalb der Partei lediglich für «Angelegenheiten von nicht grundsätzlicher Bedeutung» zuständig.[338] Das REM hatte keine Einwände.[339]

Besonders misstrauisch beobachtete Alfred Rosenberg die Bemühungen Schultzes um eine systematische Nazifizierung der Wissenschaft. Als Bormann den Parteiideologen im Dezember 1938 darüber informierte, dass Schultze vom Stab Heß Vollmachten für eine «Neugestaltung der deutschen Wissenschaft und der deutschen Hochschulen auf nationalsozialistischer Grundlage» erbeten hatte, reagierte Rosenberg mit scharfer Ablehnung. Die Neugestaltung der deutschen Wissenschaft sei nicht Aufgabe des NSDDB, sondern gehöre zur «Kernaufgabe» der «Hohen Schule», einer künftigen Parteiuniversität, mit deren Planung Rosenbergs Dienststelle zu diesem Zeitpunkt beschäftigt war.[340] Heß und Bormann machten sich diese Argumentation weitgehend zu eigen. Im Januar 1939 teilte Bormann der Reichsdozentenführung mit, Schultzes Entwurf über den Aufgabenbereich des NSDDB werde von Heß nicht gebilligt:

> Einerseits würde die von ihnen vorgelegte Anordnung den Auftrag des Reichsleiters Rosenberg unmittelbar berühren, andererseits kann nicht einer Gliederung der Partei der Auftrag erteilt werden, «die deutsche Wissenschaft und die deutschen Hochschulen auf nationalsozialistischer Grundlage neu zu gestalten und die nationalsozialistische Wissenschaft zweckmäßig zusammenzufassen und für das Volksganze planmäßig einzusetzen.» Die Gliederungen sind und bleiben in allererster Linie Erziehungsinstrumente der Partei … [Deshalb] muß auch der Dozentenbund wie bisher seine Hauptaufgabe in der weltanschaulichen Schulung und Erziehung der Hochschullehrer sehen.[341]

Mit dieser Abfuhr hatten sich die wissenschaftspolitischen Ambitionen des NSDDB praktisch in Rauch aufgelöst. Dennoch zeigte sich der Reichsdozentenführer zunächst nicht bereit, seinen Anspruch auf «Neugestaltung» der Wissenschaft vollständig aufzugeben. Vielmehr organisierte der NSDDB im Vertrauen auf die Kraft des Faktischen weiterhin «Wissenschaftslager»,[342] veranstaltete eine «Reichstagung der wissenschaftlichen Akademien des NSD-Dozentenbundes»[343] und gründete schließlich sogar eine weitere «Wissenschaftliche Akademie» in Gießen. Rosenberg reagierte mit zahlreichen Protestbriefen an den Stab Heß, deren Tonfall zunehmend gereizter wurde. Im Oktober 1940 verlangte der Parteiideologe schließlich die Entlassung Schultzes aus seinem Amt als Reichsdozentenführer.[344] Wiederum ergriffen Heß und Bormann Partei für Rosenberg. Im Januar 1941 drohte Bormann dem Reichsdozentenführer sogar mit der Auflösung des NSDDB, wenn dieser sich nicht «auf die weltanschauliche Schulung der Dozenten beschränke».[345] Einige Tage später setzte Rosenberg nach und untersagte dem NSDDB die Abhaltung weiterer «Wissenschaftslager» und die Gründung neuer NSDDB-Akademien.[346]

Das eigentliche Ziel von Rosenbergs Wissenschaftspolitikern bestand jedoch nicht darin, den NSDDB zu einer reinen Schulungsorganisation zu degradieren, sondern selbst Einfluss auf die Organisation und damit auf die Hochschulpolitik zu gewinnen. Im April 1941 räumte der kommissarische Leiter des Amtes Wissenschaft, Heinrich Härtle, in einer Aktennotiz ein, die bisherige Politik gegenüber dem NSDDB sei rein «taktischer» Natur gewesen:

> Die bloße Schulungsaufgabe rechtfertigt nicht einen eigenen NSD-Dozentenbund, davon kann er nicht leben ... Die wichtigste Aufgabe der Partei in der Wissenschaft – die weltanschauliche Durchdringung und Befruchtung – kann durch die allgemeine Schulung nicht erreicht werden. Diese Aufgabe aber ist die entscheidende ... Wir bestreiten also dem NSD-Dozentenbund die wesentliche Aufgabe, ohne daß wir mit den heutigen oder auch mit den kommenden Mitteln in der Lage wären, diese Aufgaben selbst und besser zu leisten.[347]

Die Aufgaben Rosenbergs und des NSDDB seien so eng miteinander verwandt, dass sie nur unter einer einheitlichen Führung in Angriff genommen werden könnten. Deshalb müssten drei Ziele durchgesetzt werden: erstens eine Unterstellung des NSDDB unter Rosenberg, zweitens die Übernahme der Leitung des NSDDB durch einen Beauftragten Rosenbergs und drittens die Übernahme des Amtes Wissenschaft in der Reichsdozentenführung durch das Amt Wissenschaft in der Dienststelle Rosenberg.[348]

Diese Maximalziele vor Augen, gingen die Vertreter Rosenbergs in die Verhandlungen mit dem NSDDB, die im Oktober 1941 unter Aufsicht der Parteikanzlei stattfanden und am 2. Dezember 1941 mit einem Abkommen endeten, das von Schultze, Rosenberg und Bormann unterzeichnet wurde. In dieser Vereinbarung mussten die Vertreter des NSDDB weitreichende Zugeständnisse machen. Wörtlich hieß es darin: «Der Leiter des NSD-Dozentenbundes ist in allen Fragen der geistigen und weltanschaulichen Schulung, Forschung und Erziehung an die Weisungen und Richtlinien des Reichsleiters Rosenberg gebunden.» Der NSDDB verpflichtete sich, «alle Planungen von Arbeitsgemeinschaften, Tagungen, Lagern usw.» der Dienststelle Rosenberg zur Genehmigung vorzulegen. Auch sämtliche Veröffentlichungen des NSDDB mussten fortan «14 Tage vor Erscheinen» in Rosenbergs Hauptamt Wissenschaft eingereicht werden.[349]

Zu einer vollständigen Unterordnung des NSDDB kam es jedoch nicht. Weder erlangte Rosenberg eine Kontrolle über die interne Personalpolitik des NSDDB, das heißt über die Ernennung oder Absetzung des Reichsdozentenführers, der Gaudozentenbundführer oder der Dozentenbundführer, noch erhielten Rosenbergs Wissenschaftspolitiker Einfluss auf den Inhalt der politischen Gutachten, die der NSDDB abgab. Diese Beurteilungen bildeten aber das wichtigste hochschulpolitische Instrument, über das der Dozentenbund verfügte. Wie Härtle, der für die Dienststelle Rosenberg an den Verhandlungen teilnahm, später berichtete, wurde dieses Ziel nicht erreicht, weil die Parteikanzlei «ganz deutlich bestrebt war, zu verhindern, dass der Dozentenbund restlos in den Dienst des Reichsleiters Rosenberg gerät».[350]

Schultze bemühte sich denn auch, die Bedeutung des Abkommens herunterzuspielen, und versicherte seinen Dozentenbundführern im Sommer 1942, «daß wir auf dem Hochschulpferd immer noch vorn sitzen». Es müsse «an der Überwindung der Resignation gearbeitet werden».[351] Tatsächlich aber war der NSDDB seit 1938 immer schwächer geworden. Neue Expansionspläne, die während des Krieges entwickelt wurden, blieben gleichfalls erfolglos. So musste der Plan, einen Europäischen Dozentenverband zu gründen, in dem neben deutschen Wissenschaftlern auch Hochschullehrer der mit Deutschland verbündeten Staaten (Italien, Ungarn, Bulgarien, Rumänien, Finnland) zusammengefasst werden sollten, aufgegeben werden, weil die Parteikanzlei ihre Zustimmung verweigerte.[352]

Selbst der wichtigste Aufgabenbereich des NSDDB, die Personalpolitik, war während des Krieges nicht mehr unumstritten. Die Hoffnung, mit Hilfe der Wissenschaft, durch die Entwicklung neuer Waffensysteme, doch noch den Krieg gewinnen zu können, gehörte in der zweiten Hälfte des Krieges zu den Strohhalmen, an die sich die Machthaber umso fester klammerten, je aussichtsloser die militärische Lage Deutschlands wurde. Eine rigide, primär an politischen Kriterien ausgerichtete Personalpolitik, wie sie der NSDDB betrieb, wurde daher zunehmend als dysfunktional empfunden. Als Göring im Juli 1942 die Neugründung des Reichsforschungsrates verkündete, kritisierte er in scharfen Worten die Personalpolitik des NSDDB. Dieser sei, so erklärte er vor der versammelten Prominenz aus Partei und Staat, «der Schrecken» der Hochschule.[353]

Eine weitere Hiobsbotschaft erhielt die Reichsdozentenführung im Januar 1943. Als sich das Ende der 6. Armee in Stalingrad immer deutlicher abzeichnete, kündigte Bormann die «Stillegung» verschiedener Parteistellen an, deren politische Bedeutung er offenbar besonders geringschätzte. Dazu gehörte auch der NSDDB, der zum 15. Februar 1943 «völlig stillgelegt», das heißt praktisch aufgelöst werden sollte.[354] Natürlich erhob Schultze Einspruch gegen diese Maßnahme und verwies auf die «unerträgliche» Lage, die sich ergeben würde, wenn «jeder Reaktionär an der Hochschule jetzt wieder, ohne irgendeiner Kontrolle unterworfen zu sein, schreiben und reden kann, was ihm beliebt».[355] Bormann zeigte sich schließlich kompromissbereit und dekretierte im Juli 1943 anstelle der «Stillegung» eine «Einschränkung der Arbeit des NSD-Dozentenbundes». Seine Anordnung verpflichtete den NSDDB, sämtliche Dienststellen im Prinzip «nur noch mit ehrenamtlichen Kräften zu besetzen». Die weitere Beschäftigung hauptamtlicher Funktionäre bedurfte der Zustimmung der Parteikanzlei.[356] In der Praxis wurde diese Regelung allerdings großzügig gehandhabt. Ende 1944 verfügte die Reichsdozentenführung immer noch über 36 bezahlte Mitarbeiter.[357]

Dennoch trug Bormanns Anordnung dazu bei, die Arbeit des NSDDB an den Hochschulen zu erschweren. An der Berliner Universität musste der Dozentenbundführer zwei seiner drei Angestellten entlassen.[358] Walter Groß, der Leiter des Hauptamtes Wissenschaft in der Dienststelle Rosenberg, bekam bei einer Vortragsreise, die ihn im Wintersemester 1943/44 an sieben Universitäten führte, den Eindruck, dass der Dozentenbund an den Hochschulen kaum noch in Erscheinung trat:

> Im Gegensatz zum Studentenbund sind Stellung und Ansprüche des Dozentenbundes in den besuchten Universitäten unbedeutend. Im Allgemeinen wird von ihm weder örtlich noch in der Reichspolitik eine wesentliche Initiative erwartet. Als seine Vertreter traten im Allgemeinen wenig aktive Parteigenossen auf. Sie brachten mehrfach zum Ausdruck, daß bei der außerordentlichen Überlastung, die jedem einzelnen Dozenten heute beruflich aufgebürdet ist, eine aktive politische Tätigkeit, die ... grundsätzlich ehren- und nebenamtlich erfolgt, gar nicht erwartet werden kann. Es fehlt außerdem völlig das Vertrauen zur eigenen Führung durch die Münchener Zentrale.[359]

Die letzte Phase in der Geschichte des NSDDB begann im Juni 1944 mit dem Sturz des Reichsdozentenführers. Anlass war ein gegen Schultze eingeleitetes Parteiverfahren, das 1944 mit einer «Verwarnung» durch das Oberste Parteigericht endete.[360] Die Parteikanzlei nutzte die Gelegenheit, um einen schon seit längerer Zeit erwogenen Plan[361] in die Tat umzusetzen: Schultze wurde durch den Reichsstudentenführer Scheel ersetzt, der damit zum einflussreichsten Hochschulpolitiker der NSDAP avancierte.[362] Zweifellos verfügte Scheel über sehr viel mehr politische Autorität als sein Vorgänger. Doch war es im Sommer 1944 bereits zu spät für eine wirksame Neuorientierung der nationalsozialistischen Hochschulpolitik. Schon wenige Monate später begann der Zusammenbruch des deutschen Hochschulwesens. Am 7. Januar 1945 meldete die Reichsleitung des NSDDB den «Totalschaden» ihrer Dienststelle in der Münchener Max-Joseph-Straße 6.[363] Scheel und der neue Stabsführer des NSDDB, Fritz Kubach,[364] entwickelten daher in den zehn Monaten ihrer Amtszeit nur wenige Initiativen: Sie gründeten einen «Führungskreis» der Reichsdozentenführung, dem bekannte Nazi-Professoren wie Ernst Krieck, Eugen Fischer oder Walther Wüst angehörten,[365] und organisierten Arbeitstagungen, bei denen sich aber nur noch ein kleiner Kreis von Unentwegten einfand.

Der NSDDB war gewiss zu schwach, um Hochschule und Wissenschaft nach seinen Vorstellungen zu formen, aber er war stark genug, um Anpassung zu erzwingen und wissenschaftliche Karrieren zu verhindern, wenn es an der Bereitschaft zur Unterwerfung fehlte.

Die Dienststelle Rosenberg

Alfred Rosenberg, der im Juni 1933 zum Reichsleiter der NSDAP ernannt wurde, galt als der wichtigste Ideologe der NSDAP nach Hitler.[366] Bekannt wurde er durch den *Mythus des 20. Jahrhunderts* – ein Buch, das bei Erscheinen (1930) vor allem wegen seiner stark antichristlichen Komponente Aufsehen erregte. Der *Mythus* wurde bis zum Ende der NS-Diktatur in hohen und höchsten Auflagen gedruckt, obwohl selbst prominente Parteiführer sich außerstande sahen, das Buch durchzulesen.[367] Politisch trat Rosenberg in den letzten Jahren der Weimarer Republik vor allem als Hauptschriftleiter des *Völkischen Beobachters* und als Leiter des Kampfbundes für deutsche Kultur hervor, einer Organisation, die sich zu Beginn der 1930er Jahre darum bemühte, auch an den Hochschulen Fuß zu fassen. Neben diversen Studentenvereinigungen, die ihren korporativen Beitritt erklärten, schlossen sich dem Kampfbund auch einige Hochschullehrer an, unter ihnen der Historiker Karl Alexander von Müller, der Psychologe Felix Krueger, der Kunsthistoriker Wilhelm Pinder und der Rassenhygieniker Fritz Lenz.[368]

Aus dem Kampfbund für deutsche Kultur rekrutierte sich im Wesentlichen auch das Führungspersonal der Dienststelle Rosenberg, die 1934 gegründet wurde, nachdem Rosenberg von Hitler mit «der Überwachung der gesamten geistigen und weltanschaulichen Schulung und Erziehung der Partei und aller gleichgeschalteten Verbände» beauftragt worden war.[369] Unter Rosenbergs leitenden Mitarbeitern waren drei mit wissenschaftspolitischen Aufgaben befasst: Alfred Baeumler, ein Philosophieprofessor, der das Referat Wissenschaft erhielt, Hans Reinerth, ein Prähistoriker, der das Referat Vorgeschichte übernahm,[370] und Matthes Ziegler, damals noch Student, der unter anderem für Volkskunde zuständig war.[371] Baeumler und Reinerth erhielten nach der «Machtergreifung» Lehrstühle an der Berliner Universität und waren nur ehrenamtlich für Rosenberg tätig.

Baeumler galt neben Krieck als «der pädagogische Papst des Regimes»,[372] aber auch als führender nationalsozialistischer Philosoph. Im Gegensatz zu anderen Wissenschaftspolitikern der Partei war er 1933 bereits ein etablierter Hochschullehrer, dem man einen gewissen Rang nicht absprechen kann.[373] Sein akademischer Lehrer Max Dessoir, der 1936 als «Nichtarier» von der Berliner Universität vertrieben wurde, beurteilte ihn rückblickend als Fehlgriff der Natur. Diese «hätte einen hundertfach angreifbaren Charakter nicht mit den glänzendsten Gaben ausstatten dürfen».[374] In die NSDAP ist Baeumler, der seit 1929 als Ordinarius für Philosophie und Pädagogik an der TH Dresden lehrte, erst 1933 eingetreten. Einige Jahre vorher hatte er eine Verbindung von Philosophie und Weltanschauung noch eindeutig abgelehnt: «Für mich ist die Philosophie eine Existenzfrage ... – eine Weltanschauung habe ich nicht», schrieb er 1926 seinem Kollegen Erich Rothacker.[375] Sein Parteiamt verdankte Baeumler vor allem der persönlichen Beziehung zu Rosenberg, den er 1931 im Münchener Salon von Elsa Bruckmann kennengelernt hatte.[376] In der Partei hatte Baeumler aufgrund seiner Neigung, andere mit ätzender Kritik vor den Kopf zu stoßen, wenige Freunde.[377] Auch unter den Studierenden fand der NS-Philosoph selbst in den Jahren 1933/34 nur wenig Resonanz.[378] Dennoch hielt Rosenberg auch in der Folgezeit an Baeumler fest.

Aus dem Referat Wissenschaft wurde 1936 das Amt Wissenschaft, 1941 das Hauptamt Wissenschaft.[379] Faktisch handelte es sich jedoch bis Ende 1937 um einen Einmannbetrieb.[380] Erst seit Anfang 1938 wurde das Amt langsam ausgebaut. Im Sommer 1939 standen Baeumler vier feste Mitarbeiter, drei Honorarkräfte und sieben Sekretärinnen zur Verfügung. Während des Krieges wurde dieser Mitarbeiterstamm durch Einberufungen erheblich dezimiert.[381] Als Baeumler im April 1941 aufgrund interner Querelen und persönlicher Überlastung die Leitung des Amtes niederlegte, übernahm sein Stellvertreter Heinrich Härtle kommissarisch die Führung der Amtsgeschäfte.[382] Im August 1942 übertrug Rosenberg dann dem Rassenideologen Walter Groß die Nachfolge Baeumlers,[383] der inzwischen an anderer Stelle für Rosenberg wissenschaftspolitisch arbeitete. Groß war hauptamtlich Leiter des Rassenpolitischen Amtes der NSDAP, einer Parteistelle, die zunehmend an politischem Einfluss verloren hatte. Als Honorarprofessor an der Berliner Universität war er mit Fragen der Wissenschaftspolitik vertraut; vor allem aber gehörte er zu den wenigen Parteiführern, die es geschafft hatten, über längere Zeit hinweg konfliktfrei mit Rosenberg zusammenzuarbeiten.[384] Um seine neue Aufgabe in der Dienststelle Rosenberg hat Groß sich nur nebenbei gekümmert; die Alltagsgeschäfte des Hauptamtes wurden während des Krieges überwiegend von Härtle und seinem Mitarbeiter Wolfgang Erxleben geführt.

Die Wissenschaftspolitik der Dienststelle Rosenberg lässt sich als Doppelstrategie beschreiben: Zum einen bemühten sich Rosenberg und seine Mitarbeiter, Einfluss auf die traditionellen wissenschaftlichen Institutionen zu gewinnen, zum anderen versuchten sie, eigene Forschungseinrichtungen aufzubauen (vor allem die Hohe Schule und ein Reichsinstitut für Vorgeschichte), in denen die Entwicklung einer strikt weltanschaulich ausgerichteten «Wissenschaft» vorangetrieben werden sollte.

Als «Beauftragter des Führers für die Überwachung der gesamten geistigen und weltanschaulichen Erziehung der NSDAP» (so seine offizielle Amtsbezeichnung seit 1934) fühlte Rosenberg sich innerhalb der Partei auch für Wissenschaft und Hochschule zuständig. Die Weigerung von Rudolf Heß, ihm die Leitung der Hochschulkommission der NSDAP zu übertragen,[385] machte indes deutlich, dass die Führung der NSDAP diese Ansicht nicht teilte. Immerhin bekamen Rosenberg und Baeumler nach Gründung der Hochschulkommission erstmals die Möglichkeit, in systematischer Form Einfluss auf die Geisteswissenschaften zu nehmen, für die Rosenbergs Referenten innerhalb der

Hochschulkommission zuständig waren.[386] Im Wesentlichen bestand diese Einflussnahme in regelmäßigen Stellungnahmen zu den Berufungsvorschlägen der Kultusministerien oder der Fakultäten.[387] Doch die Hochschulkommission verlor ihre personalpolitischen Kompetenzen 1935/36 an den neu gegründeten NSDDB, in dessen Führungsgremien Rosenbergs Wissenschaftspolitiker nicht vertreten waren. In den folgenden Jahren kam Rosenbergs Amt Wissenschaft daher nur selten über eine Zuschauerrolle hinaus. Baeumler und seine Mitarbeiter beobachteten die Entwicklung der Hochschulen und der wissenschaftlichen Gesellschaften, sie schrieben Gutachten über neue Publikationen oder einzelne Hochschullehrer und legten eine «Wissenschaftskartei» an. In Stellungnahmen sprach sich das Amt gegen eine «Verquickung» der Lebensphilosophie von Ludwig Klages mit dem Nationalsozialismus aus, aber auch gegen eine vollständige Ablehnung der Lehre Rudolf Steiners und der Waldorfschulen.[388] Hinzu kamen sporadische Interventionen personalpolitischer Art.[389]

Nur in einer wissenschaftspolitischen Schaltstelle verfügte Rosenbergs Dienststelle in diesen ersten Jahren nach der Machtübernahme über politisches Gewicht: Die Deutsche Forschungsgemeinschaft (DFG), die damals offiziell noch «Notgemeinschaft der Deutschen Wissenschaft» hieß, spielte durch die Vergabe von Stipendien, durch die finanzielle Unterstützung von Forschungsvorhaben, Instituten und Bibliotheken, durch die materielle Förderung wissenschaftlicher Publikationen und Auslandsreisen eine zentrale Rolle für die Entwicklung der wissenschaftlichen Forschung in Deutschland.[390] Im Juli 1934 wurde die Leitung der DFG dem Physiker Johannes Stark übertragen, einem alten Nationalsozialisten und fanatischen Antisemiten.[391] Stark und sein Stellvertreter Eduard Wildhagen suchten Rückendeckung in der Partei und ernannten Rosenberg zum Ehrenpräsidenten der DFG. Für Rosenberg war das neue Amt eine willkommene Gelegenheit, Teile seiner Dienststelle mit DFG-Geldern zu finanzieren. Reinerths vorgeschichtliche Forschungen erfreuten sich fortan großzügiger Förderung, und Rosenbergs Volkskunde-Spezialist Matthes Ziegler avancierte 1935 zum Referenten für Volksforschung in der DFG. Sogar Rosenbergs Reichsstelle zur Förderung des Deutschen Schrifttums erhielt beachtliche Subventionen aus der DFG-Kasse. Manche Beobachter gewannen damals den Eindruck, Stark und Wildhagen hätten den geisteswissenschaftlichen Teil der DFG Rosenberg überlassen.[392]

Die Freude über den Geldsegen währte indes nicht lange. Im August und November 1936 mussten Stark und Wildhagen nach einem Machtkampf mit dem REM die Leitung der DFG abgeben. Ihr Nachfolger wurde Rudolf Mentzel, einer der führenden Wissenschaftspolitiker des REM, der kein Interesse an einer weiteren Zusammenarbeit mit Rosenberg zeigte. Ende 1936 wurden die vormals engen Beziehungen der DFG zur Dienststelle Rosenberg faktisch abgebrochen.[393] Rosenbergs Wissenschaftspolitiker empfanden den Sturz von Wildhagen und Stark «nahezu als eine Katastrophe».[394] Der Machtwechsel in der DFG führte nicht nur zu massiven finanziellen Einbußen, sondern bedeutete auch das Ende der Hoffnung, über die Vergabe von Forschungsmitteln Einfluss auf die Entwicklung der Geisteswissenschaften nehmen zu können. Und schließlich war Rosenberg, der den Sturz Starks nicht verhindern konnte, auch noch als ein Schutzpatron von zweifelhaftem Wert bloßgestellt worden. Das Ziel, eine dominante Stellung in der Wissenschaftspolitik zu erlangen, musste also zunächst zurückgestellt werden. Rosenberg und seine Mitarbeiter konzentrierten sich stattdessen auf zwei Disziplinen, die ihnen besonders wichtig waren, die Vor- und Frühgeschichte sowie die Volkskunde.

Über die künftigen Aufgaben der Vor- und Frühgeschichte hatte Rosenbergs Dienststelle klare Vorstellungen. Die Prähistorie sollte den Nachweis erbringen, dass «unsere nordrassischen Vorfahren ... die Gründer der antiken Kulturen und der heutigen Nationalstaaten Europas geworden sind. Sie waren als bäuerliches Kulturvolk und geschichtsbildende Kraft von der Urzeit her in Führung», wie ein Schüler Reinerths im *Völkischen Beobachter* kundtat.[395] Rosenbergs Chancen, größere Teile der deutschen Vorgeschichtsforschung für seine Pläne zu gewinnen, standen zunächst keineswegs schlecht. Dem seit 1933 von Reinerth geleiteten Reichsbund für Deutsche Vorgeschichte gehörte anfangs eine Reihe von führenden Prähistorikern an, die sich vom Nationalsozialismus zu Recht eine Aufwertung ihrer Disziplin erhofften.

Rosenbergs Hauptziel war die Gründung eines von Reinerth geleiteten Reichsinstituts für deutsche Vorgeschichte. Das Institut sollte zum Zentrum einer nationalsozialistischen Vorgeschichtsforschung werden und gleichzeitig als politisches Aufsichtsorgan fungieren, dem unter anderem der Denkmalschutz, die Ausgabe von Richtlinien für die staatlichen Museen sowie die «Überwachung des Lehr- und Forschungsbetriebes an den Hochschulen» übertragen werden sollte.[396] Der Kampf um die Verwirklichung dieses Projekts zog sich über viele Jahre hin und scheiterte letztlich, weil niemand wirklich Interesse daran hatte, Rosenberg und seinen Mitarbeitern die geforderten Vollmachten einzuräumen. Das REM war offenkundig wenig motiviert, ein Institut zu gründen und zu finanzieren, dessen Geschicke von anderer Stelle aus dirigiert werden sollten. In der regionalen Kultusbürokratie (vor allem im Rheinland) artikulierte sich heftiger Widerspruch gegen den diktatorischen Zentralismus des Rosenberg-Projekts. Hinzu kam eine wachsende Opposition von Archäologen und Prähistorikern gegen Reinerths Versuche, seine machtpolitischen Ziele mit Hilfe persönlicher Diffamierungen durchzusetzen. Im Hintergrund agierte ein neuer, sichtbar aufsteigender Machtfaktor, Himmlers SS, die im Bereich der Vorgeschichtsforschung eigene Pläne verfolgte und Rosenbergs Monopolanspruch zu unterminieren suchte. Auch exponierte Nationalsozialisten kehrten Rosenberg schließlich den Rücken und suchten stattdessen Anschluss beim «Ahnenerbe» der SS. Nach Einschätzung des REM hatten Rosenberg und Reinerth 1942 nur noch 5 bis 10 Prozent der deutschen Vorgeschichtsforschung hinter sich.[397]

Die zweite Disziplin, der Rosenbergs Wissenschaftspolitiker besondere Aufmerksamkeit widmeten, die Volkskunde, war ein Fach, das sich ebenso wie die Vor- und Frühgeschichte erst nach 1933 wirklich an den Universitäten etablieren konnte. Die besondere Aufgabe einer nationalsozialistischen Volkskunde sahen Rosenberg und sein agiler Volkskunde-Referent Matthes Ziegler darin, ein «arteigenes» Brauchtum freizulegen, das in der kulturpolitischen Arbeit der NSDAP übernommen werden konnte.[398]

Die von Rosenberg und Ziegler geleitete «parteiamtliche» Reichsarbeitsgemeinschaft für deutsche Volkskunde entfaltete nach ihrer

Gründung im Januar 1937 zwar rege Aktivitäten, offenbarte dabei aber in erster Linie eine bemerkenswerte Fähigkeit, sich Feinde zu machen. In einer 1938 veröffentlichten Broschüre über *Deutsche Volkskunde im Schrifttum* wurden zahlreiche Fachpublikationen einer scharfen, teilweise vernichtenden Kritik unterzogen. Unter den kritisierten Fachvertretern befanden sich auch ausgewiesene Nationalsozialisten wie Adolf Helbok oder Heinrich Harmjanz.[399] Fatale Folgen hatte insbesondere die Kritik an Harmjanz, einem langjährigen Mitglied der NSDAP, der im REM als hauptamtlicher Referent für Geisteswissenschaften eine Schlüsselposition besetzte. Harmjanz mühte sich fortan nach Kräften, die hochschulpolitischen Pläne der «Rosenzwerge» (Harmjanz)[400] zu hintertreiben. Das Ergebnis war eine Dauerfehde, die sich vor allem bei personalpolitischen Entscheidungen nachteilig auf die Ambitionen der Dienststelle Rosenberg auswirkte.[401] Obwohl zwischen 1933 und 1945 zahlreiche Lehrstühle für Volkskunde neu geschaffen wurden und obwohl viele der neu berufenen Professoren dem Nationalsozialismus zumindest nahestanden, ist es Rosenbergs Dienststelle daher nicht gelungen, die Entwicklung der Volkskunde an den Hochschulen wirksam zu beeinflussen.[402] Das Problem zeigte sich in aller Schärfe, als Rosenberg 1942 ein Reichsinstitut für deutsche Volkskunde gründete. Obwohl die neue Einrichtung über relativ viele Planstellen verfügte, konnte kein Institutsleiter gefunden werden, der über wissenschaftliches Format verfügte und zugleich den politischen Anforderungen der Dienststelle genügte.[403]

Nur an einer einzigen Universität konnte Rosenberg jene Führungsrolle übernehmen, die er sich für das gesamte Wissenschaftssystem erhofft hatte. Die Gelegenheit ergab sich, als Rektor und Senat der Universität Halle im Januar 1938 auf Initiative von Gauleiter Eggeling an den Parteiideologen mit der Bitte herantraten, der Hochschule «seine besondere Förderung» zuteilwerden zu lassen.[404] Bereits einen Monat später übernahm Rosenberg die «Schirmherrschaft» über die Universität Halle. Der Preis, den die Hochschule dafür zahlen musste, waren ständige Einmischungen von Rosenbergs Amt Wissenschaft in das interne Leben der Hochschule. Vor allem in der Philosophischen Fakultät konnten fortan kaum noch bedeutsame Entscheidungen gegen den

Willen der Dienststelle Rosenberg gefällt werden. Bereits 1939 gelang es – gegen den Wunsch der Fakultät – einem Mitarbeiter der Dienststelle Rosenberg, dem Dozenten Heinrich Springmeyer, einen Lehrstuhl für Philosophie zu verschaffen. Ein Sondervotum des Historikers Martin Lintzel, der monierte, dass Springmeyer bislang außer seiner Dissertation «im Umfange von 79 Seiten», einem Aufsatz und diversen Rezensionen keine Publikationen vorweisen konnte, blieb unbeachtet.[405] Die Berufung des NS-Historikers Werner Frauendienst erfolgte ebenfalls «im Rahmen der Rosenberg-Aktion», wie Rektor Johannes Weigelt berichtete.[406] Am aufwendigsten gestaltete sich die Unterbringung des Rosenberg-Mitarbeiters Wilhelm Brachmann, der 1938, als er zunächst einen Lehrauftrag erhielt, noch nicht einmal promoviert war.[407] Mit Hilfe des inzwischen fest etablierten Springmeyer konnte aber auch dieses Problem in kurzer Zeit gelöst werden. Brachmanns rasante Karriere in Halle, von der Promotion (1940) über die Habilitation (1941) bis zum Ordinariat (1943), hat Baeumler 1944 in einer Aktennotiz für Rosenberg knapp zusammengefasst:

> Die erste Absicht Brachmanns war, seine Ernennung zum Professor unter Umgehung des normalen Weges, der «Ochsentour», wie er es nannte, durch einen Machtspruch des Reichsleiters Rosenberg zu erreichen. In einer Aussprache, die sehr heftige Formen annahm, wurde ihm die Unmöglichkeit dieses Planes von mir zum Bewußtsein gebracht. Bei den nun folgenden Akten der Promotion und Habilitation in Halle hatte Professor Springmeyer entscheidenden Anteil. Ohne seine entsagungsvolle Tätigkeit wäre Brachmann schon bei der Promotion gescheitert. Bis zur Habilitation reicht auch meine Mitwirkung, die sich vor allem auf die Beratung Brachmanns bei der Abfassung seiner Habilitationsschrift erstreckte. Den sogleich nach der Habilitation einsetzenden, durchaus ungewöhnlichen Bemühungen Brachmanns zur Erlangung eines Lehrstuhls bin ich ... offen entgegengetreten, denn es besteht der gute Brauch, jeden erst einmal im Lehramt sich bewähren zu lassen, bevor man ihn zum o. Professor macht. Gegen meinen Einspruch ist Brachmann durch die aktive Hilfe des Amtes Wissenschaft in Ihrer Dienststelle Ordinarius in Halle geworden.[408]

Die Dienststelle Rosenberg verfolgte aber nicht nur das Ziel, ihre eigenen Leute in die Universität Halle einzuschleusen. Darüber hinaus beanspruchte sie auch ein Vetorecht bei Berufungen, das die Fakultät resigniert akzeptierte. Mehrfach wurden in Berufungsverfahren Kandidaten der Philosophischen Fakultät von dieser sofort fallen gelassen, nachdem Rosenbergs Amt Wissenschaft Bedenken geäußert hatte.[409] Für Rosenbergs Wissenschaftspolitiker war dies sicher ein Grund zur Genugtuung, für manche Fakultätsangehörige eher ein Anreiz zur Flucht. So ließ der Historiker Martin Göhring 1943 gegenüber dem REM durchblicken, «daß er gern die Universität Halle-Wittenberg verlasse, über deren inneres Schicksal bekanntlich Kräfte bestimmten, die in Wirklichkeit andere Interessen hätten, als die Wissenschaft und eine sachliche Arbeit es erforderten». Gemeint waren, wie Heinrich Harmjanz vom REM in einer Aktennotiz erläuterte, «gewisse Herren des Amtes Rosenberg, die zur Zeit in Halle tonangebend sind».[410]

Nun war Rosenberg kein Provinzpolitiker, der sich mit lokaler Einflussnahme zufriedengegeben hätte. Seine wissenschaftspolitischen Ambitionen waren umfassender Art. Diese Ambitionen kollidierten indes mit der Tatsache, dass das Terrain der Hochschulpolitik im April 1936, als Rosenberg sein Amt Wissenschaft gründete, bereits von zahlreichen anderen Institutionen (REM, Stab Heß, NSDDB, NSDStB) weitgehend besetzt war. Ohne eine aggressive Konfliktstrategie hatte Rosenberg daher keine Aussichten, jemals die angestrebte wissenschaftspolitische Hegemonie zu erreichen. Erst vor diesem Hintergrund wird auch der Konflikt mit dem NSDDB verständlich, den Rosenberg 1939 anzettelte. Im Laufe dieses Konfliktes gelang es Rosenberg, die Reichsdozentenführung weitgehend in die Enge zu treiben. Der NSDDB musste einen Großteil seiner wissenschaftspolitischen Expansionspläne aufgeben und war künftig «in allen Fragen der geistigen und weltanschaulichen Schulung, Forschung und Erziehung» an die Weisungen Rosenbergs gebunden. Bei genauerem Hinsehen reduzierte sich diese Abhängigkeit aber im Wesentlichen auf die Verpflichtung, Veröffentlichungen des Dozentenbundes und die geplanten Wissenschaftslager, Arbeitsgemeinschaften oder Tagungen von Rosenberg genehmigen zu lassen.[411] Als 1944 die Nachfolge von Reichsdozentenführer Schultze zu regeln war, wurde Rosenberg bezeichnenderweise nicht einmal konsultiert. Während Rosenbergs Hauptamt Wissenschaft noch darüber nachdachte, einen eigenen Kandidaten zu präsentieren, hatte die Parteikanzlei bereits entschieden, die Führung des NSDDB dem Reichsstudentenführer Scheel zu übertragen.[412]

Bereits in der Anfangsphase des Konfliktes mit dem NSDDB war es Rosenberg ferner gelungen, Einfluss auf die Besetzung von Lehrstühlen zu bekommen. Auf Drängen des Parteiideologen erklärte Schultze sich 1938 bereit, die Dienststelle Rosenberg regelmäßig über die Berufungsvorschläge der Fakultäten in den wichtigsten geisteswissenschaftlichen Disziplinen zu informieren.[413] Rosenbergs Wissenschaftsfunktionäre erhielten dadurch Gelegenheit, gegenüber der Reichsdozentenführung ihre Stellungnahme zu den vorgeschlagenen Wissenschaftlern abzugeben. Seit September 1941 übermittelte die Dienststelle Rosenberg diese Stellungnahmen nicht mehr der Reichsdozentenführung, sondern direkt an die Parteikanzlei. Diese gab dann gegenüber dem REM das definitive Votum der Partei ab. Allerdings stützte sich der Stab Heß beziehungsweise die Parteikanzlei dabei nicht nur auf die Gutachten der Dienststelle Rosenberg, sondern auch auf ähnliche Stellungnahmen des NSDDB, der Gauleitungen und des SD, deren Inhalte nicht selten divergierten.[414] Rosenbergs Wissenschaftsfunktionäre mussten bald enttäuscht feststellen, dass ihre Beurteilungen von Bormanns Referenten keineswegs als verbindlich betrachtet wurden. Intern sprach man in Rosenbergs Hauptamt Wissenschaft sogar von einer «Mißachtung unserer Stellungnahmen bei Berufungen».[415]

Der Vorstoß des NSDDB, Vollmachten für eine «Neugestaltung» von Wissenschaft und Hochschule «auf nationalsozialistischer Grundlage» zu bekommen, war von Rosenberg deshalb so erbittert bekämpft worden, weil der Parteiideologe selbst ähnliche Ambitionen hatte. Rosenberg bemühte sich bereits seit 1938 darum, von Hitler umfassende Vollmachten «zur Sicherung der nationalsozialistischen Weltanschauung» zu erhalten. In dem Entwurf eines Erlasses, den Rosenberg Ende 1939 vorlegte, war ausdrücklich auch ein Weisungsrecht des Parteiideologen für «die wissenschaftliche Forschung und Lehre» vorgesehen. Während Erziehungsminister Rust, Reichsdozentenführer Schultze, Robert Ley und Philipp Bouhler kritisch oder rundum ablehnend auf dieses Ansinnen reagierten, war Hitler zunächst unschlüssig.[416] Am Ende lehnte aber auch der «Führer» den Wunsch des Parteiideologen ab. Gegenüber dem überraschten Rosenberg erklärte Hitler im Januar 1940, ein generelles Weisungsrecht für die wissenschaftliche Forschung und Lehre könne als «Knechtung» der Wissenschaft verstanden werden, als Wiederholung der christlichen Versuche, «von einem Dogma aus die exakte Naturforschung bestimmen ... zu wollen».[417] Damit war auch dieser Versuch misslungen, der Wissenschaft engere Fesseln anzulegen.

Trotz dieser Niederlage versuchten Rosenberg und Baeumler weiter, ihr wissenschaftspolitisches Gewicht zu vergrößern. Im Vordergrund stand seit 1940 das Ziel, eine eigene Parteiuniversität zu schaffen: die Hohe Schule, die – in den Worten Baeumlers – benötigt wurde, «um die Wissenschaft, die an den Universitäten mit ihren erstarrten Überlieferungen weltanschaulich nicht vorankommt, in Bewegung zu setzen» und dadurch das angeblich «falsche Dogma einer Entgegensetzung von Nationalsozialismus und Wissenschaft durch die Tat aufzuheben».[418] Erste Vorüberlegungen zur Gründung der «Hohen Schule» lassen sich bereits um 1937 nachweisen. In ein entscheidendes Stadium trat das Projekt aber erst, nachdem Hitler im Januar 1940 einen ihm von Rosenberg vorgelegten Gründungserlass unterzeichnet hatte. Darin hieß es, die Hohe Schule solle «einst die zentrale Stätte der nationalsozialistischen Forschung, Lehre und Erziehung werden». Die Errichtung der Hohen Schule wurde auf die Zeit «nach dem Kriege» verschoben, gleichzeitig ordnete der Erlass aber an, die «begonnenen Vorarbeiten» weiterzuführen.[419]

Daraufhin erteilte Rosenberg im Oktober 1940 die Anweisung, mit dem Aufbau der Hohen Schule in Form von «Außenstellen» zu beginnen: «Die Außenstellen der Hohen Schule sind Forschungsinstitute, sie erhalten ihre Forschungsaufgaben von mir zugewiesen.»[420] Die Leitung der Vorbereitungsarbeiten wurde Alfred Baeumler übertragen.[421] Da die Dienststelle nicht über eigene Mittel zur Finanzierung dieser Außenstellen verfügte, war sie auf die Unterstützung des Reichsschatzmeisters der NSDAP und des Reichserziehungsministers angewiesen. Zwar zeigten beide nur wenig Interesse, Rosenbergs wissenschaftspolitische Ambitionen zu fördern.[422] Andererseits durfte Hitlers

Gründungserlass aber auch nicht ignoriert werden. Rosenberg konnte daher in seinem Bemühen, den Aufbau der Hohen Schule schon während des Krieges voranzutreiben, zumindest Teilerfolge verbuchen. Bis Anfang 1943 entstanden sechs Außenstellen:[423]

Institut zur Erforschung der Judenfrage (Frankfurt am Main),
Leiter: Wilhelm Grau.[424]
Institut für Religionswissenschaft (Halle/Saale),
Leiter: Wilhelm Brachmann.
Institut für Übersee- und Kolonialforschung (Hamburg),
Leiter: Adolf Rein.[425]
Institut für Indogermanische Geistesgeschichte (München),
Leiter: Richard Harder.[426]
Institut für Biologie und Rassenlehre (Stuttgart), Leiter: Walter Groß.
Institut für Deutsche Volkskunde (Berlin/Graz), Leiter: Karl Haiding.[427]

Bei einigen dieser Institute handelte es sich um reine Parteieinrichtungen. Dagegen waren die Außenstellen in Halle, Hamburg und München teilweise in die örtlichen Hochschulen eingebunden, weil ihre Leiter gleichzeitig reguläre Lehrstühle besetzten. Auf diese Weise konnte Rosenberg auch einen angesehenen Wissenschaftler wie den Altphilologen Richard Harder für seine Hohe Schule gewinnen. Obwohl die Stellen dieser Institutsleiter aus den Universitätsetats finanziert wurden, erwartete man in der Dienststelle Rosenberg, dass sie gegenüber der Hochschule «als Gefolgsmänner des Reichsleiters Rosenberg» auftraten.[428] Von einem «Einbruch» Rosenbergs in die Universitäten oder von ihrer «Aushöhlung» durch die Errichtung solcher Außenstellen[429] lässt sich dennoch kaum sprechen. Dafür war die Zahl der Institute zu gering, ihr Umfang zu bescheiden.[430]

Ein wirklicher «Einbruch» wäre Rosenberg indes gelungen, wenn er den Plan verwirklicht hätte, die Lehrstühle der ehemaligen Katholisch-Theologischen Fakultät München seinem Herrschaftsbereich einzuverleiben. Nachdem diese Fakultät 1939 aus politischen Gründen geschlossen worden war, stellte Rosenberg die Forderung, ihre acht Lehrstühle der Hohen Schule zur Verfügung zu stellen. Die Verhandlungen über sein Ansinnen zogen sich über viele Jahre hin. Selbst im März 1943 hatte Rosenberg die Hoffnung auf die Münchener

Lehrstühle noch nicht gänzlich aufgegeben.[431] Letztlich scheiterte er aber an der Vielzahl der Gegner, die sich seinen Plänen entgegenstellten. Nicht nur die Universität München, sondern auch der Leiter des Amtes Wissenschaft im REM, Rudolf Mentzel, und das Reichsfinanzministerium lehnten es ab, Rosenberg eine ganze Fakultät an einer der renommiertesten deutschen Universitäten zur Verfügung zu stellen.[432] Damit war auch dieser Versuch misslungen, sich im großen Stil an den Universitäten festzusetzen.

Weitere Außenstellen der Hohen Schule in Prag, Kiel, Tübingen, Leipzig, Dresden und Straßburg waren geplant, kamen aber offenkundig nicht über das Vorbereitungsstadium hinaus.[433] Außerdem vergab die Hohe Schule Forschungsaufträge und gründete «Forschungsstellen», beispielsweise die Forschungsstelle «Deutscher Bauernhof» oder das Institut für nationalsozialistische Volkspflege in Marburg. Eine Zentralbibliothek entstand während des Krieges in Kärnten. Sowohl die Zentralbibliothek als auch die Außenstelle Frankfurt verfügten über große Bibliotheken mit insgesamt etwa 400 000 Bänden – überwiegend Bücher, die von Rosenberg-Mitarbeitern überall im besetzten Europa von jüdischen Organisationen und Freimaurerlogen geraubt worden waren.[434]

Auf dem Höhepunkt ihrer Entwicklung verfügte die Hohe Schule Anfang 1943 über 272 Planstellen.[435] Angesichts der erheblichen Widerstände, mit denen Rosenberg in Staat und Partei zu rechnen hatte, war dies eine beachtliche Bilanz. Nach der Schlacht um Stalingrad kam der Aufbau der Hohen Schule jedoch zum Stillstand. Seit Februar 1943 musste Rosenberg auf Drängen der Parteikanzlei die Tätigkeit der Hohen Schule immer stärker einschränken. Wissenschaftliche Forschung konnte nur noch dann auf großzügige Förderung hoffen, wenn sie – mindestens potentiell – kriegswichtig war. Die von Rosenberg inspirierten Forschungen hatten indes nur ideologische, aber keine militärische Relevanz. Ebenso fatal wirkte sich für die Hohe Schule der zunehmende Machtverlust des Parteiideologen aus, der in der zweiten Hälfte des Krieges immer seltener zu Hitler vorgelassen wurde.[436] Und so wurde die Institution, die «einst die zentrale Stätte der nationalsozialistischen Forschung, Lehre und Erziehung» werden sollte, Schritt für Schritt demontiert. Bereits 1943 mussten 57 Mitarbeiter der Hohen Schule ihren Arbeitsplatz räumen, weitere 158 folgten im Laufe des Jahres 1944.[437] Übrig blieben nur jene Institutsleiter, die über einen Lehrstuhl verfügten, und einige wenige Mitarbeiter, welche die geraubten Bibliotheken, Archive und Sammlungen vor dem Verfall schützen sollten.

Am erfolgreichsten waren Rosenbergs Wissenschaftspolitiker dann, wenn es darum ging, die Pläne oder Karrieren anderer zu zerstören: Zu dieser negativen Erfolgsbilanz gehörte die erfolgreiche Torpedierung der wissenschaftspolitischen Pläne des NSDDB ebenso wie die Absetzung des Historikers Walter Frank als Präsident des Reichsinstituts für Geschichte des Neuen Deutschland.[438] Von den Hochschullehrern, die auf Initiative der Rosenberg-Leute aus den Universitäten vertrieben wurden, seien hier nur der Historiker Hermann Oncken und der Prähistoriker Gero von Merhart erwähnt.[439] Ansonsten aber war die Geschichte der Dienststelle Rosenberg in der Hochschulpolitik über weite Strecken eine Kette von gescheiterten Projekten und Niederlagen. Weder gelang es Rosenberg, die Leitung der Hochschulkommission zu übernehmen, noch erhielt er von Hitler das gewünschte Weisungsrecht für die Wissenschaft. Die Hohe Schule blieb ebenso im Planungsstadium stecken wie das Institut zur deutschen Vorgeschichte.

Spätestens seit 1943 wurde das Scheitern der Dienststelle auch denjenigen bewusst, die im Auftrag Rosenbergs versuchten, Wissenschaftspolitik zu betreiben. Im April 1943 beklagte der Leiter von Rosenbergs Hauptamt Wissenschaft die «unerträgliche Situation», immer «nur Forderungen erheben und in der Praxis nicht das Geringste für ihre Realisierung tun zu können».[440] Noch desillusionierter klingen die Aufzeichnungen, die Alfred Baeumler in der Endphase des Krieges verfasst hat. In einer Aktennotiz für Rosenberg machte Baeumler im April 1944 kein Hehl aus seiner Überzeugung, dass er die Wissenschaftspolitik der NSDAP für gescheitert hielt: Aus den Reihen der von der Partei geförderten Wissenschaftler seien «Werke, die den Stand der Forschung hätten verändern können, nicht hervorgegangen». Nach zehnjährigem Bemühen um eine nationalsozialistische

Wissenschaftspolitik kam der Leiter des Aufbauamtes der Hohen Schule zu der Einsicht, eine «parteiamtliche Wissenschaft» könne es gar nicht geben. Die Alternative, die Baeumler seinem Reichsleiter vorschlug, dürfte diesen erstaunt haben, bedeutete sie doch eine Rückkehr zum «liberalistischen» Wissenschaftsverständnis der Vergangenheit: «Die Forschung kann nur in der Luft der Freiheit wirkliche Fortschritte machen; jedes andere Prinzip führt zu einem scholastischen Betrieb, der immer wieder die gleichen Formeln wiederholt.»[441]

Der Einfluss der SS

In den wichtigsten Machtzentren nationalsozialistischer Hochschulpolitik war die SS nahezu omnipräsent. Sowohl im REM als auch im NSDDB und in der Reichsstudentenführung besetzten hochrangige SS-Offiziere einen Großteil der Führungspositionen. So gehörten alle drei Leiter des Amtes Wissenschaft im REM der SS an. Zwei von ihnen, Theodor Vahlen und Rudolf Mentzel, brachten es bis zum SS-Brigadeführer, während Otto Wacker, der bereits 1940 starb, den Rang eines SS-Oberführers erreichte. Andere leitende Beamte des Amtes Wissenschaft trugen ebenfalls die schwarze Uniform der SS, unter ihnen Max de Crinis, Karl August Eckhardt, Wilhelm Führer, Heinrich Harmjanz, Hans Huber, Werner Jansen, Eugen Mattiat und Konrad Meyer.[442] Ein ähnliches Bild bot sich im NSDDB, dessen Führungstrio ausschließlich aus SS-Angehörigen bestand: Neben Reichsdozentenführer Walter Schultze, der 1943 zum SS-Gruppenführer ernannt wurde, gehörten dazu der Leiter des Amtes Wissenschaft, SS-Sturmbannführer Gustav Borger, und der Stabsleiter SS-Obersturmführer Hermann Hiltner.[443] Auch unter den Dozentenbundführern der einzelnen Hochschulen waren zahlreiche SS-Angehörige.[444] Besonders enge Beziehungen zur SS unterhielt Reichsstudentenführer Gustav Adolf Scheel, der von 1935 bis 1939 hauptamtlich Leiter des SD-Oberabschnitts Süd-West war.[445] Nicht wenige unter seinen engeren Mitarbeitern – etwa Franz Alfred Six oder Eugen Steimle – nutzten den NSDStB als Sprungbrett für eine SS-Karriere.

Kaum vertreten war die SS dagegen in der Dienststelle Alfred Rosenbergs, der den Aufstieg der SS mit großem Misstrauen beobachtete und Himmlers Schwarze Garde als unliebsame Konkurrenz auf dem Feld der Kulturpolitik betrachtete.[446] In den internen Unterlagen von Rosenbergs Amt Wissenschaft finden sich denn auch bittere Klagen über den «SS-Ring im Dozentenbund, Studentenbund, Parteikanzlei und Erziehungsministerium».[447]

Bewirkte die Zugehörigkeit führender nationalsozialistischer Hochschulpolitiker zur SS also möglicherweise eine Vereinheitlichung der Hochschulpolitik? Wurden Institutionen wie das REM, der NSDDB oder die Reichsstudentenführung vielleicht sogar insgeheim von der SS dirigiert? Vermutungen dieser Art finden sich in der Literatur. Vor allem das Amt Wissenschaft im REM ist gelegentlich als «SS-Dependance» oder als «Ableger der Schutzstaffel» charakterisiert worden.[448] Tatsächlich gibt es in den Akten des REM aber nur wenige Hinweise auf direkte Interventionen oder gar auf Befehle seitens der SS.[4499] Ähnliches gilt für den NSDStB, obwohl Reichsstudentenführer Scheel hauptamtlicher SD-Führer war.[450] Wenn im Ministerium oder in der Reichsstudentenführung Entscheidungen von grundsätzlicher Bedeutung auf der Tagesordnung standen, war nicht die SS, sondern der Stab Heß, später die Parteikanzlei der wichtigste Ansprechpartner. Von einer Steuerung der Hochschulpolitik durch die SS lässt sich also nicht sprechen. Der Reichsführer SS interessierte sich stets nur für Teilaspekte der Wissenschaftspolitik. Neben dem strategischen Ziel, möglichst viele einflussreiche Positionen mit SS-Angehörigen zu besetzen, beschränkte sich Himmlers Engagement auf einige wenige Disziplinen, die ihm in weltanschaulicher Hinsicht besonders wichtig erschienen. Dazu gehörten vor allem die Vor- und Frühgeschichte – sein persönliches «Steckenpferd» (so Reinhard Heydrich)[451] – und die Volkskunde. Auch an abseitigen Themen wie der «Welteislehre» zeigte Himmler großes Interesse.[452] Unterhalb der zentralen Führungsebene verfügte in der SS niemand über die notwendige Durchsetzungskraft, um die hochschulpolitischen Aktivitäten der SS-Angehörigen zu koordinieren. Letztlich bot sich daher innerhalb der SS ein ähnliches Bild wie in der Gesamtpartei: Verschiedene SS-Ämter und SS-Angehörige betrieben unabhängig voneinander und manchmal auch gegeneinander ihre eigene Hochschulpolitik.

Tatsächlich milderte die SS-Zugehörigkeit zahlreicher nationalsozialistischer Hochschulpolitiker nicht einmal die erbitterten Konflikte zwischen den miteinander konkurrierenden Staats- und Parteistellen. Die Tatsache, dass das Amt Wissenschaft im REM von hochrangigen SS-Führern geleitet wurde, hat den SS-Gruppenführer und Reichsdozentenbundführer Walter Schultze nicht daran gehindert, sich bei zahlreichen Anlässen über die «Wissenschaftsarbeit» des REM zu beschweren.[453] Schultzes Gegnerschaft zu Walther Wüst, dem Kurator der SS-Forschungsgemeinschaft «Ahnenerbe», ist ebenfalls belegt.[454] Ein ähnliches Bild bot sich im Reichsforschungsrat. Hier kämpften 1944/45 der Leiter des Geschäftsführenden Beirates, SS-Brigadeführer Rudolf Mentzel, und der Leiter des Planungsamtes, SS-Hauptscharführer Werner Osenberg, gegeneinander.[455] Beide arbeiteten eng mit SS-Ämtern zusammen: Osenberg hatte gute Beziehungen zum SD, während Mentzel hauptsächlich die Verbindung zum «Ahnenerbe» pflegte. Ihrer Feindschaft tat dies freilich keinen Abbruch. Den letzten Beschwerdebrief über seinen Rivalen verfasste Osenberg noch im März 1945 – zu einer Zeit, als die Nationalsozialisten eigentlich ganz andere Sorgen hatten.[456] Derweil war man im SD damit beschäftigt, eine Schwarze Liste zusammenzustellen, auf der alle Wissenschaftspolitiker verzeichnet wurden, die nach den Vorstellungen des SD in Zukunft keinen Einfluss mehr auf die Wissenschaftspolitik ausüben sollten. Auf dieser Liste befanden sich neben Reichserziehungsminister Rust und Erich Schumann auch prominente SS-Angehörige wie Rudolf Mentzel oder Walther Wüst.[457]

Die Aktivitäten der SS waren also kaum dazu geeignet, die Hochschulpolitik des Regimes auf einen gemeinsamen Nenner zu bringen. Dennoch lässt sich die Mitgliedschaft vieler nationalsozialistischer Hochschulpolitiker in der SS nicht als bedeutungslos abtun. Allerdings wäre es falsch, diese Politiker als ausführende Organe der SS-Politik zu betrachten. Vielmehr begründete die SS-Mitgliedschaft ein Verhältnis auf Gegenseitigkeit.

Für Himmler und andere Größen der Schutzstaffel war die Präsenz einer Reihe von SS-Mitgliedern im REM in zweifacher Hinsicht von Vorteil: Zum einen konnte man in der SS davon ausgehen, dass gelegentliche Wünsche – etwa bei der Besetzung von Lehrstühlen – im Ministerium wohlwollend berücksichtigt werden würden.[458] Und zum anderen profitierte die SS von den materiellen Ressourcen, über die einige hochrangige SS-Offiziere im REM verfügten. Dies betraf insbesondere Rudolf Mentzel, der neben seiner Tätigkeit im Ministerium auch führende Positionen in der Forschungsförderung (DFG und Reichsforschungsrat) übernommen hatte. Mentzel hat seine SS-Kameraden auch keineswegs enttäuscht. Bereits 1935 schlug SS-Sturmbannführer Werner Best in einem Schreiben an Heydrich Mentzels Beförderung vor, weil dieser den SD «hinsichtlich der Finanzierung durch das Ministerium» in der «kameradschaftlichsten Weise» unterstütze.[459] Ähnlich entgegenkommend zeigte sich Mentzel, nachdem er 1936 zum Präsidenten der DFG ernannt worden war, auch gegenüber dem SS-«Ahnenerbe», das in der Anfangszeit ohne die finanzielle Unterstützung der DFG wohl nicht lebensfähig gewesen wäre.[460]

Aus der Sicht der im REM, im NSDDB oder im NSDStB tätigen SS-Offiziere hatte die Zugehörigkeit zur Schutzstaffel mehrere Vorteile. Sie konnten im Regelfall darauf vertrauen, dass Himmler ihre Karriere aus dem Hintergrund diskret fördern würde. Nachdem Mentzel 1942 die zentrale Leitungsposition im Reichsforschungsrat übernommen hatte, bedankte er sich umgehend beim Reichsführer SS, «daß ich … aufgrund Ihrer Fürsprache und Anregung durch den Reichsmarschall zum Leiter des Geschäftsführenden Beirats des neuen Reichsforschungsrats berufen worden bin».[461] Außerdem sorgte die SS-Mitgliedschaft für vielfältige Querverbindungen zu anderen Machtzentren des NS-Staates. Notfalls vermittelte die SS-Führung entsprechende Kontakte. Gerade im REM war dies angesichts der Passivität des Reichserziehungsministers ein wichtiger Gesichtspunkt. Als der damalige Leiter des Amtes Wissenschaft, Otto Wacker, 1937 eine Neuordnung des Berufungsverfahrens anstrebte und sich zu diesem Zweck um eine Verständigung mit dem Stab Heß und der Reichsdozentenführung bemühte, wandte er sich hilfesuchend an Himmler, der ihm den Kontakt zu Bormann vermittelte.[462] Auf diesem Wege kam dann tatsächlich innerhalb kurzer Zeit ein Übereinkommen zwischen Ministerium und Partei zustande. Freilich war die Unterstützung der SS-Führung keine Erfolgsgarantie. Als Wacker sich 1938/39 darum bemühte, größere Vollmachten für sein Amt zu erhalten, sorgten Himmler und Heydrich zwar erneut dafür, dass sein Anliegen dem «Führer» persönlich vorgetragen wurde. Da Hitler es aber strikt ablehnte, sich mit Wackers Vorschlägen zu befassen, verlief die Initiative im Sand.[463]

Schließlich konnte die SS mit ihrem ausgeprägten Korpsgeist bei regimeinternen Konflikten auch als eine Art Schutzschild dienen. Dies verdeutlicht der Fall des Volkskundlers Heinrich Harmjanz, der seit 1937 als Referent für die geisteswissenschaftlichen Disziplinen eine einflussreiche Position im REM innehatte.[464] Obwohl Harmjanz der NSDAP bereits seit 1930 angehörte, wurden seine volkskundlichen Arbeiten 1938 in einem «Leitfaden» der Dienststelle Rosenberg scharf angegriffen. Harmjanz schloss sich daraufhin dem «Ahnenerbe» an, dem er bislang mit unverhohlener Skepsis gegenübergestanden hatte, und erbat in einem Brief an den Reichsführer SS Schutz vor den Anfeindungen der Rosenberg-Mitarbeiter. Die erbetene Hilfe wurde unverzüglich gewährt. Himmler ließ nicht nur dem REM mitteilen, dass «gegen Professor Harmjanz keine Bedenken» vorlägen, sondern bat darüber hinaus in einem persönlichen Gespräch mit Rosenbergs Volkskunde-Referenten Matthes Ziegler, einem weiteren SS-Mitglied, um Mäßigung «im Fall Harmjanz». Daraufhin wurden die öffentlichen Angriffe gegen Harmjanz eingestellt.[465] Freilich konnten nicht alle SS-Angehörigen bei Konflikten mit Himmlers Unterstützung rechnen. Als Rosenberg 1938 den NSDDB attackierte und schließlich sogar versuchte, sich die Organisation zu unterwerfen, erhielt der Leiter des NSDDB, SS-Brigadeführer Walter Schultze, keinerlei Unterstützung. Vor einem Großkonflikt mit Rosenberg scheute Himmler offensichtlich zurück.

Innerhalb des SS-Imperiums haben sich vor allem zwei Ämter über einen längeren Zeitraum mit Hochschulpolitik befasst, der Sicherheitsdienst des Reichsführers SS (SD) und die SS-Forschungsgemeinschaft «Ahnenerbe».

Als die Nationalsozialisten 1933 die Macht übernahmen, war der 1931 gegründete SD noch ein eher unbedeutender Faktor.[466] Der von Reinhard Heydrich geleitete Nachrichtendienst sollte zum einen Material über die Aktivitäten gegnerischer Organisationen beschaffen und zum anderen Hitler und Himmler über innerparteiliche Probleme auf dem Laufenden halten. Schätzungen zufolge verfügte der SD zum Zeitpunkt der «Machtergreifung» nur über ein paar Dutzend Mitarbeiter.[467] Danach folgte eine Phase rascher Expansion, so dass der SD bei den Mordaktionen vom 30. Juni 1934 («Röhm-Putsch») bereits eine führende Rolle übernehmen konnte.[468]

Für Führungspositionen wurden bevorzugt junge Akademiker rekrutiert, mit Vorliebe Juristen, von denen viele in der völkischen und nationalsozialistischen Studentenbewegung der Weimarer Republik erste politische Erfahrungen gesammelt hatten – unter ihnen Werner Best, der einst zur Führung des Deutschen Hochschulrings gehört hatte, sowie die NSDStB-Funktionäre Gustav Adolf Scheel und Franz Alfred Six.[469] Aufgrund des hohen Anteils an Akademikern blieb der SD weitgehend frei von den sonst in Parteikreisen üblichen Ressentiments gegenüber «Intellektuellen». Auch war das Interesse an Fragen der Hochschul- und Wissenschaftspolitik im SD von Anfang an groß. Verstärkt wurde es durch die zweigleisige Karriereplanung vieler SD-Funktionäre, die parallel zu ihrer SS-Laufbahn eine Universitätskarriere anstrebten. Zu ihnen gehörte der Jurist Reinhard Höhn, der in den ersten Jahren nach der «Machtergreifung» das Kulturreferat im SD-Hauptamt leitete.[470] Obwohl Höhn sich erst 1933 der NSDAP und der SS angeschlossen hatte, machte er dort nach 1933 eine erstaunliche Karriere. 1935 übernahm er auch die Leitung der Zentralabteilung II 2 (Lebensgebiete) im SD-Hauptamt, deren Tätigkeit zu einer erheblichen Ausweitung der SD-Aktivitäten führte. Nicht mehr nur die Beschäftigung mit tatsächlichen oder vermeintlichen Gegnern des Regimes, sondern die Observation aller «Lebensgebiete» der deutschen Gesellschaft, soweit sie von politischer Relevanz waren, wurde nun zur Aufgabe des SD.

Den Hochschulen und der Hochschulpolitik wurde dabei schon früh große Aufmerksamkeit gewidmet. Wie Otto Ohlendorf, damals einer der Mitarbeiter Höhns, später berichtete, ergab sich dieser Schwerpunkt aus den persönlichen Neigungen Höhns, der seit 1934 an der Universität Heidelberg lehrte und ab 1935 das Institut für Staatsforschung an der Universität Berlin leitete: «Die natürlichen Interessen des Chefs [Höhn] waren praktisch der Inhalt des SD. Er war Staatswissenschaftler und Hochschullehrer, und so setzte die erste Arbeit des SD in der Hochschule bei den Staatswissenschaften ein.»[471] Ende 1933 war Höhn damit beschäftigt, an den Universitäten ein Netz von Verbindungsleuten aufzubauen, die den SD regelmäßig mit Stimmungsberichten, Gutachten oder Insider-Informationen zu versorgen hatten. Zu den «ehrenamtlichen Mitarbeitern», die dafür angeworben wurden, gehörten der Pädagoge Ernst Krieck, der Indogermanist Walther Wüst, der Mediziner Johann Duken, der Anatom Robert Wetzel und der Klassische Philologe Hans Drexler.[472] Neben gesinnungstüchtigen Professoren wurden auch Studierende als V-Leute eingesetzt. Walter Schellenberg beispielsweise, der spätere Chef des SD-Ausland, begann seine SS-Karriere 1934 als 24-jähriger Student, indem er für den SD Berichte über «fachliche, politische sowie personelle Zusammenhänge an den rheinischen Universitäten» schrieb.[473] An einigen Hochschulen – so in Freiburg – bildeten sich SD-Arbeitsgemeinschaften, die regelmäßige Zusammenkünfte abhielten.[474] Das Bemühen des SD, ein möglichst realistisches Bild der gesellschaftlichen Wirklichkeit zu erhalten, hatte zur Folge, dass bei solchen und ähnlichen Treffen mit einer für die damalige Zeit ungewöhnlichen Offenheit gesprochen wurde.[475]

Von Anfang an war der SD entschlossen, sich in der Hochschulpolitik nicht auf eine kontemplative Rolle zu beschränken. Höhn und seine Mitarbeiter wollten nicht nur Nachrichten sammeln, auswerten und weitergeben, sondern auch aktiv intervenieren. Schon bald stellte der SD seine Fähigkeit unter Beweis, die politische Karriere von hochrangigen Wissenschaftsfunktionären abrupt zu beenden. Der spektakulärste Fall dieser Art war die von Höhn und dem Rechtshistoriker Karl August Eckhardt[476] inszenierte Kampagne gegen den Staatsrechtler Carl Schmitt, die 1936 zu dessen politischer Entmachtung führte.[477]

Höhn und Eckhardt mussten freilich schon bald erfahren, dass die in der Kampagne gegen Schmitt angewandte Methode, einen Kollegen abzuschießen, indem man dessen politische Vergangenheit nach kompromittierenden Fakten durchsuchte, auch gegen sie selbst eingesetzt werden konnte. Das zeigte sich nur ein Jahr später, als die beiden SD-Juristen in einen Machtkampf mit dem nationalsozialistischen Historiker Walter Frank verwickelt waren und nun ihrerseits unter Beschuss gerieten. Wie Frank im Laufe dieses Konflikts nach ausführlichen Recherchen herausfand, war Höhn noch bis Anfang 1932 Mitglied des Jungdeutschen Ordens gewesen, hatte in dieser schillernden Organisation hohe Ämter bekleidet und in einem 1929 erschienenen Buch nicht nur die «verseuchende Hetze» des Antisemitismus abgelehnt, sondern auch Hitler selbst mit scharfen Worten kritisiert. Höhns Freund Eckhardt war zwar schon vor 1933 der Partei und der SS beigetreten, hatte aber, wie Frank feststellte, noch zwei Jahre nach der «Machtergreifung» einen außerordentlich warm gehaltenen Nachruf auf einen jüdischen Kollegen veröffentlicht. Obwohl Himmler und Heydrich sich hinter die beiden SD-Professoren stellten, konnte Walter Frank schließlich triumphieren. Mit Hilfe Julius Streichers gelang es ihm, das gesammelte Belastungsmaterial Hitler persönlich vorzulegen, der – im Mai 1937 – gegen Eckhardt und Höhn entschied. Beide blieben zwar in der SS und behielten auch ihre Professur, verloren aber ihren politischen Einfluss.[478]

Höhns Sturz war ein schwerer Rückschlag für die wissenschaftspolitischen Ambitionen des SD. Faktisch musste die Kulturabteilung des SD (II 21) seit 1937 neu aufgebaut werden. Diese Aufgabe übernahm Wilhelm Spengler, ein promovierter Germanist, der zuvor die Schrifttumsstelle des SD in Leipzig geleitet hatte.[479] Von September 1939 bis zum Kriegsende agierte Spengler, der seit 1933 der SS, seit 1937 der NSDAP angehörte, als einer von vier Gruppenleitern des Amtes III (SD-Inland) im neu gegründeten Reichssicherheitshauptamt.[480] Wie Höhn und Spengler waren auch ihre für die Wissenschaftspolitik zuständigen Mitarbeiter überwiegend Juristen oder Geisteswissenschaftler, unter ihnen der Jurist Justus Beyer, der Historiker Ernst Turowski und der Germanist Hans Rößner.[481] Wissenschaft und Hochschule wurden daher hauptsächlich unter dem Aspekt ihrer Politisierung betrachtet. Seit 1938 entstanden im SD-Hauptamt umfangreiche Studien zur Lage verschiedener geisteswissenschaftlicher Disziplinen. Darunter befanden sich Denkschriften und Dossiers zur Germanistik (1938), zur Geschichtswissenschaft (1938/39) und zur Philosophie (ca. 1941/42).[482]

Über regelmäßigen Einfluss auf die Hochschulpolitik verfügte der SD in mehreren Bereichen. Zum einen war der SD routinemäßig an allen Berufungsverfahren beteiligt. Beamtenstellen im Allgemeinen und Lehrstühle im Besonderen konnten nur besetzt werden, wenn der Stab Heß keine Einwände gegen die vom REM vorgeschlagenen Personen hatte.[483] Um dieses faktische Vetorecht nutzen zu können, waren Heß und Bormann jedoch auf Auskünfte von anderer Seite angewiesen. Zu den Parteistellen, die dafür routinemäßig eingesetzt wurden, gehörte auch der SD, in dessen Archiven sich bald riesige Mengen an Personalakten (P-Akten) anhäuften.[484] Eine zweite Möglichkeit, auf hochschulpolitische Entscheidungen einzuwirken, bildeten die geheimen Lageberichte des SD. Ab Dezember 1939 wurden diese Berichte unter dem Titel *Meldungen aus dem Reich* regelmäßig einem ausgewählten Kreis von Spitzenfunktionären zur Verfügung gestellt, um diese über alle politisch relevanten Entwicklungen auf dem Laufenden zu halten.[485] Die *Meldungen aus dem Reich* enthielten unter anderem auch relativ differenzierte Analysen der Strukturen und Probleme des Hochschulwesens aus nationalsozialistischer Sicht.

Freilich führte die regelmäßige Berichterstattung über Probleme nationalsozialistischer Hochschulpolitik nur selten zur Beseitigung dieser Probleme. Die Bestrebungen des SD, sich nicht mit der Rolle des Beobachters zu begnügen, sondern aktiv in die politische Entwicklung einzugreifen, blieben auch nach dem Sturz Höhns unverändert stark,[486] obwohl Spengler nie das politische Gewicht seines Vorgängers erreichte. Allerdings verlagerten sich die Schwerpunkte der Arbeit seit 1942/43 von den Geisteswissenschaften zu den «kriegswichtigen» Disziplinen, also zu den naturwissenschaftlichen und technischen Fächern.[487] Ausgangspunkt dieses Wandels war die Überzeugung, dass die Forschungskapazitäten der deutschen Hochschulen nur unzureichend für die Kriegsführung genutzt wurden. Hauptziel der Wissenschaftspolitik des SD war daher die Aktivierung der Forschung für die Zwecke des Krieges. Zu diesem Zweck entstand im Juni 1943 auf Initiative des SD innerhalb des Reichsforschungsrates ein Planungsamt, dessen Leitung Werner Osenberg übernahm, ein langjähriger Mitarbeiter des SD, der mit großer Energie das Ziel verfolgte, ungenutzte Forschungskapazitäten für die Kriegsführung auszuschöpfen und jene Naturwissenschaftler oder Techniker, die von der Wehrmacht eingezogen worden waren, an ihre Institute zurückzuholen.[488]

Das zweite wissenschaftspolitisch relevante SS-Amt war die 1935 gegründete SS-Forschungsgemeinschaft «Ahnenerbe». Sie entstand zunächst als eingetragener Verein, zu dessen Gründungsmitgliedern neben Heinrich Himmler der völkische Privatgelehrte Herman Wirth und der Reichsbauernführer Richard Walther Darré gehörten. Nachdem Wirth und Darré 1937/38 von Himmler ausgebootet worden waren, entwickelte sich das «Ahnenerbe» zu einem Bestandteil des SS-Imperiums und darüber hinaus auch zu einem persönlichen Instrument des Reichsführers SS. Himmler, der sich für Wünschelruten ebenso interessierte wie für das germanische Badewesen, versah das «Ahnenerbe» denn auch regelmäßig mit Forschungsaufträgen aller Art.

Parallel zum Aufstieg der SS innerhalb des NS-Staates vergrößerte sich auch das «Ahnenerbe» kontinuierlich. Von einem systematischen Aufbau der SS-Forschungsgemeinschaft lässt sich freilich nicht sprechen. Vielmehr präsentierte sich das «Ahnenerbe» als ein Kaleidoskop der unterschiedlichsten Disziplinen und Themen, in dem völkische Laienforscher ebenso ihren Platz fanden wie karrierebewusste SS-Akademiker, aber auch anerkannte Wissenschaftler wie der Prähistoriker Herbert Jankuhn.[489]

Bis 1939 standen, ähnlich wie im SD, die Geisteswissenschaften im Vordergrund, hauptsächlich die Vor- und Frühgeschichte sowie die Volkskunde.[490] Himmlers Interessenschwerpunkte waren also weitgehend identisch mit den von Rosenberg bevorzugten Themenbereichen. Diese Konstellation förderte jedoch keineswegs die Bereitschaft zur Zusammenarbeit, sondern sorgte im Gegenteil für eine erbitterte

Rivalität. Zwar bemühte Himmler sich, direkten Auseinandersetzungen mit Rosenberg aus dem Weg zu gehen. Intern wurde das Ziel, Rosenberg beiseitezudrängen, um selbst zur Zentrale nationalsozialistischer Forschung zu werden, im «Ahnenerbe» aber nie aus den Augen verloren.[491] Unter den Wissenschaftlern, die von dieser Rivalität betroffen waren, vor allem also unter Prähistorikern und Volkskundlern, hatte Himmlers SS den Ruf, weniger doktrinär zu sein als die Konkurrenz aus dem Hause Rosenberg.[492] Viele Prähistoriker, die zunächst in den Einflussbereich des Rosenberg-Lagers geraten waren, wanderten deshalb im Laufe der Zeit zum «Ahnenerbe» ab.

In den Kriegsjahren bemühte sich das «Ahnenerbe» um neue Tätigkeitsbereiche. Während die geisteswissenschaftlichen Forschungsstätten nur noch mit reduziertem Einsatz arbeiteten, entwickelten sich zwei neue Schwerpunkte, die in einem direkten Zusammenhang mit dem Krieg standen: der «Germanische Wissenschaftseinsatz» und das Institut für Wehrwissenschaftliche Zweckforschung.[493] Der von Hans Ernst Schneider[494] geleitete «Germanische Wissenschaftseinsatz» sollte in Ländern wie Norwegen oder den Niederlanden für eine «Wiederbelebung des germanischen Volks- und Kulturbewußtseins» sorgen. Im Wesentlichen ist dieses Konzept gescheitert, weil unter den angesprochenen Wissenschaftlern und Akademikern nur wenige zur Kollaboration mit der SS bereit waren.[495] Das Institut für Wehrwissenschaftliche Zweckforschung erlangte nach 1945 traurige Berühmtheit, als bekannt wurde, dass verschiedene Mitarbeiter dieses Instituts Experimente an KZ-Häftlingen durchgeführt hatten, bei denen der Tod der Versuchspersonen teilweise schon im Voraus einkalkuliert worden war. Diesen Versuchen, die von «Ahnenerbe»-Mitarbeitern wie Sigmund Rascher und August Hirt durchgeführt wurden, sind Hunderte von Menschen zum Opfer gefallen.[496]

Bei Kriegsende zählte das «Ahnenerbe» mehr als 40 Abteilungen und 289 Mitarbeiter (einschließlich des Büropersonals), von denen ein Teil allerdings an der Front stand.[497] Dem Vergleich mit Alfred Rosenbergs Hoher Schule konnte das «Ahnenerbe» mühelos standhalten, zumal es von kriegsbedingten Einschränkungen weniger betroffen war als die Konkurrenz. Im Gegensatz zur Hohen Schule profitierte

Himmlers Forschungsgemeinschaft von den guten Kontakten zum Leiter des Amtes Wissenschaft im REM, Rudolf Mentzel. Mit Mentzels Hilfe konnte das «Ahnenerbe» Einfluss auch auf die Forschungsfinanzierung gewinnen: 1943 wurde der Reichsgeschäftsführer des «Ahnenerbe», Wolfram Sievers, zum stellvertretenden Leiter des Geschäftsführenden Beirates im Reichsforschungsrat ernannt.

Alles in allem hatte sich das «Ahnenerbe» im Laufe der Jahre zu einem unübersehbaren wissenschaftspolitischen Faktor entwickelt. Gleichwohl blieb der Einfluss auf die Universitäten insgesamt gering. Zwar wollte das «Ahnenerbe» auf die Aura wissenschaftlicher Respektabilität nicht verzichten und bemühte sich darum, an den Universitäten Fuß zu fassen. Doch letztlich blieben die Prähistorie und die Volkskunde die einzigen wissenschaftlichen Disziplinen, deren Entwicklung das «Ahnenerbe» maßgeblich mitgestalten konnte.[498] Seit 1941 wurde die SS-Forschungsgemeinschaft sogar an der Besetzung prähistorischer Lehrstühle beteiligt.[499]

Allen mit Hochschule und Wissenschaft beschäftigten SS-Ämtern war gemeinsam, dass sie ihre akademisch ausgebildeten Mitarbeiter anhielten, sich durch Promotion und Habilitation wissenschaftlich zu qualifizieren.[500] Dadurch sollte mittelfristig die Voraussetzung dafür geschaffen werden, möglichst viele Lehrstühle mit SS-Mitgliedern zu besetzen. Thematisch bewegten sich diese Arbeiten meist im Rahmen der vom SD betriebenen «Gegnerforschung». So habilitierte sich der Historiker und NSDStB-Funktionär Arnold Brügmann 1937 in Jena mit einer Arbeit über die «Grundlagen der katholischen Politik im ausgehenden 19. Jahrhundert». Sein SD-Kamerad Hermann Greife legte 1938 der Universität Königsberg eine Habilitationsschrift über «Die Klassenkampfpolitik der Sowjetregierung» vor, während SS-Obersturmführer Adolf Roßberg sich mit einer Studie über die Geschichte der Freimaurer habilitieren konnte.[501]

Diese Strategie war jedoch nur zum Teil erfolgreich. Für eine Reihe von SS-Führern erwies sich die Habilitation, über die auch nach 1933 weitgehend von den Fakultäten entschieden wurde, als unüberwindbare Hürde. So scheiterte das Habilitationsgesuch des Biologen Walter Greite 1940/41 sowohl in München als auch in Jena, obwohl der

SS-Hauptsturmführer als Führer der Deutschen Dozentenschaft, als Abteilungsleiter im «Ahnenerbe» und als DFG-Referent eine Reihe wissenschaftspolitischer Führungspositionen innegehabt hatte.[502] Eine Enttäuschung erlebte auch der SD-Mitarbeiter Rudolf Levin, als er sich 1944 an der Universität München habilitieren wollte. Seine Arbeit, die ein Gutachter als reine «Materialsammlung» charakterisierte, wurde von der Philosophischen Fakultät abgelehnt.[503] Selbst Joseph Otto Plassmann, der vielleicht produktivste Autor des «Ahnenerbe», konnte sich erst im vierten Anlauf (1943 in Tübingen) habilitieren, nachdem frühere Versuche in Münster, München und Königsberg misslungen waren.[504] In solchen Fällen wirkte die Aufrechterhaltung traditioneller akademischer Qualitätsstandards als Schranke, die eine Übernahme der Universitäten durch den SS-Nachwuchs erschwerte.

Wie stark war die SS unter den Universitätsangehörigen vertreten? Für die Studierenden liegt eine interne Statistik der Reichsstudentenführung vor. Demnach waren im Wintersemester 1937/38 an den Universitäten 6,8 Prozent der Studenten SS-Mitglieder.[505] Für den Lehrkörper existieren keine Gesamtzahlen, wohl aber Angaben für einzelne Universitäten oder Fächer. In Hamburg hatten sich von insgesamt 432 nichtjüdischen Hochschullehrern 21 der SS angeschlossen (4,9 Prozent), darunter 16 Mediziner.[506] An der Universität Gießen gehörten 17 von 259 Professoren der SS an (6,6 Prozent). Auch hier waren Angehörige der Medizinischen Fakultät unter den SS-Mitgliedern auffallend häufig vertreten (12 von 17), ebenso wie an der Universität Heidelberg.[507] Wenn die Ergebnisse dieser Einzelstudien repräsentativ sind, gehörten im «Altreich» etwa 5 bis 7 Prozent des Lehrkörpers der deutschen Universitäten der SS an. In diesem Rahmen bewegen sich auch die Ergebnisse disziplingeschichtlicher Studien über die SS-Mitgliedschaft von Biologen (5,6 Prozent SS-Mitglieder) und Chemikern (7,2 Prozent).[508]

Es gab jedoch einzelne Fakultäten und Universitäten, an denen SS-Angehörige deutlich stärker präsent waren. Das trifft beispielsweise auf die Auslandswissenschaftliche Fakultät der Berliner Universität zu, die 1940 unter maßgeblicher Beteiligung des SD und gegen das Votum der Universitätsführung ins Leben gerufen worden war.[509] Überproportional groß war der SS-Einfluss auch an jenen Universitäten, die seit 1939 in den deutschen Herrschaftsbereich gerieten (Prag) oder unter deutscher Ägide neu gegründet wurden (Posen, Straßburg). An der Reichsuniversität Straßburg zählten 14 Prozent der Professoren zur SS.[5100] Und an der Deutschen Universität Prag, die seit 1940 unter tatkräftiger Beihilfe Reinhard Heydrichs nazifiziert wurde, stellten SS-Mitglieder mehr als 12 Prozent des Lehrkörpers und einen Großteil des Führungspersonals. 1942/43 plante Himmler bereits die Umwandlung dieser Hochschule in eine SS-Universität beziehungsweise in eine «Ahnenerbe-Universität».[511] Hier zeichnete sich die Herausbildung einer zweiten Parteiuniversität (neben Rosenbergs Hoher Schule) ab, die bei längerer Dauer des NS-Regimes die Nazifizierung des deutschen Universitätssystems weiter vorangetrieben hätte.

4. Die Universität im Kraftfeld der Politik

Das Führerprinzip und seine Folgen

Zu den zentralen innenpolitischen Zielen des Nationalsozialismus gehörte die Beseitigung demokratischer Strukturen. An den Universitäten begann diese Umstellung bereits im Sommer 1933. Als Vorreiter agierte das badische Kultusministerium, das am 21. August erstmals neue Verfassungen für die Universitäten Freiburg und Heidelberg vorlegte. Ihr Kernpunkt war die Einführung des Führerprinzips. Künftiger «Führer der Hochschule» sollte der Rektor sein, der nicht mehr von seinen Kollegen gewählt, sondern vom Kultusminister ernannt wurde. Der Universitätssenat wurde zur «beratenden Körperschaft» degradiert, die nicht mehr das Recht hatte, Beschlüsse zu fällen. Der Rektor ernannte fortan die Dekane, denen in allen Fakultätsangelegenheiten «das alleinige Entscheidungsrecht» zufiel. Der Dekan war allein dem Rektor verantwortlich, sollte aber «in wichtigen Angelegenheiten» die Ansicht der übrigen Fakultätsmitglieder einholen.[1]

In den folgenden Monaten zogen die anderen Länder mit eigenen Hochschulverfassungen nach und folgten dabei im Wesentlichen dem badischen Exempel: Führerprinzip, Abschaffung von Wahlen, Ernennung des Rektors durch das Ministerium und Einsetzung der Dekane durch den Rektor. Im Detail gab es aber auch einige Abweichungen. Während die badischen Verfassungen den Fakultäten ausdrücklich nicht das Recht einräumten, Beschlüsse zu fassen, war diese Möglichkeit in Bayern durchaus gegeben. Allerdings konnte der Dekan gegen Beschlüsse der Fakultät Einspruch erheben. Im Konfliktfall entschied der Rektor.[2] Auch die für Preußen gültigen «vorläufigen Maßnahmen zur Vereinfachung der Hochschulverwaltung» handhabten die Umsetzung des Führerprinzips weniger rigide als das badische Kultusministerium. Zwar erfolgte die Ernennung des Rektors auch hier durch den Minister. Den Hochschulen wurde aber (ähnlich wie in Hamburg) das Recht eingeräumt, dem Ministerium «drei geeignete Persönlichkeiten» vorzuschlagen. Die Ernennung der Dekane durch den Rektor erfolgte in Preußen ebenfalls «aufgrund eines Dreier-Vorschlags der Fakultäten».[3]

Solche Unterschiede zwischen den Ländern verloren an Bedeutung, nachdem das neu gegründete Reichserziehungsministerium (REM) die Federführung in der Hochschulpolitik übernommen hatte. Im April 1935 veröffentlichte das REM Richtlinien zur Vereinheitlichung der Hochschulverwaltung, die bis zum Ende der nationalsozialistischen Diktatur fast unverändert in Kraft blieben. Die Richtlinien betonten, ebenso wie schon die Hochschulverfassungen der Länder, die Führerrolle von Rektor und Dekanen, denen der Universitätssenat und die engeren Fakultäten (die «Fakultätsausschüsse») lediglich «beratend zur Seite» stehen sollten. Ferner unterstellten die Richtlinien die Leiter der «Dozentenschaft» und der «Studentenschaft» dem Rektor. Dieser wiederum war allein dem Reichserziehungsminister verantwortlich.

Die Zusammensetzung des Universitätssenats, die in den einzelnen Ländern zunächst sehr unterschiedlich geregelt war, wurde durch die Richtlinien vereinheitlicht. Seit 1935 gehörten dem Senat nicht nur die Dekane und der Prorektor an, sondern auch die Leiter der «Dozentenschaft» und der «Studentenschaft», außerdem zwei vom Rektor zu berufende Dozenten, darunter ein Vertreter des NS-Dozentenbundes (NSDDB). Erstmals war damit ein Student beziehungsweise ein Studentenfunktionär ständiges Senatsmitglied. Der engeren Fakultät (dem «Fakultätsausschuss») gehörten wie bisher alle Ordinarien an, außerdem zwei vom Leiter der «Dozentenschaft» zu benennende nichtbeamtete Hochschullehrer. Neu war, dass nunmehr auch sämtliche beamteten außerordentlichen Professoren automatisch Mitglieder des Fakultätsausschusses waren.[4] Vertreter der Studierenden sollten dagegen nur dann zu Fakultätssitzungen hinzugezogen werden, wenn «studentische Belange» auf der Tagesordnung standen.[5]

Die knapp gehaltenen Richtlinien ließen zahlreiche Fragen offen. Offensichtlich wollte das REM sich nicht durch präzise Festlegungen in seinen Handlungsmöglichkeiten einschränken. Unklar blieb beispielsweise, ob Rektorat und Dekanat weiterhin ausschließlich den Ordinarien vorbehalten bleiben sollten. Auch über die Amtsdauer des Rektors und über die Beteiligung der Hochschulen bei der Auswahl der Rektoren machten die Richtlinien keine Aussagen. In der Praxis hielt das REM allerdings an der Regel fest, das Amt des Rektors ausschließlich den Ordinarien vorzubehalten. Sofern bei der Rektorsuche kein politisch akzeptabler Ordinarius gefunden werden konnte, blieb immer noch der Ausweg, einen Nichtordinarius zum Rektor zu ernennen und ihm gleichzeitig einen Lehrstuhl zu verschaffen. Mit Blitzkarrieren dieser Art wurden unter anderem der Berliner Regionalhistoriker Willy Hoppe, der Würzburger Chirurg Ernst Seifert und der Hallenser Prähistoriker Hans Hahne ins Rektorat gehievt.[6]

Bis 1933 war die Amtszeit der Rektoren grundsätzlich auf ein Jahr beschränkt gewesen. Das REM brach mit dieser Tradition und verzichtete darauf, Rektoren, die sich aus Sicht des Ministeriums bewährt hatten, abzuberufen. Erst im März 1938 entschloss sich das Ministerium, die Dauer des Rektorats grundsätzlich auf mindestens zwei bis höchstens drei Jahre festzusetzen.[7] Faktisch wurde dieser Erlass aber schon im November 1939, kurz nach Beginn des Zweiten Weltkriegs, wieder zurückgenommen.[8] In der Konsequenz konnte eine beträchtliche Zahl der im Dritten Reich installierten Rektoren ihr Amt über viele Jahre hinweg ausüben. So war der Geologe Johannes Weigelt mehr als acht Jahre lang Rektor in Halle, der Historiker Walter Platzhoff amtierte sogar ein Jahrzehnt als Rektor der Universität Frankfurt.[9]

Auch die Frage, inwieweit die Universitäten an der Ernennung der Rektoren beteiligt werden sollten, wurde nie verbindlich geklärt. In der Gründungsphase des Ministeriums hatte das REM zunächst versucht, den Lehrkörper in den Nominierungsprozess einzubeziehen. 1935 waren sämtliche Hochschullehrer aller Universitäten und Technischen Hochschulen aufgefordert worden, schriftliche, mit vollem Namen unterzeichnete Vorschläge für die Wiederbesetzung der Rektorate zu machen.[10] Da dieses Vorgehen manche Professoren offenbar an vergangene demokratische Zeiten erinnerte, fühlte sich das Ministerium verpflichtet, in einem eilends nachgeschobenen Erlass darauf hinzuweisen, dass der «Rektorvorschlag», wie die Prozedur offiziell genannt wurde, keineswegs eine Wahl sei: «Die abgegebenen Voten werden nicht gezählt sondern gewogen.»[11] Von einer demokratischen Wahl konnte in der Tat nicht die Rede sein. Weder war der «Rektorvorschlag» geheim, noch fühlte sich das REM an die abgegebenen Voten gebunden. An der Berliner Universität hatte Wilhelm Horn die meisten Stimmen erhalten – ein Anglist, der im Ruf stand, dem Regime distanziert gegenüberzustehen. Zum Rektor ernannte das REM indes einen strammen Nationalsozialisten, den Tiermediziner Wilhelm Krüger, der als «vierbeiniger Rektor» (er war Spezialist für Pferdekrankheiten) in die Berliner Universitätsgeschichte eingegangen ist.[12] An der Universität Jena votierte die große Mehrheit der Hochschullehrer für den bisherigen Rektor, den Physiker Abraham Esau. Das REM entschied sich jedoch auf Wunsch des thüringischen Volksbildungsministers für den Theologen Wolf Meyer-Erlach, einen treuen Gefolgsmann Hitlers ohne wissenschaftliche Meriten, der lediglich acht Stimmen erhalten hatte.[13] Auch in Greifswald, Königsberg, Erlangen, Tübingen und Leipzig überging das Ministerium die Voten des Lehrkörpers zugunsten anderer Kandidaten.[14] Das sorgte selbst bei Hochschullehrern, die dem Regime nahestanden, für Unmut.[15]

Solche Diskrepanzen trugen vermutlich dazu bei, dass der «Rektorvorschlag» von 1935 ein einmaliges Ereignis blieb. Stattdessen dominierte in den folgenden Jahren die Regellosigkeit. Oft wurden scheidende Rektoren aufgefordert, potenzielle Nachfolger zu benennen. In anderen Fällen bat das Ministerium den akademischen Senat um Vorschläge. Gelegentlich wurde das Rektorat aber auch ohne jede Mitwirkung der Universität neu besetzt – so 1936 bei der Ernennung des Freiburger Rektors Friedrich Metz.[16] Auch anderswo – in Breslau, Marburg, Köln, Prag – erfolgte die Neubesetzung der Rektorate mitunter ohne Beteiligung der Universitäten.[17]

Während die Position der Rektoren im NS-Staat hochschulpolitisch aufgewertet wurde, verloren die Universitätssenate, die seit 1933/34 nur noch beratend tätig sein durften, erheblich an Bedeutung. Welche Relevanz ihnen in der Praxis noch zukam, hing weitgehend von der

Person des Rektors ab, der darüber entschied, ob und wann der Senat zusammentreten sollte. Viele Rektoren hielten den Universitätssenat offenkundig für entbehrlich. In Tübingen tagte der Universitätssenat 1937 zum letzten Mal und hörte danach auf zu existieren.[18] Der Hamburger Historiker Adolf Rein berief den Universitätssenat in seiner vierjährigen Amtszeit als Rektor nur zweimal ein.[19] Zudem ließ das Führerprinzip Raum für neue informelle Gremien, die den Senat in der Praxis weitgehend ersetzten. So gründete der Chemiker Karl Lothar Wolf (1933/34 Rektor in Kiel) einen «engeren beratenden Mitarbeiterstab» und erklärte gleichzeitig, Senatssitzungen würden künftig «auf ein Mindestmaß eingeschränkt».[20] In Heidelberg schuf der Jurist Wilhelm Groh (1933 bis 1937 Rektor) einen Führerstab, der nur aus seinen engsten Vertrauten, allesamt aktive Nationalsozialisten, bestand.[21] Auch in Breslau entschied sich Rektor Gustav Adolf Walz für die Gründung eines Führerrates, dem sein Stellvertreter, die Dekane und der Führer der «Dozentenschaft» angehörten. In der Praxis ersetzte dieser Führerrat den Senat, den Walz für «schwerfällig» und letztlich «überflüssig» hielt.[22]

Die engeren Fakultäten waren ebenfalls von der Durchsetzung des Führerprinzips betroffen, weil sie wie der Senat zu einem reinen Beratungsgremium degradiert wurden, das keine Beschlüsse mehr fassen durfte. Zudem wurden die Dekane als Führer der Fakultäten nicht mehr von ihren Kollegen gewählt, sondern von oben ernannt. Wie schon in der Weimarer Republik blieb das Dekanat auch in der NS-Zeit den Ordinarien vorbehalten.[23] Gemäß den Richtlinien von 1935 sollten die Dekane «auf Vorschlag des Rektors» vom Reichserziehungsminister ernannt werden.[24] Häufig modifizierte das REM allerdings die Kandidatenliste des Rektors, indem es Alternativvorschläge des Leiters der «Dozentenschaft» aufgriff.[25] Daraus resultierten nicht selten längere Auseinandersetzungen zwischen Rektor und Ministerium.[26] Rektoren wie der Jurist Georg Dahm oder der NS-Pädagoge Ernst Krieck äußerten intern oder sogar öffentlich ihren Unmut über diese Regelung, weil sie unvermeidlich die Autorität des Rektors schmälerte, der doch gerade erst zum Führer der Hochschule ernannt worden war.[27] 1936 lenkte das REM schließlich ein und ermächtigte den Rektor, die Dekane im Namen des Ministers selbst zu ernennen.[28]

Die Richtlinien zur Vereinheitlichung der Hochschulverwaltung von 1935 waren ein Versuch, neue zentralistische Entscheidungsstrukturen zu schaffen, die dem REM in allen wesentlichen Fragen eine Vorrangstellung sichern sollten. Allerdings hatte diese Konstruktion einen entscheidenden Webfehler: Sie ließ die NSDAP, ihre Gliederungen und ihre lokalen Repräsentanten, völlig unberücksichtigt. In seiner Anfangszeit hatte das Ministerium wohl tatsächlich gehofft, die Hochschulpolitik in Eigenregie dirigieren zu können. Diese Annahme erwies sich rasch als Illusion. Tatsächlich war die Partei schon bald an allen wesentlichen hochschulpolitischen Entscheidungsprozessen beteiligt.

Vor Ort, an den einzelnen Hochschulen, hatte das REM 1935 zunächst zwar die Position des Rektors gestärkt, indem es ihm die Leiter der «Dozentenschaft» und der «Studentenschaft» unterstellte. Beide waren staatliche Einrichtungen. Eine Unterordnung der Funktionäre des NS-Dozentenbundes (NSDDB) und des NS-Studentenbundes (NSDStB) unter den Rektor lag dagegen außerhalb der Kompetenzen des REM. Dafür hätte es einer Übereinkunft mit dem Stab Heß oder einer Entscheidung Hitlers bedurft. Beides war unrealistisch. Der Stab Heß, stets bemüht, den Einfluss der Partei zu Lasten des Staates auszubauen, hätte niemals der Unterordnung einer Parteigliederung unter den Rektor zugestimmt, und Hitler interessierte sich nicht für Fragen der Hochschulpolitik.

Um die Vielzahl der hochschulpolitischen Akteure und das damit verbundene Konfliktpotential zu reduzieren, beschlossen das REM und der NSDDB im April 1936, die Ämter des Dozentenbundführers und des Leiters der «Dozentenschaft» in Personalunion zu vereinigen. Das geschah – von wenigen Ausnahmen (Kiel, Königsberg) abgesehen[29] – an fast allen Universitäten. Wenige Monate später einigten sich das REM und die zuständigen Parteistellen außerdem darauf, an den Hochschulen auch die Ämter des Leiters der «Studentenschaft» und des NSDStB-Hochschulgruppenführers zusammenzulegen. Gleichzeitig übertrug das REM dem neuen Reichsstudentenführer Gustav

Adolf Scheel das Recht, künftig auch die Leiter der örtlichen «Studentenschaften» zu ernennen und abzuberufen.[30]

Damit war die Unterstellung der Leiter von «Dozentenschaft» und «Studentenschaft» unter den Rektor faktisch wieder aufgehoben. Im August 1937 erklärte das REM gegenüber dem badischen Kultusministerium, «daß eine völlig unabhängige Führerstellung dem Rektor nur für diejenigen Bereiche zuerkannt werden kann, die in den staatlichen Sektor fallen. Soweit daher der Dozentenschaftsleiter gleichzeitig Dozentenbundsführer und der Studentenschaftsleiter gleichzeitig Führer der ... studentischen Parteiorganisation ist, kann eine Unterstellung unter dem Rektor nicht stattfinden. Insoweit ist dieser vielmehr ... auf das Einvernehmen mit der zuständigen Parteistelle angewiesen.»[31]

Diese Konstellation blieb auch in den folgenden Jahren unverändert. Dadurch waren die Rektoren an allen Hochschulen mit den lokalen und regionalen Repräsentanten des NSDDB und des NSDStB konfrontiert, die sich gern als eine Art ideologischer Wachhund gebärdeten. Nicht selten entstand auf diese Weise eine «Doppelregierung», wie der Marburger Rektor Leopold Zimmerl 1937 auf einer Rektorenkonferenz klagte. Zimmerl berichtete aufgrund eigener Erfahrungen, «dass sich um den Dozentenbundführer eine Reihe von jungen Assistenten und Dozenten schart, die vielleicht ihren Mangel an Fähigkeit durch besonderen Eifer gegenüber dem Dozentenbundsführer wettmachen wollen *(Beifall)* und nun eine Oppositionsgruppe innerhalb der Hochschule darstellen».[32]

Aus diesem Spannungsverhältnis entwickelten sich an allen Hochschulen Konflikte zwischen dem Rektor auf der einen und den Vertretern von NSDDB oder NSDStB auf der anderen Seite. Häufig endeten sie mit der Absetzung oder dem Rücktritt des Rektors. So musste der Zahnmediziner Johannes Reinmöller 1937 das Würzburger Rektorat nach einer Auseinandersetzung mit dem NSDStB niederlegen, weil seine öffentliche Kritik am Verhalten der studentischen Funktionäre von Gauleiter Otto Hellmuth als Angriff auf eine Parteigliederung interpretiert wurde.[33] Auch der Hamburger Historiker Adolf Rein sah sich während seines Rektorats immer wieder mit Angriffen des

NSDDB und des NSDStB konfrontiert. Im Gegensatz zu Reinmöller erhielt Rein allerdings Rückendeckung durch Gauleiter Karl Kaufmann, der Reins Widersacher in ihre Schranken wies.[34] Nur durch Kaufmanns Unterstützung konnte der Historiker sich vier Jahre lang im Rektorat halten.

Jene Rektoren, die Ernst machen wollten mit dem Anspruch, Führer ihrer Universität zu sein, hatten oft die größten Probleme. Ein Paradebeispiel war der Geograph Friedrich Metz, der von 1936 bis 1938 als Rektor der Universität Freiburg amtierte. Metz war als überzeugter Nationalsozialist nach Freiburg berufen worden, der für seine politischen Überzeugungen in der Vergangenheit Opfer gebracht hatte. Während seines Rektorats erwies er sich aber auch als unabhängiger Kopf, der keiner Auseinandersetzung aus dem Wege ging. Ein erster Konflikt entzündete sich an der aggressiven Politik des Freiburger NSDStB gegenüber katholischen Professoren oder Studierenden, die von den studentischen Funktionären immer wieder geschmäht und diskriminiert wurden. Metz tolerierte dieses Verhalten nicht; für ihn gehörten auch praktizierende Katholiken zur «Volksgemeinschaft». Die Sympathien des NSDDB verscherzte Metz sich durch sein «autokratisches Gebaren» – so Reichsdozentenführer Walter Schultze. Dieses äußerte sich vor allem darin, dass er die NSDDB-Funktionäre für entbehrlich hielt: «Was brauchen wir einen Dozentenführer, ich als der Rektor bin der Dozentenführer», soll Metz geäußert haben, wie Schultze dem REM voller Empörung mitteilte.[35] Da auch der badische Gauleiter Robert Wagner gegen Metz Stellung bezog, war dessen Ablösung als Rektor unabwendbar. Obwohl der Freiburger Universitätssenat für eine Verlängerung seiner Amtszeit eintrat, wurde der Geograph im März 1938 vom Rektorat entbunden.[36] Hier wie auch in anderen ähnlich gelagerten Fällen agierte der zuständige Gauleiter gleichsam als Schiedsrichter, dem die finale Entscheidung über den Ausgang des Konfliktes zufiel.

Reibereien dieser Art ließen sich am ehesten vermeiden, wenn der Rektor gleichzeitig auch als Dozentenführer oder Gaudozentenführer ein hohes Amt im NSDDB ausübte. Dies geschah aber nur in Ausnahmefällen. Von den 25 Professoren, die im November 1938 im

Reichsgebiet (einschließlich Österreich) das Amt des Universitätsrektors ausfüllten, waren lediglich 3 gleichzeitig Dozentenführer oder Gaudozentenführer.[37] Insbesondere Reichsdozentenführer Schultze, der Leiter des NSDDB, lehnte diese Art der Personalunion grundsätzlich ab.[38] Vermutlich fürchtete Schultze, der Dozentenbund werde seine Daseinsberechtigung verlieren, sobald er nicht mehr als politische Kontrollinstanz der staatlichen Institutionen fungierte. Wenn dennoch einzelne Rektoren immer wieder zeitgleich Führungspositionen im NSDDB übernahmen, lag dies vor allem daran, dass die Zahl der Ordinarien, die für hochschulpolitische Führungsaufgaben infrage kamen, an den meisten Universitäten eher klein war.

Auch bei der Ernennung von Rektoren ließ die Partei sich nicht ausschalten. 1935 hatte das REM die Bemühungen Wilhelm Murrs, des Gauleiters von Württemberg-Hohenzollern, an der Einsetzung von Rektoren beteiligt zu werden, noch abgewehrt. Aber schon im Mai 1936 erhielt Murr die Zusicherung, in Zukunft werde bei der Ernennung württembergischer Rektoren seine «Stellungnahme» eingeholt werden.[39] Im Februar 1937 waren es bereits drei Parteistellen, die vor der Ernennung eines neuen Rektors routinemäßig «angehört» werden mussten: der zuständige Gauleiter, der Reichsdozentenführer und die Reichsstudentenführung.[40] 1941 erfolgte eine weitere Änderung: Von nun an musste das REM nicht mehr die Äußerungen des Reichsdozentenführers und der Reichsstudentenführung, sondern nur noch die Stellungnahme des Stabes Heß beziehungsweise der Parteikanzlei einholen[41] – Resultat einer zunehmenden Zentralisierung der Parteiarbeit durch Heß und Bormann, die den NSDDB und den NSDStB in dieser Frage nur noch als Zulieferer von Informationen nutzten.

Eine «Anhörung» dieser Parteistellen verpflichtete das REM offiziell keineswegs dazu, die personellen Vorstellungen der Partei zu übernehmen. In der Praxis konnten sich die Parteistellen aber meist durchsetzen, wenn sie einen Kandidaten für ungeeignet hielten. Denn die Bereitschaft, das Rektorat auch gegen den Willen der NSDAP anzutreten, war an den Universitäten sehr gering. Das zeigte sich 1941 in Breslau. Dort hatte Rektor Staemmler für seine Nachfolge den Geographen Erich Obst vorgeschlagen. Obst war nicht Mitglied der

NSDAP und trat dezidiert für eine parteiunabhängige Wissenschaft ein. Das brachte ihm die Ablehnung des Breslauer NSDDB ein, für den nur aktive Nationalsozialisten als Rektoren infrage kamen. Obwohl Obst sowohl von den Fakultäten als auch von der Studentenführung unterstützt wurde, erklärte er daraufhin sofort seinen Verzicht auf das Rektorat. Seine Begründung: «Wer wird sich heute als Rektor aufstellen lassen, wenn ihm als Dank für seine Arbeit und seine Zeitopfer ein ständiger Kampf mit dem Dozentenführer der Universität bzw. mit dem Gaudozentenführer winkt?»[42]

Noch gravierender als ein negatives Votum des NSDDB war die Ablehnung eines Kandidaten durch den Gauleiter. Gegen den erklärten Willen der Gauleitung wollte auch das REM keinen Rektor durchsetzen. 1937 suchte das Ministerium über viele Monate hinweg einen neuen Rektor für die Berliner Universität und favorisierte zeitweise den Völkerrechtler Viktor Bruns. Als sich jedoch herausstellte, dass die Gauleitung Bruns ablehnte, ließ das REM den Juristen sofort fallen und konzentrierte sich stattdessen auf einen anderen Kandidaten.[43] Nicht de jure, aber de facto besaß die Partei, sofern sie einheitlich agierte, seit 1936/37 ein Vetorecht bei der Ernennung von Rektoren.

Ohne eine zumindest auskömmliche Beziehung zur NSDAP konnte kein Hochschullehrer darauf hoffen, Rektor zu werden oder längere Zeit zu bleiben.[44] Essenziell war insbesondere ein gutes Verhältnis zum Gauleiter, dem auch der Gaudozentenführer und der Gaustudentenführer unterstanden. Mancherorts trafen Rektor und Gauleiter sich regelmäßig zur Besprechung aktueller Fragen.[45] Allerdings fiel die hochschulpolitische Einflussnahme der Gauleiter sehr unterschiedlich aus. Manche Gauleiter interessierten sich nur mäßig für die Geschicke ihrer Universitäten, andere dagegen mischten sich kontinuierlich in Hochschulinterna ein. Besonders groß war ihr Durchsetzungsvermögen dann, wenn sie innerhalb der Hochschule einen Vertrauensmann hatten, der sie regelmäßig über anstehende Entscheidungen oder interne Konflikte informierte. In Münster agierte seit 1936 der Kurator als Vertreter der Gauleitung innerhalb der Universität.[46] An den Universitäten Jena und Königsberg gelang es den Gauleitern sogar, ihre

Vertrauensleute zunächst auf einen Lehrstuhl und danach auf den Rektorsessel zu hieven.

In Jena ernannte Gauleiter Fritz Sauckel seinen Gesinnungsgenossen Karl Astel zum «Beauftragten des Gauleiters für die Hochschule». Nach der nationalsozialistischen Machtübernahme wurde Astel – bis zu diesem Zeitpunkt Sportarzt in München – ohne Habilitation und ohne Beteiligung der Fakultät auf einen neuen Lehrstuhl für Menschliche Erbforschung und Rassewesen in Jena berufen. Zwischen 1939 und 1945 übernahm er auf Betreiben Sauckels auch das Rektorat der Universität Jena.[47] Eine ähnliche Rolle spielte der Volkswirt Hans Bernhard von Grünberg in Königsberg. Nach seiner Promotion und dem Eintritt in die NSDAP hatte er 1931/32 als Schriftleiter einer nationalsozialistischen Zeitung gearbeitet. Das Jahr 1933 markierte den Anfang seiner steilen akademischen Karriere. Der Protegé von Gauleiter Erich Koch war 1933 zunächst Lehrbeauftragter, wurde aber schon 1934 zum persönlichen Ordinarius ernannt. Als Gaudozentenbundführer (seit 1935) und Rektor der Universität Königsberg (seit 1937) besetzte Grünberg bald alle zentralen hochschulpolitischen Führungspositionen.[48] Durch ihn habe der Gauleiter praktisch die Universität regiert, urteilte rückblickend der Althistoriker Alfred Heuß.[49]

Astel und Grünberg waren gewiss Extremfälle. In beiden Fällen handelte es sich um nichthabilitierte Außenseiter, die ihre Universitätskarriere politischen Berufungen verdankten. Aber auch anderswo beschränkten die Gauleiter sich nicht darauf, ihr Anhörungsrecht wahrzunehmen, sondern versuchten, eigene personalpolitische Ziele durchzusetzen. In Breslau verschaffte Gauleiter Karl Hanke 1942 dem Juristen Heinrich Henkel das Rektorat, obwohl Henkel nicht auf der Vorschlagsliste des Universitätssenats gestanden hatte.[50] Ähnliches wiederholte sich 1944 in Frankfurt. Auch in diesem Fall ignorierte das REM die Vorschläge der Hochschule und inthronisierte stattdessen den Wunschkandidaten des Gauleiters, den Rassenhygieniker Heinrich Wilhelm Kranz.[51]

Einmal ernannt, mussten viele Rektoren davon ausgehen, dass sie unter ständiger Beobachtung durch den zuständigen Gauleiter standen. Ernsthafte Konflikte mit der Gauleitung läuteten daher meist das Ende ihrer Amtszeit ein. Besonders rabiat gebärdete sich Josef Grohé, der Gauleiter von Köln-Aachen, gegenüber dem Pathologen Ernst Leupold, der 1933/34 das Rektorat der Universität Köln übernommen hatte. Rektor Leupold hatte erkennbare Sympathien für den Nationalsozialismus, scheute aber nicht vor Kritik an einzelnen NSDAP-Funktionären zurück. Unter anderem wandte er sich scharf gegen die «maßlose, ungerechte und ehrverletzende Herabwürdigung der Professorenschaft» durch prominente Parteiführer wie Julius Streicher und rügte die «Disziplinlosigkeit» lokaler NSDStB-Funktionäre, kurz, er versuchte, innerhalb des Regimes universitäre und professorale Interessen zu vertreten. Das trug ihm die Feindschaft des Gauleiters ein, der im Februar 1934 öffentlich erklären ließ, Leupold sei als Redner auf nationalsozialistischen Veranstaltungen nicht erwünscht. Nachdem Leupolds Bemühungen, in Partei und Staat Unterstützung zu finden, erfolglos geblieben waren, resignierte er und trat vom Rektorat zurück. Aber schon ein knappes Jahr später stand er erneut im Mittelpunkt. Im Vorfeld des «Rektorvorschlags» von 1935 hatten sich einflussreiche Kräfte innerhalb der Universität für ein neues Rektorat Leupold starkgemacht. Die Reaktion des Gauleiters erfolgte prompt: Gegenüber den versammelten Dekanen kündigte Grohé den schwersten «Kampf gegen die Universität» an, falls Leupold erneut als Rektor vorgeschlagen oder gar ernannt werde. Als mögliche Vergeltungsmaßnahmen nannte er gesellschaftlichen «Boykott», energischen «Pressekampf», das Verbot an alle nationalsozialistischen Studenten, Veranstaltungen der Universität zu besuchen, und die «Zurückziehung der städtischen Mittel für die Universität». Danach war von einem weiteren Rektorat Leupold in Köln nicht mehr die Rede.[52]

Während Leupold nach seinem Rücktritt als Rektor weiterhin ungestört als Hochschullehrer in Köln tätig sein konnte, musste der Königsberger Rektor Georg Gerullis seine Wirkungsstätte nahezu fluchtartig verlassen, nachdem er sich mit dem Gauleiter überworfen hatte. Gerullis war bereits 1931 in die NSDAP eingetreten und hatte 1933 eine führende Rolle bei der Gleichschaltung der Universität Leipzig gespielt.[53] 1933 leitete er zeitweise sogar die Hochschulabteilung im

Preußischen Kultusministerium. Nach seinem Ausscheiden erhielt der Baltist einen Lehrstuhl in Königsberg und wurde 1935 vom REM zum Rektor ernannt. Diese Entscheidung erfolgte jedoch gegen den Wunsch von Gauleiter Erich Koch, der zu diesem Zeitpunkt noch nicht routinemäßig an der Ernennung von Rektoren beteiligt war. Kochs «schärfster Einspruch» gegen die Ernennung von Gerullis wurde vom REM ignoriert, sorgte aber dafür, dass das Verhältnis zwischen Rektor und Gauleiter von Anfang an belastet war. Daran änderte sich in der Folgezeit nichts, zumal Gerullis bald auch von der Gaustudentenführung angefeindet wurde. Seinen Höhepunkt erreichte der Konflikt bei den Vorbereitungen zur universitären Feier des Jahrestages der nationalsozialistischen Machtübernahme am 30. Januar 1937. Rektor Gerullis hatte als Hauptredner einen Kirchenhistoriker eingeladen. In einer Zeit, in der die NSDAP-Führung immer deutlicher ihre Distanz gegenüber den christlichen Kirchen zum Ausdruck brachte, wurde diese Einladung von den lokalen Parteistellen als Affront wahrgenommen. Gauleiter Koch forderte das REM ultimativ auf, die Ausrichtung der Feier der Partei zu übertragen, den Gaudozentenbundführer als Hauptredner zu beauftragen und den Rektor von der Veranstaltung fernzuhalten. Gerullis musste diese Forderungen erfüllen und sah sich darüber hinaus gezwungen, auch das Rektorat niederzulegen. Die sofort einsetzende Suche nach einem neuen Wirkungsfeld verlief dank seiner alten Kontakte zum REM erfolgreich. Im März 1937 wurde der Baltist an die Universität Berlin berufen.[54]

Eine weitere Institution, welche die Stellung der Rektoren als Führer der Hochschulen beeinträchtigte, waren die Kuratoren. Universitätskuratoren hatten in Preußen eine lange Tradition, die bis in die Anfänge des 19. Jahrhunderts hineinreichte. Vor 1933 hatte sich zwischen Rektor und Kurator eine klare Arbeitsteilung etabliert: Während der Rektor an der Spitze der universitären Selbstverwaltung stand, fungierten die Kuratoren als Vertreter des Ministeriums vor Ort. Durch ihre Hände ging der gesamte Schriftverkehr zwischen Universität und Ministerium. Sie waren für alle Finanzfragen zuständig und berichteten dem Ministerium als staatliches Aufsichtsorgan über relevante Vorgänge innerhalb der Universität.

Mit der Einführung des Führerprinzips wurden die Dinge komplizierter. Denn nun unterstand auch der Rektor «unmittelbar» dem Reichserziehungsminister und war «ihm allein verantwortlich», wie die Richtlinien zur Vereinheitlichung der Hochschulverwaltung von 1935 festlegten.[55] Mit anderen Worten: In Preußen hatte das Ministerium nunmehr zwei Vertreter an jeder Hochschule, deren Zuständigkeit nicht eindeutig voneinander abgegrenzt war, der eine ein Ordinarius, der andere meist ein Verwaltungsbeamter. Das Ergebnis war vorhersehbar. Die Rektoren beschwerten sich, weil die Kuratoren ihrer Ansicht nach die Führerstellung des Rektors beeinträchtigten,[56] während die Kuratoren sich durch den neuen Führerrektor in ihrem traditionellen Aufgabenbereich eingeschränkt fühlten.[57] Auch wenn solche Auseinandersetzungen sich oft um Banalitäten drehten, entwickelte sich das ungeklärte Verhältnis zwischen Rektoren und Kuratoren bald zu einem Dauerbrenner, der bei Rektorenkonferenzen immer wieder auf die Tagesordnung kam.[58] Die meisten Rektoren, die sich zu diesem Thema äußerten, hätten sich anstelle des Kurators einen dem Rektor unterstellten Verwaltungsdirektor gewünscht.[59] Das wäre im Sinne des Führerprinzips konsequent gewesen, war aber politisch nicht durchsetzbar, weil das Ministerium wohl eine Verringerung seines eigenen Einflusses befürchtete.

Zwar räumten auch Vertreter des Ministeriums ein, dass das Verhältnis zwischen Rektor und Kurator «noch nicht völlig klar» war.[60] Dennoch kam es seit 1938 zu einer Ausweitung des Kuratorialsystems, das vor 1933 nur in Preußen und Thüringen bestanden hatte.[61] 1938 richtete das Mecklenburgische Staatsministerium ein Kuratorium an der Universität Rostock ein.[62] Während des Krieges ging das REM dazu über, auch in den neu eingegliederten Hochschulen Österreichs, an der Deutschen Universität Prag und in den Reichsuniversitäten Posen und Straßburg Kuratoren zu installieren. Ein Protestschreiben der Wiener Rektoren, die den «seltsamen Zustand» beklagten, dass «jeder Angehörige der Hochschule zwei Vorgesetzte hat, einen wissenschaftlichen und einen administrativen, deren Wirkungsbereiche sich jedoch nur in wenigen … Fällen reinlich trennen lassen»,[63] blieb ohne Wirkung. Selbst in den Kriegsjahren fanden noch erbitterte

Machtkämpfe zwischen Rektor und Kurator statt,[64] was das REM aber nicht davon abhielt, eine Ausweitung des Kuratorialsystems auf sämtliche wissenschaftlichen Hochschulen zu planen – ein Ziel, das indes nicht mehr verwirklicht wurde.

Die Vorstellung, der Universitätsrektor sei im Dritten Reich eine nahezu allmächtige Führerfigur gewesen, geht also offensichtlich an der Realität vorbei.[65] Gleichwohl wurde die Position des Rektors im NS-Staat – verglichen mit der Weimarer Republik oder dem Kaiserreich – deutlich gestärkt. Insbesondere das Recht, die Dekane zu ernennen, und das verringerte Gewicht des Universitätssenats sorgten für einen erkennbaren Machtzuwachs. Ebenfalls völlig neu war die Befugnis des Rektors zu entscheiden, ob Professoren nach ihrer Entpflichtung auch weiterhin Lehrveranstaltungen abhalten durften.[66]

Dem stand freilich auf der anderen Seite der schlagartig gewachsene Einfluss der politischen Instanzen gegenüber, die den Handlungsspielraum der Rektoren einengten. In der Regel beobachteten die hochschulpolitischen Gliederungen der Partei, der NSDDB und der NSDStB, die Amtsführung der Rektoren mit Argusaugen. Und manche Rektoren lernten erst, als es bereits zu spät war, dass sie ohne ein mindestens auskömmliches Verhältnis zum Gauleiter nur geringe Chancen hatten zu reüssieren. Jene Rektoren aber, die über Rückendeckung aus dem politischen Raum verfügten, hatten in der Tat weit mehr Gestaltungsmacht als ihre Vorgänger aus demokratischen oder kaiserlichen Zeiten.

Eines konnten Rektoren nicht sein: unpolitisch. Die Bereitschaft, bei jeder sich bietenden Gelegenheit Bekenntnisse zum herrschenden Regime abzulegen, war ein unerlässlicher Teil ihrer Amtsführung. Dennoch fiel der Umgang der Rektoren mit ihren hochschulpolitischen Aufgaben nicht einheitlich aus. Einige agierten in erster Linie als Interessenvertretung des Regimes innerhalb der Universität, andere verstanden sich dagegen eher als Interessenvertretung ihrer Kollegen innerhalb des Regimes. Es gab Rektoren wie den Bonner Gerichtsmediziner Fritz Pietrusky, der dem Ministerium und der Gauleitung 1934 eine lange Liste von Mitgliedern des Lehrkörpers übermittelte, die nach seiner Auffassung aus politischen Gründen «für den

Abbau», also für die Entlassung oder den Entzug der Lehrbefugnis, infrage kamen.[67] Aber es lassen sich auch Rektoren nennen, die während ihrer Amtszeit für politisch bedrohte Kollegen eintraten – unter ihnen der Freiburger Rektor Wilhelm Süss[68] und sein Marburger Kollege Rudolf Reinhardt. Letzterer half während des Krieges, den zum Tode verurteilten Romanisten Werner Krauss vor der Hinrichtung zu bewahren.[69]

Manche Rektoren bevorzugten eine eher kollegiale Amtsführung und legten Wert darauf, den Universitätssenat als Beratungsgremium beizubehalten, während Rektoren, die einen autokratischen Führungsstil pflegten, in der Regel darauf verzichteten, den Senat einzuberufen. Das Verhalten bei Berufungsverfahren war ebenfalls uneinheitlich. Die meisten Rektoren beschränkten sich bei Berufungen darauf, die Vorschlagsliste der Fakultät mit knappem Kommentar versehen an das Ministerium weiterzureichen. Andere hingegen präsentierten dem Ministerium eigene Wunschkandidaten oder schlugen eine veränderte Reihenfolge der Fakultätsliste vor. Zu den Führerrektoren dieses Typs gehörten der physikalische Chemiker Karl Lothar Wolf (Kiel), der Geograph Friedrich Metz (Freiburg) oder der Mittelalterhistoriker Theodor Mayer (Marburg).[70] Auch der Germanist Friedrich Neumann (Göttingen) mischte sich massiv in Berufungsverfahren ein, wie der Theologe Emanuel Hirsch 1936 einem befreundeten Kollegen mitteilte:

> Unsere Göttinger Lage ist die, daß der Rektor die Berufungen macht. D. h. die Dekane führen alle Verhandlungen mit den Ministerien usw., und der Rektor hört auch auf sie. Aber er verlangt, daß sie mit seinem Einverständnis handeln. Praktisch ist es hier so, daß ich gewonnen habe, wenn der Rektor sich identifiziert, und verloren habe, wenn es nicht geschieht.[71]

Von den Rektoren der Universität Greifswald griff vor allem der Chirurg Karl Reschke mit Vorliebe in Berufungsverfahren ein. Seine beiden Nachfolger im Amt, der Kunsthistoriker Kurt Wilhelm-Kästner und der Prähistoriker Carl Engel, zeigten dagegen wenig Interesse an personalpolitischen Interventionen.[72]

Ein ähnlich differenziertes Bild ergibt sich beim Blick auf die Fakultäten. Sie waren der Ort, wo fachliche und personelle Fragen verhandelt wurden: Berufungen, Habilitationsverfahren, Promotionen und das Lehrangebot. Wie diverse Fallstudien zur Geschichte einzelner Fakultäten oder Universitäten zeigen, blieben viele Dekane weiterhin dem traditionellen Rollenverständnis verhaftet und traten eher als Primus inter Pares denn als autokratische Führer der Fakultät auf.[73] Wohl an allen Universitäten gab es aber auch andere Dekane, die ihre Kompetenzen bedenkenlos ausschöpften. Vor allem in den ersten Jahren des Regimes übernahmen oft jüngere, frisch berufene Professoren das Dekanat, die sich als Vertreter einer neuen Zeit fühlten und ihre Aufgabe darin sahen, die alten, «verstaubten» Institutionen mit neuem nationalsozialistischem Geist zu füllen. Solche Dekane waren, wenn sie Rückendeckung aus dem Rektorat und aus dem politischen Raum hatten, mitunter in der Lage, ganze Fakultäten umzukrempeln.

An den Medizinischen Fakultäten lässt sich unter anderem der Heidelberger Psychiater Carl Schneider in diese Kategorie einordnen. Schneider, der erst im November 1933 nach Heidelberg berufen worden war, übernahm zwischen 1934 und 1937 als aktiver Nationalsozialist das Dekanat der Medizinischen Fakultät Heidelberg und nutzte das Amt zur Diffamierung und Vertreibung unerwünschter Kollegen.[74] Sein Führungsstil offenbarte sich insbesondere bei Berufungsverfahren: Die Vorschlagslisten ließ er unter weitgehender Ausschaltung der Fakultät von einer kleinen Clique nationalsozialistischer Funktionäre zusammenstellen. Zu ihr gehörten 1934 neben Schneider der Vertrauensmann der NSDAP an der Fakultät, Johannes Stein, der Führer der «Dozentenschaft», Hermann Schlüter, und – ganz ungewöhnlich – auch der Heidelberger Studentenführer Gustav Adolf Scheel.[75]

Den Typ des durchsetzungsstarken Führerdekans verkörperte auch der Münchener Indologe Walther Wüst. Wüst, seit 1932 nichtbeamteter außerordentlicher Professor, war 1933 in die NSDAP und später auch in die SS eingetreten. 1935 wurde er zum Ordinarius für Arische Kultur- und Sprachwissenschaft und wenig später auch zum Dekan der Philosophischen Fakultät München ernannt. Als «Führer der Fakultät» sorgte er durch die Ausschaltung oder Kaltstellung von

Regimegegnern oder «Reaktionären» für eine «nationalsozialistische Verjüngung» der Fakultät. Im Zusammenspiel mit den Funktionären von NSDDB und «Dozentenschaft» setzte Wüst sich bei Berufungen und anderen Personalentscheidungen häufig über die Mehrheitsmeinung seiner Fakultätskollegen hinweg. Gleichzeitig lehnte er aber auch die Förderung fachlich unqualifizierter Nationalsozialisten ab. Dass in seiner Amtsführung neben politischen Zielen auch persönliche Sympathien oder die fachliche Wertschätzung nichtnationalsozialistischer Kollegen eine Rolle spielen konnten, überrascht nicht.[76]

Als drittes Beispiel eines Führerdekans soll hier der katholische Theologe Josef Rupert Geiselmann in Tübingen genannt werden. In seinem Fall war offenbar weniger politischer Fanatismus als vielmehr blanke Herrschsucht das treibende Motiv. Geiselmann war 1934 gegen den Wunsch der Fakultätsmehrheit auf den Lehrstuhl für Scholastische Philosophie und Apologetik berufen worden. Zwischen 1935 und 1945 amtierte er als Dauerdekan der Katholisch-Theologischen Fakultät Tübingen. In dieser Zeit zeigte er ein ausgesprochen tyrannisches Verhalten gegenüber den Fakultätsangehörigen, die er wiederholt mit Drohungen und Wutausbrüchen traktierte. Wie ein Fakultätskollege nach dem Ende des Krieges schrieb, war Geiselmanns Verhalten gegenüber der Fakultät «das eines groben, rohen Unteroffiziers zu seiner Mannschaft, der weiß, daß er die Leute nach Herzenslust ‹schleifen› darf, weil der Kompaniechef das zuläßt. Geiselmann wußte und betonte bei jeder passenden und unpassenden Gelegenheit, daß er den Minister Mergenthaler unbedingt hinter sich habe.»[77]

Solche autokratischen Dekane waren nicht der Regelfall, sie waren aber auch keine unbedeutende Randerscheinung. Das Ministerium registrierte derartiges Verhalten – Führerprinzip hin, Führerprinzip her – durchaus kritisch. Ein ranghoher Referent des REM, der Jurist Wilhelm Groh, berichtete Ende 1937 auf einer Rektorenkonferenz über Klagen von «zahlreichen Hochschulen»: «Wir werden nicht herangezogen, es werden keine Fakultätssitzungen abgehalten.» Groh bedauerte, dass manche Dekane nur jene Kollegen, «die absolut politisch zuverlässig sind», in die Fakultätsarbeit integrierten, und mahnte die Rektoren, dafür zu sorgen, «dass die Dekane regelmäßig die Fakultäten oder Fakultätsausschüsse zusammenrufen».[78]

Mit dem Führerprinzip sollten klare Hierarchien an den Universitäten geschaffen werden. Das misslang, weil die ministeriellen Erlasse, die das Führerprinzip etablieren sollten, die an Hochschulpolitik interessierten Parteistellen völlig unberücksichtigt ließen. An die Stelle eindeutiger Hierarchien trat ein unübersichtliches Neben- und Gegeneinander unterschiedlicher Personen und Organisationen. Trotz Zentralisierung der Hochschulpolitik durch die Gründung des REM blieben lokale und regionale Instanzen, insbesondere die Gauleiter der NSDAP, höchst einflussreich.

Dennoch war die Durchsetzung des Führerprinzips ein wesentlicher Schritt zur Gleichschaltung der deutschen Hochschulen, weil nunmehr alle Schlüsselpositionen mit Personen besetzt werden konnten, die Nationalsozialisten waren oder dem Regime zumindest nahestanden. Politisch lief die Umstrukturierung der Hochschulen nach 1933 vor allem auf eine partielle Entmachtung der Ordinarien zugunsten der Ministerialbürokratie und der Partei hinaus.

Berufungen: Leistung oder Gesinnung?

Durch Berufungen erfolgte seit 1933 eine grundlegende Veränderung des Lehrkörpers der deutschen Universitäten. Bis 1945 wurden etwa zwei Drittel aller Lehrstühle neu besetzt.[79] Für Nachwuchswissenschaftler, die einen Lehrstuhl anstrebten, ergab sich durch die Etablierung der nationalsozialistischen Diktatur eine neue Situation. Rechnerisch hatten sich ihre Karrierechancen aufgrund der Massenentlassungen unerwünschter Wissenschaftler deutlich verbessert. Gleichzeitig wurden aber nun alle Personalentscheidungen mit einer politischen Überprüfung verknüpft: Wer nicht den Eindruck vermittelte, dem Regime mindestens loyal gegenüberzustehen, hatte keine Chance, eine dauerhafte Position im Wissenschaftsbetrieb zu erhalten. Eine solche Personalpolitik schuf massive Anpassungszwänge.

In der Weimarer Republik waren Berufungsverfahren eine vergleichsweise einfache Angelegenheit gewesen. Die Fakultät unterbreitete dem Ministerium eine ausführlich begründete Vorschlagsliste, die in der Regel drei Namen enthielt. Die Liste würdigte die wissenschaftlichen Leistungen der Kandidaten, während ihre Religionszugehörigkeit oder – gegebenenfalls – die Mitgliedschaft in einer politischen Partei grundsätzlich unerwähnt blieben. Wenn keiner der von der Fakultät genannten Kandidaten gewonnen werden konnte oder wenn die Vorschlagsliste dem Ministerium nicht akzeptabel erschien, forderte das Ministerium die Fakultät in der Regel auf, eine neue Liste zu erstellen. Nicht selten trat das Ministerium aber auch mit eigenen Vorschlägen zur Besetzung von Lehrstühlen hervor, die von der Fakultät akzeptiert oder zurückgewiesen werden konnten. Sofern die Fakultät mit dem Vorschlag nicht einverstanden war, musste entweder nach einem Kompromisskandidaten gesucht werden oder das Ministerium entschloss sich, seinen Kandidaten gegen den Willen der Fakultät zu oktroyieren. Dies geschah jedoch selten. In Leipzig führten nur 4 von 167 Berufungsverfahren zu ernsthaften Konflikten zwischen dem Ministerium und der Fakultät.[80] Auch in Hamburg orientierte sich die Hochschulbehörde an den Wünschen der Universität und verzichtete darauf, Lehrstühle gegen den Willen der Fakultäten zu besetzen.[81] An der Berliner Universität erfolgten mehr als drei Viertel aller Berufungen in den Jahren 1919 bis 1932 auf Vorschlag der Fakultäten, und fast 90 Prozent aller Berufungsverfahren konnten im Einvernehmen zwischen Ministerium und Fakultäten beendet werden.[82]

In den Jahren nach der «Machtergreifung» sahen die Ministerien in Berufungen viel stärker als zuvor ein Instrument, um das politische Profil des Lehrkörpers im Sinne des Regimes zu verändern. Das preußische Kultusministerium ließ keinen Zweifel an seiner Entschlossenheit, künftig häufiger selbst initiativ zu werden. Im Juni 1933 informierte ein Runderlass des Ministers die preußischen Rektoren von dessen Absicht, das Vorschlagsrecht der Fakultäten einzuschränken. Bis Anfang 1934 werde «in einer Reihe von Fällen» die Berufung von Professoren «nach Anhörung der Fakultät und gegebenenfalls einer Fachkommission, aber ohne die übliche Dreierliste» erfolgen.[83] Aber auch dort, wo weiterhin Vorschläge der Fakultäten eingeholt wurden, konnten diese nicht mehr ohne weiteres mit einer Umsetzung ihrer Wünsche rechnen. Im September 1933 kündigte Wilhelm Stuckart, damals Staatssekretär im preußischen Kultusministerium, in einem Schreiben an den preußischen Ministerpräsidenten Hermann Göring an, «daß ich bei der Besetzung von Professuren in der nächsten Zeit wiederholt von den Fakultätsvorschlägen werde abweichen müssen. Die große Zahl der Vakanzen und die geringe Zahl der in Frage kommenden Kandidaten macht eine gewisse planmäßige Verteilung notwendig.»[84]

Um verlässliche politische Beurteilungen der für eine Berufung infrage kommenden Personen zu erhalten, griffen die Kultusministerien in den ersten Jahren nach der «Machtergreifung» häufig auf das politische Urteil der seit Herbst 1933 entstehenden «Dozentenschaften»[85] zurück, deren Personalpolitik sich primär an politischen Kriterien orientierte, wie ihr Führer Heinz Lohmann im September 1934 öffentlich erläuterte:

> Von den Dozenten von morgen fordern wir drei Eigenschaften: 1. Den unbeugsamen Willen zur Bewegung, die dieses Reich geschaffen hat, 2. Persönlichkeitswert im Sinne aufrechten Mannestums, 3. wissenschaftliche Befähigung für sein Fach und dessen Weitergabe an die Hörer. – Von diesen drei Punkten sind die beiden ersten unerläßliche Bedingung. Der dritte Punkt wird erst nach längerer Zeit restlos zu erfüllen sein …[86]

Neben den «Dozentenschaften» drängten auch die nationalsozialistischen Studentenfunktionäre auf eine Beteiligung an Berufungsverfahren. Bereits 1932 hatte der NSDStB öffentlich ein Vetorecht bei Berufungen gefordert. Doch die neuen Studentenrechtsverordnungen von 1933 berücksichtigten dieses Verlangen nicht. An einer Reihe von Universitäten gelang es den nationalsozialistisch beherrschten «Studentenschaften» dennoch, zeitweise Einfluss auf Personalentscheidungen zu gewinnen.[87] An der Universität Tübingen erkämpften sich die studentischen Aktivisten 1933 ein Mitspracherecht bei Berufungen.[88] In Sachsen bat das Volksbildungsministerium 1934 den NSDStB-Kreisleiter um vertrauliche Auskünfte über die «politische Haltung, persönliche Bedeutung und Lehrbefähigung» der von den Fakultäten vorgeschlagenen Kandidaten.[89] In Hessen ordnete das Staatsministerium im August 1933 die Beteiligung der «Studentenschaft» bei Berufungen an.[90] Einige Monate später behauptete der Gießener Studentenführer, die «Studentenschaft» sei bei Berufungen ein «ausschlaggebender Faktor» geworden.[91] Solche Aussagen waren vermutlich Übertreibungen, lassen sich aber nur schwer überprüfen. Klar ist jedoch, dass eine wirkungsvolle Einflussnahme der nationalsozialistischen Studentenführer auf laufende Berufungsverfahren auf die Jahre 1933/34 beschränkt blieb. In späteren Jahren konnten die NSDStB-Funktionäre nur noch sporadisch, etwa über ihre Mitgliedschaft im Universitätssenat, auf Berufungsverfahren einwirken.[92]

Mit der Gründung des REM unter Bernhard Rust im Mai 1934 betrat ein neuer Akteur die Bühne, der schon bald versuchte, alle personalpolitischen Kompetenzen an sich zu reißen. Im Februar 1935 ordnete der neue Reichserziehungsminister an, sämtliche Berufungsverfahren und Disziplinarangelegenheiten an das Amt Wissenschaft seines Ministeriums abzugeben. Da die «Verreichlichung» der Hochschulen aber auf halbem Wege steckenblieb, blieben die Kultusministerien der außerpreußischen Länder auch weiterhin in Berufungsangelegenheiten eingeschaltet. Die Finanzierung der Hochschulen war auch nach 1935 weitgehend Ländersache. Verhandlungen um Kolleggeldgarantien, die personelle Ausstattung von Lehrstühlen oder Baumaßnahmen wurden daher außerhalb Preußens bis 1940 weiter von den Hochschulverwaltungen der Länder geführt.[93]

Beunruhigender waren aus Sicht des Ministeriums die Machtansprüche der Partei. Zwar konnte sich das REM im Kompetenzkonflikt mit der Hochschulkommission der NSDAP letztlich durchsetzen. Aber die Hoffnung, Berufungen nunmehr in eigener Regie durchführen zu können, erfüllte sich nicht. Denn bereits im Juli 1935 präsentierte Heß mit dem NS-Dozentenbund eine neue für Hochschulpolitik zuständige Parteigliederung, und im September 1935 ordnete ein Erlass Hitlers die Beteiligung des Stabes Heß an der Ernennung von Beamten des höheren Dienstes an; dazu gehörten auch Professoren. Vor jeder Berufung musste das Ministerium fortan eine Kopie des Ernennungsvorschlages dem Stab Heß zukommen lassen und diesem «eine angemessene Frist zur Stellungnahme» gewähren.[94]

Die entscheidende Frage, wer bei Meinungsverschiedenheiten das letzte Wort haben würde, das Ministerium oder der «Stellvertreter des Führers», ließ der Erlass offen. In der Praxis akzeptierten die Ministerien aber die Ablehnung ihrer Kandidaten durch den Stab Heß.[95] Auch das REM musste sich letztlich beugen. Auf der Rektorenkonferenz im Dezember 1937 verkündete der Leiter des Amtes Wissenschaft, Otto Wacker, die Kapitulation des Ministeriums: «Gegen eine Entscheidung des Stellvertreters des Führers selbst steht uns keine Stellungnahme zu.»[96] Ähnlich äußerte sich – drei Jahre später – auch Wackers Nachfolger Rudolf Mentzel.[97] Damit verfügte die Partei faktisch über ein Vetorecht bei Berufungen. Gegen den Willen der NSDAP-Führung konnte niemand auf einen Lehrstuhl berufen werden.

Im November 1935 skizzierte der Leiter der Hochschulabteilung des REM, Franz Bachér, in einer internen Richtlinie für die Personalreferenten[98] den damals üblichen Verlauf eines Berufungsverfahrens: Nachdem die Fakultät aufgefordert worden war, Vorschläge zur Wiederbesetzung des vakanten Lehrstuhls einzureichen, stellte der Dekan eine Berufungskommission zusammen, der häufig auch Vertreter der lokalen «Dozentenschaft» oder des NSDDB angehörten. Die Kommission holte vielfach Gutachten renommierter Fachvertreter ein und erstellte eine Vorschlagsliste, die in der Regel drei Namen enthielt. In der ausführlichen Begründung wurden zumeist die wissenschaftlichen Leistungen der aufgelisteten Kandidaten hervorgehoben, aber auch Hinweise zu ihrer politischen Einstellung waren nicht ungewöhnlich.

Diese Berufungsliste ging, wenn sie vom Dekan oder von der engeren Fakultät gebilligt worden war, zunächst an den Rektor. Der Rektor sollte, so das Ministerium, eigene Erkundigungen über die von der Fakultät genannten Kandidaten einziehen[99] und auf dieser Grundlage die Wünsche der Fakultät mit seiner Stellungnahme an die zuständige Landesregierung oder (in Preußen) an den Kurator übergeben. Die Landesregierung, faktisch also die zuständige Hochschulverwaltung, forderte ebenfalls politische Beurteilungen der von der Fakultät aufgelisteten Wissenschaftler an[100] und reichte die Liste dann mit eigenen Kommentaren versehen an das REM weiter. Das Amt Wissenschaft im Ministerium musste nun nach Durchsicht der vorliegenden Beurteilungen entscheiden, ob es bereit war, einen der Fakultätskandidaten zu akzeptieren, oder ob es den vakanten Lehrstuhl anderweitig besetzen wollte. Nachdem das Ministerium sich für einen Berufungsvorschlag entschieden hatte, wurde dieser an die Leitung des NSDDB zur Stellungnahme übersandt. Die Reichsdozentenführung forderte daraufhin politische Gutachten über den Kandidaten des Ministeriums bei dem zuständigen Dozentenbundführer an und formulierte danach eine offizielle Stellungnahme des NSDDB. Wenn der NSDDB den Berufungsvorschlag des REM akzeptiert hatte, wurde eine unverbindliche Berufungsvereinbarung mit dem vorgeschlagenen Wissenschaftler unterzeichnet. Danach musste die offizielle Stellungnahme des Stabes Heß eingeholt werden. Die zuständigen Mitarbeiter von Heß und Bormann holten erneut Auskünfte bei verschiedenen Organisationen ein, unter anderem beim zuständigen Gauleiter, bei der Hochschulkommission der NSDAP und beim NSDDB. Nun erst konnte das Berufungsverfahren – sofern der Stab Heß kein Veto einlegte – offiziell abgeschlossen werden.

Angesichts der Vielzahl der beteiligten Organisationen und Institutionen erwies sich dieses Verfahren schon bald als ebenso langwierig wie ineffizient. Auf Rektoren- und Kuratorenkonferenzen häuften sich die Klagen über die Mängel dieser Prozedur. Wenn die «politische Zuverlässigkeit» eines Kandidaten umstritten war, konnte ein Berufungsverfahren jahrelang dauern. Mitunter zog sich die Wiederbesetzung eines Lehrstuhls über vier oder sogar sieben Jahre hin.[101] Der 1936 neu eingerichtete Lehrstuhl für Deutsche Vorgeschichte in Münster blieb bis 1945 unbesetzt, weil die beteiligten Staats- und Parteistellen sich nicht auf einen gemeinsamen Kandidaten einigen konnten.[102]

Das führte an allen Universitäten zu einer erheblichen Zahl von Vakanzen. 1936 waren in Jena 15 von 87 Lehrstühlen nicht besetzt, in Hamburg waren es 14 (von 86), in Berlin 28 (von 199) Professuren.[103] Außerdem stellten die an dem Verfahren beteiligten Hochschulpolitiker bald fest, dass die zahlreichen politischen Beurteilungen, die im Laufe eines Verfahrens erstellt werden mussten, oftmals lediglich auf ein oder zwei Personen zurückgingen, die als Einzige in der Lage waren, den Berufungskandidaten politisch und wissenschaftlich zu beurteilen. Vor allem der lokale Dozentenbundführer wurde von unterschiedlichen Instanzen immer wieder als Gewährsmann genutzt.[104]

Unter dem Eindruck dieser Probleme bemühte sich Otto Wacker, seit 1937 Leiter des Amtes Wissenschaft im REM, das Berufungsverfahren zu straffen. Nach längeren Verhandlungen mit Reichsärzteführer Wagner, Reichsdozentenführer Schultze und Bormann als Vertretern der NSDAP konnten beide Seiten im Mai 1938 einen neuen Verfahrensweg präsentieren.[105]

Ausgangspunkt des neu strukturierten Berufungsverfahrens waren weiterhin die in Form von Dreierlisten erarbeiteten Vorschläge der Fakultäten. Im Gegensatz zu früheren Regelungen wurden die Fakultäten nun angewiesen, auch den örtlichen Dozentenbundführer an der Erstellung der Vorschlagsliste zu beteiligen. Auf diese Weise wurde eine erste politische Überprüfung der Kandidaten bereits im Frühstadium des Berufungsverfahrens eingeleitet. Dadurch sollten die Fakultäten veranlasst werden, politisch «unzuverlässige» Kandidaten mit geringen Erfolgschancen frühzeitig auszusortieren, wie Wacker auf einer Rektorenkonferenz erläuterte:

> Dadurch ... kommen wir zu der ... erfreulichen Lösung, dass wir schon von der Fakultät und Hochschule kaum noch ... Herren benannt bekommen, die nicht bereits im Zusammenhang mit diesem Berufungsvorgang ... politisch günstig beurteilt sind, sodass also eine Unsumme von Schwierigkeiten wegfällt, die meistens dann entstanden sind, wenn eine schlechte politische Beurteilung vorlag.[106]

Nach Abschluss der Fakultätsberatungen erhielt der Rektor den Berufungsvorschlag. Von ihm wurde, im Gegensatz zum früheren Verfahrensweg, nicht mehr verlangt, eigene Erkundigungen über die Kandidaten einzuholen.[107] Der Rektor leitete den Fakultätsvorschlag «nach Anhören des Senats» mit eigener Stellungnahme an das REM weiter. Eine Kopie des Fakultätsvorschlags und der Stellungnahme des Rektors wurde über den lokalen Dozentenbundführer dem Stab Heß übergeben, der daraufhin die politische Überprüfung sämtlicher Kandidaten einleitete. Zu diesem Zweck forderten die Mitarbeiter von Heß und Bormann politische Gutachten vom NSDDB, vom Sicherheitsdienst der SS (SD) und vom zuständigen Gauleiter an.[108] War das Ministerium gewillt, einen der von der Fakultät genannten Wissenschaftler zu berufen, wurde dieser Vorschlag dem Stab Heß unterbreitet, der dann die offizielle Stellungnahme der Partei abgab. Fiel diese positiv aus, folgte die Berufung. Wenn das REM keinen der Fakultätskandidaten akzeptierte oder wenn der Stab Heß sein Veto einlegte, musste das Verfahren neu aufgerollt werden.[109] An einem offiziellen Veto des Stabes Heß sind offenbar nur wenige Berufungen gescheitert. Dafür sorgten die Personalreferenten des REM, die sich oft schon im Vorfeld mit den zuständigen NSDDB-Funktionären über eventuelle Einwände gegen Berufungskandidaten verständigten, um eine spätere Abfuhr durch den Stab Heß zu vermeiden.[110]

Neben der Absicht, das Verfahren zu beschleunigen, hatten die neuen Richtlinien zur Regelung des Berufungsverfahrens zwei Ziele: Sie sollten zum einen die Kompetenzen der verschiedenen am Berufungsverfahren beteiligten Akteure festlegen und zum anderen die akademischen und die politischen Aspekte einer Lehrstuhlbesetzung austarieren.

Das erste Ziel wurde erreicht – sofern dies überhaupt möglich war in einer Diktatur, in der das Kräfteverhältnis zwischen den verschiedenen Machtzentren sich ständig veränderte. Denn tatsächlich unternahmen der NSDDB und der Stab Heß auch nach der Übereinkunft von 1938 immer wieder neue Vorstöße, um ihre Kompetenzen auszubauen. Beide Parteistellen wollten sich nicht damit begnügen, Berufungsvorschläge von anderer Seite politisch zu beurteilen, sondern strebten danach, eigene Wünsche durchzusetzen.[111] Gegenüber solchen Vorstößen der Partei blieb das REM jedoch kompromisslos. Das zeigte sich beispielsweise 1938 in Tübingen, als der NSDDB die Vorschlagsliste der Fakultät zur Wiederbesetzung eines Lehrstuhls für Volkswirtschaftslehre vollständig ablehnte und stattdessen einen Gegenkandidaten präsentierte. Das Ministerium berief dennoch den

Favoriten der Fakultät, den Erlanger Ordinarius Hero Moeller. Möglich wurde diese Entscheidung wohl nur durch Moellers Mitgliedschaft in der NSDAP, die ein Veto des Stabes Heß unwahrscheinlich machte.[112] Ablehnend reagierte das REM auch, als der Stab Heß 1940 eine Begründung verlangte, warum das Ministerium einen bestimmten Kandidaten aus einer Fakultätsliste bevorzugte. Von Anfragen dieser Art bitte man «grundsätzlich» abzusehen, beschied das REM dem «Stellvertreter des Führers».[113]

Das REM konnte indes nicht verhindern, dass weitere Kräfte, die in den offiziellen Richtlinien nicht einmal erwähnt wurden, sich in Berufungsverfahren einschalteten. Die Dienststelle des Parteiideologen Alfred Rosenberg etablierte sich als zusätzlicher Gutachter bei der Neubesetzung geistes- und sozialwissenschaftlicher Lehrstühle. Rosenbergs Mitarbeiter erhielten seit Ende 1938 die Vorschläge der Fakultäten zur Neubesetzung von Lehrstühlen und übermittelten ihre politische Beurteilung der Kandidaten an den NSDDB, später direkt an den Stab Heß. Dort allerdings, so lamentierte Rosenberg 1941, wurden die von seiner Dienststelle angefertigten Gutachten nicht als «eine massgebende, sondern als eine Meinungsäußerung unter verschiedensten betrachtet».[114] Bei Berufungen an den Theologischen Fakultäten musste dem Reichskirchenministerium unter Hanns Kerrl und meist auch den Kirchen ein Mitspracherecht eingeräumt werden.[115] An den Medizinischen Fakultäten machte sich während des Krieges ebenfalls ein neuer Akteur bemerkbar. Nachdem Hitler 1942 seinen Begleitarzt Karl Brandt zum Generalkommissar für das Sanitäts- und Gesundheitswesen ernannt hatte, entwickelte sich dessen Dienststelle zum Gravitationszentrum nationalsozialistischer Gesundheitspolitik.[116] Ende 1943 wurde dort ein Amt Wissenschaft und Forschung eingerichtet, dessen Leitung der Chirurg Paul Rostock übernahm.[117] In den beiden letzten Kriegsjahren griffen Brandt und Rostock «immer stärker in die Personalpolitik» der Medizinischen Fakultäten ein, «sodass die Lage ständig unübersichtlicher wird», wie der Wiener Gaudozentenbundführer Kurt Knoll missmutig registrierte.[118] Einfluss auf Berufungen konnte auch die SS-Forschungsgemeinschaft «Ahnenerbe» gewinnen. Allerdings war ihr Einflussbereich hauptsächlich auf eine Disziplin begrenzt, die Vor- und Frühgeschichte, die in Himmlers politischem Weltbild eine zentrale Rolle spielte. Eine Vereinbarung mit dem Leiter des Amtes Wissenschaft im REM sicherte dem «Ahnenerbe» 1941 das Recht zu, bei der Besetzung von Lehrstühlen im Bereich der Prähistorie «in jedem Falle gehört zu werden».[119]

Das zweite Ziel des neuen Berufungsverfahrens, akademische und politische Aspekte einer Lehrstuhlbesetzung effizient auszubalancieren, ist ein hochschulpolitisches Grundproblem jeder Diktatur. Das NS-Regime wollte die Lehrstühle nach Möglichkeit mit aktiven Nationalsozialisten besetzen und gleichzeitig das wissenschaftliche Know-how der Universitäten für seine Zwecke nutzen. Eine ausschließlich an akademischen Kriterien orientierte Berufungspolitik kam daher für die Machthaber nicht infrage. Andererseits schädigte eine Personalpolitik, die sich primär an ideologischen Kriterien orientierte, die wissenschaftliche Leistungsfähigkeit der Universitäten, weil sie die Förderung fachlich inkompetenter Personen begünstigte. Dieser Zielkonflikt zwischen politischen und akademischen Auswahlkriterien ließ sich nicht grundsätzlich lösen, sondern war in den meisten Berufungsverfahren präsent – institutionell vertreten durch die Fakultäten, die für die wissenschaftliche Qualität sorgen sollten, und durch die Partei (NSDDB, Stab Heß etc.), die primär für die politische Zuverlässigkeit künftiger Lehrstuhlinhaber zuständig war.

In den ersten Jahren nach der «Machtergreifung» galt das Interesse der mit Hochschulpolitik befassten Staats- und Parteistellen hauptsächlich dem Ziel, möglichst viele einflussreiche Positionen mit zuverlässigen Nationalsozialisten zu besetzen. Berufungen waren meist Erstberufungen, um die Anhänger des Regimes unter den jüngeren Nichtordinarien zu fördern.[120] Vielfach ging die Initiative in Berufungsverfahren von den Ministerien oder von Parteistellen aus, die der Fakultät signalisierten, welche Personen für die Besetzung eines Lehrstuhls vorgesehen waren.[121] So forderte das badische Kultusministerium 1934 die Medizinische Fakultät Freiburg auf, eine Vorschlagsliste für die Besetzung des Lehrstuhls für Gynäkologie einzureichen und dabei auch zu dem Düsseldorfer Privatdozenten Friedrich Siegert Stellung zu nehmen. Obwohl die Fakultät Siegert nur auf den zweiten

Platz ihrer Liste setzte, erhielt er den Lehrstuhl. Bei der Wiederbesetzung des Ordinariats für Innere Medizin erteilte das Ministerium der Fakultät sogar die direkte Anordnung, den Gießener Internisten Helmuth Bohnenkamp auf die Vorschlagsliste zu setzen, der wenig später erwartungsgemäß auch berufen wurde.[122] Das Bayerische Kultusministerium verknüpfte 1935 seine Aufforderung an die Universität München, Vorschläge zur Neubesetzung des Lehrstuhls von Heinrich Mitteis zu machen, mit dem Hinweis, dass «nach Meinung des zuständigen Referenten» im REM «nur der o. Professor Claudius Frhr. von Schwerin in Freiburg in Frage komme».[123] Vier Monate später war Schwerins Berufung abgeschlossen.

Die neuen politischen und hochschulpolitischen Machtträger wie Reichsärzteführer Gerhard Wagner, die Hochschulkommission der NSDAP oder die «Dozentenschaften» erlangten oftmals größeren Einfluss auf Personalentscheidungen als die Fakultäten. An der Medizinischen Fakultät Kiel beispielsweise setzte der lokale Leiter der «Dozentenschaft», der Rassenbiologe Lothar Loeffler, quasi im Alleingang gegen den Widerstand der Fakultät die Besetzung der Lehrstühle für Physiologie und Innere Medizin mit zwei aktiven Nationalsozialisten, Ernst Holzlöhner und Hanns Löhr, durch. Beide erhielten innerhalb der Universität bald einflussreiche politische Ämter als NSDAP-Vertrauensleute, Leiter der «Dozentenschaft», Gaudozentenbundführer und Rektoren.[124] Andere Wissenschaftler, die im Dritten Reich hochschulpolitische Führungsaufgaben übernehmen sollten, wurden nach der nationalsozialistischen Machtübernahme ohne Beteiligung der akademischen Selbstverwaltung auf Lehrstühle berufen – in der Philosophie beispielsweise Alfred Baeumler (Berlin) und Ernst Krieck (Frankfurt).[125]

Gewiss waren politische Berufungen, bei denen die Fakultäten übergangen wurden, nicht die Norm. Es handelte sich aber auch nicht um seltene Ausnahmen. Von den 35 Professoren, die zwischen 1933 und 1935 einen Lehrstuhl an der Universität München erhielten, wurden mindestens 10 unter Umgehung der Fakultäten oder gegen ihr ausdrückliches Votum berufen.[126] Mitunter kam es dabei zu Berufungen von Parteigängern des Regimes, deren wissenschaftliche Qualifikation höchst zweifelhaft war. In München sorgten vor allem die Fälle Tirala, Grunsky und Schultz für Turbulenzen – drei Berufungen, die ohne Beteiligung oder sogar gegen den ausdrücklichen Wunsch der Fakultät stattgefunden hatten. Alle drei waren nichthabilitierte Außenseiter, die vor 1933 noch nie an einer Universität gelehrt hatten. Lothar Tirala, ein Facharzt für Gynäkologie und Urologie aus Brünn, erhielt 1933 den Lehrstuhl für Rassenhygiene, obwohl seine Publikationen nach dem Urteil seines Vorgängers Fritz Lenz zeigten, «daß er über die elementaren Grundlagen der Rassenhygiene nicht unterrichtet» war.[127] Der Privatgelehrte Hans Alfred Grunsky, der in Parteikreisen als «glühender Nationalsozialist» galt, wurde 1935 (zunächst vertretungsweise) zum außerordentlichen Professor für Philosophie ernannt und profilierte sich rasch als dezidierter Antisemit und eifriger Denunziant.[128] Von ähnlichem Format war Wolfgang Schultz, der 1934 auf Empfehlung von Alfred Rosenberg, Philipp Lenard und anderen ein Ordinariat für Philosophie bekam und fortan Lehrveranstaltungen über «Grundzüge arteigenen Denkens» oder zur «Geschichte der Philosophie auf rassischer Grundlage» anbot.[129]

Unter den Münchener Ordinarien sorgten solche Entscheidungen und die damit verbundene Missachtung der Fakultäten für erheblichen Unmut, der im Juni 1935 sogar zu einer Protestaktion führte. Ein Teil des Lehrkörpers blieb damals dem Stiftungsfest der Universität fern, auf dem der im Vorjahr oktroyierte Philosophieprofessor Wolfgang Schultz als Hauptredner auftrat. Zur Begründung erklärte der Ägyptologe Alexander Scharff, «daß das wissenschaftliche Urteil der in den Fakultäten versammelten Fachleute nicht mehr so geachtet wird, wie es sein sollte, und wir neben tüchtigen Lehrkräften leider auch solche zugewiesen erhalten, die den an einen Hochschullehrer zu stellenden wissenschaftlichen Anforderungen nicht mehr wie früher genügen».[130]

Tatsächlich erwiesen sich diese drei Berufungen auch aus der Sicht des Regimes als Fehlentscheidungen. Die Lehrveranstaltungen von Tirala, Grunsky und Schultz fanden nur wenig Zuspruch, wenn sie nicht sogar der allgemeinen Belustigung dienten. Schultz, der bereits 1936 starb, blieb in der Philosophischen Fakultät München bis zu seinem

Tod ein Außenseiter. Tirala wurde 1936 seines Amtes enthoben, nachdem sich herausgestellt hatte, dass er vor seiner Berufung als Abtreibungsarzt tätig gewesen war. Grunsky schließlich wurde 1941 vom REM suspendiert, nachdem er sich durch sein denunziatorisches Verhalten in der Fakultät weitgehend isoliert hatte.[131]

Nicht nur viele Ordinarien, sondern auch einflussreiche Vertreter der Industrie wie Carl Bosch (IG Farben) zeigten sich besorgt über eine Berufungspolitik, die fachliche Kriterien zugunsten von politischen Gesichtspunkten vernachlässigte. 1934/35 wurde in Industriekreisen schon darüber nachgedacht, die Ausbildung des wissenschaftlichen Nachwuchses selbst in die Hand zu nehmen.[132]

Selbst manche Nationalsozialisten äußerten ähnliche Kritik. Der Breslauer Pathologe Martin Staemmler (Mitglied der NSDAP seit 1931) nutzte 1937 das Breslauer Universitätsfest, um Reichserziehungsminister Rust auf die sich häufenden Fehlberufungen anzusprechen. Rusts Aufforderung, seine Kritik zu belegen, beantwortete Staemmler mit einer Liste von zwölf «Fehlbesetzungen» medizinischer Ordinariate – eine Liste, die, wie er hinzufügte, leicht erweitert werden könnte.[133]

Vor dem Hintergrund solcher und ähnlicher Erfahrungen konstatierte 1936 der Leiter des Rassenpolitischen Amtes der NSDAP, Walter Groß, in einer unveröffentlichten Denkschrift, die Partei habe bislang einen «unzweckmäßigen Weg gewählt». Es sei nicht möglich, «durch Ministeriumsbeschluss aus einem braven alten Kämpfer, der aus äußeren und inneren Gründen wissenschaftlich eine Null ist, plötzlich einen Träger deutscher Wissenschaft herzustellen». Keinesfalls könne «eine Minderleistung durch politische Zuverlässigkeit aufgehoben» werden, weil «sonst die Gesamtleistung des nationalsozialistischen Regimes auf diesem Fachgebiet leiden muss».[134]

Ähnliche Überlegungen finden sich 1935 in einer Rede des Reichserziehungsministers vor Studentenführern. Rust rief seine Zuhörer dazu auf, «die alten Parolen der Partei» zu überdenken, und betonte unter Hinweis auf die Erfordernisse der Autarkiepolitik, die wissenschaftliche Leistungsfähigkeit der Universitäten dürfe nicht durch politische Eingriffe eingeschränkt werden:

> Die Geschichte, vor allem aber der Führer, wird mich verantwortlich machen, wenn unsere deutschen Hochschulen in ihrer Gesamtleistung absinken. Wenn das der Fall ist, dann hilft unser ganzer politischer Wille nichts ... Wenn wir nicht eines Tages den elastischen Gummi in irgendeiner Weise ersetzen können, wenn wir nicht aus eigener Kraft und eigenem Können eine Spinnfaser schaffen, dann wird man uns eines Tages die Bude zumachen ... Und daraus ergibt sich nun eine Grenze für die politische Tätigkeit.[135]

Nicht alle Wissenschaftspolitiker teilten diese Auffassung. Gleichwohl gewannen ab 1936/37 fachliche gegenüber politischen Gesichtspunkten bei Berufungen wieder stärker an Gewicht.[136] Insbesondere der neue Amtschef Wissenschaft im REM, Otto Wacker, vertrat diese Linie.[137] Im April 1937 registrierte ein Funktionär der Reichsstudentenführung: «Die derzeitige Berufungspolitik des REM geht davon aus, dass der erste Gesichtspunkt die fachliche Leistung ist, dass eine Berufung nur auf Grund politischer Zuverlässigkeit nicht in Frage kommt.»[138] Dementsprechend wurde den Wünschen der Fakultäten nun wieder größere Bedeutung eingeräumt als in den ersten Jahren nationalsozialistischer Herrschaft. Auch Wackers Nachfolger im REM, Rudolf Mentzel, akzeptierte diesen Kurswechsel. Gegenüber dem Stab Heß betonte Mentzel 1941, das Ministerium verfolge das Ziel, die «Arbeitskameradschaft» unter den Hochschullehrern zu fördern, und wolle daher «den Fakultäten in 1. Linie die Möglichkeit geben, ihre Wünsche bei der Auffüllung von Vakanzen in entscheidender Weise zum Ausdruck zu bringen. Wir haben nur dafür zu sorgen, dass die geäußerten Wünsche qualitätsmäßig und politisch nicht aus dem Rahmen des uns vorschwebenden Ideals herausfallen.»[139] Vereinzelt wurden solche Positionen sogar von Funktionären des NSDDB vertreten, beispielsweise von dem Kieler Anatomen Enno Freerksen.[140]

Lehrstuhlbesetzungen ohne Beteiligung oder gegen den Willen der Fakultäten sind daher nach 1937 seltener geworden. Wenn Vorschläge der Fakultäten auf Kritik stießen, verzichtete das REM in der Regel darauf, einen anderen Kandidaten zu oktroyieren, sondern verhielt sich abwartend. Seit den späten 1930er Jahren ging das Ministerium dazu über, die aussichtsreichsten Anwärter zunächst einmal mit der Vertretung des Lehrstuhls zu beauftragen. Umstrittene Kandidaten erhielten dadurch die Möglichkeit, bestehende Bedenken auszuräumen.[141] Sofern die Einwände von politischer Seite gegen die Kandidaten der Fakultät sich als unüberwindbar erwiesen, wurde der Fakultät zumeist die Möglichkeit eingeräumt, eine neue Liste einzureichen.[142]

Es gab jedoch Ausnahmen – vor allem dann, wenn ein politisches Schwergewicht das Ministerium mit personellen Forderungen konfrontierte. Selbstverständlich widersprach das REM nicht, als Hitler 1941 die Berufung des Chirurgen Paul Rostock auf einen Berliner Lehrstuhl anordnete, obwohl Rostocks fachliche Leistungen im Ministerium sehr zurückhaltend beurteilt wurden.[143] Gegenüber Göring zeigte sich das REM schon reservierter, aber letztlich wurde der Wunsch des Reichsmarschalls, den Prager Zahnmediziner Karl Häupl an die Berliner Universität zu berufen, 1943 ebenfalls erfüllt.[144] Während Hitler und Göring nur selten Anliegen dieser Art äußerten, wurde Himmler häufiger bei den «Kameraden der SS, die im Reichserziehungsministerium arbeiten»,[145] vorstellig. Der Reichsführer SS setzte sich unter anderem erfolgreich für die Germanisten Otto Maußer und Otto Höfler, den Altphilologen Rudolf Till, den Prähistoriker Herbert Jankuhn, den Gerichtsmediziner Philipp Schneider und den Gynäkologen Walther Haupt ein.[146]

In den Fakultäten stießen diejenigen, die versuchten, nicht durch fachliche Qualität, sondern durch Parteiprotektion einen Lehrstuhl zu erhalten, oft auf Ablehnung.[147] Ein SD-Bericht aus Frankfurt meldete 1944:

> Generell besteht bei der Personalpolitik und bei Habilitationen Abneigung gegen solche Bewerber, die von der Partei gefördert werden, und zwar unter der Begründung, daß von der Partei charakterlich positive Momente zu stark in den Vordergrund gerückt werden, ohne daß die fachliche Leistung beurteilt zu werden vermag.[148]

In diesem Punkt gingen auch viele Nationalsozialisten mit ihren parteiunabhängigen Kollegen konform. Charakteristisch für diese Einstellung war eine Wortmeldung des Berliner Regionalhistorikers Willy Hoppe, NSDAP-Mitglied seit 1932, auf einer Rektorenkonferenz im Dezember 1937:

> Ich verkenne nicht, dass die weltanschaulich-politische Haltung des Betreffenden gesichert sein muss, aber wenn das im Vordergrund steht und wenn daneben das wissenschaftliche Rüstzeug ein mangelhaftes ist, so können wir in Schwierigkeiten geraten, die wir alle nicht wollen. Die wissenschaftliche Grundlage ist zunächst einmal das zweifellos Notwendigste, und wir können unsere Aufgabe, die eine weltanschaulich-erzieherische auf wissenschaftlicher Grundlage ist, nicht erfüllen, wenn eine solche Forderung nicht voll gewährleistet ist.[149]

Wer wie Hoppe die Bedeutung fachlicher Qualifikation hervorhob, benannte damit nicht nur eine eigentlich selbstverständliche Voraussetzung erfolgreicher Wissenschaft. Darüber hinaus ging es bei dieser Frage auch um die Aufrechterhaltung traditioneller Machtstrukturen. Wenn die meisten arrivierten Wissenschaftler so hartnäckig den Primat der fachlichen Qualifikation betonten, brachten sie damit auch ihren Anspruch zum Ausdruck, bei Personalentscheidungen selbst das entscheidende Wort zu haben. Die Bereitschaft des REM, die Vorschläge der Fakultäten wieder stärker zu berücksichtigen, trug dazu bei, dass insgesamt nur relativ wenige fachlich inkompetente Außenseiter auf einen Lehrstuhl berufen wurden. Die weitaus meisten der im Dritten Reich neu berufenen Professoren verfügten über die herkömmlichen Qualifikationsnachweise – Promotion und vor allem Habilitation.

Die Habilitation galt in Deutschland seit dem Ende des 19. Jahrhunderts als wesentliche Voraussetzung für eine Universitätsprofessur,[150] wurde aber nie zur Conditio sine qua non. Sowohl im Kaiserreich als auch in der Weimarer Republik gab es stets eine Minderheit von Wissenschaftlern, die auf einen Lehrstuhl berufen wurden, ohne habilitiert zu sein. So waren in Tübingen von 1910 bis 1932 etwa 16 Prozent der Professoren nicht habilitiert. An der Berliner Universität endeten während der Weimarer Republik 11 Prozent der Lehrstuhlbesetzungen mit der Berufung eines nichthabilitierten Wissenschaftlers.[151]

Die Berufungen während der NS-Diktatur knüpften an diese Tradition an, wie ein vergleichender Blick auf drei unterschiedliche Universitäten zeigt: Greifswald, Hamburg und Jena (Tabelle 10). Bei der Universität Greifswald handelte es sich um eine typische preußische

Tabelle 10: Das Qualifikationsprofil neu berufener Professoren an den Universitäten Greifswald, Hamburg und Jena, 1933–1945[152]

Universität	Planmäßige Prof. im WS 1944/45[a]	Davon wurden seit 1933 berufen		Darunter Habilitierte	
		absolut	in %	absolut	in %
Hamburg	79	50	63,3	46	92,0
Greifswald	59	36	61,0	34	94,4
Jena	83	58	69,9	44	75,9
Zusammen	221	144	65,2	124	86,1

[a] Ordinarien und Extraordinarien, ohne bereits entpflichtete Professoren.

Provinzuniversität. Hamburg hingegen war eine Großstadtuniversität außerhalb Preußens. Demgegenüber wurde die Universität Jena schon von den Zeitgenossen als eine stark nazifizierte Hochschule wahrgenommen, die während der NS-Diktatur vor allem durch die Machtansprüche des Gauleiters Fritz Sauckel geprägt worden ist.[153] Der Blick auf die Qualifikationsstruktur des Lehrkörpers zeigt, dass an den Universitäten Hamburg und Greifswald mehr als 90 Prozent der neu berufenen Professoren habilitiert waren. In Jena lag der Anteil der Habilitierten mit 75,9 Prozent erwartungsgemäß niedriger. Zusammengerechnet verfügten an den drei Universitäten 86 Prozent der neu berufenen Professoren nach traditionellen Maßstäben über die für einen Lehrstuhl erforderliche Qualifikation.

Durch den seit 1936/37 sichtbar werdenden Nachwuchsmangel verbesserte sich die Chance zu avancieren auch für jene Wissenschaftler, die anfangs wegen politischer Bedenken unberücksichtigt geblieben waren.[154] Selbst ein fanatischer Nationalsozialist wie Ernst Krieck trat seit 1936 für politisch umstrittene Professoren ein, wenn kein wissenschaftlich gleichwertiger Ersatz zur Verfügung stand.[155]

Charakteristisch für diesen Wandel war die Karriere des Frankfurter Germanisten Max Kommerell. Der aus dem George-Kreis stammende Kommerell galt als eine der größten Nachwuchshoffnungen seines Faches, war aber, wie es in einer NSDDB-Beurteilung hieß, «nicht der Typ, den wir als nationalsozialistischen Dozenten anstreben».[156] Seine «wissenschaftliche Befähigung» ließ sich jedoch nicht leugnen; zudem war er, wie der Dozentenbund einräumen musste, «ein glänzender Pädagoge», der es verstand, «seine Hörer zu fesseln». Das reichte aber nach Ansicht des NSDDB für eine Berufung nicht aus. Nach einem längeren Gespräch mit dem Frankfurter Rektor beschloss Kommerell daraufhin, politische Zugeständnisse zu machen.[157] Er beantragte die Mitgliedschaft in der NSDAP, trat einer SA-Reiterstandarte bei und nahm an einem Lager des Frankfurter NS-Studentenbundes teil, wo er sich nach Einschätzung der Studentenfunktionäre als «guter Kamerad» erwies.[158] Daraufhin änderte die Reichsdozentenführung 1940 ihre Einschätzung. Zwar hielt sie Kommerell auch weiterhin «nicht für geeignet ... als Repräsentant der nat.soz. deutschen Wissenschaft vor dem Auslande zu sprechen». Er sei aber zweifellos ein «erstrangiger Forscher ..., gegen den, abgesehen von seiner politisch belasteten Vergangenheit, unmittelbare politische Vorwürfe nicht erhoben werden können». Der NSDDB werde daher gegen eine Berufung Kommerells keinen Einspruch erheben. Das politische Gutachten schloss mit der Feststellung: «Bei der gegenwärtigen Nachwuchsnot in der Germanistik, deretwegen bei Lehrstuhlbesetzungen schon auf zweitrangige Kräfte zurückgegriffen werden muss, erscheint uns eine weitere Nichtberücksichtigung Kommerells ... nicht mehr länger möglich.»[159] Wenige Monate später erhielt Kommerell ein Ordinariat für Deutsche Philologie in Marburg.

Das Beispiel zeigt, dass negative Urteile von Parteistellen nicht in Stein gemeißelt waren; diese Urteile konnten revidiert werden, sofern die Betroffenen Anpassungsbereitschaft zeigten. Das galt selbst für Hochschullehrer wie den Hamburger Philosophiedozenten Joachim Ritter, dessen akademische Karriere 1933 hoffnungslos erschien.[160] Denn Ritter war nicht nur Schüler des Juden Ernst Cassirer, sondern auch ehemaliger Marxist, und ihm haftete darüber hinaus der Makel an, in erster Ehe mit einer «Nichtarierin» verheiratet gewesen zu sein. Obwohl der Privatdozent fachlich hervorragend beurteilt wurde, beobachtete das Regime ihn mit größtem Misstrauen. Er stand daher 1933 vor der Alternative, entweder die Universitätslaufbahn aufzugeben oder die massiven Zweifel an seiner politischen Zuverlässigkeit zu beseitigen. Ritter wählte die zweite Option und schloss sich nacheinander der NSV, dem NSLB, dem Reichsluftschutzbund und der NS-Studentenkampfhilfe an. 1937 folgte die Mitgliedschaft in der NSDAP. Als der NSDDB zusätzlich die «aktive Betätigung» in der Partei oder einer Parteigliederung forderte, übernahm Ritter 1939 in seiner NSDAP-Ortsgruppe auch noch ein Amt als Blockleiter. Die entscheidende Wende erfolgte 1939, als Ritter Alfred Baeumler kennenlernte, den politisch einflussreichsten Philosophieprofessor der NS-Zeit, der ihn zu einer Arbeitstagung über «Weltanschauung und Philosophie» einlud. Baeumler, der Leiter des Amtes Wissenschaft in der Dienststelle Rosenberg, gewann offensichtlich einen positiven Eindruck von Ritter, denn schon wenige Monate später empfahl er ihn als «ausgezeichnet befähigten Philosophen» für einen Lehrstuhl in Graz.[161] Damit war es Ritter gelungen, innerhalb von sechs Jahren die politischen Bedenken gegen seine Person weitgehend auszuräumen. 1942 zählte der SD ihn bereits zu den «politisch positiven Professoren», und 1943 erhielt er schließlich ein Ordinariat in Kiel. Diese ungewöhnliche Karriere basierte zum einen auf Ritters unbestrittenen fachlichen Leistungen, zum anderen auf seiner Bereitschaft, beträchtliche politische Konzessionen zu machen. Die Anpassung an das Regime war indes nicht unbegrenzt, denn sie beschränkte sich weitgehend auf den politischen Bereich, während er in seinen wissenschaftlichen Publikationen keine Anstalten machte, Beiträge zu einer nationalsozialistischen Philosophie zu leisten.[162]

Die Berufung auf einen Lehrstuhl blieb im Dritten Reich also den überzeugten Nationalsozialisten vorbehalten, aber auch den Angepassten und Opportunisten, die bereit waren, die politischen Zugeständnisse zu machen, die das Regime ihnen abverlangte. Als Faustregel lässt sich dabei festhalten, dass die erforderlichen Anpassungsleistungen umso größer waren, je geringer die fachlichen Meriten ausfielen.[163] Ein Wissenschaftler wie der Mediävist Carl Erdmann dagegen, der aus seiner Distanz zum Nationalsozialismus kein Hehl machte, musste unter solchen Umständen die Hoffnung auf eine universitäre Karriere begraben, obwohl seine fachlichen Leistungen deutlich über dem Durchschnitt lagen.[164]

Schrumpfung und Expansion

In den ersten Jahren nach der nationalsozialistischen Machtübernahme schrumpften die deutschen Universitäten. Zwischen 1931 und 1938 verringerte sich der Lehrkörper um 7,6 Prozent – im Wesentlichen eine Folge der 1933 einsetzenden Massenentlassungen.[165] Geradezu dramatisch fiel der Rückgang der Studierenden aus. Während im Wintersemester 1932/33 noch 92 600 Männer und Frauen an einer deutschen Universität studiert hatten, waren es 1937/38 nur noch 43 400 – eine Verminderung um mehr als die Hälfte. Kleinere Universitäten wie Greifswald oder Gießen zählten im Sommersemester 1938 nur noch 500 bis 600 Studierende. Dafür verantwortlich war zum einen die demographische Entwicklung: Seit 1932/33 strömten die geburtenschwachen Jahrgänge der Kriegs- und Nachkriegszeit an die Universitäten. Hinzu kam die Neigung zahlreicher Abiturienten, sich außerakademischen Berufen zuzuwenden. Während die Überfüllung des akademischen Arbeitsmarktes abschreckend wirkte, offerierte das Regime gleichzeitig neue Karrierechancen. Dazu gehörte insbesondere die Offizierslaufbahn.[166]

Zu diesem Schrumpfungsprozess gesellten sich anhaltende Finanzierungsprobleme. Anfang 1936 konstatierte der Leiter der Hochschulabteilung im REM, Franz Bachér,

> daß es sich bei den Etatberatungen der beiden letzten Jahre zwingend gezeigt hat, daß die Finanzverwaltungen der Länder nicht bereit oder in der Lage sind, den vorhandenen Hochschulen die Geldmittel zur Verfügung zu stellen, die für die Erhaltung des Bisherigen, geschweige denn für die unbedingt notwendige Weiterentwicklung der wissenschaftlichen akademischen Lehre bereit gestellt werden *müßten*. Es ergibt sich daraus, daß entweder das Abbröckeln der Hochschulen weiter tatenlos hingenommen werden muß, oder aber, daß von unserer Seite her entscheidende Schritte unternommen werden.[167]

Bachérs Vorschlag, zur Überwindung der Finanzmisere über die Schließung einer Universität nachzudenken, war nicht neu. Bereits 1934 hatte der preußische Finanzminister Johannes Popitz angesichts der begrenzten materiellen Ressourcen vorgeschlagen, die Universität Frankfurt aufzulösen, um die restlichen Universitäten besser ausstatten zu können. Während der Nationalkonservative Popitz eine Großstadtuniversität stilllegen wollte, weil er glaubte, dass «Großstädte keine gedeihlichen Erziehungsstätten sind»,[168] dachte man im REM in erster Linie an eine der kleineren Provinzuniversitäten. Insbesondere die Universitäten Halle, Gießen und Rostock hatten lange Zeit Grund, um ihre Existenz zu fürchten.[169]

Letztlich blieben die jahrelangen Diskussionen über dieses Thema aber ohne greifbares Ergebnis. Stattdessen einigten sich das REM und der Stab Heß darauf, sämtliche Stilllegungspläne zu den Akten zu legen, weil «die Schließung einer bestehenden Hochschule erhebliche Auswirkungen zur Folge hat, die aus kulturpolitischen und außenpolitischen Erwägungen unerwünscht sind».[170] Näher erläutert wurden diese «Erwägungen» im Dezember 1937 vom Leiter des Amtes Wissenschaft im REM. Die Schließung einzelner Universitäten, so erklärte Wacker auf einer Rektorenkonferenz, würde im Ausland wie eine «Bestätigung der zahlreichen Gerüchte ... über die Vergewaltigung der deutschen Wissenschaft» wirken und wäre «Wasser auf die Mühle der Emigranten und Feinde des Dritten Reiches».[171] Da auch die Zahl der Studierenden während des Krieges wieder deutlich anstieg,[172] hatte sich das Thema damit erledigt.

Erst die Expansionspolitik des NS-Regimes in den Jahren 1938/39 beendete die Phase der Schrumpfung. Nach dem «Anschluss» Österreichs wurden zunächst die Universitäten Wien, Innsbruck und Graz in das deutsche Universitätssystem implementiert. Auf die Zerschlagung der Tschechoslowakei folgte 1939 die Eingliederung der Deutschen Universität Prag. Den Schlusspunkt dieses Prozesses bildete die Gründung der beiden kurzlebigen Reichsuniversitäten in Posen und Straßburg. Insgesamt vergrößerte sich die Zahl der Universitäten im nationalsozialistischen Deutschland dadurch von 23 auf 29.

In Österreich hatte sich zwischen 1933/34 und 1938 ein autoritärer, katholisch-konservativ ausgerichteter «Ständestaat» etabliert, der von manchen Historikern als «Austrofaschismus» bezeichnet wird. Dieses

Regime entstand in einer doppelten Frontstellung, zum einen gegen die sozialistische Arbeiterbewegung, zum anderen gegen die österreichischen Nationalsozialisten. Obwohl Letztere sich seit einem missglückten Putschversuch im Juli 1934 in der Illegalität befanden, verfügten sie gerade an den Universitäten über einen beträchtlichen Rückhalt. Die Studierenden blickten in Österreich bereits auf eine lange Tradition des Antisemitismus zurück[173] und gehörten – ähnlich wie in Deutschland am Ende der Weimarer Republik – zu den wichtigsten Trägerschichten des Nationalsozialismus. Dabei erwies es sich als großer Vorteil, dass die nationalsozialistischen Studenten in den Jahren der Illegalität auf Teile der studentischen Korporationen, vor allem die Burschenschaften und Corps, zurückgreifen konnten, die ihnen einen legalen Rahmen für ihre politischen und hochschulpolitischen Aktivitäten boten.[174] Zudem hatten die österreichischen Nationalsozialisten während der «Verbotszeit», viel stärker als ihre deutschen Gesinnungsgenossen vor 1933, auch im Lehrkörper der Universitäten Fuß gefasst. Gefördert wurde diese Entwicklung durch die Hochschulpolitik des Ständestaates, die durch rigide Budgetkürzungen, Entlassungen und Stellenstreichungen geprägt war. Zwischen 1933 und 1936 verloren die österreichischen Hochschulen dadurch 35 Prozent ihres Personals. Diese Personalpolitik hatte sowohl fiskalische als auch politische Gründe. Denn unter den entlassenen Hochschullehrern waren zahlreiche politische Gegner des Ständestaates, darunter einige Sozialdemokraten, hauptsächlich aber Nationalsozialisten.[175]

Einen durchgreifenden Erfolg hatten diese Maßnahmen indes nicht. Denn trotz solcher Repressalien konnte sich an allen österreichischen Universitäten ein aktiver Kern von illegalen Nationalsozialisten halten. Das zeigte sich spätestens im März 1938 beim Einmarsch deutscher Truppen in Österreich, als die illegalen NSDAP-Kader im Lehrkörper und unter den Studierenden erstmals wieder an die Öffentlichkeit gingen und überall lauthals den Rücktritt der Rektoren verlangten. Ihre Forderungen stießen nur auf geringe Gegenwehr. Überall traten die amtierenden Rektoren innerhalb weniger Tage zurück und machten den Platz frei für einen Vertreter der neuen Machthaber. Binnen kurzem gelangten dadurch überall Anhänger des Nationalsozialismus an die universitären Schaltstellen. In Wien bestand die neue Führung der Universität (Rektor und Dekane) bereits im März 1938 fast ausschließlich aus «Illegalen», die der NSDAP schon vor 1938, oft schon 1933 oder früher beigetreten waren.[176]

Während die früheren «Illegalen» bereits an der Gleichschaltung der Hochschulen arbeiteten, wurden auch auf staatlicher Ebene die Weichen neu gestellt. Die Leitung des österreichischen Unterrichtsministeriums übernahm Oswald Menghin, ein großdeutsch-katholisch ausgerichteter Prähistoriker. Sein Gestaltungsspielraum blieb allerdings gering. Denn mittlerweile war auch das REM aktiv geworden und hatte einen Vertreter des Amtes Wissenschaft, Oberregierungsrat Hans Huber, in das Wiener Ministerium abgeordnet. In österreichischen Hochschulkreisen galt Huber bald als «die wichtigste Persönlichkeit im Ministerium».[177] Über seinen Schreibtisch gingen alle Gesetze, Erlasse oder Verordnungen und sämtliche Personalentscheidungen.[178] Das Verhalten der Referenten im Wiener Unterrichtsministerium gegenüber Hubers «Empfehlungen» charakterisierte dieser in einem internen Bericht als «Gefügigkeit» oder sogar als «Rückgratlosigkeit».[179] Faktisch hatte das österreichische Unterrichtsministerium sich dadurch bereits im April 1938 in eine nachgeordnete Dienststelle des REM verwandelt. Daran änderte sich auch nichts, nachdem das Unterrichtsministerium im Juni 1938 in das Wiener Ministerium für Innere und kulturelle Angelegenheiten eingegliedert worden war. Dort leitete fortan SS-Standartenführer Friedrich Plattner als Staatskommissar die für Hochschulpolitik zuständige Abteilung IV (Erziehung, Kultur und Volksbildung).

Auch der NSDDB hatte schon kurz nach dem Einmarsch der Wehrmacht in Österreich Fuß gefasst. Im April 1938 verfügte er bereits an allen Universitäten über kommissarische Dozentenführer, die in der Lage waren, politische Beurteilungen des gesamten Lehrkörpers ihrer Universität zu erstellen – Beurteilungen, die von der Reichsleitung des NSDDB unverzüglich dem SD zur Verfügung gestellt wurden.[180]

Damit waren bereits im April 1938 Strukturen geschaffen, die es ermöglichten, das österreichische Hochschulsystem im Schnellverfahren an die nationalsozialistische Vorlage anzupassen. Dazu gehörte die Übernahme des Führerprinzips nach deutschem Muster, das Ende Mai 1938 per Erlass eingeführt wurde,[181] vor allem aber die «Säuberung» der Hochschulen von tatsächlichen oder vermeintlichen Feinden des «Großdeutschen Reiches».

Ihre Ausgrenzung begann im März 1938 mit der Vereidigung der österreichischen Professoren (und aller anderen Beamten) auf Hitler, zu der Juden nicht zugelassen waren. Danach wurden alle Hochschullehrer, die nicht den Eid auf Hitler abgelegt hatten, «bis auf weiteres» beurlaubt. Zeitgleich kam es zu Verhaftungen von Hochschullehrern, die in Gefängnissen oder Konzentrationslagern inhaftiert wurden.[182] Am 6. April entzog ein Erlass des Unterrichtsministeriums jüdischen Privatdozenten die Lehrbefugnis.[183] Der nächste Schritt zur «Säuberung» der Hochschulen folgte am 31. Mai mit der Verordnung zur Neuordnung des österreichischen Berufsbeamtentums, die im Einzelnen festlegte, welche Personen künftig in der «Ostmark» (wie Österreich nun genannt wurde) nicht mehr als Beamte und Hochschullehrer erwünscht waren.[184] Einen zusätzlichen Schub erhielt die Säuberungspolitik durch die antichristliche Orientierung der nationalsozialistischen Führungsspitze, die 1938/39 zur Auflösung der Katholisch-Theologischen Fakultäten in Innsbruck und Graz führte.[185]

Welche Folgen hatte diese Politik für die drei österreichischen Universitäten? Wie aus Tabelle 11 hervorgeht, verloren sie nach dem «Anschluss» fast ein Drittel ihres Lehrkörpers. Der personelle Verlust war also deutlich größer als im «Altreich». Ähnlich wie in Deutschland zeigten sich auch hier beträchtliche Unterschiede zwischen den drei Hochschulen. Wien, die Stadt, in der 1938 mehr als 90 Prozent aller österreichischen Juden lebten, hatte mit rund 40 Prozent deutlich größere Verluste zu verzeichnen als Graz und Innsbruck.[186]

Von den 303 vertriebenen Wiener Wissenschaftlern wurden 217 (71,6 Prozent) Opfer der antisemitischen Politik des Regimes, während 86 Vertreibungen (28,4 Prozent) andere Gründe hatten. Letztere trafen überwiegend Anhänger des «Ständestaates» beziehungsweise Angehörige des katholischen Milieus. Elf Lehrende wurden Opfer des

Tabelle 11: Die «Säuberung» des Lehrkörpers[a] der österreichischen Universitäten, 1938–1945[187]

Universität	Lehrkörper 1936/37	Entlassungen 1938–1945	
		absolut	in %
Wien	765	303	39,6
Graz	220	33	15,0
Innsbruck	178	39	21,9
Zusammen	1163	375	32,2

[a] Professoren, Dozenten, Lektoren und Lehrbeauftragte.

Holocaust, sieben weitere begingen Suizid.[188] Anders lagen die Dinge an der Universität Innsbruck, wo die Opfer antisemitischer Verfolgung in der Minderheit blieben. Hier waren die entlassenen Wissenschaftler mehrheitlich Anhänger des im März 1938 untergegangenen «Systems» und katholische Theologen.[189]

Die Wiederbesetzung der vakanten Lehrstühle zog sich über einen längeren Zeitraum hin. Das lag auch daran, dass das REM die «Bestrebungen einzelner örtlicher Stellen in Österreich, Lehrstühle an österreichischen Hochschulen nur mit Österreichern zu besetzen», ablehnte, «um die Gefahr einer Inzucht von vornherein auszuschließen». Stattdessen sollte nach Auffassung des Ministeriums «ein möglichst weitgehender Austausch zwischen den bisher im ‹Altreich› wirkenden Hochschullehrern und österreichischen Hochschullehrern» angestrebt werden.[190]Als Folge dieser Direktive nahm die Zahl der Hausberufungen, die zuvor in Wien sehr hoch gewesen war, ab. Gleichzeitig stieg die Zahl der aus Deutschland berufenen Hochschullehrer. Im Winter 1943/44 stammten von den 92 Ordinarien, die an der Universität Wien lehrten, bereits 22 (24 Prozent) aus dem «Altreich».[191]

Ähnlich rasch wie die «Säuberung» des Lehrkörpers verlief auch die Vertreibung unerwünschter Studierender. Auch hier war vor allem die Universität Wien betroffen, an der etwa 15 Prozent der Studentenschaft zur jüdischen Religionsgemeinschaft gehörten. Nach dem «Anschluss» wurde im April 1938 für österreichische Juden ein Numerus clausus von 2 Prozent festgelegt, der die große Mehrzahl der als jüdisch kategorisierten Studierenden zum Abbruch des Studiums zwang. Insgesamt mussten im Jahr 1938 etwa 2230 Personen, rund 23 Prozent der Wiener Studentenschaft, aufgrund rassistischer oder politischer Verfolgung die Universität Wien verlassen. Nur 231 von ihnen konnten ihr Studium noch abschließen, bevor das REM im November 1938 Juden grundsätzlich den Besuch deutscher Hochschulen untersagte.[192]

Auch für Studierende, die nicht Opfer nationalsozialistischer Repressionen wurden, hatte der «Anschluss» Konsequenzen. Das galt vor allem für die korporierten Studenten, die nun die Erfahrung machten, dass der NS-Staat keine unabhängigen studentischen Organisationen mehr duldete. Allerdings scheint das Verbot der studentischen Korporationen, das in Deutschland 1935/36 für erhebliche Turbulenzen gesorgt hatte,[193] in Österreich weitgehend störungsfrei durchgesetzt worden zu sein. Eine Reihe von Verbindungen löste sich freiwillig auf und ließ sich in den NSDStB eingliedern. Der Rest, vor allem die katholischen Korporationen, die in der Regel den «Ständestaat» unterstützt hatten, wurde am Ende des Wintersemesters 1938 auf behördliche Anordnung aufgelöst.[194]

Ihren Abschluss fand die Gleichschaltung der österreichischen Universitäten am 1. Februar 1940, als die Hochschulen der «Ostmark» ebenso wie andere Forschungseinrichtungen unmittelbar dem REM unterstellt wurden.[195] Während die Vertreibung hochqualifizierter Forscher das wissenschaftliche Niveau der österreichischen Wissenschaft beeinträchtigte, profitierten die Hochschulen als Institutionen vom «Anschluss», der für sie eine Erhöhung ihrer Etats und einen Zuwachs an wissenschaftlichen Planstellen zur Folge hatte. Zwischen 1938 und 1943 stieg die Zahl der Ordinariate an den Hochschulen der «Ostmark» von 306 auf 333, die der außerordentlichen Professuren von 114 auf 116, während die Assistentenstellen sogar von 538 auf 915 zunahmen. Außerdem wurden 109 vergütete Dozentenstellen eingerichtet, die es bislang an österreichischen Hochschulen nicht gegeben hatte.[196] Gleichzeitig verbesserte sich die materielle Lage der Hochschullehrer. Das Durchschnittsgehalt eines Ordinarius stieg um 30 Prozent, das eines Extraordinarius um 47 Prozent. Assistenten und Dozenten verzeichneten sogar eine Gehaltserhöhung von durchschnittlich 169 Prozent.[197] Zwar verteuerten sich nach dem «Anschluss» auch die Lebenshaltungskosten, dennoch gehörten die Hochschullehrer, insbesondere die Nichtordinarien, in finanzieller Hinsicht zu den Nutznießern des Systemwechsels, sofern sie nicht 1938/39 entlassen worden waren.

Als besondere Aufgabe wurde den Wiener Hochschulen 1938/39 in offiziellen wie inoffiziellen Reden die Beschäftigung mit dem «Südosten» zugewiesen. In der Folgezeit entstanden eine unter dem Patronat des Gauleiters stehende Südosteuropa-Gesellschaft und als akademisches Koordinierungsgremium die vom Wiener Gaudozentenbundführer Kurt Knoll geleitete Südostgemeinschaft der Wiener Hochschulen. Eine besonders aktive Rolle spielten in der Südostforschung die Wiener Geographen, die in zahlreichen Projekten ihr Fachwissen für politisch-militärische Zwecke zur Verfügung stellten. Schwerpunkt ihrer Aktivitäten war die Erstellung von «Volkstumskarten», die detaillierte Informationen über die ethnische Zusammensetzung einzelner Länder, Regionen oder Städte lieferten. Solche «Volkstumskarten» entstanden auf Anforderung des Auswärtigen Amtes, der Wehrmacht und anderer Stellen von allen Regionen Südosteuropas bis hin zum Kaukasus.[198] Bestandteil des Südost-Konzeptes war ferner die Immatrikulation zahlreicher Studierender aus den Balkanländern an Wiener Hochschulen.[199] Dahinter steckte offenkundig das Ziel, für den Balkan eine eng mit Deutschland verflochtene Elite auszubilden.

Tabelle 12: Institutsgründungen an der Universität Wien, 1938–1945[200]

1938	Hochschulinstitut für Leibesübungen
1940	Institut für Rechtsvereinheitlichung
1940	Institut für Fächer des Frauenschaffens
1941	Institut für spezielle Dogmatik
1942	Institut für Zeitungswissenschaft
1942	Institut für Rassenbiologie
1943	Institut für Theaterwissenschaft
1943	Institut für germanisch-deutsche Volkskunde
1943	Institut für Dolmetschausbildung
1943	Institut für Geschichte des Postwesens

Von einer systematischen Umstrukturierung der Universität lässt sich aber nicht sprechen, wie ein Blick auf die nach dem «Anschluss» neu gegründeten Wiener Universitätsinstitute zeigt (Tabelle 12). Eine Ausrichtung der Wiener Universität auf den «Südosten» ist nicht zu erkennen. Letztlich wurden von den vielfältigen Südost-Plänen, die nach dem «Anschluss» unter Wiener Akademikern kursierten, nur wenige umgesetzt, wie der Leiter der Südostgemeinschaft Kurt Knoll 1942 rückblickend feststellte.[201]

Nicht überraschend: Auch das Lehrangebot veränderte sich unter dem Einfluss der politischen Ereignisse. Bereits im Wintersemester 1938/39 wurden zahlreiche Lehrveranstaltungen angeboten, deren Titel die Bereitschaft zum Anschluss an die neuen Machthaber signalisierten. Die Tendenz zur ideologischen Selbstgleichschaltung flaute indes schon bald ab. Seit 1940/41 ging die Zahl der politisch eindeutig ausgerichteten Vorlesungen und Seminare wieder zurück.[202] Manches deutet darauf hin, dass diese Entwicklung Ausdruck einer schleichenden Desillusionierung war, eines Gefühls der Geringschätzung der österreichischen Hochschulen und Hochschullehrer durch die reichsdeutschen Zentralstellen.[203]

Auf dem Territorium der 1918 gegründeten Tschechoslowakei hatte sich schon zu Zeiten der Habsburgermonarchie ein nach Nationalitäten getrenntes Hochschulsystem entwickelt. Den tschechischen Universitäten in Prag und Brünn stand auf der anderen Seite die Deutsche Universität Prag gegenüber. Die Zerschlagung der Tschechoslowakei durch Nazi-Deutschland und die Gründung des «Protektorats Böhmen und Mähren» führten 1939 zu einer grundlegenden Veränderung der Hochschullandschaft. Innerhalb weniger Monate entwickelten sich die tschechischen Hochschulen zu Zentren der Opposition gegen die deutschen Besatzer. Als im Herbst 1939 ein Medizinstudent bei Demonstrationen gegen die Besatzungsmacht schwer verletzt wurde und zwei Wochen später starb, organisierten Prager Studierende einen Trauerzug für ihren toten Kommilitonen. Der Trauerzug verwandelte sich in eine Demonstration von etwa 3000 Studierenden, die patriotische Lieder sangen, deutschsprachige Straßenschilder zerstörten und schließlich von der Polizei auseinandergetrieben wurden. Einen Tag später reisten Reichsprotektor Konstantin von Neurath, sein Stellvertreter Karl Hermann Frank und ein Vertreter der Wehrmacht zur persönlichen Aussprache mit Hitler nach Berlin. Das Ergebnis war der Beschluss, mit größter Härte gegen den tschechischen Widerstand vorzugehen. Am 17. November 1939 wurden neun angebliche Rädelsführer ohne Gerichtsverfahren hingerichtet und etwa 1200 tschechische Studierende in das KZ Sachsenhausen deportiert. Hitler ordnete ferner an, sämtliche tschechischen Hochschulen zu schließen. Erst nach dem Ende der deutschen Besatzung konnten sie ihre Arbeit wieder aufnehmen.[204]

Zur gleichen Zeit wurde die Deutsche Universität Prag in das deutsche Hochschulsystem eingegliedert. Auch an dieser Universität hatte der Antisemitismus nach dem Ersten Weltkrieg deutlich zugenommen. Das zeigte sich bereits 1922, als ein großer Teil der Studierenden mit einem Streik gegen die Wahl des jüdischen Historikers Samuel Steinherz zum Rektor der Universität opponierte.[205] Der Boden war also bereitet, als 1929 in Prag eine Ortsgruppe des NSDStB gegründet wurde, die schon bald durch ihren politischen Aktivismus von sich reden machte. Aus den studentischen Wahlen von 1933 gingen die Nationalsozialisten als stärkste Fraktion im Allgemeinen Studentenausschuss (AStA) der Deutschen Universität Prag hervor.[206] Anders als in Deutschland stand den Antisemiten an der Deutschen Universität Prag aber eine große Gruppe von jüdischen Studierenden gegenüber, die auch quantitativ ein sichtbares Gegengewicht zu den judenfeindlichen Gruppierungen bildete. 1929/30 bekannten sich 29,5 Prozent der Studierenden zur jüdischen Religionsgemeinschaft. In den folgenden Jahren sank ihr Anteil allerdings deutlich auf 16,7 Prozent (1934/35) und schließlich auf 12,5 Prozent (1936/37).[207]

Der Lehrkörper der Deutschen Universität Prag war liberaler als die Studentenschaft. Davon zeugt nicht zuletzt die Aufnahme von Wissenschaftlern, die 1933/34 aus den deutschen Universitäten vertrieben worden waren – unter ihnen die Physiker Paul Hertz, Erwin Freundlich und Fritz Reiche, der Jurist Hans Kelsen und der Philosoph Emil Utitz. Der Antisemitismus habe unter den Professoren der Universität vor 1938 «nur geringen Widerhall» gefunden, konstatiert die tschechische Historikerin Alena Míšková.[208] Entsprechend groß war die Zahl von Hochschullehrern, die 1939 aus der Deutschen Universität Prag vertrieben wurden. Nach aktuellem Forschungsstand fielen 34,3 Prozent des Lehrkörpers der Säuberungspolitik zum Opfer.[209] Bemerkenswerterweise begann die Vertreibung unerwünschter Hochschullehrer bereits vor dem Einmarsch deutscher Truppen im März 1939. Ob diese Maßnahmen auf Initiative Prager Nationalsozialisten oder aufgrund eines Beschlusses der tschechoslowakischen Regierung erfolgten, ist bislang unklar.[210]

Im August 1939 wurden die Deutsche Universität Prag und die anderen deutschsprachigen Hochschulen des Protektorats in die Verwaltung des Deutschen Reiches überführt und damit dem REM unterstellt. Ähnlich wie schon in Österreich setzte das Ministerium in Prag unverzüglich einen Kurator als Aufsichtsorgan ein.[211] Damit kam das REM der seit Jahren angestrebten «Verreichlichung» der deutschen Hochschulen einen Schritt näher. Aber die Erwartung, sich dadurch besser gegenüber den lokalen und regionalen Instanzen von Staat und Partei durchsetzen zu können, blieb eine Illusion. Stattdessen musste der Reichserziehungsminister akzeptieren, dass «auch auf dem Gebiete der deutschen Wissenschaft im Protektorat Böhmen und Mähren die besondere Stellung des Herrn Reichsprotektors gebührende Berücksichtigung findet. Es muß ihm daher auch nach meiner Auffassung ein weitgehender Einfluß auf die Betreuung der deutschen Hochschulen des Protektorats zukommen.»[212]

Beim «Neuaufbau» der Hochschulen im Protektorat verfolgte das REM ähnlich wie zuvor in Österreich den Plan, die Deutsche Karls-Universität, wie sie seit Oktober 1939 hieß, möglichst rasch mit «reichsdeutschen Dozenten» zu «durchsetzen». Gemäß diesem Ziel wurden frei gewordene Lehrstühle fast ausschließlich mit auswärtigen Hochschullehrern besetzt. Von 25 Professoren, die bis Ende 1939 nach Prag berufen wurden, kamen 24 aus dem «Altreich» oder der «Ostmark». Zudem stellte sich bald heraus, dass auch hochschulpolitische Führungspositionen bevorzugt mit Zuzüglern aus dem «Altreich» besetzt wurden. Nachdem der letzte regulär gewählte Rektor im Dezember 1939 zurückgetreten war, rekrutierten sich seine sämtlichen Nachfolger bis 1945 aus dem Kreis der neu berufenen «Altreichsdeutschen». Eine ähnliche Entwicklung vollzog sich auch auf Institutsebene. Bereits 1940 wurden die meisten Universitätsinstitute von Wissenschaftlern geleitet, die aus dem Deutschen Reich oder aus Österreich nach Prag gekommen waren. Das provozierte erhebliche Missstimmung unter den eingesessenen Prager Professoren, die sich von den forschen Neuankömmlingen vielfach als Wissenschaftler zweiter Klasse behandelt fühlten. Ähnliche Animositäten schwelten auch zwischen den sudetendeutschen Studierenden und ihren reichsdeutschen Kommilitonen.[213]

Unter den neu nach Prag berufenen deutschen Professoren befanden sich zahlreiche SS-Angehörige. 29 der insgesamt 232 Professoren und Dozenten, die zwischen 1940 und 1945 an der Deutschen Universität Prag lehrten, trugen die schwarze Uniform der SS (12,5 Prozent).[214] Der Anteil der SS-Angehörigen im Prager Lehrkörper war damit deutlich höher als an den Universitäten des «Altreichs». Besonders häufig waren SS-Mitglieder in universitären Führungspositionen vertreten. Von den vier Rektoren der Jahre 1940 bis 1945 gehörten drei der SS an.

Verstärkt wurde der Einfluss der SS durch die Ankunft Reinhard Heydrichs, der im September 1941 als stellvertretender Reichsprotektor die Macht in Prag übernahm und schon wenig später anfing, in die Universität hineinzuregieren. Heydrichs Absicht war es, die Universität in ein Instrument der Besatzungspolitik zu verwandeln. Kurzfristig verfolgte diese Politik vor allem das Ziel, die materiellen und personellen Ressourcen des Protektorats durch ein System von Zuckerbrot und Peitsche möglichst effizient für die deutsche Kriegswirtschaft einzusetzen. Fernziel war die «Germanisierung» des Protektorats als notwendige Voraussetzung für seine spätere Eingliederung in das Deutsche Reich.

In einem Bericht an die Parteikanzlei erläuterte Heydrich 1942, welche Rolle die Prager Universität – als «Scheitelpunkt der geistigen deutschen Ostfront» – im Rahmen dieser Planungen übernehmen sollte: «Erforschung der Gegebenheiten des Raumes Böhmen und

Mähren ... Erforschung des zukünftigen Zustandes des Protektorats und der Wege zu ihm. (Mittelpunkt: Tschechenfrage, Regermanisierungsproblem, Gesinnungsvorgänge ...).»[215] Zur Bewältigung solcher und ähnlicher Aufgaben wurden seit 1940 zahlreiche nationalsozialistische Wissenschaftler nach Prag berufen. Zu ihnen gehörten zwei hochrangige Funktionäre des Rasse- und Siedlungshauptamtes (RSHA) der SS, der Agrarwissenschaftler Wilhelm Saure und der Rassenbiologe Bruno K. Schultz, außerdem der Rassenhygieniker Karl Thums, der Volksforscher Hans Joachim Beyer, der Rassenforscher Karl Valentin Müller und der Psychologe Rudolf Hippius. Viele von ihnen fanden in der neu gegründeten Reinhard-Heydrich-Stiftung eine institutionelle Basis.[216] Als zentrale Personalie erwies sich insbesondere der habilitierte SD-Funktionär Hans Joachim Beyer, der 1942 auf Wunsch Heydrichs nach Prag kam und schon bald «zum Schrecken der eigenen Kollegen» avancierte.[217] SS-Hauptsturmführer Beyer agierte faktisch als verlängerter Arm Heydrichs, dessen Wünsche er «in Form von Weisungen an den Kurator bzw. Rektor» weiterreichte, wie der Dekan der Medizinischen Fakultät, Arthur Rühl, 1942 berichtete.[218]

NS-Professoren wie Beyer und Müller beschäftigten sich in erster Linie mit dem Fernziel der Besatzungspolitik, der geplanten «Germanisierung» des Protektorats. Müller hielt etwa die Hälfte der tschechischen Bevölkerung für «deutschblütig», eine Zahl, die Heydrich übernahm. Müller wies aber auch darauf hin, dass in den vergangenen Jahrzehnten eine starke Vermischung der deutschen Bevölkerungsteile mit «slawischem Blut» stattgefunden habe, das er für minderwertig hielt. Hauptziel einer auf «Germanisierung» zielenden Bevölkerungspolitik im Protektorat war daher für ihn eine «Umvolkung», die darauf abzielte, die «rassisch wertvollen» Bevölkerungsteile einzudeutschen. Das Problem der Rückgewinnung des «deutschen Leistungserbguts» beschäftigte auch seinen Kollegen Hans Joachim Beyer, der eine rassistische Rangliste der osteuropäischen «Völkerstämme» nach ihrem «deutschen Einschlag» erstellte und «Mischehen» nur bei «artverwandten» Völkern akzeptieren wollte.[219] Unklar blieb bei all diesen Forschungen, welches Schicksal jene slawischen Bevölkerungsteile erwartete, die für eine «Germanisierung» nicht in Betracht kamen. Diese Entscheidung wurde auf die Zeit nach einem siegreichen Ende des Krieges verschoben.[220]

Die starke Präsenz von SS-Angehörigen im Prager Lehrkörper brachte Himmler auf die Idee, mittelfristig die gesamte Universität in sein SS-Imperium einzugliedern. Ziel war es, zunächst die verschiedenen über ganz Deutschland verteilten Abteilungen der SS-Forschungsgemeinschaft «Ahnenerbe» an die Deutsche Universität Prag anzugliedern, um dann in einem zweiten Schritt die Universität als Ganzes in eine «Ahnenerbe»-Universität umzuwandeln. Mit dem Leiter des Amtes Wissenschaft im REM, Rudolf Mentzel, und dem NS-Ideologen Alfred Rosenberg hatte Himmler in dieser Frage 1942/43 bereits Einvernehmen erzielt. Anfang 1944 stimmte auch Hitler diesem Plan zu.[221] Letztlich verhinderte wohl nur der weitere Kriegsverlauf die Umsetzung dieses Projekts.

Neugründungen: Die Reichsuniversitäten Posen und Straßburg

Pläne, neue Universitäten zu gründen, hat es in den zwölf Jahren der NS-Diktatur immer wieder gegeben. Sie häuften sich insbesondere in den Jahren 1940/41 – in der Zeit zwischen dem Waffenstillstand in Frankreich und dem Angriff auf die Sowjetunion, als viele Deutsche glaubten, der Krieg sei bereits gewonnen. Als potentielle Universitätsgründer exponierten sich meist ehrgeizige Lokal- oder Regionalpolitiker, die ihren Herrschaftsbereich aufwerten wollten. 1940 versuchte Gustav Simon, der Gauleiter von Koblenz-Trier, eine Wiedergründung der Universität Trier zu initiieren. Ähnliche Absichten verfolgte etwa zur gleichen Zeit Gauleiter Josef Bürckel, der Saarbrücken als neuen Hochschulstandort ins Gespräch brachte. In Düsseldorf präsentierte Gauleiter Friedrich Karl Florian im Frühjahr 1941 den Plan, die Medizinische Akademie Düsseldorf zur Volluniversität auszubauen. Mit besonderer Hartnäckigkeit verfolgte Hans Frank 1941 die Idee, in Krakau eine Kopernikus-Universität zu errichten, die nach den Vorstellungen Franks und seiner Mitarbeiter die «erste wirklich nationalsozialistische Hochschule» werden sollte.[222]

Alle diese Projekte sind nie über das Planungsstadium hinausgekommen. Dafür gab es gute Gründe: Ein wirklicher Bedarf an einem Ausbau des Hochschulsystems bestand nicht. An den Universitäten des «Altreichs» war die Zahl der Studierenden von 104 000 im Jahre 1931 auf 41 000 im Sommer 1939 zurückgegangen.[223] Hinzu kam der wachsende Mangel an wissenschaftlichem Nachwuchs, der es erschwerte, neue Universitäten mit einem qualifizierten Lehrkörper auszustatten.[224]

Trotz dieser Hinderungsgründe wurden 1941 schließlich doch zwei neue deutsche Universitäten gegründet, die Reichsuniversitäten Posen und Straßburg. Allerdings waren es keine hochschulpolitischen Überlegungen, die zu diesen Entscheidungen führten. Nachvollziehbar werden beide Neugründungen nur im Kontext der nationalsozialistischen Expansions- und Germanisierungspolitik.

Anders als 1933 verfügte das Regime in Posen und Straßburg über die Möglichkeit, zwei Universitäten gänzlich nach den eigenen – wissenschaftlichen und politischen – Vorstellungen neu zu gestalten. Die beiden Reichshochschulen hatten eine Reihe von Gemeinsamkeiten: Beide entstanden in Gebieten, die bis 1918 zum Deutschen Kaiserreich gehört hatten und durch den Versailler Vertrag an Polen und an Frankreich angegliedert worden waren. Sowohl Posen als auch Straßburg waren in der ersten Phase des Zweiten Weltkriegs von der Wehrmacht erobert und besetzt worden. Beide Städte gehörten zu Gebieten, die von Deutschland faktisch annektiert worden waren. In beiden Fällen handelte es sich um Territorien, in denen große Teile der Bevölkerung den neuen Machthabern feindselig, skeptisch oder zumindest abwartend gegenüberstanden. Das galt insbesondere für Posen, wo mancher Professor das Haus nur mit Pistole oder Schlagstock verließ.[225] Aber auch der Straßburger Romanist Kurt Wais fühlte sich im Elsass nicht so wohl wie zuvor in Tübingen, sondern hatte «stets das Gefühl eines ungebetenen Gastes gegenüber der Bevölkerung», wie er in einem privaten Schreiben formulierte.[226] Eine letzte Gemeinsamkeit: Sowohl in Straßburg als auch in Posen verzichteten die Gründer bewusst auf die Einrichtung einer Theologischen Fakultät. Das entsprach der Politik des Regimes, die langfristig auf eine Marginalisierung der christlichen Kirchen und eine Beseitigung der Theologischen Fakultäten hinauslief.[227] Ziel der deutschen Politik war eine «Germanisierung» der Räume, durch Deportationen und Umsiedlungen, durch Indoktrination und nicht zuletzt durch physische Gewalt. Hochschulgründungen waren Bestandteil dieser Politik. Die beiden Reichsuniversitäten sollten die kulturelle Hegemonie Nazi-Deutschlands in den annektierten Gebieten sichern und Expertenwissen für die «Neuordnung» dieser Räume bereitstellen. Der Begriff «Reichsuniversität» ist schon seit dem Kaiserreich in unterschiedlichen Bedeutungen verwendet worden.[228] Nüchtern betrachtet bezeichnete er lediglich den Sachverhalt, dass beide Hochschulen nicht, wie im «Altreich» üblich, aus den Länderhaushalten, sondern aus dem Reichshaushalt finanziert wurden und unmittelbar dem REM unterstanden.[229] Möglich wurden beide Neugründungen nur deshalb, weil die Initiatoren sich die Gebäude bestehender Universitäten aneignen konnten. Ein Neubau auf der grünen Wiese wäre mitten im Krieg aus Kostengründen nicht durchsetzbar gewesen.

Die im April 1941 eröffnete Reichsuniversität Posen war Bestandteil des im Oktober 1939 gegründeten Reichsgau Wartheland. Gegenüber der Öffentlichkeit wurde gern die Legende verbreitet, Hitler persönlich habe bei der Gründung Pate gestanden.[230] Tatsächlich war jedoch Gauleiter Arthur Greiser die eigentliche Triebkraft der Universitätsgründung. Hitler hingegen zeigte nur wenig Interesse an einer kostspieligen Universitätsgründung in Posen, war aber einverstanden, dass «die Errichtung einer Universität in Posen vorbereitet» werden solle.[231] Greiser schloss aus dieser etwas nebulösen Formulierung, der «Führer» wolle zwar bis zum Ende des Krieges keine kostspieligen Neubauten, sei aber mit einer Nutzung und «Vervollständigung» vorhandener Einrichtungen der polnischen Universität Poznań einverstanden.[232] Als der Leiter der Reichskanzlei Hans Heinrich Lammers gegen diese Lesart keine Einwände vorbrachte,[233] konnten die Hochschulpolitiker in Posen und Berlin die Universitätsplanung in Angriff nehmen.

Faktisch machte also erst die Schließung der 1919 gegründeten polnischen Universität in Poznań den Weg frei für die Gründung der Reichsuniversität Posen, welche die nunmehr leeren Gebäude für ihre Zwecke nutzen konnte.[234] Im Gegensatz zu anderen polnischen Hochschulen, vor allem in Warschau, war die Universität Poznań während der Kämpfe zu Beginn des Zweiten Weltkriegs unzerstört geblieben.[235] Auch das bisherige Vermögen der polnischen Universität Poznań und der früheren polnischen Nationalstiftung ging auf die Reichsuniversität über.

Die Einstellung des Lehrbetriebs an der Universität Poznań war Teil einer Politik, die auf eine systematische Zerstörung der polnischen Hochschullandschaft abzielte. Schon unmittelbar nach dem Ende der Kampfhandlungen hatten Wehrmacht, SS und die deutsche Zivilverwaltung zahlreiche Universitätsgebäude in Westpolen beschlagnahmt. Eine Entscheidung über die Zukunft des polnischen Hochschulwesens war damit aber noch nicht gefallen. Die Universitäten in Warschau und Krakau bereiteten im Oktober 1939 bereits ihre Wiedereröffnung vor, ohne dass die deutsche Zivilverwaltung Einwände erhob. Das änderte sich, als in der zweiten Oktoberhälfte 1939 eine dreiköpfige Gruppe nationalsozialistischer Politiker in Westpolen eintraf: Rudolf Mentzel (REM), Erich Schumann (OKW) und Richard Donnevert (Stab Heß) sorgten für eine dauerhafte Schließung der polnischen Hochschulen. Mentzel, ein hochrangiger SS-Führer, begründete diese Maßnahme mit der Notwendigkeit, jegliche Opposition präventiv auszuschalten:

> Meinem Dafürhalten nach wäre es eine verfehlte Maßnahme, den Polen höhere Schulen oder gar eine Universität zu belassen. Diese Meinung drängt sich … dem Außenstehenden dann auf, wenn er im Verkehr mit polnischen Universitätsprofessoren, mehr noch beim Durchschreiten der Universitätsinstitute die haßerfüllten Physiognomien der polnischen Intelligenz betrachten kann. Während die Bauernbevölkerung und die ärmere Stadtbevölkerung völlig stumpf und apathisch ihrer Feldarbeit bzw. ihren sonstigen kleineren Arbeiten in der Stadt nachgeht, regt sich … bei den Angehörigen der Universität und zwar sowohl bei den Dozenten wie bei den Studenten der Geist der Opposition, der im Keime erstickt werden muß.[236]

Die polnischen Hochschullehrer verloren nicht nur ihren Arbeitsplatz, sondern waren darüber hinaus massiven Repressionen ausgesetzt. Viele von ihnen wurden vertrieben, verhaftet und in Lagern inhaftiert, wo ein Teil von ihnen starb. In Krakau verhaftete der SD im November 1939 den gesamten Lehrkörper der Universität und deportierte ihn in das KZ Sachsenhausen. Drei jüdische Hochschullehrer wurden ermordet, weitere zwölf starben während der Haftzeit. Der größte Teil der Verhafteten kam jedoch 1940/41 aufgrund deutscher und internationaler Interventionen wieder frei.[237] Während der gesamten Besatzungszeit sind polnischen Studien zufolge 310 polnische Hochschullehrer und Wissenschaftler in Gefängnissen, Lagern oder durch Exekutionen umgekommen.[238]

Das Reichsfinanzministerium bewilligte für Posen insgesamt 88 Lehrstühle, von denen 74 bis 1944/45 tatsächlich besetzt wurden.[239] Bei den Lehrkräften handelte es sich in der Gründungsphase überwiegend um Wissenschaftler, die bis 1939 an der Universität Dorpat (Tartu) oder am Herder-Institut in Riga tätig gewesen waren. Sie gehörten zu den knapp 70000 Deutschbalten aus Estland und Lettland, die nach dem Hitler-Stalin-Pakt in Westpolen angesiedelt wurden, um dort den Prozess der «Germanisierung» voranzutreiben. Wissenschaftler baltischer Herkunft, als deren Sprecher der Historiker Reinhard Wittram auftrat, stellten Ende 1943 immer noch ein Drittel aller Hochschullehrer und Assistenten.[240]

Gegenüber der mehrheitlich polnischen Bevölkerung des Warthelandes galt das Gebot strikter Distanz. Professoren, die an die Reichsuniversität berufen wurden, mussten schriftlich versichern, mit Angehörigen des ehemaligen polnischen Staates weder verwandt noch verschwägert zu sein. Zudem war Polen das Studium in Posen, wie auch an allen anderen deutschen Universitäten, grundsätzlich untersagt.[241] Allerdings konnten die einzelnen Universitätsinstitute oftmals nicht auf polnische Mitarbeiter verzichten, wie der Anatom Hermann Voss, ein fanatischer Polenhasser, bedauernd feststellte.[242]

Eine Schlüsselposition beim Aufbau und bei der Leitung der Reichsuniversität Posen erhielt ein nationalsozialistischer Multifunktionär, der langjährige Leiter des Reichsstudentenwerks, Hanns Streit.[243]

Der in Posen geborene Streit war als Kurator Vertreter des REM, unterstand aber gleichzeitig als «Sachbearbeiter des Reichsstatthalters» auch Gauleiter Greiser.[244] Da Streit als Gaudozentenbundführer, Gaustudentenbundführer und hochrangiger SS-Offizier (1942: SS-Standartenführer) auch alle wichtigen Parteiämter in seiner Person vereinte, bestimmte er das Universitätsgeschehen weit stärker als die Rektoren.[245]

Sowohl Kurator Streit als auch Gauleiter Greiser wurden nicht müde, die Reichsuniversität Posen als die «erste wirklich nationalsozialistische Universitätsgründung» anzupreisen.[246] Zur Begründung verwies Streit hauptsächlich auf «eine große Anzahl neuartiger Lehrstühle». Diese Lehrstühle waren vor allem in der Philosophischen Fakultät angesiedelt, die mit insgesamt 22 Professuren die größte Fakultät der Reichsuniversität Posen bildete. Zu den von Streit 1941 besonders hervorgehobenen «neuartigen» Professuren zählten unter anderem Lehrstühle für Rassenpolitik, für Politische Auslandskunde, für Volks- und Landeskunde der Sowjetunion sowie für Geschichte und Sprache des Judentums.[247] Letzterer war, wie Streit auf einer «Führertagung» hervorhob, als «Lehr- und Forschungsstätte gegen das Judentum» konzipiert.[248] Doch gerade diese neuen Lehrstühle, die der Reichsuniversität ein eindeutig nationalsozialistisches Gepräge geben sollten, verwandelten sich zum Teil in Leerstühle, weil es nicht gelang, Kandidaten zu finden, die für alle beteiligten Stellen akzeptabel waren. So blieb der Lehrstuhl für Rassenpolitik bis zum Kriegsende vakant. Die ursprünglich geplante Professur für Geschichte und Sprache des Judentums wurde 1942 in einen Lehrstuhl für deutsche Philologie umgewandelt. Auch der Lehrstuhl für Politische Auslandskunde konnte nicht besetzt werden.[249]

Zudem waren gerade die politischen Aktivisten, die für einen Lehrstuhl in Posen gewonnen werden sollten, während des Krieges in der Regel anderweitig beschäftigt. So konnte das Extraordinariat für Volkslehre, einschließlich Grenz- und Volksdeutschtum, zwar 1941 mit SS-Hauptsturmführer Hans Schwalm, einem Geographen, besetzt werden. Schwalm trat diese Professur jedoch nie an, weil seine politischen Aktivitäten im Dienste diverser SS-Stellen ihm dafür keine Zeit ließen.[250] Wenig Freude hatte die Reichsuniversität auch an dem Osteuropaexperten Gerhard von Mende, der 1941 den Lehrstuhl für Volks- und Landeskunde der Sowjetunion übernahm, faktisch aber als Abteilungsleiter in Alfred Rosenbergs Ministerium für die besetzten Ostgebiete dauerhaft abwesend war.[251] Letztlich fiel die Lehrstuhlstruktur der Reichsuniversität Posen daher konventioneller aus als geplant.

Bei einem Blick auf die Fakultätsgliederung fällt, neben dem Fehlen einer Theologischen Fakultät, vor allem die große Landwirtschaftliche Fakultät mit 15 Lehrstühlen auf. Auf diese Fakultät, die nur an wenigen anderen Universitäten über ein Äquivalent verfügte, legten die Posener Hochschulplaner besonderen Wert, denn der Warthegau galt ihnen als zukünftige «Kornkammer des Reiches».[252] Im auffallenden Kontrast zur gewichtigen Rolle der Agrarwissenschaften stand die unscheinbare Präsenz der Medizinischen Fakultät, die 1944 lediglich vier Ordinariate zählte. Da Hitler Neubauten untersagt hatte, verfügte die Reichsuniversität Posen nicht über Universitätskliniken. Die Medizinische Fakultät Posen blieb daher eine Rumpffakultät, an der lediglich der vorklinische Teil des Studiums absolviert werden konnte.[253]

Kurz vor der Eröffnung der Reichsuniversität Posen benannte Kurator Streit in einem programmatischen Text als Ziel der neuen Universität die «geistige Gewinnung des neuen Ostraums». Ein in Posen tätiger Hochschullehrer müsse «nicht nur Wissenschaftler sein, sondern vor allem auch im Volkstumskampf seinen Mann stehen können».[254] Obwohl nicht alle in Posen lehrenden Hochschullehrer diesen Anspruch erfüllten, war die Universität in der Tat auf vielfältige Weise mit der nationalsozialistischen Besatzungs- und Germanisierungspolitik verknüpft.

Der erste Rektor der Reichsuniversität, der Agrarwissenschaftler Peter Carstens, verkörperte diese Verknüpfung auf exemplarische Weise. Der SS-Offizier leitete neben seiner Tätigkeit als Hochschullehrer seit 1940 auch den Ansiedlungsstab des Höheren SS- und Polizeiführers in Posen. So war er verantwortlich für die Vertreibung zahlreicher polnischer Bauernfamilien und die gleichzeitige Ansiedlung von «Volksdeutschen» auf ehemals polnischen Höfen.[255] Sein Fakultätskollege Georg Blohm beschäftigte sich mit der Frage, wie ein «volkspolitisch zweckmäßiger» Einsatz von polnischen Arbeitskräften in der Landwirtschaft auszusehen habe. Die Frage berührte ein Grundproblem nationalsozialistischer Besatzungspolitik, die langfristig darauf abzielte, die polnische Bevölkerung aus dem Warthegau zu vertreiben, faktisch aber auf polnische Landarbeiter angewiesen war. Blohm machte den Vorschlag, als «Übergangslösung» im Warthegau «Polenreservate» einzurichten, die als Arbeitskräftereservoir für Saisonarbeiter dienen sollten.[256]

Im Grenzbereich von Wissenschaft und Politik bewegten sich auch die Forschungen des Geographen Walter Geisler, dessen «Landeskundliche Forschungsstelle» einen *Atlas des Lebens- und Wirtschaftsraumes des Reichsgaues Wartheland* bearbeitete. Dieser Atlas sollte «eine genaue Bestandsaufnahme des Raumes in bevölkerungspolitischer, kultureller und wirtschaftlicher Hinsicht» liefern und dadurch eine wissenschaftliche Grundlage für die Expansion des «deutschen Lebensraumes» im Osten bieten.[257]

Eines der größten Posener Forschungsprojekte, die «eignungspsychologischen und charakterologischen Wertigkeitsuntersuchungen», die der deutschbaltische Psychologe Rudolf Hippius 1942 an Polen und «deutsch-polnischen Mischlingen» durchführte, gehört ebenfalls in diesen Zusammenhang. Hippius und seine Mitarbeiter, zu denen auch der spätere Nobelpreisträger Konrad Lorenz gehörte, kamen zu dem Ergebnis, dass Deutsche und Polen jeweils über spezifische charakterliche Grundzüge verfügten, die sich gegenseitig ausschließen. Charakteristisch für die Deutschen seien unter anderem Schaffensfreudigkeit, Leistungsverlangen und Sachlichkeit, die polnische «Grundstruktur» sei dagegen unter anderem durch «Lebensangst» und «elementare Triebhaftigkeit» gekennzeichnet. Die berufliche Leistungsfähigkeit der polnischen Bevölkerung beurteilte Hippius ausgesprochen negativ. Zwar attestierte er 73 Prozent der Polen die «geistige Befähigung» für eine «vollwertige Berufsleistung». Die «charakterlichen Voraussetzungen» dafür seien aber nur bei 40 Prozent gegeben. Fazit: Nur «unter nachdrücklichem Zwang kann das Leistungsniveau der Polen eine beachtliche Höhe erreichen».[258]

Bei «deutsch-polnischen Mischlingen» diagnostizierte Hippius eine Schädigung der Substanz durch «den Zusammenprall gegensätzlicher Erbmassen». Ihr Charakter sei geprägt durch eine «starke Entharmonisierung» und eine mangelnde «Einordnungsbereitschaft». Den «Mischlingen» fehlten, so behauptete er, «die charakterlichen Voraussetzungen» für «tiefere Bindungen an die Lebenswerte» sowohl des deutschen als auch des polnischen Volkes. Es überrascht nicht, dass Hippius auch die Leistungsfähigkeit der deutsch-polnischen «Mischlinge» negativ beurteilte: «Die begabungsmäßigen Möglichkeiten ... sind eng gezogen. Bei nur 58% liegen die Voraussetzungen zu einer vollwertigen Berufsleistung vor.»[259]

Als Schlussfolgerungen legte die Studie nahe, dass Polen nur dann nützliche Arbeit leisteten, wenn sie massivem Zwang ausgesetzt waren, und dass «deutsch-polnische Mischlinge» aufgrund ihrer charakterlichen Anlagen niemals ein Teil der deutschen «Volksgemeinschaft» werden konnten. Die Untersuchung zeigt die Bereitschaft von Teilen der deutschen Wissenschaft, sich in ihren Forschungen von der nationalsozialistischen Rassenideologie leiten zu lassen. Unklar bleibt, ob diese Analyse tatsächlich Einfluss auf die deutsche Politik im Warthegau hatte oder ob sie lediglich die wissenschaftliche Legitimation für eine Politik lieferte, die schon vorher praktiziert wurde.

Auch manche Universitätsinstitute, die nicht direkt an der nationalsozialistischen Germanisierungspolitik teilhatten, waren auf vielfältige Weise mit der brutalen deutschen Unterdrückungspolitik in Westpolen verbunden. Das wohl markanteste Beispiel ist das Anatomische Institut, das von der Posener Gestapo regelmäßig mit den Leichen hingerichteter Polen beliefert wurde, die dort zum Teil verbrannt, zum Teil für Ausbildungszwecke präpariert wurden. Die Zahl der angelieferten Leichen war so groß, dass das Anatomische Institut schließlich einen florierenden Handel mit den Schädeln und Skeletten hingerichteter Polen eröffnen konnte.[260]

Einige Hochschullehrer empfanden es offensichtlich als reizvoll, in Posen als Pioniere an einer «Neuordnung» des «deutschen Ostens» mitzuarbeiten. Im Allgemeinen war die Reichsuniversität aber kein attraktiver Standort für Hochschullehrer. Hermann Voss, der erste

Dekan der Medizinischen Fakultät, offenbarte in seinem Tagebuch sogar «Grausen vor Posen». Nach Eintreffen der Berufungszusage aus dem REM notierte er: «Keine Spur von Freude». Neben den Baltendeutschen, die als geschlossene Gruppe in die Reichsuniversität eingegliedert wurden, zog Posen vor allem jüngere Wissenschaftler an, denen sich hier die Gelegenheit bot, erstmals ein Ordinariat zu erhalten.[261] Auch für Voss war Posen nach eigener Einschätzung die «einzige Chance, Ordinarius zu werden ... Ich musste also in den sauren Apfel beißen.»[262] Die behelfsmäßige Unterbringung der neu berufenen Professoren trug nicht dazu bei, die Stimmung aufzuhellen. Angesichts der «katastrophalen Wohnungsmarktlage»[263] in Posen war an den Kauf oder die Anmietung eines Hauses beziehungsweise einer Wohnung nicht zu denken. Stattdessen mussten selbst verheiratete Ordinarien zufrieden sein, wenn ihnen nach mehrmonatiger Wartezeit ein Zimmer in einem «Dozentenheim» zur Verfügung gestellt wurde, während ihre Familien weiterhin im «Altreich» lebten.[264] Mit dem traditionellen Lebensstil eines deutschen Ordinarius hatte diese Existenzweise nur geringe Ähnlichkeit.

Ganz anders die Situation im Elsass: Die Reichsuniversität Straßburg erwies sich aufgrund der geographischen Lage und der guten Lebensbedingungen als ein überaus attraktives Projekt. Manche Wissenschaftler empfanden Straßburg sogar als «eine Art Paradies», wo es anders als in Deutschland «Wein, Brot und Gänseleberpastete in Hülle und Fülle» gab, wie Hellmut Becker, damals Assistent an der Juristischen Fakultät, noch Jahrzehnte später erinnerte.[265] Während Hitler die Zukunft Deutschlands im Osten sah, gingen auch regimekonforme Hochschullehrer lieber in den Westen. «Der natürliche Reiz des Westens ist von jeher größer gewesen als der des Ostens, wo für das Gesamtvolk gerade jetzt die größeren und schwierigeren Aufgaben auf nationalpolitischem Gebiet vorliegen», hieß es 1941 in einer Stellungnahme des Reichsinnenministeriums mit vergleichendem Blick auf Straßburg und die Ostuniversitäten Posen, Prag, Königsberg und Breslau.[266] Straßburg zog daher viele Professoren an, die zuvor bereits im «Altreich» ein Ordinariat gehabt hatten. Ihre Abwanderung ins Elsass provozierte aufgeregte Beschwerdebriefe der betroffenen Hochschulen, die sich über «schwere Schädigungen» beklagten oder gar von einer «Ausräuberung unserer Universitäten» sprachen.[267] Auch die Zahl der Studierenden war in Straßburg deutlich größer als in Posen. 1944 zählte Posen 1228 Studierende, Straßburg hingegen 3462.[268]

Im Gegensatz zu Posen konnten die Gründer der Reichsuniversität Straßburg sich auf eine deutsche Universitätstradition berufen: Die 1872 gegründete Kaiser-Wilhelm-Universität in Straßburg war im Dezember 1918, kurz nach dem Ende des Ersten Weltkriegs, von den französischen Behörden geschlossen worden. Von wenigen Ausnahmen abgesehen, wurden die deutschen Angehörigen des Lehrkörpers gezwungen, Straßburg bis Ende Januar 1919 zu verlassen. An die Stelle der Kaiser-Wilhelm-Universität trat 1919 die Université de Strasbourg, die sich in den folgenden Jahren zur zweitgrößten französischen Universität entwickelte.[269]

Anders als in Polen führte die deutsche Besatzung in Frankreich während des Zweiten Weltkriegs nicht zur Schließung der Hochschulen. An den meisten französischen Universitäten ging der Lehrbetrieb zwischen 1940 und 1944 weiter. Doch waren die Hochschulen in dieser Zeit erheblichen politischen Eingriffen der deutschen Besatzer und ihrer französischen Kollaborateure ausgesetzt. Dazu gehörten die Einschränkung der Hochschulautonomie, die Vertreibung von Juden, Freimaurern und Kommunisten sowie die Zensur wissenschaftlicher Publikationen.[270]

Die stärksten Eingriffe richteten sich gegen die Université de Strasbourg, die bereits Anfang September 1939 nach Clermont-Ferrand verlagert wurde und bei den deutschen Behörden als unerwünschte Konkurrenz zur neuen Reichsuniversität galt. Die Fortführung des Lehrbetriebs in Clermont-Ferrand erwies sich als außerordentlich schwierig, nachdem die Universität 1941 von der deutschen Militärverwaltung gezwungen worden war, ihre Bibliotheken und wissenschaftlichen Geräte an die Reichsuniversität in Straßburg abzugeben. Da die Université de Strasbourg bald als Hochburg der Résistance galt, war sie in den Jahren 1943/44 massiver Verfolgung ausgesetzt. Im November 1943 besetzten Polizeieinheiten mit Unterstützung der Luftwaffe das Universitätsgelände in Clermont-Ferrand, erschossen zwei Personen und nahmen etwa 1200 Universitätsangehörige fest. Die meisten von ihnen kamen bald wieder frei, aber mehr als 100 Studierende und Professoren wurden in deutsche Lager deportiert, wo etwa 50 von ihnen starben.[271]

Völkerrechtlich blieb das Elsass im Zweiten Weltkrieg ein Teil Frankreichs. Faktisch allerdings betrieben die deutschen Besatzungsbehörden von Anfang an eine Politik, die auf Annexion und «Germanisierung» zielte. Die Reichsuniversität Straßburg war Teil dieser Politik. Ihre Neugründung war von Hitler im Juni 1940 bei einem Besuch in Straßburg eher beiläufig verkündet worden, ohne sich zuvor mit den für Hochschulpolitik zuständigen Staats- und Parteistellen abzustimmen und ohne diese zu informieren. Das REM erfuhr von der Entscheidung erst zwei Wochen später, nachdem ein Beamter des Ministeriums den Leiter der Präsidialkanzlei, Otto Meißner, aufgesucht hatte:

> Ich fragte Herrn Staatsmin[ister] Meißner, ob sich der Führer gelegentlich seines Besuches in Straßburg zur Universität geäussert habe. StM. Meißner sagte, dass der Führer mit ihm vor der Universität gestanden und erklärt habe, die Universität wird wieder eine deutsche Universität. Es sei der Wunsch des Führers, alles, was in deutscher Zeit gebaut und eingerichtet worden sei, in der Ursprünglichkeit wieder herzustellen; alles, was die Franzosen dort eingerichtet, benannt und gebaut haben, soll restlos ausgemerzt werden.[272]

Im Oktober 1940 erteilte Hitler dem Chef der Zivilverwaltung im Elsass, Gauleiter Robert Wagner, den Auftrag, die Integration des Elsass in das Deutsche Reich «in kürzester Zeit» und in weitgehender Unabhängigkeit von den Reichsbehörden voranzutreiben.[273] Wagner und seine Mitarbeiter fühlten sich daher legitimiert, auch die Neugründung der Reichsuniversität in eigener Regie zu betreiben. In ihren Anfängen war die neue Universität in Straßburg deshalb eher eine Regionaluniversität als eine Reichsuniversität.[274]

Gauleiter Wagner, der selbst nie eine Universität besucht hatte, entwickelte ehrgeizige Pläne. Straßburg sollte nicht einfach eine weitere deutsche Universität werden, sondern an der Spitze aller deutschen Hochschulen stehen.[275] In einer Denkschrift, die der Gauleiter bereits im Juli 1940, wenige Wochen nach Ende der Kampfhandlungen, an verschiedene Partei- und Staatsstellen schickte, wurde die zukünftige Universität Straßburg als «Träger des weltanschaulichen Geisteskampfes» präsentiert. Der Text spiegelt den Triumphalismus, der im Sommer 1940 die NSDAP beherrschte:

> Die Universität muß ein Bollwerk des nationalsozialistischen germanischen Großreiches werden gegen den Westen und dessen untergehende Welt. Von ihr muß die Kraft der nationalsozialistischen Revolution kämpferisch und siegreich ausstrahlen, zuvörderst auf die zusammenbrechende Welt des Westens, sodann auf die gesamte deutsche Wissenschaft und auf die Heranbildung des nationalpolitischen Geistes im Elsaß.[276]

Eine Schlüsselstellung in der Gründungsphase der Reichsuniversität Straßburg übernahm der nationalsozialistische Historiker Ernst Anrich, dessen Vater einst als Theologieprofessor an der Straßburger Kaiser-Wilhelm-Universität gelehrt hatte.[277] In der NSDAP waren die Meinungen über Anrich geteilt. Aus der Sicht Reinhard Heydrichs gehörte er zu «den wenigen Nachwuchskräften einer nationalsozialistischen Geschichtswissenschaft».[278] Für Reichsjugendführer Baldur von Schirach, der Anrich noch aus gemeinsamer konfliktreicher Tätigkeit im NSDStB kannte, war der Historiker hingegen «ein Intellektueller im übelsten Sinne des Wortes, sehr gehemmt und merkwürdig verschroben».[279]

Zum engeren Straßburger Gründerkreis gehörten ferner der spätere Rektor Karl Schmidt, ein Augenarzt, sodann der Dauerdekan der Medizinischen Fakultät, der Internist Johannes Stein, und der Kurator Richard Scherberger, ein Funktionär des NS-Studentenbundes.[280] Aus diesem Kreis gingen erste Listen zur Besetzung der geplanten Lehrstühle hervor, die in Zusammenarbeit mit NSDDB, SD, REM, Stab Heß, dem badischen Kultusministerium und dem Chef der Zivilverwaltung im Elsass überprüft, korrigiert und ergänzt wurden.

Für Anrich, der 1940 zum Dekan der Philosophischen Fakultät Straßburg ernannt wurde, war das Ziel der Universitätsgründung die «Entthronung der Sorbonne».[281] Darüber hinaus sollte Straßburg sich mit Hilfe eines jungen, politisch zuverlässigen Lehrkörpers auch als nationalsozialistische Reformuniversität profilieren.[282] Dazu gehörte unter anderem der demonstrative Verzicht auf den Gebrauch von Talaren – die traditionelle Amtstracht der Professoren.

Ferner propagierte Anrich in Anlehnung an die hochschulpolitische Reformdiskussion der 1930er Jahre die Überwindung traditioneller Fachgrenzen durch «ganzheitliches Denken». Erreicht werden sollte dieses Ziel durch die Gründung interdisziplinärer Arbeitskreise, Seminare und «Wissenschaftslager», durch regelmäßige Vollversammlungen des wissenschaftlichen Personals und durch die Gründung von «Großseminaren» in der Philosophischen Fakultät. Zu diesem Zweck wurde die Fakultät in eine «Allgemeine Abteilung» mit den Fächern Philosophie, Psychologie, Erziehungswissenschaft und in drei interdisziplinäre «Großseminare» aufgeteilt, in denen jeweils unterschiedliche Fächer zusammengefasst waren: ein Historisch-Germanistisches Großseminar, ein Großseminar für Frühgeschichte und Altertumskunde sowie ein Großseminar für außerdeutsche Kulturen. Zum Historisch-Germanistischen Großseminar gehörten beispielsweise Professuren für Mittlere und Neuere Geschichte, Lateinische Sprache und Literatur des Mittelalters, Deutsche Sprache und Literatur, Deutsche Volkskunde, Kunstgeschichte und Musikwissenschaft.[283]

Politisch stützte Anrich sich nicht nur auf den Chef der Zivilverwaltung, Gauleiter Wagner, sondern auch auf mehrere Parteistellen. Unter anderem agierte der SS-Untersturmführer als Beauftragter des Reichssicherheitshauptamtes für die Universität Straßburg und als Bevollmächtigter des NSDDB für den Neuaufbau der Universität Straßburg.[284] Derart abgesichert fühlten Anrich und Wagner sich stark genug, die Reichsuniversität Straßburg «unter Umgehung der Ministerialbürokratie des Erziehungsministeriums» aufzubauen, wie ein interner SS-Bericht notierte.[285] Anrich und Schmidt wurden vom Chef der Zivilverwaltung ermächtigt, Berufungsverhandlungen mit geeigneten Kandidaten zu führen und in Besoldungsfragen selbständig zu entscheiden, ohne das REM auch nur zu informieren.

Das Ministerium reagierte mit einer Beschwerde bei der Reichskanzlei und bat um eine Entscheidung Hitlers. Unterstützung erhielt das REM von anderen Reichsbehörden, insbesondere vom Reichsfinanzministerium und vom Reichsinnenministerium, die ebenfalls eine Aushöhlung ihrer Kompetenzen fürchteten. Überraschenderweise entschied Hitler im April 1941 gegen Gauleiter Wagner und zugunsten des REM,[286] das damit die Federführung bei der weiteren Planung der Reichsuniversität Straßburg übernahm, während Wagner sich grollend aus dem Projekt zurückzog.[287]

Die Reichsministerien gingen nun dazu über, die großzügig dimensionierten Pläne Anrichs zusammenzustreichen. Das REM machte Anrichs üppige Gehaltszusagen teilweise rückgängig und sorgte dafür, dass die Einkünfte der Straßburger Professoren an die Standardsätze angepasst wurden. Auch der Stellenplan der Reichsuniversität blieb von Kürzungen nicht verschont. Während Anrichs Planungen ursprünglich 129 ordentliche und außerordentliche Professuren für Straßburg vorgesehen hatten, genehmigte das Reichsfinanzministerium nur 100 Lehrstühle.[288]

Bei der offiziellen Eröffnung der Universität im November 1941 war ihr Aufbau noch keineswegs abgeschlossen. Wegen kriegsbedingter Materialknappheit machten der Bau und die Einrichtung der Institute nur langsame Fortschritte. Das Medizinische Forschungsinstitut wurde erst im März 1944 eröffnet, acht Monate vor dem Ende der Reichsuniversität.[289] Auch die Berufungsverfahren zogen sich oft bis in die Endphase des Krieges. So konnte die Besetzung der physikalischen Lehrstühle aufgrund interner Unstimmigkeiten erst im März 1943 abgeschlossen werden.[290] Als die Reichsuniversität Straßburg im Herbst 1944 ihre Tore schließen musste, waren 90 der 100 bewilligten Lehrstühle besetzt. Über die beste personelle Ausstattung verfügte, mit 19 Ordinariaten und 7 Extraordinariaten, die Philosophische Fakultät.[291]

Selbstverständlich waren jene Disziplinen, die im «Altreich» seit 1933 besonders gefördert wurden, auch in Straßburg vertreten, wie die Lehrstühle für Deutsche Volkskunde, für Vor- und Frühgeschichte sowie für Menschliche Erblehre und Rassenhygiene zeigen. Anstelle einer Theologischen Fakultät wurde ein Lehrstuhl für Religionskunde eingerichtet, den SS-Obersturmführer Otto Huth erhielt – ein militanter Gegner des Christentums, der in seinen Publikationen die Bibel als die «älteste Urkunde des Bolschewismus» identifiziert hatte.[292] Andere ideologieträchtige Lehrstühle waren das Ordinariat für Philosophie und europäische Weltanschauungsgeschichte sowie das Extraordinariat für Indogermanen- und Germanenkunde. Eine besondere Nähe zur Politik des Regimes lässt sich auch bei den Honorarprofessuren für Wehrmedizin sowie für Koloniale Rohstoff- und Wirtschaftsforschung feststellen.[293] Weitere ursprünglich geplante Professuren, die dazu beitragen sollten, Straßburg als nationalsozialistische Modelluniversität zu profilieren, fielen dem Rotstift des Finanzministeriums zum Opfer oder blieben unbesetzt – darunter cin Ordinariat für die Geschichte der nationalsozialistischen Bewegung, das der NSDAP-Funktionär Gerhard Krüger übernehmen sollte, und ein Lehrstuhl für Rassenkunde.[294]

Zum Lehrkörper der Reichsuniversität Straßburg gehörte eine ganze Reihe prominenter nationalsozialistischer Hochschullehrer – unter ihnen der Germanist Gerhard Fricke, der sich 1933 als Redner bei der Bücherverbrennung in Göttingen exponiert hatte,[295] der SD-Historiker Günther Franz, der durch seine Arbeiten über den Bauernkrieg bekannt geworden war,[296] sowie die Juristen Georg Dahm, Ernst Rudolf Huber und Friedrich Schaffstein, die als Vertreter der Kieler Schule erheblich zur Nazifizierung der Rechtswissenschaften beigetragen hatten.

Am stärksten in die Verbrechen des Regimes eingebunden waren drei Professoren der Medizinischen Fakultät: der Internist Otto Bickenbach, der Hygieniker Eugen Haagen und der Anatom August Hirt. Insbesondere Bickenbach und Hirt waren aktive Nationalsozialisten. Beide beschäftigten sich mit der Erforschung von chemischen Kampfstoffen und beide schreckten nicht davor zurück, bei ihren Forschungen über Leichen zu gehen.

Otto Bickenbach, Mitglied der NSDAP seit 1933, hatte sich 1933/34 hochschulpolitisch als Führer der «Dozentenschaft» in München und Freiburg exponiert.[297] Wissenschaftlich beschäftigte sich der Internist seit Längerem mit der Suche nach einem Schutzmittel gegen das chemische Kampfgas Phosgen, das im Ersten Weltkrieg großflächig eingesetzt worden war. Nach erfolgreich verlaufenden Tierversuchen war

Bickenbach überzeugt, in dem Medikament Urotropin ein Schutzmittel gegen Phosgengas gefunden zu haben. Für einen ultimativen Test des Medikaments nutzte Bickenbach Häftlinge des nahegelegenen KZ Natzweiler-Struthof. Die Versuchsreihen waren so konstruiert, dass ein Teil der Häftlinge, der als Kontrollgruppe dem Phosgen schutzlos ausgeliefert wurde, keine Überlebenschance hatte. Bei diesen Experimenten starben mindestens vier Häftlinge; möglicherweise lag die Zahl der Todesopfer aber noch deutlich höher.[298]

Eugen Haagen, seit 1937 Mitglied der NSDAP, beschäftigte sich hauptsächlich mit der Entwicklung eines Trockenimpfstoffes gegen Fleckfieber – eine Krankheit, die schon im Ersten Weltkrieg zahlreiche Opfer gefordert hatte und als Gefahr für die deutschen Truppen an der Ostfront galt. Um den von ihm entwickelten Impfstoff zu erproben, nutzte Haagen polnische KZ-Häftlinge und Roma als unfreiwillige Testpersonen. Wie viele von ihnen diese Versuche nicht überlebt haben, ist unbekannt.[299]

August Hirt, der seit 1933 der SS angehörte, und sein Mitarbeiter Karl Wimmer forschten über die immunisierende Wirkung von Vitaminen gegen Schäden durch den Kampfstoff Lost (Senfgas). Bei mehreren Versuchen, die sie im KZ Natzweiler-Struthof an Häftlingen durchführten, starben drei ihrer unfreiwilligen Versuchspersonen einen qualvollen Tod.[300] Umstritten ist, ob Hirt auch für die berüchtigte «Straßburger Schädelsammlung» verantwortlich war – die sterblichen Überreste von 86 ermordeten Juden, die von den Alliierten nach der Befreiung Straßburgs aufgefunden wurden. Neuere Forschungen deuten darauf hin, dass für diese Mordtaten in erster Linie ein Mitarbeiter der SS-Forschungsgemeinschaft «Ahnenerbe» verantwortlich gewesen sein könnte: SS-Hauptsturmführer Bruno Beger, der den Plan verfolgte, für «anthropologische Untersuchungen» eine Schädelsammlung anzulegen.[301]

Posen und Straßburg waren die einzigen Universitäten im nationalsozialistischen Deutschland, deren Lehrkörper unter politischen wie auch unter wissenschaftlichen Gesichtspunkten vollständig vom NS-Regime zusammengestellt wurden. Die beiden Reichsuniversitäten waren daher stärker nazifiziert als die Universitäten des «Altreichs» und der «Ostmark», in denen auch während des Krieges noch ein größerer Teil des Lehrkörpers aus älteren konservativen Professoren bestand, die vor 1933 beziehungsweise vor 1938 berufen worden waren. Das erklärt auch, warum der Anteil der SS-Mitglieder unter den Straßburger Professoren mit 14 Prozent deutlich höher als an älteren deutschen Universitäten wie Gießen (6,6 Prozent) oder Hamburg (4,8 Prozent) war.[302]

Das erklärte Ziel, in beiden Städten einen Lehrkörper zu begründen, der ausschließlich aus Nationalsozialisten bestand, konnte jedoch nicht realisiert werden. Neben vielen überzeugten Nationalsozialisten wurden auch Professoren berufen, die dem Nationalsozialismus distanziert oder kritisch gegenüberstanden. In Straßburg gehörten 22 von 98 Professoren weder der NSDAP noch der SA oder der SS an. Aus Anrichs Sicht fehlte es vor allem der Naturwissenschaftlichen Fakultät an ideologischem Eifer. Hier lehrten unter anderem Professoren wie die Botaniker Franz Firbas, dem ein Gutachten des NSDDB «gänzliche Zurückhaltung» in politischen Dingen attestiert hatte, und Erwin Bünning, der vom Jenaer Dozentenbundführer politisch als «weltfremd», «uninteressiert, gleichgültig und untätig» beurteilt worden war.[303] Auch im Lehrkörper der Reichsuniversität Posen befanden sich Professoren wie der Mathematiker Max Deuring, deren politische Einsatzbereitschaft aus Sicht des Regimes unbefriedigend war.[304]

Das Ende der Reichsuniversität Straßburg deutete sich bereits im September 1944 an, als die zuständige Rüstungsinspektion die Verlagerung von 17 naturwissenschaftlichen und medizinischen Instituten, die an Aufträgen der Wehrmacht arbeiteten, nach Baden und Württemberg anordnete. Am 23. November drangen amerikanische Panzerverbände in die Stadt ein und verursachten eine Massenflucht unter der deutschen Bevölkerung, der sich auch ein Großteil der Hochschullehrer anschloss. Wer nicht rechtzeitig geflohen war, kam in amerikanische Gefangenschaft.[305] Drei Jahre nach ihrer Gründung hatte die Reichsuniversität Straßburg aufgehört zu existieren. Zwei Monate später, am 20. Januar 1945, folgte die überstürzte Räumung Posens durch die deutsche Zivilbevölkerung, einschließlich der meisten Universitätsangehörigen.[306] Die Geschichte der Reichsuniversitäten in Posen und Straßburg endete, noch bevor ihr Aufbau abgeschlossen war.

Die Universität im Krieg

Bei Kriegsbeginn, am 1. September 1939, wurden alle deutschen Hochschulen geschlossen. Die Entscheidung erfolgte auf Drängen der Wehrmacht, die zunächst einen großen Teil der medizinischen Lehrkräfte eingezogen hatte, um ihre Lazarette optimal ausstatten zu können.[307] Doch schon am 11. September nahmen die Universitäten Berlin, München, Wien, Leipzig und Jena sowie die Deutsche Universität in Prag ihre Arbeit wieder auf. Am 1. Oktober, nachdem der Krieg gegen Polen im Wesentlichen abgeschlossen war, folgte die Wiedereröffnung der Universitäten in Breslau, Göttingen, Erlangen, teilweise auch in Königsberg (mit Ausnahme der Medizinischen Fakultät) und in Marburg (wo nur die medizinischen und die naturwissenschaftlichen Fächer weitermachen konnten). Wenig später öffnete auch die Universität Halle erneut ihre Tore. An den übrigen Universitäten wurde der Vorlesungsbetrieb ab dem 8. Januar 1940 fortgesetzt.[308]

Ein beträchtlicher Teil der Studenten wurde zu Beginn des Krieges sofort eingezogen, einige meldeten sich auch freiwillig. Dadurch reduzierte sich die Zahl der Studenten an den Universitäten von 34900 (1939) auf 22600 (1940).[309] Auch die jüngeren Hochschullehrer und Assistenten trugen 1939/40 bereits in großer Zahl die Uniform der Wehrmacht. Im Sommer 1940 leisteten schon fast 32 Prozent des wissenschaftlichen Personals der deutschen Universitäten Militärdienst. Das traf in erster Linie die Assistenten, von denen 1940 mehr als 45 Prozent einberufen worden waren. Die übrigen Statusgruppen waren in geringerem Maß betroffen, aber selbst in der Kerngruppe des Lehrkörpers, bei den beamteten Professoren, diente 1940 schon fast jeder Fünfte in der Wehrmacht, wie Tabelle 19 (Anhang) zeigt.

Das Problem verschärfte sich in der zweiten Kriegshälfte, als die Wehrmacht mit zunehmender Rigorosität versuchte, ihre personellen

Verluste durch weitere Einberufungen auszugleichen. Für diese Jahre liegen nur Zahlen vor, die sich auf die Gesamtheit der wissenschaftlichen Hochschulen in Deutschland beziehen (Tabelle 20 im Anhang). Sie zeigen eine klare Tendenz: Der Anteil der Wissenschaftler, die während des Krieges zur Wehrmacht eingezogen wurden, stieg zwischen 1940 und 1943 kontinuierlich an – von 28,9 Prozent auf über 40 Prozent.

Viele zur Wehrmacht einberufene Wissenschaftler kamen als normale Soldaten, Unteroffiziere oder Offiziere an der Front oder in der Etappe zum Einsatz. Die meisten wurden jedoch unter Berücksichtigung ihrer fachlichen Qualifikation eingesetzt. Wie aus Tabelle 21 (Anhang) hervorgeht, waren 1943 in Heidelberg von 151 zum Wehrdienst eingezogenen Wissenschaftlern 117 (77 Prozent) nach fachlichen Gesichtspunkten beschäftigt. Das galt vor allem für die Mediziner, die – wie schon im Ersten Weltkrieg – durchgängig im Lazarettdienst Verwendung fanden. Für Angehörige der übrigen Fakultäten waren die Aussichten, gemäß ihrer Qualifikation eingesetzt zu werden, dagegen deutlich geringer, wie Tabelle 21 (Anhang) zeigt. Gleichwohl hatte die Wehrmacht auch für manche Theologen, Juristen, Naturwissenschaftler und Geisteswissenschaftler Einsatzmöglichkeiten außerhalb der kämpfenden Truppe.

Theologieprofessoren wie der Protestant Hermann Wolfgang Beyer (Leipzig) oder der Katholik Johannes Stelzenberger (Breslau) erhielten als Kriegspfarrer den Auftrag, die Kampfkraft der Soldaten zu stärken.[310] Strafrechtler wie Erich Schwinge (Wien) oder Eberhard Schmidt (Leipzig) dienten als Richter in der Wehrmachtjustiz.[311] Andere Juristen arbeiteten in den eroberten Gebieten als Teil des deutschen Besatzungsregimes. So wurden Gustav Adolf Walz (München) und Hans Peter Ipsen (Hamburg) in Belgien als Kommissare für die Kolonialuniversität Antwerpen und die Freie Universität Brüssel eingesetzt.[312] Ihr Kollege Arnold Köttgen arbeitete während des Krieges als Generalpolizeidezernent in Kattowitz (Oberschlesien).[313]

Vereinzelt erhielten auch Angehörige der Philosophischen Fakultäten Führungspositionen in der Besatzungspolitik. So leitete der Historiker Franz Petri seit Mai 1940 das Kulturreferat in der Militärverwaltung Belgiens, wo er versuchte, die Hochschulen unter deutschen Einfluss zu bringen – ein Unterfangen, das trotz zahlreicher Entlassungen und anderer Repressalien weitgehend erfolglos blieb.[314] Sein Göttinger Kollege Percy Ernst Schramm gehörte 1941 zunächst zur Amtsgruppe Wehrmachtpropaganda im Oberkommando der Wehrmacht (OKW); seit 1943 war er für das Kriegstagebuch des OKW verantwortlich.[315] Geisteswissenschaftler mit guten Sprachkenntnissen dienten oft als «Sonderführer» in den Reihen der Wehrmacht. Meist handelte es sich dabei um Vertreter neuphilologischer Fächer (Romanistik, Anglistik, Slawistik), die als Dolmetscher benötigt wurden.[316] Die Expertise der deutschen Keltologen kam zum Einsatz bei dem Versuch, die bretonischen und irischen Nationalbewegungen für Deutschland zu gewinnen.[317]

Das Fachwissen von Naturwissenschaftlern war im Krieg ebenfalls gefragt. Das galt keineswegs nur für Wissenschaftler, die in der Rüstungsforschung eingesetzt wurden. Geographen wie Carl Troll erstellten im Auftrag des Oberkommandos der Wehrmacht militärgeographische Gutachten über südosteuropäische Länder, in denen nicht nur detailliert über die «Gangbarkeit» oder «Wegsamkeit» des Geländes und «lokale Sperrzonen», sondern auch über die ethnische Zusammensetzung der Bevölkerung informiert wurde.[318] Andere Angehörige der Mathematisch-Naturwissenschaftlichen Fakultäten dienten der Luftwaffe als Meteorologen. Geologen unterstützten mit Baugrunduntersuchungen den Bau von Bunkern oder beteiligten sich durch die Erkundung von Erdgaslagerstätten im Baltikum an der Ausbeutung natürlicher Ressourcen in den besetzten Ländern.[319] Die Expertise von Mathematikern wurde vor allem in der Luftwaffe für Forschungen zur Flugzeug-Aerodynamik, aber auch in der Dechiffrierabteilung des OKW benötigt.[320] Schließlich: Der Bedarf der Wehrmacht an Veterinärmedizinern war so groß, dass die Tierärztliche Fakultät der Universität München aus Mangel an Lehrkräften während des gesamten Krieges geschlossen blieb.[321]

Andere Hochschullehrer nutzten den Krieg, um eigene fachliche Interessen zu verfolgen. Gemeint sind jene Forscher, die sich in den okkupierten Ländern an der systematischen Plünderung von Bibliotheken, Museen und Archiven beteiligten. Besonders aktiv zeigten sich dabei Wissenschaftler, die eng mit der SS-Forschungsgemeinschaft «Ahnenerbe» oder der Dienststelle Rosenberg verbunden waren, allen voran Prähistoriker wie Herbert Jankuhn oder Hans Reinerth.[322]

Aufgrund der zahlreichen Einberufungen entwickelte sich der Mangel an wissenschaftlichem Personal während des Krieges für sämtliche Hochschulen zu einem unlösbaren Dauerproblem. Manche Universitäten gerieten dadurch zeitweise an den Rand der Handlungsunfähigkeit. So wurde Anfang 1943 die Schließung der Deutschen Universität in Prag erwogen.[323] Die Personalnot erschwerte nicht nur die Aufrechterhaltung des Lehrbetriebs, sondern beeinträchtigte auch die Arbeit der Universitätskliniken, die eine erhöhte Sterblichkeit unter den Patienten verzeichneten.[324] Um die Hochschulen funktionsfähig zu halten, griffen das REM und die Hochschulleitungen zu unterschiedlichen Mitteln.

Während die Hochschulpolitik nach der «Machtergreifung» zunächst darauf ausgerichtet war, den Nachwuchs zu stärken und die älteren Professoren möglichst bald zu entpflichten, folgte nach Beginn des Krieges ein abrupter Kurswechsel. Zwei Jahre vor Kriegsbeginn hatte der Bonner Philosophieprofessor Erich Rothacker noch darüber geklagt, dass «jeder Professor über 40 quasi abgeschrieben ist».[325] Nun, da ein Großteil der jüngeren Wissenschaftler von der Wehrmacht eingezogen worden war, mussten die Universitäten erneut auf die älteren Hochschullehrer zurückgreifen, selbst wenn sie die Altersgrenze von 65 Jahren bereits überschritten hatten. Schon unmittelbar nach Kriegsbeginn bestimmte eine Verordnung des Ministerrates für die Reichsverteidigung, dass Beamte «bis auf weiteres» nicht in den Ruhestand treten konnten.[326] Diese Regelung galt «sinngemäß» auch für planmäßige Hochschullehrer, die traditionell nicht in den Ruhestand versetzt, sondern entpflichtet wurden.[327] Damit war die Emeritierung von Hochschullehrern nach Vollendung des 65. Lebensjahres von Ausnahmefällen abgesehen für die Dauer des Krieges abgeschafft.

Beide Faktoren zusammen, die Einberufung der Jüngeren und der Verzicht auf die Entpflichtung der Älteren, veränderten die Altersstruktur des wissenschaftlichen Personals erheblich, wie eine interne

Erhebung des REM zeigt: Von 427 Hochschullehrern, die 1944 als Direktoren oder Vorstände ein naturwissenschaftliches Hochschulinstitut leiteten, waren 47 (11 Prozent) älter als 65 Jahre. Unter ihnen befanden sich Gegner des Nationalsozialismus wie Max von Laue (Berlin) oder Heinrich Wieland (München).[328] In zeitgenössischen Berichten war 1943/44 bereits von einer «Vergreisung» des Lehrkörpers die Rede.[329] Diese Verschiebung der Altersstruktur hatte auch politische Konsequenzen, weil «die Abwesenheit von jüngeren aktiven Fakultätsmitgliedern ... während des Krieges die Machtposition der älteren Generation, die unserer nationalsozialistischen Personalpolitik ablehnend, um nicht zu sagen, feindlich gegenüberstehen, verstärkt», wie der NSDDB 1942 konstatierte.[330]

Ein weiteres Mittel, um die Personalnot an den Hochschulen zu lindern, war die Option, wehrpflichtige Wissenschaftler zeitweise oder vollständig vom Kriegsdienst freizustellen, indem sie für «unabkömmlich» (uk) erklärt wurden. Bis Ende 1942 war es Aufgabe der Rektoren, im zähen Ringen mit der Wehrmacht dafür zu sorgen, dass dringend benötigte Hochschullehrer und Assistenten uk-gestellt wurden. Ob ein Antrag auf uk-Stellung erfolgreich war, hing von verschiedenen Faktoren ab. Neben der aktuellen Kriegslage spielten das Alter, der Tauglichkeitsgrad des Wissenschaftlers und die Fachzugehörigkeit eine Rolle. Die Zahl der uk-gestellten Wissenschaftler blieb allerdings gering. An der Universität Heidelberg standen Anfang 1943 den 151 zur Wehrmacht einberufenen Hochschullehrern und Assistenten 34 Wissenschaftler gegenüber, die uk-gestellt waren (Tabelle 21 im Anhang). Letztere waren in Heidelberg wie auch an anderen Universitäten überwiegend Mediziner und Naturwissenschaftler.[331]

Aufgrund ihres jugendlichen Alters hatten es die Assistenten besonders schwer, «unabkömmlich» gestellt zu werden. Anfang 1943 standen fast 70 Prozent der Assistenten und wissenschaftlichen Hilfskräfte in den Reihen der Wehrmacht.[332] Oft blieb nur noch der Ausweg, an ihrer Stelle Studierende einzustellen, die ihr Examen noch nicht abgelegt hatten. Qualifizierte Frauen hatten während des Krieges ebenfalls gute Chancen auf eine Anstellung in einem Universitätsinstitut.[333] In der Endphase des Regimes griffen die Universitäten bei der Besetzung von Assistentenstellen zunehmend auf Kriegsversehrte zurück.[334]

Um den Hochschulbetrieb trotz permanenter Personalprobleme aufrechtzuerhalten, mussten manche Professoren an zwei Universitäten gleichzeitig lehren.[335] So übernahm der Erlanger Rechtshistoriker Hans Liermann in den letzten Kriegsjahren auch noch die Vorlesung über Deutsche Rechtsgeschichte in Jena, nachdem sein dortiger Kollege eingezogen worden war. Der Mittelalterhistoriker Gerd Tellenbach lehrte zeitweise sowohl in Gießen als auch in Münster. Als er im Sommer 1944 nach Freiburg berufen wurde, teilte er seine Lehrtätigkeit zwischen Freiburg und Münster auf.[336]

Wie groß der Mangel an Hochschullehrern war, zeigte sich nicht zuletzt daran, dass der Stab Heß und der NSDDB während des Krieges ernsthaft über die Reaktivierung von Personen nachdachten, die 1933/34 aus politischen Gründen entlassen worden waren.[337] Da die meisten vertriebenen Wissenschaftlerinnen und Wissenschaftler Deutschland bei Kriegsbeginn längst verlassen hatten und zudem nur «Arier» infrage kamen, blieb der für eine Wiedereinstellung infrage kommende Personenkreis allerdings sehr begrenzt. Letztlich sind nur ganz wenige Hochschullehrer nach ihrer Vertreibung wieder in ein Universitätsamt gelangt – unter ihnen der Wirtschaftswissenschaftler Waldemar Koch und der Geograph Walther Tuckermann.[338]

Zwangsarbeiter konnten die von der Wehrmacht eingezogenen Wissenschaftler nicht ersetzen. Gleichwohl sind während des Krieges wohl an allen Hochschulen Zwangsarbeiterinnen und Zwangsarbeiter eingesetzt worden. Genaue Zahlen liegen allerdings nur für wenige Universitäten vor. Die Universität Jena beschäftigte im Zweiten Weltkrieg 155 ausländische Arbeitskräfte, darunter etwa ein Drittel Frauen. An der Universität Halle stieg die Zahl der ausländischen Arbeitskräfte während der Kriegsjahre von 9 (1940) auf 94 im Mai 1944. In Greifswald lassen sich für den Zeitraum von 1941 bis 1944 insgesamt 153 an der Universität beschäftigte Zwangsarbeiter nachweisen; 1941 stellten sie etwa 5 Prozent der gesamten Belegschaft. Hinzu kam ein deutlich größeres Kontingent von Kriegsgefangenen, die auf den von der Universität verpachteten Gütern arbeiten mussten. Für die Universität Tübingen ergibt sich ein ähnliches Bild. Hier waren während der Kriegsjahre mindestens 152 Zwangsarbeiterinnen und Zwangsarbeiter beschäftigt, mehrheitlich Frauen aus Polen und der Sowjetunion. Die Universität Freiburg beschäftigte über einen längeren Zeitraum 44 Zwangsarbeiter. Eine sehr viel größere Zahl, etwa 1000 bis 1500, wurde beim Bau von Luftschutzeinrichtungen auf dem Universitätsgelände eingesetzt.

Beim Blick auf die Tätigkeit dieser Arbeitskräfte zeigen sich drei deutliche Schwerpunkte: die Universitätskrankenhäuser, an denen zahlreiche Zwangsarbeiterinnen und Zwangsarbeiter als Küchenhelferinnen, Reinigungskräfte oder Pflegepersonal beschäftigt wurden; die Landwirtschaftlichen Fakultäten und Institute mit ihren Versuchsgütern; schließlich kriegsbedingte Tätigkeiten, etwa der Bau von Luftschutzeinrichtungen (Feuerlöschteiche, Bunker) oder die Reparatur von Gebäuden, die bei Luftangriffen beschädigt worden waren. Nur ganz vereinzelt wurden Zwangsarbeiter auch mit anspruchsvolleren Aufgaben betraut, so beispielsweise ein französischer Offizier, der am Romanischen Seminar der Universität Tübingen als Lektor tätig war.[339]

Während zahlreiche Hochschullehrer und Assistenten zur Wehrmacht eingezogen wurden, stieg die Zahl der Studierenden wieder an – von 28 700 (im Winter 1939/40) auf 54 300 im Wintersemester 1943/44. Fünf verschiedene Studentengruppen prägten während des Krieges das Gesicht der deutschen Universitäten: Erstens jugendliche Anfangssemester, denen die Einberufung noch bevorstand; zweitens eine rasch wachsende Zahl von Studentinnen, die am Ende der NS-Diktatur etwa die Hälfte der Studierenden stellten; drittens von der Wehrmacht zum Studium abkommandierte Studenten, meist Mediziner; viertens Wehrmachtsangehörige, die kurzzeitig für eine Fortsetzung ihres Studiums beurlaubt worden waren, und schließlich fünftens eine sich rasch vergrößernde Gruppe von Kriegsversehrten. Hinzu kamen noch einige Tausend wehruntaugliche Studenten.[340]

Als Problemgruppe erwiesen sich aus Sicht der Hochschulen vor allem die studentischen Fronturlauber, die in aller Regel nur für ein oder zwei Semester beurlaubt wurden, um ihr Studium fortsetzen zu können, und in der Zwischenzeit das zuvor Gelernte weitgehend vergessen hatten. Prüfungen dieser Soldatenstudenten entwickelten sich oft zu einer – für beide Seiten – qualvollen Prozedur, weil die Professoren in der Regel Hemmungen hatten, Studenten durchfallen zu lassen, die unmittelbar nach der Prüfung wieder an die Front geschickt wurden.[341]

Angesichts der Nachwuchsknappheit in den akademischen Berufen bemühte sich das REM während des Krieges um eine Beschleunigung des Studiums. In einer ganzen Reihe von Fächern wurden die Studienzeiten verkürzt und die Prüfungsanforderungen reduziert. Dem gleichen Ziel diente Anfang 1940 die Einführung von Trimestern anstelle von Semestern. Ein Studienjahr bestand nun nicht mehr aus zwei Semestern, sondern aus drei Trimestern. Damit erhöhte sich die Vorlesungszeit von siebeneinhalb auf zehneinhalb Monate im Jahr. Diese Reorganisation des Studiums steigerte die Belastung der Studierenden und reduzierte gleichzeitig die Zeitspanne, die den Hochschullehrern für die Forschung zur Verfügung stand. Aufgrund zahlreicher Proteste und Beschwerden wurde diese Regelung im Sommer 1941 wieder aufgehoben.[342]

Die wichtigste Institution zur Förderung der Hochschulforschung, die Deutsche Forschungsgemeinschaft (DFG), erklärte nach Beginn der Kampfhandlungen im September 1939, sie werde in Zukunft nur noch kriegswichtige Forschungen unterstützen.[343] Auch wenn diese Absicht nicht immer konsequent umgesetzt wurde, ergaben sich dadurch Umschichtungen in der Forschungsförderung. Im Zuge dieser Neuorientierung musste beispielsweise ein großdimensioniertes Projekt der SS-Forschungsgemeinschaft «Ahnenerbe» über «Wald und Baum in der arisch-germanischen Geistes- und Kulturgeschichte» weitgehend eingestellt werden.[344] Wer auf eine staatliche Förderung seiner Forschungen angewiesen war, tat daher gut daran, auf kriegswichtige Themen umzusatteln oder doch zumindest diesen Eindruck zu vermitteln.

Aus Sicht des NS-Staates war die Wissenschaft in der ersten Hälfte des Krieges aber offensichtlich kein Faktor von größerer Relevanz, wie ein Blick auf die Forschungsförderung zeigt. Die Ausgaben der

Deutschen Forschungsgemeinschaft und des Reichsforschungsrates, der beiden wichtigsten Einrichtungen zur Finanzierung der Hochschulforschung, sanken zwischen 1938 und 1940 von 7,9 Millionen RM auf 5,3 Millionen RM.[345] Solange der Krieg nur als Folge von siegreichen Blitzkriegen wahrgenommen wurde, in denen die Wehrmacht ihren Gegnern waffentechnisch überlegen war, blieb das Interesse der politischen und militärischen Führung an der Wissenschaft gering.

Insgesamt hatten sich die Rahmenbedingungen für eine produktive universitäre Forschung in der ersten Kriegshälfte also deutlich verschlechtert: ein durch Einberufungen zusammenschrumpfender Lehrkörper bei gleichzeitiger Zunahme der Studierenden und einer Verknappung der für die Forschung zur Verfügung stehenden Fördermittel.

Eine grundlegend neue Situation ergab sich seit Ende 1941. Nach dem Scheitern des geplanten «Blitzkrieges» gegen die Sowjetunion und dem Kriegseintritt der USA war die Aussicht auf ein siegreiches Ende des Krieges für Deutschland auf ein Minimum geschrumpft. Einen Zweifrontenkrieg gegen die USA und die Sowjetunion konnte Hitler-Deutschland nicht gewinnen. Das ist den deutschen Machteliten, die 1941 auf eine lange Reihe militärischer Erfolge zurückblicken konnten, zu diesem Zeitpunkt noch nicht bewusst gewesen. Unzweifelhaft aber hatte sich die 1940/41 in Deutschland kursierende Hoffnung auf einen kurzen, siegreichen Krieg mit geringen personellen Verlusten als Illusion erwiesen.

Je weiter aber das Ende des Krieges in die Ferne rückte, desto größer wurde das Interesse an der Wissenschaft, deren Ergebnisse naturgemäß nur mittel- oder langfristig von militärischem Nutzen sein konnten. Gleichzeitig setzte sich unter deutschen Fachleuten aber auch die Erkenntnis durch, dass die deutsche Wissenschaft ihre frühere Vormachtstellung verloren hatte und mittlerweile auf zahlreichen Forschungsfeldern von den USA und teilweise auch von Großbritannien überrundet worden war.[346]

Dieser Wandel musste über kurz oder lang auch Auswirkungen auf den Verlauf des Krieges haben. Noch Anfang 1942 hatte Hitler behauptet, Deutschland werde seinen Gegnern waffentechnisch «immer überlegen sein».[347] Aber schon ein Jahr später ließ sich die Vormachtstellung der Alliierten auf dem militärisch höchst relevanten Gebiet der Hochfrequenztechnik nicht mehr leugnen.[348] Im Mai 1943 notierte Propagandaminister Goebbels in seinem Tagebuch: «Unsere Waffentechnik sowohl auf dem Gebiet des U-Boot- wie des Luftkrieges ist der der Engländer und Amerikaner weit unterlegen. Es rächt sich jetzt unsere schlechte Führung im Wissenschaftssektor, die nicht die nötige Initiative aufgebracht hat, die in Forscherkreisen zweifellos vorhandene Bereitwilligkeit zu aktivieren.»[349]

Das Ergebnis dieser Konstellation war eine zunehmende Aufwertung der Wissenschaft, insbesondere der naturwissenschaftlich-technischen Disziplinen. Sichtbares Zeichen dieses Wandels war die Neugründung des Reichsforschungsrates, die im Juni 1942 von Hitler auf Initiative Albert Speers angeordnet wurde.[350] Mit Göring übernahm ein nationalsozialistischer Spitzenpolitiker die Leitung. Im Juli 1942 benannte er in Anwesenheit zahlreicher prominenter Vertreter aus Staat, Partei, Wirtschaft und Wissenschaft eine Reihe von Problemen der deutschen Wissenschaftsorganisation, die unter seiner Leitung gelöst werden sollten: die Doppelarbeit, die sich aus dem unzureichenden Erfahrungsaustausch zwischen den an der Forschung beteiligten Institutionen ergab, der fehlende Überblick über die laufenden Forschungen, die Abwanderung von den Hochschulen in die Industrie und die mangelnde Anbindung der Hochschulforschung an die Ziele des Regimes.[351]

Obwohl Göring dem neuen Amt nur geringe Aufmerksamkeit widmete, verbesserte sich die finanzielle Ausstattung der DFG und des Reichsforschungsrats nun deutlich. Die regulären Einnahmen stiegen von 6,9 Millionen (1941) auf 8,1 Millionen RM (1943).[352] Darüber hinaus stellte Göring dem Reichsforschungsrat im Juli 1943 Sondermittel in Höhe von 50 Millionen RM zur Verfügung.[353] Damit hatte sich der Etat des Reichsforschungsrats vervielfacht, freilich zu einem Zeitpunkt, als Nazi-Deutschland den Krieg längst verloren hatte. Die Höhe der für die Hochschulforschung zur Verfügung stehenden Fördermittel war, wie diese Entwicklung zeigt, nicht das Ergebnis rationaler Abwägung, sondern hing von dem politischen Einfluss der verantwortlichen Personen ab. Im krassen Gegensatz zu Reichserziehungsminister Rust war Göring auch 1943 noch ein politisches Schwergewicht.

Pointiert lässt sich die staatliche Forschungsförderung während des Krieges folgendermaßen zusammenfassen: In der ersten Kriegshälfte, als der Ausgang des Konflikts noch offen war, wurden die Forschungsgelder für die Hochschulen gekürzt; in der zweiten Hälfte, als die Chancen auf einen deutschen Sieg immer geringer wurden und bald gegen null tendierten, konnte die wissenschaftliche Forschung dagegen mit großzügiger finanzieller Unterstützung durch das Regime rechnen.

Parallel zur finanziellen Aufwertung der Wissenschaft wuchs ihre propagandistische Wertschätzung. Der Antiintellektualismus der Vergangenheit galt nun als dysfunktional. Um ihn zu überwinden, wurde die deutsche Presse in den streng vertraulichen Mitteilungen des Propagandaministeriums angewiesen, «die wichtige Rolle zu bedenken, die der deutsche Wissenschaftler als Forscher und als Techniker spielt. Sein Einsatz ist immer wieder dem Leser positiv nahe zu bringen.»[354]

Trotz der Bemühungen um eine Mobilisierung der Forschung nahm die Zahl der von der Wehrmacht eingezogenen Hochschullehrer und Assistenten auch 1942/43 weiter zu.[355] Vor diesem Hintergrund entwickelte sich ein langwieriges Tauziehen zwischen jenen Institutionen, die darauf hinarbeiteten, die Funktionsfähigkeit der Hochschulen durch Sicherstellung des wissenschaftlichen Personals zu erhalten, und der Wehrmacht, die nach Stalingrad versuchte, ihre sich lichtenden Reihen aufzufüllen. Bis Ende 1942 gab es in Deutschland keine zentrale Einrichtung, die das Ziel verfolgte, Wissenschaftler vor der Einziehung zum Militär zu bewahren oder eingezogene wissenschaftliche Fachkräfte wieder an die Hochschulen zurückzuholen. Erst Anfang 1943 begann der Reichsforschungsrat, Listen von Natur- und Technikwissenschaftlern zusammenzustellen, deren Einberufung zur Wehrmacht verhindert werden sollte, weil sie mit kriegswichtiger Forschung beschäftigt waren. Die Namen wurden an Görings Mitarbeiter weitergeleitet, die mit der Autorität des «Reichsmarschalls» für die uk-Stellung dieser Forscher sorgen sollten.[356]

Ab Juni 1943 erhielt dann ein neu gegründetes Planungsamt im Reichsforschungsrat unter der Leitung von Werner Osenberg den Auftrag, die natur- und technikwissenschaftliche Forschung möglichst weitgehend für die Zwecke des Krieges zu aktivieren. Osenberg, ein Professor für Werkzeugmaschinen an der TH Hannover mit engen Kontakten zum SD, erwirkte schließlich einen Befehl Hitlers, der Ende 1943 «die Abgabe von etwa 5000 namentlich bezeichneten Forschern aus der Wehrmacht» anordnete.[357]

Während die wissenschaftliche Forschung seit 1942/43 sowohl materiell als auch propagandistisch von der veränderten Kriegslage profitierte, wurden Forschung und Lehre durch die Auswirkungen des Luftkriegs zunehmend beeinträchtigt. Seit 1941 waren die deutschen Städte in verstärktem Maße Luftangriffen ausgesetzt. Als Gegenmaßnahmen entstanden auf dem Gelände der Universitäten Luftschutzräume und Bunker oder auch einfache «Splittergräben», die bei Luftangriffen einen beschränkten Schutz gegen umherfliegende Bombensplitter oder Luftdruckschäden boten.[358] Alle Universitätsangehörigen – Professoren und Studierende ebenso wie Arbeiter und Angestellte – waren während der Kriegsjahre zur Teilnahme am «Luftschutzdienst» verpflichtet. Dabei handelte es sich um nächtliche Brandschutzwachen, die nach einem Luftangriff erste Rettungs- und Brandschutzmaßnahmen durchführen sollten.[359] Da die Universitätsgebäude nachts zum Schutz vor Luftangriffen abgedunkelt wurden, war diese Tätigkeit selbst in ruhigen Nächten nicht ungefährlich. Im März 1940 erlitt der Rostocker Rektor Ernst Ruickoldt schwere Bruchverletzungen, als er bei einer nächtlichen Brandschutzwache durch ein nur mit Dachpappe abgedecktes Oberlicht 13 Meter tief auf eine Steintreppe fiel.[360]

Solche Maßnahmen konnten die Zerstörung zahlreicher Universitätseinrichtungen im Laufe des Krieges nicht verhindern. Kiel und einige andere Universitätsstädte erlebten bereits 1941 starke Fliegerangriffe, die erhebliche Schäden verursachten. Diese Beschädigungen waren indes nur ein Vorspiel für die sehr viel massiveren Angriffe, die seit 1943 die urbanen Zentren des Landes in Trümmerlandschaften verwandelten. Im Dezember 1943 wurde die Universität Leipzig zu großen Teilen zerstört; 1944 folgten unter anderem Frankfurt, Münster, Bonn und Freiburg.[361]

Viele Hochschulen gingen nun dazu über, große Teile ihrer Bibliotheken und Sammlungen, wertvolle wissenschaftliche Geräte und schließlich ganze Institute, Kliniken und Fakultäten «bombensicher» auszulagern. Die Auslagerung erhöhte die Wahrscheinlichkeit, von kriegsbedingten Zerstörungen verschont zu werden, war aber durchaus umstritten, weil damit in der Regel eine deutliche Einschränkung der Studien- und Forschungsmöglichkeiten verbunden war.[362]

Bei Kriegsende waren von den 23 Universitäten des «Altreichs» 15 mindestens zur Hälfte zerstört, wie aus Tabelle 30 (Anhang) hervorgeht. In Berlin, Breslau, Frankfurt, Freiburg, Hamburg, Königsberg, München, Münster und Würzburg wurden mehr als zwei Drittel der Gebäudesubstanz während des Krieges vernichtet oder so schwer beschädigt, dass diese Universitäten 1945 kaum noch funktionsfähig waren. In Leipzig, Bonn, Kiel und Gießen sah es nicht viel anders aus. Gleichzeitig wurden auch Hunderte, wenn nicht sogar Tausende von Hochschullehrern ausgebombt. Im Sommer 1944 waren allein im Lehrkörper der Philosophischen Fakultät München 20 Professoren «totalgeschädigt», darunter auch der Rektor.[363] Nur in einigen kleineren süddeutschen Universitätsstädten blieben die Hochschulen von Luftangriffen nahezu verschont, so insbesondere in Erlangen, Tübingen und Heidelberg. Auch in Göttingen, Greifswald, Halle und Jena waren die Universitäten im Mai 1945 weitgehend unversehrt.

Im September 1944 erfasste der von den Nationalsozialisten propagierte «totale Kriegseinsatz» auch die Hochschulen. Von knapp 86 000 Studierenden des Sommersemesters 1944 wurden etwa 16 000 zur Wehrmacht eingezogen oder an die Front beordert. Weitere 31 000 Studierende (zumeist Studentinnen) mussten die Hochschulen verlassen und sich für den Arbeitseinsatz vornehmlich in der Rüstungsindustrie zur Verfügung stellen. Damit ging die Zahl der Studierenden gegenüber dem Sommersemester 1944 um mehr als die Hälfte zurück.[364] Eine weitere radikale Einschränkung sollte im Oktober

1944 folgen. Ein Schnellbrief des REM befahl die Einstellung des Lehrbetriebs an 77 Fakultäten, die über das gesamte Reichsgebiet verteilt waren. Weitere 58 Fakultäten sollten nur noch Studierende höherer Semester aufnehmen. Dieser Erlass wurde jedoch nach Protesten mehrerer Gauleiter Anfang November wieder aufgehoben.[365] Dennoch kam der Lehr- und Forschungsbetrieb an vielen Universitäten im Laufe des Wintersemesters zum Erliegen – weil die Vorlesungsgebäude wegen Bombenschäden oder Kohlemangel nicht mehr benutzt werden konnten, weil zahlreiche Studierende zum Volkssturm einberufen wurden oder weil die Stadt mittlerweile von den Alliierten besetzt worden war. Das Ende des Krieges führte im gesamten Reichsgebiet zur Schließung der Universitäten.

5. Der Lehrkörper

Restriktionen und Chancen: Die Lage des Lehrkörpers seit 1933

Die beträchtliche Zahl der Wissenschaftlerinnen und Wissenschaftler, die seit 1933 aufgrund ihrer politischen Einstellung entlassen wurden, zeigte unmissverständlich, dass die neuen Machthaber von den Hochschullehrern Loyalität verlangten. Diese Loyalität sollte öffentlich demonstriert werden: durch den Hitlergruß zu Beginn einer Vorlesung, den Treueeid, das Hissen der Hakenkreuzfahne bei offiziellen Anlässen, durch die Teilnahme an den ubiquitären Spendensammlungen und schließlich durch den Verzicht auf politische Kritik.

Im Juli 1933 hatte das preußische Kultusministerium für alle Beamten, Angestellten und Arbeiter im Dienst, in den Dienstgebäuden und bei offiziellen Universitätsveranstaltungen den «deutschen Gruß» durch «Erheben des rechten Armes» vorgeschrieben;[1] andere Länder folgten diesem Beispiel. Daraufhin war eine «außeramtliche» Rektorenkonferenz im Oktober 1933 zu folgendem Ergebnis gekommen: «Was die Begrüßungsform zwischen Dozenten und Studenten im Hörsaal betrifft, so wurde als der jetzt allein in Frage kommende Brauch der folgende festgestellt: Der Dozent betritt und verläßt den Katheder mit dem deutschen Gruß (Erheben des rechten Armes ohne den Ruf ‹Heil Hitler›).»[2] Im Wintersemester 1933/34 wurde diese Prozedur von den Rektoren zur Pflicht erklärt.

Ein weiterer Unterwerfungsakt folgte im August 1934. Als Reichskanzler Hitler nach dem Tod Hindenburgs auch die Befugnisse des Reichspräsidenten übernahm, wurden sämtliche Beamte per Gesetz verpflichtet, einen neu formulierten Diensteid zu leisten, in dem sie Hitler persönlich Treue und Gehorsam schworen.[3]

Pflichttermin für sämtliche Universitätsangehörige waren die alljährlichen Maifeiern, die in erster Linie die Integration der Arbeiterschaft befördern sollten. Dementsprechend wurde am 1. Mai die Volksgemeinschaftsideologie des Regimes zelebriert. Wie das aussehen konnte, zeigt ein Blick auf die Universität Heidelberg im Mai 1935: Um die Überwindung des «Klassendünkels» früherer Zeiten unter Beweis zu stellen, bildete der Rektor zusammen mit einem Arbeiter und einem Bauern die Spitze des zweiten Marschblocks. Dahinter marschierten die Universitätsangehörigen in Dreierreihen, jeweils ein Dozent, Student, Beamter oder Angestellter.[4]

Die Beteiligung an den allgegenwärtigen Spendensammlungen war offiziell freiwillig, folgte realiter aber dem für die NS-Diktatur charakteristischen Prinzip des freiwilligen Zwangs. Von den Professoren wurde wie selbstverständlich erwartet, dass sie die Universitätskasse ermächtigten, einen Teil ihres Gehalts für das nationalsozialistische Winterhilfswerk einzuziehen.[5] Auch konnten sich die Professoren in der Regel nicht der Aufforderung entziehen, aktiv an Straßensammlungen für das Winterhilfswerk teilzunehmen.[6]

Hochschullehrer, die dem Nationalsozialismus kritisch gegenüberstanden, empfanden diese neuen Verpflichtungen als «eine wahre Seelennot», wie der Tübinger Germanist Hermann Schneider im Dezember 1933 einem befreundeten Kollegen schrieb: «Ich weiß jetzt, wie unseren christianisierten Vorfahren zumute war (...). Tun müssen, als ob man glaube, was man nicht glauben konnte, in Worten, Zeremonien und vor allem durch Schweigen, wo alles zum Widerspruch schrie, heucheln zu müssen, das war das schlimmste an ihrem Los ... Ich bin kein freier Mensch mehr und kein ehrlicher.»[7]

Nicht alle Professoren waren bereit, die geforderten Unterwerfungsgesten widerspruchslos zu akzeptieren. Einige wenige unterließen den Hitlergruß offenbar grundsätzlich, so beispielsweise der katholische Theologe Joseph Schmidlin (Münster), der auch sonst kein Hehl aus seiner Distanz zum Nationalsozialismus machte.[8] Der Mathematiker Ernst Zermelo (Freiburg) wurde 1935 von einem Kollegen denunziert, weil er ebenfalls den Hitlergruß verweigerte, «und zwar nicht aus Zufall, sondern absichtlich».[9] Der evangelische Theologe Karl

Barth (Bonn) lehnte es sogar ausdrücklich ab, seine Vorlesungen mit dem «deutschen Gruß» zu beginnen. Zur Begründung erklärte Barth, dieser sei als symbolische Anerkennung des nationalsozialistischen Totalitätsanspruchs in einer theologischen Vorlesung «unangemessen und stilwidrig».[10] Das Ministerium ließ ihn zunächst gewähren.

Barth, der 1934 zu den Gründern der Bekennenden Kirche gehörte, war aber auch sonst zu keinem Kotau bereit. Als er im November 1934 den Treueeid auf Hitler ablegen sollte, teilte er dem Bonner Rektor mit, er wolle diesen Eid nur mit einem einschränkenden Zusatz («soweit ich es als evangelischer Christ verantworten kann») leisten. Diesmal reagierte das Ministerium, indem es den Theologen suspendierte und ein Dienststrafverfahren einleitete.[11] Außer Barth hat nur noch ein weiterer Hochschullehrer den bedingungslosen Treueeid auf Hitler abgelehnt: Der Klassische Philologe Kurt von Fritz erklärte gegenüber den Behörden, er könne den Eid nur leisten, sofern damit keine Verpflichtung verbunden sei, die «mit der Pflicht des Hochschullehrers, nach bestem Wissen und Gewissen nur die Wahrheit zu lehren, in Widerspruch stünde».[12]

Alle vier Professoren – Schmidlin, Zermelo, Barth und Fritz – mussten 1934/35 ihre Lehrtätigkeit in Deutschland einstellen. Sie wurden aufgrund des Berufsbeamtengesetzes in den Ruhestand versetzt, sofern sie nicht, wie Zermelo, selbst auf die Lehrbefugnis verzichteten. Ihr weiterer Lebensweg verlief denkbar unterschiedlich. Während der gebürtige Schweizer Barth noch 1935 einen Lehrstuhl an der Universität Basel erhielt, nahm Fritz eine Professur an der Columbia University in New York an. Zermelo zog sich ins Privatleben zurück. Schmidlin starb 1943 in einem nationalsozialistischen Lager an den dort erlittenen Misshandlungen.[13]

Die Teilnahme an den Maifeiern ließ sich unter Hinweis auf gesundheitliche Probleme relativ leicht umgehen, wie zahlreiche Entschuldigungsschreiben zeigen, die noch heute in Universitätsarchiven aufbewahrt werden. Wer sich indes weigerte, an offiziösen Spendensammlungen teilzunehmen, musste mit ernsthaften Konsequenzen rechnen. In Halle war der Anglist Hans Weyhe der einzige Dozent der Universität, der es ablehnte, einen Teil seines Gehalts (die Summe entsprach 10 Prozent der Lohnsteuer) als Beitrag für das Winterhilfswerk einziehen zu lassen. Als daraufhin ein Dienststrafverfahren gegen ihn eingeleitet wurde, das deutlich machte, wie wenig hier von einer «freiwilligen» Spende die Rede sein konnte, lenkte Weyhe ein und erteilte die gewünschte Einzugsermächtigung.[14]

Härter traf es den Sprachwissenschaftler Albert Debrunner, der im Dezember 1934 wie alle Dozenten der Universität Jena von der Kreisleitung der NSDAP aufgefordert wurde, sich an einer Straßensammlung für das Winterhilfswerk zu beteiligen. Der gebürtige Schweizer, der schon den Treueeid auf Hitler nur widerstrebend geleistet hatte, erklärte sich zwar bereit, an der Sammlung mitzuwirken, äußerte gleichzeitig aber sein Unbehagen darüber, «dass ich als höherer Beamter mit gesichertem Einkommen den kleinen Leuten auf der Straße die Groschen aus der Tasche ziehen soll».[15] Die Reaktion war ein Aufschrei der Empörung. Die Kreisleitung der Partei und der Jenaer NSDStB erklärten Debrunner als Hochschullehrer für «untragbar», das Thüringische Staatsministerium leitete ein Dienststrafverfahren ein und enthob den Sprachwissenschaftler vorläufig seines Amtes. Das Verfahren wurde erst eingestellt, nachdem Debrunner sich bereit erklärt hatte, Jena zu verlassen und einen Ruf nach Bern anzunehmen.[16]

Debrunner, Weyhe, Schmidlin, Barth und einige andere, die sich ähnlich verhielten, waren Ausnahmeerscheinungen. Die große Mehrheit ihrer Kollegen leistete die geforderten Unterwerfungs- und Loyalitätsgesten.

Doch Loyalität allein reichte den neuen Machthabern auf Dauer nicht aus. Vielmehr wollte das Regime einen neuen Wissenschaftlertypus schaffen, der sich von dem weltfremden «Stubengelehrten» alter Schule ebenso wie von den «Intellektuellen» der Weimarer Republik grundlegend unterschied. Denn «Intellektualismus» war für die Nazis «eine Degenerationserscheinung des gesunden Menschenverstandes», wie Goebbels in einer Rede erläuterte.[17] Erwünscht waren stattdessen Hochschullehrer, die sich als «kämpfende Wissenschaftler» im Dienst der nationalsozialistischen «Volksgemeinschaft» verstanden – politisch einsatzbereit, sportlich durchtrainiert und mit soldatisch-straffem Habitus.[18]

Von Anfang an setzten die Nationalsozialisten ihre Hoffnung dabei auf die jüngeren, noch nicht etablierten Nachwuchskräfte, auf Assistenten, Privatdozenten und nichtbeamtete außerordentliche Professoren, die dem Nationalsozialismus in aller Regel aufnahmebereiter gegenüberstanden als die etablierten Lehrstuhlinhaber: «Der nationalsozialistische Staat wird immer auf die jüngere Dozentenschaft zurückgreifen müssen, um seinen Geist echt und rein zu erfüllen, denn Nationalsozialismus auf der einen Seite und Reaktion und Liberalismus auf der anderen Seite bedeutet heute vielfach, nicht immer, die Wahl der jüngeren Generation gegenüber der älteren», verkündeten zwei nationalsozialistische Studentenfunktionäre 1934.[19]

Von den konservativen Geheimräten der älteren Generation wurde eine grundlegende Umstellung nicht mehr erwartet. Ihre allmähliche Ersetzung durch jüngere, linientreue Kräfte sollte den Weg frei machen für die neue nationalsozialistische Hochschule. Staatssekretär Siegmund Kunisch vom REM hat diese Perspektive 1935 in der brutalisierten Sprache des Regimes festgehalten: «Wir können die Professoren nicht einfach auf die Straße setzen, weil wir keine anderen haben ... Es bleibt daher nichts anderes übrig, als die Leute so zu verschleißen, wie sie sind und im übrigen neuen Nachwuchs heranzubilden.»[20]

Um diesen Prozess zu beschleunigen, forderten nationalsozialistische Aktivisten eine Herabsetzung der Altersgrenze für Universitätsprofessoren, «damit es den jüngeren nationalsozialistischen Kräften an allen Hochschulen baldigst möglich gemacht wird, in führende Stellungen ... gelangen zu können», wie Franz Wirz, der zuständige Referent in der Reichsleitung der NSDAP, 1934 schrieb.[21] Das Emeritierungsalter lag in Preußen und Baden am Ende der Weimarer Republik bei 68, in Württemberg und Hamburg bei 70 Jahren. Sachsen hatte 1927 ebenfalls eine Altersgrenze von 68 Jahren festgelegt, die aber bis zum 70. Lebensjahr hinausgeschoben werden konnte, was häufig geschah. Die bayerischen Hochschulen kannten überhaupt keine gesetzlich festgelegte Altersgrenze, so dass manche Münchener Ordinarien ihren Lehrstuhl erst mit 72 oder gar mit 75 Jahren räumten.[22]

Daraufhin reduzierten mehrere Länder 1933/34 die Altersgrenze. Mancherorts wurden ältere Professoren auch individuell unter Druck gesetzt, von sich aus ihre Emeritierung zu beantragen.[23] Seinen Abschluss fand dieser Prozess mit dem Entpflichtungsgesetz von 1935, das reichsweit die Entpflichtung von Hochschullehrern nach Vollendung des 65. Lebensjahrs anordnete. Allerdings konnte die zuständige Landesbehörde mit Zustimmung des REM die Emeritierung auf einen «späteren Zeitpunkt verschieben», sofern «überwiegende Hochschulinteressen» dies erforderten.[24]

Gleichzeitig wurden traditionelle Privilegien der Ordinarien abgebaut. Drei Elemente dieser Politik sind besonders bemerkenswert:

Erstens: Bis zur nationalsozialistischen «Machtergreifung» hatten beamtete Professoren das Recht gehabt, auch nach ihrer Emeritierung weiterhin Lehrveranstaltungen anzubieten. Das war seit 1935 nicht mehr der Fall. Fortan mussten entpflichtete Hochschullehrer, die ihre Lehrtätigkeit fortsetzen wollten, beim Rektor einen Antrag stellen und dabei angeben, um welche Vorlesungen es sich handelte. Die Rektoren wurden vom REM angewiesen, den Antrag nur dann zu genehmigen, «wenn der Antragsteller die Gewähr dafür bietet, daß er sich in die im jungen Geiste sich erneuernde Universität hineinfügt, und daß seine politische Haltung die nationalsozialistische Erziehungsarbeit an der akademischen Jugend nicht gefährdet».[25]

Zweitens: Hochschullehrer unterschieden sich von anderen Beamten traditionell durch ihre Unversetzbarkeit. Dieses Vorrecht wurde zunächst durch das Berufsbeamtengesetz von 1933[26] und erneut durch das Entpflichtungsgesetz von 1935 beseitigt. Letzteres verlieh dem REM für einen begrenzten Zeitraum (bis Ende 1937) das Recht, beamtete Hochschullehrer an eine andere Universität zu versetzen, wenn dies für den «Neuaufbau des deutschen Hochschulwesens» erforderlich sei.[27]

Drittens: Die Besetzung von Assistentenstellen lag seit 1933 nicht mehr allein in den Händen der Ordinarien. Vielmehr wurden die Einstellungsvorschläge der Institutsdirektoren nun von neuen Institutionen wie den «Dozentenschaften» beziehungsweise dem NSDDB politisch überprüft und manchmal auch abgelehnt.[28]

Schließlich mussten die Lehrstuhlinhaber auch finanzielle Einbußen hinnehmen. Schon in der Endphase der Weimarer Republik waren die Grundgehälter der Professoren durch die Notverordnungen von 1931/32 gekürzt worden. Nach der «Machtergreifung» ging diese Entwicklung weiter. Die Maßnahmen der neuen Regierung trafen zunächst die Spitzenverdiener unter den Ordinarien. Auf sie zielte die Reduzierung der Höchstgrenzen für das Grundgehalt und die – zum Teil drastische – Kürzung der Kolleggeldgarantien an den preußischen Hochschulen.[29] Für Unmut im Lehrkörper sorgte ferner der Entzug der Promotionsgebühren, die seit 1935 nicht mehr den Professoren zugutekamen, sondern in die Staatskasse flossen.[30] Erheblichen Einfluss auf das Einkommen der Hochschullehrer hatte schließlich auch der massive Rückgang der Studierenden in den Jahren von 1931 bis 1940, weil die Kolleggeldeinnahmen der Hochschullehrer sich dadurch deutlich verringerten.[31] Unter solchen Umständen fingen selbst manche Ordinarien Mitte der 1930er Jahre an, über Einsparmöglichkeiten nachzudenken, beispielsweise durch die Aufnahme von Untermietern.[32]

Während die nationalsozialistische «Machtergreifung» für die Ordinarien also zu einem Verlust traditioneller Vorrechte und zu materiellen Einschränkungen führte, konnten die Nichtordinarien, sofern sie von den Massenentlassungen verschont blieben, sich als Gewinner des politischen Umbruchs fühlen. Aufgrund der politisch motivierten Vertreibung zahlreicher Hochschullehrer und der Herabsetzung des Emeritierungsalters musste in den ersten drei Jahren der NS-Diktatur ein großer Teil der Lehrstühle neu besetzt werden. Dadurch verbesserten sich die Karrierechancen der jüngeren Nachwuchswissenschaftler erheblich, sofern sie die nötige Anpassungsbereitschaft an den Tag legten. Um die Verjüngung voranzutreiben, forderte das Ministerium die Fakultäten in den ersten Jahren nach der «Machtergreifung» häufiger dazu auf, keine Ordinarien, sondern nur noch jüngere Nachwuchskräfte auf die Berufungslisten zu setzen.[33] Als Folge dieser Politik verringerte sich die Zahl der Privatdozenten zwischen 1931 und 1938 um 26,2 Prozent und die der nichtbeamteten Professoren um 16 Prozent, während die Gruppe der Emeriti größer wurde (Tabelle 13). Gleichzeitig schrumpfte die durchschnittliche Zeitspanne zwischen Habilitation und Erstberufung von neun (1931) auf sieben Jahre (1938).[34]

Tabelle 13: Die Entwicklung des Lehrkörpers der deutschen Universitäten nach Statusgruppen, 1931–1938[35]

Statusgruppe	1931	1938	Differenz in %
Emeriti	380	577	+ 51,8
Ordinarien	1721	1584	– 8,0
Planmäßige a. o. Prof.	222	263	+ 18,5
Nichtbeamtete a. o. Prof.	1301	1093	– 16,0
Privatdozenten	1364	1007	– 26,2
Lektoren	224	194	– 13,4
Honorarprofessoren	316	233	– 26,3
Lehrbeauftragte	371	502	+ 35,3
Zusammen	5899	5453	– 7,6

Wie unterschied sich der Lehrkörper der nationalsozialistisch beherrschten Universität vom Lehrkörper der Weimarer Republik? Zunächst fällt auf, dass die Zahl der Hochschullehrerinnen und Hochschullehrer im «Altreich» zwischen 1931 und 1938 um 7,6 Prozent zurückging (Tabelle 13). Das war in erster Linie ein Ergebnis der nationalsozialistischen «Säuberungspolitik». Außerdem eröffneten sich nach Überwindung der Massenarbeitslosigkeit insbesondere für Naturwissenschaftler alternative Beschäftigungsmöglichkeiten in der Wirtschaft, die von vielen Nachwuchskräften genutzt wurden. Dieser Schrumpfungsprozess endete 1938 mit dem «Anschluss» Österreichs und der damit einhergehenden Eingliederung der österreichischen Universitäten in das deutsche Hochschulsystem.

Ein Blick auf die Sozialstruktur des Lehrkörpers zeigt keine grundlegenden Veränderungen gegenüber der Weimarer Republik. Auch nach 1933 rekrutierten sich die Hochschullehrer überwiegend aus bildungs- und besitzbürgerlichen Schichten. Allerdings wuchs die Zahl der Lehrenden, die aus nichtakademischen Familien kamen, von 16,4 Prozent (1920–1933) auf immerhin 25,3 Prozent (1933–1944).[36]

Der Anteil der Frauen im Lehrkörper, der 1932 bei nur 1,2 Prozent gelegen hatte,[37] ging bis 1938 um etwa ein Drittel zurück (Tabelle 14). Anders als in der Endphase der Weimarer Republik lehrte 1938 in Deutschland keine einzige planmäßige Professorin mehr. Für diesen Rückgang gab es zwei Gründe. Zum einen traf die nationalsozialistische «Säuberungspolitik» die wenigen Frauen im Lehrkörper stärker als ihre männlichen Kollegen. Zum anderen waren Frauen nach 1933 als Hochschullehrerinnen unerwünscht. Zwar konnten Wissenschaftlerinnen sich weiterhin habilitieren,[38] aber die Ernennung neuer Dozentinnen wurde nach 1933 zunächst verweigert. Frauen «kommen für die Nachwuchsförderung nicht in Frage, da sie ... nicht für den Hochschulnachwuchs in Betracht kommen», hieß es 1937 kurz und bündig in einem Rundschreiben der NSDDB-Führung.[39] Das REM teilte diese Ansicht. Als die Philosophische Fakultät Köln 1937 die Möglichkeit sondierte, der Romanistin Elena Eberwein eine Dozentur zu verschaffen, erteilte das Ministerium diesem Vorhaben eine klare Abfuhr: «Die Reichs-Habilitations-Ordnung vom 13. Dezember 1934 hat mit Einführung des Gemeinschaftslagers (Wehrsportlager und Dozentenakademie) ausschließlich männlichen Hochschullehrernachwuchs im Auge gehabt. Bei dieser Sachlage ist daher die Erteilung der Dozentur an Frauen nicht möglich.»[40]

Tabelle 14: Weibliche Lehrkräfte an den deutschen Universitäten, 1931–1938[41]

Statusgruppe	1931	1938
o. Professorinnen	1	0
planm. a. o. Professorinnen	3	0
apl. Professorinnen	12	11
Privatdozentinnen	23	8
Honorarprofessorinnen	1	1
Lektorinnen	13	8
Lehrbeauftragte	13	15
Zusammen	66	43

Obwohl einige prominente Nationalsozialisten wie Alfred Rosenberg oder Philipp Lenard die Internationalität von Wissenschaft nach 1933 grundsätzlich infrage stellten,[42] blieben Vortragsreisen ins Ausland oder der Besuch internationaler Kongresse auch im Dritten Reich ein wichtiger Bestandteil des Wissenschaftsbetriebes. Allerdings entwickelten Auslandsreisen sich zu einer hochgradig reglementierten und mit vielen Unsicherheiten verknüpften Angelegenheit.[43] Dafür sorgte ein sehr aufwändiges Genehmigungsverfahren, das an den Universitäten auf vielfache Kritik stieß.[44] Dahinter stand zum einen der Wunsch, Kritikern oder Gegnern des Regimes im Ausland kein Gehör zu verschaffen. Zum anderen war das Genehmigungsverfahren ein Ergebnis der chronischen Devisenknappheit des NS-Staates.

Über Anträge auf Auslandsreisen entschied das REM aufgrund von Gutachten des Rektors und des Dozentenbundführers. Mitunter wurden auch noch weitere Institutionen, darunter das Auswärtige Amt, in diesen Prozess eingeschaltet. Bei großen internationalen Kongressen beauftragte das REM in der Regel einen politisch zuverlässigen und wissenschaftlich renommierten Professor mit der Aufgabe, eine deutsche Delegation zusammenzustellen. Wenn das REM die Auslandsreise genehmigt hatte, war ein weiterer Antrag bei der 1934 gegründeten Deutschen Kongress-Zentrale erforderlich, die für die Verwaltung der knappen Devisen zuständig war.[45] Dieses Genehmigungsverfahren blieb über Jahre hinweg ein Stein des Anstoßes. Aufgrund der Vielzahl der beteiligten Stellen trafen die erforderlichen Bescheide häufig erst mit großer Verspätung ein.[46] Eine «nicht kleine Zahl deutscher Wissenschaftler» verzichtete unter diesen Umständen stillschweigend auf den Besuch internationaler Kongresse, «weil das Verfahren der Reisebewilligung immer noch recht schwierig ist und vor allen Dingen die Devisenbescheinigungen fast regelmäßig erst in allerletzter Minute oder häufig auch zu spät eingehen», wie der Dekan der Medizinischen Fakultät Heidelberg 1938 konstatierte.[47]

Hochschullehrer, die als «Nichtarier» eingestuft worden waren oder als «jüdisch versippt» galten, erhielten, solange sie noch geduldet wurden, nur in Ausnahmefällen die Erlaubnis, Kongresse im Ausland zu besuchen.[48] Wer als «unbelehrbarer Liberalist» galt wie der Bonner Archäologe Richard Delbrueck, musste ebenfalls mit einem Reiseverbot rechnen.[49] Im Falle des Klassischen Philologen Franz Dornseiff reichte bereits die Behauptung, er sei «kein Freund der nationalsozialistischen Bewegung» und halte sich von offiziellen Veranstaltungen fern, um ihm die Teilnahme an internationalen Tagungen zu verwehren.[50] Gleiches galt für Hochschullehrer, die sich im Ausland nicht regimekonform verhalten hatten. Diese Erfahrung machte beispielsweise der Historiker Gerhard Ritter, nachdem er 1938 auf der Internationalen Historikertagung in Zürich einen völkisch grundierten Vortrag seines Kieler Kollegen Otto Scheel über Martin Luther öffentlich kritisiert hatte.[51]

Seit 1938 erfuhr die restriktive Politik der ersten Jahre eine Auflockerung. Angesichts des zunehmenden Mangels an qualifizierten Nachwuchsforschern und eines wachsenden Bedarfs an Naturwissenschaftlern infolge des Vierjahresplans musste der Beruf des Hochschullehrers wieder attraktiver gemacht werden. Mit dem Gesetz über die besonderen Rechtsverhältnisse beamteter Hochschullehrer wurde 1938 ein traditionelles Vorrecht der Hochschullehrer gegenüber anderen Beamten, ihre Unversetzbarkeit, wiederhergestellt.[52] Eine materielle Besserstellung erfolgte 1939 mit dem Hochschullehrerbesoldungsgesetz, das erstmals die Gehälter der Hochschullehrer und Assistenten einheitlich für das gesamte Reich regelte.[53]

Auch die Politik der Verjüngung und die damit verbundene Zurücksetzung der älteren Ordinarien konnte nicht dauerhaft aufrechterhalten werden. Während des Zweiten Weltkriegs, als ein großer Teil der jüngeren Wissenschaftler von der Wehrmacht eingezogen wurde, erwies sich die Arbeitskraft der älteren Ordinarien als unverzichtbar. Schon im Oktober 1939 wurde das Entpflichtungsgesetz von 1935, das die Emeritierung der Ordinarien nach Vollendung des 65. Lebensjahrs vorsah, faktisch für die Dauer des Krieges außer Kraft gesetzt.[54]

Die Absicht, Wissenschaftlerinnen durch die Verweigerung der Dozentur den Zutritt zum Lehrkörper grundsätzlich zu verbauen, wurde schon vor Beginn des Krieges aufgegeben. Bereits im Februar 1938 machte sich die Reichsfrauenführung öffentlich für eine «stärkere Berücksichtigung der Frau auch im Lehrkörper der Universitäten» stark.[55] Im Juni 1938 beschloss das REM, die Lehrgänge für zukünftige Dozenten im Lager Tännich (Thüringen) einzustellen, die ausschließlich auf männliche Teilnehmer zugeschnitten waren.[56] Diese Dozentenlager hatten bislang als Hauptargument gegen die Verleihung der Dozentur an Frauen gedient. Im August 1938 revidierte auch die NSDDB-Führung ihre bisherige Position und erklärte, «dass den Frauen der Eintritt in den Beruf eines Hochschullehrers nicht verwehrt werden darf».[57]

Damit war der Weg zur Dozentur für habilitierte Wissenschaftlerinnen frei geworden. Nur die Juristischen Fakultäten blieben für Frauen aufgrund einer Anordnung des Leiters der Parteikanzlei, Martin Bormann, weiterhin verschlossen.[58] Im Januar 1939 wurde erstmals seit Erlass der Reichs-Habilitations-Ordnung (RHO) von 1934 einer Frau, der Medizinhistorikerin Edith Heischkel, eine Dozentur verliehen.[59] 1943 forderte das Propagandaministerium die Presse auf, in ihrer Berichterstattung auch den «Kriegseinsatz der deutschen Dozentin» zu berücksichtigen. Dabei sei zu betonen, dass die «Eignung der Frau für die wissenschaftliche Arbeit nicht mehr in Frage gestellt» werde, «da die deutsche Wissenschaftlerin in den letzten Jahrzehnten den Beweis für ihre vollwertige Leistung erbracht» habe.[60] Tatsächlich blieb die Zahl der Dozentinnen, die zwischen 1938 und 1945 in den Lehrkörper der deutschen Universitäten aufrücken konnten, aber sehr überschaubar: An den Universitäten Leipzig und Göttingen erhielten während der NS-Zeit zwei Wissenschaftlerinnen eine Dozentur, in Halle, Hamburg und Jena nur eine, in Greifswald nicht eine einzige.[61] Zudem galt weiterhin die informelle Regel, dass Frauen «auf keinen Fall» ein Ordinariat erhalten sollten.[62] Vereinzelt wurden Dozentinnen während des Krieges aber als Lehrstuhlvertretungen eingesetzt.[63]

Politisch motivierte Ablehnungen von Auslandsreisen wurden seit etwa 1936 seltener.[64] Nun konnten selbst Hochschullehrer, die dem Regime distanziert gegenüberstanden, wie der Altphilologe Bruno Snell oder der Theologe Martin Dibelius, mit der Genehmigung ihrer Reiseanträge rechnen.[65] Obwohl die Veranstaltung großer internationaler Kongresse im Zweiten Weltkrieg weitgehend zum Erliegen kam, nahm die Reisetätigkeit deutscher Professoren sogar zu. Das lag hauptsächlich an der Gründung zahlreicher Deutscher Wissenschaftlicher Institute (DWI), die während des Krieges in den verbündeten, besetzten oder neutralen Ländern Europas entstanden und im Rahmen der deutschen auswärtigen Kulturpolitik zahlreiche Vortragsreisen organisierten.[66]

Der Professor als Parteigenosse

Die Anpassung an das diktatorische Regime manifestierte sich am sichtbarsten im Beitritt zur NSDAP. Zumeist erfolgte die Aufnahme in die Partei entweder 1933 oder 1937. Die Beitritte von 1933 beschränkten sich fast ausschließlich auf die kurze Periode zwischen dem 30. Januar 1933 und dem 1. Mai 1933. In dieser Zeit – insbesondere nach den Wahlen vom 5. März – beantragten mehr als 1,5 Millionen die Mitgliedschaft in der NSDAP, darunter zahlreiche Hochschullehrer. An der Universität München traten in diesen Wochen etwa 70 Hochschullehrer und Assistenten in die Partei Hitlers ein.[67] An einigen Universitäten hatten sich im Sommersemester 1933 bereits mehr als 20 Prozent des Lehrkörpers der NSDAP angeschlossen, so in Bonn, Greifswald und Hamburg.[68] Mitgliederzahlen dieser Größenordnung waren damals charakteristisch für das gesamte Beamtentum.[69]

Aus Furcht, ein Massenansturm von Opportunisten werde den revolutionären Elan der NSDAP schwächen, verhängte die Parteiführung daraufhin eine «Mitgliedersperre», die zum 1. Mai 1933 in Kraft trat. Trotz einiger Ausnahmeregelungen wurde dieser Aufnahmestopp faktisch erst 1937 aufgehoben, was zu einer zweiten großen Eintrittswelle führte. Allein an der Universität Hamburg beantragten in diesem Jahr 66 Professoren und Dozenten die Aufnahme in die NSDAP, außerdem zahlreiche Assistenten und wissenschaftliche Hilfskräfte.[70] In den folgenden Jahren kam es zu weiteren Eintritten, die 1940 nach dem Sieg der Wehrmacht über Frankreich einen letzten Höhepunkt erreichten.[71] Die Zahl der NSDAP-Mitglieder im Lehrkörper der deutschen Universitäten nahm dadurch zwischen 1933 und 1945 kontinuierlich zu.

Das Ergebnis dieses Prozesses ist, soweit bislang bekannt, in Tabelle 15 zusammengefasst. Sie zeigt, dass in der Endphase des Dritten Reiches an den neun Universitäten, über die uns genauere Daten vorliegen, im Schnitt fast 60 Prozent des Lehrkörpers der NSDAP angehörten. Da nicht zu sämtlichen Lehrkräften zuverlässige Daten vorliegen, dürften die tatsächlichen Zahlen noch etwas höher gewesen sein.

Tabelle 15: Mitglieder der NSDAP im Lehrkörper von neun deutschen Universitäten, 1945[72]

Universität	Lehrkörper 1945	Darunter NSDAP-Mitglieder	
		absolut	in %
Berlin[73]	967	522	54,0
Bonn	210	124	59,0
Greifswald	129	83	64,3
Halle	195	134	68,7
Hamburg	212	136	64,2
Jena	212	135	63,7
Münster	167	118	70,7
Straßburg	146	96	65,7
Tübingen	207	110	53,1
Zusammen	2445	1458	59,6

Wenn man sich vor Augen hält, dass die NSDAP bei Ende des Krieges etwa 10 Prozent der deutschen Bevölkerung umfasste,[74] dann waren fast 60 Prozent Parteimitglieder im Lehrkörper der Universitäten zweifellos ungewöhnlich hoch, jedenfalls deutlich höher als in den meisten anderen Berufsgruppen. Allerdings standen Hochschullehrer als Beamte beziehungsweise potentielle Beamte sehr viel stärker als andere Bevölkerungsteile unter dem Zwang, ihre Loyalität gegenüber dem NS-Staat unter Beweis zu stellen.

Bei genauerer Aufschlüsselung des vorhandenen Datenmaterials fallen beträchtliche Unterschiede zwischen Altersgruppen, akademischen Statusgruppen und Fakultäten auf. Diese Unterschiede lassen sich in drei Punkten zusammenfassen:

Erstens: Je jünger die Hochschulangehörigen waren, desto früher und intensiver erfolgte ihre Hinwendung zum Nationalsozialismus.[75]

Zum einen gehörten die jüngeren Wissenschaftler zu einer Alterskohorte, die während ihres Studiums in den Jahren der Weimarer Republik durch einen Prozess völkischer Radikalisierung geprägt worden war.[76] Zum anderen haben die Nationalsozialisten es auch an den Hochschulen verstanden, sich erfolgreich als Partei der Jugend zu präsentieren, die gegen das «Versagen» der älteren Generation zu Felde zog.[77] Selbst der 59-jährige Nobelpreisträger Johannes Stark, einer der ganz wenigen Professoren, die schon in den 1920er Jahren für Hitler eingetreten waren, hatte 1933 das Gefühl, aufgrund seines Alters «im nationalsozialistischen Führerkreis» als «minderwertig» angesehen zu werden.[78]

Zweitens: Der Hinweis auf die Altersstruktur der Parteimitglieder überschneidet sich mit einem zweiten Befund: Je niedriger der akademische Status der betroffenen Wissenschaftler war, desto größere Bereitschaft zeigten sie, sich der NSDAP anzuschließen. Dementsprechend lag die Zahl der Parteigenossen unter den ordentlichen Professoren deutlich unter dem Durchschnitt. Das traf insbesondere für jene Ordinarien zu, die schon vor 1933 auf ihren Lehrstuhl berufen worden waren. Überdurchschnittlich hoch war der Prozentsatz der Parteimitglieder dagegen unter Dozenten und außerordentlichen Professoren. Vereinfacht ausgedrückt: Die arrivierten Hochschullehrer, die ihre Karriereziele im Wesentlichen bereits erreicht hatten, blieben gegenüber der NSDAP eher auf Distanz; die Nicht-Arrivierten strömten massenweise in die Partei. Dieser Zusammenhang war schon für die Zeitgenossen evident, die bald von einer «Privatdozentenkrankheit» sprachen.[79] In dem Maße, in dem ein Teil der Nicht-Arrivierten seit 1933 freigewordene Lehrstühle übernahm, wurde diese Differenz geringer, ohne aber vollständig zu verschwinden.[80]

Drittens: Weitere Unterschiede bestanden zwischen verschiedenen Fakultäten. An allen Universitäten, über die genauere Zahlen vorliegen, verzeichneten die Medizinischen Fakultäten einen überproportional hohen Anteil von Parteimitgliedern. In Gießen, Greifswald, Halle, Hamburg, Heidelberg, Münster, Rostock und Straßburg hatten die Medizinischen Fakultäten sogar den höchsten Anteil von NSDAP-Mitgliedern. In Berlin, Bonn, Freiburg, Kiel und München lag der

Anteil der Parteigenossen unter den Medizinern zumindest über dem Durchschnitt.[81] Vieles deutet darauf hin, dass diesen Zahlen tatsächlich eine überproportionale Affinität der Mediziner zum Nationalsozialismus zugrunde lag. Dafür sprechen zeitgenössische Dokumente,[82] Nachkriegsäußerungen verschiedener Hochschullehrer[83] und neuere historische Analysen[84] gleichermaßen.

Das Gegenstück zu den Medizinern bildeten die Katholisch-Theologischen Fakultäten, die in der Regel nur sehr wenige Parteimitglieder zählten.[85] Das war das Ergebnis einer besonderen Konstellation: Bis zum März 1933 war praktizierenden Katholiken von den Bischöfen die Unterstützung der NSDAP verboten worden. Zum 1. Mai 1933 verhängte die NSDAP einen Aufnahmestopp. Wenig später, im Juli 1933 untersagte das Reichskonkordat die Mitgliedschaft von katholischen Geistlichen in politischen Parteien (Artikel 32). Für katholische Theologen existierte somit nur ein schmales Zeitfenster, die Monate März und April 1933, in dem ein Parteieintritt möglich war. Im Vergleich mit den Hochschullehrern anderer Fakultäten nutzten katholische Theologen diese Möglichkeit nur selten.

Nach 1945 ist oft behauptet worden, Hochschullehrer und Beamte seien im NS-Staat verpflichtet gewesen, der NSDAP beizutreten, wenn sie eine Universitätskarriere anstrebten. In der Tat vertrat insbesondere der Stab Heß wiederholt die Auffassung, leitende Beamtenstellen dürften nur noch von Parteimitgliedern besetzt werden. Diese Forderung setzte sich jedoch nicht durch, weil die Ministerien befürchteten, dadurch werde das Kriterium der fachlichen Qualifikation zu sehr in den Hintergrund gedrängt.[86] Tatsächlich wurden im Dritten Reich keineswegs nur Mitglieder der NSDAP auf Lehrstühle berufen. Eine interne Auflistung des REM zeigt, dass von 463 Professoren, die zwischen Januar 1937 und Januar 1939 einen Lehrstuhl erhielten, 213 (46 Prozent) zum Zeitpunkt der Berufung Mitglieder der NSDAP waren.[87] Ähnliche Zahlen (47 Prozent Parteimitglieder) nennt eine Lokalstudie, die sämtliche Berufungen der NS-Zeit berücksichtigt.[88]

Dennoch hatte sich bis 1945 eine deutliche Mehrheit der deutschen Hochschullehrer der NSDAP angeschlossen (Tabelle 15). Für diese Entscheidung gab es unterschiedliche Gründe:

Ein erstes naheliegendes Motiv war die politische Überzeugung. Unzweifelhaft nahm die Zahl der überzeugten Nationalsozialisten unter den Hochschullehrern seit 1933 angesichts der Erfolge des Regimes erheblich zu. Darüber, wie groß diese Gruppe von nationalsozialistischen Hochschullehrern war, bestand allerdings selbst unter Spitzenfunktionären der NSDAP Uneinigkeit. 1936 entwickelte sich zu diesem Thema eine interne Kontroverse zwischen Walter Groß, dem Leiter des Rassenpolitischen Amtes der NSDAP, und Walter Schultze, dem Führer des NS-Dozentenbundes (NSDDB). Beide waren sich uneinig in der Frage, wie die offenkundige Anpassungsbereitschaft zahlreicher Hochschullehrer zu werten war. Groß vertrat die Ansicht, der Nationalsozialismus habe noch keine «ernsthafte Stellung» im «wissenschaftlichen Leben unserer Zeit» errungen. Stattdessen habe der NS-Staat den «alten Menschenbestand zu einer nach außen zur Schau getragenen … nationalsozialistischen Haltung» gezwungen, die unecht und «oft maßlos peinlich» sei.[89] Schultze widersprach dieser Einschätzung energisch: «Ich behaupte mit aller Entschiedenheit, daß heute in Deutschland ein *Grundstock* nationalsozialistischer Wissenschaft vorhanden ist, von dem aus der Neuaufbau der Hochschule in Angriff genommen werden kann.»[90]

Ein zweites Motiv war die Angst, eine Verweigerung des Parteieintritts könne zu Repressalien oder zumindest zu beruflichen Nachteilen führen. Befürchtungen dieser Art äußerte der Hamburger Anatom Johannes Brodersen, ein konservativer Gegner des Nationalsozialismus, der 1937 nach Aufhebung der «Mitgliedersperre» keinen Antrag auf Eintritt in die NSDAP stellte. Im Mai 1937 schrieb Brodersen an eine Bekannte in Berlin:

> Nach all diesem müsste es um uns ganz gut stehen … Aber ich weiß nicht recht. Wir bekommen ja sehr oft einen Tritt, wir sollten uns nun zum NS bekennen oder nicht und da habe ich bei der letzten Öffnung der Partei ablehnend mich verhalten. Wenn es nun wohl auch nicht so wird, wie bei verschiedenen Dorfhitlern, die ihren Beamten bei Strafe sofortiger Entlassung befohlen haben, sich um Aufnahme in die Partei zu bewerben, so glaube ich doch, dass aus einer Weigerung nicht viel Gutes herauskommen kann. Und so fassen es auch meine Kollegen auf, die mir eifrigst zureden, doch noch zu Hakenkreuze zu kriechen.[91]

Tatsächlich waren Brodersens Ängste in diesem Punkt unbegründet: Sein Verzicht auf den Parteieintritt hatte für ihn keine negativen Konsequenzen.[92] Während der NS-Diktatur ist kein Professor entlassen worden, weil er sich weigerte, der NSDAP beizutreten.

Ein drittes Motiv, der NSDAP beizutreten, war die Hoffnung, der Eintritt in die Partei werde sich förderlich auf die eigene Karriere auswirken.[93] Diese Annahme erwies sich oftmals als realistisch. Zwar war die NSDAP-Mitgliedschaft kein Garant für eine akademische Karriere.[94] Doch hatten Parteimitglieder in der Tat deutlich bessere Karrierechancen als diejenigen, die den Eintritt in die NSDAP verweigerten.[95] Individuell nachweisbar ist das Motiv der Karriereförderung naturgemäß nur selten. Kaum jemand war so offenherzig wie der Geologe Roland Brinkmann, der seinen Parteieintritt 1933 mit dem Argument begründete, er habe keine Lust, ewig als Assistent herumzulaufen.[96] Wer der NSDAP hauptsächlich aus Karrieregründen beigetreten war, stand unter dem Druck, glaubwürdig zu wirken. Dementsprechend berichtete der nationalsozialistische Botaniker Walter Mevius 1935 dem REM über die Lage an der Universität Münster: «Die vielen neuen Pgs., die ich alle noch in einem ganz anderen politischen Lager vor mir sehe, bringen sich vor Nationalsozialismus um, wenn sie sich dabei auch sehr oft gegenseitig schlecht machen müssen.»[97]

Vielfach folgte einer zunächst äußeren Anpassung durch den Parteieintritt und andere Zugeständnisse nach einiger Zeit die innere Anpassung.[98] Wer ständig Dinge tut und sagt, die nicht der eigenen Überzeugung entsprechen, befindet sich in einem Zustand der «kognitiven Dissonanz» (Leon Festinger) – eine Situation, die von den meisten Menschen als unangenehm empfunden wird.[99] In einer Diktatur besteht der einfachste Weg, diese Dissonanz zu beseitigen, darin, auch innerlich die Überzeugung anzunehmen, die nach außen bereits vertreten wird. Wesentlich erleichtert wurde eine solche Wandlung im Dritten Reich durch die scheinbaren oder tatsächlichen Erfolge des Regimes zwischen 1933 und 1940.

Andere Wissenschaftler traten zwar in die Partei ein, verhielten sich im Hochschulalltag aber keineswegs regimekonform. Diese Kombination findet sich etwa bei dem Hamburger Mathematiker Hans Zassenhaus, der zwar das Parteiabzeichen trug, gleichzeitig aber mithalf, dass ein Mathematikstudent, der 1940 als «Mischling ersten Grades» relegiert worden war, sein Studium illegal am Mathematischen Seminar fortsetzen konnte. Dieser Student, Horst Tietz, berichtete später: «Herr Zassenhaus kam mir mit einer aufopfernden Freundschaft entgegen, in der ich mich geborgen fühlen durfte.» Nachdem Tietz das illegale Studium abbrechen musste, erteilte Zassenhaus ihm Privatunterricht. «Die allwöchentlichen Arbeitsnachmittage in der Wohnung von Herrn Zassenhaus gaben mir die Kraft für das einsame Arbeiten an mathematischer Literatur und ließen meine Eltern und mich das immer hoffnungsloser werdende Dasein ertragen», schrieb Tietz im Rückblick auf diese Zeit.[100]

Hochschullehrer, die sich einmal zum Parteieintritt entschlossen hatten, konnten diesen Schritt in der Regel nicht mehr rückgängig machen, wenn sie ihre berufliche Existenz nicht aufs Spiel setzen wollten. Ein Runderlass des Reichsinnenministeriums machte 1936 unmissverständlich klar, dass der Austritt eines Beamten aus der NSDAP schwerwiegende Konsequenzen haben würde.[101] Auch Professoren, die sich im Laufe der Zeit vom Nationalsozialismus abgewandt hatten, blieben daher bis zum Ende des Regimes in der Partei. Welche grotesken Folgen das haben konnte, zeigt das Beispiel des Philosophen und Musikwissenschaftlers Kurt Huber, der 1943 wegen seiner Beteiligung am Widerstand der Münchener «Weißen Rose» von der Gestapo verhaftet und später hingerichtet wurde. Bei seiner Verhaftung gehörte Huber noch der NSDAP an; erst zwei Monate später wurde er aus der Partei «ausgestoßen».[102]

Die Zugehörigkeit zur NSDAP ist aus diesen Gründen kein zuverlässiger Indikator für die politische Einstellung der Parteimitglieder. Gleichwohl vermitteln die vorliegenden Zahlen einen Eindruck von der Anpassungsbereitschaft und dem Anpassungsdruck, die zwischen 1933 und 1945 an den deutschen Hochschulen bestanden.

Schaut man nicht nur auf die Mitgliedschaft in der NSDAP, sondern bezieht auch die Parteigliederungen (SA, SS, NSDDB u. a.) und die der NSDAP angeschlossenen Verbände (NS-Ärztebund, NS-Rechtswahrerbund, NS-Lehrerbund, NS-Volkswohlfahrt u. a.) ein, verändert sich das Bild erneut. Dann zeigt sich nämlich, dass ein beträchtlicher Teil jener Wissenschaftler, die der NSDAP nicht beigetreten waren, anderen NS-Organisationen angehörte. Wer die Entnazifizierungsunterlagen deutscher Universitäten durchschaut, wird rasch feststellen, dass selbst diejenigen, die 1945 im Entnazifizierungsverfahren als «einwandfrei» beurteilt wurden, in aller Regel mindestens Mitglieder einer Parteigliederung oder eines der NSDAP angeschlossenen Verbandes gewesen waren.[103] Selbst Hochschullehrer wie der Erziehungswissenschaftler Theodor Litt, der Mathematiker Ernst Mohr oder der Historiker Gerd Tellenbach, die dem Nationalsozialismus reserviert gegenüberstanden, hatten sich zumindest der NS-Volkswohlfahrt (NSV) angeschlossen.[104] Gleiches galt auch für zahlreiche katholische Theologen.[105] Nur eine ganz kleine Gruppe von Hochschullehrern, unter ihnen die evangelischen Theologen Hans von Soden und Rudolf Bultmann, verweigerte auch die Mitgliedschaft in der NSV.[106]

Offensichtlich betrachteten auch Wissenschaftlerinnen und Wissenschaftler, die keine Nationalsozialisten waren, die Mitgliedschaft in einer NS-Organisation in der Regel als notwendige Minimalkonzession. Vor allem der wissenschaftliche Nachwuchs, der eine Dozentur, den Professorentitel oder eine Berufung anstrebte, stand unter erheblichem Druck, Anpassungsleistungen zu erbringen. Nachwuchswissenschaftler auf dem Wege zur Dozentur konnten davon ausgehen, dass der NSDDB und der Stab Heß in der Regel die Mitgliedschaft in einer NS-Organisation als Nachweis politischer Zuverlässigkeit verlangen würden. Seit 1936/37 war der Mitgliedsausweis einer Parteiorganisation aus Sicht der NSDAP-Führung nicht mehr ausreichend; stattdessen wurde nun zunehmend die «tätige Mitarbeit» in einer Parteiorganisation, also die Übernahme eines Amtes, gefordert.[107] Ab Februar 1939 stand die Beamtenlaufbahn auch offiziell nur noch Anwärtern offen, die «der Partei oder einer ihrer Gliederungen angehören oder angehört haben».[108]

Zwangsmitgliedschaften in NS-Organisationen hatte es auch vorher schon gegeben. Dabei handelte es sich aber zunächst um Initiativen einzelner Organisationen oder Funktionäre, die nur einen Teil des Lehrkörpers betrafen. So wurden die Lehrkräfte der Juristischen Fakultäten 1933/34 genötigt, sich dem Bund Nationalsozialistischer Deutscher Juristen (BNSDJ) anzuschließen. Grundlage dieser Verpflichtung war eine «Vereinbarung» zwischen dem BNSDJ-Führer Hans Frank und dem stellvertretenden Reichskommissar für Beamten-Organisationen, Hermann Neef, welche die Eingliederung aller rechts- oder staatswissenschaftlich vorgebildeten Beamten in den BNSDJ festschrieb.[109] Die Funktionäre des BNSDJ, der sich seit 1936 Nationalsozialistischer Rechtswahrerbund (NSRB) nannte, interpretierten diese Regelung extensiv und erklärten gegenüber den Juristischen Fakultäten, die Pflicht zur Mitgliedschaft gelte nicht nur für beamtete Professoren, sondern auch für Dozenten und Assistenten, die in aller Regel keine Beamten waren.[110] Im Mai 1934 konnte Carl Schmitt, der Leiter der Reichsfachgruppe Hochschullehrer im BNSDJ, bereits vermelden, die juristischen Hochschullehrer seien «so gut wie vollständig vom BNSDJ erfasst worden». Lediglich an der Universität Freiburg sei es zu Fällen «grundsätzlicher Ablehnung», ja «sogar zu einer offenen Sabotage» gekommen.[111]

Eine zweite Organisation, die ihre Mitglieder zwangsweise rekrutierte, war der NS-Lehrerbund (NSLB), der seit 1933 versuchte, auch an den Hochschulen Fuß zu fassen. Seine zeitweise sehr hohen Mitgliederzahlen verdankte er hauptsächlich der engen Zusammenarbeit mit den «Dozentenschaften», die seit dem Herbst 1933 an allen Hochschulen als staatlich organisierter Zusammenschluss der Nichtordinarien gegründet und im März 1934 zur Deutschen Dozentenschaft zusammengefasst wurden. Um Kompetenzkonflikte zu vermeiden, verpflichteten die Leiter beider Organisationen im März 1934 alle Angehörigen der Deutschen Dozentenschaft zur Mitgliedschaft im NSLB. Damit waren rund zwei Drittel aller an den Hochschulen tätigen Wissenschaftler ohne eigenes Zutun Mitglieder einer nationalsozialistischen Organisation geworden.[112] Auf Dauer konnte sich der NSLB in der Wissenschaft jedoch nicht behaupten. Nach dem Tode seines Leiters Hans Schemm (im März 1935) und nach der Gründung des NSDDB (im Juli 1935) verlor er einen Großteil seiner Mitglieder an den Universitäten.

Wenn von Zwangsmitgliedschaften in NS-Organisationen die Rede ist, dürfen die Aktivitäten einzelner Funktionäre nicht außer Acht gelassen werden, die 1933/34 teilweise einen regelrechten Machtrausch auslebten. Kennzeichnend ist das Verhalten des Führers der Kieler «Dozentenschaft», Lothar Loeffler, der im November 1933 kurzerhand den Beitritt sämtlicher Mitglieder der Kieler «Dozentenschaft» zur SA anordnete. Daraufhin schlossen sich, wie der Kieler Rektor feststellte, «praktisch alle Privatdozenten und Assistenten» der SA an, wo sie dreimal wöchentlich «Dienst» zu leisten hatten. Zu ihnen gehörten auch Gegner des Regimes wie der Soziologe Rudolf Heberle, der wenige Jahre später in die USA emigrierte.[113]

Die Hochschullehrer und die nationalsozialistische Politik

Im Zuge der «Machtergreifung» hatten sich 1933/34 an den Universitäten drei verschiedene Gruppierungen herausgebildet: die meist jüngeren Dozenten, die sich aus unterschiedlichen Motiven dem Nationalsozialismus zugewandt hatten, diejenigen, die das Regime ablehnten, und eine dritte Gruppe, die sich abwartend verhielt und das Geschehen mit gemischten Gefühlen beobachtete.

Zu dieser dritten Gruppe, die anfangs wohl die Mehrheit bildete, gehörte das Gros der Ordinarien. Mehrheitlich waren sie durchaus empfänglich für die nationalistische Rhetorik der NS-Propaganda. Auch trauerten 1933 nur noch wenige Professoren der Weimarer Republik nach. Viele sahen im Nationalsozialismus zudem die einzige Alternative zu einer kommunistischen Machtübernahme. Gleichwohl wirkten verschiedene Aspekte der nationalsozialistischen Politik abschreckend: das aggressive Vorgehen des NSDStB, die Einschränkung der universitären Selbstverwaltung, die partielle Entmachtung der Ordinarien, der Anti-Intellektualismus der Nazis, die Abwertung des Hochschullehrerberufs und der rasche Machtverlust der nationalkonservativen Kräfte in der Regierungskoalition.[114] Klar artikuliert wurde der Missmut über diese Entwicklung in einer Denkschrift, die der Marburger Chemiker Alfred Thiel 1936 vorlegte:

> Früher bot die Stellung eines Hochschullehrers gewisse ideelle Vorteile, um deretwillen ein von Natur wissenschaftlicher Mensch die «Unsicherheiten» der Laufbahn auf sich nahm, wenn er nur irgendwie die Zeiten des Ringens und Kämpfens durchhalten konnte. Die ... bescheidene Besoldung wurde einigermaßen aufgewogen durch die Bevorzugung, welche der Hochschullehrer in mancher Hinsicht genoss; hierher gehört vor allem die eigene Entscheidung über den Ort seines Wirkens, die durch die Unversetzbarkeit garantiert war, und das Gefühl der Sicherheit auf der Grundlage des Beamtenrechtes, sowie die Freiheit in allen Dingen, welche die Vertretung seiner Wissenschaft, der Domäne seines Geisteslebens betrafen. Auch in dieser Hinsicht bietet die akademische Laufbahn heute nicht mehr so viele Reize wie ehedem. Würde man die alten Hochschullehrer heute fragen, ob sie, vor die Entscheidung ihrer Jugendzeit gestellt, den gleichen Weg noch einmal gehen würden, man würde, glaube ich, ein vielseitiges «Nein» hören.[115]

Solchen Enttäuschungen stand auf der anderen Seite eine wachsende Begeisterung über die außenpolitischen Erfolge Hitlers und die innenpolitische Stabilisierung des Landes gegenüber. Im Sog dieser Entwicklung wandten sich auch zahlreiche Hochschullehrer, die zunächst abwartend oder skeptisch geblieben waren, dem Nationalsozialismus zu. Das Tagebuch des nationalkonservativen Leipziger Anatomen Hermann Voss spiegelt diesen Prozess auf exemplarische Weise. Im April 1933 hatte Voss es noch abgelehnt, zu Hitlers Geburtstag die Hakenkreuzfahne aufzuziehen. Stattdessen hisste er die schwarz-weiß-rote Fahne des untergegangenen Kaiserreichs. Drei Monate später weigerte Voss sich weiterhin, einer NS-Organisation beizutreten. Doch nun hielt er Hitler für den richtigen Mann, «um mit eiserner Faust ein Abgleiten in den Abgrund und das Chaos zu verhindern ... Seine Energie habe ich schon immer bewundert; jetzt bewundere ich auch seine Vernunft.» Den Austritt Deutschlands aus dem Völkerbund im Oktober 1933 empfand der Anatom als «wahre Erlösung». Zwar registrierte Voss auch weiterhin «viele kleine Schönheitsfehler», aber im Vordergrund stand für ihn nun «die Zuversicht ..., daß es unter dieser Regierung wieder aufwärts gehen wird mit Deutschland». Im März 1936 hatte Voss die Nazi-Propaganda schon so weit internalisiert, dass er «die Juden» für Kriegstreiber, Hitler hingegen für einen Mann des Friedens hielt:

> Hoffentlich gelingt es seinem aufrichtigen Friedenswillen, die Völker Europas vor einem zukünftigen Kriege und damit dem Untergang zu bewahren! Es wäre wohl möglich, wenn nicht in all den anderen Völkern Juda regierte! So lange wie die anderen Völker nicht zu der gleichen Einsicht kommen wie wir, so lange ist die Hoffnung auf Einigung der europäischen Staaten gleich null, denn solange Juda herrscht, hetzt er ununterbrochen zum Kriege gegen Deutschland. Ein Kampf des Lichtes gegen die Finsternis.[116]

Mit besonderem Enthusiasmus reagierten nahezu alle Universitätsangehörigen auf die schrittweise Überwindung des Versailler Vertrages und die außenpolitischen Triumphe des Diktators von der Rückgliederung des Saargebiets an das Deutsche Reich (1935) über die Remilitarisierung des Rheinlandes (1936) bis zum «Anschluss» Österreichs (1938).

Ein wichtiger Bestandteil dieses Prozesses war Hitlers Entscheidung, im März 1935 die militärischen Restriktionen des Versailler Vertrages einseitig aufzukündigen. Der Historiker Gerd Tellenbach hörte die Nachricht von der Wiedereinführung der allgemeinen Wehrpflicht beim obligatorischen Besuch der Dozenten-Akademie, die von zahlreichen habilitierten Nachwuchswissenschaftlern frequentiert wurde: «Ich sehe noch vor mir, wie die meisten ausgelassen lachten, trampelten und sich vor Freude auf die Schenkel schlugen.»[117] Wie die oppositionellen *Deutschland-Berichte* meldeten, weigerten sich zu dieser Zeit mitunter sogar «nichtarische» Professoren, den NS-Staat als Ganzes abzulehnen, denn schließlich habe das «Dritte Reich ja doch die allgemeine Wehrpflicht wieder eingeführt, den Versailler Vertrag zerrissen, Deutschlands Weltgeltung gehoben».[118]

Ihren Höhepunkt erreichte die Begeisterung über die nationalsozialistische Politik im Frühjahr 1938 nach der Eingliederung Österreichs in das Deutsche Reich. Damals rühmte auch ein konservativer Kritiker des Regimes wie Gerhard Ritter den «Anschluss» öffentlich als «die kühnste und glücklichste außenpolitische Tat unserer neuen Staatsführung», die den deutschen Opfern im Ersten Weltkrieg nachträglich einen tieferen Sinn verliehen habe.[119]

Kaum weniger groß war der Jubel, als Ende September 1938 die Ergebnisse der Münchener Konferenz bekannt wurden. Der Historiker

Hermann Aubin empfand die erzwungene Abtretung der Sudetengebiete als eine gerechte «Wiedergutmachung des von den Siegern selbst in Versailles 1919 missachteten Selbstbestimmungsrechtes», als eine Tat Hitlers, die er «ergriffen und dankbaren Herzens wie ein Wunder erlebte».[120] Nicht weniger euphorisch reagierte der Erlanger Theologieprofessor Paul Althaus in einem Brief an seine Frau: «Nun ist heute Morgen die große befreiende Nachricht gekommen von der Einigung in München. Es hat mich tief bewegt, zumal mir gestern und zum Teil diese Nacht die Spannung schwer in den Gliedern lag. Wir müssen Gott auf den Knien danken». Grund zur Freude war für Althaus nicht nur die in München vereinbarte Eingliederung der sudetendeutschen Gebiete in das Deutsche Reich, sondern auch die irrtümliche Annahme, damit sei die Gefahr eines neuen großen Krieges auf absehbare Zeit gebannt: «Menschlich gesprochen dürfen Du und ich jetzt ohne Krieg (ich meine Völkerkrieg) unseren Lebensrest hinbringen.»[121]

Nach dem «Anschluss» und der Beendigung der «Sudetenkrise» hatten die Nationalsozialisten und ihre Bündnispartner fast alles erreicht, wovon das Bürgertum seit 1919 träumte. Der ehemals liberale Historiker Percy Ernst Schramm notierte im Oktober 1938:

> 80 Millionen – ohne Blutvergießen. Das konnte weder Bismarck noch die Jungfrau von Orléans, sondern nur jemand der beider Fähigkeiten vereinigte. Man ist zu erfüllt, um wieder an die Arbeit zu gehen … Nun ist 1938 also doch das große Jahr unseres Lebens, über das kein weiteres uns hinausheben kann.[122]

Die Begeisterung von Schramm, Althaus und vielen anderen basierte auch auf der Tatsache, dass die Expansionspolitik des Regimes bis 1938/39 weitgehend friedlich geblieben war. Bei manchen jüngeren Wissenschaftlern erzeugten die außenpolitischen Erfolge des Regimes und die Nachgiebigkeit der Westmächte dagegen eine Hybris, die selbst unter etablierten Ostforschern für Unbehagen sorgte. Im Januar 1939 schrieb Hermann Aubin an Albert Brackmann:

> Wohin neuestens ein Teil der deutschen Wissenschaft, namentlich der Jugend segelt, darüber haben Sie, wie ich sehe, ebenso wenig einen Zweifel wie ich. Diese Leute können es gar nicht abwarten, sich in einen hemmungslosen Imperialismus hineinzustürzen … Diese Männer werden die deutsche Wissenschaft um ihren letzten Kredit bringen.[123]

Für erneute Hochstimmung sorgte im März 1939 der Einmarsch der Wehrmacht in die Tschechoslowakei, auch wenn der Jubel diesmal meist verhaltener ausfiel. Der renommierte Biochemiker (und spätere Nobelpreisträger) Adolf Butenandt stand, wie er seinen Eltern schrieb, «voller Bewunderung vor dem Genie des Mannes», der «ohne Blut die Mehrung des Reiches in einer noch nie dagewesenen Weise vollbrachte».[124] Auch für Hermann Voss war der «Griff nach Prag» ein

> ganz großer Tag in der Geschichte des deutschen Volkes … Man kann es immer noch gar nicht glauben …Welch schwerer Schlag für das Slawentum und welches Plus für uns. Man lebt doch in einer großen Zeit und muß glücklich sein, daß man diese Dinge miterleben kann. Was macht es da schon aus, ob es mal nicht so viel Butter gibt, wie man haben möchte, daß es mal keinen Kaffee gibt, daß man dieses oder jenes tun muß, was einem nicht recht paßt u.s.w. Das ist doch gegenüber all diesen Fortschritten unseres Volkes ein lächerliches Nichts.[125]

Auf den Beginn des Zweiten Weltkrieges reagierten die Universitäten – ebenso wie die deutsche Bevölkerung insgesamt – zunächst sehr zurückhaltend. Anders als 1914 war 1939 von Kriegsbegeisterung sowohl unter den Hochschullehrern als auch unter den Studierenden wenig zu spüren.[126] Angesichts der unübersehbaren Risiken, die mit diesem Krieg verbunden waren, herrschte vielfach eher ein Gefühl der Beklommenheit.[127] Adolf Butenandt empfand die Nachricht vom Kriegsbeginn als Schock und sinnierte in einem Brief an seine Eltern «voller Entsetzen» über das, «was möglicherweise noch kommen» könnte. Die Schuld am Krieg suchte er aber nicht bei Hitler, sondern bei den Briten und Franzosen.[128] Entsetzen über den Beginn des Krieges findet sich auch in den Tagebüchern des Prähistorikers Carl Engel:

> Nachm. kommt die Nachricht vom Kriegszustand mit England durch: Irm [seine Frau Irmgard] und ich halten uns fassungslos umschlungen. Alles,

> was man mühsam aufgebaut, ist zerschlagen! Vorbei die glücklichen Jahre … An meinen Arbeiten geschieht nichts mehr. Wie sollte es auch, wo plötzlich alles so sinnlos geworden! Wird es einmal überhaupt wieder Sinn haben und wann?! Zum 2. Male ist mein Lebenssinn, meine Lebensarbeit einfach zerschlagen! Man trödelt so vor sich hin, unlustig, unlustig …

Engel galt als parteikonformer Wissenschaftler. Anders als Butenandt hatte er jedoch keine Zweifel an der Verantwortung Hitlers für den Kriegsbeginn, auch wenn der Name des Diktators in seinen Tagebuchaufzeichnungen nicht explizit genannt wird: «Trostlosigkeit, Wut auf diesen Bluthund wechseln ab … Paris geißelt mit Recht die ungeheure Schuld des Einzelnen, dieses Verbrechen an der gesamten Menschheit.»[129]

Weniger aggressiv, aber nicht weniger eindeutig fiel die Ablehnung des Krieges im Tagebuch des Physikers Ernst Brüche aus: «Gott gebe, dass man mich zufrieden lässt mit diesem wahnsinnigen Krieg. Ich habe keine Sehnsucht danach, gleich den 10000, die schon sterben mussten, ein Held zu werden.»[130] Die Frage nach den Konsequenzen seiner Einstellung beantwortete Brüche zu Weihnachten 1939 ausgesprochen fatalistisch. Den Gedanken an Widerstand («Vorbereitung einer Revolution?») wies er ausdrücklich zurück: «Nein, hier gibt es nur eins zu tun: Weiter seine Pflicht tun im Sinne wie es der Führer, den die grosse Masse des Volkes sicherlich für unfehlbar hält, befiehlt: ‹Der Führer befiehlt, wir folgen›, wie das Vieh dem Bauern folgt – zur fetten Wiese oder zum Schlachthaus.»[131]

Mitunter war der Mangel an Kriegsbegeisterung auch Ausdruck einer allgemeinen Desillusionierung. Diesen Eindruck vermittelt ein Schreiben, das der Historiker Fritz Hartung im November 1939 an einen befreundeten Kollegen richtete:

> Ich glaube, es ist nicht allein die seit 1914 vorgeschrittene Ordinarienverkalkung, wenn wir nicht mehr die Stimmung aufbringen, die uns im Herbst 1914 … beseelte. Damals konnte man noch an das ‹reinigende Gewitter› glauben. Heute sehe ich, selbst bei einem glänzenden Sieg, an den ich nicht glaube, nur den Untergang der Welt voraus, in der wir – ich will nicht sagen: großgeworden sind, denn die ist schon 1914 und 1933 zusammengebrochen – allein zu leben vermögen.[132]

Nach den ersten großen militärischen Erfolgen der Wehrmacht änderte sich die Stimmungslage. Carl Engel verfolgte nun mit «brennender Anteilnahme» den «Vormarsch unserer Truppen in Frankreich ... Nur nicht stehen bleiben, nur keine Atempause», heißt es in seinem Tagebuch.[133] Butenandt schwankte «zwischen Jubel und stillem Händehalten». Nach dem Ende der Kampfhandlungen in Frankreich hoffte er auf einen schnellen Frieden.[134]

Freude über die Leistungen der Wehrmacht äußerte auch Max Planck, doch wurde dieses Gefühl überlagert durch das Wissen um die Zerstörungskraft des Krieges und die Hoffnung auf ein baldiges Kriegsende. Nach den Siegen der Wehrmacht in den Niederlanden und Belgien schrieb er seinem Kollegen Arnold Sommerfeld:

> Unsere militärischen Erfolge sind ja wundervoll, die Leistungen der Armee bewundernswürdig. Und doch kann man sich nicht von Herzen freuen, wenn Tag für Tag Menschenleben geopfert und Millionenwerte zerstört werden. Die Hoffnung, daß auch im Völkerleben sich im Laufe der Zeiten eine gewisse Ethik herausbilden wird, ist jedenfalls auf Jahrhunderte hinaus begraben, und man muß schon mit ganz anderen Zeitdimensionen rechnen, wenn man den Glauben an einen Fortschritt der Menschheit festhalten will. Mir krampft sich das Herz zusammen, wenn ich an die befreundeten Kollegen in England, Norwegen, Dänemark, Holland denke ... Ich ... wünsche mir jetzt nur das eine, daß das Blutvergießen und die Zerstörungswut bald ein Ende finde, und daß man wieder an einen Aufbau gehen kann.[135]

Während Plancks Gefühlslage durch den Gedanken an die Opfer des Krieges getrübt wurde, sorgte bei anderen die Erinnerung an den Ersten Weltkrieg für eine eher gedämpfte Stimmung. Hermann Voss notierte im Mai 1940 in seinem Tagebuch: «Wir freuen uns über jede Siegesnachricht. Leider mischt die Erinnerung an 1914–18 doch immer wieder einen Wermut in diesen Freudenbecher.»[136]

Der rasche Sieg über Frankreich im Frühjahr 1940 scheint auf viele anfangs skeptische Hochschullehrer eine ähnliche Wirkung gehabt zu haben wie die Reichsgründung von 1871 und die ihr vorausgegangenen militärischen Siege auf das liberale Bürgertum der Generation von 1848. Ein Blick auf das Verhalten von drei Professoren, die Anfang der 1930er Jahre alle eindeutige Gegner der NSDAP waren, vermittelt eine Ahnung von der Breite dieses Stimmungswandels:

Der Historiker Friedrich Meinecke, in der Weimarer Republik ein führender «Vernunftrepublikaner», war 1935 aus politischen Gründen gezwungen worden, als Herausgeber der *Historischen Zeitschrift* zurückzutreten.[137] Auch in den folgenden Jahren ist er nicht zum Nationalsozialismus übergegangen. Gleichwohl war Meinecke unter dem Eindruck der militärischen Entwicklung offensichtlich bereit, bisherige Vorbehalte gegenüber dem NS-Regime zu überprüfen und teilweise über Bord zu werfen. Im Juli 1940 schrieb er an einen Kollegen:

> Freude, Bewunderung und Stolz auf dieses Heer müssen zunächst auch für mich dominieren. Und Straßburgs Wiedergewinnung! Wie sollte einem da das Herz nicht schlagen. Es war doch eine erstaunliche, und wohl die größte positive Leistung des 3. Reiches, in vier Jahren ein solches Millionenheer neu aufzubauen und zu solchen Leistungen zu befähigen ... Ich will ... in Vielem, aber nicht in Allem umlernen.[138]

Der liberalkonservative Berliner Historiker Hermann Oncken hatte 1929 an der Berliner Universität die Gedenkrede zum zehnjährigen Bestehen der Weimarer Verfassung gehalten; 1935 war er auf Betreiben Alfred Rosenbergs und des Nazi-Historikers Walter Frank vorzeitig emeritiert worden.[139] Oncken hatte also eigentlich Grund genug, die Nationalsozialisten nicht zu mögen. Dennoch stimmte er 1940/41 in den allgemeinen Jubel ein und attackierte die Alliierten, die bei Beginn des Krieges entschlossen gewesen seien, eine «friedliche Lösung ... um jeden Preis zu hintertreiben».[140]

«Welch eine Wendung durch Gottes Führung», jubelte im Mai 1940 auch der evangelische Theologe Hermann Strathmann. Offenbar unbeeindruckt von der Kirchenpolitik des Regimes verstieg Strathmann sich zu der Behauptung: «Wir sehen in dem Führer den Mann, den uns Gott geschickt hat, dies Werk zu vollstrecken.»[141] Vor 1933 gehörte Strathmann, damals ein Deutschnationaler, zu den wenigen Hochschullehrern, die dem Nationalsozialismus öffentlich entgegengetreten waren. In einer 1931 publizierten Broschüre hatte er dargelegt, warum der «Rasseglauben» der NSDAP sich nicht mit der Botschaft des Christentums vereinbaren lasse.[142] 1933 war er in Erlangen nur mit knapper Not einer Entlassung entgangen.[143]

Nach Einschätzung des Rektors der Universität Marburg, des nationalsozialistischen Historikers Theodor Mayer, fand in dieser Zeit, in der die Wehrmacht einen Sieg nach dem anderen verbuchte, an den Universitäten «der entscheidende Umschwung» zum Nationalsozialismus statt: «Die weltanschauliche Umprägung der gesamten Geisteshaltung und der Wissenschaft und damit auch der Universitäten ist in diesem einen Kriegsjahr in einem solchen Ausmaß durchgeführt worden, wie das früher kaum geahnt worden ist», erklärte Mayer im Juli 1940.[144] In der Folge verstärkten sich auch im Lehrkörper der Universitäten «Größenwahn» und «Unersättlichkeit», wie der Berliner Historiker Fritz Hartung feststellte.[145]

Dementsprechend groß war – ähnlich wie schon im Ersten Weltkrieg – der Wille der meisten Hochschullehrer, die Expansionspolitik des Regimes zu unterstützen. Diese Bereitschaft, mit den Mitteln der Wissenschaft für den Krieg zu arbeiten, erstreckte sich keineswegs nur auf überzeugte Nationalsozialisten. Der Krieg schuf auch bei vielen, die keine Nazis waren, eine «dichotomische Struktur des Denkens und Fühlens», die frühere Bedenken und Skrupel gegenüber der Politik des Regimes in den Hintergrund treten ließ.[146]

Doch die Phase der Euphorie dauerte nicht lange. Als Ende 1941 der deutsche Vormarsch in der Sowjetunion zum Stehen kam und der Kriegseintritt der USA das militärische Kräfteverhältnis veränderte, schlug die Gefühlslage erneut um.[147] Für den Berliner Historiker Carl Erdmann war Ende 1941 «die einzige Hoffnung geschwunden, die überhaupt noch bestand».[148] Carl Engel erlebte in Greifswald eine «sehr ernste u. wenig stimmungsvolle Silvesterfeier mit trüben Zukunftsaussichten für ... die nächsten Jahre».[149] Und Hermann Voss, mittlerweile an der Reichsuniversität Posen tätig, notierte am selben Tag:

> Ich sehe wegen des Krieges mit Rußland ganz schwarz in die Zukunft. Die Russen sind jetzt dauernd im Angriff. Wird unser Heer diese dauernde Winteroffensive der Bolschewisten aushalten? Wie konnte man nur an den höchsten Stellen des Reiches der Meinung sein, daß die Sowjetarmee so gut

wie erledigt sei? Man hat die militärische Stärke der Russen auf unserer Seite vollkommen unterschätzt, so viel steht jedenfalls fest ... Wir wollten aus Rußland eine Kolonie machen, jetzt kommt es wahrscheinlich umgekehrt.[150]

Vor diesem Hintergrund zogen sich in der Zweiten Hälfte des Krieges auch Hochschullehrer, die das Regime bislang öffentlich unterstützt hatten, allmählich aus der Politik zurück.[151] Seit dem Winter 1942/43 waren selbst entschiedene Anhänger des Regimes nicht mehr in der Lage, die sich anbahnende Niederlage Nazi-Deutschlands zu verdrängen. Im November 1942 schrieb der Greifswalder Theologe Hermann Wolfgang Beyer, seit 1940 als Kriegspfarrer an der Ostfront, in sein Tagebuch:

Die Vorgänge in Nordafrika, die noch immer ungebrochene Angriffskraft der Russen, die schwindenden eigenen Mittel und Kräfte, die unaufhörlichen Verluste zeigen den Ernst des Krieges. Es hat mich tief erschüttert, daß es gerade unser tapferster Regimentskommandeur, der Erste, der sich in unseren Reihen das Ritterkreuz geholt, war, der mich neulich fragte: «Wir wollen einmal als Männer miteinander reden, Professor, können Sie sich vorstellen, daß wir den Krieg verlieren?» Ich entgegnete sofort, daß ich diesen Gedanken auch nicht von ferne an mich heranlassen dürfte; denn es gehörte ja zu meinem Amt, unsere Männer stark zu machen gegen jede innere Schwäche. Aber die Frage, die hier zum ersten Male aufklang, stand unheimlich in dem kleinen Raum inmitten der unendlichen Weite dieses Krieges.[152]

Nur wenige Monate später sorgte der Untergang der 6. Armee in Stalingrad für einen grundlegenden Meinungsumschwung, wie der Berliner Ordinarius Fritz Hartung berichtete: «Ich bin während des ganzen Krieges nie Optimist gewesen. Aber mit einer solchen Katastrophe, wie wir sie im Osten erleben, habe ich doch nie gerechnet ... Die Stimmung ist hier der Lage entsprechend sehr schlecht geworden. Am schlechtesten bei den Leuten, die noch vor einem Jahr die deutsche Grenze bis an den Ural vorschieben und zur Sicherung unserer Herrschaft die Russen nach Sibirien evakuieren wollten.»[153]

Seit 1941 erhielt eine wachsende Zahl von Professoren Informationen über die Massenverbrechen des Regimes. Einige Hochschullehrer wurden als Angehörige der Wehrmacht Zeugen des Holocaust und des millionenfachen Sterbens sowjetischer Kriegsgefangener. Unter ihnen befand sich Johannes Stelzenberger, Ordinarius für Moraltheologie an der Universität Breslau, der als Kriegspfarrer an der Ostfront tätig war. Im Oktober 1941 notierte er in seinem Tagebuch über die Kriegsgefangenen: «Welche Schicksale spielen sich aber mit den vielen Tausenden von Gefangenen ab ... Es ist ein Zug des Elends, Viele können nicht mehr marschieren. Sie behaupten, seit 6 Tagen nichts mehr gegessen zu haben. Sie schreien. Wer die Reihe verlässt, wird erschossen. Durch die Nacht klingt das unheimliche Marschieren, Jammern und Schießen. Es ist eine Nacht des Grauens.» Einige Tage später folgte ein weiterer Eintrag: «Hier wurden jeden Tag Tausende von Juden erschossen. Von 40000 Juden aus Wilna sollen nur noch 6000 am Leben bleiben! Wie furchtbar ist das? Man schämt sich für solches Tun deutscher Menschen.»[154]

Etwa zur selben Zeit wurde auch der Wirtschaftswissenschaftler Peter-Heinz Seraphim (Greifswald) mit der blutigen Realität des Holocaust konfrontiert. Seraphim hatte sich 1938 mit einer umfangreichen Arbeit über *Das Judentum im osteuropäischen Raum* als «Judenforscher» profiliert. Mit diesem Buch wollte er nach eigener Aussage auf die «enorme Gefahr» hinweisen, die «für diese Völker und Staaten in der Existenz dieser jüdischen Volksgruppe liegt».[155] Seraphim kann daher als ausgewiesener Antisemit bezeichnet werden. Dennoch war auch er offenkundig entsetzt, als er im Herbst 1941 als Kriegsoberverwaltungsrat in der Ukraine eintraf und dort mit den Opfern der deutschen Vernichtungspolitik konfrontiert wurde. In einer Denkschrift, die Seraphim an den Chef des Wehrwirtschafts- und Rüstungsamts im Oberkommando der Wehrmacht, General Georg Thomas, sandte, beschrieb er die elende Lage der halb verhungerten sowjetischen Kriegsgefangenen und die von ihm als «grauenhaft» empfundenen Massenerschießungen ukrainischer Juden. Seine grundsätzliche Kritik an der deutschen Besatzungspolitik gipfelte in der Aussage: «Wenn wir die Juden totschiessen, die Kriegsgefangenen umkommen lassen, die Großstadtbevölkerung zum erheblichen Teile dem Hungertode ausliefern, im kommenden Jahre auch einen Teil der Landbevölkerung durch Hunger verlieren werden, bleibt die Frage unbeantwortet: *Wer denn hier eigentlich Wirtschaftswerte produzieren soll.*»[156] Seine Intervention blieb ohne erkennbare Wirkung.

Erich Schwinge, Ordinarius für Strafrecht in Marburg und Wien, kam etwa ein Jahr später als Kriegsgerichtsrat in die Ukraine. Was er dort über den Massenmord an der jüdischen Bevölkerung erfuhr, beschäftigte ihn so sehr, dass er brieflich – nur leicht verklausuliert – seinen Freiburger Kollegen Erik Wolf in Kenntnis setzte:

> Mein Kommando führte mich diesmal zum Oberstkriegsgerichtsrat beim Wehrmachtsbefehlshaber Ukraine und vermittelte mir den Einblick in die Verhältnisse des Ostens, der mir bisher fehlte. Während der ersten fünf Wochen meines Kommandos war der Sitz meiner Dienststelle in Rowno, dann 60 km weiter östlich in Poltawa. Rowno hatte bis Kriegsausbruch rund 50 000 Einwohner, von denen die Hälfte Juden waren. Von den Juden ist kein einziger mehr da, sie wurden alle ‹umgesiedelt› (wie man dort sagt), darunter 17 000 an drei Tagen des November 1941 und 4000 am 17. Juli d. Js. Die Kollegen wussten Aufregendes davon zu berichten. Diesen Krieg dürfen wir nicht verlieren, sonst geht es uns schlecht! Weiter östlich habe ich überhaupt keine Juden mehr gesehen, dort waren sie auch schon alle verschwunden; in Kiew sollen es an die 100 000 gewesen sein.[157]

Andere Professoren erfuhren deutlich später von den Gräueltaten an der Ostfront. Der Göttinger Historiker Siegfried A. Kaehler, der wegen «Dienstuntauglichkeit» nicht eingezogen worden war, erhielt erst in der Endphase des Krieges verlässliche Informationen aus Kreisen der Wehrmacht. Auch Kaehler hatte offensichtlich den Wunsch, diese Informationen weiterzuleiten. Davon zeugt ein Brief an seinen Freund und Kollegen Friedrich Meinecke, dem er im März 1944 mitteilte, er wisse aus sehr guter Quelle, «daß ‹Katyn› eine sehr kleine Angelegenheit ist im Vergleich mit Vorgängen, welche zu Lasten unserer Verantwortung gehen».[158]

Obwohl das Wissen um die Vernichtungspolitik im Osten die vier zitierten Professoren erkennbar aufwühlte und obwohl zumindest drei von ihnen diese Politik nicht billigten, war dieses Wissen für sie kein hinreichender Grund, ihre Loyalität gegenüber Staat und Wehrmacht aufzukündigen. Der Moraltheologe Stelzenberger notierte 1943 in seinem Tagebuch geradezu autosuggestiv: «Wir werden unseren Fahneneid an der Front halten und wenn der Krieg noch zehn Jahre dauert, weil wir uns als Schützer der Heimat wissen. Weil wir die Ehre der deutschen Wehrmacht zu vertreten haben. Weil wir einen Eid geschworen haben. Weil wir damit religiös gebunden sind.»[159] Seraphim, der Ende 1941 an die Universität Greifswald zurückkehrte und im Kollegenkreis offen über seine «schauerlichen» Erfahrungen berichtete,[160] blieb bis 1943 Schriftleiter der vom Amt Rosenberg herausgegebenen Zeitschrift *Weltkampf*, die einen Antisemitismus mit wissenschaftlichem Anspruch pflegte.[161] Wie Erich Schwinges Brief zeigt, stärkte die Kenntnis vom Holocaust sogar seinen Durchhaltewillen, weil er die Konsequenzen einer Niederlage fürchtete («Diesen Krieg dürfen wir nicht verlieren, sonst geht es uns schlecht!»). Das war eine weitverbreitete Einstellung.[162]

In der zweiten Kriegshälfte beeinträchtigten die Überlastung der Professoren, die veränderte Altersstruktur des Lehrkörpers, die unzureichende Ernährung, insbesondere der Mangel an Gemüse und Fett, sowie die Auswirkungen der alliierten Bombenangriffe die Leistungsfähigkeit der Hochschullehrer. Im Mai 1943 berichtete der Sicherheitsdienst der SS (SD) ausführlich über «das Nachlassen der geistigen Spannkraft und Arbeitsleistung» in den intellektuellen Berufen. Zu den Symptomen dieses Prozesses gehörten dem Bericht zufolge das Nachlassen des Gedächtnisses sowie mangelnde Konzentrationsfähigkeit, starke Ermüdungserscheinungen und eine größere Reizbarkeit. Bei einer Gruppe von 73 Hochschullehrern und Assistenten sei seit Kriegsbeginn eine durchschnittliche Reduktion des Gewichts von 30 bis 35 Pfund festgestellt worden.[163]

Die 1942/43 einsetzende Erosion nationalsozialistischer Überzeugungen[164] führte auch an den Hochschulen zu erkennbaren Absetzbewegungen. Auf Universitätsveranstaltungen konnten Vertreter der NSDAP nur noch mit spärlichem Beifall rechnen.[165] Gauleiter Martin Mutschmann (Sachsen) beschwerte sich 1943 über «defaitistische Reden» von Professoren,[166] sein Kollege Franz Schwede-Coburg (Gauleiter von Pommern) bezeichnete die Universität Greifswald 1944 gar als «Saftladen», die Dozenten als «Sauhaufen».[167] Auch die Wissenschaftspolitiker des Amtes Rosenberg konnten über die Lage an den Universitäten nur wenig Erfreuliches berichten. Heinrich Härtle beobachtete im Juni 1944 «eine aus verschiedenen Gründen der Partei stark entfremdete Dozentenschaft».[168] Und Alfred Baeumler konstatierte 1944 in einer Aktennotiz für Alfred Rosenberg, «daß sich die besten Vertreter jedes Faches von Max Planck angefangen fast ausschließlich heute auf der Seite derer befinden, die mit der Wissenschaftspolitik der Partei nichts zu tun haben oder nichts zu tun haben wollen».[169] Reichsstudentenführer Gustav Adolf Scheel, der mittlerweile auch die Führung des NSDDB übernommen hatte, kommentierte die hochschulpolitische Lage im August 1944 auf seine eigene krude Weise: «Wir haben zwar die Juden entfernt, haben aber in vielen Fällen den Judengeist erhalten.»[170]

Selbst der wissenschaftliche Nachwuchs, auf dem lange Zeit die Hoffnung der NSDAP geruht hatte, zeichnete sich in dieser Zeit nicht mehr durch eine überproportional ausgeprägte Einsatzbereitschaft für den Nationalsozialismus aus. Ein SD-Bericht aus Frankfurt meldete im März 1944 mit abfälligem Unterton: «Die Typen unseres derzeitigen Nachwuchses, die heutzutage rein wissenschaftlich auf einer gewissen Höhe stehen, haben von den nationalsozialistischen Problemen nur das eine gelernt, daß sie nämlich in der Partei sein müssen, um wenigstens ... nach außen hin zu bekunden, daß sie mit ihrer Zeit mitzugehen verstehen.»[171]

Einige Professoren glaubten noch in der Endphase des Krieges an die «Genialität» Hitlers (so der Tübinger Philosoph Theodor Haering) oder identifizierten Hitler und die NSDAP weiterhin mit Deutschland (so der evangelische Theologe Emanuel Hirsch).[172] Die Haupttendenz aber war eine sukzessive Abwendung vom Regime. Selbst manche Hochschullehrer, die sich bislang weitgehend systemkonform verhalten hatten, machten nun Bekanntschaft mit der Gestapo.[173]

Gleichwohl wünschten auch Kritiker und Gegner des Nationalsozialismus in der Regel nicht den Sieg der Alliierten.[174] Ausschlaggebend für diese Einstellung war neben einer patriotischen Grundeinstellung die Furcht vor der Rache der Sieger, vor dem erwarteten «erbarmungslosen Frieden» (so der Chemiker Adolf Windaus),[175] vor allem aber die Angst vor der heranrückenden Roten Armee. Selbst ein dezidierter Kritiker des Regimes wie der liberale Historiker Friedrich Meinecke gab noch 1943 gegenüber ähnlich gesinnten Kollegen die Parole aus: «Unser gemeinsames Hauptziel ist, Abwehr des Bolschewismus, unter allen Umständen.»[176]

Die Einstellung der Hochschullehrer gegenüber dem Nationalsozialismus war also durch erhebliche Schwankungen gekennzeichnet. Während die meisten Professoren 1933 zunächst abwartend blieben, näherte sich ein großer Teil der Hochschullehrer aufgrund der politischen Erfolge des Regimes dem Nationalsozialismus bis 1938 stark an. Obwohl der Beginn des Krieges zunächst für Ernüchterung sorgte und vielfach entsetzte Reaktionen hervorrief, erreichte die Popularität des Regimes unter dem Eindruck des raschen Siegs über Frankreich 1940 einen weiteren Höhepunkt. Nach dem Scheitern des «Blitzkriegs» gegen die Sowjetunion Ende 1941 machte der Enthusiasmus von 1940 einer zunehmenden Desillusionierung Platz, die spätestens 1943 zu einer allmählichen Abwendung vom Nationalsozialismus führte.

Von einer vorbehaltlosen Identifikation mit dem Nationalsozialismus lässt sich aber für die Mehrheit der Hochschullehrer auch vor Stalingrad nicht sprechen. Dafür sorgte insbesondere die demonstrative Verachtung der Intellektuellen durch die Nationalsozialisten. Hitler selbst, in dessen öffentlichen und privaten Äußerungen die Intellektuellen wiederholt als Symbol mangelnder Standfestigkeit auftauchten, hat mehr als einmal deutlich gemacht, wie wenig er von dieser Sorte Menschen hielt. In einer geheim gehaltenen Rede vor Pressevertretern erklärte er 1938: «Wenn ich so die intellektuellen Schichten bei uns ansehe – leider, man braucht sie ja, sonst könnte man sie eines Tages ja, ich weiß nicht, ausrotten oder so was – aber man braucht sie leider.»[177] Ähnliche Töne finden sich in zahlreichen Verlautbarungen nationalsozialistischer Funktionäre. Selbst ein promovierter Akademiker wie der Führer der Deutschen Arbeitsfront, Robert Ley, bediente sich gern einer ausgesprochen populistischen und anti-intellektuellen Rhetorik: «Da sitzt so ein Professor jahrelang in einem Laboratorium, um ein Bakterium zu entdecken. Da ist mir doch jeder Straßenkehrer lieber. Der nimmt seinen Besen und fegt mit einer Handbewegung Tausende von Bakterien in den Rinnstein.»[178] Der Professor war, so empfand es der Historiker Percy Ernst Schramm, im Dritten Reich zur «Spottfigur» geworden, an «der alle Möglichen ihr Mütchen kühlen» konnten.[179]

Diese demonstrative Missachtung trug dazu bei, den Enthusiasmus der meisten Hochschullehrer über die Erfolge des Regimes zu dämpfen, wie der Bonner Philosoph Erich Rothacker bereits 1934 betonte. In einem Brief an das Propagandaministerium versicherte Rothacker, dass alle Akademiker «mit fliegenden Fahnen – und nicht nur pflichtgetreu, aber resigniert und verbittert – mit dem dritten Reich marschieren würden, wenn ihre *Ehre* ausreichend geschützt worden wäre und wenn *einmal* etwas Sonnenschein auf sie fiele».[180]

Auch die direkt mit Hochschulpolitik befassten Staats- und Parteistellen erkannten bald, dass pauschale Beschimpfungen kaum dazu geeignet waren, die Hochschullehrer dauerhaft an das Regime zu binden. 1936 klagte der Leiter des NSDDB, Reichsdozentenführer Walter Schultze:

> Wir wären weiter, wenn alle, die guten Willens waren, gesammelt und nicht immer mit Hohn und Gewalt abgetrieben worden wären. Wie oft wurden alle Hochschullehrer in Bausch und Bogen zu Idioten erklärt; darum ist unser Kampf um Erneuerung so erschwert, weil uns auch in den Reihen der Partei oft Unwissenheit begegnet.[181]

Das REM beurteilte die Lage ähnlich und monierte 1938 in einem Runderlass, dass

> Hochschule und Wissenschaft vielfach in der Öffentlichkeit nach wie vor als Angelegenheiten betrachtet werden, die grundsätzlich und ausnahmslos bemängelt und herabgesetzt werden. Diese Herabsetzung betrifft weniger die wissenschaftliche Leistung als vielmehr die allgemeine Wertung der Hochschule, der Wissenschaft und des Studiums. Auf diesen Mangel an öffentlicher Anerkennung ist es u. a. auch zurückzuführen, wenn heute andere Laufbahnen anziehender auf den Nachwuchs wirken als akademische Berufe.[182]

Sogar die Führung des NS-Studentenbundes ordnete 1937 an, die pauschalen Angriffe gegen die Professoren einzustellen.[183] Doch hatten weder das REM noch die Hochschulorganisationen der Partei genügend Gewicht, um die Haltung der Gesamtpartei in dieser Frage entscheidend beeinflussen zu können. Auch in den folgenden Jahren beklagten sich die Hochschullehrer – nicht nur an den Universitäten, sondern auch an den Technischen Hochschulen[184] – regelmäßig über die mangelnde Anerkennung ihrer Leistungen durch die Machthaber.

Das gesellschaftliche Renommee der Hochschulen und der Hochschullehrer verringerte sich unter solchen Umständen drastisch. Im November 1939 artikulierte der Berliner Germanist Franz Koch, ein überzeugter Nationalsozialist, seine tiefe Enttäuschung über diese Tatsache in einer vertraulichen Denkschrift, die unter dem Titel «Schweigen hieße Verrat» an verschiedene Parteistellen verschickt wurde: «Die Autorität der Universität, im weiteren Sinne der Wissenschaft ist zerstört, der Wissenschaftler, der Professor gilt, indem man ihn einfach zum ‹Intellektuellen› stempelt, geradezu grundsätzlich als anfechtbare Erscheinung». Der Wissenschaftler werde mit «Abgunst und Mißtrauen betrachtet, in der Öffentlichkeit immer wieder angegriffen, allzu selten geschützt und verteidigt ... niemals anerkannt».[185]

Der Propagandaapparat des Regimes griff das Thema erst in der zweiten Kriegshälfte auf. Aufgeschreckt durch Berichte über die waffentechnische Überlegenheit der Alliierten und über die reservierte Haltung prominenter Wissenschaftler gegenüber dem NS-Staat[186] versuchte Propagandaminister Joseph Goebbels nun die anti-intellektuellen Ressentiments früherer Jahre vergessen zu machen. Im Juli 1943 organisierte er eine Kundgebung in Heidelberg, um dem «ewigen Geist deutschen Denkens und Forschens meine Huldigung darzubringen».[187] Damit sollte, wie der Propagandaminister in seinem Tagebuch notierte, «eine neue Behandlung der Universitäten in der Öffentlichkeit einsetzen».[188]

Obwohl Goebbels die Heidelberger Kundgebung für «einen Markstein» in der deutschen Universitätsgeschichte hielt, ist es unwahrscheinlich, dass seine Rede zu diesem Zeitpunkt – ein halbes Jahr nach Stalingrad – an den Hochschulen noch größere Wirkung zeigte. Walter Groß, Leiter des Hauptamtes Wissenschaft in der Dienststelle Rosenberg, der im Winter 1943/44 auf einer Vortragsreise sieben Universitätsstädte besuchte, bekam einen anderen Eindruck. Sein Bericht hob hervor, es bestehe

> auch heute noch in weiten Kreisen der deutschen Wissenschaft das drückende Bewusstsein, dass die wissenschaftliche Arbeit keine Anerkennung findet und dass ihre Notwendigkeit und ihre Bedeutung für das völkische Leben entweder überhaupt verneint oder nur mit ganz äußerlichen Maßstäben der reinen Zweckmäßigkeit des technischen Nutzens gemessen wird ... Die von politischer Seite im letzten Jahr unternommenen Versuche, vor der Öffentlichkeit die Bedeutung der Wissenschaft herauszustellen, wie das insbesondere in der Heidelberger Tagung geschah, haben offensichtlich im ganzen gesehen ihren Zweck verfehlt. Es überwiegt der Eindruck, dass man unter dem Zwang einer gewissen technischen Krise der Kriegsführung notgedrungen den Naturwissenschaften gute Worte gibt, ... dass aber am inneren Unverständnis gegenüber der Wissenschaft an sich nichts geändert worden ist.[189]

Hochschullehrer im Nationalsozialismus – eine Typologie

Die Begeisterung über die außenpolitischen und militärischen Erfolge des Regimes wie auch das Gefühl mangelnder Anerkennung durch die Politik verband die große Mehrheit der deutschen Hochschullehrer in der Zeit der NS-Diktatur. Darüber hinaus lassen sich aber auch erhebliche Unterschiede erkennen. Die folgende Typologie differenziert zwischen fünf unterschiedlichen Gruppierungen: aktiven Nationalsozialisten, Nationalkonservativen, fachorientierten Wissenschaftlern, karriereorientierten Opportunisten und Regimekritikern. Die Grenzen zwischen diesen – idealtypisch konstruierten[190] – Gruppen waren durchlässig: Nationalkonservative konnten sich im Laufe der Jahre zu Nationalsozialisten entwickeln, aus Nationalsozialisten konnten Regimegegner werden, und fachorientierte Wissenschaftler waren keineswegs frei von Opportunismus.

Die *aktiven Nationalsozialisten* bildeten die sichtbarste Gruppe im Lehrkörper. Sie repräsentierten bei öffentlichen Veranstaltungen die Universität und besetzten alle hochschulpolitischen Führungspositionen als Dozentenbundführer, Leiter der Dozentenschaften, Vertrauensleute der Hochschulkommission der NSDAP und – nach einer Übergangsperiode – auch als Rektoren. An einigen Universitäten profilierten sich die Rektoren bereits 1933 als Propagandisten des Hitlerkults, so beispielsweise in Erlangen, wo der neu ernannte Rektor Johannes Reinmöller, ein Zahnmediziner, in seiner Antrittsrede im November 1933 verkündete:

> Dem deutschen Volk ist in tiefster Not ein Held erstanden ... Wer jetzt noch nicht erkannt hat, daß der große Endsieg nur dann errungen wird, wenn wir unserem Volkskanzler Adolf Hitler ohne jedes «Wenn und Aber» in germanischer Treue Gefolgschaft leisten, hat keinen Hauch von dem großen Geschehen verspürt, das uns umbrandet. Wer sich aber gar dagegen stellte, ist ein sündiger Mensch am deutschen Gedanken, am deutschen Volkstum, am deutschen Vaterland ... Und in diesem Bewußtsein sage ich, daß an unserer altehrwürdigen Alma Mater ein derartiger Schädling nicht geduldet würde, falls er sich einschleichen sollte; denn wir werden nicht zu Sündern am Vaterland.[191]

Eine kollektivbiographische Analyse von 108 Professoren, Dozenten und Assistenten, die während des Dritten Reiches hochschulpolitische Führungsaufgaben übernahmen,[192] ermöglicht es, einen genaueren Blick auf diese Gruppe von Nationalsozialisten zu werfen. Ihre soziale Herkunft unterschied sich nicht grundlegend von der Masse ihrer Kollegen. Auch die aktiven Nationalsozialisten rekrutierten sich mehrheitlich aus dem Bürgertum, insbesondere aus dem Bildungsbürgertum. Allerdings waren unter ihnen soziale Aufsteiger stärker vertreten.

Als Hitler Anfang 1933 zum Reichskanzler ernannt wurde, lag das Durchschnittsalter der 108 Nationalsozialisten bei 36 Jahren. Das nationalsozialistische Führungspersonal an den Universitäten gehörte also mehrheitlich nicht zur «Kriegsjugendgeneration» (den Geburtsjahrgängen 1900 bis 1910), deren Bedeutung für das NS-Regime seit einiger Zeit besonders hervorgehoben wird.[193] Vielmehr hatten 68 der 108 untersuchten Personen, also fast zwei Drittel, als Soldaten am Ersten Weltkrieg teilgenommen. Die meisten von ihnen beendeten das Studium erst nach dem Krieg, so dass ihre Unsicherheit über die eigene Zukunft mit der schweren politischen und wirtschaftlichen Krise

Deutschlands nach 1918 zusammenfiel. Diese eigentümliche Mischung von persönlicher Unsicherheit und politisch-ökonomischer Krise wiederholte sich Anfang der 1930er Jahre. Diejenigen Wissenschaftler, die inzwischen habilitiert waren, mussten nun erkennen, dass ein völlig überfüllter akademischer Arbeitsmarkt ihre Chancen, irgendwann einen Lehrstuhl zu erhalten, ganz erheblich reduziert hatte. Die meisten Angehörigen dieser Personengruppe, insgesamt 85 Personen, arbeiteten im Wintersemester 1932/33 als Assistenten, Privatdozenten oder nichtbeamtete außerordentliche Professoren. Lediglich 5 der insgesamt 108 Personen verfügten zu Beginn der NS-Herrschaft über einen ordentlichen Lehrstuhl. Nur eine Minderheit – 42 von 108 – war der NSDAP schon vor der «Machtergreifung» beigetreten. Die meisten – insgesamt 50 Personen – entschlossen sich 1933 zur Mitgliedschaft in der Partei, der Rest folgte überwiegend im Jahre 1937.

Inwieweit honorierte das Regime den politischen Einsatz dieser Wissenschaftler? Die kollektivbiographische Untersuchung zeigt, dass 69 von 103 Personen, die im Wintersemester 1932/33 noch kein Ordinariat hatten, also etwa zwei Drittel, bis zum Kriegsende einen ordentlichen Lehrstuhl erhielten. Der Einsatz für das Regime hat diesen beruflichen Aufstieg in einer Reihe von Fällen erst ermöglicht oder zumindest beschleunigt. Gleichwohl war politischer Aktivismus allein noch kein Garant für eine steile akademische Karriere, denn etwa ein Drittel der Untersuchungsgruppe ging leer aus. Die Unwägbarkeiten des akademischen Hazards[194] blieben auch unter den Bedingungen der nationalsozialistischen Diktatur bestehen.

Die *konservativen Nationalisten* beziehungsweise nationalkonservativen Hochschullehrer bildeten während der Weimarer Republik und in den ersten Jahren der NS-Herrschaft die stärkste Kraft im Lehrkörper der deutschen Universitäten. Mit dem Nationalsozialismus verband sie das Leitbild einer harmonisch-autoritären Gesellschaft und die Hoffnung auf eine Wiedergewinnung der 1918 verlorenen Großmachtstellung Deutschlands. Entsprechend groß war die Begeisterung der Nationalkonservativen über die politischen Erfolge des Regimes, insbesondere über die faktische Annullierung des Versailler Vertrages.

Auf der anderen Seite beobachteten viele Professoren die graduelle Entmachtung der nationalkonservativen Kräfte innerhalb der Regierungskoalition mit Sorge. Es war wohl kein Zufall, dass der konservative Vizekanzler Franz von Papen seine «Marburger Rede» im Juni 1934 vor einem überwiegend universitären Publikum hielt. Auf einer Veranstaltung des Marburger Universitätsbundes kritisierte er mit einer Offenheit, die als sensationell empfunden wurde, die totalitären Tendenzen des Regimes, den «falschen Personenkult» der nationalsozialistischen Propaganda, die Zerstörung des Rechtsstaats, den «Byzantinismus» der Presse, die «Vorherrschaft einer einzigen Partei», aber auch die antichristlichen Tendenzen in der NSDAP und den «verwerflichen» Glauben, man könne ein Volk «mit Terror» vereinheitlichen.[195] Papens Ausführungen wurden vom Publikum mit Beifall aufgenommen.[196]

Antisemitismus war schon vor 1933 ein Bestandteil des nationalkonservativen Milieus. Nationalkonservative Professoren teilten zumeist die Auffassung, dass die Juden in der Weimarer Republik und speziell an den Universitäten zu einflussreich gewesen seien. Eine eindeutige Kritik an der antisemitischen «Säuberungspolitik» des Regimes in den Jahren 1933 bis 1936 war von ihnen nicht zu erwarten. Gewalttätige Ausschreitungen wurden dagegen zumeist missbilligt. Die Entfesselung antisemitischer Gewalt während des Novemberpogroms von 1938 stieß selbst bei aktiven Unterstützern des Regimes wie dem Münchener Historiker Karl Alexander von Müller auf Entsetzen.[197]

An den Hochschulen bemühten sich die nationalkonservativen Professoren, Eingriffe der Partei in das Universitätsleben möglichst zu verhindern und eine begrenzte Autonomie der Fakultäten zu bewahren. In ihrer eigenen Welt wollten die autoritären Ordinarien alten Schlags auch weiterhin das Sagen haben. Sie insistierten, dass bei Berufungen in erster Linie nicht die politische Gesinnung, sondern die wissenschaftliche Leistung der Kandidaten zu berücksichtigen sei,[198] und wandten sich gegen politisierende Dilettanten, die etablierte wissenschaftliche Standards ignorierten.[199] Auch die sozial nivellierenden Tendenzen nationalsozialistischer Politik im Zeichen der «Volksgemeinschaft» stießen in diesen Kreisen vielfach auf Kritik.

Trotz derartiger Kritik konnte das Regime zu Recht davon ausgehen, dass die Nationalkonservativen sich loyal verhalten würden, sobald es um «deutsche Interessen» ging. Dazu gehörte auch das gemeinsame Interesse, den Krieg zu gewinnen. Erst in der Endphase des Krieges beteiligten sich einige nationalkonservative Hochschullehrer am Widerstand gegen den Nationalsozialismus.

Zahlenmäßig verloren die nationalkonservativen Hochschullehrer in den Jahren der NS-Diktatur an Bedeutung. Ein Teil von ihnen ging unter dem Eindruck der Erfolge des Regimes zu den Nationalsozialisten über. Zudem bestand die nationalkonservative Gruppe hauptsächlich aus älteren Hochschullehrern, von denen ein größerer Teil im Laufe der Jahre emeritiert und durch jüngere Nachfolger ersetzt wurde, die in der Regel stärker dem Nationalsozialismus zuneigten.

Die Gruppe der *fachorientierten Wissenschaftler* umfasste Hochschullehrer, die sich selbst oft als «unpolitisch» definierten und in erster Linie an der Entwicklung der eigenen Forschung und des eigenen Faches interessiert waren. Im NS-Staat sahen sie eine potentielle Quelle materieller Ressourcen, die für die wissenschaftliche Forschung unentbehrlich waren, aber auch den Ausgangspunkt politisch motivierter Eingriffe, die als Störung empfunden wurden: «Es ist wirklich schade, dass man in einer Zeit, in der die Physik so wunderbare Fortschritte macht und in der es wirklich Spass macht, daran mitzuarbeiten, immer wieder mit diesen politischen Dingen zu tun bekommt», schrieb der Physiker Werner Heisenberg 1938 seinem Kollegen Arnold Sommerfeld.[200]

Gegenüber dem NS-Staat versuchten die fachorientierten Wissenschaftler, die in den Naturwissenschaften stark vertreten waren, professionelle Interessen durchzusetzen. Dazu gehörte das Bemühen, mehr Geld und Personal für die Forschung zu akquirieren, höhere Gehälter zu erzielen, das Ansehen der Hochschulen in Staat und Gesellschaft zu steigern, uk-Stellungen zu erhalten und wissenschaftliche Standards aufrechtzuerhalten. Solche Bestrebungen konnten eine politische Dimension erhalten, wenn sie beispielsweise gegenüber einer politisch ausgerichteten Personalpolitik den Primat wissenschaftlicher Gesichtspunkte betonten. Vollends politisch wurde die

Verteidigung professioneller Interessen dort, wo die fachorientierten Hochschullehrer versuchten, das Eindringen ideologisch motivierter Paradigmen in die wissenschaftliche Forschung und Lehre zu verhindern. Solche Bemühungen richteten sich während der NS-Diktatur insbesondere gegen Gruppierungen wie die «Deutsche Physik» oder die «Deutsche Mathematik».

In einer totalitären Diktatur wie der nationalsozialistischen, die ein weitgehend instrumentelles Verhältnis zur Wissenschaft hatte, konnte eine Strategie der Verteidigung professioneller Interessen aber nur dann erfolgreich sein, wenn es gelang, die neue politische Elite davon zu überzeugen, dass die eigene Forschung zur Verwirklichung ihrer politischen, militärischen oder wirtschaftlichen Pläne unverzichtbar war. Um professionelle Interessen wirksam verteidigen zu können, mussten die fachorientierten Hochschullehrer daher ihre Nützlichkeit für das Regime betonen. Dementsprechend wiesen die Kritiker der «Deutschen Physik» nachdrücklich auf die militärische Bedeutung ihres Faches hin, um bei den politischen Machthabern Gehör zu finden.[201] Diese Strategie war letztlich erfolgreich. Während des Krieges wurde sogar im Amt Rosenberg die Bedeutung der fachorientierten Wissenschaftler für die Rüstungsforschung hervorgehoben.[202] Einige fachorientierte Forscher übernahmen während des Krieges wissenschaftspolitische Führungspositionen, so beispielsweise der Physiker Walther Gerlach, der 1943 zum Fachspartenleiter Physik und Bevollmächtigten für Kernphysik im Reichsforschungsrat ernannt wurde, obwohl er weder der NSDAP noch der SA oder der SS angehörte.[203]

Die große Zahl der Hochschullehrer, die im Frühjahr 1933 der NSDAP beitraten, legt die Vermutung nahe, dass Opportunismus an den Universitäten nach 1933 eine wichtige Rolle gespielt hat. Gleichwohl lässt sich über die quantitative Bedeutung der *karriereorientierten Opportunisten* nur wenig sagen. Wer primär aus opportunistischen Motiven agierte, tat gut daran, diese Motive für sich zu behalten. Der Philosoph Karl Löwith, der Deutschland 1934 als «Nichtarier» verlassen musste, berichtete rückblickend, der vom Regime ausgeübte Anpassungsdruck habe die meisten Universitätsangehörigen an eine «doppelte Sprache» gewöhnt, «eine eigentliche in ihren vier Wänden und eine uneigentliche in der Öffentlichkeit, deren Organisation sie von allen Seiten umspannte».[204] Diese Trennung von privater und öffentlicher Sprache war bei den karriereorientierten Opportunisten besonders stark ausgeprägt.

Wie weit Vertreter dieses Hochschullehrertypus in der NS-Diktatur kommen konnten, zeigt das Beispiel des Prähistorikers Carl Engel, der seit 1939 als Ordinarius an der Universität Greifswald lehrte. Engel präsentierte sich nach außen als aktiver Nationalsozialist, dessen Forschungen ganz den Erwartungen des Regimes entsprachen. Er trat 1933 in die NSDAP ein und spielte eine aktive Rolle im Reichsbund für deutsche Vorgeschichte, der eng mit dem Amt Rosenberg verbunden war. 1941 wurde er zum Beauftragten Alfred Rosenbergs für Vor- und Frühgeschichte in den besetzen Ostgebieten ernannt. An der Universität Greifswald übernahm er 1942 die beiden wichtigsten hochschulpolitischen Führungspositionen – als Rektor und als Gaudozentenbundführer von Pommern.[205] Solche Ämter waren Personen vorbehalten, deren politische Zuverlässigkeit nicht angezweifelt wurde. Sein Tagebuch demaskiert ihn hingegen als einen Mann, der dem Regime äußerst kritisch, mitunter sogar mit aggressiver Ablehnung gegenüberstand. Diese Einstellung zeigte sich nicht nur in seinen Klagen über die schlechte Versorgungslage und die «unglaubliche Korruption der Oberbonzen». Bei der Rückkehr von einer längeren Auslandsreise entfuhr ihm der Stoßseufzer: «Na, endgültig im Lande der Knechtschaft, des Terrors und der Rechtlosigkeit.»[206] Über die deutsche Besatzungspolitik in Polen notierte der Prähistoriker: «Man muß schon bis zum 30jährigen Krieg, vielleicht sogar bis in's Mittelalter zurückgehen, um ähnlicher Unsicherheit, Skrupellosigkeit u. Grausamkeit zu begegnen! Die Verwilderung der Moral ist erschreckend.»[207] Wiederholt finden sich in seinem Tagebuch Hinweise auf Ähnlichkeiten zwischen Nationalsozialismus und Sowjetkommunismus. Im Februar 1940 zeigte sich Engel entsetzt, als er von einem Handwerker Näheres über die Zustände in den deutschen Konzentrationslagern hörte,

> wie die Gefangenen dort (u.a. viele Rechtsanwälte, Pastoren) furchtbar hungern und frieren, sich Nahrung aus den Schweinetrögen suchen, während die Wachmannschaften im Fett und Fleisch schwimmen, wie sie brutal geprügelt werden, wie viele sterben, andere nach Zigarettenstummeln suchen, die Wachleute anbetteln. O Sowjetrußland, wie warst du uns so nahe!!! Nie hätten wir es für möglich gehalten, daß es ähnliches im deutschen Vaterlande geben könne ...[208]

Gelegentlich steigerte Engel sich in regelrechte Gewaltfantasien gegen die Machthaber hinein, so im Dezember 1940: «Selbst um den Preis, daß Deutschland vernichtet, die Deutschen ausgerottet werden (Sie haben es verdient!): wenn nur diese Schweine, diese ‹Weltbeglücker›, diese Tyrannen vernichtet werden und den Lohn empfangen, der ihnen gebührt (mittelalterliche Folter und Galgen)!»[209]

Kurz, Engel war in seiner öffentlichen Existenz ein Repräsentant des Regimes, in seiner privaten hingegen ein Kritiker des Nationalsozialismus. Im Allgemeinen gelang es ihm, beide Facetten seines politischen Lebens strikt voneinander zu trennen. Nur ein einziges Mal wagte sich der Prähistoriker aus der Deckung. In einer Rede, die er 1943 als Rektor vor Studentenfunktionären hielt, beklagte Engel den «augenblicklichen Zustand der Unfreiheit», bezeichnete die Weimarer Reichsverfassung als die «modernste, freizügigste und freiheitlichste Verfassung der Welt» und kritisierte schließlich die Gefahr, «uns immer mehr der bolschewistischen Gleichmacherei zu nähern».[210] Diese Äußerungen, die unter anderen Umständen möglicherweise zu seiner Entlassung geführt hätten, trugen Engel zwar den Zorn des Gauleiters ein. Da aber weder das Amt Rosenberg noch das REM Maßnahmen gegen den Prähistoriker befürworteten, hatte die Affäre für ihn letztlich keine ernsthaften Konsequenzen.[211]

Die Zahl der *Regimekritiker* nahm in den Jahren nach 1933 deutlich ab, zum einen, weil ein Großteil von ihnen Opfer der Massenentlassungen wurde, zum anderen, weil viele, die den Nationalsozialismus ursprünglich ablehnten, ihre Meinung unter dem Eindruck der Erfolge des Regimes revidierten. Dennoch gab es auch nach 1938/39, als die «Säuberung» des Lehrkörpers weitgehend abgeschlossen war, Professoren, die dem Regime kritisch oder ablehnend gegenüberstanden. Dabei handelte es sich oft um etablierte Ordinarien wie etwa die Anglisten Hans Weyhe (Halle) und Levin Ludwig Schücking (Leipzig)[212] oder die Klassischen Philologen Franz Dornseiff (Greifswald) und Bruno Snell (Hamburg).[213] Zu dieser Gruppierung gehörten ferner Großordinarien wie die Romanisten Karl Vossler (München) und Ernst Robert Curtius (Bonn)[214] sowie die Chemiker Heinrich Wieland in München (Nobelpreisträger von 1927) und Adolf Windaus in Göttingen (Nobelpreisträger von 1928), die aufgrund ihres internationalen Renommees über größere Handlungsspielräume verfügten als die meisten ihrer Kollegen.[215]

Manche Hochschullehrer waren dafür bekannt, dass sie in ihre Vorlesungen regelmäßig regimekritische Anspielungen einfließen ließen.[216] Zu ihnen gehörten beispielsweise die Hamburger Mediziner Rudolf Degkwitz und Johannes Brodersen sowie der Göttinger Biologe Erich von Holst.[217] Von den Studierenden, die im Laufe der Jahre gegenüber dem Nationalsozialismus deutlich kritischer geworden waren, wurden solche versteckten Kommentare zum Zeitgeschehen häufig mit Beifall quittiert.[218]

Unter diesen regimekritischen Hochschullehrern befanden sich ausgeprägte Individualisten und notorische Querdenker, die auch unter veränderten politischen Verhältnissen zur Opposition gegen den Zeitgeist neigten – darunter der gerade erwähnte Rudolf Degkwitz. Andere hingegen suchten den regelmäßigen Austausch mit Gleichgesinnten. Vor diesem Hintergrund bildeten sich in verschiedenen Universitätsstädten Gesprächskreise, in denen relativ offen und kritisch über politische und kulturelle Themen gesprochen werden konnte. Meist setzten sich diese Gruppen nicht allein aus Hochschullehrern, sondern aus Angehörigen unterschiedlicher Berufe zusammen. In Jena entstand ein solcher Kreis um die Schriftstellerin Ricarda Huch, die 1933 aus Protest gegen die Politik der Gleichschaltung aus der Preußischen Akademie der Künste ausgetreten war.[219] Ein ähnlicher Diskussionszirkel, dem etwa zwei Dutzend Personen angehört haben sollen, formierte sich in Halle um den Chemiker Theodor Lieser.[220] Von einem Kreis kritischer Hochschullehrer in Breslau, «der eindeutig gegen Hitler und sein Terrorregime gerichtet war», berichtete der Mathematiker

Ernst Mohr, der 1944 vom Volksgerichtshof wegen «Wehrkraftzersetzung» zum Tode verurteilt worden war.[221]

Es wäre falsch, solche oppositionell gestimmten Diskussionszirkel, die hauptsächlich der Selbstverständigung dienten, dem Widerstand zuzurechnen. Doch konnten solche Gesprächskreise zur Grundlage widerständischen Handelns werden. Das gilt insbesondere für die christlich-konservativ orientierten «Freiburger Kreise», die aus Hochschullehrern und Vertretern beider christlicher Konfessionen bestanden. Zur Kerngruppe gehörten die Wirtschaftswissenschaftler Constantin von Dietze, Walter Eucken, Franz Böhm und Adolf Lampe sowie der Historiker Gerhard Ritter. Einige Angehörige des Kreises standen im Kontakt mit dem nationalkonservativen Widerstand und erarbeiteten auf Wunsch Dietrich Bonhoeffers eine Denkschrift, die sich mit der Gestaltung Deutschlands nach dem Kriegsende beschäftigte. Teile diese Denkschrift gerieten nach dem Attentat vom 20. Juli 1944 in die Hände der Gestapo, die daraufhin Dietze, Lampe und Ritter verhaftete. Nur der Zusammenbruch des NS-Staates verhinderte den geplanten Prozess vor dem Volksgerichtshof.[222]

Die Zahl der am Widerstand beteiligten deutschen Hochschullehrer blieb überschaubar.[223] Politisch bieten sie ein heterogenes Bild. Während Dietze, Lampe und Ritter dem nationalkonservativen Milieu zugeordnet werden können, hatten andere oppositionelle Wissenschaftler sich sozialistischen Widerstandsgruppen angeschlossen, darunter der Psychologe Heinrich Düker (Göttingen), Mitglied des Internationalen Sozialistischen Kampfbundes (ISK), der Romanist Werner Krauss (Marburg), der der «Roten Kapelle» zugerechnet wird,[224] sowie der Internist Georg Groscurth und der Chemiker Robert Havemann, die in Berlin zum Kern der Widerstandsgruppe «Europäische Union» zählten.[225] Zum katholischen Milieu gehörte der Verwaltungsrechtler Hans Peters, der sowohl an den Debatten des Kreisauer Kreises als auch an den Aktivitäten der Untergrundgruppe «Onkel Emil» beteiligt war.[226]

Einige der am Widerstand beteiligten Hochschullehrer hatten den NS-Staat von Anfang an abgelehnt. Andere standen dem Regime zunächst positiv gegenüber und wandten sich erst im Laufe eines längeren Entwicklungsprozesses vom Nationalsozialismus ab. Einen besonders radikalen Wandel vollzog der Wirtschaftswissenschaftler Jens Jessen, der bereits Anfang der 1930er Jahre als Privatdozent in Göttingen enge Beziehungen zur NSDAP geknüpft hatte und 1933 an der «Säuberung» des Göttinger Lehrkörpers beteiligt war.[227] Jessen, der noch 1933 einen Lehrstuhl in Kiel erhielt, später in Marburg und schließlich in Berlin tätig war, spielte im Zweiten Weltkrieg unter dem Decknamen «Nordmann» eine zentrale Rolle in den Umsturzplanungen des nationalkonservativen Widerstandes. Nach dem gescheiterten Attentat vom 20. Juli 1944 wurde er in Berlin-Plötzensee gehängt.[228] Anfängliche Sympathien für das Regime zeigte auch der Münchener Philosoph und Musikwissenschaftler Kurt Huber, der 1943 wegen seiner Beteiligung am Widerstand der Münchener «Weißen Rose» hingerichtet wurde. Der damalige Student Franz Josef Strauß, der eine seiner Vorlesungen besuchte, hielt ihn für einen Nazi.[229] Nach der Verhaftung erklärte Huber gegenüber der Gestapo seinen Wandel zum Regimegegner mit dem Hinweis auf die antichristliche Politik des Regimes, die Einschränkung der persönlichen Freiheit, die «wachsende Unterbindung der wissenschaftlichen Denkfreiheit» und die Brutalität der deutschen Herrschaft im Osten.[230]

Der wissenschaftliche Nachwuchs

Die Überfüllungskrise, die 1933 die Lage der jüngeren Wissenschaftlergeneration wesentlich prägte, war aus Sicht des Regimes eine optimale Ausgangssituation, um durch rigorose «Auslese» einen politisch «zuverlässigen» Nachwuchs heranzuziehen. Getragen wurde diese Politik – an den Hochschulen und anderswo – von dem Grundgefühl, große Teile der jungen Generation hinter sich zu wissen.

Im Juli 1934 verlangte eine Neufassung der preußischen Assistentenordnung von zukünftigen Assistenten, dass «er jederzeit rückhaltlos für den nationalen Staat eintritt, arischer Abstammung ist und nicht mit einer Person nichtarischer Abstammung verheiratet ist». Frauen sollten bei der Besetzung von Assistentenstellen nur noch dann infrage kommen, wenn ihre «wirtschaftliche Versorgung nach der Höhe des Familieneinkommens» nicht «dauerhaft gesichert erscheint». Assistenten, die länger als zwei Jahre tätig waren, wurden zur Teilnahme an einem Geländesportlager verpflichtet.[231]

Unklar blieb zunächst die Frage, wer über die Einstellung von Assistentinnen und Assistenten entscheiden sollte. In der Weimarer Republik war diese Entscheidung den Institutsdirektoren und Ordinarien vorbehalten gewesen. Das änderte sich nach der nationalsozialistischen Machtübernahme. Anfangs waren es einzelne Rektoren wie der Göttinger Germanist Friedrich Neumann, die sich als frisch gekürte Führer ihrer Universität berufen fühlten, nunmehr auch über die Einstellung von Assistenten zu entscheiden. Doch schon im Januar 1934 meldeten sich auch die «Dozentenschaften» zu Wort und erhoben ihrerseits den Anspruch, eine wesentliche Rolle bei der Einstellung von Assistenten zu übernehmen.[232] Im Juni 1935 verpflichtete das REM die Institutsdirektoren, alle Einstellungs- und Verlängerungsvorschläge künftig dem Leiter der «Dozentenschaft» vorzulegen, der sie mit eigener Beurteilung an den Rektor weiterreichte. Die endgültige Entscheidung lag beim Rektor, doch bezeichnete der Erlass die Rolle des Leiters der Dozentenschaft im Einstellungsverfahren explizit als «maßgeblich».[233] Dieser Erlass galt zunächst nur für Preußen, wurde aber sinngemäß auch von anderen Ländern übernommen.[234]

Damit war die Anstellung einer Assistentin oder eines Assistenten gegen den ausdrücklichen Willen des Leiters der «Dozentenschaft» nahezu unmöglich geworden. Für die Leiter der «Dozentenschaften», die seit 1936 meist auch Dozentenbundführer waren, bedeutete diese Regelung eine erhebliche Ausweitung ihrer Kompetenzen, für die Instituts- und Klinikdirektoren war sie ein empfindlicher Machtverlust. Gleichzeitig wurde dadurch auf die Assistentinnen und Assistenten starker Druck ausgeübt, gegenüber dem Leiter der «Dozentenschaft» und dem Dozentenbundführer politischen Gesinnungseifer zu demonstrieren.

Fortan mussten die Institutsdirektoren damit rechnen, dass die Leiter der «Dozentenschaften», meist jüngere Privatdozenten oder Assistenten, die Einstellung oder Vertragsverlängerung von Assistenten mit politischer Begründung ablehnten oder der Einstellung erst zustimmten, nachdem der Bewerber sich einer NS-Organisation angeschlossen hatte.[235] In Einzelfällen wurden den Ordinarien politisch verdiente Assistenten sogar regelrecht aufgezwungen.[236] In den Reihen der Ordinarien sorgten solche Vorfälle naturgemäß für Unruhe.[237] 1936 artikulierte der Marburger Chemiker Alfred Thiel seinen Zorn über diese Praxis, nachdem einer seiner begabtesten Schüler sich für einen Wechsel zur Industrie entschieden hatte, weil die für ihn beantragte Assistentenstelle auf Betreiben der «Dozentenschaft» nur für fünf Monate bewilligt worden war:

> Es ist verhängnisvoll, dass in Sachen des Schicksals der jungen Gelehrtengeneration die eigentliche Entscheidung bei Stellen liegt, die weder über die fachlichen noch über die persönlichen Seiten des einzelnen Falles die erforderlichen Kenntnisse besitzen, wie sie nur eine langjährige Erfahrung als Forscher und akademischer Lehrer vermittelt. Wir geraten in Gefahr, bei diesem System der Auslese unsere besten Köpfe abzusieben, ein Luxus, den sich Deutschland im Kampfe um seinen Platz an der Sonne ohne allen Zweifel nicht leisten kann.[238]

Noch mehr Unwägbarkeiten barg die Zukunft für Assistenten, wenn sie die Habilitation anstrebten, die auch unter nationalsozialistischen Vorzeichen Ausgangspunkt für eine Universitätskarriere blieb. Im Juli 1933 wurden die preußischen Hochschulen angewiesen, laufende Habilitationsverfahren bis zu einer grundsätzlichen Neuregelung auszusetzen.[239] Wie diese Neuregelung aussehen sollte, verkündete ein weiterer Erlass des preußischen Kultusministeriums im Oktober 1933. Fortan mussten Fakultätsbeschlüsse auf Erteilung der Lehrbefugnis vom Ministerium genehmigt werden. «Nichtarier» und «mit nichtarischen Personen Verheiratete» wurden nicht mehr zur Habilitation zugelassen. Außerdem sollten Habilitanden in Zukunft mehrere Monate in einem «Wehrsport- oder Arbeitslager» verbringen und zusätzlich einen Kursus in einer «zu gründenden Dozenten-Akademie» absolvieren.[240] Ähnliche Änderungen wurden in den kommenden Monaten auch in anderen Ländern eingeführt – so in Baden, Sachsen, Thüringen und Württemberg.[241]

Eine reichsweite Regelung folgte nach Gründung des REM im Dezember 1934. Die neue Reichs-Habilitations-Ordnung (RHO) ging noch einen Schritt weiter als die ersten Erlasse auf Länderebene, indem sie die Habilitation und die Erteilung der Lehrbefugnis voneinander trennte. Die Entscheidung über die Habilitation lag im Wesentlichen weiter in den Händen der zuständigen Fakultät, bedurfte aber der Zustimmung durch die Kultusbehörden der Länder. Der Abschluss des Habilitationsverfahrens bescheinigte dem Habilitanden auf der Grundlage einer Habilitationsschrift und einer wissenschaftlichen Aussprache lediglich die wissenschaftliche Befähigung. Die Ernennung zum Dozenten setzte demgegenüber neben der durch die Habilitation nachgewiesenen wissenschaftlichen Befähigung «eine eingehende und strenge Beurteilung der didaktischen Fähigkeiten sowie vor allem der persönlichen und charakterlichen Eignung als Lehrer an den Hochschulen des nationalsozialistischen Staates voraus», wie das REM dekretierte.[242] Auf dem Weg zur Dozentur mussten die Bewerber – Frauen waren für eine Dozentur zunächst nicht vorgesehen – eine dreistündige Probe-Vorlesung aus ihrem Fachgebiet halten und ein «Gemeinschaftslager» sowie eine Dozenten-Akademie besuchen. Für die öffentliche Probevorlesung («Lehrprobe») wurde der Bewerber vom REM «einer geeigneten Fakultät» zugewiesen. Über die Erteilung oder Ablehnung der Lehrbefugnis entschied das REM.[243]

Die RHO bedeutete einen Machtverlust der Fakultäten, die bislang weitgehend eigenständig über die Verleihung der Lehrbefugnis entschieden hatten, und eine zusätzliche Belastung der künftigen Dozenten, die sich nun nicht nur wissenschaftlich, sondern auch didaktisch und politisch zu bewähren hatten. Wichtigste Neuerungen waren das obligatorische Dozentenlager und die Dozenten-Akademie. Beiden Einrichtungen war gemeinsam, dass sie die künftigen Dozenten für einen längeren Zeitabschnitt bewusst aus ihrer gewohnten Umgebung herauslösten.[244]

Im Dozentenlager, auch Wehrsportlager, Geländesportlager oder Gemeinschaftslager genannt, stand der physische Drill im Mittelpunkt. Die angehenden Dozenten wurden in kasernenähnlichen Einrichtungen untergebracht, Morgenappell und Zapfenstreich waren obligatorisch. Der Sport hatte häufig wehrsportlichen Charakter. Das schloss Schießübungen, Handgranatenwerfen und Gepäckmärsche mit 25 Kilo Sand im Tornister ein. Daneben standen Vorträge, Exkursionen, Kameradschaftsabende und gemeinsamer Gesang auf der Tagesordnung.[245] Die zunächst zehnwöchigen Dozentenlager fanden an unterschiedlichen Orten statt, unter anderem in Borna (Sachsen), Dambritsch (Schlesien) und Rieneck (Unterfranken).[246] Als Lagerleiter fungierte Obersturmbannführer Willy Grundig, ein gelernter Gerbergeselle, den der nationalsozialistische Multifunktionär Walther Wüst als «alten Haudegen der SA» charakterisierte.[247]

Auf öffentliche Kritik reagierte das Regime mit brutaler Härte. Als die *Vossische Zeitung* im Januar 1934 einen Artikel über ein Dozentenlager mit kritischen Untertönen publizierte,[248] wurden sowohl der Journalist als auch der Habilitand, der die Informationen geliefert hatte, von SA-Leuten festgenommen und noch in derselben Nacht für etwa zwei Wochen im KZ Oranienburg inhaftiert.[249]

Auf das Dozentenlager folgten dreiwöchige Lehrgänge in der Dozenten-Akademie, die erstmals im April 1934 stattfanden. Dort ging es vornehmlich um ideologische Indoktrination, um eine Überprüfung der Gesinnung, aber auch um die didaktischen Fähigkeiten der Habilitanden. Diese Kurse fanden ebenfalls an unterschiedlichen Orten statt, zunächst hauptsächlich in Rittmarshausen (bei Göttingen) und in Kiel-Kitzeberg.[250] Kursleiter waren in der Regel exponierte nationalsozialistische Ordinarien wie der Pädagoge Ernst Krieck, der Pathologe Ernst Leupold, der Physiologe Friedrich Plattner, die Philosophen Hans Heyse und Alfred Baeumler, der Germanist Friedrich Neumann und der Jurist Gustav Adolf Walz.[251] Auf der Tagesordnung standen neben Frühsport Vorträge ausgewählter Referenten, vor allem aber Beiträge der meist frisch habilitierten Teilnehmer, die aufgefordert wurden, ein Referat aus ihrem Fachgebiet zu halten, ohne dabei auf Literatur zurückzugreifen. Dabei ging es um politische Inhalte, aber auch um die Fähigkeit, sich vor Zuhörern anderer Disziplinen verständlich auszudrücken. Dieser interdisziplinäre Aspekt der Dozenten-Akademie wurde auch von manchen Teilnehmern, die dem Nationalsozialismus distanziert gegenüberstanden, als positive Erfahrung empfunden.[252]

Am Ende der Kurse stand die Beurteilung der Teilnehmer. Bewertet wurden unter anderem – die Beurteilungsbogen wechselten im Laufe der Jahre – «nationalsozialistisches Denken», «nationalsozialistische Veranlagung», «körperliches Leistungsvermögen» und «allgemeine Dienstfreudigkeit».[253] Das Wissen, dass diese Beurteilung für die weitere Karriere möglicherweise entscheidend sein konnte, schuf ein Klima opportunistischer Anpassung. Im Oktober 1937 berichtete der Dozentenbundführer der Universität Frankfurt nach schriftlicher und mündlicher Befragung von «zwei zuverlässigen Nationalsozialisten», die kurz vorher die Dozenten-Akademie absolviert hatten:

> Aus den Niederschriften und aus den eingehenden Gesprächen, die ich mit beiden und auch mit anderen gehabt habe, geht eindeutig hervor, dass der allergrößte Teil der Akademieteilnehmer unter der Psychose des dauernd Geprüftwerdens steht, wodurch große Nervosität hervorgerufen wird. Man wird also niemals die wahre Meinung und den wahren Charakter eindeutig feststellen können. Außerdem ist bei manchen Akademien von vielen Teilnehmern die Ansicht vertreten worden, dass Kameraden, die unbekannt waren, zur Beurteilung herangezogen wurden. Es bestand also das Gefühl, ausspioniert zu werden. Eine solche Atmosphäre ist noch weniger geeignet, eine richtige Beurteilung zu erhalten.[254]

Doch bedeuteten negative Beurteilungen in der Dozenten-Akademie nicht automatisch das Ende der akademischen Karriere, wie zwei Beispiele zeigen. Der Althistoriker Alfred Heuß, der dem Nationalsozialismus ablehnend gegenüberstand,[255] erhielt eine Beurteilung, die nur als vernichtend bezeichnet werden kann: «Als Lehrer und Erzieher gänzlich ungeeignet ... eine vollkommene Null, ein Querulant und Miesmacher.» Gleichwohl bekam Heuß 1937 die ersehnte Dozentur; 1944 folgte das Ordinariat in Breslau.[256] Der Anglist Edgar Mertner wurde 1937 nach dem Besuch des Dozentenlagers und der Dozenten-Akademie als eine «etwas feminin anmutende Erscheinung» beurteilt, die «sich dem Lagerbetrieb sichtlich nur mit großem Widerwillen untergeordnet» habe. «Zum Nat.-Soz. besitzt er bestimmt keine positive Einstellung, sondern eher die ablehnende Haltung der intellektuellen Angehörigen westlicher Demokratien.» Wider Erwarten wurde auch Mertner 1939 zum Dozenten ernannt; 1944 erhielt er ein Extraordinariat in Innsbruck.[257]

Damit sollen die im Dozentenlager und in der Dozenten-Akademie vergebenen Beurteilungen nicht als irrelevant abgetan werden. Aber sie waren nicht die einzige und auch nicht die ausschlaggebende Informationsquelle, auf die das REM bei der Entscheidung über die Dozentur zurückgriff.[258] Weitere Gutachten kamen von der Fakultät, vom Rektor, vom lokalen Dozentenbundführer und anderen Stellen. Eine negative Beurteilung konnte daher durch positive Urteile anderer Stellen kompensiert werden. Heuß beispielsweise profitierte von der Fürsprache seines Lehrers Helmut Berve und von guten politischen Beurteilungen des SD und der Leipziger NSDAP-Kreisleitung. Das REM entschloss sich daher, ihm die Dozentur nicht zu verweigern, zumal «ein ausgesprochener Mangel an gutem Nachwuchs auf dem Gebiete der alten Geschichte» bestehe. Mertner verdankte seine Ernennung zum Dozenten dem Hallenser Rektor, der sich für ihn einsetzte. Zudem demonstrierten sowohl Heuß als auch Mertner durch den Eintritt in die NSDAP ihre Bereitschaft zur Anpassung.[259]

Wer diese Anpassungsbereitschaft nicht unter Beweis stellte, musste allerdings mit einer Verweigerung der Dozentur rechnen. Diese Erfahrung machte beispielsweise der Internist Eduard Welte (Bonn), der weder der NSDAP noch einer Parteigliederung angehörte. Da er zudem unter Verdacht stand, «eine eher passive, wenn nicht ablehnende Haltung zum Nationalsozialismus» einzunehmen, konnte Welte sich 1944 zwar habilitieren, doch die Dozentur blieb ihm versagt.[260] Ähnlich erging es dem Pathologen Ernst Jeckeln (Halle), der «Bedenken» gegenüber «einigen Parteiforderungen» artikuliert und in privaten Gesprächen auch Kritik an Hitlers *Mein Kampf* geäußert hatte. Jeckeln, der nicht Mitglied der NSDAP war, durfte sich zwar habilitieren, musste die Universität aber danach verlassen.[261]

Besonders schwierig war die Lage von Wissenschaftlern, die vor 1933 in scharfer Opposition zum Nationalsozialismus gestanden hatten. In dieser Lage befand sich der Tübinger Philosoph Wilhelm Weischedel, der während der Weimarer Republik eng mit der linkssozialistischen Roten Studentengruppe in Freiburg zusammengearbeitet hatte. Nach 1933 ging Weischedel nicht über Minimalzugeständnisse an das Regime – Mitgliedschaft in der NSV – hinaus. Sein Antrag auf

Verleihung der Lehrbefugnis wurde zwar von der Fakultät und dem Rektor unterstützt, scheiterte aber am Widerspruch des Leiters der «Dozentenschaft».[262]

Starke konfessionelle Bindungen konnten ebenfalls zur Ablehnung der Dozentur führen. So verweigerte das REM dem evangelischen Theologen Eugen Gerstenmaier 1939 die Ernennung zum Dozenten, obwohl ihm nach dem Besuch des Dozentenlagers «eine gewisse positive Einstellung zum Nat.-Soz.» nicht abgesprochen wurde.[263] Ähnlich erging es zwei katholischen Nachwuchsphilosophen in Freiburg: Der ehemalige Funktionär des katholischen Bundes Neudeutschland Max Müller und der Jesuitenzögling Gustav Siewerth mussten die Hoffnung auf eine Universitätslaufbahn aufgeben, obwohl Siewerth beim Besuch der Dozenten-Akademie eine «rassisch vorzügliche Erscheinung» attestiert worden war.[264] Für katholische Theologen waren die Hürden auf dem Weg zur Dozentur offensichtlich besonders hoch. Von sechs Nachwuchswissenschaftlern der Katholisch-Theologischen Fakultät Würzburg, die sich nach dem Erlass der RHO von 1934 habilitierten, erhielten nur zwei die Dozentur.[265]

Das neue Einstellungsverfahren für Assistenten sowie die Trennung von Habilitation und Dozentur führte Nachwuchswissenschaftlern deutlich vor Augen, dass sie ohne Loyalitätsbekundungen gegenüber dem Regime keine Chance auf eine Universitätskarriere hatten. Wie viele habilitierte Wissenschaftler letztlich die Universität verlassen mussten, weil ihnen die Dozentur verweigert wurde, ist unbekannt. Genaue Zahlen liegen lediglich für die Philosophie vor. In diesem Fach wurden zwischen 1933 und 1939 insgesamt 28 Habilitationsverfahren erfolgreich abgeschlossen. Von 28 Habilitierten erhielten 22 die Dozentur. In sechs Fällen, das war mehr als ein Fünftel aller Habilitationen, wurde die Dozentur verweigert.[266]

Vor allem der NSDDB drängte darauf, die politischen Anforderungen an den Nachwuchs möglichst hochzuschrauben. Im Mai 1937 erklärte Reichsdozentenführer Walter Schultze in einem Rundschreiben an die Dozentenbundführer, «politische Zuverlässigkeit» oder eine «nationale» Gesinnung allein seien nicht ausreichend. Förderungswürdig seien nur «Kameraden», die «mit dem Herzen zu unserer

Weltanschauung stehen und die aus dieser Überzeugung kämpfen und handeln».[267] Dementsprechend machten die örtlichen NSDDB-Funktionäre den Habilitanden oft unmissverständlich klar, dass sie nur dann mit einer Dozentur rechnen konnten, wenn sie einer NS-Organisation angehörten.[268] Und oftmals wurde von Nachwuchswissenschaftlern nicht nur die Mitgliedschaft in einer Parteiformation verlangt, sondern eine aktive Mitarbeit, das heißt die Übernahme eines Amtes in der Partei oder einer Parteigliederung.[269] «Der Aufstieg zum Dozenten ist gebunden an die Bewährung in den Formationen der Partei», konstatierte 1937 ein Dekan der Universität Greifswald.[270] Dies ist sicher einer der Gründe, warum der Anteil der NSDAP-Mitglieder unter Assistenten und Dozenten stets höher lag als unter den etablierten Professoren.[271]

Bei der Beurteilung der Reichs-Habilitations-Ordnung darf jedoch nicht übersehen werden, dass die Entscheidung über die Habilitation auch nach 1934 im Wesentlichen weiterhin von den Fakultäten getroffen wurde. Das eröffnete die Möglichkeit, fachlich unzureichenden Bewerbern den Zugang zum Lehrkörper zu versperren, selbst wenn es sich dabei um ausgewiesene Nationalsozialisten handelte. So scheiterte 1937 der Habilitationsversuch des nationalsozialistischen Historikers Wilhelm von Kloeber am Widerspruch der Philosophischen Fakultät München. Kloeber war seit 1929 Parteigenosse und zudem Mitglied der Hochschulkommission der NSDAP. Seine Abhandlung *Vom Weltkrieg zum nationalsozialistischen Reich* wurde dennoch von allen Gutachtern als Habilitationsschrift abgelehnt.[272] Erfolglos verlief auch der Habilitationsversuch von Hans Grünewald, einem Mitarbeiter des Frankfurter Instituts zur Erforschung der Judenfrage.[273] Trotz Unterstützung durch den einflussreichen NS-Philosophen Alfred Baeumler musste Grünewald sein Habilitationsgesuch nach Ablehnung der eingereichten Arbeit durch die Philosophische Fakultät Berlin schließlich zurückziehen.[274] Ähnlich erging es dem berüchtigten SS-Hauptsturmführer Sigmund Rascher, der 1942 Menschenversuche in einer Unterdruckkammer organisiert hatte, bei denen zahlreiche Häftlinge des KZ Dachau ums Leben kamen. Raschers Bemühungen, sich mit Unterstützung des Hygienikers und SS-Standartenführers Wilhelm Pfannenstiel in Marburg zu habilitieren, stießen an der Medizinischen Fakultät Marburg auf Ablehnung.[275]

Eine neue hochschulpolitische Lage entstand, als sich in einer Reihe von Fächern erstmals Knappheit an Nachwuchswissenschaftlern bemerkbar machte, die schließlich zu einem Dauerproblem wurde. Bald häuften sich die Klagen über den Mangel an qualifizierten Bewerbern für freiwerdende Assistentenstellen.[276] Drei Jahre nach der «Machtergreifung» konstatierte Ernst Krieck, einer der führenden NS-Professoren, dass «der qualitative und quantitative Mangel an Nachwuchs die Hauptgefahr für die Zukunft der deutschen Hochschule ist».[277]

Am größten war der Nachwuchsmangel, wie eine statistische Erhebung von 1943 zeigt, in den Rechts- und Wirtschaftswissenschaftlichen Fakultäten (insbesondere Strafrecht, Bürgerliches Recht, Öffentliches Recht, Römisches Recht, Betriebswirtschaftslehre). 1943 zählten die rechtswissenschaftlichen Disziplinen 59 unbesetzte Professuren, aber nur 34 Dozenten unter 45 Jahren, die für die Besetzung dieser Lehrstühle infrage kamen. Freiwerdende juristische Lehrstühle konnten daher während des Krieges teilweise nicht mehr besetzt werden.[278] In den Wirtschaftswissenschaften war die Zahl der für eine Professur infrage kommenden Dozenten nur wenig größer als die der freien Lehrstühle. Extrem niedrig war ferner die Zahl der Dozenten in den theologischen Fächern. Da aber die Auflösung der Theologischen Fakultäten seit 1938/39 beschlossene Sache war, wurde diese Entwicklung von den Machthabern durchaus mit Wohlgefallen beobachtet und gefördert.[279] Von Nachwuchsproblemen weitgehend verschont blieben vor allem die Medizinischen Fakultäten, die traditionell einen großen Überhang an habilitierten Dozenten hatten. Hier standen 808 Dozenten zur Verfügung, um 71 freie Lehrstühle zu besetzen.[280]

Auf der Suche nach den Ursachen des Nachwuchsmangels benannten die Zeitgenossen mehrere Faktoren. Vielfach wurde die prekäre materielle Lage des wissenschaftlichen Nachwuchses hervorgehoben: «Die Entlohnung eines Assistenten ist so minimal, daß er kaum selber davon leben kann, geschweige denn eine Familie», erklärte 1937 der

Rektor der Universität Breslau, Gustav Adolf Walz.[281] Assistenten, die von der Hochschule in die Privatwirtschaft wechselten, konnten dort mindestens mit einer Verdoppelung ihres Gehalts rechnen.[282] Ein weiterer Grund für die Abwanderung talentierter Wissenschaftler aus den Hochschulen war nach Ansicht des Münchener Rektors Leopold Kölbl die «übermäßige Belastung» des Nachwuchses durch außerwissenschaftliche Anforderungen.[283] Andere Beobachter und Akteure, darunter auch Reichsdozentenführer Walter Schultze, verwiesen auf die «Herabsetzung des Hochschullehrerberufes».[284] 1937 notierte der Tübinger Dozentenführer Walter Schwenk: «Es war früher eine Ehre, an einer Hochschule arbeiten zu können. Durch Vorwürfe, die man der Hochschule gemacht hat, sehnt sich heute kein junger Akademiker danach, an einem derartigen Platz arbeiten zu dürfen. Sie gehen lieber zum Heer oder in die Industrie.»[285] Abschreckend wirkte schließlich die politische Überprüfung der Habilitanden. Diesen Aspekt betonte der Berliner Historiker Fritz Hartung, der 1937 seinem Kollegen Gerhard Ritter schrieb: «Viel Nachwuchs haben wir ... auch nicht. Denn gerade tüchtige Leute wollen das Risiko nicht auf sich nehmen, trotz guter Leistungen eines Tages wegen mangelnder Einsatzbereitschaft abgelehnt zu werden.»[286] Ähnlich argumentierte der NSDDB-Funktionär Enno Freerksen.[287]

Unter solchen Umständen sahen die Hochschulpolitiker des Regimes sich gezwungen, die Attraktivität des Hochschullehrerberufes zu steigern. Das geschah zum einen durch eine Verringerung der wissenschaftlichen und außerwissenschaftlichen Anforderungen, zum anderen durch eine materielle Besserstellung des Nachwuchses.

Im Februar 1936 wurden das Dozentenlager und die Dozenten-Akademie zusammengelegt und zeitlich stark reduziert – von zusammen 13 auf nunmehr 6 Wochen. Im Mai 1937 folgte eine weitere Kürzung auf 4 Wochen.[288] Seit 1936 fanden die «Dozentenlehrgänge», wie sie nun genannt wurden, im «Lager Tännich» statt, einem Schloss in Thüringen, das bis 1933 der Sozialistischen Arbeiter-Jugend als Bildungszentrum gedient hatte. Das Lager war, wie ein Teilnehmer später berichtete,

> in einer halbmilitärischen Art aufgezogen. Untergebracht wurden wir zu je acht Mann in einem Raum auf zweistöckigen Bettgestellen. Die Waschräume waren primitiv, und besonders sehenswert war die Klosettanlage. Über einem langen ausgehobenen Graben thronten zwei Reihen von Sitzgelegenheiten mit runden Löchern passender Größe ... Zu den gemeinsamen Mahlzeiten mußte jemand einen Trinkspruch aufsagen, und jeder wurde einmal damit betraut, das Wachlokal am Eingang zum Schloßbereich zu beziehen, ausgerüstet mit Koppel und Pistole, Taschenlampe und Wachbuch, in dem nie etwas Bemerkenswertes zu verzeichnen war.[289]

1938 verpflichtete der Stab Heß alle künftigen höheren Beamten zum dreiwöchigen Besuch eines Lagers in Bad Tölz. Um eine zusätzliche Belastung des wissenschaftlichen Nachwuchses zu vermeiden, entschied das REM daraufhin, das Lager Tännich im Juni 1938 zu schließen.[290] Damit eröffnete sich erstmals auch für habilitierte Frauen eine Möglichkeit, den Dozentenstatus zu erlangen. Denn die «Reichslager für Beamte» in Bad Tölz, deren Besuch fortan Voraussetzung für eine Dozentur war, standen auch Frauen offen. Auch sonst unterschieden sie sich deutlich von den Dozentenlagern und Dozenten-Akademien. Zweck der Reichslager war es, den Teilnehmern «nochmals» Gelegenheit zu geben, «sich über die Aufgaben der NSDAP und deren Gedankengut ein Bild zu machen». Es ging also primär nur noch um Indoktrination und nicht mehr um eine politische Überprüfung. Dementsprechend erhielten die meisten Absolventen des Lagers am Ende lediglich eine Teilnahmebescheinigung. Allerdings ließ das REM sich über solche Teilnehmer informieren, die im Reichslager einen besonders guten oder einen besonders schlechten Eindruck hinterlassen hatten.[291] Da die «Reichslager für Beamte» nach Beginn des Krieges ersatzlos eingestellt wurden,[292] existierten sie letztlich nur ein gutes Jahr.

Zu einer materiellen Besserstellung des wissenschaftlichen Nachwuchses trug das Gesetz über die Besoldung der Hochschullehrer von 1939 bei,[293] das erstmals den Verdienst von Hochschullehrern in Deutschland vereinheitlichte und dabei insbesondere die Assistenten begünstigte.[294]

Im Zeichen des Nachwuchsmangels stand auch die Revision der Reichs-Habilitations-Ordnung (RHO). Die neue RHO von 1939 sollte das Verfahren beschleunigen und die materielle Lage des Nachwuchses verbessern, gleichzeitig aber auch eine weitere «Säuberung» des Lehrkörpers in Gang setzen. Um das Habilitationsverfahren abzukürzen, blieb die Entscheidung über die Habilitation fortan ausschließlich den Fakultäten überlassen und bedurfte nicht mehr der Zustimmung durch die Kultusbehörden der Länder. Allerdings war der Dozentenbundführer sowohl bei der Zulassung zur Habilitation wie auch bei der Zulassung zur öffentlichen Probevorlesung routinemäßig eingeschaltet. Die Dozenten wurden nunmehr mit der Verleihung der Lehrbefugnis zu außerplanmäßigen Beamten auf Widerruf ernannt. Das verschaffte ihnen die Möglichkeit, nach Erreichen der Altersgrenze oder bei Dienstunfähigkeit in den Ruhestand versetzt zu werden und eine Pension zu erhalten.[295]

Die aufgrund älterer Regelungen ernannten Dozenten und nichtbeamteten außerordentlichen Professoren wurden verpflichtet, innerhalb einer mehrmonatigen Übergangsfrist einen Antrag auf Ernennung zum Dozenten neuer Ordnung oder zum außerplanmäßigen Professor zu stellen, andernfalls verloren sie die Lehrbefugnis.[296] Als Ergebnis der daraufhin einsetzenden Überprüfung eines Großteils der nichtbeamteten Hochschullehrer wurde einer Reihe von Personen die Ernennung zu Dozenten neuer Ordnung aus politischen oder anderen Gründen verweigert. Die Zahl der Betroffenen war jedoch insgesamt gering.[297]

Die Forschung hat beim Blick auf die Reichs-Habilitations-Ordnung von 1939 und das Hochschullehrerbesoldungsgesetz vor allem die Einrichtung von Diätendozenturen, also von bezahlten Dozentenstellen, als bedeutsame Innovation hervorgehoben.[298] Mit der Ernennung zum Dozenten neuer Ordnung beziehungsweise zum außerplanmäßigen Professor war aber keineswegs automatisch eine Diätendozentur verbunden. Vielmehr wurde die Zahl der Diätenstellen auf ein Viertel der planmäßigen Lehrstühle begrenzt.[299] Aufgrund dieser Regelung konnte die Universität Heidelberg, zu deren Lehrkörper 78 Dozenten zählten, 1939/40 mit 17 Diätendozenturen rechnen, die Universität Freiburg, der insgesamt 61 Dozenten angehörten, mit 19 Diätenstellen. In Köln erhielten 17 von 98 Dozenten eine Diätendozentur. Die Berliner Universität zählte Ende 1941 insgesamt 174 Dozenten; darunter befanden sich 50 Diätendozenten.[300] Kurz, nur eine deutliche Minderheit der Dozentinnen und Dozenten erhielt eine Diätendozentur. Vor diesem Hintergrund urteilte der SD 1939 in einem vertraulichen Bericht, die Zahl der vorhandenen Stellen decke nur ein Fünftel des Bedarfs: Eine «Besserung in der finanziellen Lage der Dozenten ist im Großen gesehen nicht eingetreten».[301]

Tatsächlich verschwand das Problem der Nachwuchsknappheit trotz aller Bemühungen nicht. Im Gegenteil, die Nachwuchskrise verschärfte sich erheblich, als ein großer Teil der jüngeren Wissenschaftler seit September 1939 in den Krieg geschickt wurde. Schon im Sommer 1940 stand fast ein Drittel des wissenschaftlichen Personals der deutschen Universitäten im Sold der Wehrmacht, allen voran die jüngeren Dozenten und Assistenten.[302] Der Sicherheitsdienst der SS wies jedoch ausdrücklich darauf hin, dass der Dozenten- und Assistentenmangel nicht in erster Linie auf den Krieg zurückzuführen sei, sondern

> in weit größerem Umfange auf die in den letzten Jahren zunehmend zu beobachtende *Abneigung des Nachwuchses, den Hochschullehrerberuf zu ergreifen.* Hierbei sei die Überlegung maßgebend, daß es sich in Anbetracht der ansehensmäßig und finanziell abgewerteten wissenschaftlichen Berufe nicht mehr lohne, sich dem Risiko, der Unsicherheit und der Mühe der Habilitation zu unterziehen.[303]

Daraufhin beschloss das REM, nun auch die wissenschaftlichen Anforderungen an Habilitanden zu reduzieren. Im November 1942 wies das Ministerium die Fakultäten auf die «Ausnahmemöglichkeit» hin, bei der Habilitation wissenschaftlich befähigter Kriegsteilnehmer auf die «Einreichung einer besonderen Habilitationsschrift» zu verzichten.[304] Zwei Jahre später beschwerte sich der NSDDB, das Habilitationsverfahren werde an manchen Fakultäten so «großzügig» gehandhabt, dass die Habilitation «ein besseres Staatsexamen» geworden sei.[305]

Während die nationalsozialistischen Hochschulpolitiker in den Jahren 1933 bis 1935 angesichts der Überfüllungskrise in den akademischen Berufen personalpolitisch aus dem Vollen schöpfen konnten, machte die um 1936 einsetzende Nachwuchsknappheit eine rigorose, politisch ausgerichtete Personalpolitik praktisch unmöglich. Dadurch erhöhte sich auch für Wissenschaftler, die dem Regime skeptisch oder gleichgültig gegenüberstanden, die Chance zu avancieren – vorausgesetzt, sie traten nicht offen als Gegner des Nationalsozialismus in Erscheinung.[306]

Exemplarisch lässt sich das anhand der Biographie des Mathematikers Max Deuring zeigen. Deuring, ein Schüler der «nichtarischen» Mathematikerin Emmy Noether, gehörte zu jenen jüngeren Wissenschaftlern, die nach 1933 nicht den Anschluss an den Nationalsozialismus suchten, aber dennoch eine Universitätskarriere anstrebten. Nach seiner Habilitation (1935 in Göttingen) stieß seine Ernennung zum Dozenten auf heftigen Widerstand des nationalsozialistischen Mathematikers Erhard Tornier, der Deuring gegenüber dem REM als «Schlappmichel» charakterisierte, der von den nationalsozialistischen Studenten politisch abgelehnt werde.[307] Da auch die Probevorlesung suboptimal verlief, lehnte das REM die Erteilung der Dozentur im Januar 1936 ab. Die wissenschaftliche Community ließ den fachlich sehr gut bewerteten Deuring jedoch nicht fallen. Der Mathematiker bekam eine befristete Stelle am Mathematischen Institut der Universität Leipzig, dessen Direktor, der niederländische Mathematiker Bartel van der Waerden, sich für ihn einsetzte. Dadurch erhielt Deuring zwei Jahre später erneut die Chance, sich um eine Dozentur zu bewerben, diesmal in Jena. Um seinen Antrag politisch abzusichern, schloss er sich im Juli 1937 der SA an. Trotz dieser Konzession fiel die Beurteilung, die der Mathematiker nach dem Besuch des Dozentenlehrgangs im Lager Tännich erhielt, wiederum negativ aus. Die Lagerleitung attestierte ihm nicht nur «schwache sportliche Leistungen», sondern auch eine «zurückhaltende, verschlossene, wenig gewinnende» Persönlichkeit. «Sein Verhalten zum Nat[ional]-Soz[ialismus] ist unklar. Er scheint im Wesentlichen nur fachlich interessiert zu sein. Sein Vortrag wirkt wenig überzeugend und temperamentlos.»[308] Aufgrund dieser Beurteilung lehnte der Jenaer Dozentenbundführer die Erteilung der Dozentur erneut ab, musste sich aber letztlich den Argumenten der Fachvertreter, des Dekans und des Rektors beugen, die darauf hinwiesen, «dass an der Universität Jena zur Zeit ein besonders dringendes Bedürfnis für die beantragte Dozentur besteht».[309] Im Juli 1938, mehr als drei Jahre nach seiner Habilitation, ernannte das REM Deuring schließlich zum Dozenten. Während der Kriegsjahre galt er als eines der größten Nachwuchstalente der deutschen Mathematik. Obwohl Deuring politisch weiterhin zurückhaltend blieb, hatte nun auch der NSDDB keine grundsätzlichen Einwände mehr gegen seine Berufung auf einen Lehrstuhl. In einem Gutachten des Gaudozentenbundführers von Thüringen hieß es 1940:

> Deuring hat sich in den letzten Jahren als Dozent etwas besser eingefühlt, ist bei Studenten sogar beliebt. Da er persönlich eine grundanständige Haltung zeigt, fachlich sehr gelobt wird, glaube ich nicht, daß man ihn auf Dauer von einem Lehrstuhl fernhalten kann, insbesondere dann nicht, wenn Nachwuchsmangel vorliegt. Eine kämpferische Haltung, insbesondere nach der politischen Seite hin, ist allerdings von ihm nicht zu erwarten.[310]

Schließlich wurde Deuring im Oktober 1943 als beamteter außerordentlicher Professor an die Reichsuniversität Posen berufen. Ein Ordinariat erhielt er nach dem Zweiten Weltkrieg.

Während des Krieges konnten dann sogar Nachwuchswissenschaftler, deren Vergangenheit dem Regime höchst suspekt war, auf eine Dozentur hoffen. So erhielt der Germanist Klaus Ziegler 1944 eine Dozentur an der Reichsuniversität Straßburg, obwohl er bis 1933 Mitglied der SPD und Vorsitzender der Sozialistischen Studentenschaft in Göttingen gewesen war. Allerdings hatte Ziegler nach der «Machtergreifung» seine Anpassungsbereitschaft unter Beweis gestellt, indem er zunächst der SA (1933) und später der NSDAP (1937) beigetreten war.[311]

Die Fälle Deuring und Ziegler verweisen auf eine Auflockerung nationalsozialistischer Personalpolitik, die unter den Bedingungen der Nachwuchsknappheit und des Krieges kaum zu vermeiden war. Von einer grundlegenden Wende lässt sich gleichwohl nicht sprechen. Noch 1943/44 wurde in Hamburg einem habilitierten Physiker die Dozentur verweigert, weil er «nicht den für eine Habilitation vorgesehenen politischen Einsatz» vorweisen konnte.[312]

Das Scheitern der Vordenker

1933 bekannten sich überwiegend jüngere Nichtordinarien zum Nationalsozialismus und verbanden damit die berechtigte Hoffnung auf eine Verbesserung ihrer Karrierechancen. Im Blickpunkt der Öffentlichkeit aber standen nicht sie, sondern renommierte Ordinarien wie Carl Schmitt oder Martin Heidegger, die 1933 mit ihrem Parteieintritt dazu beitrugen, dem Nationalsozialismus akademische Respektabilität zu verleihen.[313] Schmitt, Heidegger und andere erhoben im Frühjahr und im Sommer 1933 explizit oder implizit den Anspruch, künftig eine gewichtige Rolle als akademische Vordenker des neuen Regimes zu spielen. Sie alle mussten jedoch nach anfänglichen Erfolgen erleben, dass dieser Anspruch innerhalb der NSDAP keineswegs goutiert wurde, sondern auf vielfältige Ablehnung stieß. Diese Entwicklung und ihre Ursachen sollen im Folgenden anhand von fünf biographischen Skizzen analysiert werden. Neben Heidegger und Schmitt werden dabei auch die ähnlich gelagerten Fälle Erich Rothacker, Hans Freyer und Ernst Krieck einbezogen.

Martin Heidegger (1889–1976) war zur Zeit der nationalsozialistischen Machtübernahme als Ordinarius für Philosophie an der Universität Freiburg tätig.[314] Seit dem Erscheinen seines Buches *Sein und Zeit* (1927) galt der Schüler des «Nichtariers» Edmund Husserl als einer der bedeutendsten Philosophen Deutschlands, dessen Vorträge im gebildeten Bürgertum zu einer öffentlichen Attraktion geworden waren. Heidegger trat 1933 in die NSDAP ein, hatte aber schon vorher mit der Partei Hitlers sympathisiert. Als im April 1933 ein neuer Rektor für die Universität Freiburg gesucht wurde, fiel die Wahl daher nicht zufällig auf Heidegger. Seine Wahl symbolisierte die Bereitschaft der Universität zur Eingliederung in den neuen Staat, gleichzeitig aber auch die Hoffnung, der renommierte Philosoph werde besser als andere in der Lage sein, die Interessen der Universität gegenüber der Politik zu vertreten.[315]

Diese Erwartung erwies sich als Illusion. Tatsächlich profilierte Heidegger sich in seiner Rektoratszeit nicht als Vertreter professoraler

Interessen, sondern als Exponent des Regimes, der aktiv für eine nationalsozialistische Hochschulreform eintrat und selbst vor der Denunziation unangepasster Kollegen nicht zurückschreckte.[316] Noch im November 1933 – die Massenentlassungen hatten bereits eingesetzt und an den meisten Hochschulen war schon das Führerprinzip eingeführt worden – verkündete der Philosoph öffentlich, die «Revolution in der deutschen Hochschule» habe noch «nicht einmal begonnen».[317]

Nachdem Baden im August 1933 als erstes Land das Führerprinzip an den Universitäten eingeführt hatte,[318] sah Heidegger sich schon als Initiator einer Neuordnung des gesamten deutschen Hochschulsystems. Dem Freiburger Lehrkörper offenbarte er seine Absicht, «die durch die vorläufige Verfassungsregelung in Baden gegebenen Möglichkeiten zu einer echten und erprobten Wirklichkeit zu gestalten, um damit den einheitlichen Aufbau der künftigen gesamtdeutschen Hochschulverfassung vorzubereiten».[319] Vor den Studierenden betätigte sich der berühmte Philosoph im Herbst 1933 bereits als Propagandist des Hitlerkults: «Nicht Lehrsätze und ‹Ideen› seien die Regel Eures Seins. Der Führer selbst und allein *ist* die heutige und künftige deutsche Wirklichkeit und ihr Gesetz.»[320] Von antisemitischen Äußerungen blieben Heideggers Aufrufe und Publikationen dagegen frei. Zwar hatte der Philosoph sich bereits 1916 über die «Verjudung unsrer Kultur u. Universitäten» echauffiert, die er für «schreckerregend» hielt.[321] Öffentlich äußern mochte er solche Ansichten aber nicht. Heideggers Antisemitismus artikulierte sich daher hauptsächlich in Briefen oder Gutachten, vor allem aber in den «Schwarzen Heften», jenen «Denktagebüchern», die erst Jahrzehnte nach seinem Tod veröffentlicht worden sind.[322]

Im Herbst 1933 galt Heidegger in weiten Kreisen des gebildeten Bürgertums bereits als *der* Philosoph des Nationalsozialismus. Tatsächlich manövrierte er sich 1933/34 jedoch in einen Zustand wachsender Isolation. Seine vielzitierte Rektoratsrede über die «Selbstbehauptung der deutschen Universität»[323] soll der badische Kultusminister Otto Wacker als eine Art «Privat-Nationalsozialismus» beurteilt haben.[324] Von seinen Freiburger Kollegen wurde Heideggers autokratischer Führungsstil ebenso wie sein schriller Ruf nach einer

«Revolutionierung» der Universität zunehmend als Belastung empfunden. Sein Nachfolger im Rektorat, der Strafrechtler Eduard Kern, ein «braver Stahlhelmer» (so der Historiker Gerhard Ritter[325]), war nicht einmal bereit, Heidegger als Dekan der Philosophischen Fakultät zu akzeptieren. Der Philosoph habe «während seines Rektorats das Vertrauen der Freiburger Kollegen weitgehend eingebüßt», berichtete Kern dem REM. Eine vertrauensvolle Zusammenarbeit mit Heidegger sei «vollkommen ausgeschlossen».[326]

Noch gefährlicher war die Feindschaft einiger aktiver Nationalsozialisten, die mit großer Aggressivität gegen Heidegger intrigierten. Dabei exponierten sich vor allem die Philosophieprofessoren Ernst Krieck (Frankfurt) und Erich Jaensch (Marburg). Krieck, der 1933 noch zusammen mit Heidegger für die Liquidierung des Hochschulverbandes gekämpft hatte,[327] denunzierte seinen ehemaligen Bundesgenossen ein Jahr später öffentlich als Vertreter einer zersetzenden Philosophie: «Der weltanschauliche Grundton der Lehre Heideggers ist bestimmt durch die Begriffe der Sorge und der Angst, die beide auf das Nichts hinzielen. Der Sinn dieser Philosophie ist ausgesprochener Atheismus und metaphysischer Nihilismus, wie er sonst vornehmlich von jüdischen Literaten bei uns vertreten worden ist, also ein Ferment der Zersetzung und Auflösung für das deutsche Volk.»[328]

Erich Jaensch, der Heidegger aus dessen Marburger Jahren (1923–1928) kannte, argumentierte nicht weniger grobschlächtig als Krieck, zog es aber vor, seine Schüsse abseits der Öffentlichkeit abzugeben. In einer umfangreichen Denkschrift, die Jaensch diversen Staats- und Parteistellen zukommen ließ, wurde Heidegger als «einer der größten Wirrköpfe» bezeichnet, der auf die Studenten «erzieherisch einen verheerenden Einfluß» ausübe. Heidegger habe «in den entscheidenden Fragen der Weltanschauung das vergangene System gestützt» und auf Juden immer «die größte Anziehungskraft ausgeübt», weil seine Denkweise «der berüchtigten talmudischen Rabulistik» entspreche. In Marburg sei er «Führer einer jüdischen Clique» gewesen. Zum Nationalsozialismus sei Heidegger nur deshalb gestoßen, weil er «Revolutionär schlechthin und um jeden Preis» sei.[329]

In der Dienststelle Alfred Rosenbergs dominierte ebenfalls eine kritische Einstellung gegenüber Heidegger. Dessen Philosophie sei «scholastisch gebunden», befand Rosenbergs Amt Kunstpflege. Den dort beschäftigten Philosophiesachverständigen erschien es daher sehr «eigenartig», dass Heidegger «stellenweise auch auf Nationalsozialisten einen nicht unbeträchtlichen Einfluß ausüben kann».[330]

Die Wirkung dieser geballten Kritik lässt sich im Einzelnen nicht rekonstruieren. Doch trug die Kampagne zweifellos dazu bei, Heideggers Hoffnungen auf eine hochschulpolitische Führungsposition zu zerschlagen. Nachdem der Philosoph im April 1934 als Rektor der Freiburger Universität zurückgetreten war, wurde es still um ihn. Fortan spielte er weder politisch noch hochschulpolitisch eine nennenswerte Rolle.

Für Heidegger war dieser Absturz mit großen Enttäuschungen verbunden. Seine spätere Behauptung, er habe seit dem «Röhm-Putsch» von 1934 in Opposition zum Nationalsozialismus gestanden, erschien daher durchaus plausibel. Dagegen spricht freilich die Tatsache, dass er noch 1936 bei einem Vortrag in Rom das Parteiabzeichen trug und dem darüber erstaunten Karl Löwith (seinem früheren, inzwischen emigrierten Assistenten) erklärte, er sei nach wie vor überzeugt, dass der Nationalsozialismus «der für Deutschland vorgezeichnete Weg» sei.[331] Die Frage, ob und wann Heidegger tatsächlich mit dem Nationalsozialismus gebrochen hat, muss daher offenbleiben. Der SD zählte ihn 1944 zwar nicht zu den «nationalsozialistischen Philosophen», aber doch zu den «politisch positiven Professoren».[332]

Carl Schmitt (1888–1985)[333] war Anfang 1933 Ordinarius an der Berliner Handelshochschule, wechselte aber bereits im Mai 1933 an die Universität Köln. Im Herbst 1933 erhielt er schließlich einen Lehrstuhl an der Berliner Universität – für ihn die «höchste Auszeichnung, die mir in meinem Beruf zu teil werden kann», obwohl die Berufung unter Umgehung der Juristischen Fakultät stattfand.[334]

In der Endphase der Weimarer Republik war der Bewunderer Mussolinis als juristischer Berater der Präsidialkabinette von Brüning bis Schleicher tätig gewesen. Sympathien für die NSDAP sind bei ihm vor der «Machtergreifung» nicht auszumachen. Noch in seinem Buch

Legalität und Legitimität, das im Sommer 1932 erschien, hatte er die Nationalsozialisten in einem Atemzug mit Kommunisten und «Gottlosen» genannt.[335]

Dennoch wollte Schmitt 1933 mit von der Partie sein. Zur Begründung erklärte er später, es sei ihm darum gegangen, dem Wort «Nationalsozialismus» einen «Sinn zu geben».[336] Schmitt wurde Mitglied der NSDAP, beteiligte sich an der Ausarbeitung des Reichsstatthaltergesetzes und übernahm, gefördert durch den Parteijuristen Hans Frank, eine Reihe von einflussreichen Positionen in Staat und Partei. Als Preußischer Staatsrat, Mitglied des Führerrates der Akademie für Deutsches Recht, Leiter der Reichsfachgruppe Hochschullehrer im Bund Nationalsozialistischer Deutscher Juristen und Referent für die Juristischen Fakultäten in der Hochschulkommission der NSDAP avancierte er 1933/34 zum einflussreichsten Rechtswissenschaftler des NS-Staates.

Daneben gelang es Schmitt in dieser Periode, erheblichen Einfluss auf das juristische Publikationswesen zu erhalten. Bei der *Hanseatischen Verlagsanstalt,* die damals bemüht war, sich als nationalsozialistischer Wissenschaftsverlag zu profilieren, gab er seit 1933 unter dem Titel *Der deutsche Staat der Gegenwart* eine eigene Schriftenreihe heraus, die zeitweise ungewöhnlich hohe Auflagen erzielte.[337] Im Mai 1934 übernahm er zudem die Herausgabe der einflussreichen *Deutschen Juristen-Zeitung.* Die politischen Texte, die in dieser Zeit – ein Jahr nach seinem Parteieintritt – entstanden, schrieb er bereits in der Pose des «alten Kämpfers».[338] Besonderes Aufsehen erregte die öffentliche Apologie der Morde vom 30. Juni 1934 («Röhm-Putsch») in einem Leitartikel, der ausdrücklich Hitlers Anspruch unterstützte, «oberster Gerichtsherr» des deutschen Volkes zu sein («Der Führer schützt das Recht»).[339] Ein Jahr später rechtfertigte er auch die Nürnberger Rassengesetze.

Wie Heidegger gehörte auch Carl Schmitt zu jener Gruppe von Akademikern, die vor 1933 eine judenfeindliche Grundeinstellung mit einer größeren Zahl von jüdischen und «nichtarischen» Freunden, Förderern und Schülern zu vereinbaren wussten.[340] Diese Kontakte wurden 1933 abgebrochen. Schmitt rechtfertigte nicht nur die Entlassung zahlreicher jüdischer Kollegen, sondern exponierte sich 1936 auch als Organisator einer Tagung über «Das Judentum in der Rechts- und Wirtschaftswissenschaft», bei der es sich wohl um die massivste Kundgebung eines militanten Antisemitismus in der deutschen Wissenschaftsgeschichte handelte.[341] Die Tagung, auf der überwiegend junge Dozenten oder gerade berufene Professoren referierten,[342] sollte, wie Schmitt erklärte, den Nachweis erbringen, «dass der Jude für die deutsche Art des Geistes unproduktiv und steril ist. Er hat uns nichts zu sagen, mag er noch so scharfsinnig kombinieren oder sich noch so eifrig assimilieren.» In seinem Schlusswort forderte Schmitt dazu auf, die Spuren jüdischer Juristen im deutschen Rechtsdenken radikal zu eliminieren: «Nach einer solchen Tagung ist es gar nicht mehr möglich, einen jüdischen Autor wie einen anderen Autor zu zitieren. Geradezu unverantwortlich wäre es, einen jüdischen Autor als Kronzeugen oder gar als eine Art Autorität auf einem Gebiet anzuführen. Ein jüdischer Autor hat für uns keine Autorität, auch keine ‹rein wissenschaftliche› Autorität».[343]

Nur wenige Teilnehmer dieser Veranstaltung wussten, dass Schmitts Position in Staat und Partei zu diesem Zeitpunkt bereits angeschlagen war. Seine Bemühungen, sich als antisemitischer Scharfmacher zu profilieren, dienten daher wohl auch dem Ziel, die Kritiker in den eigenen Reihen zum Schweigen zu bringen. Diese Kritiker hatten sich seit dem Herbst 1933 zu Wort gemeldet. Am heftigsten intrigierten jene Kollegen, die Schmitt den Ruf neideten, der «Kronjurist» des Dritten Reiches zu sein, weil sie selbst ähnliche Ambitionen hatten. Allen voran agierte dabei der Staatsrechtler Otto Koellreutter, der sich als «den ersten nationalsozialistischen Staatsrechtslehrer» sah, obwohl auch er erst 1933 in die NSDAP eingetreten war. Aber der Jenaer Jurist hatte schon im Juli 1932 zur Wahl Hitlers aufgerufen und fühlte sich daher berechtigt, Schmitt als «Fouché der nationalen Revolution» und als politischen «Wandervogel» zu denunzieren, dem es nur um die «eigene Machtstellung» gehe. Koellreutter scheute nicht einmal davor zurück, Schmitts serbische Ehefrau als Beweis für seinen Mangel an völkischem Bewusstsein anzuführen.[344]

Einige einflussreiche Parteifunktionäre beobachteten Schmitt gleichfalls mit Argusaugen. Bereits im Januar 1934 unterzog Alfred Rosenberg den von Schmitt geprägten und von Ernst Forsthoff popularisierten Begriff des «totalen Staates» einer grundlegenden Kritik, weil er das NS-Regime zu sehr vom Staat und zu wenig von der Partei her definiere.[345] Rosenberg protestierte auch sofort, als Schmitt im Juli 1934 als Referent in der Hochschulkommission der NSDAP vorgeschlagen wurde, «da Prof. Schmitt früher sehr deutlich für die Weimarer Verfassung eingetreten» sei.[346]

Wirklich gefährlich wurde es erst, als auch die SS anfing, Material über Schmitt und dessen politische Vergangenheit zu sammeln.[347] Dahinter standen zwei jüngere Kollegen Schmitts, die damals eine führende Rolle in der Rechtswissenschaft anstrebten: der Direktor des Instituts für Staatsforschung an der Berliner Universität, SS-Obersturmbannführer Reinhard Höhn,[348] der im SD das Amt für Kulturpolitik leitete, und SS-Hauptsturmführer Karl August Eckhardt, der im REM für die Juristischen Fakultäten zuständig war und nebenbei auch noch einen Lehrstuhl an der Berliner Universität hatte.[349] Im Dezember 1936 war genügend Material zusammengekommen, um loszuschlagen. Zwei Artikel der SS-Zeitung *Das Schwarze Korps* hielten Schmitt ein umfangreiches Sündenregister vor: eine Kritik der Rassenlehre aus dem Jahre 1916, affirmative Äußerungen über die Weimarer Verfassung (1930), jüdische Freunde und Förderer, die langjährige Zugehörigkeit zum katholischen Milieu, der päpstliche Unbedenklichkeitsvermerk für eine Broschüre Schmitts aus dem Jahre 1925, die Zusammenarbeit mit Brüning und Schleicher, schließlich die späte Wendung zum Nationalsozialismus, die, wie das SS-Blatt nahelegte, nicht das Ergebnis innerer Überzeugung sein konnte. Stattdessen wurde unverhohlen der Verdacht artikuliert, Schmitt sei ein Repräsentant «katholischer Geistlichkeit» geblieben.[350]

Ob die SD-Wissenschaftspolitiker wirklich davon überzeugt waren, mit Schmitt einen verkappten Gegner des Nationalsozialismus entlarvt zu haben, oder ob es ihnen lediglich darum ging, einen Rivalen aus dem Weg zu räumen, der ihren eigenen politischen Aspirationen im Wege stand, lässt sich nicht mit Sicherheit entscheiden. Der Erfolg ihrer öffentlichen Vorwürfe war jedenfalls durchschlagend. Schmitt verlor innerhalb kürzester Zeit seinen politischen Einfluss und musste am Ende froh sein, zumindest den Lehrstuhl an der Berliner Universität behalten zu können. Sein politischer und wissenschaftspolitischer Einfluss aber war unwiderruflich dahin, auch wenn es ihm während des Krieges zeitweise gelang, sich mit neuen Begriffsprägungen («Großraumordnung») wieder ins Gespräch zu bringen.[351]

Erich Rothacker (1888–1965), seit 1929 ordentlicher Professor für Philosophie, Soziologie und Psychologie an der Universität Bonn, gehörte zu den wissenschaftlich produktivsten Geisteswissenschaftlern seiner Generation.[352] Wie Heidegger und Schmitt trat auch er erst 1933 in die NSDAP ein. Rothacker war aber bereits 1932 Mitglied des NSLB geworden und hatte sich im Sommer 1932 öffentlich zum Nationalsozialismus bekannt – nicht als «irgend ein unzufriedener Privatdozent», wie er später betonte, sondern als «Ordinarius und Inhaber eines hohen akademischen Ehrenamtes».[353] Es war in der Tat nicht die Hoffnung auf ein Ordinariat, die Rothacker wie so viele andere Wissenschaftler in die NSDAP führte; sein Ehrgeiz reichte erheblich weiter. Die mehrfach kolportierte Behauptung, Rothacker habe sich 1933 um das Amt des preußischen Kultusministers bemüht,[354] mag eine Übertreibung sein. Doch strebte er 1933/34 unverkennbar eine führende Position im Bereich der Kulturpolitik an. In zahlreichen Briefen und Denkschriften unterbreitete der Philosophieprofessor dem Reichsministerium des Innern und dem Reichspropagandaministerium ebenso wie der Führung des Hochschulverbandes Vorschläge zur Gründung von «Reichsuniversitäten», «Reichsführerschulen» und kulturwissenschaftlichen Forschungsinstituten. Eines seiner Lieblingsprojekte war der «Reichsvolksdienst», ein großes Programm «nationaler Erziehung», das dem deutschen Volk die Augen öffnen sollte für «deutsche Führerideale» und «historische Helden», für «deutsche Volkstypen» und «deutsche Landschaften», aber auch für «deutsche Schönheit», «deutschen Ernst» und «deutsches Lachen».[355]

In Rothackers Publikationen fehlte es nicht an eindeutigen Bekenntnissen zum Nationalsozialismus. Die Schlussbetrachtung seiner 1934 veröffentlichten *Geschichtsphilosophie* sprach sich für «die energischste Unterstützung aller eugenischen Maßnahmen» aus. Gleichzeitig rühmte er die «Instinktsicherheit des großen Staatsmanns Adolf Hitler», die «hohen Ideale Walter Darrés» und – schon weniger enthusiastisch – die «verdienstlichen» Theorien Alfred Rosenbergs.[356] In einer weiteren Veröffentlichung aus dieser Zeit bekannte sich Rothacker offen zum Antisemitismus,[357] wenngleich die Judenfeindschaft in seinen Briefen, Denkschriften und Publikationen nie eine zentrale Rolle spielte.

Derartige Äußerungen dürfen nicht als Zeichen opportunistischer Anpassung missverstanden werden. Bereits in den 1920er Jahren hatte Rothacker als Extraordinarius in Heidelberg nach eigener Aussage unter der «Verjudung» der Universität «seelisch geradezu gelitten».[358] Der Bonner Philosoph wollte sich mit seinen Publikationen aus den Monaten und Jahren nach der «Machtergreifung» nicht bei den neuen Machthabern anbiedern, sondern verfolgte das Ziel, den neuen Staat als unabhängiger Denker geistig und politisch mitzugestalten. Er ließ daher auch in seiner *Geschichtsphilosophie* keine Zweifel, dass manche Elemente der NS-Ideologie ihm unausgegoren oder unsinnig erschienen. So fielen Rothackers Ausführungen zur Rassentheorie eher zurückhaltend und vorsichtig aus. Hans F. K. Günther und Ludwig Ferdinand Clauss, zwei führenden Rassentheoretikern, warf er unverblümt vor, sie seien der «Gefahr der Tautologie» erlegen.[359] Auch dem Germanenkult, wie er von Rosenberg und Himmler gepflegt wurde, erteilte Rothacker eine recht deutliche Absage: «Unsere heute reichlich verklärten germanischen Vorfahren wurden durch den relativ größeren Prozentsatz nordischen Blutes, durch das sie sich vor dem heutigen deutschen Durchschnitt auszeichnen, nur wenig vor den Gefahren der Trunksucht, des Spiels, und vor allem ständiger innerer Uneinigkeit bewahrt.»[360]

Rothackers Versuche, im politischen Raum Fuß zu fassen, blieben ohne Erfolg. Zwar übernahm er im April 1933 die Leitung der Abteilung für Volkserziehung im neu gegründeten Reichspropagandaministerium, musste diese Position aber schon nach elf Tagen wieder räumen.[361] Gleichzeitig vergilbten Rothackers Vorschläge zur Reform der Hochschulen und der Kulturpolitik in den Aktenschränken der Ministerialbürokratie, ohne größere Resonanz gefunden zu haben.

Zu der Enttäuschung über das Scheitern seiner persönlichen Ambitionen gesellte sich die Ernüchterung über eine Hochschulpolitik, deren destruktive Auswirkungen Rothacker nicht verborgen geblieben waren. Als Dekan der Philosophischen Fakultät Bonn in den Jahren 1933 bis 1935 machte der Philosoph die Erfahrung, dass das preußische Kultusministerium eine Personalpolitik nach eigenem Gutdünken betrieb und dabei wenig Rücksicht auf die Wünsche der Fakultät an den Tag legte.[362] In einer Denkschrift, die Rothacker 1934 dem Reichsministerium des Innern übermittelte, kritisierte er ohne Umschweife die «verheerenden Folgen» nationalsozialistischer Hochschulpolitik und beklagte eine Personalpolitik, die dazu neigte, den «Charakter», gemeint ist die politische Gesinnung, wichtiger zu nehmen als die wissenschaftliche Qualifikation: «Wer wird sich denn je freiwillig den Blinddarm operieren lassen von einem Arzt, der als ehemaliger Studentenführer chirurgisches Können durch ‹Charakterwerte› ersetzt?»[363]

Verantwortlich für das «sinkende Schiff unserer wissenschaftlichen Kultur» war nach Rothackers Ansicht zum einen die «mangelnde Ressortkenntnis fast sämtlicher neu eingestellter Beamten und Minister». Vor allem die wissenschaftspolitische Ignoranz des preußischen Kultusministers Bernhard Rust stand für Rothacker außer Frage.[364] Seit «Menschengedenken» seien die deutschen Hochschulen «nie so schlecht verwaltet worden». Als schwerwiegendes Problem benannte der Bonner Ordinarius zum anderen die «unausgesetzten Entehrungen und ehrwidrigen Beschimpfungen» durch die Parteipresse und die nationalsozialistischen Studierenden. Dadurch hätten die Hochschullehrer das Gefühl bekommen, «die Parias des dritten Reiches» zu sein: «Die Aufgabe der ... nationalsozialistischen Hochschullehrer, unter ihren Kollegen zu werben, ist angesichts des allgemein herrschenden Bildungshasses eine wahre Sysiphusarbeit [sic!].»[365] Auch diese Denkschrift blieb ohne greifbare Ergebnisse. Stattdessen trat sechs Wochen später das ein, was Rothacker befürchtet hatte: die Übernahme des neu geschaffenen Reichserziehungsministeriums durch Rust.

In den folgenden Jahren ging Rothacker zunehmend auf Distanz zum Nationalsozialismus. 1938 erklärte er gegenüber seinem Bonner

Kollegen Paul Kahle, der wenig später nach Großbritannien flüchten musste, man könne nur noch versuchen zu retten, was zu retten sei.[366] Die von Rothacker zusammen mit Paul Kluckhohn herausgegebene *Deutsche Vierteljahrsschrift für Geistesgeschichte und Literaturwissenschaft* wurde 1938 von der parteioffiziellen Reichsstelle zur Förderung des deutschen Schrifttums scharf gerügt, weil sie «sich bewusst und hermetisch gegen jeden Hauch der Gegenwart abschließt und niemals, auch nicht mit einem Wort, daran erinnert, dass sich in Deutschland seit 1933 manches geändert hat».[367]

Die politische Beurteilung Rothackers durch die Partei fiel zunehmend negativ aus. Ein Gutachten des Bonner Dozentenbundführers von 1939 kritisierte Rothackers «überlegen spöttische Ablehnung» nationalsozialistischer Grundsätze, seine «ätzende Kritik» an der Partei und seine Versuche, den NSDDB «lächerlich zu machen».[368] Fünf Jahre später, im Juni 1944, erregte ein Vortrag Rothackers beim Deutschen Volksbildungswerk in Parteikreisen «starken Anstoß», weil er in Anspielungen auf «Bildungsmängel» bei den nationalsozialistischen Parteiführern hingewiesen hatte. Auch ein erneuter Angriff auf die Germanenschwärmerei in der Partei fehlte nicht: Arminius, so argumentierte Rothacker, wäre «trotz der jetzt so viel gerühmten Kulturhöhe der Germanen» längst vergessen, wenn er nicht durch seine Gegner, die Römer, der Geschichte erhalten worden wäre.[369]

Eine nach Kriegsende gegründete «Nachrichtenkommission», die 1945 an der Entnazifizierung der Universität Bonn mitwirkte, hielt Erich Rothacker für den «schwierigsten Fall der gesamten Fakultät». Über die Motive des Philosophen während der NS-Zeit urteilte das Gutachten: «Ohne Zweifel hat er aus einem starken Geltungsbedürfnis heraus sich in die Politik eingemengt. Er hat mit der Partei wohl aus zwei Gründen gebrochen: einmal, weil er darüber enttäuscht war, daß sie ihn nicht förderte, und sodann, weil er aus echtem wissenschaftlichem Ethos den Verfall der Wissenschaft beklagte, der unter dem Nazismus eingetreten ist.»[370]

Hans Freyer (1887–1969)[371] lehrte zur Zeit der «Machtergreifung» an der Universität Leipzig, wo er 1924 einen der ersten Lehrstühle für

Soziologie in Deutschland erhalten hatte. Freyer, der in früheren Jahren stark durch die Jugendbewegung geprägt worden war, gehörte in der Weimarer Republik keiner politischen Partei an, galt jedoch seit Anfang der 1930er Jahre als Sympathisant des Nationalsozialismus. Diesen Ruf verdankte er seiner viel beachteten Broschüre *Revolution von rechts* (1931), die dazu beitrug, den Nationalsozialismus auch in akademischen Kreisen salonfähig zu machen.

Das Büchlein beschäftigte sich hauptsächlich mit den neuen politischen Perspektiven, die sich nach dem Erfolg der NSDAP bei den Reichstagswahlen im September 1930 zu eröffnen schienen. Die Revolution von rechts, die Freyer kommen sah, sollte traditionelle Klassengegensätze durch eine neue «Einheit des Volkes» ersetzen. Gleichzeitig würde der Staat «aus der Hand der gesellschaftlichen Interessen befreit» werden, um fortan als organisierter Gemeinwille agieren zu können. Die totalitären Dimensionen dieses Zukunftsstaates benannte Freyer ohne Umschweife: «Das Willensgebilde des Staates spannt sich über den ganzen Raum und senkt sich in alle Menschen.» Obwohl Freyer dieser Revolution von rechts offensichtlich mit großer Erwartung entgegensah, war er kein bedingungsloser Gefolgsmann Hitlers. Vielmehr charakterisierte er die neue revolutionäre «Front» von rechts ein wenig abschätzig als Bewegung «ohne Bewußtsein, ohne Symbol, ohne Führung».[372] Womöglich waren es gerade diese Defizite, die den Nationalsozialismus für Freyer attraktiv machten, weil sich hier ein Aufgabenbereich für sympathisierende Intellektuelle zu eröffnen schien.

Es überraschte daher nicht, dass Freyer die «Machtergreifung» freudig begrüßte. Obwohl er nicht der NSDAP beitrat, ließ der Leipziger Soziologe zunächst wenig Zweifel an seiner grundsätzlichen Zustimmung zum neu etablierten Regime: «Ein neues Reich ist im Begriff sich aufzubauen. Nach dem Führergedanken konstruiert, steht sein staatsbildendes Prinzip als Gerüst bereits fertig da ... Dieses Reich wird sich vollenden, und keine Macht der Erde, weder das überwaffnete Frankreich, noch das künstlich geschaffene Machtstaatensystem in unserer Ostflanke, noch die internationale Sabotage wird seine Vollendung hindern.»[373]

Verglichen mit der hemmungslosen Selbstgleichschaltung eines Carl Schmitt erscheinen Freyers Äußerungen aus diesen Jahren allerdings eher moderat. Bemerkenswerterweise blieben auch seine nach der «Machtergreifung» publizierten Schriften frei von Antisemitismus.[374] Gleichwohl war der Soziologe bemüht, sich politisch einzumischen und das nationalsozialistische Deutschland – vor allem im Bereich der Wissenschaftspolitik – mitzugestalten. Davon zeugt insbesondere seine 1933 veröffentlichte Broschüre *Das politische Semester,* in der er detaillierte Vorschläge für eine Politisierung der Universitäten unterbreitete. Freyers Konzept sah vor, dem eigentlichen Fachstudium im ersten Semester eine Reihe von politischen Grundvorlesungen vorzuschalten, die für alle Studierenden obligatorisch sein sollten. Dieses «politische Semester» sollte den «Sinn für die Normen politischer Größe» wecken, den Blick für «die Dynamik des politischen Geschehens» schulen und ein «vertieftes Verständnis der politischen Lage Deutschlands» ermöglichen.[375] Die Broschüre stieß jedoch auf wenig Resonanz. Zwar wurde 1933 an Freyers eigener Universität, in Leipzig, ein Seminar für politische Erziehung eingerichtet. Aber die Veranstaltungen dieses Seminars waren, im Gegensatz zu Freyers Intentionen, nicht obligatorisch und blieben daher im Universitätsleben ohne größere Bedeutung.[376]

Zu den wichtigsten wissenschaftspolitischen Zielen Freyers gehörte seit den 1920er Jahren die Förderung der «Volksforschung»,[377] ein Arbeitsfeld, für das sich seit 1933 neue vielversprechende Perspektiven zu eröffnen schienen. 1934 gründete Freyer zusammen mit zwei anderen Soziologen den *Volksspiegel,* eine *Zeitschrift für deutsche Soziologie und Volkswissenschaft.* In der Partei wurde dieses Projekt freilich ohne Wohlwollen beobachtet. Die Alfred Rosenberg unterstellte Reichsstelle zur Förderung des deutschen Schrifttums rügte 1935, im *Volksspiegel* werde die Bedeutung der Rasse falsch eingeschätzt. Die Zeitschrift sei «vom weltanschaulichen Gesichtspunkte aus abzulehnen».[378] Ähnliche Vorwürfe finden sich in einem SD-Bericht, der Freyer (und auch Erich Rothacker) beschuldigte, die nationalsozialistische Rassenlehre zu verfälschen.[379]

Vom Amt Wissenschaft der Dienststelle Rosenberg wurden Freyers

Aktivitäten ebenfalls aufmerksam beobachtet. In den Akten des Amtes findet sich ein umfangreiches Dossier über Freyer, das 1935 von einem Leipziger NS-Historiker geschrieben wurde. Der im denunziatorischen Tonfall verfasste Bericht warf Freyer vor, er habe in früheren Zeiten freundschaftlichen Umgang mit Juden und Marxisten gepflegt; sein Seminar sei «ein Sammelpunkt aller unsicheren Kantonisten». Freyer selbst wurde als «Gesinnungsseiltänzer» beschrieben; bei ihm handele es sich um einen «gefährlichen Feind des 3. Reiches».[380]

Solche und ähnliche Erfahrungen setzten bei Freyer einen Prozess der Ernüchterung in Gang, dessen genaue Konturen sich allerdings nur schwer bestimmen lassen. Die politisch motivierte Vertreibung einiger befreundeter Kollegen, darunter auch Wissenschaftler wie Felix Krueger, die den Nationalsozialismus zunächst mit Begeisterung begrüßt hatten, hat diesen Prozess vermutlich weiter vorangetrieben.[381] Freyers nach 1936/37 veröffentlichte Schriften wandten sich zunehmend von tagespolitischen Fragestellungen ab. Seinen Büchern über die Geschichte der Utopien (*Die politische Insel,* 1936), über *Machiavelli* (1938) und über *Preußentum und Aufklärung* (1944) ist die Entstehungszeit kaum oder gar nicht anzumerken. Manche seiner Äußerungen aus diesen Jahren können als Kritik an der nationalsozialistischen Politik gelesen werden, wie Jerry Z. Muller herausgearbeitet hat.[382]

Freyer zeigte sich gleichwohl bereit, im Ausland als Repräsentant des Deutschen Reiches aufzutreten. Von 1941 bis 1944 war er als Präsident des Deutschen Wissenschaftlichen Instituts in Budapest tätig.[383] Zu seinen Aufgaben gehörten auch regelmäßige Berichte über die politische Einstellung und die «rassische Herkunft» ungarischer Wissenschaftler.[384] Bei aller Distanz zum NS-Regime wollte Freyer auf eine herausgehobene Position nicht verzichten.

Im Gegensatz zu Heidegger, Schmitt, Rothacker und Freyer erhielt *Ernst Krieck* (1882–1947)[385] erst nach der «Machtergreifung» einen Lehrstuhl (für Philosophie und Pädagogik) – zunächst an der Universität Frankfurt, später in Heidelberg. Zuvor hatte er fast ein Vierteljahrhundert als Volksschullehrer gearbeitet und war später, als Professor an der Pädagogischen Akademie Frankfurt, in die Ausbildung von

Volksschullehrern gewechselt. Wissenschaftlich etablierte Hochschullehrer haben Krieck daher stets ein wenig herablassend behandelt. Für Heidegger war er ein «von Ressentiment geladener emporgekommener Volksschullehrer»,[386] während Rothacker ihn als einen «mit Minderwertigkeitskomplexen belasteten Ignoranten» charakterisierte.[387]

Krieck kam 1933 also als Außenseiter an die Universität, aber als Außenseiter, dessen pädagogische Arbeiten in der wissenschaftlichen Welt durchaus Anerkennung gefunden hatten. Davon zeugte seine Ehrenpromotion an der Universität Heidelberg (1923) ebenso wie der vergebliche Versuch der TH Dresden, ihn 1924 für eine Professur zu gewinnen. Victor Klemperer, der Krieck bei dieser Gelegenheit kennengelernt hatte, notierte in seinem Tagebuch über diese Begegnung: «Bedeutendster Eindruck». Dem Dresdner Romanisten imponierte vor allem die «stupende autodidaktische Gelehrsamkeit» des Pädagogen, obwohl er Krieck auch als «verträumt» und «verschüchtert» empfand.[388]

Kriecks Hinwendung zum Nationalsozialismus begann 1931 mit dem Eintritt in Alfred Rosenbergs Kampfbund für deutsche Kultur. Als Krieck wenige Monate später eine Rede mit dem Satz «Heil dem Dritten Reich» beendete, ordnete das preußische Kultusministerium seine Strafversetzung nach Dortmund an. Anfang 1932 wurde er Mitglied der NSDAP. Wenig später galt er bereits als führender nationalsozialistischer Pädagoge. Nach der «Machtergreifung» übernahm Krieck mehrfach hochschulpolitische Führungsaufgaben: zunächst als Rektor der Universität Frankfurt (1933/34), dann als Gaudozentenbundführer von Baden (1935–1937) und schließlich als Rektor der Universität Heidelberg (1937/38). Von kritischen Zeitgenossen wurde er nun nicht mehr als «verschüchtert», sondern als «gänzlich humorlos» und «düster-doktrinär» wahrgenommen.[389]

Krieck hielt sich nicht nur für den Schöpfer der nationalsozialistischen Erziehungswissenschaft, sondern auch für den bedeutendsten nationalsozialistischen Philosophen.[390] Innerhalb der NSDAP stieß er damit allerdings auf Widerspruch. Insbesondere Alfred Rosenberg kritisierte ihn mehrfach, weil «er dogmatisch als *der* nationalsozialistische Philosoph gelten will».[391]

Das größte Aufsehen erregte aber Kriecks Konflikt mit Wilhelm Hartnacke. Hartnacke, der von 1933 bis 1935 das Sächsische Volksbildungsministerium geleitet hatte, veröffentlichte 1937 einen Verriss des ersten Bandes von Kriecks *Völkisch-politischer Anthropologie*. Krieck sah in diesem Buch einen grundlegenden Beitrag zur Eröffnung eines neuen Zeitalters der Philosophie, wie er 1939 ohne falsche Bescheidenheit mitteilte.[392] Hartnacke urteilte demgegenüber: «Was Krieck biologische Weltanschauung nennt, ist keine biologische Weltanschauung, sondern ... eine rationalistische These, die Krieck irrtümlich für Biologie hält.» Kriecks Buch, dem die «exaktwissenschaftliche Grundlage» fehle, enthalte einen «Nebel von Verschwommenheit, Unfestigkeit und Unerkennbarkeit», der sich hinter dem Begriff «Ganzheit» verstecke.[393] Krieck attackierte Hartnacke daraufhin als «Erzreaktionär», der die «Wahrheit» aus politischen Gründen verfälsche. Hartnackes Kritik sei ein «Angriff auf die nationalsozialistische Weltanschauung». Hartnacke reagierte mit einer Beleidigungsklage, ohne damit seinen vor Wut schäumenden Widersacher bremsen zu können. Bestärkt wurde Krieck in dieser Einstellung durch die Rückendeckung, die er von Teilen der Partei erhielt. Vor allem aus den Reihen des NSLB und des NSDStB kam Unterstützung. Auch der Geschäftsführer der Hochschulkommission der NSDAP, Franz Wirz, und der Präsident des Reichsinstituts für Geschichte des Neuen Deutschlands, Walter Frank, solidarisierten sich mit dem NS-Philosophen.[394] Demgegenüber lobte Walter Groß, der Leiter des Rassenpolitischen Amtes der NSDAP, Hartnackes Verdienste als «Vertreter einer konsequent erbbiologischen Denkweise» und machte klar, dass er Kriecks Polemik gegen Hartnacke für verfehlt hielt.[395] Alfred Rosenberg kritisierte Kriecks Anspruch, «die Darstellung nationalsozialistischer Grundhaltung auszusprechen». Krieck dürfe in seinen Büchern nicht «die Autorität des Nationalsozialismus» in Anspruch nehmen, sondern müsse die «persönliche Verantwortung» für sein Werk übernehmen.[396] Die Parteiamtliche Prüfungskommission der NSDAP (PPK) verweigerte Kriecks Buch sogar den «Unbedenklichkeitsvermerk», eine Entscheidung, die Krieck besonders hart traf, weil er sich dadurch «weltanschaulich als verdächtig erklärt» fühlte.[397]

Letztlich wurde die Veröffentlichung der *Völkisch-politischen Anthropologie* für Krieck zum Fiasko. Statt sich als nationalsozialistischer Meisterphilosoph zu profilieren, hatte die Reaktion auf das Buch nur gezeigt, wie unsicher und zerstritten die NSDAP war, wenn es darum ging, ihre ideologischen Grundlagen zu präzisieren. Dieser Zustand entsprach nicht dem Selbstverständnis einer Partei, die sich nach außen stets als monolithischer Block präsentieren wollte, der auf alle Fragen eine Antwort hatte.[398] Ende 1937 intervenierte deshalb Reinhard Heydrich und verlangte die Einstellung des Konfliktes im Interesse der Staatssicherheit und der Geschlossenheit der NSDAP. Der Presse wurde untersagt, über die Auseinandersetzung zu berichten.[399]

Nachdem Krieck sich 1937 mit dem REM überworfen hatte und 1938 aus der SS ausgetreten war, geriet er in zunehmende Isolation. Während des Krieges wurde seine Publikationstätigkeit mehrfach durch Eingriffe der Zensur gestört. 1942 erhoben das Auswärtige Amt und das Propagandaministerium mehr als 140 Einwände gegen Kriecks Buchmanuskript *Das Reich als Träger Europas*, die eine Publikation praktisch unmöglich machten. In einem Beschwerdebrief an das REM erklärte Krieck resignierend: «Nachdem ich nun ... nicht mehr weiß, was Wissenschaft kann, darf und soll, auch ... die allgemeine Sprachregelung nicht verstehe, kann ich mit der wissenschaftlichen Arbeit Schluß machen.»[400] Trotz seiner offenkundigen Verbitterung ist eine Abkehr Ernst Kriecks vom NS-Regime nicht erkennbar. Stattdessen neigte er mehr und mehr dazu, sich selbst für den einzigen Vertreter des authentischen Nationalsozialismus zu halten: «Es soll mir nur niemand vorwerfen, ich sei von der Linie des Nationalsozialismus abgefallen, weil ich den allgemeinen Abfall von dieser Linie nicht mitmache.»[401]

Ein vergleichender Blick auf die politischen Lebensläufe dieser fünf Wissenschaftler zeigt vor allem eine Gemeinsamkeit: Als Ganzes betrachtet war die NS-Diktatur weder für Heidegger und Schmitt noch für Rothacker, Freyer oder Krieck eine Periode der Triumphe und der Anerkennung, sondern in erster Linie eine Zeit enttäuschter Ambitionen und verlorener Illusionen. Ähnliche Erfahrungen machten auch andere prominente Geistes- oder Sozialwissenschaftler – unter ihnen beispielsweise Werner Sombart oder Johann Plenge.[402]

Auf der Suche nach den Gründen ihres politischen Scheiterns lassen sich im Wesentlichen drei Ursachen benennen:

Erstens: Mit Ausnahme Kriecks, der in mehrfacher Hinsicht ein Sonderfall war, sind alle hier näher behandelten Wissenschaftler der NSDAP erst im Frühjahr 1933 beigetreten. Aus der Perspektive der «alten Kämpfer», die den Parteiapparat beherrschten, zählten sie daher zu der großen Masse der «Märzgefallenen», deren plötzliche Hinwendung zur NSDAP mindestens verdächtig erschien.

Zweitens: Professoren, die versuchten, sich als nationalsozialistische Denker zu profilieren, stießen in der Regel sehr rasch auf die Konkurrenz von Kollegen, die ähnliche Ziele verfolgten. Die Frage, welche dieser Theorien im nationalsozialistischen Sinne richtig oder falsch war, ließ sich in der Regel nicht klären, weil es an eindeutigen Entscheidungskriterien ebenso wie an eindeutig legitimierten Entscheidungsinstanzen fehlte. Öffentliche Kontroversen über unterschiedliche Interpretationen und Spielarten des Nationalsozialismus durfte es jedoch nicht geben, weil sonst der absolute Wahrheitsanspruch der NSDAP infrage gestellt worden wäre. Der Aufbruch zur nationalsozialistischen Wissenschaft endete daher oftmals in einer Schlammschlacht aus Denunziationen, Intrigen und Schnüffeleien, aus der viele beteiligte Wissenschaftler nicht unbeschädigt herausgekommen sind. Dieses oder jenes verfängliche Zitat aus zurückliegenden Zeiten, dieser oder jener jüdische Freund vergangener Jahre ließ sich fast immer finden, wenn es darum ging, einen konkurrierenden Kollegen auszuschalten. Die SS-Zeitung *Das Schwarze Korps* sprach 1941 ebenso abfällig wie zutreffend von einem «hundertköpfigen, sich gegenseitig auffressenden Professorennationalsozialismus».[403]

Drittens: Die Führung der NSDAP war 1933 sehr interessiert an prominenten Professoren, die das Regime öffentlich unterstützten. Auch in den folgenden Jahren benötigte der NS-Staat Wissenschaftler, die ihr Expertenwissen zur Verfügung stellten. Was das Regime nicht brauchte, waren eigenständige Denker, welche die NS-Ideologie unnötig komplizierten oder gar versuchten, ihre privaten Theorien in das nationalsozialistische Weltbild einzuschmuggeln. Bereits Ende 1933 veröffentlichte Alfred Rosenberg eine scharfe Kritik an jenen Professoren, die versuchten, «eine sogenannte nationalsozialistische wissenschaftliche Weltanschauungsliteratur» zu begründen. Für Rosenberg war dies alles nur eine «Verfälschung» des wahren Nationalsozialismus oder eine «Tarnung» von Professoren, die zuvor in einem anderen politischen Lager gestanden hatten.[404]

Das Dritte Reich bedeutete daher auch einen Bruch mit der Tradition der deutschen «Mandarine», wie sie von Fritz K. Ringer beschrieben worden ist.[405] An die Stelle des traditionellen Gelehrten, der sich berufen glaubte, die geistigen Maßstäbe der Nation festzulegen, trat der Experte, der über spezialisiertes Wissen verfügte, das für die Machthaber von Nutzen sein konnte. Die Hoffnung, als unabhängiger Wissenschaftler durch die Überzeugungskraft der eigenen Ideen das geistige Profil des NS-Staates mitprägen zu können, erwies sich dagegen als Illusion.

6. Wissenschaft

Wissenschaft im NS-Staat

Welches Verhältnis hatte der Nationalsozialismus zur Wissenschaft? Die Antwort auf diese Frage schien nach dem Zweiten Weltkrieg klar zu sein. Bis in die 1990er Jahre hinein galt das NS-Regime allgemein als wissenschaftsfeindlich. Der Heidelberger Philosoph Karl Jaspers, der 1937 wegen seiner jüdischen Ehefrau entlassen worden war, gab den Ton vor, als er 1946 schrieb: «Zur Wissenschaft stand die Partei grundsätzlich, wenn auch uneingestanden, feindlich. Denn Wahrheit und Nationalsozialismus schließen einander aus.» Deshalb, so Jaspers, musste der Nationalsozialismus «in der Wissenschaft wie in der Kirche seinen Todfeind fühlen». Beim Schreiben dieser Zeilen kamen dem Verfasser aber offenbar Zweifel an seinen eigenen Formulierungen, denn er fuhr fort: «Aber der Nationalsozialismus wollte die Wissenschaft zugleich für sich nutzen. Sie sollte Propaganda für ihn machen, und sie sollte die technischen Mittel, zumal für Kriegszwecke zur Verfügung stellen. Daher förderte er die Wissenschaft in seinem Sinne.»[1]

Faktisch nahm Jaspers damit die These von der Wissenschaftsfeindlichkeit des NS-Regimes wieder zurück. Dafür gab und gibt es gute Gründe. Denn natürlich war der NS-Staat, wie jeder andere Industriestaat auch, für die Durchsetzung seiner Ziele auf wissenschaftliches Expertenwissen angewiesen – etwa in der Autarkiepolitik, bei der Planung bevölkerungspolitischer Maßnahmen, bei der Entwicklung neuer Waffensysteme oder der «Neuordnung» der eroberten Gebiete Osteuropas. Die in der NSDAP weitverbreitete Geringschätzung intellektueller Arbeit konnte daher durchaus mit einem gesteigerten Bedarf an wissenschaftlicher Expertise koexistieren. Der nationalsozialistische Jurist Paul Ritterbusch, seit 1940 im Reichserziehungsministerium (REM) tätig, hat diesen widersprüchlichen Befund 1942 klar formuliert:

> Ist es – bei aller abschätzigen Bewertung, die die Wissenschaft und der wissenschaftliche Mensch heute oft genug erfahren – nicht gerade ein Kennzeichen unserer Zeit, daß die Arbeit der Wissenschaft doch überall gesucht wird, ja, daß alle möglichen Ressorts und Dienststellen bemüht sind, sich einen eigenen wissenschaftlichen Apparat zu schaffen? Widerspricht diese überraschende Tatsache nicht geradezu jener Minderbewertung der Wissenschaft, die man doch sonst so betont zum Ausdruck bringt? Ist es nicht so, daß sich der heutige Wissenschaftler kaum vor denen retten kann, die seine Arbeit in Anspruch nehmen und organisieren wollen?[2]

Dementsprechend sind die staatlichen Ausgaben für Wissenschaft und Forschung, die unter dem Einfluss der Weltwirtschaftskrise stark reduziert worden waren, während der NS-Diktatur erneut deutlich angestiegen, wie Tabelle 16 zeigt. Seit 1937 lagen sie über dem in der Weimarer Republik erreichten Höchststand.

Tabelle 16: Staatliche Ausgaben für Wissenschaft, 1925–1940[3]

Jahr	Ausgaben (in Mio. RM)	Jahr	Ausgaben (in Mio. RM)
1925	282,9	1933	247,1
1926	366,9	1934	299,5
1927	334,3	1935	325,1
1928	354,9	1936	362,8
1929	384,7	1937	446,2
1930	359,6	1938	513,4
1931	277,3	1939	511,2
1932	235,7	1940	496,5

Die Ausgaben umfassen den Reichshaushalt und die Haushalte der wichtigsten Länder (Preußen, Bayern, Sachsen, Baden, Württemberg).

Bei der Interpretation dieser Statistik müssen zwei Aspekte berücksichtigt werden: Im Zuge der nationalsozialistischen Expansionspolitik seit 1938 hat sich auch das deutsche Wissenschaftssystem erheblich vergrößert. Im Zuge dieser Entwicklung wurden unter anderem die drei österreichischen Universitäten und die Deutsche Universität

Prag Bestandteil der Wissenschaftslandschaft des Deutschen Reiches. Außerdem profitierten von den wachsenden Ausgaben des Staates für die Wissenschaft in erster Linie die Wissenschaftseinrichtungen außerhalb der Universitäten, allen voran die von Görings Reichsluftfahrtministerium gesponserten Institute der Luftfahrtforschung, die während der NS-Diktatur über nahezu unbegrenzte Mittel verfügten und 1944 rund 10000 Mitarbeiterinnen und Mitarbeiter zählten.[4] Zu den Nutznießern dieser Entwicklung gehörte auch die Kaiser-Wilhelm-Gesellschaft, deren Etat von 1929 bis 1943 um 66 Prozent stieg. Die Chemisch-Technische Reichsanstalt verbuchte zwischen 1930 und 1938 sogar eine Etatsteigerung um 148 Prozent.[5]

Demgegenüber boten die Universitäten ein Bild der Stagnation. Zwischen 1931 und 1938 ging die Zahl der planmäßigen Professoren um fast 5 Prozent zurück. Von diesem Rückgang waren vor allem die juristischen und geisteswissenschaftlichen Fächer sowie die Theologischen Fakultäten betroffen.[6] Auch die Ausstattung der Hochschulinstitute zeugte in der Regel nicht von einer großzügigen Förderung durch die neuen Machthaber. Im Mai 1938 konstatierte der Leiter des Amtes Wissenschaft im REM, Otto Wacker, in einer Denkschrift: «Ein großer Teil der Hochschulinstitute, der Kliniken usw., die wir heute haben, war in den achtziger und neunziger Jahren des letzten Jahrhunderts hochmodern und ist heute restlos überaltert.»[7]

Selbstredend war die vom NS-Staat geförderte Forschung nicht identisch mit der Wissenschaft, wie sie in der Weimarer Republik praktiziert wurde. Gemäß dem Totalitätsanspruch der NSDAP sollte auch die Forschung nationalsozialistisch werden. Die Gleichschaltung von Wissenschaft in einer Diktatur ist jedoch grundsätzlich ein schwieriges Unterfangen, weil die wissenschaftliche Forschung sich in einem Prozess ständiger Veränderung befindet und aus zahlreichen Einzeldisziplinen besteht, die oft nur wenige Gemeinsamkeiten haben. Zudem hat die NSDAP nie ein offizielles Wissenschaftskonzept präsentiert. Eine systematische Durchsicht der Schriften nationalsozialistischer Wissenschaftspolitiker und der Blick auf die Wissenschaftspraxis des Regimes ermöglichen es dennoch, einige Kernelemente nationalsozialistischer Wissenschaftspolitik herauszuarbeiten. Dazu gehören:

Erstens: Die vehemente Ablehnung der Idee einer «voraussetzungslosen Wissenschaft». Diesen Begriff hatte einst Theodor Mommsen populär gemacht, als er 1901 gegen die Einrichtung einer konfessionell gebundenen Professur an der Universität Straßburg protestierte: «Unser Lebensnerv ist die voraussetzungslose Forschung, diejenige Forschung, die nicht das findet, was sie nach Zweckerwägungen und Rücksichtnahmen finden soll und finden möchte, was anderen außerhalb der Wissenschaft liegenden praktischen Zwecken dient, sondern was logisch und historisch dem gewissenhaften Forscher als das Richtige erscheint, in einem Wort zusammengefasst: die Wahrhaftigkeit.»[8] Im Gegensatz dazu behauptete der Parteiideologe Alfred Rosenberg apodiktisch: «Es gibt keine voraussetzungslose Wissenschaft, sondern nur Wissenschaft mit Voraussetzungen.»[9] Auch Reichserziehungsminister Rust vertrat 1936 die Auffassung, dass «Wissenschaft ohne Voraussetzungen und ohne wertmäßige Grundlagen überhaupt nicht möglich ist. Alle großen wissenschaftlichen Systeme der Vergangenheit waren getragen von einem bestimmten Glauben an den Sinn der Welt und die Bestimmung des Menschen in ihr.»[10] Aus der – im Prinzip wohl richtigen – Behauptung, Wissenschaft sei nie ganz frei von außerwissenschaftlichen Voraussetzungen oder Wertvorstellungen, zogen die akademischen Vordenker des Nationalsozialismus die Schlussfolgerung, dem NS-Staat gebühre das Recht, diese Voraussetzungen verbindlich festzulegen. Von diesem argumentativen Gewaltakt war es dann nicht mehr weit bis zur Forderung von Reichsdozentenführer Walter Schultze, die Universität müsse «getragen sein von dem Bewußtsein, daß ihre ganze Arbeit bis in die kleinste Disziplin hinein einen gemeinsamen Urgrund hat, nämlich die nationalsozialistische Weltanschauung. Das Wissen um diesen alles umfassenden Nährboden, auf dem jede Disziplin wachsen muss, das Wissen um eine für alle verpflichtende Weltanschauung ist das Lebensprinzip unserer deutschen Hochschulen.»[11] Gleichwohl behaupteten führende Exponenten des Regimes wiederholt, die Freiheit der Wissenschaft sei weiterhin gewahrt, weil der Staat den Forschern weder die Methode noch das Ergebnis vorschreibe. Der Nationalsozialismus, so erklärte auch Reichserziehungsminister Rust, sei «ein Freund der freien Forschung».[12]

Zweitens: Ein instrumentelles Verhältnis zur Wissenschaft. Mitte der 1920er Jahre hatte der bedeutendste Hochschulpolitiker der Weimarer Republik, Carl Heinrich Becker, in einer programmatischen Publikation betont, die Aufgabe der Universitäten sei «das zwecklose Suchen nach der reinen Erkenntnis».[13] Im krassen Gegensatz dazu forderten die neuen Machthaber von 1933 eine Wissenschaft, die für die «Volksgemeinschaft», für das Regime von Nutzen sein sollte: «Wir anerkennen künftig keinen Geist, keine Kultur und keine Bildung, die nicht im Dienste der Selbstvollendung des deutschen Volkes stünde und von da aus ihren Sinn empfinge», verkündete der nationalsozialistische Pädagoge Ernst Krieck 1933.[14] Charakteristisch für diese Einstellung zur Wissenschaft war ein Artikel, den die SS-Zeitung *Das Schwarze Korps* 1936 veröffentlichte: «Der tote Wissenskrempel des liberalistischen Jahrhunderts nützt weder dem Volk noch dem Staat, und wir haben keine Lust, noch länger die Anmaßung einiger bezahlter Staatsdiener zu dulden, die unter Berufung auf eine angebliche Eigengesetzlichkeit der Wissenschaft das Recht fordern, auch weiterhin Dinge treiben zu dürfen, die das Volk nicht interessieren und ihm daher auch nichts nützen.»[15]

Wer als Wissenschaftler im NS-Staat Erfolg haben wollte, tat daher gut daran, den Nutzen der eigenen Forschungen für die «Volksgemeinschaft» zumindest zu behaupten oder sogar unter Beweis zu stellen. Auch Wissenschaftler, die primär Grundlagenforschung betrieben, waren daher bestrebt, Anträge auf finanzielle Förderung möglichst anwendungsorientiert zu formulieren.[16]

Wissenschaft im Dienst der «Volksgemeinschaft» war prinzipiell auf zwei Wegen möglich: als Ideologe oder als Experte. Während in den ersten Jahren des Regimes Wissenschaftler vor allem als (potentielle) Ideologieproduzenten gesehen wurden, vollzog sich seit 1936 (mit dem Vierjahresplan) und verstärkt seit 1939 (nach Kriegsbeginn) ein sukzessiver Wandel. Nun war vermehrt die Expertise von Wissenschaftlern gefragt, die für die Rüstungsforschung, die Autarkiepolitik und schließlich für die Kriegsführung von Nutzen sein konnten, selbst wenn diese in ideologischer Hinsicht eher farblos waren.[17]

Drittens: Die moralische Entgrenzung wissenschaftlicher Forschung.

Wissenschaft verfügt nicht über immanente moralische Grenzen, die die Suche nach neuen Erkenntnissen einschränken, wenn sie ins Destruktive abzugleiten droht. Das führte während des Krieges zu zahlreichen wissenschaftlichen Experimenten mit Lagerhäftlingen oder Kriegsgefangenen, bei denen der Tod der unfreiwilligen Versuchspersonen entweder billigend in Kauf genommen wurde oder sogar eingeplant war. Diese Experimente, an denen hauptsächlich Mediziner beteiligt waren, sind ein extremes Beispiel für die verheerenden Auswirkungen, die der nationalsozialistische Rassismus auf die wissenschaftliche Forschung haben konnte.

Mörderische Humanexperimente dieser Art werden auch heute noch vielfach als «Pseudo-Wissenschaft» etikettiert. Die meisten dieser «Pseudo-Wissenschaftler» konnten aber durchaus die herkömmlichen akademischen Qualifikationsnachweise vorlegen. Auch das Interesse, das die Alliierten nach dem Krieg an den Ergebnissen dieser Experimente zeigten, spricht gegen die These von der «Pseudo-Wissenschaft».[18] Tatsächlich waren solche Menschenversuche oftmals Ausdruck eines genuin wissenschaftlichen Forscherdranges, weil bestimmte Probleme der Forschung, etwa die Frage nach der Wirksamkeit neuer Medikamente oder Impfstoffe, auf diesem Wege am einfachsten und präzisesten gelöst werden konnten – anders als bei Tierversuchen, deren Ergebnisse sich nie mit Sicherheit auf Menschen übertragen lassen. Was diejenigen, die solche Humanexperimente durchführten, von anderen Wissenschaftlern unterschied, war nicht die wissenschaftliche Qualifikation, sondern die Bereitschaft, ethische Regeln zu missachten, die vor 1933 der Forschung Grenzen gesetzt hatten.

Viertens: Der Rassebegriff als Kernstück der NS-Ideologie sollte künftig in das Zentrum wissenschaftlicher Forschung und Lehre rücken. «Das Ordnungsprinzip für alle Bereiche des geistigen Lebens entsteht für uns aus der Biologie, aus der Erkenntnis der Rasse», verkündete Reichserziehungsminister Rust: «Von der Entdeckung der Rasse ... erhält auch die Wissenschaft ihren entscheidenden revolutionären Anstoß.»[19] Alfred Rosenberg zeigte sich in einer Rede vor der Universität München sogar davon überzeugt, «daß die Entdeckung der Rassenseele in unserer Zeit eine Revolution darstellt, wie die kopernikanische Entdeckung vor 400 Jahren».[20] Solche Behauptungen mündeten 1933 häufig in eine Kritik der deutschen Universitäten, denen vorgeworfen wurde, gegenüber der «Rassenfrage» bislang außerordentlich «zurückhaltend» geblieben zu sein.[21]

Faktisch lief die Forderung, den Rassebegriff ins Zentrum der Wissenschaft zu rücken, auf eine antisemitisch orientierte Wissenschaft hinaus. Das führte nach der «Machtergreifung» zur Gründung diverser Institute, die sich fortan der «Judenforschung» widmeten, darunter das Alfred Rosenberg unterstellte Institut zur Erforschung der Judenfrage in Frankfurt und das Reichsinstitut für Geschichte des neuen Deutschlands, dessen Leiter, der Historiker Walter Frank, sich rühmte, als erster deutscher Historiker die «Judenfrage» in breitestem Umfang behandelt zu haben.[22] Alle diese Institute entstanden allerdings außerhalb der Universitäten.[23]

Fünftens: Die Förderung der «Gemeinschaftsforschung». Einer der populären wissenschaftspolitischen Begriffe der NS-Zeit war, insbesondere während der Kriegsjahre, der Begriff der «Gemeinschaftsforschung». In Abkehr von einem individualistischen Forschungsstil der Vergangenheit bezeichnete dieser Terminus die kollektive, meist interdisziplinäre Arbeit von Wissenschaftlergruppen an politisch bedeutsamen Forschungsprojekten.[24] Zu den bekannten Beispielen von «Gemeinschaftsforschung» gehörten der Zusammenschluss von Agrarwissenschaftlern im «Forschungsdienst», der das Ziel verfolgte, die Landwirtschaftswissenschaften in den Dienst der Autarkiepolitik zu stellen,[25] und der von Paul Ritterbusch organisierte «Kriegseinsatz der Geisteswissenschaften», der die Überlegenheit des «deutschen Geistes» gegenüber den intellektuellen Leistungen der Kriegsgegner unter Beweis stellen sollte. Das am stärksten mit den Verbrechen des NS-Regimes verknüpfte Projekt dieser Art war der im Auftrag Himmlers unter Leitung des Berliner Multifunktionärs Konrad Meyer erarbeitete Generalplan Ost, an dem neben Agrarforschern auch Wissenschaftler anderer Disziplinen mitarbeiteten. Dabei handelte es sich um den Versuch, Hitlers Forderung nach einer rücksichtslosen «Germanisierung» neuen «Lebensraumes» im Osten mit den Mitteln der Wissenschaft planerisch umzusetzen. Der Plan sah vor, innerhalb von 25 Jahren fast fünf Millionen Deutsche im Westen der Sowjetunion anzusiedeln. Die ansässige slawische oder jüdische Bevölkerung sollte vertrieben, versklavt oder ermordet werden. Aufgrund der sich verändernden Kriegslage wurde der Generalplan Ost letztlich nur in Ansätzen verwirklicht.[26]

Eine originär nationalsozialistische Form wissenschaftlicher Arbeit war die «Gemeinschaftsforschung» indes nicht. Vielmehr brachte der Begriff eine allgemeine Tendenz zum Ausdruck, die zu dieser Zeit in allen entwickelten Industriestaaten erkennbar war, die Entwicklung zur Großforschung *(Big Science)*.[27] Zum internationalen Wahrzeichen dieser Entwicklung avancierte bezeichnenderweise das amerikanische *Manhattan Project*, die Entwicklung der ersten Atombombe.[28]

Sechstens: Gegen den säkularen Trend einer wachsenden Spezialisierung der wissenschaftlichen Forschung riefen die Nationalsozialisten nach einer «ganzheitlichen» Wissenschaft, welche die Grenzen zwischen den verschiedenen Disziplinen überwinden sollte. Die zunehmende Zersplitterung universitärer Wissenschaft in der Vergangenheit wurde kurzerhand als «Kennzeichen liberalistischer Wissenschaftsauffassung»[29] oder gar als Produkt des «jüdischen Geistes»[30] gebrandmarkt. Der «Sprung über die Fachgrenzen» sei daher «das radikale Mittel im Kampf gegen jüdischen Geist und für deutsches Wesen», behauptete Reichsdozentenführer Schultze im November 1940.[31]

Damit griffen die Nationalsozialisten Schlagworte auf, die in einem ganz anderen Kontext entstanden waren. Der «Hunger nach Ganzheit» hatte schon in den intellektuellen Debatten der Weimarer Republik eine erhebliche Rolle gespielt.[32] Auch in den politischen Publikationen von Hochschullehrern war der Ruf nach «Ganzheit» und Synthese lange vor 1933 zu einem Schlüsselbegriff geworden, der wie kein anderer das Unbehagen über eine immer komplexer und undurchschaubarer werdende Welt zum Ausdruck brachte.[33] Zu den schärfsten Kritikern einer zunehmenden Spezialisierung in der Wissenschaft zählte damals der preußische Kultusminister, der den Nationalsozialisten besonders verhasste Carl Heinrich Becker.[34]

Für die universitäre Praxis hatte die Forderung nach einer «ganzheitlichen» Wissenschaft nur geringe Konsequenzen. Gleichwohl gab es eine Reihe von Versuchen, interdisziplinäre Strukturen zu fördern, um dem Trend zur Spezialisierung entgegenzuwirken. Hochschulübergreifend war die zwischen 1934 und 1938 bestehende Dozenten-Akademie, die von allen Nachwuchskräften nach der Habilitation durchlaufen werden musste, die wichtigste Einrichtung dieser Art. Allerdings ging es hier weniger um Interdisziplinarität, sondern vor allem um die politische Überprüfung des wissenschaftlichen Nachwuchses. Als Resultat lokaler Initiativen entstanden zudem an einzelnen Universitäten neuartige Einrichtungen, die zur Überwindung traditioneller Fachgrenzen beitragen sollten – so beispielsweise die Politische Fachgemeinschaft der Fakultäten an der Universität Hamburg[35] oder die «Großseminare» der Reichsuniversität Straßburg. Die Wissenschaftlichen Akademien, die der NS-Dozentenbund (NSDDB) zwischen 1937 und 1940 an vier Universitäten gründete, lassen sich ebenfalls als Versuch verstehen, Interdisziplinarität auf nationalsozialistischer Grundlage zu fördern.

Diese sechs Punkte sind eine nachträgliche Rekonstruktion, kein die Wissenschaft verpflichtendes Konzept. Ein solches gab es nicht, weil aufgrund der polykratischen Struktur des NS-Staates keine Zentralinstanz zur Wissenschaftslenkung existierte, die in der Lage gewesen wäre, bestimmte Positionen für verbindlich zu erklären und anpassungswilligen Wissenschaftlern eindeutige Vorgaben zu machen. Sowohl Alfred Rosenberg als auch der NSDDB beanspruchten ein solches «Weisungsrecht», konnten sich damit aber nicht durchsetzen. Tatsächlich waren die aufgelisteten Punkte zum Teil selbst unter den führenden Wissenschaftspolitikern des Regimes umstritten. So lehnte der Leiter des Amtes Wissenschaft in der Dienststelle Rosenberg, Alfred Baeumler, es 1934 ausdrücklich ab, die Wissenschaft nach ihrem Nutzen für die «Volksgemeinschaft» zu beurteilen.[36] Rosenberg selbst bekannte sich 1941 ebenfalls zu dem «Grundsatz der zweckfreien Forschung». Es sei notwendig, so urteilte der Parteiideologe, «den deutschen Forscher wieder ganz auf sich selbst zu stellen, ohne seine Arbeit von vornherein daraufhin abzutaxieren, welche augenblicklichen Vorteile sie einbringt».[37]

Die Durchsetzung der hier skizzierten Leitvorstellungen konnte daher nicht erzwungen werden. Kein Hochschullehrer war verpflichtet, Forschungsprojekte von der Partei oder vom Staat genehmigen zu lassen. Auch eine systematische Vorzensur wissenschaftlicher Publikationen fand zunächst nicht statt. Allerdings waren die Herausgeber von Fachzeitschriften oder Schriftenreihen und die Verlage oft in Eigeninitiative bemüht, die Publikation anstößiger Texte oder verfemter Autoren zu verhindern, um politischen Problemen aus dem Wege zu gehen.[38] So erfolgte die Ausschaltung des Liberalen Friedrich Meinecke als Herausgeber der *Historischen Zeitschrift* nicht auf Anordnung von Staats- oder Parteistellen, sondern auf Druck des Verlegers, der die Gründung einer nationalsozialistischen Konkurrenzzeitschrift verhindern wollte.[39]

Nach Beginn des Krieges verschärfte sich die Lage. Im Oktober 1939 ordnete das REM an, dass fortan alle Dissertationen, die sich mit dem Nationalsozialismus oder dem NS-Staat beschäftigten, vor der Drucklegung von der Parteiamtlichen Prüfungskommission zum Schutze des NS-Schrifttums (PPK) begutachtet werden mussten.[40] Schließlich führte das Propagandaministerium 1940/41 mit der Kontingentierung von Papier faktisch die Vorzensur ein.[41]

Die wichtigste Einrichtung zur finanziellen Förderung der Hochschulforschung war die 1920 gegründete Deutsche Forschungsgemeinschaft (DFG), die ab 1934 unter nationalsozialistischer Führung stand.[42] Ergänzt wurde die Tätigkeit der DFG seit 1937 durch den neu gegründeten Reichsforschungsrat, ein Gemeinschaftsunternehmen von REM und Wehrmacht. DFG und Reichsforschungsrat waren eng miteinander verknüpft, weil die Fördermittel des Reichsforschungsrates im Wesentlichen aus dem Etat der DFG bestritten wurden. Faktisch übernahm der Reichsforschungsrat die Förderung der naturwissenschaftlich-technischen Disziplinen von der DFG. Der Etat der DFG lag 1928 bei rund 9 Millionen RM, ging aber in den folgenden Jahren unter dem Einfluss der Weltwirtschaftskrise erheblich zurück. Seit 1934 verzeichnete die DFG erneut steigende Einnahmen, die jedoch bis zum Krieg nicht wieder den Stand von 1928 erreichten.

Nach Kriegsbeginn wurde der Etat von DFG und Reichsforschungsrat wiederum deutlich reduziert. Erst seit 1942 überstiegen die Ausgaben erneut das 1938 erreichte Niveau, wie Tabelle 22 (Anhang) zeigt.

Die Forschungsschwerpunkte der einzelnen Universitätsinstitute lagen auch während der NS-Diktatur im Ermessen der Professoren. Doch lieferte das Regime vielfältige Anreize, die Forschung im Sinne der Machthaber neu zu justieren: Wissenschaftler, die auf finanzielle Förderung ihrer Projekte durch die Deutsche Forschungsgemeinschaft, den Reichsforschungsrat oder andere staatliche Einrichtungen hofften, hatten die größten Erfolgsaussichten, wenn ihre Forschungen auf die Ziele des Regimes ausgerichtet waren. Das galt verstärkt seit September 1939, als die «Kriegswichtigkeit» der Forschungsprojekte ein zentrales Entscheidungskriterium wurde.[43] Auch bei Personalentscheidungen, insbesondere bei Berufungen, hatten Nachwuchswissenschaftler bessere Chancen, wenn sie sich in ihrer Arbeit mit Themen beschäftigten, die aus der Sicht des Regimes von Relevanz waren. Schließlich: Während des Krieges konnten naturwissenschaftliche und medizinische Institute nur dann auf die Lieferung knapper Rohstoffe, Chemikalien und Apparate rechnen, wenn ihre Forschungen als kriegswichtig galten.

1933/34 meldeten sich in allen wissenschaftlichen Disziplinen Hochschullehrer zu Wort, die bemüht waren, sich als Vorkämpfer einer neuen nationalsozialistischen Wissenschaft zu exponieren. In einer Reihe von Fächern führte das zu «Diktaturbestrebungen gewisser Gelehrter», wie 1937 auf einer Rektorenkonferenz geklagt wurde.[44] Gerade in den politiknahen Fächern gerieten solche Hochschullehrer jedoch meist sehr rasch in Konflikt mit Kollegen, die ähnliche Ambitionen verfolgten. Das Resultat waren zahlreiche, mitunter erbittert geführte Machtkämpfe zwischen Professoren, die für sich in Anspruch nahmen, den wahren Nationalsozialismus zu vertreten.[45] Die Frustration über diesen Zustand ist noch in den 1984 veröffentlichten Erinnerungen eines ehemaligen SD-Funktionärs erkennbar, der für die Überwachung der Wissenschaft zuständig war:

> In den Fächern, die für die Weltanschauung des Nationalsozialismus von besonderer Bedeutung waren, etwa in der deutschen Volkskunde, in der Vorgeschichte, in der Rassenkunde, hatten sich streitende Parteien gebildet, von denen jede der berufene Wahrer und Förderer nationalsozialistischen Gedankenguts sein wollte. Sie hatten sich, um eine gewisse Rückendeckung zu haben, an einzelne Untergliederungen der Partei herangemacht, und so mischten diese dann bei den Zänkereien kräftig mit. Es ging dabei nach außen um die einzig wahre Weltanschauung, in Wirklichkeit mehr um Geltungsbedürfnis, Machtstreben und Schlüsselstellungen. Und kein Mensch war da, der einmal mit der Faust auf den Tisch schlug und dem üblen Gezänk mit einem Machtwort ein Ende setzte.[46]

Derartige Klagen zeigen, dass auch unter den Bedingungen der nationalsozialistischen Diktatur eine limitierte Vielstimmigkeit erhalten blieb. Das schuf für die Wissenschaft Handlungsspielräume.[47] Ihre Grenzen wurden markiert durch die grundlegenden ideologischen Dogmen des Nationalsozialismus – vom Antisemitismus über die Dolchstoßlegende und den Antimarxismus bis zur militanten Ablehnung der liberalen Demokratie. Wer diese Dogmen in Publikationen oder Lehrveranstaltungen infrage stellte, musste mit dem Ende seiner Universitätslaufbahn oder Schlimmerem rechnen.

In den letzten Jahrzehnten des 19. Jahrhunderts und im ersten Drittel des 20. Jahrhunderts hatte die deutsche Wissenschaft den Höhepunkt ihres internationalen Renommees erreicht. Von den 100 Nobelpreisen, die zwischen 1901 und 1932 für Chemie, Physik und Medizin oder Physiologie vergeben wurden, gingen allein 31 an deutsche Wissenschaftler, mehr als in jedes andere Land. Das hatte in der deutschen Forschung über einen längeren Zeitraum ein fast selbstverständliches Gefühl der Überlegenheit begründet. Die NS-Diktatur erwies sich in dieser Hinsicht als eine Zeit der Ernüchterung, zeichnete sich doch im Laufe der 1930er Jahre und mehr noch im Zweiten Weltkrieg ein unübersehbarer Bedeutungsverlust der deutschen Forschung im internationalen Maßstab ab.

International gut vernetzte Wissenschaftler, die längere Zeit in den USA verbrachten, realisierten diesen Wandel als Erste. Der Biochemiker Adolf Butenandt (Chemie-Nobelpreisträger von 1939) war 1935 während einer dreimonatigen USA-Reise von den Leistungen seiner dortigen Kollegen so beeindruckt, dass er den Vorsprung der amerikanischen Forschung bereits für irreversibel hielt: «Ich bin wirklich von der Wissenschaft hier bis ins Mark getroffen. Wir werden sie nicht mehr wieder einholen», heißt es in einem Brief an seine Frau.[48]

Solche Befunde öffentlich auszusprechen, war im NS-Staat nicht erwünscht. Im Januar 1939 veröffentlichte der *Wirtschaftspolitische Dienst,* ein nationalsozialistischer Pressedienst, unter der Überschrift *Ist der Vorrang der deutschen Forschung gefährdet?* einen längeren Artikel, in dem die unzureichende Ausstattung der naturwissenschaftlichen Hochschulinstitute kritisiert wurde. Der Artikel gelangte zu dem Ergebnis, dass «auf einer Reihe von Gebieten die Führung der Forschung allmählich auf das Ausland übergegangen» sei.[49] Das REM reagierte – bezeichnenderweise – in einer Beschwerde beim Propagandaministerium. Der Artikel könne vor allem im Ausland den «Eindruck erwecken, als werde die Hochschule und Wissenschaft im nationalsozialistischen Staat vernachlässigt». Staatssekretär Zschintzsch forderte das Propagandaministerium daher auf, die Veröffentlichung solcher Artikel in Zukunft zu unterbinden.[50]

Mit Zensurmaßnahmen ließ sich das Problem indes nicht aus der Welt schaffen. Anfang 1942 sprach der Vorsitzende der Deutschen Physikalischen Gesellschaft, Carl Ramsauer, das Thema erneut an. In einer Eingabe an das REM konstatierte er: «Die deutsche Physik hat ihre frühere Vormachtstellung an die amerikanische Physik verloren und ist in Gefahr, immer weiter ins Hintertreffen zu geraten.» Ramsauer untermauerte diese Aussage, indem er erstens mit der Methode der Zitationsanalyse den rasanten Aufstieg der amerikanischen Physik und das abnehmende Gewicht der deutschen Physiker auf internationaler Ebene belegte, zweitens die bessere apparative Ausstattung der amerikanischen Forschungsinstitute am Beispiel des Zyklotrons herausstellte und drittens die Entwicklung der amerikanischen Fachzeitschrift *Physical Review* zur «anerkannt führenden physikalischen Zeitschrift der Welt» hervorhob.[51] Ramsauer nannte vier Ursachen, die nach seiner Ansicht für diese Entwicklung verantwortlich waren: die unzureichende Finanzierung der physikalischen Hochschulinstitute, den Niedergang der theoretischen Physik, deren Vertreter als «Vorkämpfer jüdischen Geistes» diffamiert worden seien, eine Personalpolitik, die «nicht immer» den Grundsätzen des Leistungsprinzips gefolgt sei, und schließlich die reduzierte Attraktivität einer akademischen Laufbahn.[52]

Politische Brisanz erhielt Ramsauers Analyse durch seinen Hinweis, dass «die Physik eine entscheidende Bedeutung für den Ausgang des Krieges hat».[53] Der Leiter der Fachsparte Physik im Reichsforschungsrat, Abraham Esau, stimmte dieser Analyse ausdrücklich zu. In seiner Stellungnahme zu Ramsauers Denkschrift betonte er im Juni 1943 insbesondere die «völlige Unzulänglichkeit der für Forschungszwecke zur Verfügung gestellten Mittel» und die Vernachlässigung der Grundlagenforschung.[54]

Ramsauers Eingabe schlug auch außerhalb von Hochschule und Wissenschaft Wellen. Propagandaminister Joseph Goebbels, der diese oder eine ähnliche Denkschrift Ramsauers im Frühjahr 1943 zu Gesicht bekam, erkannte die politische Brisanz des Textes sofort und notierte in seinem Tagebuch:

> Diese Denkschrift ist für uns sehr deprimierend. Die angelsächsische Physik hat uns vor allem in der Forschungsarbeit vollkommen überrundet. Die Folge davon ist, daß die angelsächsischen kriegführenden Mächte uns auch in der Auswertung der physikalischen Forschungsergebnisse für den Krieg sehr überlegen sind. Wir merken das sowohl am Luftkrieg wie auch am U-Boot-Krieg.

Goebbels erklärte sich diese Entwicklung mit dem Mangel an wissenschaftspolitischer Führung: «Man kann eben auf die Dauer nicht einen Hohlkopf an die Spitze des Unterrichtsministeriums stellen und dann erwarten, daß unsere Forschung zu sensationellen Ergebnissen kommt.»[55]

Einige Monate später, im August 1943, meldete sich auch der Vorsitzende der Deutschen Mathematiker-Vereinigung, Wilhelm Süss, zu Wort. In seinem Vortrag auf der Salzburger Rektorenkonferenz bestätigte er für die Mathematik im Wesentlichen das Bild, das Ramsauer für die Physik skizziert hatte. Seine Untersuchung der wichtigsten internationalen Fachzeitschriften des Jahres 1937 belegte den rasanten Aufstieg der US-amerikanischen Mathematik und das abnehmende Gewicht der deutschen Mathematiker auf internationaler Ebene.[56]

Während Ramsauer und Süss sich in ihren Analysen auf das eigene Fach, die Physik beziehungsweise die Mathematik, konzentrierten, befragte der SD etwa zeitgleich eine Reihe von Wissenschaftlern unterschiedlicher Disziplinen zu diesem Thema und gelangte dabei zu ganz ähnlichen Ergebnissen. Die *Meldungen aus dem Reich*, die der SD regelmäßig an einen kleinen Kreis nationalsozialistischer Spitzenpolitiker verschickte, berichteten im September 1942, dass

> nach dem zuverlässigen Urteil von Sachkennern *die deutsche Forschung* ... im Vergleich zur Forschung anderer Länder, insbesondere der USA, *zurückbleibe* und daß sich dies in der technisch-wirtschaftlichen und machtmäßigen Auseinandersetzung des Reiches mit den jetzigen Feindländern *auf lange Sicht auswirken müsse* ... Tatsächlich sei Deutschland auf wesentlichen Forschungsgebieten dem Ausland gegenüber deutlich ins Hintertreffen geraten. Vor allem auf dem Gebiet der *Kernchemie*, der *Kernphysik*, der *physiologischen Chemie*, der *Biochemie*, der *Virusforschung*, der *Metallkunde*, der *Chemie des Erdöls* müsse zugestanden werden, daß das Ausland die deutsche Forschung teilweise überflügelt habe.[57]

Spätestens im Herbst 1943 herrschte sowohl in wissenschaftlichen wie auch in politischen Kreisen weitgehende Einigkeit über den Befund, dass «die deutsche wissenschaftliche Forschung ... auf vielen Gebieten gegenüber dem Ausland nicht nur ihren früheren Vorsprung verloren hat, sondern sogar abgesunken ist», wie der Chef der Reichskanzlei, Hans Heinrich Lammers, in einem Schreiben an den Reichserziehungsminister feststellte.[58] Auch der Leiter des Amtes Wissenschaft im REM, Rudolf Mentzel, bestritt diesen Sachverhalt nicht.[59]

Es bleibt die Frage, inwieweit das Zurückbleiben der deutschen Forschung ein Ergebnis nationalsozialistischer Politik war. Diese Ansicht vertrat Goebbels, der in dem zitierten Tagebucheintrag seinen Minister-Kollegen, den «Hohlkopf» Bernhard Rust, für diese Entwicklung verantwortlich machte. Das war nicht völlig falsch, verfehlte aber den entscheidenden Punkt. Denn die Auswertung physikalischer und mathematischer Fachzeitschriften durch Ramsauer und

Süss zeigte, dass der Aufstieg der amerikanischen Wissenschaft und der gleichzeitige Bedeutungsverlust der deutschen Forschung im internationalen Vergleich ein langfristiger Prozess war, der bereits um die Jahrhundertwende begonnen hatte und sich nach dem Ersten Weltkrieg beschleunigte. Angesichts der überlegenen materiellen und personellen Ressourcen der USA hätte diese Entwicklung auf längere Sicht auch ohne die nationalsozialistische Machtübernahme stattgefunden. Allerdings hat der Nationalsozialismus diesen Prozess forciert – durch die Vertreibung zahlreicher kompetenter Wissenschaftler, von denen ein Großteil in die USA emigrierte, aber auch durch eine Berufungspolitik, die zeitweise mehr Wert legte auf politische als auf fachliche Kriterien.

Neue Lehrstühle

Ein wichtiges Instrument, um die Inhalte von Lehre und Forschung im Sinne der neuen Machthaber zu verändern, war die Förderung von Fächern, die aus Sicht des Regimes als politisch besonders relevant galten: Rassenhygiene und Eugenik, Vor- und Frühgeschichte, Volkskunde, Wehrwissenschaften, Agrarwissenschaften, Auslandswissenschaften und Kolonialforschung.

Da die Finanzminister sich in den ersten Jahren des NS-Staates aus fiskalischen Gründen weigerten, zusätzliche Professuren zu finanzieren, erfolgte die Einrichtung neuer Institute und Ordinariate in der Regel durch die Umwandlung bestehender Lehrstühle, deren bisherige Inhaber entlassen oder emeritiert worden waren.[60] Auf diese Weise verlor insbesondere die Philosophie eine ganze Reihe von Lehrstühlen an Fächer, die aus Sicht der neuen Machthaber wichtiger waren. So sind die Philosophieprofessuren von Ernst Cassirer (Hamburg) und Traugott Konstantin Oesterreich (Tübingen) in Lehrstühle für Rassenbiologie beziehungsweise Rassenkunde umgewandelt worden. Aus den Ordinariaten von Theodor Steinbüchel (Gießen), Emil Utitz (Halle) und Theodor Litt (Leipzig) wurden Lehrstühle für Vorgeschichte, während die Professur von Wolfgang Schultz (München) der Volkskunde zugeschlagen wurde. Den Heidelberger Lehrstuhl von Karl Jaspers nutzte das Ministerium, um ein Ordinariat für Kriegsgeschichte und Wehrkunde einzurichten.[61]

In einigen Fällen oktroyierten die Kultusminister die neuen systemrelevanten Lehrstühle. So wurden die vier wehrwissenschaftlichen Professuren in Berlin, Hamburg, Heidelberg und Jena auf Initiative der Ministerien eingerichtet und besetzt. Den Fakultäten blieb nur noch die Möglichkeit, der Entscheidung des Ministeriums zu folgen.[62] Das war jedoch nicht der Regelfall.

1935 forderte das REM die Rektoren ausdrücklich auf, selbst die Initiative zu ergreifen und Vorschläge zur zeitgemäßen Umwandlung bestehender Lehrstühle zu machen.[63] Die Einrichtung neuer Lehrstühle verlief daher keineswegs gleichförmig. Selbst Fächer wie Vorgeschichte, Volkskunde, Rassenhygiene und Wehrwissenschaft waren nicht an allen Universitäten durch Lehrstühle vertreten. Wie ein exemplarischer Blick auf einige ausgewählte Universitäten deutlich macht, entwickelten diese vielfach spezifische Schwerpunkte. Dazu gehörten die Agrarwissenschaften in Gießen, Rostock und Göttingen, die Kolonialwissenschaften in Hamburg und Tübingen sowie, ebenfalls in Tübingen, die Auslandswissenschaften.[64] Als Zentren rassenkundlicher und rassenhygienischer Forschung profilierten sich die Universität Jena und die Deutsche Universität in Prag.[65]

Im Folgenden werden die vom Regime besonders geförderten Fächer etwas genauer betrachtet:

Rassenhygiene und Eugenik.[66] Unter wechselnden Bezeichnungen wie Rassenhygiene, Rassenbiologie, Eugenik oder Erbbiologie etablierte sich an den Universitäten des Dritten Reiches ein neuer Schwerpunkt von Forschung und Lehre. Eugenik und Rassenhygiene beruhten auf der Überzeugung, dass die moderne Zivilisation durch die Fortschritte der Medizin und durch die Entwicklung der Sozialpolitik die von Charles Darwin analysierte «natürliche Auslese» abgeschafft habe. Gleichzeitig registrierten die Vordenker der Eugenik mit Sorge, dass die Eliten seit dem 19. Jahrhundert im Schnitt weniger Kinder zur Welt brachten als die Unterschichten. An die Stelle der «natürlichen Auslese» sei daher, so argumentierten die Eugeniker, ein Prozess der

«Gegenauslese» getreten, eine überproportionale Vermehrung von Menschen mit «minderwertigem» Erbgut, die unter «natürlichen» Bedingungen keine Chance gehabt hätten, sich fortzupflanzen. Die Eugenik als sich etablierende Wissenschaft sah ihre Aufgabe deshalb darin, einer befürchteten Degeneration der Menschheit entgegenzuwirken. Während die «positive» Eugenik die gezielte Förderung eines «erbgesunden» Nachwuchses anstrebte, sah die «negative» Eugenik ihr Hauptziel darin, Träger von tatsächlichen oder vermeintlichen Erbkrankheiten an einer weiteren Fortpflanzung zu hindern. In den Jahren der Weltwirtschaftskrise erschien die Eugenik zudem als ein nützliches Instrument, um die wachsenden Kosten des Sozial- und Gesundheitssystems zu reduzieren.

Politisch waren die Anhänger der Eugenik beziehungsweise Rassenhygiene (beide Begriffe wurden in Deutschland meist synonym benutzt) in der Weimarer Republik eine heterogene Bewegung. Unter ihnen befanden sich Sozialdemokraten wie Alfred Grotjahn, Deutschnationale wie Fritz Lenz oder Eugen Fischer, Sexualwissenschaftler wie Magnus Hirschfeld und vereinzelt sogar katholische Geistliche wie Hermann Muckermann. Nationalsozialisten spielten vor 1933 auf diesem Feld nur eine minoritäre Rolle. Doch war die NSDAP die erste Partei der Weimarer Republik, die sich eindeutig zu den Grundsätzen der Eugenik bekannte.

An den Universitäten wurden schon in den 1920er Jahren zahlreiche Lehrveranstaltungen zu diesem Thema angeboten, meist von Anthropologen oder Hygienikern.[67] Zu einer Institutionalisierung der Rassenhygiene entschloss sich vor 1933 aber nur die Universität München. Dort entstand schon 1923 ein außerordentlicher Lehrstuhl für Rassenhygiene, der mit dem Eugeniker Fritz Lenz besetzt wurde.[68] Nach der nationalsozialistischen Machtübernahme folgten zahlreiche Universitäten diesem Beispiel. Nun wurde die Rassenhygiene wie kein anderes Fach von den neuen Machthabern gefördert. Als Hemmnis erwies sich jedoch der Mangel an geeigneten Hochschullehrern. Im Februar 1934 konstatierte das Reichsinnenministerium in einem Rundschreiben, es gebe nur wenige Personen, die «nach ihrer wissenschaftlichen Vorbildung und ihrer weltanschaulichen Haltung» geeignet seien, einen Lehrstuhl für Rassenhygiene zu übernehmen. Reichsinnenminister Frick empfahl deshalb, von einer überstürzten Einrichtung rassenhygienischer Lehrstühle Abstand zu nehmen.[69] Fünf Jahre später hatte sich an der Sachlage nur wenig geändert, wie das Sicherheitshauptamt der SS in einem internen Lagebericht feststellte.[70]

Trotz solcher Hindernisse entstanden bis 1944 an 14 von 23 Universitäten des «Altreichs» Lehrstühle für Rassenhygiene, Erbbiologie, Rassenkunde und verwandte Gebiete, die meist an den Medizinischen Fakultäten angesiedelt waren.[71] Weitere Institute dieser Art wurden in den seit 1938 annektierten Gebieten gegründet – in Wien, Innsbruck, Graz, Prag, Straßburg und Posen.[72] An den übrigen Universitäten vertraten in der Regel Lehrbeauftragte oder Honorarprofessoren das Fach Rassenhygiene, das seit 1939 für Studierende der Medizin zu den Pflichtfächern gehörte.

Vor- und Frühgeschichte.[73] An der Förderung der Prähistorie hatten führende Nationalsozialisten ein besonderes Interesse, weil diese bislang randständige Disziplin die Chance zu bieten schien, ihr Weltbild wissenschaftlich zu untermauern. Vor 1933 wurde das Fach an den meisten Universitäten durch Privatdozenten oder Honorarprofessoren vertreten. Lehrstühle gab es nur in Marburg und Berlin.[74]

Wie in anderen Fächern auch meldeten sich im Frühjahr 1933 jüngere Fachvertreter mit lautstarken Forderungen zu Wort. Als Sprecher einer nationalsozialistischen Vorgeschichte exponierte sich zunächst der Tübinger Privatdozent Hans Reinerth.[75] In Vorträgen und Publikationen prangerte Reinerth die «Zurücksetzung und Verfälschung der deutschen Vorgeschichte» an und kritisierte die klassische Archäologie, die sich nur für die «provinzialrömische Fremdkultur» interessiert habe. Die Germanen seien in der Vergangenheit Träger einer «herrlichen Kultur» gewesen und völlig zu Unrecht als «Barbaren» diffamiert worden.[76] Reinerth, der 1931 in die NSDAP eingetreten war, leitete seit 1932 die Fachgruppe für deutsche Vorgeschichte in Alfred Rosenbergs Kampfbund für deutsche Kultur. Seine Ausführungen über die «herrliche Kultur» der Germanen passten in der Tat gut zu Rosenbergs Credo, alle «schöpferischen Werte» des «Abendlandes» seien von den Germanen erschaffen worden.[77] Diese Neigung zur Glorifizierung der Germanen teilte Rosenberg mit einem weiteren NS-Potentaten, dem Reichsführer-SS Heinrich Himmler, der die germanische Mythologie in den 1920er Jahren als eine Art Religionsersatz entdeckt hatte.[78] In der Vorstellungswelt Rosenbergs und Himmlers verkörperten die Germanen ein reines, von schädlichen äußeren Einflüssen wie dem Christentum noch unverfälschtes Deutschtum.

Dieses nationalistisch aufgeladene Germanenbild konnte sich auf einzelne Vorgeschichtsforscher berufen, insbesondere auf den Berliner Extraordinarius Gustaf Kossinna, der die deutsche Vorgeschichte schon 1912 als eine «hervorragend nationale Wissenschaft» angepriesen hatte. Der bereits 1931 verstorbene Kossinna war Mitglied des Alldeutschen Verbandes und diverser völkischer Gruppierungen gewesen; 1928 hatte er den Gründungsaufruf des Kampfbundes für deutsche Kultur unterzeichnet.[79] Unter seinen Kollegen war Kossinna jedoch ein Außenseiter geblieben, wie Eugen Fischer sogar im offiziellen Nachruf der Berliner Universität vermerkte: «Seine geradezu leidenschaftliche Einstellung für das Germanische mußte eine gewisse Einseitigkeit seiner wissenschaftlichen Forschung zur Folge haben, die ihm manchen Gegner brachte. In rücksichtslosem Kampfe verteidigte er, häufig in gänzlich abgesonderter Stellung fast seiner ganzen Fachgenossenschaft gegenüber, seine Meinung.»[80]

Seit 1933 mutierte der ehemalige Außenseiter zum posthumen Vordenker einer nationalsozialistischen Vorgeschichtsforschung, die sich massiver Förderung erfreute. Das Ziel, die bislang angeblich verschwiegene «Kulturhöhe» der Germanen beziehungsweise der «nordischen Rasse» zu beweisen, führte zu einer erheblichen Aufwertung der Vorgeschichte. 1942 verfügte das Fach an den Hochschulen des «Großdeutschen Reiches» bereits über insgesamt 25 ordentliche und außerordentliche Lehrstühle.[81] Die Begleitmusik dieses Institutionalisierungsprozesses bildeten massive Konkurrenzkämpfe zwischen Rosenberg, Reinerth und ihren Gefolgsleuten auf der einen Seite und den mit Himmlers SS verbündeten Prähistorikern auf der anderen. Diese Auseinandersetzungen wurden über Jahre mit großer Erbitterung geführt, obwohl die inhaltlichen Differenzen zwischen Rosenberg und

Himmler gering waren, denn beide teilten dieselbe germanophile Grundeinstellung, die von den Zeitgenossen als offizieller Standpunkt der NSDAP wahrgenommen worden ist.

Weitgehend unbekannt blieb, dass Hitler, der vor allem die römische und griechische Antike schätzte, im internen Kreis seiner Gefolgsleute diese neue Vorgeschichtsforschung recht geringschätzig beurteilte: «In derselben Zeit, in der unsere Vorfahren die Steinkrüge und Tonkrüge hergestellt hätten, von denen unsere Vorzeitforscher soviel Aufhebens machen, sei in Griechenland eine Akropolis gebaut worden ... Die eigentlichen Kulturträger nicht nur in den letzten Jahrtausenden vor Christus, sondern auch im 1. Jahrtausend nach Christi Geburt seien die Mittelmeerländer gewesen», erklärte der «Führer» 1942 in einem seiner Monologe.[82]

Volkskunde.[83] Die NSDAP propagierte einen rassisch determinierten Nationalismus, dessen zentraler Bezugspunkt nicht der Staat, sondern das «Volk» war, das als ethnisch homogener, überzeitlicher Organismus verstanden wurde. Ein Fach wie die Volkskunde war daher für das Regime von besonderem politischem Interesse.

Obwohl die Volkskunde sich schon seit Mitte des 19. Jahrhunderts ausdrücklich als Wissenschaft definierte, spielte sie an den deutschen Universitäten nur eine marginale Rolle. Von den 23 Universitäten des «Altreichs» verfügte 1933 nur die Hamburger Universität über einen volkskundlichen Lehrstuhl.[84] Das Fach befand sich 1932/33 also in einer ähnlichen Situation wie die Vor- und Frühgeschichte. Und genau wie die Prähistoriker waren auch die Volkskundler mit der Tatsache konfrontiert, dass sowohl die Dienststelle Rosenberg als auch das «Ahnenerbe» der SS in Konkurrenz zueinander die Institutionalisierung des Faches förderten, gleichzeitig aber auch recht genaue Vorstellungen über die Inhalte einer künftigen Volkskunde hatten.

Ähnlich wie die ältere Volkskunde beschäftigte sich auch die neue nationalsozialistische Volkskunde mit traditioneller, überwiegend bäuerlicher Alltagskultur, mit Liedern, Märchen, Sagen, Tänzen, Trachten und Symbolen. Anders als zuvor wurden diese Themen von den NS-Volkskundlern nun allerdings in ein festes ideologisches Korsett eingezwängt. Matthes Ziegler, der einflussreichste Volkskundler in der Dienststelle Rosenberg, erläuterte 1934 in einem programmatischen Aufsatz die zentralen Begriffe dieser Sichtweise:

> Eine deutsche Volkskunde, die auf dem Rassegedanken aufgebaut ist, denkt nicht in Ober- und Unterschicht, sondern geht aus von dem Gegensatz arteigener Wesenhaftigkeit und artfremder Einflußnahme, dem Geschichte gewordenen Widerstreit des nordischen Kulturbereiches im allgemeinen und des deutschen Seelentums im besonderen, mit den Überfremdungen durch andersrassische Gesittungen ... Die nationalsozialistische Volkskunde kann Volk niemals mehr einer ‹Unterschicht› gleichsetzen. Ihr ist Volk die Ganzheit der Nation ... Die politische Aufgabe nationalsozialistischer Volkskunde besteht darin, den vielfach verschütteten und irregeleiteten Born arteigner Volksüberlieferung frei zu legen und sein ungestörtes Fließen zu sichern.[85]

Die «artfremde» Einflussnahme ging nach Ansicht Zieglers und seiner Gesinnungsgenossen hauptsächlich von den christlichen Kirchen aus, denen die akademischen Gefolgsleute Rosenbergs und Himmlers vorwarfen, das autochthone Brauchtum in der Vergangenheit systematisch bekämpft und unterdrückt zu haben. Ziel der neuen Volkskunde müsse daher «die Entkonfessionalisierung und die Wiederaneignung des volkseigenen Brauchtums» sein, wie ein Mitarbeiter Rosenbergs 1943 schrieb.[86] Dahinter stand die Vorstellung eines durch Rasse und Blut geprägten «deutschen Wesens», das über Jahrhunderte und Jahrtausende unverändert geblieben wäre, wenn «artfremde» Kräfte es nicht verfälscht hätten.

Das Interesse an einer Rekonstruktion verschütteten Brauchtums war keineswegs nur akademischer Natur. Vielmehr verfolgte die nationalsozialistische Volkskunde das Ziel, langfristig die christlich geprägte deutsche Fest- und Feierkultur durch eine nationalsozialistische Alternative zu ersetzen, die sich auf «arteigene» Traditionen berufen konnte.[87]

Nicht alle Volkskundler machten sich diese Perspektive zu eigen. Heinrich Harmjanz, Volkskundler und nationalsozialistischer Wissenschaftspolitiker, konstatierte 1939, dass die «Erneuerung» der Volkskunde nach dem «Umbruch» von 1933 «nicht aus dem Bestand der damaligen Volkskundler herauskam, sondern aus den Reihen des Nachwuchses erfolgen musste».[88] Nachwuchskräfte, die bereit waren, sich an einer nationalsozialistischen «Erneuerung» der Volkskunde zu beteiligen, konnten im Gegenzug darauf hoffen, von der großzügigen Förderung des Faches durch die Politik zu profitieren. Zwischen 1933 und 1945 wurden im «Altreich» sieben Ordinariate[89] und vier Extraordinariate[90] für Volkskunde geschaffen. Weitere volkskundliche Lehrstühle entstanden seit 1939 in Wien, Innsbruck, Straßburg und Prag.[91] Unter den neuen Lehrstuhlinhabern befanden sich außergewöhnlich viele dezidierte Nazis – Professoren wie Heinrich Harmjanz, Eugen Mattiat, Otto Höfler, Gustav Bebermeyer, Erich Röhr, Joseph Otto Plassmann oder Richard Wolfram.[92]

Wehrwissenschaften. Schon 1931/32 war von studentischer Seite vehement die Einrichtung wehrwissenschaftlicher Professuren gefordert worden, um die Erziehung der Studenten zur Wehrhaftigkeit zu fördern.[93] Getragen wurde diese Forderung nicht nur vom NS-Studentenbund, sondern auch von den Stahlhelm-Studentengruppen. Die Hochschulen zeigten sich gegenüber solchen Wünschen durchaus aufgeschlossen. Einige Universitäten (Göttingen, München) hatten bereits Ende der 1920er Jahre begonnen, wehrwissenschaftliche Themen in ihr Vorlesungsverzeichnis aufzunehmen;[94] andere, darunter Rostock, Tübingen und Hamburg, zogen 1932 mit wehrwissenschaftlichen Lehraufträgen nach.[95] Spätestens 1933/34 entschlossen sich fast alle Universitäten, militärwissenschaftliche Lehraufträge zu erteilen oder zumindest Vortragsreihen zu diesem Thema anzubieten. Als Lehrkräfte wurden fast überall ausgediente Offiziere angestellt.

Im April 1934 präsentierte das Wehrpolitische Amt der NSDAP bereits großangelegte Pläne zur Etablierung der Wehrwissenschaften als akademische Disziplin. Eine Denkschrift sah vor, an den großen Universitäten wehrwissenschaftliche Fakultäten aufzubauen, die sich der Forschung und der Ausbildung des wissenschaftlichen Nachwuchses widmen sollten. Für die Universitäten mittlerer Größe planten die Verfasser der Denkschrift die Gründung wehrwissenschaftlicher Abteilungen mit hauptamtlichen Dozenten in den Philosophischen oder Staatswissenschaftlichen Fakultäten. Die kleinen Universitäten sollten mit einem wehrwissenschaftlichen Lehrstuhl oder zumindest mit einem Lehrauftrag ausgestattet werden.[96]

Die Realität blieb weit hinter diesen Plänen zurück. An keiner Universität entstand zwischen 1933 und 1945 eine wehrwissenschaftliche Fakultät,[97] und auch die Zahl der wehrwissenschaftlichen Lehrstühle blieb sehr gering. Eine größere Rolle spielten die Wehrwissenschaften nur an zwei Universitäten, in Berlin und Heidelberg.

An der Berliner Universität wurde 1933 der Militärhistoriker Walter Elze ohne Beteiligung der Fakultät zum persönlichen Ordinarius für Mittlere und Neuere Geschichte, insbesondere Kriegsgeschichte, ernannt.[98] Als bedeutsamer erwies sich aber die Berufung von Oskar Ritter von Niedermayer, der 1936 ein Ordinariat für Allgemeine Wehrlehre erhielt. Das von Niedermayer geleitete Wehrpolitische Institut war eine interdisziplinär angelegte, großzügig ausgestattete und hauptsächlich von der Wehrmacht finanzierte Einrichtung. Es diente als Auskunftstelle für Wehrmacht, Staat und Partei, als militärwissenschaftliche Kaderschmiede und als Produzent wehrgeographischer Atlanten, welche die räumliche, wirtschaftliche und militärische Struktur von Deutschlands Kriegsgegnern kartografisch aufbereiteten.[99]

In Heidelberg, dem zweiten universitären Schwerpunkt der Wehrwissenschaften, erhielt der Historiker Paul Schmitthenner bereits im Mai 1933 eine Professur für Kriegsgeschichte und Wehrkunde. Für Schmitthenner war diese Ernennung der Beginn einer steilen Karriere, die ihn 1938 ins Rektorat der Universität Heidelberg und 1940 an die Spitze des badischen Kultusministeriums führte. Wie viele Wehrwissenschaftler sah Schmitthenner seine Aufgabe nicht in der Forschung, sondern in der Erziehung der Deutschen zur «Wehrhaftigkeit».[100]

Erwähnt werden müssen noch die kurzlebigen Extraordinariate in Hamburg und Jena. Die von der Hamburger Hochschulverwaltung 1933 eingerichtete Professur für Kriegsgeschichte und Wehrwissenschaft existierte nur drei Jahre, weil der Stelleninhaber 1936 wegen des Vorwurfs der Homosexualität verhaftet und später entlassen wurde.[101] Die 1938 geschaffene Professur für Wehrgeschichte und Wehrphilosophie in Jena diente hauptsächlich der Versorgung des Blutordensträgers Hauptmann a.D. Richard Kolb. Kolb, der weder ein abgeschlossenes Hochschulstudium noch wissenschaftliche Publikationen vorweisen konnte, ließ sich bereits im Sommer 1939 von der Wehrmacht reaktivieren. In seiner Jenaer Zeit hat er sich vor allem als Denunziant hervorgetan.[102]

Im Vergleich mit den anderen vom Regime anfangs geförderten neuen Wissenschaftsgebieten ist die Institutionalisierung der Wehrwissenschaften an den Universitäten also in den Anfängen steckengeblieben. Bereits Anfang 1934 hatten Reichswehrminister Blomberg und das preußische Kultusministerium vereinbart, die Wehrwissenschaften «auf absehbare Zeit» nicht als selbständiges Hochschulfach zu etablieren.[103] Die Gründe für diesen Entschluss gehen aus den vorliegenden Quellen nicht eindeutig hervor. Möglicherweise spielte dabei das Verhalten der Studierenden eine Rolle, die nach einer kurzen Phase der Begeisterung oft nur noch wenig Interesse an wehrwissenschaftlichen Lehrveranstaltungen zeigten.[104] Wichtiger aber war wahrscheinlich die im Dezember 1933 gefallene Entscheidung, in absehbarer Zeit die allgemeine Wehrpflicht wieder einzuführen.[105] Ab 1935 mussten alle Studenten vor Aufnahme des Studiums zunächst eineinhalb Jahre, dann zwei Jahre Wehrdienst leisten. Damit war die Wehrwissenschaft als eigenständiges Hochschulfach aus Sicht der Wehrmacht wohl überflüssig geworden.

Gleichwohl verschwanden die Wehrwissenschaften nicht aus den Vorlesungen. Vielmehr wurden die Hochschullehrer der traditionellen Disziplinen aufgefordert, die militärisch relevanten Aspekte ihres Faches explizit in die Lehrveranstaltungen einzubeziehen. Dazu gehörten neben der Militärgeschichte beispielsweise die Behandlung chemischer Kampfstoffe in Chemievorlesungen oder die Beschäftigung mit der Ballistik in der Physik, aber auch die Wehrgeographie, die Kriegschirurgie und ähnliche Wissenschaftsgebiete.[106]

Eugenik, Vorgeschichte, Volkskunde und Wehrwissenschaften waren Wissenschaftsgebiete, die vor 1933 an den Universitäten ein marginales Dasein gefristet hatten und ihre Institutionalisierung im Wesentlichen dem Nationalsozialismus verdankten. Andere vom NS-Regime geförderte Fächer hatten sich schon vor 1933 an den Hochschulen etabliert, erlebten aber unter nationalsozialistischer Herrschaft einen bemerkenswerten Aufschwung. Zu diesen Fächern gehörten die Agrarwissenschaften und die Auslandswissenschaften, einschließlich der Kolonialwissenschaften.

Agrarwissenschaften. Der Ausbau der Agrarwissenschaften erfolgte im Rahmen der Autarkiepolitik des NS-Staates, die das Ziel verfolgte, Deutschland möglichst weitgehend von Nahrungsmittelimporten unabhängig zu machen. Zum einen sollte dadurch das chronische Problem des Devisenmangels reduziert werden, zum anderen wollte das Regime in zukünftigen militärischen Konflikten eine ähnliche Situation wie im Ersten Weltkrieg vermeiden, als die alliierte Seeblockade in Deutschland eine demoralisierende Hungersnot ausgelöst hatte. Von der Agrarforschung wurde daher eine Leistungssteigerung der deutschen Landwirtschaft mit den Mitteln der Wissenschaft erwartet.[107]

Im Gegenzug konnten die Agrarwissenschaften mit einer beträchtlichen Aufwertung durch das Regime rechnen. Während 1932/33 keine deutsche Universität über eine Landwirtschaftliche Fakultät verfügte, gab es 1944/45 fünf solcher Fakultäten: drei Neugründungen in Rostock, Königsberg und Posen sowie zwei ehemalige Landwirtschaftliche Hochschulen, die 1934 als Fakultäten in die Universitäten Berlin und Bonn eingegliedert wurden.[108] An weiteren Universitäten entstanden zwar keine neuen Fakultäten, wohl aber neue agrarwissenschaftliche Lehrstühle, so unter anderem in Göttingen und Gießen.[109]

Finanziell profitierte die agrarwissenschaftliche Forschung von einer äußerst großzügigen Förderung durch die Deutsche Forschungsgemeinschaft beziehungsweise den Reichsforschungsrat. Zwischen 1937 und 1943 erhielt die Fachsparte Landbauwissenschaft und Biologie 23 Prozent der Gesamtausgaben der DFG. Die Agrarwissenschaften bildeten somit den «eigentlichen Förderschwerpunkt» der DFG.[110] Das lag nicht nur an der politischen Relevanz des Faches, sondern auch an dem Einfluss des Agrarwissenschaftlers Konrad Meyer, der sich zu einem der mächtigsten Wissenschaftsmanager des Dritten Reiches entwickelte.[111] Es überrascht daher nicht, dass die Forschung durchgängig eine «auffallend enge Kooperation» zwischen Nationalsozialismus und den Agrarwissenschaften festgestellt hat.[112]

Auslandswissenschaften. Das politische Interesse an den Auslandswissenschaften wuchs in dem Maße, in dem es den Machthabern gelang, sich erneut als europäische Großmacht zu etablieren und schließlich zu einer aggressiven Expansionspolitik überzugehen. Als Nazi-Deutschland 1940/41 große Teile des europäischen Kontinents beherrschte, erreichte dieses Interesse seinen Höhepunkt.

Die Auslandswissenschaften sollten Expertenwissen bereitstellen über jene Staaten, die für Deutschland als (potentielle) Gegner oder Verbündete von Bedeutung waren, sie sollten Führungskräfte qualifizieren, die in der Auslandsarbeit von Staat, Partei, Wirtschaft, Militär oder Geheimdiensten eingesetzt werden konnten, und für die Ausbildung von Dolmetschern sorgen. Ein führender Auslandswissenschaftler, der Nationalsozialist Karl Heinz Pfeffer, beschrieb die Aufgaben seines Faches 1942 so: «Der Flieger will vor dem Flug ins feindliche oder freundliche Land sorgfältige Wettermeldungen von seinem Meteorologen haben, Wettermeldungen, die ... Lebensgefahr bringen, wenn sie von propagandistischen oder zweckoptimistischen Wunschträumen ausgehen ... So braucht unser Volk politische Wettermeldungen und eine politische Geländekunde, die nicht von Zweckoptimismus gefärbt sein dürfen, die mit naturwissenschaftlicher Strenge zu arbeiten versuchen.»[113]

Das Zentrum des Faches bildete die 1940 gegründete Auslandswissenschaftliche Fakultät der Berliner Universität, die bei Kriegsende zwölf Ordinariate und zwölf Extraordinariate zählte, außerdem Honorarprofessoren, außerplanmäßige Professoren und Dozenten sowie eine große Zahl von Lehrbeauftragten, Lektoren und «Sprachlehrbeauftragten», die Fremdsprachenunterricht gaben oder landeskundliche Lehrveranstaltungen anboten.[114] An anderen Universitäten erlebten die Auslandswissenschaften ebenfalls einen Aufschwung, so in Tübingen, wo 1939 ein Extraordinariat für Weltpolitische Auslandskunde und Kolonialpolitik eingerichtet wurde. 1940 folgte die Gründung der Württembergischen Arbeitsgemeinschaft für Auslandswissenschaften, die zu einer engeren Zusammenarbeit der Universität Tübingen mit dem Deutschen Auslands-Institut in Stuttgart und anderen wissenschaftlichen Einrichtungen führte.[115] Eine «Ausrichtung der Universität ... auf Auslandskunde und verwandte Fächer» stand

1941 auch in Heidelberg auf der Tagesordnung[116] und führte zur Gründung neuer Institute für Großraumwirtschaft sowie für Auslands- und Völkerrecht.[117]

Einen Teilbereich der Auslandswissenschaften bildeten die Kolonialwissenschaften, die sich seit 1939/40 einer großzügigen Förderung erfreuten.[118] Nach dem Sieg der Wehrmacht über Frankreich schien die Errichtung eines neuen deutschen Kolonialreiches in Afrika nur noch eine Frage der Zeit zu sein. Daran wollten auch diverse Universitäten aktiv partizipieren. Die Universität Göttingen eröffnete 1940 ein Institut für koloniale Landwirtschaft.[119] In Tübingen entstanden zwischen 1939 und 1942 gleich drei Professuren mit kolonialwissenschaftlichem Schwerpunkt, wie aus Tabelle 32 (Anhang) hervorgeht. Noch mehr Platz nahm die Kolonialforschung an der Universität Hamburg ein, die 1919 unter anderem aus dem Hamburger Kolonialinstitut hervorgegangen war. Schon das Hamburger Universitätsgesetz von 1934 hatte ihr die «besondere Aufgabe» zugewiesen, «namentlich die Übersee- und Kolonialkunde zu fördern».[120] 1938 wurde auf Initiative des Hamburger Historikers Adolf Rein das Kolonialinstitut neu gegründet. Das erste Vorlesungsverzeichnis umfasste bereits 78 Lehrveranstaltungen, außerdem gesonderte Lehrgänge und Vortragsreihen. Zunächst war die Neugründung allerdings eine reine Dachkonstruktion, die 23 bereits bestehende Seminare und Institute miteinander verknüpfte. Das änderte sich 1941, als der Universität vier neue kolonialwissenschaftliche Professuren bewilligt wurden.[121] Nun konnte die Hamburger Universität sich mit Recht als «Hochburg der kolonialen Wissenschaften Deutschlands» definieren.[122] Die Freude währte indes nur kurz, denn zwei Jahre später, im Januar 1943, ordnete Hitler die Einstellung der kolonialpolitischen Aktivitäten an. Die Hoffnung auf ein neues deutsches Kolonialreich in Afrika war schon lange vor Kriegsende offiziell beerdigt.

Zusammenfassend lässt sich festhalten, dass in den ersten Jahren nach der «Machtergreifung» vor allem Disziplinen gefördert wurden, denen nach Ansicht der Nationalsozialisten eine besondere ideologische Relevanz zukam. Während des Krieges, manchmal auch schon früher, ließ sich eine gewisse Verschiebung erkennen. Nun wurden verstärkt Lehrstühle eingerichtet, die dazu dienen sollten, die nazistische Expansionspolitik zu unterstützen. Fächer, die ausschließlich unter ideologischen Gesichtspunkten relevant waren, wie die deutsche Vorgeschichte, traten demgegenüber wieder in den Hintergrund.[123]

Theologie

Von den 23 deutschen Universitäten besaßen 20 im Jahre 1933 mindestens eine Theologische Fakultät. Einzige Ausnahmen waren die drei Neugründungen von 1914 (Frankfurt) und 1919 (Köln und Hamburg). Vier Universitäten (Bonn, Breslau, Münster und Tübingen) hatten sowohl eine katholische als auch eine evangelische Fakultät.[124]

Bekanntlich verdankte der Nationalsozialismus seine Wahlerfolge in der Endphase der Weimarer Republik vor allem dem protestantischen Teil der Bevölkerung.[125] An den 17 Evangelisch-Theologischen Fakultäten[126] leitete die nationalsozialistische Machtübernahme daher eine Phase stürmischer Politisierung ein. Ein Großteil der evangelischen Theologiestudenten war schon um 1930/31 in das nationalsozialistische Lager übergegangen.[127] Im Frühjahr und Sommer 1933 folgte auch ein beachtlicher Teil des Lehrkörpers. Renommierte Theologen begrüßten öffentlich die politische Wende und sahen sich vielfach bereits am Anfang einer Epoche der Rechristianisierung.[128] «Wer nicht erkennt, daß der Führer uns von Gott gegeben ist, ist entweder töricht oder bösen Willens», erklärte der Tübinger Ordinarius Karl Fezer vor Repetenten des Evangelischen Stifts.[129] Auch für manche früheren Skeptiker gab es nun kein Halten mehr. Der Göttinger Theologieprofessor Emanuel Hirsch, bis 1933 Mitglied der DNVP, war noch im Oktober 1932 «auf die Nazis ... recht erbittert, weil sie all den Glauben, all die heilige Begeisterung ihrer Anhänger mißbrauchen».[130] Doch nur wenige Monate später hielt auch er Hitler für einen vom Himmel gesandten christlichen Führer: «Kein einziges Volk der Welt hat so wie das unsere einen Staatsmann, dem es so ernst um das Christliche ist; als Adolf Hitler am 1. Mai seine große Rede mit einem Gebet schloß, hat die ganze Welt die wunderbare Aufrichtigkeit darin gespürt.»[131] Hier wie in vielen ähnlichen Fällen schwemmte die Sehnsucht nach einer «nationalen Wiedergeburt» alle Bedenken weg.

Viele frisch bekehrte Theologen schlossen sich 1933 nicht nur der NSDAP an, sondern auch den Deutschen Christen (DC), einer Organisation, die eine Synthese von Christentum und Nationalsozialismus anstrebte. Die Deutschen Christen verfolgten das Ziel, die 28 evangelischen Landeskirchen zu einer zentralistisch organisierten und nationalsozialistisch kontrollierten Reichskirche unter Führung eines Reichsbischofs zusammenzufassen. Das Amt des Reichsbischofs erhielt Hitlers Vertrauensmann in Kirchenfragen, der Militärpfarrer Ludwig Müller.

Der rasche Vormarsch der Deutschen Christen geriet jedoch schon nach wenigen Monaten ins Stocken. Versuche von deutschchristlicher Seite, «Arierparagraphen» in der Kirche einzuführen und widerstrebende Landeskirchen mit brachialer Gewalt in die geplante Reichskirche einzugliedern, führten zur Herausbildung einer innerkirchlichen Opposition. Für zusätzliches Konfliktpotenzial sorgte im November 1933 eine Kundgebung der Deutschen Christen im Berliner Sportpalast, auf der ein Redner unter anderem die «Befreiung vom Alten Testament» und die «Säuberung» des Neuen Testaments forderte. Das Ergebnis dieser Entwicklung war die faktische Spaltung der evangelischen Kirche. Die Opposition formierte sich 1933 zunächst als Pfarrernotbund, 1934 als Bekennende Kirche (BK). Sie verstand sich ausdrücklich als Opposition gegen die «Irrlehren» der Deutschen Christen, nicht gegen den Nationalsozialismus. Ziel war es, die Unabhängigkeit der evangelischen Kirche zu bewahren. Damit widersetzte sich die Bekennende Kirche aber dem Totalitätsanspruch des Regimes; von dezidierten Nazis wurde sie deshalb als «Zersetzungserscheinung» wahrgenommen.[132]

Die Evangelisch-Theologischen Fakultäten waren Bestandteil dieses Konflikts. Einige Theologen wie Karl Fezer, Emanuel Hirsch und Hermann Wolfgang Beyer schlossen sich 1933 nicht nur den Deutschen Christen an, sondern stellten sich Reichsbischof Müller auch als Berater zur Verfügung.[133] Andere Universitätstheologen exponierten sich als Kritiker Müllers. So boykottierten 7 von 17 Fakultäten 1934 die Amtseinführung des Reichsbischofs, und gegen Ende des Jahres forderten 127 theologische Hochschullehrer öffentlich seinen Rücktritt.[134]

Die Haltung der Evangelisch-Theologischen Fakultäten zur Einführung des «Arierparagraphen» in der Kirche war ebenfalls uneinheitlich. Die Marburger Fakultät ließ in einem Gutachten, das Hans von Soden im Namen der Fakultät verfasste, keine Zweifel an ihrer Überzeugung, dass ein «Arierparagraph» «unvereinbar mit dem Wesen der christlichen Kirche» war. Ein getaufter Jude, so hieß es in dem Marburger Gutachten, sei für die Kirche kein Jude mehr und dürfe daher keinen kirchenrechtlichen Einschränkungen unterworfen werden. Die Gegenposition vertrat ein zweites Gutachten, das Paul Althaus und Werner Elert für die Theologische Fakultät Erlangen verfasst hatten. Zwar forderten Althaus und Elert im Gegensatz zu den Vertretern der Deutschen Christen nicht den generellen Ausschluss von «Judenstämmigen» aus kirchlichen Ämtern. Sie behaupteten aber, es bestehe eine «Bedrohung» des deutschen «Eigenlebens durch das emanzipierte Judentum». Für die evangelische Kirche würde daher «die Besetzung ihrer Ämter mit Judenstämmigen im allgemeinen eine schwere Belastung und Hemmung bedeuten». Die Übernahme kirchlicher Ämter durch «Christen jüdischer oder halbjüdischer Abstammung» dürfe deshalb nur in Ausnahmefällen möglich sein. Faktisch erklärte dieses Gutachten Christen jüdischer Herkunft zu Kirchenangehörigen minderen Rechts.[135]

Kurz, die Evangelisch-Theologischen Fakultäten boten im Kleinen ein ähnliches Bild der inneren Spaltung wie die Evangelische Kirche im Großen. Während im Lehrkörper der Theologischen Fakultäten Bonn, Marburg und Rostock anfangs die Anhänger der Bekennenden Kirche dominierten,[136] entwickelte sich die Theologische Fakultät Göttingen unter der straffen Führung Emanuel Hirschs zu einer Hochburg der Deutschen Christen.[137] In den folgenden Jahren veränderte sich das Kräfteverhältnis von Bekennender Kirche und Deutschen Christen erheblich zugunsten Letzterer.

Ihre starke Position verdankten die Deutschen Christen auch dem nationalsozialistischen Staat, der sie in den ersten Jahren nach der «Machtergreifung» tatkräftig unterstützte. Bei Berufungen konnten ihre Vertreter in aller Regel mit Unterstützung seitens der Kultusministerien rechnen, während Mitglieder der Bekennenden Kirche kaum Chancen auf einen Lehrstuhl hatten. Unter den etwa 30 evangelischen Theologen, die zwischen 1933 und 1937 eine Professur erhielten, befanden sich nur zwei Anhänger der Bekennenden Kirche, Heinz-Dietrich Wendland (Kiel) und Joachim Jeremias (Göttingen),[138] während im selben Zeitraum eine ganze Reihe von ihnen aus dem Hochschuldienst ausscheiden musste. Obwohl die Bekennende Kirche öffentlich ihre Loyalität gegenüber dem Staat beteuerte, wurden während der NS-Zeit insgesamt 23 BK-Theologen aus den Universitäten vertrieben.[139] Ein veritabler Kahlschlag fand insbesondere in der Evangelisch-Theologischen Fakultät Bonn statt. Dadurch entwickelte sich die ehemalige Hochburg der Bekennenden Kirche innerhalb von zwei Jahren zu einer Bastion der Deutschen Christen.[140] Einen ähnlich radikalen Austausch des Lehrkörpers durch Entlassungen und Versetzungen erlebte auch die Theologische Fakultät Kiel.[141] Weitere Zentren der Deutschen Christen entstanden in Breslau und Jena, wo militante Nazi-Theologen wie Wolf Meyer-Erlach oder Walter Grundmann Professuren erhielten.[142] Wie eine von der Bekennenden Kirche angefertigte Statistik über die kirchenpolitische Orientierung des Lehrkörpers der preußischen Fakultäten zeigt, waren die Theologen, die sich den Deutschen Christen angeschlossen hatten, 1935/36 an fast allen Evangelisch-Theologischen Fakultäten Preußens, mit Ausnahme von Greifswald und Münster, stärker vertreten als die Anhänger der Bekennenden Kirche. Insgesamt standen 55 DC-Anhänger 29 BK-Vertretern gegenüber, wie aus Tabelle 23 (Anhang) hervorgeht. Zudem stellten die Deutschen Christen selbst an Fakultäten, in denen sie nur schwach vertreten waren, wie in Münster, meist den Dekan.[143]

In der Vergangenheit war die Forschung zu den Evangelisch-Theologischen Fakultäten während der NS-Diktatur stark auf den Dualismus von Deutschen Christen und Bekennender Kirche fokussiert. Dabei wurde leicht übersehen, dass sowohl Deutsche Christen als auch die Bekennende Kirche nur eine Minderheit im Lehrkörper der Theologischen Fakultäten bildeten. Zahlenmäßig dominierten die nicht kirchenpolitisch organisierten «Neutralen» (Tabelle 23 im Anhang). In dieser «neutralen Mitte» finden sich viele ehemalige DC-Mitglieder, die Ende 1933 nach der Sportpalastkundgebung die Deutschen Christen wieder verlassen hatten – darunter Professoren wie Gerhard Kittel und Karl Fezer (Tübingen), Friedrich Gogarten (Breslau), Heinrich Bornkamm (Gießen), Friedrich Karl Schumann (Halle) und Hermann Wolfgang Beyer (Greifswald).[144] Zu den «Neutralen» gehörten aber auch Theologen, die der Bekennenden Kirche den Rücken gekehrt hatten. Eine solche Entwicklung konnte sogar an der Marburger Theologischen Fakultät beobachtet werden, die ursprünglich als solides Bollwerk der Bekennenden Kirche gegolten hatte.[145] Seit 1935 war eine Mitgliedschaft in der Bekennenden Kirche zu einem unwägbaren Risiko geworden, dem sich viele offensichtlich nicht aussetzen wollten. Zudem zeigten sich auch zahlreiche Theologen, die dem Totalitätsanspruch des Nationalsozialismus distanziert gegenüberstanden, von den Erfolgen beeindruckt, die das Regime in den 1930er Jahren erzielte.

Kirchenpolitische Neutralität sollte nicht mit politischer Abstinenz verwechselt werden. Wenn «neutrale» Theologen die Ansichten der Deutschen Christen, etwa deren Ablehnung des Alten Testaments, nicht teilen konnten, war damit noch keine Abwendung vom Nationalsozialismus verbunden. Darauf verweist unter anderem das Beispiel des Tübinger Theologen Gerhard Kittel. Kittel hatte seine DC-Mitgliedschaft wie viele andere Ende 1933 aufgekündigt. Das hinderte ihn indes nicht daran, sich auch weiterhin als Vertreter eines wissenschaftlichen Antisemitismus zu profilieren. In den *Forschungen zur Judenfrage,* die Walter Franks Reichsinstitut für Geschichte des neuen Deutschlands seit 1937 herausgab, publizierte er eine Reihe von antijüdischen Texten, in denen er unter anderem die Nürnberger Gesetze rechtfertigte und den Juden einen Drang zur «alleinigen Weltherrschaft» unterstellte.[146]

Während die Bekennende Kirche im Lehrkörper der Evangelisch-Theologischen Fakultäten deutlich in der Minderheit blieb, war sie unter den Studierenden weitaus erfolgreicher. Im Juli 1937 konstatierte ein Referent des REM: «Die Bekennende Kirche hat zur Zeit etwa 70–80% aller Studenten der Theologie für sich eingenommen, und es besteht die Gefahr, dass, wenn kein Widerstand geleistet wird, alle evangelischen Theologiestudierenden in das Lager der Bekennenden Kirche abwandern.»[147] Eine interne Statistik des Studentenpfarramtes der Bekennenden Kirche ergab ein ähnliches Bild. Von 1330 Studierenden, die im Sommer 1939 an den 17 Evangelisch-Theologischen Fakultäten eingeschrieben waren, zählten demnach 816 (61,4 Prozent) zur Bekennenden Kirche, während die Deutschen Christen gerade noch über 63 Anhänger (4,7 Prozent) verfügten. Nur an der Universität Jena, die für ihre straffe politische Ausrichtung bekannt war, hatten die Deutschen Christen noch die Mehrheit der Theologiestudierenden hinter sich.[148]

Daraus ergaben sich für die Deutschen Christen im Lehrkörper höchst unerfreuliche Konsequenzen. Nachdem die Augsburger Synode der Bekennenden Kirche die Studierenden 1935 in verklausulierter Form zum Boykott der DC-Professoren aufgerufen hatte,[149] verloren diese einen Großteil ihrer Hörerschaft. Demgegenüber konnten Theologen, die die Bekennende Kirche unterstützten, bis zum Kriegsbeginn mit vollen Hörsälen rechnen.[150]

Katholisch-Theologische Fakultäten bestanden 1932/33 an sieben deutschen Universitäten.[151] Ihre Situation zur Zeit der «Machtergreifung» unterschied sich deutlich von der protestantischen Konkurrenz. Die katholische Kirche war schon vor 1933 heftigen Angriffen von führenden Vertretern der NSDAP, allen voran Alfred Rosenberg, ausgesetzt gewesen. Seit 1930/31 hatten die katholischen Bischöfe öffentlich vor dem Nationalsozialismus gewarnt. Nach den Märzwahlen von 1933 vollzog das Episkopat jedoch eine Kehrtwende. Die bisherigen Warnungen wurden zurückgezogen und die Katholiken zur Treue gegenüber der «rechtmäßigen Obrigkeit» aufgerufen.[152] Auch das im Juli 1933 zwischen dem Deutschen Reich und dem Vatikan abgeschlossene Konkordat deutete darauf hin, dass das Regime und die katholische Kirche einen Modus Vivendi gefunden hatten. Zudem präsentierte Hitler sich 1933 bei öffentlichen Auftritten bewusst als Staatsmann christlicher Überzeugung.[153]

Vor diesem Hintergrund fühlten sich diverse katholische Theologen 1933/34 berufen, als «Brückenbauer» zwischen Katholizismus und Nationalsozialismus aktiv zu werden oder sogar öffentliche Bekenntnisse zu Hitler abzugeben.[154] Der Münsteraner Systematiker Michael Schmaus hielt es für eine «selbstverständliche Forderung der Zeit», sich «rückhaltlos in den neuen Staat einzuordnen», und betonte in einer Broschüre die Gemeinsamkeiten beider Weltanschauungen: die Ablehnung von Liberalismus, Individualismus, Klassenkampf und Marxismus, die Opferbereitschaft, den Kampf gegen «öffentliche Unsittlichkeit», die «starke Betonung der Autorität» und die «Auffassung von der hierarchischen Ordnung der Dinge und der Menschen», schließlich die «Bejahung der Gemeinschaft».[155] Ganz ähnlich erkannte auch der Kirchenhistoriker Joseph Lortz (Münster) 1933 «grundlegende Verwandtschaften» zwischen Katholizismus und Nationalsozialismus. Die Gewaltbereitschaft der Nationalsozialisten war aus seiner Sicht kein Hinderungsgrund für eine Annäherung, schließlich richtete sich diese Gewalt 1933 hauptsächlich gegen die Kommunisten: «Daß Terror nur durch Gewalt zu brechen ist, diese vergessene Binsenwahrheit, die allerdings den Einsatz des Lebens verlangt, hat Hitler wieder richtig entdeckt. Und vorläufig ist seine Tat die Rettung Deutschlands und dadurch Europas vor dem Chaos des Bolschewismus, d.h. der Zerstörung des christlichen Europas.» Lortz registrierte durchaus die «gar nicht seltenen und höchst gefährlichen antikatholischen Äußerungen aus dem nationalsozialistischen Lager», hielt sie aber für unwesentlich. Sein Fazit lautete: «Der Nationalsozialismus ist heute nicht nur die rechtmäßige Gewalt in Deutschland, er ist zum überwiegenden Teile Deutschland selbst: doppelte Gewissensverpflichtung, zu ihm ein volles ‹Ja› zu sprechen.»[156]

Aus Sicht des Tübinger Theologen Karl Adam sprach für den Nationalsozialismus vor allem seine Fähigkeit, die «soziale Zerklüftung» der Deutschen zugunsten einer neuen Einheit zu überwinden. Die faktische Grundlage dieser «Einheit», die brutale Unterdrückung aller Kräfte, die nicht zum «nationalen Lager» gehörten, ignorierte er geflissentlich. Adam hatte auch keine Hemmungen, sich als renommierter Theologe an der Verbreitung des Hitlerkults im katholischen Milieu zu beteiligen:

> Aus dem Süden, aus dem katholischen Süden kam er, aber wir kannten ihn nicht. ... Und nunmehr steht er vor uns als der, den die Stimmen unserer Dichter und Weisen gerufen, als der Befreier des deutschen Genius, der die Binden von unseren Augen nahm und uns durch alle politischen, wirtschaftlichen, gesellschaftlichen, konfessionellen Hüllen hindurch wieder das eine Wesenhafte sehen und lieben ließ: unsere bluthafte Einheit, unser deutsches Selbst, den homo Germanus.

Und Adam ging noch weiter. Er unterstützte aus christlicher Perspektive ausdrücklich die nationalsozialistische Forderung nach «Bluteinheit» und legitimierte das «Vorgehen der deutschen Regierung gegen die jüdische Überschwemmung» als einen «pflichtgemäßen Akt christlich-germanischer Selbstbehauptung».[157]

Wesentlich für die Beurteilung solcher Publikationen ist die Frage, wie repräsentativ ihre Ansichten waren. Zweifellos gab es 1933/34 im Lehrkörper der Katholisch-Theologischen Fakultäten eine größere Bereitschaft, sich mit dem Regime zu arrangieren, als lange Zeit vermutet wurde.[158] Die vorliegenden Lokalstudien zeigen aber auch, dass die Zahl der katholischen Theologen, die sich im Frühjahr 1933 der NSDAP anschlossen, gering blieb, weit geringer als in den anderen Fakultäten.[159] Das deutet auf eine größere Distanz gegenüber dem Regime hin.

In der Folgezeit erwiesen sich die anfänglichen Erwartungen auf katholischer Seite als Illusion. Aus Sicht der Machthaber war die katholische Kirche ein Hemmnis für die Durchsetzung des nationalsozialistischen Totalitätsanspruchs und ein Teil jener «überstaatlichen Mächte», deren Integration in transnationale Strukturen prinzipiell verdächtig erschien. Partei und Staat verfolgten daher das Ziel, den Einfluss der katholischen Kirche auf die deutsche Gesellschaft so weit wie möglich zu reduzieren. Das Ergebnis war ein jahrelanger Kleinkrieg gegen katholische Verbände und Vereine, aber auch gegen die katholische Presse und die Konfessionsschulen.

Das machte es zusehends schwerer, an ein gedeihliches Miteinander oder gar an eine Synthese von Nationalsozialismus und Katholizismus zu glauben. Manche Theologen, die anfangs als «Brückenbauer» hervorgetreten waren, resignierten nach einiger Zeit – so beispielsweise Sebastian Merkle.[160] Relativ groß war die Anpassungsbereitschaft aber beim wissenschaftlichen Nachwuchs. Der Würzburger Bischof Matthias Ehrenfried beobachtete 1935, «dass die jungen Lehrkräfte fast durchgehend sich enger an die Partei anschließen, um zum Zuge zu kommen».[161]

Die seltenen kritischen Äußerungen gegenüber Maßnahmen oder Repräsentanten des Regimes galten meist der Abwehr von Angriffen gegen die Kirche und ihre Lehre. Das bekannteste Beispiel waren die 1934/35 anonym publizierten *Studien zum Mythus des XX. Jahrhunderts* – ein von Wilhelm Neuss (Bonn) angeregtes Gemeinschaftswerk katholischer Hochschullehrer, das sich kritisch mit Alfred Rosenbergs Buch *Der Mythus des 20. Jahrhunderts* auseinandersetzte.[162] Einige wenige Theologen gingen noch weiter. Zu ihnen gehörte der Moraltheologe Peter Tischleder. Der Münsteraner Ordinarius war einer der Verfasser des Dekalog-Hirtenbriefs der katholischen Bischöfe von 1943, in dem die Massenverbrechen des NS-Regimes öffentlich angeprangert wurden.[163]

Die meisten katholischen Theologieprofessoren blieben politisch zurückhaltend und exponierten sich weder als Anhänger noch als Kritiker des Regimes.[164] So sah es auch der nationalsozialistische Rektor der Universität Breslau, Gustav Adolf Walz, der die Haltung der Katholisch-Theologischen Fakultät 1935 in einem vertraulichen Bericht als «neutral» charakterisierte:

> Die tiefgreifende Auseinandersetzung zwischen der katholischen Kirche und der nationalsozialistischen Bewegung mußte selbstverständlich von weitgehendster Bedeutung auf die Institutionen der katholischen Kirche sein. Die derzeitig bestehende Neutralität kann darüber nicht hinwegtäuschen, daß nach meinen Beobachtungen die katholisch-theologische Fakultät durchaus nicht gewillt ist, sich dem nationalsozialistischen Staat und seinen Zielen einzuordnen. Außer dem Dekan ist unter den Ordinarii wohl kaum ein Mann vorhanden, der die Erziehung im nationalsozialistischen Sinn durchführen würde.[165]

Im Vergleich mit dem von Spaltungen zerklüfteten Protestantismus konnte der deutsche Katholizismus seine innere Geschlossenheit gegenüber dem NS-Staat sehr viel besser bewahren. Ein Äquivalent zu den Deutschen Christen gab es in der katholischen Kirche nicht. Maßgeblich dafür waren ihre hierarchische Struktur und ihr spezifischer Status als Teil einer internationalen Institution, deren Spitze dem deutschen Einflussbereich entzogen war. Zudem verfügte der Vatikan über die Option, Theologen zu suspendieren *(suspensio a divinis)*, sofern diese sich von offiziellen kirchlichen Positionen entfernten. Dieses Instrument wurde 1934 gegen die nationalsozialistischen Theologen Karl Eschweiler und Hans Barion eingesetzt, die daraufhin ihre Vorlesungen einstellen mussten. Erst nach einer Unterwerfungserklärung erhielten sie die Erlaubnis, ihre Lehrtätigkeit fortzusetzen.[166]

Eine grundlegend neue Situation entstand in der zweiten Hälfte der 1930er Jahre, als sich in der NSDAP jene Kräfte durchsetzten, die den christlichen Kirchen grundsätzlich ablehnend gegenüberstanden – eine Position, für die innerhalb der Parteiführung vor allem Rosenberg, Himmler, Bormann und Goebbels standen. Dadurch gerieten die Versuche, eine Synthese von Christentum und Nationalsozialismus zu konstruieren, mehr und mehr ins Abseits. Als Vorreiter agierte Himmler, der bereits 1934/35 alle Geistlichen, Theologen oder Theologiestudenten aus der SS ausschloss.[167] Nachdem die NSDAP 1937 entschieden hatte, keine Geistlichen mehr aufzunehmen,[168] gingen auch die SA, die Hitlerjugend und der NSDStB dazu über, Theologen und Theologiestudenten nicht mehr aufzunehmen oder sogar auszuschließen.[169]

Diese Politik der Ausgrenzung war für Theologen mit erheblichen Nachteilen materieller Art verbunden. In den 1937 veröffentlichten Richtlinien des NSDDB zur Nachwuchsförderung hieß es kurz und knapp: «Theologen sind bei der Nachwuchsförderung abzulehnen.» Ausnahmen gebe es «nur bei hervorragendem politischem Einsatz».[170] Im Frühjahr 1938 schwenkte auch das REM auf diese Linie ein und erklärte, die Förderung von Theologiedozenten sei «mit Rücksicht auf die ungewissen Aussichten des Hochschullehrernachwuchses in den

Theologischen Fakultäten und das geringe Interesse des Staates» an ihren Forschungen nicht mehr angebracht.[171]

Manche Professoren rechneten 1937 bereits mit der baldigen Auflösung der Theologischen Fakultäten.[172] Diese Vermutung war nicht unrealistisch. Wie ein Blick in die Akten zeigt, verhandelten das REM und der Stab Heß seit November 1938 intensiv über eine «Zusammenlegung» beziehungsweise einen «Abbau» der Theologischen Fakultäten.[173] Das war ein politisch heikles Thema, weil ein Großteil der Theologischen Fakultäten rechtlich durch Staatskirchenverträge und Konkordate geschützt war. Dennoch wurden beide Seiten rasch einig in dem Bestreben, die Zahl der Theologischen Fakultäten in Zukunft drastisch zu reduzieren. Dahinter stand offensichtlich das langfristige Ziel, die Theologie gänzlich aus den Universitäten zu verbannen, wie in einer Denkschrift des Amtes Wissenschaft im REM nachzulesen ist:

> Grundsätzlich wird man bei einem Neuaufbau der Universitas im nationalsozialistischen Staat die theologische Fakultät nicht mit einbeziehen dürfen, weil sie keine Wissenschaft ist. Es fehlt ihr ein entscheidendes Merkmal jeder wissenschaftlichen Art, das «freie» Forschen nach neuen Erkenntnissen. Sie verteidigt lediglich Glaubenssätze und läßt naturnotwendig neue Erkenntnis nicht zu.[174]

Im Stab Heß sah man das genauso.[175] Nur der «Führer» hielt sich in dieser Frage bedeckt. Als ein Referent des REM die Pläne des Ministeriums durch einen «Führerentscheid» absichern lassen wollte, erhielt er vom Stab Heß die Auskunft, es sei notwendig, «die Angelegenheit in der Sphäre der Reichsministerien, insbesondere des Erziehungsministeriums und des Stellvertreters des Führers zu belassen, ohne den Namen des Führers nach außen hin zu belasten». Es sei jedoch ausgeschlossen, dass «eine Zusammenlegung der Theologischen Fakultäten von höchster Stelle revidiert würde».[176] Mit anderen Worten: Hitlers Name sollte nicht mit unpopulären Maßnahmen in Verbindung gebracht werden.

Die Umsetzung dieser Pläne begann 1938/39 mit der Schließung von drei Katholisch-Theologischen Fakultäten. Nach dem Anschluss Österreichs wurden zunächst die Theologischen Fakultäten der Universitäten Innsbruck (im Juli 1938) und Graz (im April 1939) aufgelöst.[177] Zuvor hatte Hitler entschieden, das 1933/34 zwischen der Republik Österreich und dem Vatikan abgeschlossene Konkordat als «erloschen» zu betrachten.[178] Seitdem bestand in der «Ostmark» (wie Österreich nun genannt wurde) nur noch an der Universität Wien eine katholische und eine evangelische Theologische Fakultät.

Die dritte Schließung traf die Katholisch-Theologische Fakultät München. Ausgangspunkt war ein Konflikt um den Lehrstuhl für Kirchenrecht, den das REM im Mai 1938 gegen das Votum der Fakultät und des Münchener Erzbischofs Kardinal Faulhaber mit dem Parteigenossen Hans Barion besetzte. Faulhaber und andere Bischöfe sahen darin zu Recht einen Verstoß gegen das Bayerische Konkordat von 1924 und untersagten den Besuch von Barions Lehrveranstaltungen. Der Konflikt schwelte bis in das Jahr 1939 hinein und überschnitt sich schließlich mit den Planungen zum Abbau der Theologischen Fakultäten. Während das REM ursprünglich nur die Absicht verfolgt hatte, die Berufung Barions auch gegen kirchlichen Widerstand zu erzwingen, nutzte das Ministerium nun die Gelegenheit, um den Abbau der Theologischen Fakultäten auch im «Altreich» einzuleiten. Im Februar 1939 wurde die Münchener Fakultät geschlossen.[179]

Die interne Abstimmung zwischen den beteiligten Staats- und Parteistellen über die Auflösung weiterer Fakultäten durch «Zusammenlegung» war noch nicht abgeschlossen, als der Beginn des Zweiten Weltkriegs im September 1939 eine neue Situation schuf. Da das Regime im Krieg auf die Loyalität der christlichen Bevölkerungsmehrheit angewiesen war, ordnete Hitler im Frühjahr 1940 an, «alle nicht unbedingt notwendigen Maßnahmen» zu vermeiden, die das «Verhältnis des Staates und der Partei zur Kirche verschlechtern könnten».[180] Daraufhin musste der Frontalangriff auf die Theologischen Fakultäten «vorläufig» eingestellt werden.[181] Die Pläne zum Abbau der Theologischen Fakultäten waren damit aber nicht vom Tisch. Vielmehr einigten sich der Stab Heß und das REM 1940 darauf, ihre Ziele auf kaltem Wege weiterzuverfolgen. Für die Theologischen Fakultäten beider Konfessionen bedeutete das: keine Besetzung freiwerdender Lehrstühle mehr, keine Vergabe neuer Lehraufträge und keine Ernennung habilitierter Theologen zu Dozenten neuer Ordnung.[182]

Diese Maßnahmen und die Einziehung jüngerer Dozenten zur Wehrmacht bewirkten während des Krieges eine deutliche Verkleinerung des Lehrkörpers.

Noch rascher verringerte sich – bedingt durch die politische Marginalisierung der Theologie und die Einberufungen der Kriegsjahre – die Zahl der Studierenden. Während 1933 noch ein Zehntel aller Studierenden Evangelische oder Katholische Theologie studiert hatte, sank ihr Anteil bis 1943/44 auf 0,8 Prozent.[183] In der zweiten Kriegshälfte zählten manche Theologischen Fakultäten mehr Dozenten als Studenten. In Gießen war 1943 kein einziger Theologiestudent mehr immatrikuliert.[184] Angesichts dieser Entwicklung konnte das REM im September 1943 zufrieden feststellen, dass der Abbau der Theologischen Fakultäten «bereits erheblich fortgeschritten» war. Die Evangelisch-Theologischen Fakultäten in Kiel, Gießen, Jena und Rostock seien schon weitgehend lahmgelegt.[185]

Selbstverständlich blieben diese Entwicklungen und ihre Ursachen den Theologen beider Konfessionen nicht verborgen. Im Oktober 1939 notierte der einflussreiche Berliner Kirchenhistoriker Erich Seeberg: «Die theologischen Fakultäten werden verschwinden. Wenn wir den Krieg gewinnen, werden wir wenigstens emeritiert werden.»[186]

Bei einigen evangelischen DC-Theologen führte der kirchenpolitische Kurswechsel des Regimes zu einer weiteren Radikalisierung. Sichtbaren Niederschlag fand diese Tendenz 1939 in der Gründung des Instituts zur Erforschung und Beseitigung des jüdischen Einflusses auf das deutsche kirchliche Leben in Eisenach. Das von dem Jenaer Theologen Walter Grundmann geleitete Institut war ein Versuch, durch forcierte Anpassung an den nationalsozialistischen Antisemitismus doch noch das Wohlwollen der Partei zu erlangen. Die Mitarbeiter des Instituts, darunter auch rund zwei Dutzend Theologieprofessoren,[187] verfolgten das Ziel, Theologie und Kirche von jüdischen Traditionen zu befreien, die angeblich nichtjüdische Herkunft von Jesus zu beweisen und eine völkische Theologie zu entwickeln, die Volkstum und Rasse als von Gott geschaffene Grundtatsachen betrachtete.[188]

Stärker war jedoch eine andere Tendenz: die wachsende Desillusionierung über die nationalsozialistische Politik, die auch bei früheren

Unterstützern des Regimes zu einer Distanzierung vom Nationalsozialismus führen konnte.[189] Diese Entwicklung lässt sich bei ehemaligen katholischen «Brückenbauern» wie Joseph Lortz ebenso nachweisen wie bei dem prominenten protestantischen Theologen Hans Lietzmann, der im März 1933 die Bildung der Regierung Hitler begrüßt hatte.[190] Auch Paul Althaus, einer der führenden evangelischen Theologen, der seit 1933 öffentlich für den Nationalsozialismus eingetreten war, vollzog während des Krieges einen deutlichen Wandel. Nun kritisierte er nicht nur antichristliche Maßnahmen des NS-Staates, sondern auch die deutsche Besatzungspolitik; die alliierten Bombenangriffe interpretierte er als Strafe für den «Übermut unserer führenden Schicht».[191]

Solche Kritik blieb in aller Regel auf vertrauliche Gespräche, Briefe oder Tagebuchnotizen beschränkt. Wer darüber hinaus versuchte, im öffentlichen oder halböffentlichen Raum Gehör zu finden, ging beträchtliche Risiken ein. Diese Erfahrung machte der evangelische Theologe Cajus Fabricius (Breslau), als er im September 1939 eine Denkschrift erstellte und verbreitete, die anhand zahlreicher Fakten die antichristliche Wende des NS-Regimes dokumentierte. Dadurch sei, so klagte der Theologe, das Vertrauen in die NS-Bewegung «weithin zerstört». Fabricius, ein Mitglied der Deutschen Christen, der bereits 1932 der NSDAP beigetreten war, forderte einen grundlegenden Kurswechsel und eine Rückkehr zum «wirklichen Standpunkt des Nationalsozialismus».[192] Die Reaktion des Regimes dürfte ihn über den «wirklichen Standpunkt des Nationalsozialismus» eines Besseren belehrt haben. Fabricius wurde nach Bekanntwerden der Denkschrift verhaftet, zwei Monate lang in «Schutzhaft» genommen und aus der NSDAP «ausgestoßen».[193]

Trotz vielfältiger Enttäuschungen über die nationalsozialistische Kirchenpolitik blieb ein Mann wie Dietrich Bonhoeffer (bis 1936 Privatdozent an der Berliner Universität), der sich dem organisierten Widerstand anschloss, eine Ausnahmeerscheinung. Im Allgemeinen bewahrten auch Theologen, die dem Nationalsozialismus kritisch gegenüberstanden, während des Krieges eine staatsloyale Grundhaltung, die sich auf einschlägige Textstellen im Neuen Testament (Römer 13) berufen konnte. Diese Einstellung findet sich selbst bei dem katholischen Moraltheologen Johannes Stelzenberger (Breslau), der, wie sein Tagebuch dokumentiert, entsetzt war über die Verbrechen des Regimes, die er als Kriegspfarrer an der Ostfront miterlebte.[194]

Auch bei den Anhängern der Bekennenden Kirche vertrug sich die Absage an die nationalsozialistische Weltanschauung durchaus mit dem pflichtbewussten Dienst als Soldat in der Wehrmacht, zumal wenn es gegen den «gottlosen Bolschewismus» ging. Friedrich Schmid, der von 1943 bis 1945 als schwer verwundeter Soldat in Tübingen evangelische Theologie studierte, hat diese Haltung in einer autobiographischen Skizze nüchtern und selbstkritisch beschrieben:

> In politischen Fragen brauchte man sich vor den Kommilitonen ... keinen Zwang anzutun. Die Distanz zum herrschenden Regime war allgemein und offenkundig. Nachrichten aus der Bekennenden Kirche wurden ausgetauscht und besprochen. In vielen Köpfen, den meisten, steckte jedoch noch ... jene deutsch-national-christliche Ideologie, die wir teils von den Elternhäusern, teils von der Kirche ... mitbekommen hatten. Ich kennzeichne sie kurz einmal mit der uns in Fleisch und Blut geimpften Trias: ein ernster Christ – ein guter Deutscher – ein vorbildlicher Soldat (möglichst Offizier). Man wollte sich in Sachen «Einsatz für das Vaterland» nichts nachsagen lassen.[195]

Dieser Grundkonsens hielt bis in die Endphase des Krieges und kettete auch Kritiker des Nationalsozialismus stärker an das Regime, als es den Zeitgenossen bewusst war.

Rechtswissenschaft

Die juristischen Fächer gehörten traditionell zu jenen Disziplinen, in denen Juden und «Nichtarier» vor der nationalsozialistischen Machtübernahme eine relativ große Rolle gespielt hatten. Die Zahl der Entlassungen war deshalb an den Juristischen Fakultäten nach 1933 überdurchschnittlich hoch (26,2 Prozent des Lehrkörpers). Zu den Betroffenen gehörten zahlreiche Ordinarien.[196] Die «Machtergreifung» bedeutete daher einen beträchtlichen Karriereschub für eine größere Zahl junger, habilitierter Juristen, die nun die vakanten Lehrstühle übernahmen.

Die meisten Hochschullehrer, die seit 1933 als Vorkämpfer nationalsozialistischer «Rechtserneuerung» in den Vordergrund traten, rekrutierten sich aus den Reihen dieser frisch berufenen Neuordinarien.[197] Viele von ihnen waren offensichtlich von der Aussicht fasziniert, an vorderster Stelle bei einer fundamentalen Neuordnung des Rechtssystems mitwirken zu können. Komplettiert wurde die sich formierende Phalanx völkischer Rechtserneuerer durch einige etablierte Professoren wie Carl Schmitt, der in den ersten Jahren der NS-Diktatur als «Kronjurist des Dritten Reiches» galt.

Angesichts der zunächst geringen Zahl politischer Aktivisten entschloss sich das REM 1934, die Nazifizierung der Rechtswissenschaftlichen Fakultäten[198] durch lokale Schwerpunktbildungen voranzutreiben.[199] Anfang 1935 wurden die Juristischen Fakultäten in Kiel, Breslau und Königsberg kurzerhand zu «Stoßtruppfakultäten» erklärt, weil sie nach Ansicht des Ministeriums die besten Voraussetzungen boten, um den Umbau der Rechtswissenschaft einzuleiten.[200]

In der Praxis war es dann vor allem die Rechts- und Staatswissenschaftliche Fakultät Kiel, die dieser Aufgabenstellung in besonderem Maße gerecht wurde. Ihre Wortmeldungen prägten in den 1930er Jahren weitgehend den rechtswissenschaftlichen Diskurs. Voraussetzung für die Entstehung der «Kieler Schule» – wie sie bald genannt wurde – war die radikale «Säuberung» der Fakultät, die in der Weimarer Republik als besonders liberal gegolten hatte. Innerhalb von zwei Jahren wurde der Lehrkörper durch Entlassungen, Versetzungen und vorzeitige Emeritierungen so grundlegend dezimiert, dass Ende 1935 von zehn Lehrstuhlinhabern nur noch einer übrig war. Mit dem personellen Umbruch ging eine drastische Verjüngung des Lehrkörpers einher: Das Durchschnittsalter sank von 53 (Anfang 1933) auf knapp 35 Jahre (1935).[201] Von den neun Rechtswissenschaftlern, die zur Kerngruppe der Kieler Schule gehörten, waren nur zwei (Karl August Eckhardt und Paul Ritterbusch) schon vor 1933 der NSDAP beigetreten.[202] Die übrigen schlossen sich der Partei 1933 oder 1937 an.[203]

Die Kieler Jungordinarien suchten nach neuen Formen akademischen Lebens, die sich grundlegend vom Habitus der älteren Generation unterscheiden sollten. Man duzte sich untereinander und organisierte in einem Kieler Vorort das «Kitzeberger Lager junger Rechtslehrer», um dort «die kämpferische Kritik an den Vorstellungskreisen der alten Rechtswissenschaft» zu vertiefen und das «beglückende Gefühl einer echten Gemeinschaft und kameradschaftlicher Zusammengehörigkeit» zu erleben.[204] 1935 publizierte die Kieler Juristengruppe einen Sammelband über *Grundfragen der neuen Rechtswissenschaft* – ein frühes Beispiel nationalsozialistischer Gemeinschaftsforschung. Ziel war die Überwindung der «liberalistischen» Vergangenheit und eine «artgemäße» Umwälzung der Rechtswissenschaft auf der Grundlage neuer Leitbegriffe wie Gemeinschaft, Volk, Treue und Pflicht. Wie das Vorwort des Herausgebers, des Zivilrechtlers Karl Larenz, zeigt, sahen die Kieler Juristen sich am Beginn einer neuen Ära:

> Es ist die gemeinsame Überzeugung der Mitarbeiter dieses Bandes, daß die deutsche Rechtswissenschaft an einem Wendepunkt ihrer Entwicklung steht, daß sie von Grund auf neu zu beginnen hat, daß sie aber auch dazu berufen ist, voranzugehen in dem Ringen unserer Zeit um das artgemäße deutsche Rechtsdenken, das «konkret» und «ganzheitlich» zugleich ist.[205]

Die meisten Angehörigen der Kieler Schule wechselten im Laufe der Jahre an größere und prestigeträchtigere Universitäten, nach Leipzig, Berlin, schließlich nach Straßburg,[206] gehörten aber weiterhin zu den tonangebenden nationalsozialistischen Rechtswissenschaftlern. Mehrere Kieler übernahmen zudem hochschulpolitische Führungspositionen als Rektoren (Georg Dahm und Paul Ritterbusch), als Dozentenbundführer (Ritterbusch) und als Referenten im REM (Karl August Eckhardt und Ritterbusch).[207]

Wie vollzog sich die in Kiel und anderswo angekündigte nationalsozialistische «Rechtserneuerung» in der Praxis? Recht ist in aller Regel das Resultat politischer Entscheidungen. Ein radikaler politischer Umbruch geht daher stets mit erheblichen Eingriffen in das Rechtssystem einher. In modernen Gesellschaften, die über eine komplexe und umfangreiche Rechtsordnung verfügen, ergibt sich dabei die Schwierigkeit, dass eine grundlegende Veränderung der großen Kodifikationen nur langfristig möglich ist.[208] Daraus resultierte für die regimenahen Hochschullehrer eine doppelte Aufgabenstellung. Sie mussten zum einen Vorschläge für die Gestaltung eines neuen nationalsozialistischen Rechts erarbeiten und zum anderen Ideen für eine regimekonforme Umdeutung bestehenden Rechts entwickeln.

Letzteres war umso dringlicher, weil die Bemühungen, neue Kodifikationen zu schaffen, im Dritten Reich weitgehend erfolglos blieben. Die Nationalsozialisten hatten die Weimarer Verfassung 1933 de facto außer Kraft gesetzt, schufen aber keine neue Verfassung, sondern verharrten in einem «Zustand der permanenten Improvisation».[209] Die Verabschiedung eines neuen Strafgesetzbuches, das in sechsjähriger Arbeit entstanden war, scheiterte 1939 an der ablehnenden Haltung Hitlers.[210] Ein ähnliches Schicksal erlitt das geplante Volksgesetzbuch, das als nationalsozialistische Alternative zum Bürgerlichen Gesetzbuch gedacht war. Obwohl zeitweise etwa 200 Personen in 18 oder 19 Ausschüssen in das Projekt involviert waren, mussten die Arbeiten 1944 ergebnislos eingestellt werden.[211]

Die nationalsozialistischen Juristen, die in der Regel sowohl dem Gesetzespositivismus als auch dem Naturrechtsdenken kritisch gegenüberstanden,[212] rieten ihren Kollegen daher, nicht auf die Herausbildung einer neuen Rechtsordnung zu warten, sondern die «Rechtserneuerung» eigeninitiativ voranzutreiben. So forderte Heinrich Henkel (Frankfurt), ein führender NS-Strafrechtler, den «Richterstand» 1934 auf, seine Stellung als «eine weitgehende Vollmacht zur Verwirklichung des nationalsozialistischen Gedankenguts» zu verstehen.[213] Um solche «Vollmachten» juristisch abzusichern, griff die rechtswissenschaftliche Literatur der 1930er Jahre auf zwei Instrumente zurück: die alternative Auslegung bereits bestehender Gesetze durch Generalklauseln und die Erfindung neuer Rechtsquellen.

Generalklauseln eignen sich für eine alternative Auslegung bestehender Gesetze besonders gut, weil in ihrer Unbestimmtheit der Wandel gesellschaftlicher Wertvorstellungen bereits einkalkuliert ist. Generalklauseln wie «Treu und Glauben», «gute Sitten», «wichtiger

Grund», «Wohl der Allgemeinheit», «unbillige Härte» oder «öffentliche Sicherheit und Ordnung» können vielseitig interpretiert werden und bieten sich als Einfallstor für eine politisch motivierte Transformation des Rechtssystems geradezu an. In diesem Sinne formulierte Carl Schmitt als Leiter der Reichsfachgruppe Hochschullehrer im Bund Nationalsozialistischer Deutscher Juristen 1933 den Leitsatz: «Für die Anwendung und Handhabung der Generalklauseln durch den Richter, Anwalt, Rechtspfleger oder Rechtslehrer sind die Grundsätze des Nationalsozialismus unmittelbar und ausschließlich maßgebend.» Zur Begründung erklärte Schmitt, dass durch Generalklauseln nach allgemeiner Rechtsauffassung stets die «herrschenden Wertanschauungen und -auffassungen» zur Geltung kommen sollten. Im Deutschland der Gegenwart sei

> die nationalsozialistische Bewegung führend. Von ihren Grundsätzen aus muß daher bestimmt werden, was gute Sitten, Treu und Glauben, zumutbare Anforderungen, öffentliche Sicherheit und Ordnung usw. sind. Jeder einzelne Anwendungsfall dieser Begriffe hat sich daher an der Hand nationalsozialistischer Grundsätze auszuweisen und ist unter nationalsozialistischen Gesichtspunkten zu prüfen. Gegenüber den herrschenden nationalsozialistischen Anschauungen des deutschen Volkes andere, ihnen fremde oder gar feindliche Auffassungen geltend zu machen, wäre subjektive Willkür und ein gegen den nationalsozialistischen Staat gerichtetes politisches Unternehmen.[214]

Wichtiger noch als die politische Instrumentalisierung der Generalklauseln war die Erfindung neuer Rechtsquellen. Als Rechtsquellen, an denen sich die Richter künftig (neben den Gesetzen) orientieren sollten, benannte die «neue Rechtswissenschaft» hauptsächlich den «Führerwillen», die nationalsozialistische Weltanschauung und das «gesunde Volksempfinden» beziehungsweise die «gesunde Volksanschauung».[215] Die Unabhängigkeit der Richter, so betonte Heinrich Henkel 1934, sei im NS-Staat «kein Frei-im-Raume-Schweben, sondern Selbständigkeit in der Bindung an die leitenden Grundsätze des völkischen Führerstaates».[216] Ähnlich hob der Verfassungsjurist der Kieler Schule, Ernst Rudolf Huber, die Bindung der Richter an den «Führerwillen» und an das Volksempfinden hervor. Der Richter sei «frei in der Auslegung und in der analogen Anwendung des Gesetzes», schrieb Huber 1939, «soweit er dabei nur im Geiste des Führers und gemäß der im Volke lebendigen gesunden Rechtsanschauung verfährt».[217] Sein Kieler Kollege Karl Michaelis appellierte ebenfalls an die Richter, sich nach der «Volksanschauung» zu richten, das Recht sei «nichts anderes als der Inbegriff der im Volke lebenden Ordnungen und Überzeugungen».[218]

In der Praxis bewirkten solche Appelle einen erheblichen Mangel an Rechtssicherheit. Denn die unterschiedlichen Rechtsquellen bildeten keineswegs eine widerspruchsfreie Einheit. Strittig war unter Juristen insbesondere, inwieweit die Richter auch weiterhin an Gesetze gebunden waren, die aus vornationalsozialistischer Zeit stammten. Während der nationalkonservative Reichsjustizminister Franz Gürtner zur unbedingten Gesetzestreue mahnte, selbst wenn ein Richter das Gesetz für unvereinbar mit der NS-Ideologie hielt,[219] ermunterte der Kieler Jungordinarius Michaelis die Richter, «sich nicht ängstlich auf das amtlich verkündete Gesetz» zu beschränken.[220]

Um diese Frage zu klären, präsentierte 1936 eine Kommission nationalsozialistischer Rechtsprofessoren, die aus vier Angehörigen der Kieler Schule und dem SS-Juristen Reinhard Höhn bestand, im Auftrag von «Reichsrechtsführer» Hans Frank Leitsätze über Stellung und Aufgaben des Richters: «Grundlage der Auslegung aller Rechtsquellen», so hieß es darin, sei «die nationalsozialistische Weltanschauung, wie sie insbesondere im Parteiprogramm und in den Äußerungen des Führers ihren Ausdruck findet». Gegenüber «Führerentscheidungen» in Form eines Gesetzes oder einer Verordnung habe der Richter «kein Prüfungsrecht». Auch an sonstige Entscheidungen Hitlers sei der Richter gebunden, «sofern in ihnen der Wille, Recht zu setzen, unzweideutig zum Ausdruck» komme. Zur umstrittenen Bindung der Richter an das Gesetz deklarierten die Leitsätze: «Gesetzliche Bestimmungen, die vor der nationalsozialistischen Revolution erlassen sind, dürfen nicht angewandt werden, wenn ihre Verwendung dem heutigen gesunden Volksempfinden ins Gesicht schlägt.»[221]

Wirkliche Klarheit brachte diese Formulierung nicht. Zum einen war das «gesunde Volksempfinden» als Rechtsquelle ein denkbar unpräziser Begriff, zum anderen blieb zweifelhaft, wie mögliche Differenzen zwischen «Volksempfinden» und «Führerwillen» zu behandeln waren. Karl August Eckhardt, einer der Verfasser der Leitsätze, beantwortete diese Frage, indem er – ganz im Sinne der NS-Propaganda – die Identität von Volk und «Führer» proklamierte: «Für uns ist Recht, was das deutsche Volk als Recht empfindet. Und in den Augen unseres Volkes sind die Worte unseres Führers Gesetz, weil es in ihm sich selbst wiedergefunden hat.»[222]

Inhaltlich waren die Protagonisten einer nationalsozialistischen «Rechtserneuerung» sich keineswegs immer einig. In Breslau wurden manche Dinge deutlich anders gesehen als in Kiel, obwohl beide Fakultäten als «Stoßtruppfakultäten» galten.[223] So war Eckardts Vorschlag, die Unterscheidung zwischen öffentlichem und privatem Recht künftig als erledigt zu betrachten und das bürgerliche Recht als Rechtsbegriff gänzlich aufzugeben,[224] auch unter nationalsozialistischen Professoren heftig umstritten und letztlich nicht durchsetzbar.[225] Zu solchen inhaltlichen Divergenzen traten die regimeüblichen Konflikte und Intrigen, in denen es meist weniger um politisch-ideologische Differenzen als um Meinungsführerschaft und politische Macht ging. Zu den Verlierern dieser Kämpfe gehörten zwei prominente «Rechtserneuerer» der ersten Stunde, Carl Schmitt und Karl August Eckhardt, die 1936/37 ihren politischen Einfluss weitgehend einbüßten.[226]

Die Frage, welche Auswirkungen die nationalsozialistische «Rechtserneuerung» auf die verschiedenen Rechtsgebiete hatte, kann an dieser Stelle nur exemplarisch beantwortet werden. Die folgende knappe Darstellung beschränkt sich daher auf zwei Bereiche, in denen der Einfluss der NS-Ideologie besonders deutlich zutage trat: das Strafrecht sowie das Staats- und Verfassungsrecht.

Im Mittelpunkt der Debatte über eine Erneuerung des Strafrechts stand 1933 eine Broschüre, die kurz vor der «Machtergreifung» unter dem Titel *Liberales oder autoritäres Strafrecht?* erschienen war. Die beiden Verfasser, die Privatdozenten Georg Dahm und Friedrich Schaffstein, beklagten den «Zerfall des Staatsgedankens im Strafrecht, seine fortschreitende Schwächung durch individualistische Gedanken, durch eine weitgehende Rücksichtnahme auf den Verbrecher». Als Alternative plädierten sie für einen neuen «Kurs der Strafrechtsentwicklung», der «auf dem unbedingten Primat der Nation und der in ihr verkörperten traditionellen Werte gegenüber den Interessen des Individuums beruht».[227] Bei den neuen Machthabern rannten sie damit offene Türen ein. Für Dahm und Schaffstein, die bei Hitlers Ernennung zum Reichskanzler noch keine 30 Jahre alt waren, wurde die Publikation zum Startschuss einer steilen Karriere. Beide erhielten noch 1933 ein Ordinariat und gehörten als prominente Angehörige der Kieler Schule bald zu den einflussreichsten Rechtswissenschaftlern des NS-Staates.

Nach ihren Vorstellungen sollte das Recht künftig an der «Volksgemeinschaft» als höchstem Wert ausgerichtet werden.[228] Straftaten galten aus dieser Perspektive als «Pflichtverletzung» oder sogar als «Verrat» an der Gemeinschaft.[229] Für Schaffstein war der «Sinn der Strafe und des Strafrechts nicht mehr Schutz von Individualsphären, sondern Reinigung und zugleich Schutz der Volksgemeinschaft durch die Ausscheidung des Entarteten».[230] Das nationalsozialistische Strafrecht wandelte sich von einem Tatstrafrecht zu einem Täterstrafrecht, das in erster Linie die «Täterpersönlichkeit» bewertete und dabei, so Dahm, «den einzelnen nach seinem Wert für die Gemeinschaft» beurteilte.[231]

Einig waren sich die nationalsozialistischen Strafrechtsexperten ferner in der Ablehnung des rechtsstaatlichen Grundsatzes *Nullum crimen, nulla poena sine lege,* demzufolge eine Tat nur dann bestraft werden kann, wenn ihre Strafbarkeit zuvor gesetzlich festgelegt worden war. Abgelehnt wurde auch das Analogieverbot, weil es die Richter daran hindere, «Strafbarkeitslücken» zu schließen. Für Heinrich Henkel waren dies Relikte des bürgerlichen Rechtsstaats, die hauptsächlich den Interessen der Kriminellen dienten. Durch diese Grundsätze werde das Strafgesetz, so schrieb er 1934 in Anlehnung an Franz von Liszt, zur «Magna Charta des Verbrechers, nicht des friedlichen, gesetzesgehorsamen Staatsbürgers; den Verbrecher soll es gegen die freiheitsbeschränkenden Auswirkungen einer spezialpräventiven Kriminalpolitik schützen».[232]

1933/34 war die künftige politische Struktur des neuen Staates noch ungewiss. Diese Offenheit inspirierte viele Staats- und Verfassungsrechtler, mit eigenen Vorschlägen für eine neue Verfassung hervorzutreten. Das Ergebnis war eine «bunte Mischung von Ansichten, Vorschlägen und Phantasiestücken»,[233] die bald nur noch archivarischen Wert besaßen. Nachdem das Regime sich fest etabliert hatte und klar geworden war, dass die Führungsspitze kein Interesse hatte, die Weimarer Verfassung durch ein nationalsozialistisches Gegenstück zu ersetzen, blieben den Fachvertretern nur noch wenige Optionen. Während einige Ältere die Publikationstätigkeit einstellten oder auf Nebengebiete auswichen,[234] verwandelten sich jüngere und ehrgeizige Nachwuchskräfte vielfach in Propagandisten des Führerstaats.

Ein Musterbeispiel für Letzteres war eine Publikation von Gustav Adolf Walz aus dem Jahre 1939. Walz, seit 1933 Ordinarius in Breslau, später in Köln und München,[235] stellte, wenig überraschend, die «Gestalt des Führers» in das Zentrum des «nationalsozialistischen Verfassungsdenkens» und behauptete: «Nicht Normen, nicht Institutionen, sondern schöpferische Männer allein sind imstande, Gemeinschaften zusammenzuschweißen und zu erhalten.» Der «völkische Führerstaat» sei, so behauptete Walz, keineswegs eine Diktatur, weil seine «Führung auf dem dauernd erneuerten Gesamtauftrag des präsenten wirklichen Volkes» beruhe. Walz erklärte weiter, warum es im Führerstaat keinen Platz für das «Dogma von der Gewaltenteilung» gab: «Dieses Dogma ist vom Mißtrauen gegen die politische Führung bestimmt, es will die Freiheit der einzelnen von der politischen Führung.»[236]

Der einflussreichste Staatsrechtslehrer des Dritten Reiches seit der Entmachtung Carl Schmitts war dessen Schüler Ernst Rudolf Huber, ein weiterer prominenter Angehöriger der Kieler Schule.[237] Hubers 1939 publiziertes Buch *Verfassungsrecht des Großdeutschen Reiches* war eine im wissenschaftlichen Ton gehaltene Apologie des Führerstaats. Die Frage nach der Legitimation des NS-Regimes beantwortete Huber ähnlich wie Walz, indem er die Einheit von Volkswillen und «Führerwillen» behauptete: Der «wahre Wille des Volkes» könne «nicht durch parlamentarische Wahlen und Abstimmungen gefunden», sondern «nur durch den Führer rein und unverfälscht hervorgehoben» werden. Man müsse deshalb unterscheiden zwischen «dem angeblichen Volkswillen der parlamentarischen Demokratie» und dem «wahren Volkswillen des Führerreichs». Gegenüber dem Reichsgericht, das die Auffassung vertreten hatte, die Grundrechte der Weimarer Verfassung seien 1933 nur vorübergehend suspendiert worden, betonte Huber die grundsätzliche Rechtlosigkeit des Individuums gegenüber dem Staat:

> Die Freiheitsrechte des Individuums gegenüber der Staatsgewalt mußten verschwinden; sie sind mit dem Prinzip des völkischen Reiches nicht vereinbar. Es gibt keine persönliche, vorstaatliche und außerstaatliche Freiheit des Einzelnen, die vom Staat zu respektieren wäre. An die Stelle des isolierten Individuums ist der in die Gemeinschaft gliedhaft eingeordnete Volksgenosse getreten, der von der Totalität des politischen Volkes erfaßt und in das Gesamtwirken einbezogen ist. Es kann hier keine private staatsfreie Sphäre mehr bestehen, die der politischen Einheit gegenüber unantastbar und heilig wäre.[238]

Im Gegensatz zu den Strafrechtlern konnten Staatsrechtler wie Walz oder Huber nicht erwarten, dass ihre Publikationen Auswirkungen auf Gesetzgebung oder juristische Praxis haben würden. Vielmehr beschäftigten sie sich mit dem Staatsrecht als Legitimationswissenschaft. Teile der Partei beurteilten ihre Tätigkeit dennoch ausgesprochen geringschätzig. Das demonstrative Desinteresse, das die SS-Zeitung *Das Schwarze Korps* 1941 gegenüber den «Professorentheorien» im Staatsrecht bekundete, spricht für sich: «Der Aufbau des Reichs blieb unberührt von allen diesen Theorien ... Was der Staat ist, wissen wir vom Führer; was andere darüber schreiben, betrifft uns nicht. Der Führer braucht keine Professoren, um das auszuführen, was er vorbedacht hat. Wir brauchen keine Theorien, wir freuen uns an dem, was ist und was wird.»[239]

Die ältere Generation von Rechtswissenschaftlern konnte sich den neuen Staat 1933 in der Regel nur als Rechtsstaat vorstellen.[240] Die bereits etablierten Professoren blieben deshalb in der Regel zurückhaltender als die forschen Rechtserneuerer, die in Kiel und anderswo das große Wort führten. Hochschullehrer wie Wilhelm Laforet (Würzburg) oder Franz Wilhelm Jerusalem (Jena) schrieben in ihren Publikationen zum Verwaltungsrecht im Wesentlichen traditionelle Positionen fort und machten nur gelegentlich kleinere Konzessionen.[241] In Breslau trat der deutschnationale Staatsrechtler Hans Helfritz weiterhin für den Rechtsstaat, die Unabhängigkeit der Richter und eine an das Gesetz gebundene Verwaltung ein. In seinen Veröffentlichungen verteidigte er den Rechtspositivismus und kritisierte die Rechtserneuerer, die das «gesunde Volksempfinden» in den Vordergrund rückten. Den Nationalsozialisten galt er als Vertreter rückwärtsgewandten Denkens.[242] Der Straf- und Völkerrechtler Heinrich Drost (Münster) publizierte 1936 ein Handbuch über *Grundlagen des Völkerrechts,* das unbeeinflusst vom Zeitgeist blieb.[243]

Der gegenwärtige Forschungsstand erlaubt es nicht, solch unterschiedliche Tendenzen zu gewichten. Offensichtlich ist aber, dass die Anpassung der Rechtswissenschaft an den Nationalsozialismus aus Sicht des Regimes unzureichend war. Das Reichsrechtsamt der NSDAP kategorisierte noch im ersten Halbjahr 1937 etwa 40 bis 60 Prozent der neu erscheinenden Rechtsliteratur als «politisch bedenklich».[244] Und der Jahreslagebericht des Sicherheitshauptamtes der SS für 1938 konstatierte: «Sehr ernst wird in Fachkreisen die Lage der deutschen Rechtswissenschaft an den Hochschulen beurteilt ... Die z. Zt. vorhandene Professorenschaft ist vielfach überaltert und noch zu sehr in liberalistischen Ansichten befangen, als daß sie wertvolle Beiträge zur Rechtserneuerung liefern könnte.»[245]

Das seit 1933 entstehende nationalsozialistische Herrschaftssystem ist von der Forschung als «Doppelstaat» charakterisiert worden. Für den Juristen und Politikwissenschaftler Ernst Fraenkel, der diesen Begriff 1941 im US-amerikanischen Exil geprägt hat, war das NS-Regime durch die Koexistenz von «Normenstaat» und «Maßnahmenstaat» konstruiert. Als Normenstaat bezeichnete Fraenkel den Teil der deutschen Gesellschaft, in dem die Ordnung auch nach der nationalsozialistischen Machtübernahme durch Gesetze, Gerichtsentscheide oder Verwaltungsakte aufrechterhalten wurde. Im Gegensatz dazu bildete der Maßnahmenstaat jenen Teil des Regimes, der Justiz und

Gesetze ungestraft ignorieren konnte, weil er sich ausschließlich dem «Führerwillen» verpflichtet fühlte. Prinzipiell beanspruchte der Maßnahmenstaat alle gesellschaftlichen Bereiche, die als politisch relevant eingestuft wurden. Sein Gravitationszentrum war der Herrschaftsbereich Heinrich Himmlers, die Trias aus SS, Gestapo und Konzentrationslagern. Charakteristisch für die Entwicklung des NS-Staates war die Expansion des Maßnahmenstaats auf Kosten des Normenstaats und eine damit einhergehende Radikalisierung des Regimes.[246]

In Teilen der Rechtswissenschaft wurde diese Entwicklung zum Maßnahmenstaat mit Unbehagen beobachtet. Unter den Kritikern waren Nationalkonservative wie der Strafrechtler Eduard Kern, der sich im Frühjahr 1944 mit einer ausführlichen Denkschrift zu Worte meldete, die er dem Reichsjustizministerium zukommen ließ. Kern kritisierte darin in deutlichen Worten den Kompetenzverlust der Justiz gegenüber der Verwaltung, insbesondere der Polizei, die faktische Immunität der Polizei, die sich seit 1939 der ordentlichen Gerichtsbarkeit entzogen hatte und zudem ohne rechtliche Grundlage und ohne richterliche Genehmigung Strafen von der KZ-Haft bis zur Todesstrafe verhängte und vollzog. Kern verwies ferner auf die ohne rechtliche Grundlage erfolgte Tötung von «Geisteskranken». Durch diese Entwicklung habe die Justiz «an Würde, aber auch an Ansehen und Vertrauen» eingebüßt. Am Ende der Denkschrift forderte Kern in Abgrenzung von den Methoden der Gestapo unter anderem eine von der Verwaltung unabhängige Justiz mit ausschließlicher Zuständigkeit für «alle echten Strafsachen», ferner das «strenge Verbot der Folter», die Öffentlichkeit des Strafverfahrens sowie die «Notwendigkeit der Urteilsbegründung» und die «Kontrolle des Urteils durch Rechtsmittel und Wiederaufnahme».[247]

Der Bedeutungsverlust der Justiz, der mit der Expansion des Maßnahmenstaates verknüpft war, stieß auch unter NSDAP-Mitgliedern auf Unbehagen. 1937 kritisierte der Dozent Erich Schinnerer auf einem Internationalen Kongress in Den Haag die «Aushöhlung» des Legalitätsprinzips und des staatsanwaltlichen Anklagemonopols durch die selbständige Tätigkeit der Polizei.[248] Und selbst für einen führenden Vertreter der Kieler Schule wie Georg Dahm war der

Kampf für ein «echtes Strafrecht» zugleich «ein Kampf für den Richter und für das Alleinrecht der Justiz auf einem Gebiet, auf dem die Verwaltung nicht zuständig ist», wie er 1944 schrieb.[249]

Diesen kritischen Stimmen standen die Apologeten des Maßnahmenstaates gegenüber. Der Jenaer Jungordinarius Ulrich Scheuner war bereits 1936 der Ansicht, dass «Akte der politischen Führung und Handlungen staatspolitischer Natur (z. B. Maßnahmen der Staatspolizei) unter dem Gedanken des Führergrundsatzes der richterlichen Prüfung ihrer rechtlichen Voraussetzungen und ihres Umfanges nicht zugänglich sein können».[250] Rechtswissenschaftler wie Walter Hamel (Greifswald), Hans Peter Ipsen (Hamburg) oder Theodor Maunz (Freiburg) vertraten in ihren Veröffentlichungen ähnliche Positionen und legitimierten damit eine Staatsgewalt, die nicht mehr durch Rechtsnormen eingegrenzt war, sondern ausschließlich dem Prinzip der politischen Zweckmäßigkeit folgte.[251] In der Führung von NSDAP und Gestapo wurden diese und ähnliche Publikationen erfreut registriert.[252]

Eine neue juristische Studienordnung, die erstmals für das gesamte Reichsgebiet gültig war, trat bereits im Januar 1935 unter dem Titel «Richtlinien für das Studium der Rechtswissenschaft» in Kraft.[253] Verfasser war Karl August Eckhardt, der zeitweise auch im REM eine einflussreiche Position innehatte. Eingeleitet wurden die Richtlinien durch «Grundgedanken», in denen es hieß: «Begnügt Euch nicht damit, vorhandene Gesetze zu erläutern oder auswendig zu lernen, sondern kämpft um ihre Überwindung durch ein wirklich deutsches Recht!»[254] Die Studierenden wurden aufgefordert, bevorzugt die «Stoßtruppfakultäten» in Kiel, Breslau und Königsberg zu besuchen.

Für die Studienordnung waren vor allem zwei Dinge charakteristisch: *Erstens* zielte sie auf einen bewussten Bruch mit der überlieferten Systematik der Rechtswissenschaft. Der Studienplan war nicht mehr nach Rechtsgebieten organisiert, sondern orientierte sich an konkreten Lebensbereichen und Bevölkerungsgruppen. Neue Vorlesungstitel lauteten dementsprechend: «Familie», «Volk», «Staat», «Bauer», «Arbeiter», «Verwaltung». Dahinter stand die Abneigung der NS-Juristen gegen «lebensferne Abstraktionen» und die Forderung, stattdessen in «konkreten Ordnungen» (Carl Schmitt) zu denken.[255] *Zweitens* wurde an den Anfang des Studienplans eine Reihe von weltanschaulich relevanten Vorlesungen gestellt, die mit der rechtswissenschaftlichen Ausbildung wenig oder gar nichts zu tun hatten. Ein intensives Fachstudium war erst ab dem dritten Semester vorgesehen: «In den beiden ersten Studiensemestern soll der Student die völkischen Grundlagen der Wissenschaft kennenlernen. Vorlesungen über Rasse und Sippe, Volkskunde und Vorgeschichte, über die politische Entwicklung des deutschen Volkes, besonders in den letzten hundert Jahren, gehören an den Anfang jedes geisteswissenschaftlichen Studiums.»[256] Faktisch wurde dem eigentlichen Fachstudium damit ein politisches Grundstudium vorgelagert, in dessen Mittelpunkt die neuen, seit 1933 besonders geförderten Fächer standen.

Eckhardts Studienordnung verzichtete bewusst auf die Einrichtung von Pflichtvorlesungen und forderte die Studierenden stattdessen auf: «Belegt nur die Vorlesungen, die ihr wirklich hören wollt!» In der Praxis wurden dann allerdings gerade jene Vorlesungen gemieden, welche die «völkischen Grundlagen der Wissenschaft» vermitteln sollten. Ein Erfahrungsbericht der Rechts- und Staatswissenschaftlichen Fakultät Hamburg lässt erkennen, dass die Hochschullehrer diesen Trend nicht übermäßig bedauerten:

> Zwar schreibt die bisherige Regelung vor, daß die Studenten allgemeine Vorlesungen über Rassenkunde, Volkskunde und dergl. hören sollen ... Die meisten Studenten geben nach kurzer Zeit den Besuch dieser Vorlesungen auf, weil sie entweder zu spezialistisch sind, so daß sie ihnen in kurzer Zeit nicht mehr zu folgen vermögen, oder weil sie von dem betreffenden Fachvertreter so vorgetragen werden, daß der Student keinen lebendigen Zusammenhang mehr mit den Fragestellungen sieht, unter denen diese Materien den Rechtswahrer heute beschäftigen.[257]

Auch anderswo fiel das Urteil über die Studienreform kritisch aus. Als die Juristischen Fakultäten 1937 aufgefordert wurden, eine Zwischenbilanz über ihre Erfahrungen mit der Studienordnung zu ziehen, wollten nur 2 von 23 Fakultäten (Kiel und Freiburg) in allen wesentlichen Punkten an den «Richtlinien» festhalten.[258] Gleichwohl blieb die Studienordnung bis 1944 in Kraft.

Der Blick auf die Zahl der Studierenden offenbart einen deutlichen Abwärtstrend. Während 1932 an den Universitäten noch 19 Prozent der Studierenden für das Studium der Rechtswissenschaft eingeschrieben waren, sank ihr Anteil bis zum Wintersemester 1943/44 auf 5 Prozent.[259] Anfangs war diese Entwicklung hauptsächlich durch die besonders ungünstigen Berufsaussichten der künftigen Juristen bedingt. Noch 1937, als sich in vielen akademischen Berufen schon wieder Nachwuchsknappheit bemerkbar machte, war die Zahl der stellensuchenden Justizreferendare weit größer als der Nachwuchsbedarf.[260] In den folgenden Jahren veränderten sich die Arbeitsmarktchancen der Juristen allerdings grundlegend. Während des Krieges galt auch in den juristischen Berufen der Mangel an Nachwuchs als das «Hauptproblem».[261] Trotzdem nahm die Zahl der Studierenden weiter ab. Dafür waren vor allem zwei Gründe verantwortlich: ein deutlicher Prestigeverlust der Justiz und die geringe Zahl der Jurastudentinnen.

Den ersten Punkt sprach ein geheimer Bericht des SD an, in dem darauf hingewiesen wurde, dass «infolge der starken öffentlichen Kritik, besonders an Richtern und Rechtsanwälten, das Ansehen dieser Berufe erheblich gelitten hat».[262] Gerade regimetreue Juristen wie der Zivilrechtler Heinrich Lange empfanden diese Entwicklung als besonders schmerzlich. 1943 schrieb Lange in einer Fachzeitschrift:

> Die Neigung zum Rechtswahrerberuf hat stark nachgelassen. Der Rechtswahrer wird stets von vielen gehasst und von keinem geliebt, im Gegensatz zu früher ist aber auch in der Gegenwart die Achtung vor ihm stark gesunken. Der Bedarf an Kräften ist schon heute größer als der Nachwuchs, die Besseren wenden sich Lebensberufen zu, die mehr Achtung, mehr Selbständigkeit, mehr Ruhe und mehr Einkommen gewährleisten ... Die zahlreichen Angriffe gegen die Tätigkeit des einzelnen wie des Standes haben viele abgeschreckt, sich diesen Gefahren auszusetzen.[263]

Dieses Nachwuchsproblem zeigte sich auch im Lehrkörper der Juristischen Fakultäten, wo die Zahl der jüngeren Dozenten 1943 noch nicht einmal ausreichte, um die freien Lehrstühle zu besetzen.[264]

Weder der SD noch Lange erwähnten die Tatsache, dass Hitler selbst mit seiner profunden Abneigung gegen die Juristen wesentlich zu diesem Prestigeverlust beigetragen hatte.[265] Der «Führer» war nämlich davon überzeugt, dass «jeder Jurist entweder von Natur aus defekt sein müsse oder aber es mit der Zeit werde».[266] Und während die Experten in der Ministerialbürokratie sich den Kopf zerbrachen, wie in Zukunft der juristische Nachwuchs gesichert werden könnte, hatte Hitler seine ganz eigenen Pläne, die er allerdings nur im engsten Kreise offenbarte: «Ich tue alles, um die Juristen so schlecht wie möglich zu machen, damit möglichst wenige mehr studieren. Man muß den Beruf derartig kompromittieren, daß er nur von Leuten angestrebt wird, die nichts anderes als Paragraphen kennen wollen.»[267] Andere führende Vertreter des Regimes beteiligten sich ebenfalls an der Juristenschelte, darunter Justizminister Otto Thierack, der die universitäre Rechtswissenschaft 1943 als lebensfremd, dogmatisch und veraltet geißelte.[268]

Ein zweiter Grund für die geringe Zahl der Studierenden: Das Studium der Rechtswissenschaft war traditionell eine Männerdomäne.[269] Stärker als die meisten anderen Fachgebiete litt das Jurastudium daher seit 1939 unter den Einberufungen der Wehrmacht. Wegen mangelnder Kriegswichtigkeit konnten die Hörer der Juristischen Fakultäten im Gegensatz zu den Medizinstudenten nicht darauf hoffen, zur Fortführung ihres Studiums vom Kriegsdienst zurückgestellt oder in größerer Zahl beurlaubt zu werden. Während die dadurch entstandenen Lücken in anderen Fachrichtungen zunehmend durch Frauen gefüllt wurden, blieb die Zahl der Jurastudentinnen selbst in den Kriegsjahren sehr gering. Das war politisch durchaus gewollt, da Frauen aufgrund einer Anordnung Hitlers nicht als Anwälte, Richter oder Staatsanwälte tätig werden durften.[270]

Geisteswissenschaften

Die Forderung des Regimes, Wissenschaft künftig nur noch auf nationalsozialistischer Grundlage zu betreiben, richtete sich im Prinzip an sämtliche Fächer, betraf in erster Linie aber jene universitären Disziplinen, die ihre Aufgabe nicht nur darin sahen, Wissen zu erwerben und zur Verfügung zu stellen, sondern darüber hinaus Orientierung zu geben, Wertvorstellungen zu vermitteln und an der Sinngebung menschlicher Existenz teilzuhaben. Das betraf vor allem die Geisteswissenschaften.[271] Geisteswissenschaftler waren daher sehr viel stärker als Naturwissenschaftler mit der Erwartung konfrontiert, die NS-Ideologie in Forschung und Lehre zu implementieren. Die Frage, inwieweit sie diesen Erwartungen entsprochen haben, hat die Forschung der letzten zwei Jahrzehnte intensiv beschäftigt. Ihre Ergebnisse lassen sich durch zwei Feststellungen eingrenzen:

Zum einen hat sich gezeigt, dass die Annäherung an nationalsozialistische Positionen in den Geisteswissenschaften nach 1933 deutlich stärker war, als lange Zeit angenommen wurde.[272] Die bis in die 1990er Jahre dominante Vorstellung, während der NS-Diktatur habe nur eine kleine Minderheit von Außenseitern nationalsozialistische Ideologeme übernommen, während die große Mehrheit ihre Arbeit sachbezogen und vorurteilsfrei fortgesetzt habe, als sei nichts geschehen,[273] wird daher in der neueren Forschung nicht mehr vertreten.

Zum anderen blieb jedoch die Annäherung an das Regime deutlich hinter den Erwartungen der Machthaber zurück. Reichserziehungsminister Rust behauptete 1936 sogar, «was heute noch in der Geisteswissenschaft lebe, das sei von gestern und vorgestern».[274] Und noch im März 1944 kam eine «Wissenschaftsbesprechung» in der Parteikanzlei der NSDAP zu dem Ergebnis, «dass die weltanschauliche Erneuerung der Universität nur durch einen langwierigen Prozess der inneren Umformung und der inneren weltanschaulichen Durchdringung der einzelnen Fachgebiete zu erreichen ist».[275]

Im Folgenden soll dieser auf den ersten Blick widersprüchlich wirkende Befund durch einen genaueren Blick auf die zentralen Fächer der Philosophischen Fakultäten konkretisiert und präzisiert werden.

Die *Philosophie*[276] gehörte zu jenen akademischen Disziplinen, die nach der «Machtergreifung» erheblich zusammenschrumpften. Die einstige Königin der Wissenschaften verlor 31 ihrer 67 Lehrstühle.[277] Die 1933 einsetzenden Massenentlassungen trafen vor allem drei philosophische Schulen: den Neukantianismus, den Logischen Empirismus und die Kritische Theorie, deren wichtigste Vertreter zwischen 1933 und 1938 ins Exil getrieben wurden.[278]

Unter den Philosophieprofessoren, die seit 1933 auf Universitätslehrstühle berufen wurden, legten nicht wenige emphatische Bekenntnisse zum Nationalsozialismus ab. Besonders einflussreich waren Alfred Baeumler, der den Marxismus als Ausdruck «jüdischer Rassenseele» interpretierte,[279] und Ernst Krieck, der von sich behauptete, in «jahrelanger Arbeit ... die Tatsache der rassischen Bestimmtheit weiter Strecken der Geistesgeschichte» nachgewiesen zu haben.[280] Auch August Faust, Arnold Gehlen, Ferdinand Weinhandl und Hans Grunsky müssen in diesem Zusammenhang genannt werden. Dazu gesellten sich einige bereits etablierte Professoren wie Hans Heyse oder Hermann Schwarz. Ihre Bemühungen, eine nationalsozialistische Philosophie zu entwickeln, führten allerdings in ganz unterschiedliche Richtungen.[281] Davon zeugten unter anderem die disparaten Versuche, den Nationalsozialismus zu adeln, indem man ihn in eine spezifische Tradition der deutschen oder internationalen Philosophie stellte.

Ein markantes Beispiel hierfür war die nationalsozialistische Nietzsche-Rezeption. Einige einflussreiche Nazi-Philosophen, allen voran Alfred Baeumler, sahen in Nietzsche einen Ahnherren des Dritten Reiches und verwiesen in diesem Zusammenhang auf seine Ablehnung von Demokratie, Christentum und Liberalismus, seine «heroische» Lebensauffassung und seinen «Aristokratismus der Starken und Gesunden».[282] Eine solche Vereinnahmung Nietzsches funktionierte freilich nur, wenn andere Elemente seines Weltbildes ausgeblendet wurden – insbesondere seine Ablehnung des Antisemitismus.[283] Verschiedene nationalsozialistische Wissenschaftler waren sich dieser Tatsache durchaus bewusst. Der nationalsozialistische Historiker Christoph Steding beispielsweise schmähte Nietzsche als einen bindungslosen Philosemiten, und Ernst Krieck urteilte unter Berufung auf eine französische Tageszeitung sarkastisch: «Nietzsche war Gegner des Sozialismus, Gegner des Nationalismus und Gegner des Rassegedankens. Wenn man von diesen drei Geistesrichtungen absieht, hätte er vielleicht einen hervorragenden Nazi abgeben können.»[284]

Auch über andere angebliche Vorläufer des Nationalsozialismus war keine Einigkeit zu erzielen. Der Greifswalder Ordinarius Hermann Schwarz, der sich 1923 als erster Philosophieprofessor der NSDAP angeschlossen hatte,[285] forderte 1936 in seiner Broschüre *Zur philosophischen Grundlegung des Nationalsozialismus* die Überwindung des Platonismus in deutschen Gelehrtenköpfen.[286] Sein Kollege Hans Heyse, ebenfalls ein dezidierter Nazi, interpretierte Platon dagegen als einen Vordenker des neuen Deutschlands. In Platons *Politeia* sah er «eine Urform der Idee des Reichs» – einer Idee, in der für ihn «der gesamte Inhalt unserer deutschen Geschichte» zusammengefasst war.[287] An der Universität Göttingen, wo Heyse seit 1936 lehrte, trug ihm diese eigenwillige Sichtweise den Spitznamen «Parteigenosse Platon» ein.[288]

Eine verbindliche Antwort auf die Frage, wie eine nationalsozialistische Philosophie auszusehen habe, war unter solchen Umständen nicht zu erwarten.

Über die «weltanschauliche Haltung» des Lehrkörpers der Philosophischen Institute informieren Dossiers, die der SD um 1941/42 zusammengetragen hat. Obwohl die Einordnungen, die dabei vorgenommen wurden, nicht immer überzeugen, sind diese Dossiers aufschlussreich, weil sie aus der Sicht des Regimes ein sehr heterogenes Bild des Lehrkörpers zeichnen, der in fünf verschiedene Gruppen aufgeteilt wurde: Von insgesamt 86 Hochschullehrern charakterisierte der SD 11, darunter Alfred Baeumler, Arnold Gehlen und Helmut Schelsky, als «nationalsozialistische Philosophen». 25 Personen, unter ihnen Martin Heidegger, wurden als «politisch positive Professoren» eingeordnet. Weitere 25 Personen beurteilte der SD als «indifferente Philosophen». Zu dieser Gruppe zählten unter anderem Hans-Georg Gadamer und Nicolai Hartmann. Als «liberale Professoren» stufte der SD insgesamt 12 Hochschullehrer ein, darunter Eduard Spranger, während 13 Professoren und Dozenten als «konfessionell gebunden» kategorisiert wurden. In dieser Kategorie findet sich unter anderem Kurt Huber, der 1943 als Angehöriger der Weißen Rose hingerichtet wurde.[289]

Über die Lage der *Geschichtswissenschaft* aus Sicht des Regimes informiert eine Denkschrift, die der Historiker Hermann Löffler 1938/39 im Auftrag des SD angefertigt hat. Löffler hob lobend hervor, dass «fast die Gesamtheit der Historiker» sich in der Vergangenheit am «Kampf gegen die Kriegsschuldlüge» beteiligt hatte. Doch ansonsten fiel sein Urteil eher kritisch aus:

> Bisher liegen ... auf dem Gebiet der Geschichtswissenschaft nur wenige und oft noch sehr dürftige – wenn auch gutgemeinte – Einzelversuche vor, im nationalsozialistischen Sinne an Fragen der Geschichtsforschung heranzugehen und die entscheidenden Probleme eines Zeitraums vom politischen Erleben unserer Tage her neu zu durchdenken. Man «arbeitet» hier im alten Sinne weiter und hat noch nichts hinzugelernt.[290]

Überprüfen lassen sich solche Einschätzungen durch einen genaueren Blick in die fachwissenschaftliche Publizistik. Ursula Wiggershaus-Müller hat vor einiger Zeit das führende Fachorgan der deutschen Geschichtswissenschaft, die *Historische Zeitschrift (HZ)*, auf seine Affinität zum Nationalsozialismus untersucht. Ihre Analyse umfasst das Jahrzehnt von 1933 bis 1943, also einen deutlich längeren Zeitraum als Löfflers Denkschrift. Das Ergebnis: Von den untersuchten Aufsätzen vertraten 44 (15,6 Prozent) eindeutig nationalsozialistische Positionen. Damit sind Aufsätze gemeint, in denen die Rassenideologie vertreten und die Geschichte zur Legitimation nationalsozialistischer Politik herangezogen wurde. Weitere 80 Aufsätze (28,9 Prozent) zeichneten sich laut Wiggershaus-Müller durch eine «partielle Identität» mit dem Nationalsozialismus aus. Dabei handelt es sich um Arbeiten, die nationalsozialistische Leitbegriffe und Interpretationsmuster in die geschichtswissenschaftliche Analyse integrierten, ohne dabei aber – im Gegensatz zur ersten Gruppe – auf die nationalsozialistische Rassendoktrin zu rekurrieren. Mehr als die Hälfte der *HZ*-Aufsätze zeigte keine Spuren der NS-Ideologie, einige (laut Wiggershaus-Müller etwa 5 Prozent) offenbarten sogar oppositionelle Tendenzen. Allerdings nahm die Zahl der vom Nationalsozialismus nicht beeinflussten Arbeiten ab, nachdem 1936 mit Karl Alexander von Müller ein dem Regime eng verbundener Historiker die Redaktion der Zeitschrift übernommen hatte.[291] Etwa die Hälfte aller zwischen 1936 und 1943 in der *Historischen Zeitschrift* publizierten Aufsätze zeigte zumindest eine «partielle Übereinstimmung» mit dem Nationalsozialismus.[292] Betrachtet man die gesamte NS-Zeit, erscheint der Einfluss der NS-Ideologie auf die historische Forschung also deutlich größer, als die SD-Analyse von 1938/39 nahelegt. Die Zahl der Beiträge, die sich an einem «rassische[n] Geschichtsbild» orientierten, blieb jedoch auch nach 1936 weiterhin relativ gering. Diese Zurückhaltung gegenüber einer rassistisch orientierten Geschichtsschreibung wird auch in anderen Untersuchungen konstatiert.[293]

Aus Sicht des SD-Historikers Löffler war eine nationalsozialistische Geschichtsauffassung nur als «volksdeutsche Geschichtsauffassung» denkbar.[294] Er bezog sich dabei auf die Volksdeutschen Forschungsgemeinschaften, stark politisierte wissenschaftliche Netzwerke, die schon vor der nationalsozialistischen Machtübernahme als Reaktion auf die durch den Versailler Vertrag geprägte Nachkriegsordnung entstanden waren.[295] Ihr Volksbegriff definierte die Deutschen als von Ländergrenzen unabhängige ethnische Gemeinschaft, und ihr besonderes Interesse galt den deutschsprachigen Minderheiten, die in Gegenwart und Vergangenheit außerhalb der Grenzen des Deutschen Reiches lebten.

Ein zentrales Ziel dieser Historiker war es, durch den Nachweis früher deutscher Siedlung in umstrittenen Grenzgebieten den deutschen Anspruch auf diese Territorien zu stützen. Neben das Ziel, den Vertrag von Versailles zu revidieren, trat bei einem Teil der Volkstumsforscher schon früh eine «großdeutsche» Perspektive, die nicht nur die Grenzen des untergegangenen Kaiserreichs wiederherstellen wollte, sondern auch Österreich und deutsche Siedlungsgebiete in Osteuropa als Bestandteil eines künftigen Deutschen Reiches ansah. Darüber hinaus versuchten die Volkstumsforscher nachzuweisen, dass höhere Kulturformen in Osteuropa stets von den Deutschen und nicht von den Slawen getragen worden seien. Wer in diesen Teilen Europas traditionell als «Kulturbringer» hervorgetreten war, so lautete die implizite Logik dieser Argumentation, konnte auch Ansprüche auf Territorien stellen, die durch diese Kultur geprägt worden waren.

Unter dem Eindruck der nationalsozialistischen «Machtergreifung», vor allem aber nach Kriegsbeginn radikalisierten sich die Volkstumshistoriker durch die Übernahme antisemitischer Ideologeme und durch die aktive Unterstützung einer Politik, die auf ethnische Säuberungen hinauslief. Nach dem Sieg der Wehrmacht über Polen plädierte der Historiker Theodor Schieder für «Bevölkerungsverschiebungen allergrößten Ausmaßes», während sein Kollege Werner Conze sich für eine «Entjudung der Städte und Marktflecken» in Polen aussprach.[296]

Schieder, Conze und andere Volkstumshistoriker haben dazu beigetragen, die nationalsozialistische Expansionspolitik zu legitimieren. Zudem sind die von den Volkstumsforschern erstellten Statistiken, Karten und Gutachten dem Regime bei der Eroberung und «Neuordnung» der besetzten Territorien zweifellos von Nutzen gewesen. Weitergehende Spekulationen, die das nationalsozialistische Besatzungsregime in Osteuropa oder sogar den Holocaust auf die Pläne der Volkstumshistoriker zurückführen, lassen sich dagegen nicht belegen.[297] Dem widersprechen auch zeitgenössische Aussagen prominenter Volkstumshistoriker wie Hermann Aubin, der 1940 resigniert feststellte, dass «die politischen Entscheidungen ... ohne jede Berührung mit wissenschaftlicher Einsicht über uns hinwegzugehen» scheinen.[298]

Die *Germanistik* hat früher als alle anderen wissenschaftlichen Disziplinen begonnen, sich selbstkritisch mit ihrer Vergangenheit während der NS-Diktatur auseinanderzusetzen. Zu dieser Vergangenheit gehören das traditionelle Selbstverständnis des Fachs als «nationale Wissenschaft» und die vielfache Abgrenzung gegenüber der europäischen Aufklärung,[299] die Reden der Germanisten Hans Naumann und Gerhard Fricke bei den Bücherverbrennungen,[300] enthusiastische Bekenntnisse zum neuen Staat in der Phase der «Machtergreifung»[301] und die antisemitischen Publikationen von Fachvertretern wie Fritz Martini[302] oder Franz Koch.[303] Wie in anderen Fächern auch liefert die Forschung kein einheitliches Bild von der Germanistik im Nationalsozialismus. Während einige Arbeiten das Bild einer fast durchgängig nazifizierten Germanistik zeichnen,[304] betonen die meisten neueren Publikationen stärker die Eigenlogik beziehungsweise den Eigensinn des Faches, ohne dabei den deutlich erkennbaren Einfluss der NS-Ideologie auf die Germanistik zu leugnen.[305]

Diese zweite Sichtweise harmoniert besser mit den Einschätzungen, die von Vertretern des Regimes zu diesem Thema formuliert wurden. Eine interne Analyse, die der SD 1938/39 unter dem Titel «Lage und Aufgaben der Germanistik und deutschen Literaturwissenschaft» vorlegte, hob aus nationalsozialistischer Sicht vor allem die politischen Defizite des Faches hervor:

> Bisher liegen auf dem Gesamtgebiet der Germanistik nur zersplitterte Einzelversuche und mehr oder minder private Arbeitsansätze vor ... Es ist auch heute noch festzustellen, dass die Germanistik als Wissenschaft vom germanisch-deutschen Wesen und Menschentum, wie es in der Sprache Ausdruck und Gestalt gefunden hat, ihre grosse Aufgabe und Chance, die ihr durch die nationalsozialistische Revolution geboten wurden, noch in keiner Weise voll erkannt hat. Im Gegenteil ist festzustellen, dass gerade auf dem kulturpolitisch lebenswichtigen Gebiet der Germanistik noch ein ausgesprochen liberaler Wissenschaftsbetrieb herrscht, in dem eine Menge von gegnerischen oder zumindest reaktionären und liberalen Kräften noch immer am Werk ist.[306]

Verstärkt wird dieser Eindruck durch den Befund, dass der Rassebegriff in der Universitätsgermanistik letztlich eine Randerscheinung blieb.[307] 1941 urteilte der Tübinger Literaturhistoriker Paul Kluckhohn in einem Forschungsbericht: «Trotz der wiederholt erhobenen programmatischen Forderung nach Literaturgeschichte unter rassischem Blickpunkt und mancher grundsätzlichen Erörterungen ist bisher das Problem Rasse und Dichtung in der Einzelforschung doch nur ansatzweise oder vorschnell mit zweifelhaftem Erfolg in Angriff genommen worden.»[308]

Charakteristisch für die *Romanistik* wie auch für die anderen Neuphilologien war eine Ausweitung ihres Tätigkeitsfeldes, die teilweise schon in der Weimarer Republik begonnen hatte. Neben den klassischen sprach- und literaturwissenschaftlichen Themen etablierte sich als dritter Schwerpunkt die Kultur- und Landeskunde.[309] Über die Entwicklung des Faches in den ersten Jahren nach der «Machtergreifung» informiert ein Aufsatz, den der emigrierte jüdische Romanist Leo Spitzer 1938 in einer Exilzeitschrift veröffentlichte. Nach einer Auswertung der romanistischen Fachzeitschriften fiel Spitzers Urteil «im Ganzen nicht ungünstig» aus: «Die wissenschaftliche Tradition ist intakt, wenngleich sie nicht verbessert wurde, noch immer sind die

Zeitschriften im alten Umfang vorhanden, einige haben sogar ihre Qualität verbessern können.»[310]

Indes wurden gerade in dieser Zeit, in den Jahren 1937/38, die ersten größeren Werke einer nationalsozialistischen Romanistik veröffentlicht, zu deren exponierten Vertretern Männer wie Edgar Glässer, Kurt Wais oder Walter Mönch gehörten.[311] Der Einfluss der NS-Ideologie auf die Romanistik war daher größer, als Spitzers Einschätzung vermuten lässt. Frank-Rutger Hausmann, der beste Kenner der Materie, schätzt, dass etwa ein Sechstel bis ein Fünftel der nach 1937 erschienenen romanistischen Publikationen eindeutig vom Nationalsozialismus geprägt war.[312] Der überwiegende Teil des zwischen 1933 und 1945 publizierten Schrifttums hätte, so Hausmanns Urteil, aber «genauso gut vor oder nach dieser finsteren Epoche» publiziert werden können.[313]

Die *Anglistik*[314] beschäftigte sich als wissenschaftliche Disziplin traditionell mit der Sprache und der Literatur Großbritanniens. Seit den 1920er Jahren und verstärkt während der NS-Diktatur schälte sich auch hier als dritter Schwerpunkt die Landeskunde heraus.[315] In den ersten Jahren des Dritten Reiches waren die publizistischen Erzeugnisse des Faches noch geprägt durch eine grundsätzliche Sympathie und eine erkennbare Bewunderung für die politischen und kulturellen Leistungen der Briten. Diese Grundtendenz war politisch durchaus erwünscht, da die Regimespitze bis 1938 auf ein Bündnis mit Großbritannien hinarbeitete. Dementsprechend betonten selbst dezidierte Nationalsozialisten wie Robert Spindler (München) in ihren Publikationen lange Zeit «die enge geistige und seelische Verwandtschaft» von Deutschen und Engländern.[316] Nach Beginn des Krieges verstummten solche Töne. Stattdessen gingen Anglisten wie Will Héraucourt nun dazu über, England als kapitalistische «Plutokratie» zu attackieren, die anders als die deutsche «Volksgemeinschaft» durch «soziale Ungerechtigkeit» geprägt sei.[317] Der Anteil des durch den Nationalsozialismus geprägten anglistischen Schrifttums wird in der Literatur auf 10 bis 20 Prozent geschätzt.[318]

Auch für die Neuphilologien liegt ein Versuch vor, die Kontamination des Faches durch den Nationalsozialismus anhand einer Fachzeitschrift zu quantifizieren, die überwiegend Beiträge zur Germanistik sowie zur Romanistik und Anglistik publizierte. Zu diesem Zweck untersuchte die schwedische Germanistin Birgitta Almgren die *Germanisch-Romanische Monatsschrift (GRM)*, eine seit 1909 erscheinende Zeitschrift, die als regimenah galt.[319] Die dort publizierten Aufsätze wurden von Almgren vier verschiedenen Kategorien zugeordnet: erstens *neutrale* Texte, die vom Nationalsozialismus nicht beeinflusst waren, zweitens *polyphone* Texte, deren politische Botschaft mehrdeutig oder widersprüchlich war, drittens *geprägte* Texte, die durch den Gebrauch nationalsozialistischer Schlüsselbegriffe auffielen, und viertens *kritische* Beiträge, in denen direkt oder indirekt Vorbehalte und Distanz gegenüber dem Nazismus oder bestimmten Elementen der NS-Ideologie artikuliert wurden. Für das Jahr 1937 kommt Almgren zu dem Ergebnis, dass 50 Prozent der Aufsätze «neutral» und 7 Prozent «kritisch» waren, dagegen 40 Prozent «geprägt» und 3 Prozent «polyphon». Aus dem Jahrgang 1942 charakterisiert Almgren wiederum 50 Prozent der Artikel als «neutral» und 19 Prozent als «kritisch», während 25 Prozent als «geprägt» und 6 Prozent als «polyphon» eingestuft werden. Laut Almgren war der Anteil der «geprägten» Artikel in allen drei Disziplinen (Germanistik, Romanistik, Anglistik) ähnlich groß.[320]

In der *Psychologie*[321] gab es nach der «Machtergreifung» starke Bemühungen um eine Ausrichtung der Disziplin im Sinne des Regimes. Fachvertreter wie Erich Jaensch und Gerhard Pfahler versuchten die Rassentheorie in die psychologische Theoriebildung zu integrieren. Besonders aggressiv zeigte sich Jaensch, der 1937 in einem Aufsatz gegen «die krankhafte, von der Norm der Gesundheit und damit zugleich von der des Richtigen und Wahren abweichende jüdische Geistesart» polemisierte.[322] Solche Hetzpropaganda erschien charakteristischerweise nicht in einer wissenschaftlichen, sondern in einer politischen Zeitschrift, wurde aber gleichwohl mit professoraler Autorität vorgetragen. Andere NS-Psychologen wie Rudolf Hippius betrieben während des Krieges im besetzten Westpolen Rassenforschung.[323] Nationalsozialisten wie Jaensch oder Hippius konnten sich innerhalb des Faches aber nicht entscheidend durchsetzen. Dominant blieb vielmehr, wie Ulfried Geuter und andere gezeigt haben, eine traditionelle Psychologie, deren fachliches Profil allerdings zunehmend geprägt wurde durch eine enge Zusammenarbeit mit der Wehrmacht, die eine größere Zahl von Psychologen bei der Rekrutierung des Offiziersnachwuchses einsetzte.[324]

Dieser knappe Überblick über einige Kernfächer der Philosophischen Fakultäten bestätigt die Einschätzung, dass in den Geisteswissenschaften auch nach der «Machtergreifung» eine begrenzte Pluralität unterschiedlicher Methoden, Interpretationen und konkurrierender Schulen erhalten blieb.[325] Nationalsozialistische Ideologeme waren in allen geisteswissenschaftlichen Fächern präsent, ohne dass von einer durchgängigen Nazifizierung der wissenschaftlichen Publizistik gesprochen werden kann. Daraus ergab sich in der geisteswissenschaftlichen Praxis ein Nebeneinander von traditionellen und nationalsozialistischen Inhalten. Kunsthistoriker konnten eine Biographie von Caspar David Friedrich im heroisierenden Stil der nationalsozialistischen Propaganda schreiben, unter Ausblendung unpassender Aspekte des Lebenslaufs. Es war aber auch möglich, in einem solchen Buch auf politische Konzessionen weitgehend zu verzichten und stattdessen, ganz unzeitgemäß, die Bedeutung christlicher Motive im Werk des Künstlers hervorzuheben.[326]

Allerdings waren die allermeisten Publikationen zumindest NS-kompatibel, das heißt, die Autoren bemühten sich in der Regel, alles zu vermeiden, was als Kritik an den zentralen Dogmen der NS-Ideologie verstanden werden konnte. Dieser Zustand wurde auch von manchen konservativen Geisteswissenschaftlern als «bitterer» Zwang zur Selbstzensur empfunden.[327]

Zu beobachten war ferner eine publizistische Arbeitsteilung: Während wissenschaftliche Veröffentlichungen oft politisch farblos blieben, publizierten dieselben Autoren parallel dazu politische Artikel in der Tagespresse oder in populären Zeitschriften.[328] 1939 beobachtete Ernst Krieck:

> Ganz gewiss sind viele aus vollem Herzen weltanschaulich-politisch bei der Bewegung, viele auch durch die Leistungen des Führers widerstrebend

> überzeugt worden. Aber auch die Gutwilligen können die Brücke von der politischen Haltung zur Wissenschaft und zum Beruf oft nicht schlagen ... Es gibt die alte Zweiteilung: Hie politische Haltung – dort Wissenschaft um ihrer selbst willen (wenn auch oft getarnt).[329]

Nach Beginn des Krieges veränderte sich die Lage. Aus Sicht der allermeisten Hochschullehrer ging es jetzt um die Zukunft Deutschlands. Selbst Gelehrte wie die Historiker Carl Erdmann und Gerd Tellenbach, die dem Nationalsozialismus ablehnend gegenüberstanden, stellten «unsere absolute Solidarität mit der Nation» im Kriegsfall nicht infrage.[330] Für Geisteswissenschaftler, die zwischen 1939 und 1945 zu einem deutschen Sieg beitragen wollten, boten sich – neben dem Dienst an der Waffe – unterschiedliche Einsatzbereiche.

Zahlreiche Wissenschaftler betätigten sich im Rahmen der «geistigen Truppenbetreuung» als Vortragsredner bei der Wehrmacht. Gefragt waren Vorträge aus «allen Wissensgebieten», sofern «sie der Politischen Willensbildung und damit der Stärkung der Kampfmoral nutzbar gemacht werden» konnten, wie das Oberkommando der Wehrmacht dem REM mitteilte.[331] Zu den Professoren, die sich für solche Zwecke zur Verfügung stellten, gehörten neben Nationalsozialisten wie Joseph Vogt auch ehemalige Unterstützer der Weimarer Republik wie Otto Becker (Kiel), der nun Vorträge mit scharf antibritischer Tendenz hielt, und nationalkonservative Gegner des Regimes wie Gerhard Ritter (Freiburg), der in Frankreich vor Wehrmachtsangehörigen über die «politische Psychologie der Franzosen» sprach.[332]

In großer Zahl wurden Geisteswissenschaftler, neben Professoren anderer Fächer, während des Krieges ferner im Rahmen der auswärtigen Kulturpolitik eingesetzt. Zu diesem Zweck entstand seit 1940 ein Netz von 16 Deutschen Wissenschaftlichen Instituten (DWI) in den verbündeten, besetzten oder neutralen Ländern Europas. Diese Institute, deren Präsidenten und Direktoren durchweg Hochschullehrer waren, sollten die kulturellen und akademischen Eliten des Landes im Sinne des NS-Regimes beeinflussen und dadurch nach der militärischen auch die kulturelle Hegemonie Deutschlands auf dem Kontinent sichern. Das führte zu einer regen Reisetätigkeit. Allein im akademischen Jahr 1942/43 wurden 900 deutsche Wissenschaftler zu

Vortragsreisen oder Gastprofessuren ins Ausland eingeladen.[333] Unter den Eingeladenen befanden sich auch Geisteswissenschaftler wie der Philosoph Hans-Georg Gadamer, der vom SD als politisch «indifferent» beurteilt worden war.[334] Zu den besonders stark frequentierten Reisezielen gehörten Rom, Sofia, Budapest, Bukarest und Preßburg. Renommierte Ordinarien, die als wirkungsvolle Redner bekannt waren, bereisten während des Krieges auf diese Weise große Teile des europäischen Kontinents.[335]

Ein drittes Feld, auf dem Geisteswissenschaftler unterschiedlicher Disziplinen während des Krieges aktiv wurden, war der «Kriegseinsatz der Geisteswissenschaften», den der Jurist Paul Ritterbusch seit 1940 im Auftrag des REM organisierte. Seine Hauptaufgabe war nach den Worten Ritterbuschs die «Auseinandersetzung mit der geistigen und Wertwelt des Gegners».[336] Zur Teilnahme an dem Gemeinschaftswerk wurden praktisch alle im Bereich der Geisteswissenschaften tätigen Professoren eingeladen, auch Hochschullehrer wie der Romanist Werner Krauss, dessen Distanz zum Nationalsozialismus bekannt war. Alfred Rosenbergs Amt Wissenschaft kritisierte den «Kriegseinsatz der Geisteswissenschaften» deshalb als «eine von weltanschaulichen Gesichtspunkten unbelastete Sammelaktion».[337] In den folgenden vier Jahren gingen aus diesem Großprojekt 67 Bücher und Broschüren hervor, an denen mehr als 300 Geisteswissenschaftler aus zwölf Disziplinen mitgearbeitet hatten.[338]

Manche Autoren knüpften dabei nahtlos an die chauvinistische Professorenliteratur des Ersten Weltkriegs[339] an. Anglisten wie Paul Meißner (Breslau) oder Robert Spindler (München) attackierten England als eine Kaufmannsnation, die einem platten Utilitarismus verpflichtet sei und ihre Sinngebung in einem «verpflichtungslosen Individualismus» gefunden habe, der zu «völliger Bindungslosigkeit» führe.[340] Historiker wie Walter Platzhoff (Frankfurt) versuchten den aggressiven Charakter der englischen Politik nachzuweisen und behaupteten, Nazi-Deutschland kämpfe «für das Selbstbestimmungsrecht des europäischen Festlandes».[341] Andere Geisteswissenschaftler bemühten sich, mit historischen Argumenten den Anspruch Deutschlands auf eine Vormachtstellung in Europa zu begründen. Doch haben sich keineswegs alle Teilnehmer des «Kriegseinsatzes der Geisteswissenschaften» den offiziellen Zielen untergeordnet. Die bislang einzige umfassende Untersuchung zu dem Gemeinschaftswerk kommt zu dem Ergebnis, «dass grobe Verstöße gegen Gebote der Objektivität und Neutralität» in den meisten Beiträgen vermieden wurden. Die nationalsozialistische Rassenideologie sei nur in wenige Beiträge eingeflossen. Doch enthielten die Vorworte fast aller Bände eindeutige Zugeständnisse an die NS-Ideologie.[342]

Andere Geisteswissenschaftler trugen im Auftrag des Auswärtigen Amtes oder in eigenständigen Veröffentlichungen dazu bei, die deutsche Expansionspolitik zu legitimieren und die gegnerischen Mächte zu diskreditieren. Besonderen Eifer zeigten viele Historiker. Adolf Rein publizierte 1940 zwei Propagandabroschüren, in denen er Großbritannien als Aggressor identifizierte, der einen «Vernichtungskrieg» gegen Deutschland führe.[343] Nach ähnlichem Strickmuster wurde auch der deutsche Angriff auf die Sowjetunion im Juni 1941 vielfach als Defensivkrieg gegen den Bolschewismus dargestellt. Für den Göttinger Emeritus Karl Brandi ging es an der Ostfront um die «Verteidigung des Abendlandes».[344] Und der renommierte Mittelalter-Historiker Hermann Heimpel behauptete im November 1941, Deutschland verteidige «mit seinem Blute ... die Vergangenheit und die Zukunft Europas gegen eine Barbarenwelt, die keine Vergangenheit kennt».[345] Nationalsozialistische Hochschullehrer wie Wilhelm Schüßler oder Hans Uebersberger griffen in ihren publizistischen Äußerungen auch auf das Feindbild des «jüdischen Bolschewismus» zurück.[346]

Wer versucht, die Forschung der letzten Jahre zusammenzufassen, wird sich kaum des Eindrucks erwehren können, dass nahezu alle Geisteswissenschaftler dem Regime in der einen oder anderen Weise zugearbeitet haben. Dieser Eindruck verfestigt sich insbesondere dann, wenn nicht nur wissenschaftliche Publikationen in den Blick genommen werden, sondern auch populär gehaltene Veröffentlichungen, lassen sich doch sogar in den Schriften von Hochschullehrern wie Werner Krauss oder Kurt Huber, die aktiv am Widerstand gegen die Diktatur beteiligt waren, politische Zugeständnisse auffinden.[347] In einer Weltanschauungsdiktatur wie der nationalsozialistischen stellt sich offensichtlich nicht die Frage, ob die Geisteswissenschaftler sich der herrschenden Ideologie angenähert haben, sondern in welcher Intensität und in welcher Weise das geschah.[348] Dabei lassen sich sechs verschiedene Varianten ideologischer Anpassung unterscheiden:

Erstens: Anpassung durch Ausblenden. Diese mildeste Variante der Annäherung bestand darin, bestimmte heikle Themen nicht mehr anzusprechen, Namen von Emigranten und anderen Unpersonen nicht länger zu erwähnen, jüdische Kollegen nur noch selten oder gar nicht zu zitieren.[349]

Zweitens: Politisierung nach dem Sandwich-Prinzip. Anpassung beschränkte sich in diesem Fall auf gelegentliche politische Botschaften in Vorworten, Einleitungen oder Zusammenfassungen, ohne dass sich an der Substanz der Arbeit etwas änderte. So konnte Hermann August Korff den 1940 erstmals publizierten dritten Band seines Monumentalwerkes *Geist der Goethezeit* 1949 erneut publizieren. Getilgt wurden lediglich die Widmung der Erstauflage («Den Helden unseres Freiheitskampfes») sowie die Datierung des Vorworts: «Leipzig, am Tage der Einnahme von Paris, 14. Juni 1940».[350]

Drittens: Die Öffnung gegenüber der LTI *(Lingua Tertii Imperii)*, der von Victor Klemperer so eindringlich analysierten Sprache des Regimes. Dazu gehörte das Einsickern von Begriffen wie «Rasse», «Gefolgschaft», «artfremd», «Volksgemeinschaft» oder «völkisch» in wissenschaftliche Publikationen. Diese Bereitschaft zum «semantischen Umbau»[351] findet sich gelegentlich sogar bei Wissenschaftlern wie dem Klassischen Philologen Karl Reinhardt, der im NSDDB als «Vertreter reinster liberalistischer Wissenschaftshaltung» galt.[352] Eine Beurteilung solcher Prozesse ist oft schwierig, weil sie, wie man von Klemperer lernen kann, keineswegs immer bewusst verliefen.[353]

Viertens: Anpassung im außerwissenschaftlichen Bereich, durch Parteieintritt oder Zeitungsartikel, bei gleichzeitiger Aufrechterhaltung traditioneller Methoden und Standards in wissenschaftlichen Publikationen. Ein solches Verhalten reagierte auf die Erwartungen des Regimes und folgte gleichzeitig dem traditionellen Grundsatz, Wissenschaft und Politik voneinander zu trennen.

Fünftens: Eine Selbstmobilisierung durch bewusste Unterordnung unter die politischen Ziele des Regimes. Hierzu gehörten jene Teile der «Ostforschung» oder «Westforschung», die darauf ausgerichtet waren, die imperialistische Politik des Regimes mit wissenschaftlichen Argumenten zu unterstützen, sowie Publikationen, die darauf abzielten, den Krieg zu rechtfertigen und den Kriegsgegner moralisch zu diskreditieren.

Sechstens: Ein Anschluss an das Regime durch die Übernahme der nationalsozialistischen Rassenideologie. Ein solcher Paradigmenwechsel war ein Bruch mit der wissenschaftlichen Tradition. Exponierte Vertreter der Rassenkunde wie Hans F.K. Günther, Ludwig Ferdinand Clauss oder Adolf Bartels waren während der Weimarer Republik Außenseiter des Wissenschaftsbetriebes gewesen.[354] Zwar existierte ein Rassismus mit antisemitischer Stoßrichtung an den Hochschulen auch schon vor 1933, doch handelte es sich dabei um Ressentiments, nicht um ein wissenschaftliches Konzept.

Die Anpassungsbereitschaft der meisten Geisteswissenschaftler konnte indes einen sichtbaren Bedeutungsverlust ihrer Disziplinen nicht verhindern. Bereits 1938 sprach das Sicherheitshauptamt der SS in einem internen Lagebericht von einer «Zurückdrängung der Geisteswissenschaften», die sich aus der Konzentration auf den Vierjahresplan und auf «wehrtechnische Aufgaben» ergeben habe.[355] Blickt man auf den Lehrkörper der Universitäten, bestätigt sich diese Aussage. Zwar traf es die Philosophischen Fakultäten nicht so hart wie die theologischen oder die juristischen Fächer. Gleichwohl sank die Zahl der planmäßigen Professoren in den geisteswissenschaftlichen Disziplinen zwischen 1931 und 1938 von 486 auf 439. Das war ein Rückgang von 9,7 Prozent, der deutlich über dem Durchschnitt lag.[356] Dieser Rückgang reflektierte nicht zuletzt die Politik des Amtes Wissenschaft im REM, das unter der Leitung von Otto Wacker hauptsächlich daran interessiert war, die medizinischen und naturwissenschaftlichen Fächer auszubauen.[357] Wackers Nachfolger, Rudolf Mentzel, der auch in der Forschungsförderung (DFG und Reichsforschungsrat) eine entscheidende Rolle spielte, machte in internen Gesprächen ebenfalls kein Hehl aus der Tatsache, dass ihm die Geisteswissenschaften «gleichgültig» waren.[358]

Forciert wurde dieses Desinteresse dadurch, dass der klassische Aufgabenbereich der Philosophischen Fakultäten, die Ausbildung künftiger Gymnasiallehrer, in den 1930er Jahren aufgrund der massiven Überfüllungskrise[359] erheblich an Relevanz verlor. Daraus resultierte ein überproportionaler Rückgang der Studierenden in den Philosophischen Fakultäten. Hatten 1932 noch fast 19 Prozent der Studierenden an den deutschen Universitäten ein geisteswissenschaftliches Studium absolviert, so waren es 1939/40 nur noch etwa 11 Prozent.[360]

Als auch die Ausgaben der DFG zugunsten der Geisteswissenschaften nach Kriegsbeginn drastisch reduziert wurden,[361] breitete sich an den Philosophischen Fakultäten sogar Existenzangst aus: «Weithin ist heute der Glaube verbreitet, dass die Geisteswissenschaften zugrunde gehen», klagte Ernst Krieck 1940 in einem Schreiben an den Reichserziehungsminister.[362] Ein Jahr später glaubte der nationalsozialistische Historiker Walter Frank feststellen zu können, «dass die Geisteswissenschaften heute eine geschichtliche Schuld büßen, die sie durch die eigene Lebensschwäche auf sich geladen haben».[363]

Der «Kriegseinsatz der Geisteswissenschaften» lässt sich als Versuch des REM interpretieren, dieser Tendenz zur Marginalisierung entgegenzuwirken, indem man den Geisteswissenschaftlern die Gelegenheit gab, ihre Nützlichkeit für das Regime unter Beweis zu stellen. Dadurch erreichten die für die Geisteswissenschaften bestimmten DFG-Gelder 1942/43 wieder das Vorkriegsniveau. Dennoch hielt das Gefühl vieler Geisteswissenschaftler, sich im Niedergang zu befinden, in den folgenden Jahren weiter an.

Das lag nicht zuletzt an der geringen Zahl der Geisteswissenschaftler, die während des Krieges «unabkömmlich» (uk) gestellt wurden. Auch von dem Ende 1943 gefassten Beschluss, 5000 Wissenschaftler aus der Wehrmacht zu entlassen, um sie wieder der Forschung zuzuführen,[364] profitierten im Wesentlichen nur die naturwissenschaftlichen und technischen Disziplinen. Obwohl die Zahl der Studierenden in den geisteswissenschaftlichen Disziplinen seit 1940 wieder zunahm, erbrachten die Bemühungen zur Freistellung von Geisteswissenschaftlern nur bescheidene Erfolge. Zwar verständigten sich das

REM, verschiedene Parteistellen, das Reichssicherheitshauptamt und das Planungsamt des Reichsforschungsamtes 1944 mit der Wehrmacht auf das Ziel, 100 als unentbehrlich angesehene Geisteswissenschaftler «sicherzustellen», um sie in die Nachkriegszeit hinüberzuretten. Letztlich wurden im Rahmen dieser Aktion aber nur etwa 40 ausgesuchte Geisteswissenschaftler uk-gestellt.[365] Im März 1944 konstatierte ein SD-Bericht aus Frankfurt, «im Vordergrund aller Erwägungen» stehe bei den Hochschullehrern der Philosophischen Fakultät «die allgemein große Sorge um das Schicksal der Geisteswissenschaften überhaupt. Es ist nicht zu leugnen, dass viele ... Hochschullehrer in dieser Hinsicht von einem schweren Pessimismus erfüllt sind.»[366]

Medizin

In den Medizinischen Fakultäten war die Etablierung der Eugenik[367] beziehungsweise der Rassenhygiene als neues Paradigma die wichtigste Veränderung in den ersten Jahren nach der «Machtergreifung». Die Eugenik lässt sich keineswegs, wie in der älteren Literatur gelegentlich zu lesen ist, als nationalsozialistische Pseudo-Wissenschaft abtun.[368] Vielmehr handelte es sich um eine internationale Strömung, die sich seit dem Ende des 19. Jahrhunderts in verschiedenen, vornehmlich protestantischen Ländern wissenschaftlich etabliert hatte.[369] In großen Teilen Europas und der USA waren die Grundgedanken der Eugenik schon vor 1933 weithin akzeptiert, wie ein Blick in die 14. Auflage der *Encyclopædia Britannica* zeigt – damals das bedeutendste Nachschlagewerk der Welt.[370]

Obwohl die Eugenik Anhänger in allen politischen Lagern fand, wurde sie von keiner der Weimarer Parteien in ähnlicher Weise gefördert wie von der NSDAP. Hitler hatte während seiner Haftzeit den 1921 erstmals publizierten *Grundriß der menschlichen Erblichkeitslehre und Rassenhygiene* von Erwin Baur, Eugen Fischer und Fritz Lenz gelesen und die Grundgedanken dieses eugenischen Standardwerks in *Mein Kampf* aufgenommen.[371] Erfreut konstatierte Fritz

Lenz, der 1923 als erster deutscher Rassenhygieniker in München eine planmäßige Professur erhalten hatte, 1931 in der Zeitschrift der Deutschen Gesellschaft für Rassenhygiene: «Hitler ist der erste Politiker von wirklich großem Einfluß, der die Rassenhygiene als eine zentrale Aufgabe aller Politik erkannt hat und der sich tatkräftig dafür einsetzen will.» Lenz machte aber auch deutlich, dass er über «gewisse Auslassungen» Hitlers, «auch zur Judenfrage», nur den Kopf schütteln könne.[372] Ähnlich äußerte sich 1932 Eugen Fischer, Direktor des Kaiser-Wilhelm-Instituts für Anthropologie, menschliche Erblehre und Eugenik. Für Fischer war die NSDAP die einzige Partei, «die ein eugenisches Programm aufgestellt hat, das ich großenteils unterschreiben könnte». Keine Übereinstimmung bestehe dagegen in der Frage der «Fremdstämmigen».[373]

Die Übernahme des eugenischen Paradigmas durch die NSDAP führte nach der «Machtergreifung» zu grundlegenden Veränderungen. Anfang 1934 trat das Gesetz zur Verhütung erbkranken Nachwuchses in Kraft, das die Sterilisation von Patienten ermöglichte, die im Gesetz als «erbkrank» definiert wurden oder unter «schwerem Alkoholismus» litten.[374] Während «nichtarische» oder sozialistische Eugeniker ausgeschaltet wurden, taten sich für ihre verbleibenden Kollegen völlig neue Karrierechancen auf. An zahlreichen Hochschulen entstanden seit 1933 neue Lehrstühle und Institute für Rassenhygiene.[375] Neben Vorlesungen und Publikationen zur Vererbungslehre und den daraus abgeleiteten bevölkerungspolitischen Konsequenzen wurde die Arbeitskraft dieser Institute zunehmend durch die Erstellung von Abstammungsgutachten absorbiert, die entweder für Unterhaltsprozesse oder im Auftrag der Reichsstelle für Sippenforschung angefertigt wurden.[376] Bei Letzteren ging es in der Regel darum, die «Rassenzugehörigkeit» von Personen zu beurteilen, deren «arische» Herkunft zweifelhaft war. Diese Gutachten grenzten vielfach an «Scharlatanerie» – zumal, wenn außer den Fotos der möglichen Väter kaum weitere Entscheidungsgrundlagen vorlagen. Gutachten, in denen die zu beurteilende Person als Jude oder Jüdin kategorisiert wurde, konnten seit 1941 auf ein Todesurteil hinauslaufen.[377]

Viele der neu berufenen Professoren verknüpften die Theoreme der

Eugenik mit der nationalsozialistischen Rassenideologie. Vor allem jene Hochschullehrer, die gleichzeitig einflussreiche Parteiämter innehatten, verkörperten diese Verbindung auf sichtbare Weise. So leiteten die Professoren Karl Astel (Jena), Wilhelm Gieseler (Tübingen), Heinrich Wilhelm Kranz (Gießen/Frankfurt), Lothar Loeffler (Königsberg) und Ludwig Schmidt-Kehl (Würzburg) neben ihrer Lehrtätigkeit auch noch die Rassenpolitischen Ämter in den Gau- oder Kreisleitungen der NSDAP. Ihr Kollege Hermann Böhm (Gießen), ein «alter Kämpfer» der NSDAP, hatte sich bereits vor 1933 als Leiter der Abteilung Volksgesundheit in der Reichsorganisationsleitung der Partei betätigt.[378]

Obwohl zeitgenössische Experten wussten, dass das Wissen über die Erblichkeit vieler «Erbkrankheiten» in den 1930er Jahren noch höchst unzureichend war,[379] stieß das Gesetz zur Verhütung erbkranken Nachwuchses an den Medizinischen Fakultäten nur selten auf Kritik. Offensichtlich handelte es sich nicht um ein Gesetz, mit dem die Politik der Wissenschaft ihren Willen aufzwang, sondern um ein wissenschaftliches Denkgebäude, das von der Politik aufgenommen und in die Praxis umgesetzt wurde. Selbst Wissenschaftler wie Ernst Kretschmer (Marburg), Kurt Beringer (Freiburg) oder Heinrich Boening (Gießen), die dem Nationalsozialismus eher distanziert gegenüberstanden, bejahten die Grundgedanken der Eugenik.[380] Als problematisch wurde die Politik der Zwangssterilisation allerdings von kirchentreuen Katholiken empfunden, hatte doch Papst Pius XI. 1930 in der Enzyklika *Casti connubii* dem Staat ausdrücklich das Recht abgesprochen, die «Unversehrtheit des Leibes» aus eugenischen Gründen zu verletzen. Doch konnten auch katholische Chirurgen, Psychiater oder Gynäkologen sich der Beteiligung an eugenischen Maßnahmen meist nicht entziehen.[381]

Die Zwangssterilisation tatsächlicher oder vermeintlicher Erbkranker war Bestandteil einer Politik, die nicht das Wohl des Individuums, sondern die Herausbildung eines gesunden und leistungsfähigen «Volkskörpers» zum Ziel hatte. In die Umsetzung des Sterilisationsgesetzes waren die an den Universitätskliniken tätigen Mediziner auf allen Ebenen eingebunden. Sie hatten die Pflicht, Personen, die für eine

Sterilisation infrage kamen, beim zuständigen Amtsarzt zu melden; sie schrieben Gutachten für die neu eingerichteten Erbgesundheitsgerichte, die über den Antrag auf Sterilisation zu entscheiden hatten; einige von ihnen urteilten selbst in Erbgesundheitsgerichten oder auch in den Erbgesundheitsobergerichten, die als Beschwerdeinstanz fungierten. Und schließlich wurden Zehntausende von Frauen und Männern in Universitätskliniken zwangsweise sterilisiert.[382] Allein die Universität Greifswald, eine der kleinsten deutschen Universitäten, nahm in den Jahren der NS-Diktatur 2403 Sterilisationen vor.[383]

Die Hoffnung, eine Reihe von Krankheiten langfristig ausrotten zu können, indem man die Träger dieser Krankheiten an der Fortpflanzung hinderte, scheint viele Mediziner regelrecht beflügelt zu haben. Die Erbforschung entwickelte sich in den 1930er Jahren zu einer medizinischen Leitwissenschaft.[384] Als wichtigstes methodisches Instrument diente dabei die Zwillingsforschung.

Wie breit dieses Forschungsfeld war, zeigt ein exemplarischer Blick auf die Medizinische Fakultät Hamburg, wo eine Reihe von Hochschullehrern mit derartigen Fragestellungen beschäftigt war.[385] Zu ihnen gehörte Wilhelm Weitz, Ordinarius für Innere Medizin, der über die Vererbung innerer Krankheiten forschte und in seinen Publikationen dafür plädierte, den Wirkungskreis des Sterilisationsgesetzes auf weitere Krankheiten auszudehnen. Weitz war außerdem führend an zwei größeren von der DFG geförderten Forschungsprojekten beteiligt, die sich mit der «Erblichkeit des Krebses» und der «Erblichkeit der Leistungsfähigkeit» beschäftigten. Über die Erblichkeit des Charakters forschte der Neurologe Heinrich Lottig, der sich mit einer Zwillingsstudie habilitierte und zu dem Ergebnis kam, dass «der Einfluß der Umweltfaktoren viel geringer ist, als man früher geglaubt oder tendenziös behauptet hat».[386] Der Psychiater Friedrich Meggendorfer, der 1934 nach Erlangen berufen wurde, beschäftigte sich mit der Frage, inwieweit Alkoholismus eine «erblich krankhafte Grundlage» hat, während der Orthopäde Carl Mau in einer kontroversen Fachdiskussion die Meinung vertrat, dass die angeborene Hüftluxation eine Erbkrankheit sei, die durch Sterilisation der Betroffenen bekämpft werden müsse. Als dezidierte Vertreter eugenischer Positionen exponierten sich ferner zwei Hamburger Professoren, die 1933/34 Opfer der nationalsozialistischen Säuberungspolitik wurden: der «nichtarische» Anatom Heinrich Poll und der Psychiater Wilhelm Weygandt, der auf Betreiben des Hamburger Ärzteführers vorzeitig emeritiert wurde.[387]

Einige Mediziner beschäftigten sich nicht nur mit tatsächlichen oder vermeintlichen Erbkrankheiten, sondern versuchten darüber hinaus auch die Erblichkeit von abweichendem Verhalten nachzuweisen. Dazu gehörten unter anderem die Versuche, Kriminalität durch die «krankhafte Erbmasse» der Kriminellen zu erklären, ein Ansatz, der gegen Ende des 19. Jahrhunderts erstmals von dem italienischen Gerichtsmediziner Cesare Lombroso mit seiner Theorie vom «geborenen Verbrecher» systematisch entwickelt worden war. In den 1930er Jahren übernahmen selbst etablierte Professoren wie der Gerichtsmediziner Heinrich Többen (Münster), der nicht der NSDAP angehörte und in der Weimarer Republik noch für sozialpolitische Lösungsansätze eingetreten war, dieses Paradigma.[388]

Zum Zentrum einer nationalsozialistisch inspirierten Forschung über «Asoziale» entwickelte sich das Institut für Erb- und Rassenpflege der Universität Gießen, das von Heinrich Wilhelm Kranz geleitet wurde, einem nationalsozialistischen Multifunktionär, der schon vor 1933 der NSDAP beigetreten war.[389] Zusammen mit dem Statistiker Siegfried Koller veröffentlichte Kranz in den Jahren 1939 bis 1941 unter dem Titel *Die Gemeinschaftsunfähigen* eine mehrteilige Studie, die sich als wissenschaftlicher und praktischer Beitrag zur Lösung des «Asozialenproblems» verstand.[390] Als «gemeinschaftsunfähig» definierten sie Personen, deren «persönliches, soziales und völkisches Verhalten» nicht den Mindestanforderungen der «Volksgemeinschaft» genügte. Kranz und Koller versuchten nachzuweisen, dass «gemeinschaftsunfähiges Verhalten» überwiegend durch «erbliche charakterliche Anlagen» bedingt war. Eine «Besserung» sei daher «in einem großen Teil der Fälle» ohne rassenhygienische Maßnahmen nicht möglich. Am Ende ihrer Publikation formulierten die Autoren einen Maßnahmenkatalog zur Bekämpfung der «Gemeinschaftsunfähigen», der von der Aberkennung der Ehewürdigkeit über die «Überführung der Kinder in eine Erziehungsanstalt» bis zur Sterilisation reichte.[391]

Im Gegensatz zur Eugenik stieß ein weiteres Element nationalsozialistischer Gesundheitspolitik, die Förderung der Naturheilkunde, an den Universitäten auf sehr viel geringere Resonanz. Reichsärzteführer Gerhard Wagner propagierte eine Synthese von Schulmedizin und Naturheilkunde, die unter dem Namen «Neue Deutsche Heilkunde» firmierte.[392] Die Naturheilkunde wurde von einigen hochrangigen NSDAP-Führern, insbesondere von Rudolf Heß, sehr geschätzt. Die große Mehrheit der Hochschulmediziner hatte demgegenüber schon in der Weimarer Republik die Einrichtung naturheilkundlicher Lehrstühle eindeutig abgelehnt.[393] Daran änderte sich auch 1933/34 nichts, wie diverse Proteste von Medizinern gegen ein geplantes Heilpraktikergesetz zeigten.[394] Mit dieser ablehnenden Einstellung konnten sich die Hochschulmediziner weitgehend durchsetzen. Zwar verlangte eine neue Prüfungsordnung seit 1939 den Besuch einer Pflichtveranstaltung über «Naturgemäße Heilmethoden» und die Teilnahme an Heilkräuterexkursionen.[395] Zur Einrichtung neuer Professuren kam es jedoch nicht. Die beiden einzigen Lehrstühle für Naturheilkunde (in Berlin und Jena) waren bereits während der Weimarer Republik unter der Ägide sozialdemokratischer Kultusminister entstanden.[396]

Andere Bereiche medizinischer Forschung blieben weitgehend unbeeinflusst von der NS-Ideologie. Das gilt insbesondere für die Krebsforschung, die seit 1936/37 im Rahmen eines von der DFG finanzierten Tumorforschungsprogramms verstärkt gefördert wurde. Im Zentrum dieses Programms stand das Bemühen um eine serologische Frühdiagnose. Zwischen 1937 und 1942 kamen etwa 20 bis 25 Prozent der für die medizinische Forschung zur Verfügung stehenden DFG-Mittel der Krebsforschung zugute.[397] Als weitere Forschungsschwerpunkte lassen sich die Ernährungsphysiologie und die Bekämpfung der Infektionskrankheiten nennen.[398]

Der Zweite Weltkrieg führte an den Medizinischen Fakultäten zu grundlegenden Veränderungen. Dieser Wandel deutete sich schon Monate vor Kriegsbeginn an, als eine neue medizinische Studienordnung die Studierenden zum Besuch von acht Lehrveranstaltungen mit militärmedizinischem Schwerpunkt verpflichtete. Diese Lehrveranstaltungen trugen Titel wie «Physiologische Chemie und Wehrchemie», «Allgemeine Pathologie und Wehrpathologie» oder «Chirurgische Klinik (einschl. Wehrchirurgie)».[399]

Nach Beginn des Krieges beschlagnahmte die Wehrmacht Teile der Universitätskliniken, um sie als Reservelazarette zu nutzen. Zahlreiche Ordinarien waren neben ihrer eigentlichen Tätigkeit in Universität und Klinik fortan als «Beratende Ärzte» für die Wehrmacht tätig. Die Beratenden Ärzte sollten die für die Wehrmacht tätigen Sanitätsoffiziere fachlich unterstützen, sie inspizierten Wehrmachtslazarette, schrieben Gutachten zu medizinischen Fragen und verfassten regelmäßige Berichte über ihre Erfahrungen für die Heeressanitätsinspektion. Diese Tätigkeit führte nicht selten zu wochen- oder monatelanger Abwesenheit von der Universität.[400] Ein beträchtlicher Teil der Assistenten und der jüngeren Hochschullehrer wurde 1939 zum Kriegsdienst eingezogen. An ihre Stelle traten «Hilfsärzte», darunter viele Frauen.

Gleichzeitig stieg das Interesse an einem Medizinstudium während des Krieges exorbitant an. An den Universitäten waren während der gesamten Kriegszeit stets mehr als 50 Prozent, zeitweise sogar mehr als 60 Prozent aller Studierenden an den Medizinischen Fakultäten immatrikuliert. Das lag vor allem daran, dass Wehrmachtsangehörige oder Arbeitsdienstleistende, die Medizin studierten oder studieren wollten, zum Studium abkommandiert werden konnten. Die Medizinstudenten galten daher schon bald als «Drückeberger», die ihr Studienfach nur gewählt hatten, um sich dem Fronteinsatz zu entziehen.[401]

Auch die Schwerpunkte der medizinischen Forschung änderten sich nach Kriegsbeginn. Nachdem die DFG angekündigt hatte, vorrangig kriegswichtige Forschungsprojekte zu fördern, konnte die erbbiologische Forschung nicht mehr mit einer ähnlich großzügigen Förderung rechnen wie in den Vorkriegsjahren.[402]

Schon bald zeigte sich, dass auch Mediziner, die dem Nationalsozialismus distanziert gegenüberstanden, durchaus bereit waren, ihre

Forschung an den Bedürfnissen der Wehrmacht auszurichten.[403] Forschung im Dienst des Krieges galt als patriotische Tat und wurde zudem als Chance wahrgenommen, das eigene Institut aufzuwerten. So forschten Flugmediziner im Auftrag des Reichsluftfahrtministeriums über das Verhalten des menschlichen Körpers unter den extremen Bedingungen, denen die Piloten der Luftwaffe ausgesetzt waren, die während des Krieges höher und schneller flogen als jemals zuvor.[404] Pharmakologen beschäftigten sich im Auftrag der Kriegsmarine mit spezifischen Problemen von U-Boot-Besatzungen: mit Raumbelüftung, Vergiftungen durch Sauerstoff oder Kohlenmonoxid und den Wirkungen von Öldampf, mit Ernährungsproblemen der U-Boot-Fahrer oder der Therapie von Seekrankheit.[405] Gerichtsmediziner begutachteten im Auftrag der Wehrmacht mutmaßliche Fälle von Selbstverstümmelung und entschieden dabei möglicherweise über Leben und Tod, weil Selbstverstümmelung, um dem Fronteinsatz zu entgehen, als Wehrkraftzersetzung galt und mit dem Tode bestraft werden konnte.[406] Die für die Wehrmacht tätigen Beratenden Psychiater beschäftigten sich wie schon im Ersten Weltkrieg hauptsächlich mit dem Problem der sogenannten «Kriegsneurotiker» – Soldaten, die auf die Schrecken des Krieges mit starkem Zittern («Kriegszitterer»), Stimmverlust, Lähmungserscheinungen, Muskelkrämpfen, Apathie und anderen physischen oder psychischen Symptomen reagierten. Die Behandlungsmethoden waren zum Teil äußerst brutal; im Vordergrund stand oft weniger das Wohl der Betroffenen, sondern vor allem das Ziel, die Kampfkraft der Wehrmacht aufrechtzuerhalten.[407]

Auch in den akademischen Eliten schuf der Krieg einen «mentalen Ausnahmezustand», der das Denken und Handeln radikalisierte. Die Identifikation mit Söhnen, Brüdern oder Vätern, die an der Front kämpften, und der unbedingte Wille, eine weitere Kriegsniederlage zu verhindern, ließen auch Maßnahmen als gerechtfertigt erscheinen, die unter anderen Bedingungen auf Kritik oder Ablehnung gestoßen wären.[408] In der Wissenschaft wirkte sich dieser mentale Wandel vor allem deshalb fatal aus, weil er in einem Regime stattfand, das der Forschung keine moralischen oder juristischen Grenzen mehr setzte, wenn es um das Schicksal von Menschen ging, die als «minderwertig» angesehen wurden. Aus dieser Konstellation resultierte in den Kriegsjahren eine langsame Auflösung herkömmlicher moralischer Standards, die sich an den Medizinischen Fakultäten vor allem in tödlich verlaufenden Humanexperimenten und in der Beteiligung an der «Euthanasieaktion» offenbarte.

1930/31 hatte sich der Reichsgesundheitsrat mit der Frage beschäftigt, unter welchen Umständen wissenschaftliche Experimente am Menschen zulässig waren. Als Ergebnis dieser Debatte publizierte das Reichsministerium des Innern 1931 Richtlinien für neuartige Heilbehandlung und für die Vornahme wissenschaftlicher Versuche am Menschen, die eine Reihe von präzisen Regeln enthielten. Die Richtlinien machten insbesondere deutlich, dass Humanexperimente «bei fehlender Einwilligung unter allen Umständen unzulässig» waren. Für unzulässig erklärt wurden ferner «Versuche an Sterbenden», Versuche am Menschen, die «durch den Versuch am Tier ersetzt werden» können, sowie Versuche an Personen unter 18 Jahren, «wenn sie das Kind oder den Jugendlichen auch nur im Geringsten gefährden».[409]

Spätestens nach Beginn des Krieges waren diese Richtlinien zu Makulatur geworden. Die meisten tödlichen Humanexperimente wurden an KZ-Häftlingen oder Kriegsgefangenen vorgenommen und dienten dem Ziel, aktuelle militärmedizinische Probleme der Wehrmacht oder der SS zu lösen. Die Unterdruck- und Unterkühlungsversuche sowie die Versuche, Meerwasser trinkbar zu machen, die 1942 und 1944 im KZ Dachau stattfanden, orientierten sich an dem Interesse der Luftwaffe, Flugzeugbesatzungen zu retten, die in großen Höhen oder über dem Meer verunglückt oder abgeschossen worden waren. Die Fleckfieberversuche (im KZ Buchenwald), die Tuberkuloseversuche (im KZ Neuengamme) und die Malariaversuche (unter anderem in Dachau und Buchenwald) sollten helfen, Impfstoffe gegen Krankheiten zu entwickeln, die in den Reihen der Wehrmacht für Ausfälle sorgten. Bei den Kampfstoffversuchen im KZ Natzweiler-Struthof ging es darum, ein Schutzmittel gegen chemische Kampfstoffe wie Lost oder Phosgen zu entwickeln. Mit den Sulfonamidversuchen (im KZ Ravensbrück) wollten die beteiligten SS-Ärzte ein wirksames Mittel gegen Wundinfektionen testen, da die Wehrmacht, anders als die Alliierten, im Zweiten Weltkrieg nicht über Penicillin verfügte. Bei diesen Versuchen starben Hunderte, wahrscheinlich sogar Tausende von Menschen, viele unter unerträglichen Schmerzen. Wissenschaftliche Forschung und nationalsozialistische Vernichtungspolitik gingen hier eine Symbiose ein, die einige der grauenhaftesten Episoden der Wissenschaftsgeschichte hervorbrachte.[410]

Es ist bekannt, dass einige Wissenschaftler den Schritt vom Tier- zum Menschenversuch verweigert haben. Andere zeigten zumindest erhebliche Skrupel, als sie mit dem Tod von Versuchspersonen konfrontiert waren. Das gilt selbst für einen ausgewiesenen Nationalsozialisten wie den Kieler Physiologen Ernst Holzlöhner, der 1942 an den Dachauer Unterkühlungsversuchen beteiligt war.[411] Diejenigen, die ihre Skrupel überwanden oder möglicherweise keine Skrupel hatten, rechtfertigten ihr Handeln in der Regel mit drei Argumenten: Sie verwiesen auf den Wert neuer wissenschaftlicher Erkenntnisse, die zum Wohl anderer Menschen, in der Regel des eigenen Volkes, beitragen könnten, betonten ferner den Vorrang der «Volksgemeinschaft» gegenüber dem Schicksal einzelner Individuen und versicherten schließlich, bei den Versuchspersonen handele es sich um zum Tode verurteilte Verbrecher, denen eine Begnadigung in Aussicht gestellt worden sei, wenn sie die Versuche überlebten.[412]

Die als «Euthanasie» bezeichnete Ermordung von psychisch kranken und geistig behinderten Menschen war schon lange vor dem Beginn des Zweiten Weltkriegs sowohl in der Wissenschaft als auch in der NSDAP ein kontroverses Thema gewesen. Die medizinische, juristische und philosophische Debatte begann 1920, nachdem der Leipziger Strafrechtler Karl Binding und der Freiburger Psychiater Alfred Hoche ihr Buch *Die Freigabe der Vernichtung lebensunwerten Lebens* publiziert hatten. Darin vertraten sie die Auffassung, «daß die Beseitigung der geistig völlig Toten kein Verbrechen, keine unmoralische Handlung, keine gefühlsmäßige Rohheit, sondern einen erlaubten nützlichen Akt darstellt». Zur Begründung verwies Binding unter anderem darauf, «welches ungeheure Kapital in Form von Nahrungsmitteln, Kleidung und Heizung dem Nationalvermögen» durch die Pflege von «Ballastexistenzen» entzogen werde.[413]

In der Weimarer Republik hatte diese Position indes keine Chance auf Verwirklichung. Auch die Mediziner und Juristen, die sich an der Diskussion beteiligten, äußerten sich mehrheitlich kritisch zur Freigabe einer Tötung Geisteskranker.[414] Zum Stand der Debatte am Ende der Weimarer Republik erklärte der renommierte Münchener Psychiater Oswald Bumke 1932 auf dem VII. Deutschen Hochschultag: «Es hat wiederholt in letzter Zeit Leute gegeben, sehr bedeutende Leute, die den Wunsch geäußert haben, man möchte lebensunfähiges Leben vernichten, also Idioten vernichten, und selbst da, wo weltanschauliche Bedenken gegen solch brutales Vorgehen nicht bestehen, wird ein solcher Vorschlag für unausführbar gehalten, weil niemand in einer solchen Kommission sitzen will, die das Todesurteil spricht.»[415]

Bedenken dieser Art kannte die nationalsozialistische Führungsspitze nicht. Hitler war sich jedoch der Tatsache bewusst, dass die massenhafte Ermordung von Kranken im Inland wie im Ausland auf scharfe Kritik stoßen würde. Als Reichsärzteführer Wagner 1935 einen «Führerentscheid» zur «Vernichtung lebensunwerten Lebens» herbeiführen wollte, entgegnete der «Führer», das werde erst im Krieg durchführbar sein, «wenn alle Welt auf den Gang der Kampfhandlungen schaut und der Wert des Menschen ohnehin minder schwer wiegt».[416] Nicht zufällig war der Erlass, mit dem Hitler im Oktober 1939 den Startschuss für die «Euthanasie» gab, daher auf den 1. September 1939 zurückdatiert – den Tag des Kriegsbeginns.

Die Vernichtungspolitik gegenüber den Kranken verlief in zwei Phasen. In der ersten Phase zwischen 1939 und 1941 wurden über 70 000 Patienten im Rahmen einer zentral organisierten Aktion («Aktion T4») in sechs Tötungsanstalten ermordet. Eine noch größere Zahl von Opfern forderte die zweite Phase der «Euthanasieaktion» in den Jahren 1942 bis 1945, die als dezentrale «Euthanasie» bezeichnet worden ist. In dieser Phase, die durch ein hohes Maß an Improvisation geprägt war, starben die meisten Kranken durch Überdosierung von Medikamenten oder den gezielten Entzug von Nahrungsmitteln.[417]

Unter den mehr als 40 Gutachtern, die im Rahmen der «Aktion T4» über Leben und Tod der Patienten entschieden, befanden sich sieben Ordinarien verschiedener Universitätskliniken. Dabei handelte es sich durchgängig um Psychiater, die ihren Lehrstuhl erst nach 1933 erhalten hatten: Max de Crinis (Berlin), Werner Heyde (Würzburg), Berthold Kihn (Jena), Friedrich Mauz (Königsberg), Kurt Pohlisch (Bonn), Carl Schneider (Heidelberg) und Werner Villinger (Breslau).[418] Bekannt ist ferner die Mitwirkung von Pädiatern bei der Kindereuthanasie. Neben Werner Catel (Leipzig), der als einer von drei Gutachtern eine maßgebliche Rolle spielte, beteiligte sich auch der Leiter der Universitätskinderklinik Heidelberg, Johann Duken, an der Ermordung behinderter Kinder.[419]

Die Gutachtertätigkeit war freiwillig, wie das Beispiel des Göttinger Psychiaters Gottfried Ewald zeigt, der im August 1940 die Aufforderung ablehnte, sich als Gutachter an der «Aktion T4» zu beteiligen, und eine schriftliche Begründung verfasste, die er unter anderen dem Reichsgesundheitsführer Leonardo Conti zukommen ließ. Seine Haltung hatte für Ewald keine negativen Konsequenzen. Er blieb Ordinarius in Göttingen und erhielt zudem Rückendeckung vom Dekan der Medizinischen Fakultät Göttingen, dem Chirurgen Rudolf Stich («Ich persönlich kann jedes Wort unterschreiben.»).[420]

Bei anderen Medizinprofessoren stießen die Euthanasiemorde ebenfalls auf Kritik und Unbehagen. Neben Ewald und Stich haben auch Ferdinand Sauerbruch, Karl Bonhoeffer (beide Berlin), Franz Büchner, Kurt Beringer (beide Freiburg) und August Bostroem (Leipzig/Straßburg) sich privat, halböffentlich oder sogar öffentlich in diesem Sinne geäußert.[421] Bostroem vermutete im August 1940, «eine ganze Reihe» von Universitätsprofessoren, «vielleicht sogar die Mehrheit», vertrete diesen Standpunkt.[422] Diese Aussage lässt sich nicht überprüfen; sie ist aber dennoch bemerkenswert, weil sie auch als Hinweis gelesen werden kann, dass die «Euthanasie-Aktion» an den Medizinischen Fakultäten relativ schnell bekannt geworden war.

Von den Gutachtern abgesehen waren die psychiatrischen Universitätskliniken an der «Aktion T4» nicht direkt beteiligt. Opfer der Mordaktion wurden in erster Linie Langzeitpatienten, die als unheilbar galten. Solche Patienten gab es in den Universitätskliniken in der Regel nicht. Hier konzentrierte man sich auf jene Patienten, bei denen eine Behandlung nicht aussichtslos erschien. Die chronischen Fälle mit ungünstigen Prognosen wurden routinemäßig an Heil- und Pflegeanstalten überwiesen. Genau diese Patienten befanden sich aber in größter Gefahr, aus der Pflegeanstalt in eine der Tötungsanstalten der «Aktion T4» verlegt zu werden, sofern sie als unfähig zu produktiver Arbeit galten. Die Verlegung von Patienten aus den psychiatrischen Universitätskliniken in eine Heilanstalt reduzierte daher seit 1940 die Überlebenschancen dieser Menschen auf drastische Weise. Insofern waren die Universitätskliniken nolens volens Bestandteil eines Selektionsprozesses, an dessen Ende der Tod derjenigen stand, die als unproduktive «Ballastexistenzen» abgestempelt worden waren.[423]

Die Frage, ob und inwieweit die Medizinischen Fakultäten auch an der dezentralen «Euthanasie» in der zweiten Kriegshälfte beteiligt waren, lässt sich bislang nicht klar beantworten. Für einzelne Universitätskrankenhäuser gibt es jedoch zumindest Indizien – die Häufung von Todesfällen in bestimmten Zeiträumen –, die in diese Richtung weisen.[424]

Wie wenig ein Menschenleben im Dritten Reich zählte, erfuhren bereits die Studierenden der Medizinischen Fakultäten in ihren Anatomiekursen. Seit jeher war die Präparation von Leichen ein fester Bestandteil der medizinischen Ausbildung. Dafür wurden traditionell die Körper Gestorbener genutzt, die keine Angehörigen hatten oder deren Angehörige nicht willens waren, sich um die Beisetzung zu kümmern. Die Leichen kamen daher in der Regel aus psychiatrischen Anstalten, Gefängnissen, Zuchthäusern, Altersheimen oder Arbeitshäusern. Das änderte sich während des Zweiten Weltkriegs. Nun füllten sich die Seziertische der Anatomischen Institute mit den Opfern der nationalsozialistischen Politik. Darunter befanden sich zahlreiche Zwangsarbeiter aus Osteuropa, die von Sondergerichten zum Tode verurteilt oder von der Gestapo ohne Gerichtsurteil exekutiert worden waren, hingerichtete KZ-Häftlinge, Kriegsgefangene, Angehörige von Widerstandsgruppen, aber auch gewöhnliche Kriminelle.[425] Von den über 1000 Leichen, die zwischen 1933 und 1945 in die Tübinger Anatomie eingeliefert wurden, waren mehr als zwei Drittel keines natürlichen Todes gestorben. Anatomische Institute wurden so zur «Endstation der Vernichtungspolitik».[426]

Während in früheren Zeiten manche Institute über den Mangel an Leichen für Ausbildungszwecke geklagt hatten, herrschte nun Überfluss. 1943 meldete das Anatomische Institut in Jena, die «starke Anlieferung von Leichen Hingerichteter» habe zu einer völligen «Überfüllung unserer Aufbewahrungsmöglichkeiten» geführt. Auch die Innsbrucker Anatomie verweigerte 1943 zeitweise die Annahme von weiteren Leichen.[427] Hoimar von Ditfurth, der während des Krieges in Berlin Medizin studierte, berichtet, die Herkunft dieser Leichen sei für die Studierenden kein Geheimnis gewesen: «Es waren ganz überwiegend die Leichen junger gesunder Männer. Und noch etwas war der Mehrzahl von ihnen gemeinsam: Ihnen fehlte der Kopf. Knapp über Schulterhöhe war ihr Hals säuberlich durchtrennt.»[428]

In der zweiten Hälfte des Krieges befanden sich die Medizinischen Fakultäten in einem Zustand ständiger Überlastung. Die Überalterung vieler Lehrstuhlinhaber, die Abwesenheit der meisten Assistenten und jüngeren Dozenten, die überwiegend in Wehrmachtslazaretten dienten, eine wachsende Zahl von Studierenden und Patienten und schließlich die alliierten Bombenangriffe prägten den Alltag. Ein vertraulicher Bericht, den der Münchener Dozentenbundführer im Herbst 1943 über die Lage der Medizinischen Fakultät erstellte, ergab ein düsteres Bild, das im Kern auch für die Medizinischen Fakultäten anderer Universitäten zutreffend gewesen sein dürfte. Der Verfasser hielt mehr als die Hälfte der Ordinarien für «überaltert, körperlich und geistig stark verbraucht». Gleichwohl sei ihre Belastung seit Kriegsbeginn durch die Verantwortung für den «Luftschutz mit all seinen Schwierigkeiten gestiegen». Die Zahl der wissenschaftlichen Assistenten und Dozenten sei durch Einberufungen auf ein Drittel bis ein Fünftel des Vorkriegsstandes geschrumpft. Lehrveranstaltungen und Prüfungen müssten daher vielfach von nichthabilitierten Hilfskräften abgehalten werden. Das führe unweigerlich zu einem «Absinken des Niveaus unseres Ärztenachwuchses». An den Universitätskliniken werde trotz des Mangels an «voll ausgebildeten Fachärzten» bei «größter personeller Anspannung … der klinische Betrieb gerade noch bewältigt». Besonders kritisch beurteilte der Bericht die Lage der wissenschaftlichen Forschung. Angesichts der Überlastung der Hochschullehrer durch Lehre und Krankenversorgung könne «von einer wesentlichen Wissenschaftsarbeit im 4. Kriegsjahr nicht mehr die Rede sein».[429] Paul Rostock, der Leiter des Amtes Wissenschaft und Forschung beim Generalkommissar für das Sanitäts- und Gesundheitswesen, äußerte sich im November 1943 noch drastischer und behauptete – übertreibend – sogar, «dass im Bereich der Universitäten die wissenschaftlichen Forschungsarbeiten, sowohl in den Kliniken als auch in den Instituten ganz eingestellt werden mussten».[430]

Naturwissenschaften und Mathematik

Die Naturwissenschaften waren in den ersten Jahren nach der «Machtergreifung» – wie andere Disziplinen auch – durch die Versuche geprägt, eine neue, an rassistischen Kriterien orientierte Wissenschaft zu begründen. Unter diesem Vorzeichen entstanden seit 1933 Gruppierungen wie die «Deutsche Physik», die «Deutsche Mathematik» oder die «Deutsche Chemie».

Die wichtigste dieser Gruppen war die von Philipp Lenard und Johannes Stark angeführte Deutsche Physik. Sowohl Lenard als auch Stark konnten 1933 bereits auf ein jahrelanges Engagement für den Nationalsozialismus zurückblicken. Die Deutsche Physik basierte auf der Überzeugung, dass Wissenschaft grundsätzlich rassisch bedingt sei und alle bedeutenden naturwissenschaftlichen Leistungen von «Ariern» erbracht worden seien. Den Juden hingegen wurde pauschal eine Neigung zum abstrakten und letztlich unfruchtbaren Theoretisieren zugeschrieben. Die von Lenard und Stark angeführte Gruppierung war jedoch nicht nur strikt antisemitisch, sondern stand darüber hinaus in einer grundsätzlichen Frontstellung zu den wichtigsten Leistungen der modernen Physik. Neben Einsteins Relativitätstheorie wurde auch die Quantenphysik abgelehnt, obwohl diese auch als Produkt «arischen» Erfindergeistes hätte interpretiert werden können.[431]

Während Lenard und Stark sich schon in den 1920er Jahren öffentlich zu Hitler bekannten, fand Ludwig Bieberbach, der prominenteste Vertreter der Deutschen Mathematik, erst 1933 zum Nationalsozialismus.[432] Zuvor soll er, so kolportierte zumindest der NSDDB, Demokrat und Philosemit gewesen sein.[433] 1934 trat der Berliner Ordinarius zur Überraschung seiner Kollegen als Schöpfer einer Rassentypologie in Erscheinung, die für die Mathematik «den Einfluß von Volkstum, von Blut und Rasse, auf den Stil des Schaffens» erklären sollte. In Anlehnung an den Psychologen Erich Jaensch unterschied er dabei zwischen dem «lebensfeindlichen, unorganischen» S-Typus, der «in den Dingen nur das wertet, was der Verstand in sie hineinlegt oder was kühle Berechnung mit ihnen anfangen kann», und dem J-Typus, «der mit allen Mitteln der Sinne und des Denkens ... sich ein Bild zu formen sucht von der bunten Wirklichkeit». Der S-Typus, so behauptete Bieberbach, sei vor allem unter Franzosen und Juden verbreitet, der J-Typus in Deutschland, England und den USA. Über die politischen Konsequenzen seiner Typologie ließ Bieberbach keine Zweifel: «Ein Volk, das eingesehen hat, wie fremde Herrschaftsgelüste an seinem Mark nagen, wie Volksfremde daran arbeiten, ihm fremde Art aufzuzwingen, muß Lehrer von einem ihm fremden Typus ablehnen.»[434]

Als Vertreter einer Deutschen Chemie exponierten sich die Professoren Conrad Weygand (Leipzig) und Karl Lothar Wolf (Kiel/Halle). Nach ihrer Auffassung existierte bereits seit Jahrhunderten eine rassisch begründete deutsche Naturwissenschaft, die im Gegensatz zur westlichen, insbesondere zur französischen Wissenschaft stand. Ziel einer «arteigenen» deutschen Chemie müsse es daher sein, sich von «westlicher Überfremdung» zu befreien. Anders als in der Deutschen Physik spielte der Antisemitismus innerhalb der Deutschen Chemie nur eine untergeordnete Rolle.[435]

Während die Exponenten der Deutschen Chemie nur über ein geringes fachliches Prestige verfügten, handelte es sich bei den Physikern Lenard und Stark sowie dem Mathematiker Bieberbach um renommierte Wissenschaftler. Lenard und Stark waren Nobelpreisträger, Bieberbach lehrte seit 1921 als angesehener Ordinarius an der Berliner Universität, die damals als «erste deutsche Universität» galt.[436] Alle drei standen allerdings während der Weimarer Republik in Opposition zu den neueren Entwicklungen in ihrer Disziplin und verloren dadurch zunehmend an Einfluss. Ihre politischen Aktivitäten lassen sich daher auch als Versuch interpretieren, mit anderen Mitteln erneut eine dominante Rolle einzunehmen.[437]

Nach der «Machtergreifung» schien es, als sollte dieses Kalkül aufgehen. Stark übernahm 1933 die Leitung der Physikalisch-Technischen Reichsanstalt, 1934 wurde er außerdem zum Präsidenten der DFG ernannt. Bieberbach agierte an der Berliner Universität seit 1935 zehn Jahre lang als einflussreicher Dauerdekan und zeitweise auch als Prorektor. 1936 gründete er zusammen mit Theodor Vahlen, dem Leiter des Amtes Wissenschaft im REM, die Zeitschrift *Deutsche Mathematik*.[438] Lenard, der 1933 schon über 70 Jahre alt war, blieb stärker im Hintergrund, bot aber in einer Denkschrift an, künftig an der «Personal-Erneuerung» der naturwissenschaftlich-mathematischen Disziplinen mitzuwirken. Daraufhin schlug das Reichsinnenministerium den Kultusministerien der Länder vor, Lenard künftig «in allen Hochschulpersonalfragen, Naturwissenschaften und Mathematik betreffend», als Gutachter heranzuziehen.[439]

Gleichwohl blieben Lenard, Stark und Bieberbach in ihren Disziplinen stets eine Randerscheinung. Die Anhänger der Deutschen Physik besetzten 1939 gerade 6 von 81 Lehrstühlen.[440] Bieberbach versuchte 1934, in der Deutschen Mathematiker-Vereinigung das Führerprinzip zu installieren und einen Gesinnungsgenossen, Erhard Tornier, als Vorsitzenden durchzusetzen, hatte damit aber keinen Erfolg. Daraufhin erklärte er im Januar 1935 seinen Austritt.[441] Offenbar hatten die meisten Naturwissenschaftler kein Interesse daran, ihr Fach durch Rassentheorien anzureichern. Walter Groß, der Leiter des Rassenpolitischen Amtes der NSDAP, war geradezu erschüttert, als er im September 1936 an der Versammlung der Gesellschaft Deutscher Naturforscher und Ärzte in Dresden teilnahm und dabei feststellte, «daß die große repräsentative Tagung der Deutschen Naturwissenschaft im 3. Jahr der n[ational]s[ozialistischen] Herrschaft geistig und personell, bildlich und wörtlich ohne uns abrollte und eindeutig von Menschen und Kräften bestimmt wurde, die nicht zu uns gehören».[442] Und zwei Jahre später echauffierte sich das Sicherheitshauptamt der SS in seinem Jahreslagebericht: «Fast einheitlich zeigte sich im Berichtsjahr die instinktlose Haltung der deutschen Naturforscher in dem spontanen Beifall, der auf Tagungen den jüdischen oder dem Amte enthobenen ehemaligen Professoren entgegengebracht wurde. Die Vertreter der deutschen Naturwissenschaften ... besaßen oft nicht die notwendige weltanschauliche und politische Haltung, um dem Auslande gegenüber als Vertreter des heutigen Staates auftreten zu können.»[443]

Da Lenard und Stark als alte Nationalsozialisten in der NSDAP großen Rückhalt genossen, suchten die fachorientierten Naturwissenschaftler meist Unterstützung in staatlichen Einrichtungen, im REM, in der Vierjahresplanbehörde oder bei der Wehrmacht. Während Vahlen als Leiter des Amtes Wissenschaft im REM Stark und Bieberbach gefördert hatte, änderte sich im Ministerium seit 1936/37 die Tonlage. Franz Bachér, der Leiter der Hochschulabteilung, warnte den NSDDB 1936 ausdrücklich davor, «die moderne Physik nur ... vom Standpunkt Lenards aus zu betrachten», der schließlich schon «im fortgeschrittenen Alter» sei.[444] Der Referent für Naturwissenschaften im REM, Rudolf Mentzel, der 1936 in einen Machtkampf mit Stark verwickelt war, ermunterte Werner Heisenberg sogar, in einer Denkschrift für den Reichserziehungsminister die Position der fachorientierten Physiker gegenüber der Deutschen Physik zu Papier zu bringen. Das Ergebnis war das Heisenberg-Wien-Geiger-Memorandum, das die Errungenschaften der modernen Physik, einschließlich der Relativitätstheorie und der Quantentheorie, verteidigte und von fast allen bedeutenden deutschen Physikern unterstützt wurde. Das politische Spektrum der Unterzeichner reichte von Gegnern des Nationalsozialismus wie Otto Hahn oder Arnold Sommerfeld bis zu NSDAP-Mitgliedern wie Abraham Esau oder Pascual Jordan.[445] Das Memorandum verdeutlichte die Isolation von Lenard und Stark innerhalb des Faches, war zugleich aber auch ein Hinweis, dass die Ablehnung der Deutschen Physik und ähnlicher Gruppierungen nicht mit einer Absage an den Nationalsozialismus verwechselt werden darf. Eine Reaktion des Reichserziehungsministers auf das Memorandum ist nicht überliefert.

Im September 1936 kündigte Hitler einen Vierjahresplan an, der die deutsche Wirtschaft in wenigen Jahren «kriegsfähig» machen sollte, wie er in einer geheimen Denkschrift mitteilte.[446] Der Vierjahresplan sollte durch eine gezielte Autarkiepolitik die Abhängigkeit Deutschlands von Rohstoff- und Nahrungsmittelimporten reduzieren und gleichzeitig eine Phase der forcierten Aufrüstung einleiten. Fortan diente der Begriff «Vierjahresplan» als eine Art Chiffre für alle Aktivitäten zur Vorbereitung des Landes auf den Kriegsfall.

Natürlich hatte diese politische Weichenstellung Auswirkungen auf die naturwissenschaftliche Forschung an den Hochschulen. Eine Woche nachdem Göring von Hitler mit der Durchführung des Vierjahresplans beauftragt worden war, forderte General Karl Becker (Heereswaffenamt) das REM auf, auch die wissenschaftliche Forschung für die Ziele des Vierjahresplans einzuspannen. Im Ministerium stieß diese Initiative auf offene Ohren.[447] Tatsächlich arbeitete das REM schon seit Längerem eng mit dem Heereswaffenamt zusammen. Der Ballistiker Becker war bereits 1933 zum Ordinarius für Wehrtechnik, Physik und Ballistik an der TH Berlin und zum Dauerdekan der neuen Wehrtechnischen Fakultät ernannt worden.[448] Als Scharnier zwischen Wissenschaft und Wehrmacht agierte ferner der Chef der Forschungsabteilung im Heereswaffenamt, Erich Schumann, der seit 1934 auch das II. Physikalische Institut der Berliner Universität leitete und gleichzeitig in enger Zusammenarbeit mit Rudolf Mentzel für das Amt Wissenschaft im REM tätig war.[449]

Mit dem Vierjahresplan betraten zwei neue institutionelle Akteure die wissenschaftspolitische Bühne: der Reichsforschungsrat und das Reichsamt für Wirtschaftsausbau.

Der Reichsforschungsrat wurde im Mai 1937 in Anwesenheit Hitlers und Görings feierlich gegründet und der Öffentlichkeit als «Generalstab der Forschung» vorgestellt. Zweck der Einrichtung war die «Ausrichtung bestimmter Wissenschaftszweige auf das durch den Vierjahresplan gesteckte Ziel», wie im Gründungserlass des Reichserziehungsministers zu lesen war.[450] Faktisch handelte es sich um ein Gemeinschaftsprojekt von REM und Heereswaffenamt mit dem Ziel, die Hochschulforschung stärker an die Bedürfnisse der Wehrmacht anzupassen. Zum Präsidenten des Reichsforschungsrates wurde Karl Becker ernannt, der 1938 auch die Leitung des Heereswaffenamtes übernahm. Die Entscheidung über die eingehenden Forschungsanträge lag in der Hand von – zunächst zwölf – Fachspartenleitern, die auf Vorschlag Beckers vom Reichserziehungsminister ernannt wurden.[451] Die Finanzierung des Reichsforschungsrats erfolgte aus Mitteln der DFG, deren Ausgaben im Zuge dieser Entwicklung von 4,8 Millionen RM (1936) auf 7,9 Millionen RM (1938) anstiegen. Damit lag der gemeinsame Etat von Reichsforschungsrat und DFG freilich immer noch unter dem DFG-Etat von 1928.[452]

Weitgehend unabhängig vom Reichsforschungsrat agierte das 1936 gegründete Reichsamt für Wirtschaftsausbau,[453] das eine zentrale Rolle in der neuen Vierjahresplanbehörde spielte. Die Leitung des Amtes übernahm Ende 1939 der Chemiker Carl Krauch, ein einflussreicher Manager der IG Farben und Generalbevollmächtigter Görings für Fragen der chemischen Erzeugung.[454] Das Reichsamt sollte die Versorgung der deutschen Volkswirtschaft mit Roh- und Werkstoffen sichern, indem es zum einen die Ausbeutung vorhandener Rohstoffquellen forcierte, zum anderen Ersatzstoffe entwickelte und produzierte, die Deutschland so weit wie möglich von Rohstoffimporten unabhängig machen sollten.[455] Diese zweite Aufgabe war ohne eine breite Mitwirkung von Naturwissenschaftlern und Technikern nicht realisierbar. Tatsächlich investierte das Reichsamt große Summen in die Forschung, von denen auch viele Hochschulinstitute profitierten.[456] Dies geschah durch die Vergabe zahlreicher Forschungsaufträge[457] und durch die Gründung von Arbeitsgemeinschaften, in denen Vertreter der Wirtschaft und der Hochschulen seit 1940 gemeinsam aktuelle Forschungsprobleme diskutieren konnten. Dabei ging es Krauch in erster Linie um «die Heranführung der Hochschule an den Wissensstand der industriellen Chemie».[458] Einen weiteren Schwerpunkt bildete seit 1938 die Gründung von Vierjahresplaninstituten. Dabei handelte es sich um reine Forschungsinstitute, die spezielle Fragen des Vierjahresplans bearbeiteten und meist einem schon bestehenden Institut angegliedert wurden. Bis 1944 entstanden 38 Vierjahresplaninstitute, von denen 11 an einer Universität angesiedelt waren.[459]

Insgesamt führte der Vierjahresplan also zu einer stärkeren Ausrichtung der Hochschulinstitute auf die Interessen von Militär und Industrie sowie zu einem wachsenden Gewicht der Zweckforschung auf Kosten der Grundlagenforschung.[460] Im Zuge dieser Entwicklung wurde zunehmend deutlich, wie stark die naturwissenschaftliche Hochschulforschung mittlerweile gegenüber anderen Forschungseinrichtungen, insbesondere gegenüber der Industrieforschung, ins Hintertreffen geraten war. Im Juni 1940 berichtete der SD: «Die heutigen Industriefachkräfte rekrutieren sich zu einem großen Prozentsatz aus früheren Hochschulassistenten, Dozenten und z. T. auch Professoren, die, der Entwicklung kurz vor dem Kriege entsprechend, wegen besserer finanzieller und apparativer Möglichkeiten den Weg zur Industrie fanden und dort die Industrieforschungslaboratorien zu hoher Blüte brachten.»[461] Der IG-Farben-Manager Krauch verglich die finanzielle Situation der großen Industrielaboratorien, die manchmal über einen Jahresetat von mehreren Millionen RM verfügten, 1941 fast mitleidig mit der finanziellen Ausstattung der meisten Hochschulinstitute, die «mit wenigen Tausend Mark» auskommen mussten. Mittlerweile sei es schon so weit gekommen, «dass der Hochschullehrer von seinem eigenen Schüler über die Achsel angesehen wird, nur weil dieser bald nach seinem Übertritt in die Industrie zu Kenntnissen gekommen ist, um die er, der Lehrer, sich vergeblich müht». Das hatte laut Krauch nicht nur finanzielle, sondern auch strukturelle Ursachen, weil die Industrie über die Forschungen der Hochschullehrer in der Regel durch deren Veröffentlichungen informiert war, während die Hochschulforschung oft nur wenig über neuere Tendenzen und Ergebnisse der industriellen Forschung wusste. Das Fachwissen vieler naturwissenschaftlicher Hochschullehrer entsprach daher, so Krauchs Fazit, nicht mehr dem Stand der Forschung.[462] Ähnliche Einschätzungen waren bereits im März 1939 auf einer Rektorenkonferenz zu hören gewesen.[463]

Die Zusammenarbeit zwischen Hochschullehrern, Militär und Industrie kam auf verschiedenen Wegen zustande. Häufig suchten Mitarbeiter des Heereswaffenamtes oder des Reichsamtes für Wirtschaftsausbau vor Ort, an den einzelnen Hochschulen, nach geeigneten Mitarbeitern. Diese Vorgehensweise war unter anderem charakteristisch für die 1936 gegründete Heeresversuchsanstalt Peenemünde, das größte und teuerste militärische Forschungsprojekt der NS-Zeit. In dem Bemühen, möglichst rasch eine militärisch nutzbare Raketentechnologie zu entwickeln, wurden seit 1939 gezielt Wissenschaftler verschiedener Hochschulen zur Mitarbeit angeworben. Dabei handelte es sich überwiegend um Angehörige Technischer Hochschulen, aber auch um Hochschullehrer der Universitäten Halle, Göttingen und Leipzig. Im Januar 1940 hatte das «Vorhaben Peenemünde» bereits die Mitarbeit von 236 Wissenschaftlern aus acht verschiedenen Hochschulen gesichert.[464] Ganz ähnlich verlief die Gründung von Vierjahresplaninstituten durch das Reichsamt für Wirtschaftsausbau. In der Regel kontaktierte das Reichsamt einzelne Professoren, an denen es aufgrund ihrer Forschungsschwerpunkte Interesse hatte, und verhandelte mit ihnen über die Gründung eines Vierjahresplaninstituts und dessen Forschungsziele. Bei der Auswahl der Institutsleiter spielte fachliches Können offenbar eine größere Rolle als politische Linientreue, wie das Beispiel des Heidelberger Chemikers Karl Freudenberg nahelegt.[465]

Nicht selten waren es aber die Wissenschaftler selbst, die nach Möglichkeiten suchten, ihr Fachwissen für Autarkie und Aufrüstung einzusetzen. In der Forschung hat sich dafür der Begriff «Selbstmobilisierung»[466] durchgesetzt. Auch eines der spektakulärsten Forschungsprojekte der NS-Zeit, das «Uranprojekt»,[467] lässt sich in seinen Anfängen als Akt der Selbstmobilisierung beschreiben.

In den Monaten nach der Entdeckung der Kernspaltung durch Otto Hahn und Fritz Straßmann 1938/39 im Berliner Kaiser-Wilhelm-Institut für Chemie verbreitete sich in der internationalen Community der Physiker relativ rasch die Erkenntnis, dass bei der Spaltung des Urankerns riesige Energiemengen freigesetzt wurden, die für unterschiedliche Zwecke nutzbar gemacht werden konnten. Während die Diskussion über die Entdeckung noch im Gange war, gingen einige deutsche Physiker bereits dazu über, die Behörden über zivile und militärische Einsatzmöglichkeiten der Kernspaltung zu informieren. Den Anfang machten der Göttinger Ordinarius Georg Joos und sein Oberassistent Wilhelm Hanle, die das REM über den Stand der Dinge unterrichteten und auf den möglichen Bau einer «Uranmaschine» hinwiesen. Daraufhin initiierte der zuständige Fachspartenleiter des Reichsforschungsrats, Abraham Esau, die Gründung eines «Uranvereins», der das Thema weiter bearbeiten sollte. Fast zur selben Zeit wandte sich Paul Harteck, der Direktor des Hamburger Universitätsinstituts für Physikalische Chemie, zusammen mit seinem Mitarbeiter Wilhelm Groth an das Heereswaffenamt und wies auf die politische und militärische Relevanz der Kernspaltung hin. Das Land, das als Erstes Kernsprengstoffe einsetze, werde eine «nicht einzuholende Überlegenheit» erlangen. Während Esaus Uranverein keine Zukunft beschieden war, wurde Hartecks und Groths Initiative zum Startschuss für das deutsche Uranprojekt, zu dessen führenden Köpfen Harteck bis 1945 gehörte.[468]

Paul Harteck war kein Nationalsozialist. Vielmehr gehörte er zu den wenigen Hamburger Hochschullehrern, die sich weder der NSDAP noch einer anderen Parteiformation angeschlossen hatten.[469] 1943 wurde er wegen «zersetzender» Äußerungen bei der Gestapo denunziert.[470] Die Alliierten, die Harteck und andere führende deutsche Atomwissenschaftler 1945 zeitweise internierten, charakterisierten ihn als «charmante Persönlichkeit» mit einer etwas einseitigen Interessenlage: «Sein einziger Wunsch ist, mit seiner Arbeit voranzukommen.»[471] Auch die meisten anderen am Uranprojekt beteiligten Wissenschaftler – Werner Heisenberg, Otto Hahn, Carl Friedrich von Weizsäcker und andere – können nicht als Nationalsozialisten bezeichnet werden.[472] Dennoch haben sie und viele andere Naturwissenschaftler, über die sich Ähnliches sagen ließe,[473] bereitwillig, teilweise eigeninitiativ an militärisch relevanten Forschungsprojekten mitgewirkt. Ein Teil dieser Forschungen – dazu gehörte allerdings nicht das Uranprojekt – hat ohne Zweifel dazu beigetragen, den Krieg und die Lebensdauer der nationalsozialistischen Diktatur zu verlängern.

Zur Erklärung lassen sich mehrere Gründe anführen: *Erstens* galt es schon vor 1933 nicht nur als legitim, sondern geradezu als patriotische Pflicht, dass Hochschullehrer ihre Arbeit in den Dienst «nationaler Interessen» – oder das, was man dafür hielt – stellten. *Zweitens* konnten Wissenschaftler, die militärisch relevante Forschungen betrieben, auf erhebliche materielle Förderung hoffen. In späteren Jahren hatten sie und ihre Mitarbeiter zudem bessere Chancen, den Krieg ohne Fronteinsatz auf relativ ruhige Weise zu überstehen. *Drittens* schließlich gingen viele Naturwissenschaftler «so ganz und gar in ihrer Arbeit auf, daß es ihnen gleichgültig ist, unter welchem Regime und in welchem Land sie arbeiten», wie Friedrich Glum, bis 1937 Generaldirektor der Kaiser-Wilhelm-Gesellschaft, rückblickend notierte.[474] Diese Indifferenz gegenüber dem politischen Kontext, in dem die eigene Arbeit stattfand, macht die Leichtigkeit verständlich, mit der viele Wissenschaftler, die bis 1945 an militärisch relevanten Forschungsprojekten in Deutschland beteiligt waren, nach Kriegsende ihre Karriere in den USA oder der Sowjetunion fortsetzen konnten.

Mit der wachsenden Einbindung der Forschung in den Vierjahresplan änderte sich der Blick des Regimes auf die Naturwissenschaften, die nun weniger als (potenzielle) Ideologieproduzenten, sondern vor allem als Träger nützlichen Expertenwissens wahrgenommen wurden. Im Ergebnis führte dieser Wandel zu einer Aufwertung der fachorientierten Naturwissenschaftler, während ideologiegesteuerte Gruppen wie die Deutsche Physik oder die Deutsche Mathematik an Einfluss verloren. Diese Entwicklung begann im November 1936, als Johannes Stark nach einem längeren Machtkampf mit dem REM als DFG-Präsident abgelöst wurde und damit seine wichtigste Machtbasis einbüßte.[475] Die Korrespondenz zwischen Lenard und Stark zeigt, dass beide sich seit 1936 zunehmend isoliert fühlten und Schwierigkeiten hatten, ihre Attacken gegen die Repräsentanten der modernen Physik weiter in der nationalsozialistischen Presse unterzubringen.[476] Auch als Gutachter in Berufungsverfahren waren sie nur noch selten gefragt.[477] Dennoch verfügten Lenard und Stark in der Partei, vor allem im NSDDB und im NSDStB, weiterhin über Unterstützer, und gelegentlich verzeichneten sie sogar erstaunliche Erfolge. Ihr größter personalpolitischer Triumph fiel in das Jahr 1939, als ein dezidierter Gegner der Relativitätstheorie und zweitrangiger Physiker, der Aerodynamiker Wilhelm Müller, nach langem Tauziehen anstelle von Werner Heisenberg auf den Lehrstuhl für Theoretische Physik an der Universität München berufen wurde.[478]

Der Niedergang der Deutschen Physik und verwandter Gruppierungen war jedoch nicht aufzuhalten. Nach einem Streitgespräch zwischen Vertretern der Deutschen Physik und ihren Gegnern, das 1940 in München stattfand («Münchener Religionsgespräch»), stellte auch der NSDDB seine Unterstützung für Lenard und Stark ein.[479] Fortan verzeichneten die Vertreter der Deutschen Physik nur noch vereinzelte Erfolge. Als 1941 die neuen Reichsuniversitäten in Posen und Straßburg eingeweiht wurden, erhielt Ludwig Glaser, ein Schüler Starks, den Lehrstuhl für Angewandte Physik in Posen, wo er sogleich mit einer Vorlesung über «Die völkische Sendung der Naturwissenschaften (als Einführung in die Judenfrage)» Flagge zeigte.[480] An der sehr viel prestigereicheren Reichsuniversität Straßburg wurden die drei physikalischen Lehrstühle dagegen alle mit Kritikern der Deutschen Physik (darunter zwei Parteimitglieder) besetzt.[481]

Der Krieg führte auch an den naturwissenschaftlichen Hochschulinstituten zunächst zu beträchtlichen Einschränkungen. Die Einberufung der meisten jüngeren Wissenschaftler und die Kürzung der Fördermittel in den ersten Kriegsjahren bewirkten eine deutliche Verringerung der Forschungskapazitäten. Hinzu kam ein permanenter Mangel an Rohstoffen, Apparaten und Chemikalien, der seit 1940 mit großem bürokratischem Aufwand von der Kriegswirtschaftsstelle im Reichsforschungsrat verwaltet wurde.[482] Nach der Kriegswende im Winter 1941/42 konnten Naturwissenschaftler jedoch mit einer deutlichen Aufwertung ihres Faches rechnen. Viele von ihnen sahen in dieser Entwicklung eine Chance, nun unter Hinweis auf die Kriegswichtigkeit ihrer Tätigkeit eigene fachliche Interessen lautstärker und selbstbewusster zu artikulieren. Zwei markante Beispiele zeigen, wie dabei vorgegangen wurde.

Carl Ramsauer,[483] Direktor des Forschungsinstituts der AEG, Honorarprofessor an der TH Berlin und Vorsitzender der Deutschen Physikalischen Gesellschaft, betonte 1942/43 in Vorträgen und Denkschriften immer wieder die «entscheidende Bedeutung» der Wissenschaft und insbesondere der Physik für den Ausgang des Krieges. Er wies darauf hin, dass die USA in den vergangenen Jahren «die Führung in der Physik übernommen» hätten und diese Führungsposition bewusst für militärische Ziele ausnützten, während Deutschland seine frühere Vormachtstellung verloren habe. Um den Bedeutungsverlust der deutschen Physik wieder rückgängig zu machen, forderte Ramsauer eine bessere finanzielle Ausstattung der physikalischen Institute und eine Berufungspolitik, die «in allererster Linie» fachliche Leistungen berücksichtigte. Weiter verlangte er eine großzügige Freistellung von Physikern durch die Wehrmacht: «‹3000 Soldaten weniger› muss die Wehrmacht ertragen können, ‹3000 Physiker mehr› kann vielleicht den Krieg entscheiden», lautete die Pointe eines seiner Vorträge.[484]

Eine ganz ähnliche Argumentation findet sich in einem Referat, das der Mathematiker Wilhelm Süss im August 1943 auf der Salzburger Rektorenkonferenz gehalten hat. Süss war Vorsitzender der Deutschen Mathematiker-Vereinigung und Rektor der Universität Freiburg. Anders als Ramsauer hatte er sich 1937 der NSDAP angeschlossen.[485] In seiner Rede hob Süss ebenfalls die Bedeutung der Forschung für den Ausgang des Krieges hervor. Er verglich das «wissenschaftliche Kriegspotential der beiden kämpfenden Seiten» und ließ keinen Zweifel daran, dass Deutschland gegenüber den USA in Rückstand geraten war. Süss beklagte die Überlastung der Hochschullehrer «durch Unterricht und andere forschungsfremde Aufgaben» und warnte vor dem «Abgleiten» der Hochschulen «in die Rolle von reinen Fach- und Berufsausbildungsschulen». Um den amerikanischen Vorsprung aufzuholen, schlug der Freiburger Rektor vor, das wissenschaftliche Potential Deutschlands effizienter für Kriegszwecke zu nutzen. Seine praktischen Vorschläge unterschieden sich kaum von Ramsauers Ausführungen. Auch Süss verlangte von der Wehrmacht, zusätzliche Wissenschaftler und Hilfskräfte für die Forschung freizustellen: «Die Wehrmacht muss den Ausfall von einigen hundert Forschern und zwei- bis dreitausend Hilfskräften aus ihren Reihen verschmerzen können. Die wissenschaftliche Kriegsführung aber braucht diese Männer dringend. Sie werden unter Umständen den Krieg entscheiden.» Weiter betonte Süss die Notwendigkeit, die Hochschullehrer von ihren Lehrverpflichtungen zu entlasten und «alle nur irgendwie fähigen Kräfte» des akademischen Nachwuchses der Wissenschaft zu erhalten.

Die Kritik an der Personalpolitik vergangener Jahre fiel bei Süss noch schärfer aus als in Ramsauers Vorträgen. In kaum verhüllter Weise attackierte der Freiburger Rektor die Funktionäre des NSDDB als «Totengräber der Wissenschaft», die mit ihren «einseitigen» politischen Beurteilungen manchen fähigen Wissenschaftler von den Hochschulen vertrieben hätten:

> Wie oft ist über der Diskussion um die politische Beurteilung die Fachleistung des Betreffenden ganz übersehen worden! Hätten die Beurteiler selbst stets ein genügendes inneres Verhältnis zu produktiver wissenschaftlicher Arbeit gehabt oder hätten sie wenigstens immer wirkliche Achtung vor wissenschaftlicher Leistung besessen, so hätten sie vermutlich oft größere Zurückhaltung geübt, ehe sie ein negatives Urteil abgegeben hätten.

Schließlich forderte Süss dazu auf, «das Ansehen unseres Berufes» zu verbessern, und übernahm dabei fast wortwörtlich Formulierungen Ramsauers: «Die Stellung eines deutschen Hochschullehrers muss sowohl ideell wie materiell so ausgestattet sein, dass die besten Kräfte des Volkes kein schöneres und idealeres Berufsziel und keine höhere Ehre erstreben, als einen Ruf an eine deutsche Hochschule zu erhalten.»[486]

Ob es Süss und Ramsauer primär um einen deutschen Sieg oder um die Interessen ihres Faches ging, lässt sich den Quellen nicht eindeutig entnehmen. Aber ganz zweifellos betrieben sie auch Standespolitik. Beide wollten den eigenen Beruf aufwerten und mehr Geld für die Forschung akquirieren. Darüber hinaus waren sie bemüht, die Autonomie der Hochschulen zu vergrößern. Süss wie Ramsauer wandten sich gegen politische Eingriffe in Berufungsverfahren und gegen fachfremde politische Einflüsse auf die Wissenschaft. Beiden gemeinsam war zudem die Einsicht, dass Wissenschaftler im Nationalsozialismus professionelle Interessen nur dann wirksam vertreten konnten, wenn sie in der Lage waren, ihre Nützlichkeit für das Regime unter Beweis zu stellen.

Im Gegensatz zu manchen Nachkriegslegenden stießen die Vorträge von Ramsauer und Süss in der militärischen und in der politischen Führung des Reiches durchaus auf Resonanz. Im militärischen Bereich war es vor allem die Luftwaffe, die sich gegenüber Ramsauers

Vorschlägen aufgeschlossen zeigte.[487] Von den einflussreichen Parteiführern der NSDAP hat zumindest Propagandaminister Goebbels eine Denkschrift von Ramsauer gelesen und sich stark beeindruckt gezeigt.[488] Auch das Referat von Süss wurde über den Teilnehmerkreis der Rektorenkonferenz hinaus zur Kenntnis genommen. Der Chef der Reichskanzlei, Hans-Heinrich Lammers, fand den Inhalt «sehr beachtlich» und ließ unverzüglich Abschriften für Heinrich Himmler und für das Oberkommando der Wehrmacht anfertigen.[489]

Tatsächlich unternahm das Regime in der zweiten Hälfte des Krieges erhebliche Anstrengungen, um die Hochschulinstitute finanziell besser auszustatten und das Sozialprestige der Hochschullehrer zu heben. Die Bereitschaft der Wehrmacht, Wissenschaftler und Techniker in größerer Zahl für die Hochschulforschung freizustellen, blieb dagegen lange Zeit sehr gering. Zwischen 1940 und 1943 nahm die Zahl der eingezogenen Wissenschaftler sogar kontinuierlich zu.[490]

Im Februar 1943 ging der Reichsforschungsrat jedoch dazu über, Listen von Natur- und Technikwissenschaftlern zusammenzustellen, um sie mit Görings Hilfe vor der Einberufung zur Wehrmacht zu bewahren. Seit Juni 1943 verfolgte das neu gegründete Planungsamt im Reichsforschungsrat unter der Leitung Werner Osenbergs mit großer Energie das Ziel, die vorhandenen Forschungskapazitäten für die Kriegsforschung nutzbar zu machen und jene Naturwissenschaftler und Techniker, die von der Wehrmacht eingezogen worden waren, an ihre Forschungsinstitute zurückzuholen. Im Herbst 1943 verschaffte das Planungsamt sich einen systematischen Überblick zur Beteiligung der natur- und technikwissenschaftlichen Hochschulinstitute an kriegswichtigen Forschungen. Die Erhebung kam zu dem Ergebnis, dass 323 von 797 Instituten an den Universitäten und Technischen Hochschulen (41 Prozent) keine kriegswichtigen Forschungen durchführten.[491] Allerdings handelte es sich bei den Hochschulinstituten, die keine kriegsrelevanten Forschungsprojekte bearbeiteten, meist wohl um kleinere Einrichtungen. Dafür spricht der Befund, dass 77 Prozent des Personalbestandes sämtlicher Institute mit Forschungsaufträgen beschäftigt waren, die das Planungsamt als kriegswichtig charakterisierte.[492]

Osenbergs Einsatz für eine Mobilisierung der Forschung stieß jedoch auf beträchtliche Schwierigkeiten. Seine internen Berichte sind voller Klagen über die mangelnde Resonanz seiner Aktivitäten. In der Parteikanzlei der NSDAP registrierte man im Januar 1944: «Professor Osenberg ist trotz aller Tatkraft und Fähigkeiten kein durchschlagender Erfolg beschieden gewesen, da ihm die politische Rückendeckung gefehlt hat. Die Vielheit der Institutionen, die auf diesem Gebiet arbeiten und die damit verbundene Unklarheit hat dazu geführt, dass ein so befähigter Mann wie Osenberg keinen Erfolg hatte.»[493]

Einen exemplarischen Einblick in die Probleme der mathematisch-naturwissenschaftlichen Universitätsinstitute bietet ein Bericht, den der Jenaer Rektor Karl Astel Anfang 1944 an den Generalbevollmächtigten für den Arbeitseinsatz sandte. Wie Astel hervorhob, bestanden «nach wie vor die größten Schwierigkeiten in der uk-Stellung der wenigen Wissenschaftler, deren Arbeitsergebnisse kriegsentscheidend sein können». Der Jenaer Rektor verwies unter anderem auf das «außerordentlich kriegswichtige» Institut für Angewandte Mathematik, an dem seit mehreren Semestern «nicht eine einzige Person» mehr arbeitete, weil der Institutsdirektor seit Jahren als Gefreiter in Norwegen stationiert war. An anderen Forschungseinrichtungen waren die Direktoren zwar vor Ort, doch kam die Arbeit nur noch im Schneckentempo voran, weil es durchgängig an Mitarbeitern mangelte, die von der Wehrmacht nicht oder erst nach jahrelangen Bemühungen freigegeben wurden. So waren die Chemischen Institute mit einer Ausnahme «von Assistenten und Laboratoriumspersonal geradezu entblößt». Ein ähnliches Bild bot sich am Mathematischen Institut und am Mathematischen Seminar, die im Wesentlichen nur noch aus dem Direktor bestanden. Der letzte Fachmathematiker war im Dezember 1943 «trotz wiederholter Bemühungen um uk-Stellung zur Wehrmacht eingezogen» worden. Über einen «untragbaren Mangel» an Werkstattpersonal und ausgebildeten Physikern klagte ferner der Leiter des Physikalischen Instituts, während der Direktor des Astrophysikalischen Instituts sich «seit Jahren vergeblich um die Rückholung» eines habilitierten Assistenten bemühte. Auch der Leiter des Instituts für Mikroskopie und angewandte Optik war, wie Astel berichtete, in seiner Arbeitsleistung «ungewöhnlich eingeschränkt durch die Entziehung seiner Mitarbeiter». Immerhin war es in diesem Fall nach zweieinhalbjährigen Bemühungen gelungen, den in der Etappe stationierten Mechanikermeister wieder an das Institut zurückzuholen. Fasst man den Bericht des Jenaer Rektors zusammen, dann ergibt sich die paradoxe Schlussfolgerung, dass es in erster Linie die Wehrmacht war, die mit ihren Einberufungen einen effizienten Einsatz der universitären Forschung für den Krieg verhindert hat.[494]

Schließlich gelang es Osenberg, einen Geheimerlass des Oberkommandos der Wehrmacht zu erwirken, der im Dezember 1943 die «Abgabe von etwa 5000 namentlich bezeichneten Forschern aus der Wehrmacht» anordnete.[495] Die Umsetzung des «Führerbefehls» zog sich allerdings in die Länge. Im November 1944, elf Monate nach Hitlers Anordnung und sechs Monate vor dem Kriegsende, waren von den 5000 Wehrmachtsangehörigen erst 3430 an ihre Arbeitsplätze zurückgekehrt. Zu den Nutznießern der «Osenberg-Aktion» gehörten vor allem die Industrieforschung, die Technischen Hochschulen und die Forschungseinrichtungen der Wehrmacht. An die Universitäten wurden bis November 1944 insgesamt 434 Naturwissenschaftler, Techniker und andere Fachkräfte für Forschungszwecke freigestellt (Tabelle 17).

Tabelle 17: Die für Forschungszwecke im Rahmen der «Osenberg-Aktion» freigestellten Wehrmachtsangehörigen, November 1944[496]

Tätigkeitsbereich	**Zahl der Freistellungen**
Nichtstaatliche Forschungseinrichtungen	1176
Technische Hochschulen	832
Universitäten	434
Kaiser-Wilhelm-Institute	106
Sonstige staatliche Stellen	366
Forschungseinrichtungen der Wehrmacht	501
SS, Polizei, SD	15
Zusammen	3430

In dem Bemühen, das wissenschaftliche Potential des Landes möglichst vollständig für die Kriegsforschung zu nutzen, erhielten nun sogar Wissenschaftler, die in Konzentrationslagern oder Zuchthäusern einsaßen, Forschungsaufträge vom Heereswaffenamt oder der SS.[4977] Einige zum Tode verurteilte Regimegegner – unter ihnen der Physikochemiker Robert Havemann und der Mathematiker Ernst Mohr – überlebten das Ende der NS-Herrschaft nur deshalb, weil sie in der Haft als «kriegswichtig» deklarierte Forschungen durchführten.[498]

Spätestens 1944/45 wurden die hektischen Anstrengungen zur Aktivierung der wissenschaftlichen Forschung für Kriegszwecke mehr und mehr durch gegenläufige Entwicklungen konterkariert. Dazu gehörten die Zerstörung zahlreicher Hochschulinstitute durch alliierte Luftangriffe ebenso wie die Evakuierung vieler Forschungseinrichtungen aus den Großstädten in die Provinz, die manche Institute zwar vor der Zerstörung bewahrte, gleichzeitig aber ihre Leistungsfähigkeit stark reduzierte.[499]

Ergebnisse und Schlussüberlegungen

In einer Diktatur wie der nationalsozialistischen sollten die Universitäten aus Sicht der Machthaber unterschiedliche Funktionen erfüllen – als Träger und Multiplikatoren der herrschenden Ideologie, als Ausbildungsstätte von zukünftigen Funktionseliten und als Forschungsstätten, die für die politischen, militärischen und wirtschaftlichen Ziele der NS-Diktatur eingesetzt werden konnten. Die Kontrolle der Universitäten war daher für das NS-Regime ein wichtiges Ziel.

Bei der Durchsetzung dieses Ziels profitierten die Nationalsozialisten davon, dass die deutschen Universitäten lange vor dem Untergang der Weimarer Republik mehrheitlich in teils offener, teils latenter Opposition zur ersten deutschen Demokratie gestanden hatten. Unter den Studierenden waren die Nationalsozialisten schon 1930/31 zur stärksten politischen Kraft avanciert. Die meisten Hochschullehrer hatten dagegen eher nationalkonservative Positionen vertreten und waren gegenüber dem Nationalsozialismus bis zum Ende der Weimarer Republik auf Distanz geblieben. Die NSDAP erschien ihnen zu plebejisch, zu demagogisch, zudem als eine Gefahr für die akademische Freiheit und die universitäre Autonomie. Da Beamten in Preußen und anderen Teilen Deutschlands die NSDAP-Mitgliedschaft verboten war, hat vermutlich auch die Angst vor Karrierenachteilen manche sympathisierenden Hochschullehrer von einem frühen Bekenntnis zum Nationalsozialismus abgehalten.

Am Vorabend der nationalsozialistischen Machtübernahme befanden sich die deutschen Universitäten in einer multiplen Krise. Erst vor dem Hintergrund dieser Krise wird die relativ reibungslose Gleichschaltung der Hochschulen in den Jahren 1933/34 verständlich. Unter dem Druck rapide sinkender Staatseinnahmen kam es während der Weltwirtschaftskrise überall zu drastischen Kürzungen der Universitätsetats. In Preußen wurden die staatlichen Zuwendungen innerhalb von drei Jahren um 40 Prozent reduziert. Die Krise war jedoch nicht allein finanzieller Natur, sondern auch eine Legitimationskrise, hervorgerufen durch ein wachsendes Unbehagen über die «Lebensabgewandtheit» der Hochschulen und die zunehmende «Aufsplitterung» der Wissenschaft. Diese Kritik wurde Anfang der 1930er Jahre vom NS-Studentenbund (NSDStB) aufgenommen und in eine politische Fundamentalkritik an den Universitäten umgemünzt. Die größten Auswirkungen aber hatte die Krise des akademischen Nachwuchses. Etwa seit der Jahrhundertwende hatte der Anteil der nichtbeamteten Hochschullehrer im Lehrkörper der Universitäten fast kontinuierlich zugenommen. Im Zuge dieser Entwicklung war die Chance der habilitierten Nachwuchskräfte auf eine planmäßige Professur deutlich gesunken. An den Philosophischen und an den Medizinischen Fakultäten konnte nur ein geringer Teil der Privatdozenten und nichtbeamteten außerordentlichen Professoren darauf hoffen, jemals einen Lehrstuhl zu bekommen. Viele Nachwuchswissenschaftler sahen sich am Ende der Weimarer Republik bereits als Angehörige einer verlorenen Generation.

Diese prekäre Situation junger Wissenschaftler war kein singuläres Phänomen, sondern Bestandteil einer allgemeinen akademischen Nachwuchskrise, die von den Zeitgenossen als «Überfüllungskrise» wahrgenommen wurde. Nach zeitgenössischen Schätzungen überstieg die Zahl der Hochschulabsolventen am Ende der Weimarer Republik den tatsächlichen Bedarf um das Zwei- bis Dreifache. In erster Linie kann die Krise der deutschen Universitäten daher als eine existentielle Krise von zwei Gruppen innerhalb der Universität beschrieben werden: der Studierenden und der in ungesicherten Verhältnissen lebenden Nachwuchswissenschaftler.

Die Gleichschaltung der Universitäten in den Jahren 1933/34 war geprägt durch die Abschaffung demokratischer Entscheidungsstrukturen – soweit davon an den Universitäten vor 1933 die Rede sein konnte – zugunsten des Führerprinzips, durch die Einschränkung der universitären Selbstverwaltung, durch spektakuläre Aktionen wie die Bücherverbrennungen, schließlich durch eine Politik der «Säuberung», die zur Vertreibung zahlreicher Lehrkräfte und Studierender führte. Dabei handelte es sich nicht nur um eine Gleichschaltung von außen in Form von Gesetzen und Verordnungen, sondern auch um eine Gleichschaltung von innen, getragen von nationalsozialistischen Aktivisten, die auf eigene Faust die Nazifizierung der Universität vorantrieben. Nicht zufällig gehörten diese Aktivisten gerade zu jenen Gruppen, die am stärksten von der Krise der Universitäten um 1932 betroffen waren, den Studierenden und dem wissenschaftlichen Nachwuchs.

Zentraler Motor der Gleichschaltung von innen waren der NSDStB und die von ihm kontrollierten «Studentenschaften». Sie waren in der Regel verantwortlich für Boykottaktionen oder Vorlesungsstörungen gegen unerwünschte Professoren und schreckten mitunter selbst vor physischer Gewalt gegen jüdische Hochschullehrer nicht zurück. Rektoren, die als Anhänger der Weimarer Republik galten oder sich dem NSDStB entgegenstellten, wurden durch öffentliche Angriffe und Diffamierungen zum Rücktritt gezwungen. Selbst nationalkonservative Hochschullehrer galten nun als «Reaktionäre», die der jungen Generation nichts mehr zu sagen hatten. Unter dem Eindruck dieser Aktivitäten und der allgemeinen politischen Entwicklung herrschte bereits im Sommersemester 1933 an den Hochschulen eine Atmosphäre der Einschüchterung, in der öffentliche Kritik an Maßnahmen des Regimes nicht mehr möglich war.

Die studentischen Aktivisten bestimmten schon aufgrund ihrer großen Zahl die Szenerie. Dadurch ist manchmal übersehen worden, dass auch Lehrende sich 1933 in großer Zahl dem Nationalsozialismus zuwandten. An einer Reihe von Universitäten hatte sich im Frühjahr 1933 bereits ein Fünftel des Lehrkörpers der NSDAP angeschlossen. Dabei handelte es sich überwiegend um Angehörige der jüngeren Generation, die als Privatdozenten oder nichtbeamtete Professoren oft in unsicheren Verhältnissen lebten. Ihre Motive waren vielfältig und lassen sich nur in Einzelfällen eindeutig bestimmen. Karrierehoffnungen, die angesichts der bevorstehenden Massenentlassungen durchaus berechtigt waren, spielten ebenso eine Rolle wie die Begeisterung über den vermeintlichen Aufbruch der Nation.

Gefördert wurde diese Begeisterung durch grundlegende biographische Prägungen: Die Angehörigen des wissenschaftlichen Nachwuchses, die überwiegend in dem Jahrzehnt vor und nach der Jahrhundertwende geboren worden waren, hatten ihr bisheriges Leben als eine Zeit erlebt, die durch permanente Unordnung und den Verlust bürgerlicher Sekurität geprägt war: Krieg, Niederlage, Revolution, Versailles, bürgerkriegsähnliche Konflikte, Inflation, schließlich die Weltwirtschaftskrise und die eigene unsichere Zukunft. Das Streben nach Ordnung wurde vor diesem Hintergrund zu einem biographischen Leitmotiv.[1] Das führte gewiss nicht automatisch zum Nationalsozialismus, förderte aber die Bereitschaft zu autoritären Lösungen politischer und sozialer Konflikte.

Im Fokus der akademischen Öffentlichkeit standen 1933 allerdings nicht die vielen weitgehend unbekannten Nachwuchswissenschaftler, die sich in großer Zahl der NSDAP anschlossen, sondern einige arrivierte Professoren, die 1933 den gleichen Schritt machten – unter ihnen prominente Wissenschaftler wie Carl Schmitt und Martin Heidegger. Ihr öffentliches Bekenntnis zu Hitler trug dazu bei, den Nationalsozialismus im Bildungsbürgertum salonfähig zu machen. Die Bemühungen dieser Professoren, sich als intellektuelle Vordenker des NS-Regimes zu profilieren, blieben jedoch weitgehend erfolglos. Zu groß war die Zahl der akademischen Neider und Konkurrenten, zu groß das Misstrauen in der Partei gegenüber Intellektuellen, die erst nach der Machteroberung zur NSDAP gestoßen waren und nun das große Wort führen wollten.

Rund ein Fünftel des Lehrkörpers wurde aus politischen Gründen von den Universitäten vertrieben. Diese Gruppe vertriebener Wissenschaftler war also etwa so groß wie der Teil des Lehrkörpers, der sich bereits 1933 der NSDAP anschloss. Wer waren die Opfer der Säuberungspolitik und was wurde aus ihnen? Wie ein genauerer Blick auf die Entlassungsgründe zeigt, wurden 80 Prozent der Betroffenen aus antisemitischen Motiven entlassen. Die meisten von ihnen waren indes keine Juden, sondern Mitglieder christlicher Kirchen, die vertrieben wurden, weil sie (teilweise) jüdischer Herkunft waren oder weil ihre Ehefrau als «Nichtarierin» klassifiziert worden war. Die höchsten Entlassungszahlen verzeichneten daher Universitäten wie Berlin, Frankfurt und Breslau, die vor 1933 relativ viele Juden und «Nichtarier» in ihren Lehrkörper aufgenommen hatten. Besonders stark betroffen war ferner die – allerdings sehr kleine – Gruppe der weiblichen Lehrkräfte, von denen 35 Prozent entlassen wurden.

Von den Entlassenen emigrierten 60 Prozent, von denen wiederum mehr als 60 Prozent in nur zwei Ländern Zuflucht fanden, in den USA und Großbritannien. 41 Wissenschaftler starben nach aktuellem Forschungsstand in Lagern, wurden hingerichtet oder fielen auf andere Weise nationalsozialistischer Gewalt zum Opfer; weitere 46 Personen begingen Suizid.

Wie reagierte die Mehrheit der deutschen Hochschullehrer auf die Entlassung ihrer Kollegen? Es gab durchaus Hochschullehrer, ja sogar ganze Fakultäten, die diese Politik als Unrecht empfanden und bereit waren, dagegen zu protestieren. Sie blieben jedoch in der Minderheit. Die große Mehrheit der Professoren verhielt sich passiv. Einige hielten einen Protest gegen die Entlassungen für gefährlich oder aussichtslos. Andere zeigten Verständnis für die Politik des Regimes, weil sie glaubten, der Einfluss der Juden sei in der Weimarer Republik zu groß geworden. Und viele Jüngere beobachteten die Entwicklung mit Blick auf die freiwerdenden Stellen sogar in freudiger Erwartung. Das schloss die individuelle Unterstützung einzelner besonders geschätzter Kollegen nicht aus.

Welche strukturellen Veränderungen vollzogen sich an den deutschen Universitäten zwischen 1933 und 1945? Mit der Einführung des Führerprinzips wurde der Rektor, der dem Ministerium unmittelbar unterstellt war, zum Führer der Universität ernannt, die Dekane zu Führern der Fakultäten. Das schuf aber nur auf dem Papier eine klare Hierarchie. Die realen Machtverhältnisse blieben wie so oft im Dritten Reich unklar, weil die verschiedenen im Hochschulbereich tätigen Parteistellen (hauptsächlich die Hochschulkommission der NSDAP, der NS-Dozentenbund und der NSDStB) in den Verordnungen der Ministerialbürokratie überhaupt nicht erwähnt wurden. Diese Konstellation enthielt ein erhebliches Konfliktpotential. Im Alltag mussten die Rektoren sich mit den hochschulpolitischen Ambitionen der Dozentenbundführer und der Studentenbundführer auseinandersetzen, die häufig eine Art Nebenregierung bildeten. Manche Gauleiter artikulierten ebenfalls weitreichende Machtansprüche. Gegen den erklärten Willen des Gauleiters blieb kein Rektor längerfristig im Amt. Von einer autokratischen Führerstellung des Rektors konnte daher in der Realität des Dritten Reiches keine Rede sein. Dennoch blieb das Führerprinzip an den Universitäten nicht wirkungslos, weil es die Möglichkeit eröffnete, alle hochschulpolitischen Führungspositionen mit Professoren zu besetzen, die Nationalsozialisten waren oder dem Regime zumindest nahestanden.

Die wichtigsten hochschulpolitischen Einrichtungen entstanden erst nach der nationalsozialistischen Machtübernahme. Mit ihrer Gründung war eine Zentralisierung der Hochschulpolitik verbunden. Die Beamten des 1934 gegründeten Reichserziehungsministeriums (REM) hatten zunächst gehofft, die Hochschulpolitik in eigener Regie bestimmen zu können. Doch spätestens seit dem Reichsparteitag von 1934, auf dem Hitler den Primat der Partei gegenüber dem Staat proklamierte, war dieser Anspruch für die mit Hochschulpolitik befassten Parteistellen hinfällig geworden. Aus Sicht der Hochschulkommission der NSDAP und des NS-Dozentenbundes (NSDDB) gebührte ihnen allein das Recht, alle grundlegenden hochschulpolitischen Entscheidungen zu treffen, während das Ministerium sich auf eine untergeordnete Rolle als ausführendes Organ beschränken sollte. Aus diesen konträren Auffassungen resultierten erbitterte Kompetenzkonflikte, die bis in die Kriegszeit hinein anhielten.

Da keiner dieser Akteure im Dritten Reich ein erstrangiger Machtfaktor war, dauerte es Jahre, bis sich zwischen den Konfliktparteien ein fragiler Modus Vivendi herauskristallisierte. Das Amt Wissenschaft im REM war trotz seiner offenkundigen Schwäche der wichtigste Akteur auf dem Feld der nationalsozialistischen Hochschulpolitik. Eine zentrale Rolle spielte das Ministerium seit 1936 in der Forschungsförderung. Innerhalb der NSDAP schob sich als Folge eines kontinuierlichen Zentralisierungsprozesses der Stab Heß (seit 1941: die Parteikanzlei) immer mehr in den Vordergrund. In Berufungsverfahren und anderen wichtigen Personalangelegenheiten sowie in politischen Grundsatzfragen konnte das REM bald ohne die Zustimmung des Stabes Heß beziehungsweise der Parteikanzlei keine Entscheidungen mehr treffen. Während die Hochschulkommission der NSDAP sich innerhalb der polykratischen Strukturen des NS-Staates nicht behaupten konnte und bald nur noch ein Schattendasein führte, übernahm der NSDDB eine einflussreiche Position als personalpolitische Kontrollinstanz. Weitergehende Ambitionen, die darauf hinausliefen, die «Neugestaltung» von Wissenschaft und Hochschule zu übernehmen, blieben unrealisiert. Auch das von Alfred Rosenberg geleitete Parteiamt und Himmlers SS erlangten punktuell hochschulpolitische Machtpositionen – vornehmlich in Halle (Rosenberg) und an der Deutschen Universität in Prag (die SS). Ihre Versuche, eigene Partei-Universitäten aufzubauen – Rosenbergs «Hohe Schule» und die geplante «Ahnenerbe»-Universität der SS in Prag – scheiterten an der kurzen Lebensdauer des Regimes.

Die Jahre von 1933 bis 1938 waren für die Universitäten eine Zeit der Schrumpfung. Aufgrund der Massenentlassungen verringerte sich die Zahl der Lehrkräfte. Weit überproportional ging der Anteil der Frauen im Lehrkörper zurück, die von der neuen Reichs-Habilitations-Ordnung (1934) nicht mehr zur Dozentur zugelassen wurden. Den stärksten Rückgang – mehr als 60 Prozent – aber erfuhr die Zahl der Studierenden. Dafür verantwortlich waren die demographische Entwicklung und die Neigung zahlreicher Abiturienten, sich außerakademischen Berufen zuzuwenden. Auch die materielle Grundlage der Hochschullandschaft erwies sich als unsolide. Wegen anhaltender Finanzierungsprobleme wurde jahrelang über die Schließung einzelner Universitäten (Rostock, Halle, Gießen, Frankfurt und andere) diskutiert.

Ein weiterer Ausbau des deutschen Universitätssystems erfolgte erst seit 1938, als das Regime die Phase der territorialen Expansion einleitete. Nach dem «Anschluss» Österreichs wurden die Universitäten Wien, Graz und Innsbruck in den deutschen Herrschaftsbereich eingegliedert, ein Jahr später folgte die Deutsche Universität Prag. Die beiden einzigen Neugründungen, die Reichsuniversitäten Posen und Straßburg, sollten – ebenso wie die schon im 19. Jahrhundert gegründete Deutsche Universität in Prag – die kulturelle Hegemonie Deutschlands in den annektierten Gebieten sichern und Expertenwissen für die langfristige «Germanisierung» der eroberten Räume bereitstellen. Im Zuge dieser Entwicklung wuchs die Zahl der deutschen Universitäten von 23 auf 29.

Wie standen die deutschen Hochschullehrer zum Nationalsozialismus? Diese Frage ist nicht ganz einfach zu beantworten, weil das Verhältnis der Hochschullehrer zum NS-Regime nicht statisch war, sondern sich im Laufe der Jahre erheblich veränderte. Der statistische Befund zeigt eine klare Tendenz: Die Zahl der NSDAP-Mitglieder im Lehrkörper der Universitäten nahm im Laufe der Jahre deutlich zu. Nachdem im Sommer 1933 bereits etwa ein Fünftel der Lehrenden in die NSDAP eingetreten war, stieg der Anteil der Parteigenossen bis zum Ende der NS-Diktatur auf fast 60 Prozent. Unter den Parteimitgliedern waren die nichtarrivierten Lehrkräfte überproportional vertreten. Bemerkenswert: Auch diejenigen, die einen Parteieintritt verweigerten, hatten sich meist einer anderen NS-Organisation angeschlossen. Als Minimalkonzession galt die Mitgliedschaft in der NS-Volkswohlfahrt (NSV), die in der Endphase des Dritten Reiches 17 Millionen Mitglieder zählte. Allerdings sind solche Zahlen in einer Diktatur nur von begrenzter Aussagekraft.

Ein genauerer Blick auf den Lehrkörper der deutschen Universitäten seit 1933 ermöglicht es, zwischen Gewinnern und Verlierern zu differenzieren. Zu den Gewinnern gehörten vor allem die jüngeren Nichtordinarien. Sie profitierten von den zahlreichen Entlassungen und wurden hochschulpolitisch von den Nationalsozialisten, die sich gern als Bewegung der Jugend präsentierten, gefördert – unter anderem durch die Herabsetzung des Emeritierungsalters und durch die Gründung der «Dozentenschaften».

Um von der neuen Lage profitieren zu können, bedurfte es allerdings der Bereitschaft zur politischen Anpassung, denn Stellenbesetzungen sowie die Vergabe von Stipendien waren seit 1933/34 routinemäßig mit einer politischen Begutachtung der Kandidaten verbunden. Ein besonders markantes Beispiel war die 1934 eingeführte Trennung von Habilitation und Dozentur, die dem Ziel diente, habilitierte Wissenschaftler in einem Dozentenlager und einer Dozenten-Akademie gründlich zu durchleuchten, bevor entschieden wurde, ob der Habilitation die Dozentur und damit der Einstieg in die Hochschullehrerlaufbahn folgen sollte.

Angesichts solcher Strukturen ist es im Nachhinein schwierig zu beurteilen, ob die vielfachen Anpassungsleistungen insbesondere jüngerer Wissenschaftler auf Überzeugung beruhten oder ob es sich um eine erzwungene äußerliche Anpassung handelte. In der historischen Realität war die Trennlinie zwischen überzeugten Anhängern des Regimes und Opportunisten ohnehin oftmals fließend, weil der äußeren Anpassung in vielen Fällen eine innere Anpassung folgte. Ein solcher Prozess diente der psychischen Entlastung, war aber auch ein Resultat der politischen Erfolge des Regimes.

Bei Stellenbesetzungen standen die nationalsozialistischen Hochschulpolitiker vor der Notwendigkeit, akademische und politische Aspekte auszubalancieren. Das NS-Regime wollte die Lehrstühle mit aktiven Nationalsozialisten besetzen und gleichzeitig das wissenschaftliche Know-how der Universitäten für seine Zwecke nutzen. Eine ausschließlich an akademischen Kriterien orientierte Berufungspolitik kam daher für die Machthaber nicht infrage. Andererseits schädigte eine Personalpolitik, die sich primär an ideologischen Kriterien orientierte, die wissenschaftliche Leistungsfähigkeit der Universität, weil sie leicht zur Förderung fachlich inkompetenter Personen führte. Dieser Zielkonflikt ließ sich nicht grundsätzlich lösen, sondern musste immer wieder neu ausgetragen werden.

Verlierer der «Machtergreifung» waren in erster Linie natürlich die vertriebenen Hochschullehrer. Aber auch für die meisten arrivierten Ordinarien, die bis 1933 die Hochschulen beherrscht hatten, bedeuteten die neuen hochschulpolitischen Verhältnisse einen Machtverlust, weil viele ihrer traditionellen Kompetenzen nun auf Staats- und Parteistellen übergingen. Zudem beseitigte das Regime einige ihrer Vorrechte, vor allem die Unversetzbarkeit und das Recht, nach der Emeritierung weiterhin zu lehren.

Arrivierte wie nichtarrivierte Hochschullehrer litten unter der weitverbreiteten Herabsetzung intellektueller Arbeit im Allgemeinen und der Professoren im Besonderen durch zahlreiche Repräsentanten des Regimes. Hochschullehrer, die sich selbst gern als geistige Führer der Nation gesehen hatten, mutierten zur «Spottfigur» und wurden öffentlich als «verkalkte Professoren» verunglimpft. Der damit verbundene Prestigeverlust war ein Hauptgrund für den seit 1936 auftretenden Nachwuchsmangel in einer wachsenden Zahl wissenschaftlicher Disziplinen. Es entbehrt nicht der Ironie, dass die Hochschullehrer, die der Weimarer Republik auch deshalb den Rücken gekehrt hatten, weil sie Demokratie mit Nivellierung assoziierten, nun im Zeichen der «Volksgemeinschaft» eine massive Abwertung ihrer Tätigkeit erfuhren. Diese Entwicklung war kaum dazu geeignet, die Professoren für das neue Regime zu begeistern. Der Leiter des Amtes Wissenschaft im REM, Otto Wacker, sprach in diesem Zusammenhang sogar von einer «Mißstimmung» in der Hochschullehrerschaft, die «allmählich die Form einer Depression angenommen» habe.

Relativiert und zeitweise aufgehoben wurde diese «Mißstimmung» indes durch starke gegenläufige Tendenzen. Dazu gehörte vor allem der Enthusiasmus nahezu aller Akademiker über die schrittweise Überwindung des Versailler Vertrages – von der Rückführung des Saargebiets in das Deutsche Reich über die Wiedereinführung der allgemeinen Wehrpflicht bis zur Remilitarisierung des Rheinlandes 1936. Zwei Jahre später, nach dem «Anschluss» Österreichs und des Sudetenlandes, herrschte selbst unter früheren Gegnern des Nationalsozialismus Euphorie. Nicht nur der Historiker Percy Ernst Schramm empfand das Jahr 1938 als «das große Jahr unseres Lebens, über das kein weiteres uns hinausheben kann».

Um 1936/37 begann unter den maßgeblichen Hochschulpolitikern des Regimes ein Prozess des Umdenkens. Angesichts der wachsenden Nachwuchsknappheit konnten viele Parteifunktionäre nicht länger die Erkenntnis ignorieren, dass «weite Kreise» der Hochschullehrerschaft sich «getreten und bedrückt fühlen». Daraus resultierte eine Reihe von Maßnahmen, um die Unzufriedenheit an den Hochschulen einzudämmen. Der NSDDB und das REM riefen dazu auf, die pauschale Herabsetzung von Hochschullehrern, Hochschulen und Wissenschaft einzustellen. Die Gehälter der Hochschullehrer und vor allem die der Assistenten wurden aufgebessert. 1938 stellte ein Gesetz die Unversetzbarkeit beamteter Professoren wieder her. In Berufungsverfahren berücksichtigte das Ministerium die Vorschläge der Fakultäten wieder stärker als in den ersten Jahren der NS-Diktatur. Um das Problem des Nachwuchsmangels in den Griff zu bekommen, reduzierte das REM ferner die wissenschaftlichen und außerwissenschaftlichen Anforderungen an den Nachwuchs. Dem gleichen Ziel diente die Wiederzulassung von Frauen zur Dozentur seit 1938/39. Dennoch blieb der Mangel an wissenschaftlichem Nachwuchs ein hochschulpolitischer Dauerbrenner, der bis 1945 immer wieder auf die Tagesordnung gesetzt werden musste.

Tatsächlich verschärfte sich das Problem nach Beginn des Zweiten Weltkrieges, als ein wachsender Teil der jüngeren Hochschullehrer und Assistenten zur Wehrmacht eingezogen wurde. Damit war auch der Plan, die Nazifizierung der Universitäten durch eine gezielte Förderung des wissenschaftlichen Nachwuchses voranzutreiben, Makulatur geworden. Stattdessen mussten nun die älteren Professoren, selbst wenn sie die Altersgrenze bereits überschritten hatten, mangels personeller Alternativen im Amt bleiben.

Politische Differenzen innerhalb des Lehrkörpers verloren nach Kriegsbeginn an Bedeutung. Nazis und Nicht-Nazis rückten enger zusammen, denn auch Hochschullehrer, die dem Nationalsozialismus distanziert gegenüberstanden, hofften in der Regel auf einen deutschen Sieg. Während der Beginn des Krieges zunächst mit Zurückhaltung, manchmal sogar mit schierem Entsetzen aufgenommen worden war, setzte der rasche Sieg der Wehrmacht über Frankreich im Frühjahr 1940 an den Universitäten eine Welle nationalistischer Euphorie frei. Folgt man dem Urteil Theodor Mayers, des nationalsozialistischen Rektors der Universität Marburg, dann vollzog sich im ersten Kriegsjahr an den deutschen Universitäten «der entscheidende Umschwung» zum Nationalsozialismus, ein Umschwung, der nicht selten mit nationaler Hybris gekoppelt war.

Der Jubel über die Anfangserfolge der Wehrmacht währte indes nicht lange. Nach der Kriegswende im Winter 1941/42 breitete sich auch unter Anhängern des Regimes Pessimismus aus, ein Pessimismus, der nach Stalingrad weiter zunahm. Die letzte Kriegsphase war an den Universitäten durch eine eigentümliche Ambivalenz geprägt. Auf der einen Seite ließ sich eine zunehmende Abwendung vom Nationalsozialismus beobachten. Ein Hochschulpolitiker der NSDAP beobachtete im Juni 1944 eine «der Partei stark entfremdete Dozentenschaft». Andererseits wünschten selbst Kritiker des Nationalsozialismus in aller Regel keinen Sieg der Alliierten. Stattdessen dominierte die Furcht vor den Konsequenzen einer Niederlage, insbesondere vor der Roten Armee.

Ein offizielles Wissenschaftskonzept der NSDAP existierte weder vor noch nach 1933. Wer aber die Verlautbarungen nationalsozialistischer Wissenschaftspolitiker genauer anschaut und die wissenschaftspolitische Praxis des Regimes analysiert, wird schon bald die Kernelemente eines nationalsozialistischen Wissenschaftsverständnisses erkennen. Dazu gehörten ein instrumentelles Verhältnis zur Wissenschaft, das die Forschung nach ihrem Wert für die Politik des Regimes beurteilte, die Ablehnung einer «voraussetzungslosen» Wissenschaft, die Forderung, den Rassebegriff in eine Zentralkategorie wissenschaftlicher Forschung zu verwandeln, schließlich die Förderung der «Gemeinschaftsforschung» und der Ruf nach einer «ganzheitlichen» Wissenschaft, welche die engen Fachgrenzen überwinden sollte.

Bestandteil nationalsozialistischer Wissenschaftspolitik war ferner die Förderung von Disziplinen, die bislang aus Sicht des Regimes vernachlässigt worden waren. Aus ideologischen Gründen erfreuten sich die Volkskunde sowie die Vor- und Frühgeschichte besonderer Beliebtheit. Neue Lehrstühle für Rassenhygiene sollten dem eugenischen Paradigma in der Medizin zum Durchbruch verhelfen. Die wachsende Bedeutung der Agrarwissenschaften erklärt sich aus den Erfordernissen der nationalsozialistischen Autarkiepolitik. Der Ausbau der Auslands- und Kolonialwissenschaften war eine Begleiterscheinung der deutschen Expansionspolitik im Zweiten Weltkrieg. Bemühungen um eine Institutionalisierung der Wehrwissenschaften durch die Einrichtung von Lehrstühlen oder Instituten blieben dagegen im Wesentlichen auf die ersten Jahre der NS-Diktatur beschränkt.

Welche Veränderungen vollzogen sich zwischen 1933 und 1945 in

Forschung und Lehre? Ein vergleichender Blick auf die Entwicklung der verschiedenen Fakultäten offenbart erhebliche Unterschiede.

In der Theologie war 1933 vor allem aus den Evangelisch-Theologischen Fakultäten lautstarke Zustimmung zur politischen Zeitenwende zu hören. Der anfängliche Enthusiasmus ebbte aber schon 1933/34 wieder ab, als die Konfrontation zwischen Deutschen Christen (DC) und der Bekennenden Kirche (BK) auch die Evangelisch-Theologischen Fakultäten erfasste. Es war ein ungleicher Konflikt, weil die Deutschen Christen in Berufungsverfahren meist auf die Unterstützung des Staates vertrauen konnten, während gleichzeitig fast zwei Dutzend Anhänger der Bekennenden Kirche aus den Universitäten vertrieben wurden. Im Lehrkörper der meisten Evangelisch-Theologischen Fakultäten waren DC-Mitglieder daher stärker vertreten als die BK-Theologen. Unter den Studierenden der Theologie vollzog sich indes eine gegenläufige Entwicklung hin zur Bekennenden Kirche. Die vergleichsweise kleine Zahl der BK-Theologen konnte daher meist auf volle Hörsäle hoffen, während die Lehrveranstaltungen von DC-Professoren nur wenig Zuspruch fanden.

Die Entwicklung an den Katholisch-Theologischen Fakultäten verlief weitaus ruhiger. Auch hier gab es Theologen, die sich – zumindest zeitweise – dem Nationalsozialismus zuwandten, aber ihre Zahl war geringer als bei der protestantischen Konkurrenz. Die meisten katholischen Theologieprofessoren blieben in politischen Fragen zurückhaltend und exponierten sich weder als Anhänger noch als Gegner des Nationalsozialismus. Ein Äquivalent zu den Deutschen Christen existierte an den Katholisch-Theologischen Fakultäten nicht. Von kirchenpolitischen Spaltungsprozessen blieb der deutsche Katholizismus daher weitgehend verschont.

Während das Regime anfangs jene Theologen unterstützte, die eine Synthese von Nationalsozialismus und Christentum anstrebten, ging es in späteren Jahren dazu über, die Existenz der Theologie als akademische Disziplin grundsätzlich infrage zu stellen. Seit Mitte der 1930er Jahre setzten sich in der Führung der NSDAP jene Kräfte durch, die den christlichen Kirchen prinzipiell feindselig gegenüberstanden. Vor diesem Hintergrund einigten sich das von SS-Angehörigen beherrschte

Amt Wissenschaft im REM und der Stab Heß 1938/39 auf eine sukzessive Auflösung der Theologischen Fakultäten. In der Folge wurden die Katholisch-Theologischen Fakultäten in Innsbruck, Graz und München geschlossen. Nach Kriegsbeginn unterblieben weitere Schließungen jedoch, um die christliche Mehrheitsbevölkerung nicht vor den Kopf zu stoßen. Stattdessen entschieden das Ministerium und die Parteispitze, freiwerdende Lehrstühle fortan nicht mehr zu besetzen und habilitierte Theologen nicht mehr zu Dozenten zu ernennen. Diese Politik hätte innerhalb von zwei bis drei Jahrzehnten zu einer vollständigen Eliminierung der Theologie als universitäre Disziplin geführt.

Die Lage der Juristischen Fakultäten war in den ersten Jahren der NS-Diktatur geprägt von den Aktivitäten einer Gruppe frisch berufener Jungordinarien, die zahlreiche Vorschläge zur Nazifizierung des deutschen Rechtssystems entwickelten. Da die Zahl der politischen Aktivisten, die für solche Aufgaben infrage kamen, zunächst gering war, ernannte das REM kurzerhand die politisch besonders vielversprechenden Juristischen Fakultäten in Kiel, Breslau und Königsberg zu «Stoßtruppfakultäten». Letztlich war es dann vor allem die personell grundlegend veränderte Rechts- und Staatswissenschaftliche Fakultät Kiel, die sich dieser Aufgabe mit besonderem Eifer annahm. Die Kieler Schule machte zahlreiche Vorschläge zur Entwicklung eines neuen nationalsozialistischen Rechts und zur regimekonformen Umdeutung des bestehenden Rechtssystems. Letzteres erwies sich vor allem deshalb als wichtig, weil die Bemühungen des Staates, neue Kodifikationen zu schaffen, trotz jahrelanger Arbeit an einem nationalsozialistischen Strafgesetzbuch und einem Volksgesetzbuch letztlich ohne Erfolg blieben. Für eine alternative Auslegung der bestehenden Rechtsordnung im Sinne des Nationalsozialismus empfahlen die NS-Juristen zum einen die Anwendung von Generalklauseln, die aufgrund ihrer Unbestimmtheit besonders dafür geeignet sind, das Rechtssystem an den Zeitgeist und an die Interessen neuer politischer Machthaber anzupassen, zum anderen die Orientierung an neuen außergesetzlichen Rechtsquellen. Zu diesen Rechtsquellen gehörten der «Führerwille», die nationalsozialistische Weltanschauung und das «gesunde Volksempfinden».

Die ältere Generation der Juraprofessoren verhielt sich gegenüber den nationalsozialistischen «Rechtserneuerern» zurückhaltender. Aus Sicht des SD erschien die Nazifizierung der Rechtswissenschaften daher unzureichend. Nationalkonservative Juristen, aber auch manche Anhänger des Regimes beobachteten zudem mit Unbehagen die Expansion des «Maßnahmenstaats» (Ernst Fraenkel), der unter Missachtung der Justiz ausschließlich dem Prinzip politischer Zweckmäßigkeit verpflichtet war. Der mit dieser Entwicklung verknüpfte, von Hitler persönlich geförderte Prestigeverlust der Justiz sorgte selbst unter Juristen für Enttäuschung, die in den ersten Jahren des Regimes noch mit Begeisterung für ein nationalsozialistisches Rechtssystem eingetreten waren.

Für die an den Philosophischen Fakultäten angesiedelten Geisteswissenschaften stellt sich die zentrale Frage, inwieweit die NS-Ideologie Eingang in die Publikationen der Geisteswissenschaftler gefunden hat. Beispiele dafür lassen sich in allen geisteswissenschaftlichen Disziplinen mühelos finden: Philosophen, die den Marxismus als Ausdruck «jüdischer Rassenseele» deuteten, Germanisten, die Goethe als Vordenker der nationalsozialistischen Rassenideologie feierten, Historiker, die sich während des Krieges für «Bevölkerungsverschiebungen allergrößten Ausmaßes» einsetzten, und Psychologen, die in ihren Publikationen die «krankhafte» jüdische Geistesart anprangerten. Aus heutiger Sicht war die Annäherung an die NS-Ideologie in den Geisteswissenschaften beträchtlich, aus nationalsozialistischer Sicht erschien sie dagegen völlig unzureichend, wie diverse Klagen zeigen. Nationalsozialistische Ideologeme waren zwar in allen Disziplinen präsent, von einer flächendeckenden Nazifizierung lässt sich aber nicht sprechen. Erkennbar ist eine verbreitete Zurückhaltung gegenüber der Rassenideologie. Die Lage der Geisteswissenschaften im NS-Staat lässt sich daher als Koexistenz von traditionellen und nationalsozialistischen Inhalten beschreiben. Die allermeisten Publikationen dieser Zeit waren aber zumindest NS-kompatibel, das heißt sie vermieden alles, was als Kritik an den zentralen Dogmen der nationalsozialistischen Ideologie interpretiert werden konnte.

Wie in den anderen Fakultäten blieb auch in den Geisteswissenschaften ein eingeschränkter Pluralismus erhalten. Ein Element dieses Pluralismus waren die regimeinternen Auseinandersetzungen zwischen Wissenschaftlern, die sich gegenseitig den Anspruch streitig machten, berufene Vertreter einer nationalsozialistischen Umgestaltung ihres Faches zu sein. Diese oft mit harten Bandagen ausgefochtenen Konflikte resultierten auch aus der Abwesenheit einer Zentralinstanz zur Lenkung der Wissenschaft, die in der Lage gewesen wäre, bestimmte Positionen für verbindlich zu erklären und anpassungswilligen Wissenschaftlern klare Vorgaben zu machen. Eine solche Instanz existierte nicht, weil die Versuche des NSDDB und des Amtes Rosenberg, sich selbst als weisungsbefugte wissenschaftspolitische Zentrale zu etablieren, an der Opposition konkurrierender Institutionen und am Desinteresse des «Führers» scheiterten.

Die Medizinischen Fakultäten bildeten den am stärksten nazifizierten Teil der deutschen Universitätslandschaft. Bis zum Beginn des Krieges war ihre Entwicklung geprägt durch die Etablierung der Eugenik als neues handlungsleitendes Paradigma. Im Zuge dieser Entwicklung entstanden seit 1933 zahlreiche Lehrstühle und Institute; die Erforschung tatsächlicher oder vermeintlicher Erbkrankheiten hatte Hochkonjunktur, und die Medizinischen Fakultäten wurden auf vielfältige Weise in die Umsetzung des Sterilisationsgesetzes eingebunden. Die Eugenik lässt sich nicht als eine Ideologie interpretieren, die der Wissenschaft von der Politik aufgezwungen wurde. Vielmehr reagierte die Politik in diesem Fall auf Impulse aus der Wissenschaft, indem sie die Institutionalisierung der Eugenik als akademische Disziplin vorantrieb und gleichzeitig rechtliche Grundlagen schuf, die es ermöglichten, eugenisches Denken in politische Praxis umzusetzen.

Zwischen 1939 und 1945 vollzog sich an den Universitäten ebenso wie in anderen Teilen der deutschen Gesellschaft eine Verschiebung moralischer Maßstäbe, die dazu führte, dass Teile der akademischen Elite unter den Bedingungen des Krieges nahezu alles für gerechtfertigt hielten, was geeignet schien, zu einem deutschen Sieg beizutragen. Sichtbarer Ausdruck dieser veränderten Mentalität waren Medizinprofessoren, die in Konzentrationslagern tödlich verlaufende Humanexperimente mit unfreiwilligen Versuchspersonen durchführten, und

Psychiatrieprofessoren, die sich als Gutachter an den Euthanasiemorden beteiligten.

Charakteristisch für die Jahre 1939 bis 1945 war ferner eine Hinwendung zur Militärmedizin, die sich bereits vor Beginn des Krieges angedeutet hatte. Zahlreiche Medizinprofessoren dienten der Wehrmacht als «Beratende Ärzte». Neue kriegswichtige Forschungsschwerpunkte und veränderte Vorlesungsinhalte zeugten ebenfalls von einer Umstellung der Medizinischen Fakultäten auf die Erfordernisse des Krieges. Von einer durchgehenden Hinwendung zu kriegswichtigen Forschungen konnte allerdings nicht die Rede sein, wie die weiterhin beträchtliche Förderung der Krebsforschung in den Kriegsjahren zeigt. Da das Medizinstudium den Studenten die Chance eröffnete, für längere Zeit einem Fronteinsatz zu entgehen, erlebten die Medizinischen Fakultäten in der Anfangs- und in der Endphase des Krieges einen regelrechten Ansturm von Studierwilligen. Seit Kriegsbeginn waren stets mehr als 50 Prozent, zeitweise sogar mehr als 60 Prozent aller Studierenden an den Medizinischen Fakultäten immatrikuliert, so dass viele Universitäten in dieser Zeit Medizinischen Hochschulen ähnelten.

Auch in den Mathematisch-Naturwissenschaftlichen Fakultäten stellte sich zunächst vor allem die Frage, wie tief die NS-Ideologie in die einzelnen Fächer eindringen würde. Das war das Ziel von antisemitischen Gruppierungen wie der Deutschen Physik oder der Deutschen Mathematik, die sich in den ersten Jahren der NS-Diktatur lautstark zu Wort meldeten. Ihre Bemühungen um eine Ideologisierung der Naturwissenschaften fanden jedoch im Kollegenkreis nur geringe Resonanz. Und auch unter den wissenschaftspolitischen Akteuren des Regimes nahm die Zustimmung zu den Ideologemen der Deutschen Physik und ähnlicher Gruppen im Laufe der Jahre ab. Mit dem Vierjahresplan von 1936 und der Gründung des Reichsforschungsrates 1937 fokussierte sich das Interesse des NS-Staates auf Forschungen, die für Autarkie und Aufrüstung von Nutzen sein sollten. Jene Kräfte, die vor allem an einer ideologischen Umwandlung der naturwissenschaftlichen Fächer interessiert waren, verloren dadurch allmählich an politischem Gewicht.

Obwohl eine Reihe von Universitätsinstituten Aufträge im Rahmen des Vierjahresplans übernahm, wurde ihr Forschungspotential von den Fachleuten ungünstig, manchmal sogar fast mitleidig beurteilt. Die personelle, finanzielle und apparative Ausstattung der naturwissenschaftlichen Hochschulinstitute konnte in den 1930er Jahren nicht mehr mit den außeruniversitären Forschungsinstituten der Industrie oder der von Göring massiv geförderten Luftfahrtforschung konkurrieren. Das galt selbst für die chemischen Hochschulinstitute, die durch die Zusammenarbeit mit der Vierjahresplanbehörde noch relativ gut aufgestellt waren.

Allerdings profitierten die Naturwissenschaftler von der veränderten militärischen Lage seit 1942. Die Erkenntnis, dass die Zeit der Blitzkriege vorbei war, und die sich mehrenden Hinweise auf eine Überlegenheit der Alliierten in militärisch relevanten Forschungsbereichen führten seit 1942 zu einer Aufwertung der Wissenschaft und einer Reorganisation der Wissenschaftspolitik. Führende Vertreter naturwissenschaftlicher Disziplinen konnten nun selbstbewusster als früher gegenüber dem Staat eigene professionelle Interessen vertreten.

Forderungen nach mehr Geld für die Forschung, nach Freistellung der von der Wehrmacht eingezogenen Naturwissenschaftler und deutliche Kritik an der rigorosen Personalpolitik des NSDDB stießen spätestens seit 1942 in Staat und Wehrmacht zunehmend auf Resonanz. Nach der Neugründung des Reichsforschungsrats unter der Leitung Hermann Görings wurden die für die Forschungsförderung zur Verfügung stehenden Mittel kräftig aufgestockt. In den Medien erhielten Forschung und Forscher auf Anweisung des Propagandaministeriums fortan Lob und Anerkennung. Das schloss ausdrücklich auch die kleine Gruppe der Wissenschaftlerinnen ein. Demgegenüber blieben die Bemühungen um eine großzügige Freistellung der in den naturwissenschaftlichen Forschungsinstituten dringend benötigten Wissenschaftler und Techniker bis Ende 1943 ohne größeren Erfolg.

Wie ein Vergleich der verschiedenen Fakultäten mit Blick auf ihr Prestige, die Entwicklung des Lehrkörpers und die Zahl der Studierenden zeigt, verloren vor allem die Theologie, die Rechtswissenschaft und die Geisteswissenschaften während der NS-Diktatur erheblich an

Relevanz. Dieser Bedeutungsverlust war gewiss ein Resultat nationalsozialistischer Politik, insbesondere ihrer grundsätzlichen Ablehnung von Kirche und Theologie und ihrer kaum verhohlenen Verachtung von Justiz und Rechtswissenschaft. Gleichzeitig handelte es sich bei dieser Entwicklung aber auch um die Fortsetzung eines langfristigen Trends, der schon seit der zweiten Hälfte des 19. Jahrhunderts zu erkennen war.[2]

Zurück zur Ausgangsfrage: Inwieweit stellte die Wissenschaft sich in den Dienst des Nationalsozialismus? Der Blick auf die Entwicklung der verschiedenen Fakultäten hat deutlich gemacht, dass Wissenschaftler dem Regime auf unterschiedliche Weise dienen konnten – als Ideologen oder als Fachleute. Die Übernahme der NS-Ideologie in wissenschaftliche Publikationen, das heißt die Politisierung der Wissenschaft im Dienst der Parteiideologie, widersprach dem herkömmlichen Selbstverständnis der Universitäten, die stets eine strikte Trennung von Wissenschaft und Parteipolitik gefordert hatten. Diese Überzeugung blieb auch nach der «Machtergreifung» in Teilen des Lehrkörpers lebendig, wie sich vor allem in den Naturwissenschaften, aber auch anderswo zeigte. «Es scheint unfein zu sein, in die Wissenschaft weltanschauliche Fragen einzuflechten. Die Weltanschauung scheint durchaus ein Gebiet freier Urteils- und Meinungsbildung zu sein und dementsprechend für die Wissenschaft uninteressant», konstatierte 1944 ein Bericht des Frankfurter SD über «Stimmung und Haltung der Hochschullehrer».[3]

Weitgehend unumstritten war dagegen die Auffassung, Wissenschaft habe nationalen Interessen zu dienen. Die Nation, das Vaterland galten wie schon im Kaiserreich und in der Weimarer Republik als Höchstwerte, an denen sich auch die Wissenschaft auszurichten hatte. Die Beteiligung etwa an Forschungen im Rahmen des Vierjahresplans erschien deshalb auch Hochschullehrern, die keine Nationalsozialisten waren, unproblematisch, zumal wenn damit die Chance verbunden war, zusätzliche materielle und personelle Ressourcen zu akquirieren. Ebenso selbstverständlich galt es im Krieg unter Hochschullehrern aller Couleur als patriotische Pflicht, mit den Mitteln der Wissenschaft zu einem deutschen Sieg beizutragen. Selbst die wachsende Kenntnis von den nationalsozialistischen Massenverbrechen scheint an dieser Haltung nichts geändert zu haben.

Aus heutiger Perspektive muss diese Trennung zwischen nationalsozialistischer Parteiideologie auf der einen Seite und patriotischer Pflichterfüllung im Dienst der Nation auf der anderen als ein illusionäres Konstrukt bezeichnet werden, schließlich war der Krieg ein von der nationalsozialistischen Ideologie befeuerter Raub- und Vernichtungskrieg. Die Wissenschaft stand daher sehr viel stärker im Dienst nationalsozialistischer Politik, als vielen ihrer Vertreter bewusst war.

Betrachtet man die deutschen Universitäten und die deutsche Wissenschaft während der NS-Zeit im internationalen Kontext, so überrascht die Einigkeit, mit der alle zeitgenössischen Experten in Deutschland spätestens 1943 der Diagnose zustimmten, dass die deutsche Forschung gegenüber dem Ausland auf zahlreichen Feldern ins Hintertreffen geraten war. Das «Ausland» war in diesem Zusammenhang faktisch eine Chiffre für die USA, die während der 1930er und 1940er Jahre in einer Reihe von wissenschaftlichen Disziplinen eine internationale Führungsposition übernommen hatten. Es wäre zu simpel, in dieser Entwicklung lediglich eine Konsequenz der nationalsozialistischen Politik zu sehen. Vielmehr war das Zurückbleiben der deutschen Forschung auf internationaler Ebene Konsequenz einer längeren Entwicklung, die bereits vor dem Ersten Weltkrieg eingesetzt hatte. Allerdings beschleunigte das NS-Regime diesen Prozess, indem es zahlreiche bedeutende Wissenschaftler aus Deutschland vertrieb und bei Stellenbesetzungen mitunter mehr auf politische als auf fachliche Auswahlkriterien achtete.

Seit Längerem ist die Frage umstritten, wie effizient die Politik des NS-Regimes gegenüber der Wissenschaft und den Hochschulen gewesen ist. Während die ältere Forschung durchweg dazu neigte, die Forschungspolitik explizit oder implizit als ineffizient zu beschreiben,[4] wird in der neueren Forschung häufiger die Effizienz der nationalsozialistischen Wissenschaftspolitik behauptet.[5] Effizienz kann in diesem Zusammenhang selbstverständlich nur Effizienz im Sinne der

Ziele des Regimes sein. Wie lässt sich diese Frage mit Blick auf die Universitäten beantworten?

Um die Effizienz von Universitäten in einer Weltanschauungsdiktatur beurteilen zu können, muss sinnvollerweise unterschieden werden zwischen den Universitäten als Produzenten und Vermittler von Ideologie, als Ausbildungseinrichtungen und als Stätten der Forschung. Dabei zeigen sich jedoch sofort Probleme. Die ideologische Wirkung der Universitäten auf die Studierenden wird sich kaum messen lassen. Zwar war das Verhalten der Studierenden, die 1933 zunächst in ihrer großen Mehrheit das Regime unterstützt hatten, seit 1934 durch eine wachsende Distanz gegenüber dem Nationalsozialismus geprägt.[6] Das könnte ein Argument gegen die Bewertung der Universitäten als effiziente Indoktrinationsinstanz sein. Doch bleibt unklar, ob die veränderte Einstellung der Studierenden wesentlich auf ihre Erfahrungen im Studium zurückzuführen ist. Ein solcher Zusammenhang dürfte kaum zu beweisen sein.

Betrachtet man die Universitäten als Ausbildungseinrichtungen für die akademischen Berufe, so lässt sich darauf hinweisen, dass das Ausbildungsniveau der deutschen Universitäten während der NS-Diktatur nach übereinstimmender Ansicht aller zeitgenössischen Fachleute gesunken ist.[7] Das spricht zweifellos gegen die These, die deutschen Universitäten seien während der NS-Diktatur effiziente Ausbildungseinrichtungen gewesen.

Es bleibt die Frage, inwieweit das NS-Regime die Universitäten als Stätten der Forschung auf effiziente Weise genutzt hat. Da die Regimeführung von Anfang an einen Krieg ansteuerte und da der Ausgang dieses Krieges letztlich über Sein oder Nichtsein des Dritten Reiches entschied, wird das Problem der Effizienz hier auf die Frage verengt, ob die personellen und materiellen Ressourcen der universitären Forschung zweckdienlich im Sinne der Kriegsanstrengungen eingesetzt worden sind.

Zugunsten der Effizienzthese ließe sich anführen, dass das REM schon früh die Zusammenarbeit mit der Wehrmacht, vorwiegend mit dem Heereswaffenamt gesucht hat. Dafür war zunächst die Forschungsabteilung im REM zuständig, seit 1937 der Reichsforschungsrat. Doch reicht das allein nicht aus, um von einer effizienten Forschungspolitik zu reden. Dagegen sprechen gleich mehrere Gründe:

Ein erstes Gegenargument ist der Hinweis auf die Vertreibung zahlreicher hochqualifizierter Wissenschaftler, darunter zwei Dutzend Nobelpreisträger, die mehrheitlich emigrierten. Diese Massenentlassungen bedeuteten nicht nur einen beträchtlichen Verlust an wissenschaftlicher Substanz, sondern stärkten darüber hinaus das Forschungspotential der späteren Kriegsgegner Deutschlands. Die große Mehrheit der Emigranten startete eine neue Karriere in Ländern, die kurze Zeit später im Krieg mit Deutschland standen, vornehmlich in den USA oder in Großbritannien, und viele von ihnen leisteten als Wissenschaftler, manche auch als Soldaten, einen Beitrag zum Kampf gegen den Nationalsozialismus. Die zentrale Rolle, die Emigranten aus Deutschland und anderen Teilen Europas im *Manhattan Projekt* bei der Entwicklung der ersten Atombombe übernahmen, ist nur das spektakulärste Beispiel für die Folgen dieses politisch erzwungenen Seitenwechsels.

Ein zweites, noch gewichtigeres Gegenargument zur Effizienzthese resultiert aus der Analyse der deutschen Forschungspolitik im Zweiten Weltkrieg. Schon vor Beginn des Krieges war die finanzielle, personelle und apparative Ausstattung der Universitäten gegenüber der Industrieforschung deutlich zurückgeblieben. In den ersten Kriegsjahren, zwischen 1939 und 1941, als der Ausgang des Konfliktes offen war und vieles auf einen Sieg Nazi-Deutschlands hindeutete, wurde die finanzielle Förderung der universitären Forschung durch den Staat reduziert. In der Zeit der Blitzkriege war die Wissenschaft aus Sicht des Regimes offensichtlich kein für den Kriegsverlauf relevanter Faktor. Erst nachdem der deutsche Vormarsch in der Sowjetunion vor Moskau steckengeblieben war und nach dem Kriegseintritt der USA änderte sich das. Seit 1942 und deutlich verstärkt seit 1943 wurde der Etat des Reichsforschungsrats und anderer Forschungseinrichtungen massiv aufgestockt. Zu diesem Zeitpunkt waren die Chancen Deutschlands, den Krieg noch zu gewinnen, allerdings auf ein Minimum gesunken. Diese Art der Forschungsförderung war das Gegenteil von Effizienz.

Ein dritter Faktor, der gegen die These von der Effizienz der nationalsozialistischen Forschungspolitik spricht, ist die prekäre Personalsituation an den meisten Hochschulinstituten während der Kriegsjahre. Zwischen 1940 und 1943 wurde ein stetig wachsender Teil der an den deutschen Hochschulen tätigen Wissenschaftler von der Wehrmacht eingezogen. Ihr Anteil lag 1943 schon über 40 Prozent. Dadurch wurden auch die kriegswichtigen naturwissenschaftlichen Institute in ihren Arbeitsmöglichkeiten beträchtlich eingeschränkt und mitunter sogar weitgehend lahmgelegt. Wissenschaftsfunktionäre wie der Vorsitzende der Deutschen Physikalischen Gesellschaft, Carl Ramsauer, wiesen auf dieses Problem wiederholt hin und verlangten eine großzügige Freistellung von Wissenschaftlern durch die Wehrmacht. Doch erst im Juni 1943 entstand mit dem Planungsamt im Reichsforschungsrat eine Einrichtung, die systematisch das Ziel verfolgte, von der Wehrmacht eingezogene Naturwissenschaftler und Techniker an ihre Forschungsinstitute zurückzuholen. Es dauerte ein weiteres halbes Jahr, bis ein Geheimerlass des Oberkommandos der Wehrmacht auf Befehl Hitlers die Freigabe von 5000 eingezogenen Wissenschaftlern und Technikern für die Forschung anordnete. Zu diesem Zeitpunkt befand sich die Wehrmacht militärisch bereits in einer hoffnungslosen Position.

Gegen die Effizienzthese spricht ferner die Schädigung seriöser naturwissenschaftlicher Forschung durch Gruppen wie die Deutsche Physik, deren Vertreter in den ersten Jahren des Regimes großen wissenschaftspolitischen Einfluss erlangten. Zwar nahm ihr politisches Gewicht seit 1936 ab, doch wurden einzelne Exponenten der Deutschen Physik auch in den folgenden Jahren noch auf Lehrstühle berufen.

Von einer effizienten Wissenschaftspolitik des NS-Regimes kann daher zumindest mit Blick auf die Universitäten nicht gesprochen werden.

In den letzten beiden Kriegsjahren traf der von Deutschland begonnene Krieg auch die Universitäten und ihre Angehörigen. 1945 lag ein Großteil der deutschen Hochschulen ganz oder teilweise in Trümmern. Zahlreiche Professoren und ihre Familien waren ausgebombt, andere hatten im Krieg Söhne verloren. Tausende Studenten waren gefallen, viele mussten ihr weiteres Leben als Kriegsversehrte neu gestalten. Lehrende wie Lernende sahen angesichts der totalen Niederlage und der beispiellosen Verbrechen des Regimes einer ungewissen Zukunft entgegen. Das erleichterte es ihnen, sich selbst als Opfer des Nationalsozialismus zu sehen und die eigene Beteiligung an der Politik des Regimes zu verdrängen. Der selbstgestellte Anspruch der Universitäten, «Hüterinnen von Wahrheit und Gerechtigkeit» zu sein, war nach zwölf Jahren Diktatur bis zur Unkenntlichkeit verblasst.

Epilog: Die Nachgeschichte

Mit dem Ende des Zweiten Weltkrieges änderte sich die deutsche Universitätslandschaft grundlegend. Die deutschen Universitäten in Breslau, Königsberg, Posen, Prag und Straßburg hörten auf zu existieren. Die verbliebenen 21 Universitäten verteilten sich auf vier Besatzungszonen. Ein großer Teil war weitgehend zerstört; selbst die noch erhaltenen Gebäude hatten vielfach weder Türen noch Fenster, geschweige denn Elektrizität oder Gas.[1] In den Städten herrschte eine allgemeine Knappheit an Nahrung, Wohnraum und Bekleidung, ebenso wie an Büchern und Papier. An den Universitäten formierten sich schon bald nach dem Ende der Kampfhandlungen Gruppen von «unbelasteten», meist älteren Professoren, die für die Wahl neuer Rektoren oder Dekane sorgten, das nationalsozialistische «Führerprinzip» beerdigten und meist darauf hofften, möglichst bald wieder zur Ordinarienuniversität alten Typs zurückkehren zu können.

Trotz der verheerenden Zerstörungen strebten die Alliierten in allen vier Besatzungszonen eine baldige Wiederaufnahme des Lehrbetriebs an. Erschwert wurde die Realisierung dieses Ziels allerdings durch zwei weitere Vorhaben der Siegermächte – ihren Willen, sich die deutsche Wissenschaftslandschaft für eigene Zwecke nutzbar zu machen, und ihre Entschlossenheit, die Universitäten gründlich zu entnazifizieren.

Unmittelbar nach Kriegsende begann die Jagd der Alliierten auf deutsche Forscher, um deren Expertise für das eigene Land verwerten zu können. Besonders begehrt waren Fachleute aus Forschungsbereichen, in denen Deutschland bis 1945 eine Führungsrolle innehatte, vor allem Flugzeugkonstrukteure und Raketenforscher. Im Zeichen wachsender Rivalität untereinander rekrutierten die vier Siegermächte in der Nachkriegszeit einige Tausend Wissenschaftler, Ingenieure und

Techniker, die teils freiwillig, teils unfreiwillig das Land wechselten.[2] Nach den Massenentlassungen der NS-Zeit bedeutete dieser außerordentliche Braindrain eine zweite fundamentale Dezimierung des deutschen Wissenschaftssystems.

Dabei zeigten die Siegermächte in der Regel nur mildes Interesse für die politische Vergangenheit dieser Forscher, unter denen sich auch dezidierte Nationalsozialisten befanden. So sicherte die Sowjetunion sich früh die Dienste des Physikochemikers Peter Adolf Thiessen, obwohl dieser bereits 1922 erstmals in die NSDAP eingetreten war und im Dritten Reich als Direktor des Kaiser-Wilhelm-Instituts für physikalische Chemie und als Fachspartenleiter im Reichsforschungsrat bedeutende wissenschaftspolitische Führungspositionen übernommen hatte. In der Sowjetunion arbeitete Thiessen für das sowjetische Atomprogramm – eine Tätigkeit, die 1951 mit dem Stalinpreis 1. Klasse und einer Geldprämie von 100 000 Rubel honoriert wurde. Nach seiner Rückkehr avancierte er in der DDR zum Ordinarius an der Berliner Humboldt-Universität, zum Vorsitzenden des Forschungsrats und zum Mitglied des Staatsrats.[3] Das Interesse der Amerikaner konzentrierte sich zunächst auf jene Wissenschaftler, die seit 1937 in der Heeresversuchsanstalt Peenemünde eine neuartige Raketentechnologie entwickelt hatten. Bereits im Herbst 1945 wurden Wernher von Braun und viele seiner Mitarbeiter im Rahmen des Projektes *Overcast* in die USA gebracht, wo sie in den 1950er Jahren ihre Arbeiten zur Entwicklung ballistischer Waffensysteme fortsetzten. Die frühere Mitgliedschaft von Brauns (und einiger seiner Mitarbeiter) in der NSDAP und der SS erwies sich dabei nicht als Hindernis. Wernher von Braun erhielt die amerikanische Staatsbürgerschaft und avancierte schließlich zum populären Vordenker des amerikanischen Raumfahrtprogramms.[4]

Die Entnazifizierung gehörte zu den wenigen politischen Zielen, auf die sich die Siegermächte problemlos verständigen konnten. Auf der Konferenz von Jalta im Februar 1945 hatten die Alliierten ihre Entschlossenheit bekundet, den «deutschen Militarismus und Nazismus zu vernichten» und «alle nazistischen und militärischen Einflüsse aus öffentlichen Einrichtungen, dem Kultur- und Wirtschaftsleben des deutschen Volkes zu entfernen».[5] Den Universitäten als wichtiger Bestandteil des Bildungswesens und als Ort der Elitebildung kam dabei große Bedeutung zu. Fortan schwebte die Politik der Entnazifizierung mehrere Jahre lang wie ein Damoklesschwert über den Köpfen zahlreicher Hochschullehrer.

Im Rahmen dieser Politik begann bald nach Kriegsende an sämtlichen noch bestehenden Universitäten die politische Überprüfung des wissenschaftlichen Personals. Der gesamte Lehrkörper wurde verpflichtet, mit Hilfe von umfangreichen Fragebögen genaue Auskünfte über seine politische Vergangenheit zu geben. Nach Auswertung dieses Materials kam es zu zahlreichen Entlassungen politisch belasteter Hochschullehrer. Obwohl die Entscheidungsgewalt bei den Alliierten lag, waren deutsche Stellen oft schon sehr früh in die Entnazifizierungspolitik eingeschaltet.[6] Als die deutschen Universitäten im Herbst 1945 oder im Winter 1945/46 wiedereröffnet wurden, war dieser Prozess noch in vollem Gange.

Über die Auswirkungen der Entnazifizierungspolitik liegen statistische Angaben zu verschiedenen Universitäten vor. Dabei handelt es sich in der Regel um Momentaufnahmen, die zu unterschiedlichen Zeitpunkten entstanden und oft nur einen Teil des Lehrkörpers erfassten, so dass sie nicht ohne weiteres vergleichbar sind.

Von den drei westlichen Besatzungszonen hatte vor allem die US-Zone, in der sich sieben Universitäten befanden, den Ruf, eine besonders rigorose Entnazifizierungspolitik zu betreiben. Im April 1945 ordnete die grundlegende Direktive JCS 1067 an, sämtliche «Mitglieder der Nazipartei, die nicht nur nominell in der Partei tätig waren, alle die den Nazismus oder Militarismus aktiv unterstützt haben, und alle anderen Personen, die den alliierten Zielen feindselig gegenüberstehen», aus öffentlichen Ämtern zu entfernen.[7] Da die amerikanischen Besatzungsoffiziere an den Lehrkörper der Hochschulen besonders strenge Maßstäbe anlegten,[8] führte diese Politik an einigen Universitäten zu einem veritablen Kahlschlag, der rund zwei Drittel der Lehrstuhlinhaber traf. An der Universität Heidelberg waren im Frühjahr 1946 von 56 Ordinarien 37 entlassen worden (66 Prozent), während die Universität München im Dezember 1946 sogar 76 entlassene Ordinarien (67 Prozent) zählte. Geringer waren die Entnazifizierungsverluste dagegen in Würzburg (55 Prozent der Ordinarien) und vor allem in Erlangen (38 Prozent).[9]

In den beiden anderen westlichen Besatzungszonen hatte die Entnazifizierungspolitik in der Regel geringere Auswirkungen. Für die britische Zone mit insgesamt sechs Universitäten liegen genauere Zahlen aus Hamburg, Kiel und Göttingen vor. An der Universität Hamburg waren im August 1945 von 100 planmäßigen Professoren 37 entlassen, pensioniert oder suspendiert worden.[10] Die Kieler Universität, die als relativ stark nazifiziert galt, hatte bis Mitte September ein Drittel ihres Lehrkörpers verloren.[11] Die Göttinger Zahlen fielen noch niedriger aus. Zwischen Mai 1945 und Juli 1947 sind dort 28 Prozent der beamteten Professoren entlassen worden. Da ein Teil von ihnen jedoch schon nach kurzer Zeit wieder rehabilitiert worden war, lag die tatsächliche Zahl der Entlassenen im Juli 1947 nur noch bei 16 Prozent.[12] Vergleichsweise moderate Zahlen charakterisieren auch die französische Zone, in der sich die Universitäten Freiburg und Tübingen befanden. Im April 1946 waren dort 283 Hochschullehrer erneut als Professoren zugelassen, weitere 101 (26 Prozent) dagegen entlassen worden.[13]

Anders verlief die Entnazifizierung in der sowjetischen Besatzungszone. Hier ordnete der Chef der Sowjetischen Militäradministration 1945 die sofortige Entlassung aller NSDAP-Mitglieder an.[14] Dieser Befehl, der offenbar weithin befolgt wurde, trug zu einer grundlegenden personellen Zäsur im Lehrkörper der sechs ostdeutschen Universitäten bei. Von den Professoren und Dozenten, die bei Kriegsende an den Universitäten Berlin, Greifswald, Halle, Jena, Leipzig und Rostock gelehrt hatten, waren zwei Jahre später nur noch 17 Prozent im Amt. Dieser gewaltige Personalverlust lässt sich allerdings nicht ausschließlich auf die Entnazifizierung zurückführen. Andere Gründe waren die Flucht vieler ostdeutscher Hochschullehrer in die Westzonen und die erzwungene Evakuierung zahlreicher Naturwissenschaftler, Mediziner und Techniker der Universitäten Leipzig, Jena und Halle im Juni 1945 durch die aus Sachsen und Thüringen abziehenden Amerikaner.[15]

Die entlassenen Hochschullehrer erlebten den Verlust ihrer Stellung als tiefen biographischen Einschnitt. Die Entlassung erfolgte zumeist ohne Pension, zudem wurde das Privatvermögen gesperrt.[16] Ehemalige Ordinarien standen in der «Zusammenbruchgesellschaft» (Christoph Kleßmann) der Nachkriegszeit plötzlich ohne regelmäßiges Einkommen da und waren gezwungen, sich und ihre Familien mit Gelegenheitsarbeiten zu ernähren.[17] Es liegt auf der Hand, dass die große Zahl der Hochschullehrer, die von dieser Politik zumindest zeitweise betroffen waren, die Stimmung an den Universitäten nachhaltig beeinflusste. Der jüdische Mathematiker Richard Courant, der Deutschland 1933 verlassen hatte, beschrieb seine früheren Kollegen und Freunde, die er 1947 bei einer Deutschlandreise wiedertraf, als «völlig verbittert, negativ, anklagend, entmutigt, aggressiv».[18]

In der amerikanischen Zone endete diese erste Phase der Entnazifizierungspolitik, als sich herausstellte, dass die zahlreichen Entlassungen den öffentlichen Dienst einschließlich des Bildungswesens zunehmend lahmlegten.[19] An den Universitäten machte sich dieses Problem besonders an den Medizinischen Fakultäten und damit auch an den Universitätskliniken bemerkbar.[20] Diese Einsicht führte zu einer Neuausrichtung der Entnazifizierungspraxis. Mit dem Gesetz zur Befreiung von Nationalsozialismus und Militarismus vom 5. März 1946 wurde die Durchführung der Entnazifizierung weitgehend in deutsche Hände gelegt. Zu diesem Zweck entstanden seit 1946 sogenannte Spruchkammern, ein Laiengerichtssystem, das durch einen genaueren Blick auf den Einzelfall die «echten Nazis» von den «nominellen» Parteigenossen und Mitläufern unterscheiden sollte. Artikel 2 des Gesetzes betonte in Abkehr von der bisherigen Entnazifizierungspraxis, die Spruchkammern sollten ihr Urteil «in gerechter Abwägung der individuellen Verantwortlichkeit und der tatsächlichen Gesamthaltung» fällen. Die Mitgliedschaft in der NSDAP oder anderen NS-Organisationen allein dürfe nicht entscheidend für die Beurteilung des Einzelnen sein.[21] Die Spruchkammern teilten die Betroffenen in fünf Gruppen ein – Hauptschuldige (I), Belastete (II), Minderbelastete (III), Mitläufer (IV), Entlastete (V) – und konnten «Sühnemaßnahmen» anordnen.

Während die erste Phase der Entnazifizierungspolitik sich vor allem auf den öffentlichen Dienst konzentriert hatte, nahm das Befreiungsgesetz die gesamte erwachsene Bevölkerung der US-Zone in den Blick. Die Grundgedanken dieses Systems wurden 1947 auch in den beiden anderen Westzonen übernommen.

In der Realität waren die Spruchkammern angesichts der Vielzahl von Personen, die das Verfahren durchlaufen mussten, überlastet und außerstande, die Einzelnen gründlich zu durchleuchten. Im Falle der Hochschullehrer hatte das vor allem zur Folge, dass eine systematische Überprüfung ihrer Publikationen im Rahmen der Entnazifizierungsprozedur nicht stattfand. Das Spruchkammerverfahren gab den ehemaligen Parteigenossen die Möglichkeit, sich ausführlich zu rechtfertigen. Relativ leicht hatten es jene Professoren, denen hauptsächlich die Mitgliedschaft in der NSDAP vorgeworfen wurde. Sie verwiesen häufig auf opportunistische Motive oder auf einen angeblichen Zwang zum Parteieintritt. Besonders phantasiestark zeigte sich ein Hamburger Chemieprofessor, der ernsthaft versicherte, er sei mit Waffengewalt zum Parteieintritt gezwungen worden. Andere nannten fachliche Gründe, so beispielsweise ein Naturwissenschaftler, der erklärte, sein Parteieintritt sei «im Interesse des Ausbaus des mir unterstellten Zoologischen Museums» erfolgt.[22]

Schwieriger wurde es für Professoren, deren öffentliches Engagement für den Nationalsozialismus seinerzeit für so großes Aufsehen gesorgt hatte, dass es schlicht nicht geleugnet werden konnte. Nicht untypisch war in solchen Fällen die Verteidigungsstrategie Martin Heideggers. In seinem Entnazifizierungsverfahren behauptete der renommierte Philosoph, er habe das Freiburger Rektorat 1933 mit größtem Widerstreben ausschließlich im Interesse der Universität angetreten und sei nur im Amt geblieben, um Schlimmeres zu verhindern. Er habe schon 1933/34 in Opposition zur nationalsozialistischen Weltanschauung gestanden, sei aber damals noch der Meinung gewesen, die Bewegung könne in andere Bahnen gelenkt werden. Diesen Irrtum habe er 1934 erkannt.[23] Wer im Rahmen der nationalsozialistischen Wissenschaftspolitik einflussreiche Positionen übernommen hatte, verwies mit Vorliebe auf regimeinterne Konflikte, die im Spruchkammerverfahren zur Opposition gegen die «wirklichen Nazis» umgedeutet werden konnten.[24] Selbst äußerst einflussreiche Wissenschaftspolitiker wie SS-Brigadeführer Rudolf Mentzel und sein Freund Erich Schumann outeten sich in ihren Entnazifizierungsverfahren als Mitglieder einer «Widerstandsgruppe Forschung», von deren Existenz freilich bis zu diesem Zeitpunkt noch niemand gehört hatte.[25] Kurz, fast niemand bekannte sich zu seiner nationalsozialistischen Vergangenheit.[26] Stattdessen entwickelte sich «ein Wettbewerb des Opportunismus, des Abstreitens und Nichtwahrhabenwollens».[27]

Eine bedeutende Rolle im Spruchkammerverfahren spielten Entlastungszeugnisse von Kollegen oder Bekannten, die den ehemaligen Parteimitgliedern eine kritische oder gar oppositionelle Haltung gegenüber dem Nationalsozialismus attestierten. Selbst stark belastete Hochschullehrer und Hochschulpolitiker konnten oft eine größere Zahl solcher «Persilscheine» vorweisen.[28] Die Bereitschaft, frühere NSDAP-Mitglieder zu entlasten, wurde gefördert durch Mitleid mit Kollegen, die sich nach ihrer Entlassung ohne reguläres Einkommen durchschlagen mussten,[29] und durch ein Gefühl der Solidarität mit den eigenen Landsleuten gegenüber der Besatzungsmacht. Beides zeigte sich auch in der Weigerung mancher Fakultäten, die Lehrstühle Entlassener zeitnah wieder zu besetzen, um den entlassenen Kollegen die Chance auf Reintegration nicht zu verbauen.[30]

Deren Chancen auf eine Rückkehr in ihren alten Wirkungskreis standen in der Tat nicht schlecht. Denn mittlerweile hatte sich die Stimmung sowohl unter den Alliierten als auch unter den Deutschen gedreht. Die Perspektive der Westalliierten änderte sich mit dem Beginn des Kalten Krieges. Nun bestand das vorrangige Ziel darin, die Westdeutschen als Verbündete gegen die Sowjetunion zu gewinnen. Dieses Ziel vertrug sich nicht mit einer rigorosen Säuberungspolitik. In der deutschen Bevölkerung war diese Politik im Laufe der Zeit immer unpopulärer geworden, wie amerikanische Umfragen zeigen. Während im November 1945 noch die Hälfte aller Befragten mit der Entnazifizierung zufrieden gewesen war, sank die Zustimmungsrate im September 1947 auf 32 Prozent; im Mai 1949 lag sie nur noch bei 17 Prozent.[31] Da die ehemaligen Parteimitglieder und ihre Angehörigen ein Wählerpotential bildeten, das nicht ignoriert werden konnte, sprachen sich auch die Vertreter der großen politischen Parteien überwiegend gegen eine kategorische Ausgrenzung der einstigen Nationalsozialisten aus. Konrad Adenauer machte kein Hehl aus seiner Überzeugung, dass ein Verzicht auf die Expertise der politisch belasteten Funktionseliten den Aufbau einer stabilen politischen Ordnung in Westdeutschland erheblich erschweren würde: «Man schüttet kein dreckiges Wasser aus, wenn man kein reines hat», erklärte der Bundeskanzler 1952 in einem Pressegespräch.[32]

Selbstverständlich beeinflusste dieser Stimmungswandel auch die Arbeit der Spruchkammern, deren Entscheidungen zunehmend auf eine Rehabilitierung der Angeklagten hinausliefen. Die Spruchkammern entwickelten sich zur «Mitläuferfabrik» (Lutz Niethammer) und die Entnazifizierung war schon bald «nicht mehr eine Säuberung des öffentlichen Lebens von den Nazis, sondern eine Säuberung der Nazis von ihrer Stigmatisierung».[33] Daraus resultierte auch an den Universitäten eine kontinuierliche Reintegration ehemaliger NSDAP-Mitglieder.[34]

Den Schlusspunkt dieser Entwicklung setzte nach Gründung der Bundesrepublik das Ausführungsgesetz zu Artikel 131 des Grundgesetzes, das 1951 vom Bundestag ohne Gegenstimmen verabschiedet wurde.[35] Das Gesetz regelte die berufliche Wiedereingliederung von Angehörigen des öffentlichen Dienstes, die nach Kriegsende «aus anderen als beamten- oder tarifrechtlichen Gründen ausgeschieden sind und bisher nicht oder nicht ihrer früheren Stellung entsprechend verwendet werden». Zum Adressatenkreis dieses Gesetzes gehörten an den Hochschulen nicht nur die Professoren der vormaligen deutschen Universitäten in Königsberg, Breslau, Prag, Straßburg und Posen sowie Hochschullehrer, die aus der DDR geflüchtet waren, sondern auch NSDAP-Mitglieder, die im Zuge der Entnazifizierung entlassen worden waren. Nach Inkrafttreten dieses Gesetzes hatten alle Betroffenen, sofern sie eine Gesamtdienstzeit von mindestens zehn Jahren vorweisen konnten, ein Recht auf berufliche Wiedereingliederung oder, sofern das nicht möglich war, Anspruch auf ein Übergangsgehalt.[36]

Für die in den Westzonen aufgrund der Entnazifizierungspolitik entlassenen «131er», wie die Nutznießer dieses Gesetzes bald genannt wurden, enthielt das Gesetz eine Sonderregelung: Sofern sie Anspruch auf ein Übergangsgehalt hatten, mussten diese Zahlungen nicht vom Bund, sondern von der zuständigen Dienststelle geleistet werden, im Falle der Hochschullehrer also von den Kultusministerien.[37] Dementsprechend waren die Kultusminister fortan aus fiskalischen Gründen sehr daran interessiert, die im Zuge der Entnazifizierung entlassenen Professoren möglichst schnell wieder an einer Universität unterzubringen. Um ihren Wünschen Nachdruck zu verleihen, erstellten die Ministerien Wartelisten mit den Namen von Wissenschaftlern, die unter das Ausführungsgesetz zum Artikel 131 fielen und daher bei Stellenbesetzungen in erster Linie berücksichtigt werden sollten. «Im Denken des Gesetzgebers und der Ministerien», so urteilte 1966 der Jurist Ludwig Raiser, «gewann der Versorgungsgedanke die Oberhand über das Reinigungsprinzip, und die Fakultäten hatten nicht immer die Kraft, sich dem zu widersetzen.»[38]

Zwar protestierte die Westdeutsche Rektorenkonferenz 1952/53 gegen eine «Zwangszuweisung» von Hochschullehrern und betonte das Recht der Fakultäten, «in gewissen Fällen» den «Wiedereintritt» unerwünschter Personen zu verweigern.[39] Doch änderten solche Proteste nichts daran, dass die Maßnahmen der Alliierten zur Entnazifizierung weiterhin in großer Zahl rückgängig gemacht wurden. Und es waren keineswegs nur «Mitläufer», die von der neuen politischen Lage profitierten. Vielmehr kehrten im Laufe der 1950er Jahre auch vormals hochrangige Nationalsozialisten an die Hochschulen zurück. Zu ihnen gehörten der frühere SS-Standartenführer Lothar Kreuz, ein Orthopäde, der 1934 als «Exekutivarzt» an der Ermordung der SA-Führung beteiligt gewesen war, 1952 auf ein persönliches Ordinariat an der Universität Tübingen berufen wurde und 1958 das Große Bundesverdienstkreuz bekam,[40] sowie der einstige SS-Hauptsturmführer Günther Franz, der eine zentrale Rolle in der nationalsozialistischen «Gegnerforschung» gespielt hatte, 1957 ein Ordinariat an der Landwirtschaftlichen Hochschule Hohenheim erhielt und 1963 zum Rektor dieser Hochschule gewählt wurde.[41] Unter den Reintegrierten befand sich auch der Internist Heinrich Berning, ein ehemaliger SS-

Untersturmführer, der sich während des Krieges an tödlich verlaufenden Humanexperimenten mit sowjetischen Kriegsgefangenen beteiligt hatte, 1945 entlassen wurde und seit 1948 erneut als Dozent an der Hamburger Universität lehrte.[42] Dieser Reintegrationsprozess vollzog sich nicht ohne Widerspruch. Vor allem Wissenschaftler, die während der NS-Diktatur emigrieren mussten oder entlassen worden waren, wie der Soziologe René König oder der Mediziner Rudolf Degkwitz, registrierten diese Entwicklung mit Entrüstung, vereinzelt sogar mit öffentlichem Protest.[43]

Rehabilitiert wurde im großen Maßstab, gleichwohl kehrten keineswegs alle Entlassenen wieder an die Universität zurück. Eine Erhebung des Hochschulverbandes zählte 1953 noch 720 Hochschullehrer, darunter 409 Lehrstuhlinhaber, die 1945 aus politischen Gründen entlassen worden waren und acht Jahre später noch nicht wieder an die Universität zurückgekehrt waren. Von ihnen waren 102 mittlerweile verstorben, 70 emeritiert und 98 pensioniert worden.[44]

Wie ist es zu erklären, dass viele ehemalige NSDAP-Mitglieder, darunter hochrangige SS-Offiziere und NS-Täter, reintegriert wurden, während andere draußen vor der Tür bleiben mussten? In den meisten Fällen lag die Entscheidung über Inklusion und Exklusion letztlich bei den Fakultäten. Für sie war die politische Belastung offenbar nicht der ausschlaggebende Faktor, wie Fallstudien nahelegen. Als wichtiger erwiesen sich oftmals andere Kriterien: War die fragliche Person ein guter Kollege gewesen? Und: War er ein guter Wissenschaftler? Wer sowohl als guter Wissenschaftler wie auch als guter Kollege galt, konnte in der Regel nach einiger Zeit wieder in den alten Beruf zurückkehren. Wer sich dagegen als Denunziant exponiert hatte oder aus politischen Gründen ohne ausreichende fachliche Qualifikation berufen worden war, konnte nicht mit einer Wiedereingliederung in den Wissenschaftsbetrieb rechnen.[45]

Erhebliche Schwierigkeiten, wieder in die Hochschulen aufgenommen zu werden, hatten auch diejenigen, die in den Augen der Öffentlichkeit die nationalsozialistische Vergangenheit ihres Faches gleichsam personifizierten. Im Staatsrecht, um ein Beispiel herauszugreifen, waren das Carl Schmitt und Ernst Rudolf Huber. Die Fakultäten scheuten in der Regel davor zurück, derart exponierte Personen auf eine Berufungsliste zu setzen, weil das fast zwangsläufig zu Problemen führte – zu internen Konflikten, Protesten und negativer Presseberichterstattung. Es überrascht daher nicht, dass Ernst Rudolf Huber, der einflussreichste Staatsrechtler des Dritten Reiches, erst 1957, zwölf Jahre nach dem Ende des Zweiten Weltkriegs, eine Professur an der winzigen Hochschule für Sozialwissenschaften in Wilhelmshaven erhielt. Nachdem er den Ruf angenommen hatte, empfahl das niedersächsische Kultusministerium, «die Angelegenheit möglichst ‹lautlos› über die Bühne gehen zu lassen». Kritische Presseberichte («NS-Staatsrechtler liest in Wilhelmshaven») blieben dennoch nicht aus.[46] Carl Schmitt hingegen ist nach seiner Entlassung nie wieder an eine Universität zurückgekehrt, obwohl seine fachlichen Qualitäten nur selten infrage gestellt wurden. Das lag wohl nicht nur an Schmitts Ruf, der «Kronjurist des Dritten Reiches» gewesen zu sein. Hinzu kamen die trotzige Weigerung, ein Spruchkammerverfahren zu durchlaufen,[47] und sein Alter. Schmitt war 1945 bereits 57 Jahre alt. Anders als Huber konnte er nicht darauf hoffen, dass die Zeit und die sich ausbreitende Schlussstrichmentalität letztlich zu seinen Gunsten ausschlagen würden.

Die Reintegration ehemaliger Parteimitglieder war keineswegs ein ausschließlich westdeutsches Phänomen. Ähnliche Entwicklungen fanden auch in der sowjetischen Besatzungszone und später in der DDR statt. Zwar waren die sechs Universitäten der Sowjetzone zunächst rigoros gesäubert worden. Doch hatte die sehr geringe Zahl der verbliebenen Hochschullehrer die Behörden rasch zu Kompromissen gezwungen. Um die Funktionsfähigkeit der Universitäten und insbesondere der Universitätskliniken aufrechtzuerhalten, wurden politisch belastete Hochschullehrer, die als unentbehrlich galten, mit Hilfe von Ausnahmeregelungen und «Notdienstverträgen» auch nach ihrer Entlassung weiterbeschäftigt. An der Universität Jena arbeiteten im Februar 1946 noch 22 Universitätsangehörige auf der Basis von Ausnahmeregelungen in befristeten Arbeitsverhältnissen.[48]

Solche Notlösungen konnten indes das Grundproblem, den Mangel an qualifizierten Wissenschaftlern, nicht lösen. Wenn die Universitäten der Ostzone das wissenschaftliche Niveau von Forschung und Lehre nicht langfristig absenken wollten, mussten auch sie ältere Entscheidungen revidieren und ihre Einstellung gegenüber vormaligen Nazis pragmatischer gestalten. Den Startschuss für die neue Politik gab im Juli 1947 der Befehl 201 der Sowjetischen Militäradministration in Deutschland, der die Reintegration «nomineller» NSDAP-Mitglieder ermöglichte. Im September 1947 riefen auch die beiden Vorsitzenden der SED, Wilhelm Pieck und Otto Grotewohl, dazu auf, die «nominellen Mitglieder der Nazipartei möglichst zu gewinnen und zu aktiven Mitarbeitern am demokratischen Aufbau zu erziehen».[49]

Fortan nahm der Anteil früherer NSDAP-Mitglieder unter den Professoren der ostdeutschen Universitäten kontinuierlich zu und erreichte 1961 mit 29,5 Prozent einen Höchstwert. Unter den 56 Professoren, die zwischen 1954 und 1963 das Amt des Rektors einer DDR-Hochschule übernahmen, befanden sich 33 Ehemalige (59 Prozent). Etwa die Hälfte von ihnen hatte mittlerweile in der SED eine neue politische Heimat gefunden.[50]

Offensichtlich waren die Unterschiede zwischen Ost- und Westdeutschland in der Frage des Umgangs mit nationalsozialistischen Altlasten geringer, als lange Zeit angenommen worden ist.[51] Allerdings wurde die Reintegration in der DDR selektiver gehandhabt als in der Bundesrepublik. Zu den Nutznießern dieser Entwicklung gehörten in Ostdeutschland vor allem Professoren der als ideologiefern geltenden Medizinischen und Naturwissenschaftlichen Fakultäten. Diese «Goldzähne aus dem Mund der Reaktion»[52] – wie Robert Rompe, der Leiter der Hochschulabteilung in der Volksbildungsverwaltung, sie intern titulierte – galten als unverzichtbar für den Aufbau der DDR und wurden mit zahlreichen Privilegien ausgestattet. In den Geisteswissenschaften setzten die Hochschulpolitiker der DDR demgegenüber weniger auf Reintegration als auf politisch vertrauenswürdige Neuzugänge, auch wenn diese meist nicht den herkömmlichen akademischen Qualitätsstandards entsprachen.[53]

In der Literatur ist die Entnazifizierung im Allgemeinen und die der Universitäten im Besonderen häufig als «gescheitertes Experiment» oder gar als «Debakel»[54] bezeichnet worden. Angesichts einer Politik, die seit 1947 darauf hinauslief, die Maßnahmen der Alliierten weitgehend rückgängig zu machen, und angesichts der moralisch höchst fragwürdigen Rückkehr schwer belasteter (ehemaliger) Nationalsozialisten in den Lehrkörper der Universitäten sind solche Urteile nachvollziehbar.

Es darf aber nicht übersehen werden, dass eine rigorose Entnazifizierungspolitik, die darauf hinauslief, frühere Mitglieder der NSDAP konsequent auszugrenzen, sich kaum mit dem Ziel einer Demokratisierung der deutschen Gesellschaft vereinbaren ließ. Etwa jeder zehnte Deutsche hatte 1945 der NSDAP angehört.[55] Da die Parteimitglieder in der Regel Ehepartner, Kinder, Eltern oder Geschwister hatten, die von ihnen abhängig waren, betraf die Entnazifizierung ungefähr ein Drittel der Bevölkerung. Eine stabile Demokratie aufzubauen und gleichzeitig ein Drittel der Bevölkerung ins politische Abseits zu stellen, war schlechterdings unmöglich.

Auch ist es zu einfach, pauschal von einem Scheitern der Entnazifizierung zu sprechen. Versteht man unter Entnazifizierung die Säuberung des öffentlichen Dienstes, hier der Universitäten, von nationalsozialistischem Einfluss, dann war diese Politik keineswegs erfolglos. Indem die Entnazifizierung dafür gesorgt hatte, dass die aktiven Nationalsozialisten für längere Zeit, manchmal für immer, aus den Hochschulen verschwanden, schuf sie einen Freiraum, der von dem verbleibenden Lehrkörper für eine Neuorientierung genutzt werden konnte. Das Ergebnis dieser Konstellation zeigte sich spätestens in den 1950er Jahren. Anders als in der Weimarer Republik standen die Universitäten in den Jahrzehnten nach dem Zweiten Weltkrieg der bundesrepublikanischen Demokratie nicht feindselig gegenüber. Trotz der Reintegration zahlreicher ehemaliger NSDAP-Mitglieder zeigten sich weder unter den Lehrenden noch unter den Studierenden bedrohliche rechtsradikale oder gar neonazistische Tendenzen.

Dafür gab es im Wesentlichen zwei Gründe: Zum einen hatten viele, die 1938 oder 1940 überzeugte Nationalsozialisten waren, ihre Meinung spätestens im Sommer 1945 geändert. Bereits in der zweiten Kriegshälfte, insbesondere seit 1943, setzte an den Universitäten ebenso wie in der deutschen Gesellschaft insgesamt eine Abwendung vom Nationalsozialismus ein. Die totale Niederlage des Regimes und der Tod Hitlers im Frühjahr 1945 zerstörten endgültig den Mythos vom unfehlbaren Führer und setzten dadurch bei vielen Deutschen eine Phase des Umdenkens in Gang.

Zum anderen stand nach den zahlreichen Entlassungen der Jahre 1945/46 für die betroffenen Hochschullehrer nicht politischer Aktivismus auf der Tagesordnung, sondern die Wiederherstellung ihrer bürgerlichen Existenz. Eine Entnazifizierungspolitik, die schließlich in einer massenhaften Rehabilitierung mündete, verhalf ihnen zu einer zweiten Chance, verlangte aber gleichzeitig, sofern sie weiterhin eine öffentliche Rolle spielen wollten, die mindestens äußerliche Akzeptanz der neuen politischen Ordnung.[56] Diese Konstellation hatte zur Folge, dass die (ehemaligen) Nationalsozialisten, die nach einer oft mehrjährigen Zwangspause Ende der 1940er oder während der 1950er Jahre in den Wissenschaftsbetrieb zurückkehrten, in der Regel politisch unauffällig blieben. Zwar gab es Professoren, die sich in der Bundesrepublik der 1950er und 1960er Jahre öffentlich als rechtsradikale Aktivisten exponierten – allen voran der Historiker Ernst Anrich, der Internist Heinrich Kunstmann und der Wirtschaftswissenschaftler Hans Bernhard von Grünberg.[57] Dabei handelte es sich aber um Hochschullehrer, die nach 1945 dauerhaft aus den Hochschulen verbannt worden waren.

Aus dem Zwang zur Anpassung konnten sich Doppelexistenzen entwickeln – Hochschullehrer, die sich öffentlich zur bundesrepublikanischen Demokratie bekannten, unter der Hand aber an alten Ansichten festhielten. Ein spektakuläres Beispiel war der Jurist Theodor Maunz. Der Staatsrechtler hatte sich im NS-Staat als linientreuer Nationalsozialist exponiert, war deswegen 1945 suspendiert worden, konnte seine Lehrtätigkeit aber nach einer längeren Pause fortsetzen. Maunz wurde 1952 an die Universität München berufen, schloss sich der CSU an und amtierte zeitweise als bayerischer Kultusminister. Zusammen mit Günter Dürig begründete er 1952 den maßgeblichen Kommentar zum Grundgesetz *(Maunz/Dürig)*.[58] Nach seinem Tod stellte sich indes heraus, dass Maunz über Jahrzehnte hinweg eng mit dem rechtsradikalen Politiker und Verleger Gerhard Frey zusammengearbeitet hatte. Ergebnisse dieser Zusammenarbeit waren neben diversen juristischen Gutachten zahlreiche Artikel, die anonym in Freys *Deutscher National-Zeitung* publiziert wurden.[59]

Die Frage, wie häufig solche Doppelleben waren, lässt sich naturgemäß nicht beantworten. Es gibt jedoch deutliche Hinweise, dass viele, die der neu gegründeten Bundesrepublik zunächst abwartend oder skeptisch gegenübergestanden hatten, sich in den 1950er Jahren auch innerlich der zweiten deutschen Demokratie zuwandten. Drei Beispiele veranschaulichen diesen Prozess: die Proteste gegen den Regisseur Veit Harlan (1951 bis 1954), der «Fall Schlüter» (1955) und die Erklärung prominenter Naturwissenschaftler gegen eine nukleare Aufrüstung der Bundeswehr von 1957.

Erstes Beispiel: Veit Harlan, der während des Dritten Reiches als Regisseur des antisemitischen Propagandafilms «Jud Süß» bekannt geworden war, versuchte in der Bundesrepublik seit 1950 mit neuen Filmen wieder ins Geschäft zu kommen. Darauf reagierte Erich Lüth, der Leiter der Staatlichen Pressestelle Hamburg, mit einem Boykott-Aufruf gegen Harlan, dem sich auch verschiedene Professoren der Universität Hamburg anschlossen, unter ihnen Wilhelm Flitner, Bruno Snell und Arthur Jores. Der Aufruf provozierte mehrjährige juristische Auseinandersetzungen und wurde zum Auslöser für mehr als 60 Protest- und Störaktionen, die zwischen 1951 und 1954 überwiegend in Universitätsstädten stattfanden. Dabei handelte es sich, wie der Protestforscher Wolfgang Kraushaar feststellte, «im Kern um eine Studentenbewegung».[60]

Ihren Höhepunkt erreichte diese Bewegung in Freiburg. Dort kam es im Januar 1952 vor mehreren Kinos, in denen ein Film Harlans gezeigt wurde, zu Flugblattaktionen und Demonstrationen studentischer Gruppen, die teilweise von Kinobesuchern und Passanten mit antisemitischen Schmährufen beschimpft wurden. Auf einer vom Allgemeinen Studentenausschuss (AStA) einberufenen Protestversammlung war die Stimmung der Anwesenden gespalten; die Mehrheit der Redner sprach sich jedoch für eine Fortsetzung des Boykotts aus.

Auch der anwesende Prorektor der Freiburger Universität unterstützte die studentischen Proteste. Nachdem ein Demonstrationszug mit etwa 250 Teilnehmern von zivilen und uniformierten Polizisten unter tätiger Mitwirkung einiger Passanten zusammengeknüppelt worden war, erfuhren die Demonstranten eine Welle der Solidarität. Der Freiburger Universitätssenat stellte sich hinter die Studierenden und verurteilte das Vorgehen der Polizei. Weitere Solidaritätserklärungen kamen vom Freiburger Stadtrat, vom badischen Landtag und der Staatsregierung sowie von den Studentenschaften verschiedener Hochschulen. Schließlich sorgten der badische Staatspräsident und der Innenminister persönlich für die sofortige Absetzung des Harlan-Films in Freiburg.[61] Zu vergleichbaren Szenen kam es auch in Göttingen, wo 23 Studierende bei einer Anti-Harlan-Demonstration durch Gegendemonstranten verletzt wurden. Auch hier ist Harlans Film noch am Abend der Demonstration durch den Innenminister abgesetzt worden. Wenige Tage danach veröffentlichten 48 Göttinger Professoren eine Erklärung, in der sie ihr «grundsätzliches Einverständnis mit den Motiven der Demonstranten» bekundeten und die Bereitschaft der akademischen Jugend lobten, «antisemitischen und undemokratischen Tendenzen energisch» entgegenzutreten.[62]

Zweites Beispiel: Der «Fall Schlüter».[63] Leonhard Schlüter, ein niedersächsischer Verleger und Politiker, war Inhaber der Göttinger Verlagsanstalt für Wissenschaft und Politik, die sich zu einem bevorzugten Publikationsort von (ehemaligen) Nazi-Professoren entwickelt hatte. Zu den Verlagsautoren gehörten der antisemitische Germanist Franz Koch, der frühere Abteilungsleiter des SS-Ahnenerbe Joseph Otto Plassmann und der Wirtschaftswissenschaftler Klaus Wilhelm Rath, der 1936 mit einer Broschüre über «Judentum und Wirtschaftswissenschaft» hervorgetreten war. Darüber hinaus hatte sich Schlüter als umtriebiger Politiker auf dem äußersten rechten Flügel der niedersächsischen Landespolitik einen Namen gemacht. Er war nacheinander Landesvorsitzender der Deutschen Rechtspartei, Vorsitzender der Kleinpartei Nationale Rechte und Landtagsabgeordneter der Deutschen Reichspartei gewesen, bis er schließlich zur FDP übertrat, deren Landtagsfraktion ihn 1955 zum Fraktionsvorsitzenden wählte. Als sich 1955 in Niedersachsen eine neue Regierungskoalition aus CDU, FDP, Deutscher Partei und dem Bund der Heimatvertriebenen und Entrechteten konstituierte, wurde Schlüter zum Kultusminister ernannt.

In der Universität Göttingen, wo Schlüter wohlbekannt war, sorgte diese Personalie für Aufruhr. Nachdem Schlüters Ernennung offiziell geworden war, erklärten Rektor Emil Woermann, der 1944/45 wegen seiner Kontakte zum konservativen Widerstand inhaftiert worden war,[64] und sämtliche Mitglieder des Universitätssenats am 26. Mai 1955 öffentlich den Rücktritt von ihren Ämtern. Auch die Studierenden reagierten umgehend. Nachdem ein Aufruf des Göttinger Studentenrats zu einem eintägigen Vorlesungsstreik weithin befolgt worden war, stellten sich etwa 3000 Studierende mit einem abendlichen Fackelzug hinter Rektor und Senat. In den folgenden Tagen trafen aus dem In- und Ausland zahlreiche gegen Schlüter gerichtete Protesterklärungen ein. Gleichzeitig solidarisierten sich sämtliche Universitäten sowie alle Technischen und Pädagogischen Hochschulen Niedersachsens mit der Universität Göttingen. Diesem massiven Druck hielt die Landesregierung nur wenige Tage stand. Am 4. Juni wurde Schlüter «auf eigenen Wunsch» beurlaubt, fünf Tage später folgte sein Rücktritt. Am 8. Juni resümierte die *Deutsche Universitätszeitung:* «Der Fall Schlüter ist zum Prüfstein des Geistes der Freiheit in der Bundesrepublik geworden. An ihm entscheidet sich, wer nur der Form und wer der Sache nach auf dem Boden der Demokratie steht, wer autoritäre Staatsgesinnung in demokratischen Formen konservieren und wer eine freiheitliche Staatsauffassung notfalls auch gegen parlamentarischen Mißbrauch verteidigen will.»[65]

Drittes Beispiel: Die im April 1957 publizierte Erklärung von 18 prominenten deutschen Naturwissenschaftlern richtete sich gegen Bestrebungen innerhalb der Bundesregierung, die Bundeswehr mit Atomwaffen auszurüsten. Auslöser war eine Äußerung Adenauers, der auf einer Pressekonferenz taktische Atomwaffen verharmlosend als eine «Weiterentwicklung der Artillerie» charakterisiert hatte, an der auch die Bundeswehr teilnehmen müsse.[66] Im Gegensatz dazu hob das «Manifest» der Naturwissenschaftler die zerstörerische Kraft von

Atombomben hervor: «Heute kann eine taktische Atombombe eine kleinere Stadt zerstören, eine Wasserstoffbombe aber einen Landstrich von der Größe des Ruhrgebiets zeitweilig unbewohnbar machen.» Der Bundesregierung empfahlen sie, «ausdrücklich und freiwillig auf den Besitz von Atomwaffen» zu verzichten. Die friedliche Nutzung der Atomenergie müsse dagegen «mit allen Mitteln» gefördert werden.

Die Unterzeichnenden betonten die Verantwortung der Wissenschaftler «für die möglichen Folgen» ihrer Tätigkeit und erklärten, sie seien nicht bereit, «sich an der Herstellung, der Erprobung oder dem Einsatz von Atomwaffen in irgendeiner Weise zu beteiligen».[67] Implizit kann die Erklärung auch als Selbstkritik gelesen werden, denn ein Drittel der Unterzeichner – darunter Otto Hahn, Werner Heisenberg und Carl Friedrich von Weizsäcker – war während des Krieges führend am deutschen Uranprojekt beteiligt gewesen.[68]

Die Erklärung fand in kirchlichen, akademischen und gewerkschaftlichen Kreisen große Resonanz und trug wesentlich dazu bei, dass die Kampagne «Kampf dem Atomtod» sich 1957/58 zu einer Massenbewegung entwickelte, die zeitweise mehr als 100 000 Menschen mobilisieren konnte.[69]

Die Proteste gegen Harlan und Schlüter wurden ebenso wie das Manifest gegen deutsche Atomwaffen von aktiven Minderheiten getragen, die sich aber auf eine beträchtliche Unterstützung innerhalb und außerhalb der Hochschulen stützen konnten. Sie verweisen auf die Herausbildung einer akademischen Zivilgesellschaft, die mit der nationalsozialistischen Vergangenheit gebrochen hatte, aber auch gegenüber der aktuellen Politik ihre Unabhängigkeit bewahrte. Wesentlich gefördert wurde dieser Wandel durch die kollektive Erfahrung, dass in der Bundesrepublik – anders als in der Weimarer Republik – der Aufbau einer liberalen Demokratie, politische Stabilität und wachsender Wohlstand Hand in Hand gehen konnten.

Wie gingen die Universitäten in der Nachkriegszeit mit den Kollegen und Kolleginnen um, die in den zwölf Jahren der NS-Diktatur aus politischen Gründen entlassen worden waren? Diejenigen, die bei

Kriegsende noch in Deutschland lebten, wurden oft relativ schnell wieder in das Universitätsleben integriert, sofern Alter und Gesundheit das zuließen. Anders verhielt es sich mit den Emigranten. Die erste Rektorenkonferenz der Nachkriegszeit, die im September 1945 in der britischen Zone stattfand, beschloss einstimmig, die von den Nazis vertriebenen Hochschullehrer wieder in ihr Amt einzusetzen oder ihnen eine gleichwertige Stelle anzubieten, zumindest aber ihre materielle Versorgung zu gewährleisten. Allerdings war der Beschluss nicht in Eigeninitiative zustande gekommen, sondern auf ausdrücklichen Wunsch der britischen Militärregierung erfolgt.[70] Schon bald zeigte sich, wie wenig diese Resolution tatsächlich wert war. Listen mit den Namen exilierter Wissenschaftler, welche die Briten den Hochschulen übersandten, fanden dort nur wenig Widerhall. So wollte die Universität Kiel von 21 benannten Professoren nur einen einzigen zurückberufen; die Universität Hamburg, die in der NS-Diktatur 41 Emigranten verzeichnete, zeigte lediglich an fünf ehemaligen Mitgliedern des Lehrkörpers Interesse.[71] Der Grundgedanke, der die Besatzungsoffiziere bewegte, durch Rückberufungen nationalsozialistisches Unrecht so weit wie möglich wiedergutzumachen, blieb den deutschen Universitäten 1945/46 offensichtlich fremd.

Aber auch unter den Emigranten selbst war der Wunsch nach Rückkehr gering.[72] In der unmittelbaren Nachkriegszeit wirkten die zerstörten Städte, der allgegenwärtige Hunger und die ungewisse Zukunft des besetzten Landes naturgemäß wenig einladend. Zudem hatte ein erheblicher Teil der Emigranten mittlerweile die Staatsbürgerschaft des Aufnahmelandes angenommen; Ausländer konnten jedoch in Deutschland nicht verbeamtet werden. Für diejenigen, die Verwandte oder Freunde im Holocaust verloren hatten, war eine Remigration meist unvorstellbar. Auch die Furcht vor einem Fortleben des Antisemitismus und ein generelles Misstrauen gegenüber den Kollegen und Schülern, die in Deutschland geblieben waren, dürfen nicht unterschätzt werden. Der jüdische Internist Siegfried Thannhauser lehnte das Angebot, erneut seinen früheren Lehrstuhl in Freiburg zu übernehmen, mit folgender Begründung ab: «Ich kann nicht zurückkehren, die Wunde ist zu tief, sie wird nie heilen ... Meine ehemaligen

Studenten sind die größte Enttäuschung meines Lebens ... Was ist aus ihnen geworden? Freiwillige oder unfreiwillige Henkersknechte! Hier hätte der Kern des moralischen Widerstands gegen den Hitlerismus sich entwickeln sollen. Stattdessen sind die jungen Studenten und ihre Lehrer den Pfeifen des Teufels gefolgt.»[73]

So blieb die Zahl der Remigranten klein. Von 719 emigrierten Hochschullehrern der deutschen Universitäten haben sich nur 106 (14,7 Prozent) nach 1945 erneut in Deutschland niedergelassen – viele davon relativ spät, in den 1950er oder sogar erst in den 1960er Jahren.[74] Zurück kamen vor allem diejenigen, denen es nicht gelungen war, im Exil eine wissenschaftlich befriedigende oder materiell abgesicherte Position zu finden, unter ihnen die meisten Wissenschaftler, die nach 1933 in die Türkei gegangen waren. Andere entschlossen sich zur Remigration, weil ihnen die Kultur des Aufnahmelandes fremd geblieben war.[75]

Gleichwohl haben Remigranten in einigen Disziplinen durchaus eine bedeutende Rolle gespielt. Man denke etwa an den Einfluss von Theodor Adorno und Max Horkheimer, von René König oder Helmuth Plessner in der Soziologie. Noch wichtiger waren Remigranten in der Politikwissenschaft. Um 1960 waren 14 von 24 politikwissenschaftlichen Lehrstühlen mit Remigranten besetzt, darunter Ernst Fraenkel und Arnold Bergsträsser.[76] Nicht übersehen werden dürfen ferner jene Emigranten, die nur zeitweise als Gastprofessoren zurückkehrten und dadurch zu einer Pluralisierung der westdeutschen Wissenschaftslandschaft beitrugen.[77]

Rechtlich verbesserte sich die Situation der von den Nazis vertriebenen Hochschullehrer durch die Wiedergutmachungsgesetzgebung der 1950er Jahre deutlich. Ehemals planmäßige Hochschullehrer besaßen nun einen Rechtsanspruch auf bevorzugte Wiedereinstellung, sofern ihre vormalige Universität auf dem Gebiet der Bundesrepublik lag. Seit 1952 konnten sie aber auch in ihrem Emigrationsland verbleiben und dort Entschädigungsleistungen beziehen. Hatten sie die Altersgrenze überschritten, bestand ein Anspruch auf Emeritierung. Komplizierter gestaltete sich die Lage früherer Privatdozenten oder nichtbeamteter

Professoren. Sie konnten, wiederum unter der Voraussetzung, dass ihre ehemalige Hochschule auf dem Territorium der Bundesrepublik lag, eine erneute Verleihung der Lehrbefugnis oder eine Wiedereinstellung als Assistenten beanspruchen. Daran bestand aber zwei Jahrzehnte nach der «Machtergreifung» verständlicherweise wenig Interesse. Darüber hinaus hatten Privatdozenten und nichtbeamtete Professoren Anspruch auf Entschädigungsleistungen. Ausschlaggebend für die Höhe dieser Leistungen war in der Regel das Urteil von Gutachtern, die entscheiden mussten, ob die betreffende Person bei regelmäßigem Verlauf ihrer Karriere voraussichtlich einen Lehrstuhl erhalten hätte oder nicht.[78]

Wie gingen die Universitäten nach Kriegsende mit ihrer eigenen nationalsozialistischen Vergangenheit um? Die Reden der Rektoren bei der Wiedereröffnung der Universitäten 1945/46 verurteilten durchgängig den Nationalsozialismus, hielten sich aber selten lange mit diesem Thema auf. Selbstkritische Bemerkungen zum Verhalten der Universitäten in der Vergangenheit blieben rar; stattdessen betonten manche Rektoren lieber die Resistenz ihrer Hochschule gegenüber dem Regime.[79] Vorherrschend war – nicht nur an den Universitäten – der Wunsch, die Vergangenheit ruhen zu lassen. Der 1933 emigrierte Wirtschaftswissenschaftler Gerhard Colm, der 1946 für die amerikanische Militärverwaltung in Deutschland tätig war, berichtete über aggressive Vorwürfe deutscher Hochschullehrer, weil er und andere Vertreter der Besatzungsmacht nicht die Auffassung teilten, dass «Hitler tot und alles vergessen» sei.[80]

Zwar führte die Kritik, die nach 1945 von Vertretern der Besatzungsmächte und von Emigranten, von Gewerkschaftern und linken Journalisten am Verhalten der Universitäten artikuliert wurde, schon früh zu öffentlichen Debatten über das «Versagen der Universitäten» gegenüber dem Nationalsozialismus.[81] Daran beteiligten sich aber hauptsächlich Hochschullehrer wie Karl Jaspers, Franz Böhm, Karl Barth, Gerhard Ritter oder Franz Schnabel, die nach 1933 von den Nationalsozialisten entlassen oder aus politischen Gründen inhaftiert worden waren – also gerade jene Hochschullehrer, die am wenigsten

Grund zur Selbstkritik hatten. Karl Jaspers war es auch, der, ausgestattet mit dem moralischen Kapital des NS-Verfolgten, im Sommer 1945 den Satz prägte, der «Kern der Universität» habe «in der Vergangenheit standgehalten»[82] – eine Aussage, die so oder ähnlich in den folgenden Jahren noch oft zu hören sein würde. Jubiläumsschriften einzelner Universitäten, die in den 1950er Jahren erschienen, ließen die NS-Zeit in der Regel unerwähnt.[83]

In den 1960er und 1970er Jahren erhielt das Thema eine neue Brisanz. Das deutete sich schon im Vorfeld der 68er-Bewegung an. Seit 1964 veröffentlichte der Publizist Rolf Seeliger unter dem Titel *Braune Universität* eine Serie von Broschüren, die belastendes Material über die politische Vergangenheit zahlreicher Hochschullehrer präsentierten.[84] Das Material stammte, wie erst viele Jahre später bekannt wurde, zumindest teilweise vom Ministerium für Staatssicherheit der DDR, mit dem Seeliger (Deckname: «Gemse») seit 1962 eng zusammenarbeitete.[85] In mehreren Universitätsstädten, unter anderem in Tübingen und Göttingen, publizierten studentische Zeitschriften Artikel oder ganze Hefte zur Hochschulgeschichte im Dritten Reich. Darauf reagierten die Universitäten München und Tübingen sowie die FU Berlin mit Vorlesungsreihen, die 1965/66 als Sammelbände publiziert wurden. Die Beiträge, die von sehr unterschiedlicher Qualität waren, basierten entweder auf persönlichen Erinnerungen oder auf der Analyse zeitgenössischer Publikationen, nicht auf der Auswertung von Archivalien. Zu den Autoren gehörten renommierte Intellektuelle wie Karl Dietrich Bracher, Wolfgang Abendroth, Eberhard Lämmert, Kurt Sontheimer, Hans Rothfels und Ralf Dahrendorf.[86] Auf diese Publikationen antwortete Wolfgang Fritz Haug, einer der intellektuellen Vordenker der 68er-Bewegung, mit einer beißenden Kritik, die 1967 unter dem griffigen Titel *Der hilflose Antifaschismus* erschien und innerhalb kurzer Zeit drei Auflagen erlebte.[87]

Die Verdrängung der nationalsozialistischen Vergangenheit ist oft als Hauptursache für die Entstehung und den großen Zulauf der 68er-Bewegung in der Bundesrepublik benannt worden. Angesichts des globalen Charakters der Protestbewegung, die praktisch die gesamte westliche Welt erfasste, ist eine solche nationalgeschichtliche Interpretation jedoch fragwürdig. Doch zweifellos geriet die Universitätsgeschichte 1967/68 in den Strudel politischer und hochschulpolitischer Auseinandersetzungen. Die Studierenden nutzten das nationalsozialistische Erbe der Hochschulen als Mittel zur Delegitimierung der Ordinarienuniversität, während die Professoren ihrerseits auf Parallelen zwischen den studentischen Bewegungen von 1933 und 1967/68 verwiesen. An einer wissenschaftlichen Aufarbeitung der Universitätsgeschichte im Nationalsozialismus war zu diesem Zeitpunkt kaum jemand interessiert. Zwar entstanden in den 1960er und 1970er Jahren erste größere Monographien zur Wissenschaftsgeschichte der NS-Diktatur. Von einer Ausnahme abgesehen[88] beschäftigten sich diese Untersuchungen aber mit außeruniversitären Institutionen wie dem Reichsinstitut für Geschichte des neuen Deutschlands, dem Amt Rosenberg oder der SS-Forschungsgemeinschaft «Ahnenerbe»[89], die bereits bei Kriegsende aufgelöst worden waren.

Für dieses Desinteresse gab es mehrere Gründe: Oftmals standen die Akten, insbesondere die Personalakten, für die wissenschaftliche Forschung nicht zur Verfügung. Dafür sorgten nicht nur gesetzliche Schutzfristen, sondern auch manche Archivare, die mehr als nur ihre Pflicht taten, wenn es um Themen dieser Art ging. Sicher ein Extrembeispiel war das Göttinger Universitätsarchiv, wo ein ehemaliges SS-Mitglied bis 1978 darüber wachte, dass die Akten nicht in falsche Hände gerieten.[90] Außerdem hatten die meisten damaligen Hochschullehrer ihre akademische Karriere während der NS-Zeit begonnen und sich in dieser Zeit nicht selten politisch kompromittiert. Für jüngere Wissenschaftler und Wissenschaftlerinnen konnte die Beschäftigung mit diesem Thema daher leicht zum Karrierekiller werden. Schließlich: Im Gegensatz zu anderen europäischen Ländern hat die 68er-Bewegung in Deutschland nur wenige professionelle Historiker hervorgebracht.

Die 1980er Jahre erscheinen im Rückblick als eine Zeit des Übergangs. Zwar wurden auch in dieser Phase noch Jubiläumsschriften publiziert, die den Eindruck erweckten, es habe den Nationalsozialismus gar nicht gegeben – zumindest nicht an der eigenen Hochschule. Charakteristisch für diese Art der Vergangenheitspolitik waren die 1980 und 1982 publizierten Festschriften der Universitäten Münster und Würzburg.[91] Daneben entstand nun aber auch eine Reihe von kritischen Studien. Teilweise handelte es sich um «alternative» Projekte, die in Distanz zur offiziellen Universität erarbeitet wurden. Anders als in den 1960er Jahren erreichten einige dieser Arbeiten aber ein beachtliches wissenschaftliches Niveau. Das beste Beispiel hierfür ist der 1987 erstmals publizierte Sammelband über *Die Universität Göttingen unter dem Nationalsozialismus,* dessen Autoren und Autorinnen überwiegend dem akademischen Mittelbau angehörten. Die Druckkostenzuschüsse kamen unter anderem vom AStA der Universität Göttingen, von der Gewerkschaft Erziehung und Wissenschaft sowie vom Kulturamt der Stadt Göttingen, während die Universität selbst die Publikation offenbar nicht für förderungswürdig hielt.[92]

Ebenfalls in den 1980er Jahren startete in Hamburg das erste offizielle Projekt, mit dem eine Universität interdisziplinär ihre nationalsozialistische Vergangenheit aufarbeitete. Möglich wurde dies durch die Aufhebung der üblicherweise geltenden 60-jährigen Sperrfrist für personenbezogene Archivalien. Universitätsintern war das Projekt zunächst durchaus umstritten. Einzelne Fachbereiche verweigerten die Mitarbeit und zeigten keine Bereitschaft, die Fakultätsakten uneingeschränkt zur Verfügung zu stellen.[93]

Erst in den 1980er Jahren begann also eine ernsthafte Auseinandersetzung mit der Universitätsgeschichte im Dritten Reich, die aber zunächst auf wenige Universitäten beschränkt blieb. Entscheidend für diesen Umschwung war zum einen die breite öffentliche Diskussion über die deutsche Gesellschaft in der nationalsozialistischen Diktatur, die 1983 – fünfzig Jahre nach der «Machtergreifung» – einsetzte, zum anderen die Tatsache, dass jene Professoren, die ihre wissenschaftliche Laufbahn in den 1930er Jahren begonnen hatten, nunmehr endgültig aus dem Hochschulleben ausgeschieden waren. Das machte es einfacher, sich unbefangen mit einem Thema zu beschäftigen, das einige Jahre vorher noch als problematisch wahrgenommen worden war.

Seit Mitte der 1990er Jahre hat sich die Zahl der Publikationen zur Universitätsgeschichte im Nationalsozialismus geradezu explosionsartig vervielfacht. Als Beschleuniger wirkten diverse Skandale um renommierte Fachvertreter, deren nationalsozialistische Vergangenheit aufgedeckt und mit großer Leidenschaft diskutiert wurde. In der Geschichtswissenschaft standen vor allem die einstigen Großordinarien Theodor Schieder und Werner Conze im Zentrum solcher Debatten.[94] Das größte Aufsehen erregte aber der Fall des ehemaligen SS-Offiziers Hans Ernst Schneider, der während des Zweiten Weltkrieges im «Germanischen Wissenschaftseinsatz» gestanden hatte, bei Kriegsende für tot erklärt worden war und danach unter dem Namen Hans Schwerte eine zweite, sehr erfolgreiche Karriere als linksliberaler Germanist an der Universität Erlangen startete.[95]

Mittlerweile liegen für die meisten deutschen Universitäten entweder umfangreiche Monografien oder – noch umfangreichere – Sammelbände zu ihrer Geschichte während der NS-Zeit vor. In neueren großen Gesamtdarstellungen zur Geschichte einzelner Universitäten werden die Jahre zwischen 1933 und 1945 ebenfalls ausführlich berücksichtigt. Hochschulen, die bislang noch keine kritischen Publikationen zur Aufarbeitung ihrer nationalsozialistischen Vergangenheit vorgelegt haben, stehen seit einigen Jahren erkennbar unter Handlungsdruck.

Dank

Die Grundlagen für dieses Buch sind schon vor einiger Zeit in einem Forschungsprojekt über «Hochschullehrer und Hochschulpolitik an den deutschen Universitäten 1933–1945» gelegt worden, das von der Deutschen Forschungsgemeinschaft (DFG) finanziert wurde. Aus diesem Projekt sind zahlreiche Publikationen hervorgegangen. Der Plan, eine Monographie zu schreiben, ließ sich jedoch zunächst aufgrund anderer Verpflichtungen und Projekte nicht realisieren. Erst ein Forschungsstipendium der Gerda Henkel Stiftung ermöglichte schließlich die Niederschrift des Buches. Die Gerda Henkel Stiftung unterstützte zudem die Drucklegung. Sowohl der DFG als auch der Gerda Henkel Stiftung bin ich für die großzügige Förderung äußerst dankbar. Dank schulde ich auch Reinhard Rürup (†), der das ursprüngliche Projekt gegenüber der DFG vertreten hat, und Frank-Rutger Hausmann, der ein hilfreiches Gutachten beisteuerte.

Stellvertretend für die vielen Archivarinnen und Archivare, die mich bei Anfragen und Archivbesuchen unterstützt haben, danke ich Nicolai M. Zimmermann und Matthias Meissner vom Bundesarchiv Berlin, Michael Maaser vom Universitätsarchiv Frankfurt/Main und Margit Hartleb (Universitätsarchiv Jena).

Ulrich Nolte und Sabine Walther vom Lektorat des Verlages C.H.Beck bin ich für ihr Engagement zur Verbesserung des Manuskripts ebenso dankbar wie für die angenehme Zusammenarbeit.

Dieter Hoffmann, Bernward Dörner, Joachim Grüttner und Kay Uwe Bahnsen haben einzelne Kapitel gelesen, kritisch kommentiert und dadurch geholfen, Fehler und Ungenauigkeiten zu beseitigen. Ein besonderer Dank gebührt Marianne Horstkemper und Winfried Heinemann, die sich die Mühe gemacht haben, das gesamte Manuskript zu lesen. Ihre vielfältigen Verbesserungsvorschläge sind dem Manuskript sehr zugutegekommen. Den größten Dank aber schulde ich Dagmar Pöpping, nicht nur für die sorgfältige und kritische Lektüre des Textes, sondern auch für die gemeinsamen Jahre während der Entstehung des Buches und für zahlreiche Tauchgänge, die ein ideales Kontrastprogramm zur Kärrnerarbeit des Historikers im Archiv und am Schreibtisch bildeten und bilden.

Anhang

Verzeichnis der Tabellen

Tabellen im Textteil

Tabellen im Anhang

Tabellen

Tabelle 18: Die Vertreibung von Lehrkräften an den deutschen Universitäten, 1933–1945[1]

Universität	Lehrkörper im Winter 1932/33	Entlassungen 1933–1945		Freiwilliger Rücktritt mit politischem Hintergrund		Vertreibungen insgesamt	
		abs.	in %	abs.	in %	abs.	in %
Frankfurt	351	128	36,5	2	0,6	130	37,0
Berlin	797	279	35,0	10	1,3	289	36,3
Breslau	330	91	27,6	2	0,6	93	28,2
Heidelberg	256	65	25,4	4	1,6	69	27,0
Freiburg	232	51	22,0	3	1,3	54	23,3
Köln	250	57	22,8	1	0,4	58	23,2
Göttingen	253	52	20,6	4	1,6	56	22,1
Hamburg	309	63	20,4	3	1,0	66	21,4
Halle	245	40	16,3	5	2,0	45	18,4
Königsberg	212	35	16,5	3	1,4	38	17,9
Kiel	222	34	15,3	2	0,9	36	16,2
München	405	61	15,1	2	0,5	63	15,6
Gießen	195	27	13,8	0	0,0	27	13,8
Münster	218	27	12,4	3	1,4	30	13,8
Bonn	309	40	12,9	1	0,3	41	13,3
Leipzig	398	48	12,1	5	1,3	53	13,3
Greifswald	164	19	11,6	0	0,0	19	11,6
Jena	210	21	10,0	3	1,4	24	11,4
Marburg	186	19	10,2	2	1,1	21	11,3
Rostock	125	13	10,4	0	0,0	13	10,4
Würzburg	152	13	8,6	0	0,0	13	8,6
Erlangen	121	9	7,4	0	0,0	9	7,4
Tübingen	200	9	4,5	3	1,5	12	6,0
Zusammen	6140	1199[a]	19,5	58	0,9	1257	20,5

[a] Unter Vermeidung von Doppelnennungen.

Tabelle 19: Das wissenschaftliche Personal der deutschen Universitäten und die Einberufungen zur Wehrmacht, Sommer 1940[2]

Statusgruppen	An den Universitäten		Bei der Wehrmacht		Zusammen	
	abs.	in %	abs.	in %	abs.	in %
Beamtete Professoren	1863	80,4	454	19,6	2317	100
Dozenten und apl. Prof.	1807	76,8	547	23,2	2354	100
Wiss. Assistenten	1987	54,8	1637	45,2	3624	100
Zusammen	5657	68,2	2638	31,8	8295	100

Tabelle 20: Das wissenschaftliche Personal der deutschen Hochschulen[a] und die Einberufungen zur Wehrmacht, 1940–1943[3]

Jahr	An den Hochschulen		Bei der Wehrmacht		Zusammen	
	abs.	in %	abs.	in %	abs.	in %
1940	8145	71,1	3305	28,9	11450	100,0
1941	7956	67,8	3772	32,2	11728	100,0
1942	7014	64,9	3792	35,1	10806	100,0
1943	6200	59,7	4192	40,3	10392	100,0

[a] Universitäten, Technische Hochschulen, Bergakademien, Forstliche Hochschulen, Landwirtschaftliche Hochschulen, Tierärztliche Hochschulen, Handelshochschulen.

Tabelle 21: Der Kriegseinsatz des wissenschaftlichen Personals der Universität Heidelberg, Anfang 1943[4]

Fakultät	Im Wehrdienst	Davon fachlich eingesetzt	uk-gestellt
Theologische Fakultät	3	–	–
Juristische Fakultät	2	1	3
Medizinische Fakultät	104	104	18
Philosophische Fakultät	18	1	4
Naturwiss.-Mathematische Fakultät	15	8	7
Staats- und Wirtschaftswiss. Fakultät	9	3	2
Zusammen	151	117	34

Tabelle 22: Der Etat der DFG und (seit 1937) des Reichsforschungsrats, 1928–1943 (in Millionen RM)[5]

Jahr	Einnahmen	Ausgaben
1928	9,6	8,7
1929	7,9	7,2
1930	7,7	7,6
1931	5,2	5,2
1932	4,5	4,4
1933	4,3	4,2
1934	5,0	4,9
1935	6,0	5,3
1936	5,2	4,8
1937	5,8	5,7
1938	8,4	7,9
1939	?	6,7
1940	5,5	5,3
1941	6,9	6,8
1942	8,5	8,4
1943	8,1	7,9

Tabelle 23: Die kirchenpolitische Orientierung des Lehrkörpers der Evangelisch-Theologischen Fakultäten in Preußen, Wintersemester 1935/36[6]

Universität	Deutsche Christen	Bekennende Kirche	«Neutrale»	Zusammen
Berlin	9	6	20	35
Bonn	8	–	4	12
Breslau	6	2	5	13
Göttingen	9	2	5	16
Greifswald	2	4	12	18
Halle	3	2	17	22
Kiel	4	2	6	12
Königsberg	6	3	5	14
Marburg	6	5	8	19
Münster	2	3	9	14
Insgesamt	55	29	91	175

Tabelle 24: Lehrende und Studierende an den 23 deutschen Universitäten, Wintersemester 1932/33[7]

Universität	Lehrkörper[a]			Studierende[b]		
	insgesamt	darunter Frauen		insgesamt	darunter Frauen	
		absolut	in %		absolut	in %
Berlin	797	14	1,8	12544	2923	23,3
München	405	5	1,2	8850	1729	19,5
Leipzig	398	5	1,3	7224	1069	14,8
Frankfurt	351	3	0,9	3388	646	19,1
Breslau	330	5	1,5	4160	845	20,3
Bonn	309	1	0,3	5091	1010	19,8
Hamburg	309	13	4,2	3594	911	25,3
Heidelberg	256	5	2,0	3207	634	19,8
Göttingen	253	2	0,8	3350	524	15,6
Köln	250	2	0,8	4880	1017	20,8
Halle	245	1	0,4	2386	295	12,4
Freiburg	232	1	0,4	3211	709	22,1
Kiel	222	1	0,5	2499	448	17,9
Münster	218	0	0,0	4130	813	19,7
Königsberg	212	0	0,0	3060	669	21,9
Jena	210	5	2,4	2695	436	16,2
Tübingen	200	0	0,0	3260	430	13,2
Gießen	195	4	2,1	2090	162	7,8
Marburg	186	2	1,1	2973	584	19,6
Greifswald	164	1	0,6	1645	246	15,0
Würzburg	152	2	1,3	3595	510	14,2
Rostock	125	2	1,6	1924	295	15,3
Erlangen	121	0	0,0	2269	203	8,9
Gesamt	6140	74	1,2	92025	17108	18,6

[a] Professoren, Privatdozenten, Lektoren, Lehrbeauftragte und sonstige Lehrkräfte. Ohne nichthabilitierte Assistenten.

[b] Ohne Gasthörer und von der Annahme von Vorlesungen befreite Studierende.

Tabelle 25: Die planmäßigen Professoren[a] an den deutschen Universitäten nach Fachrichtungen, 1931 und 1938[8]

Fachrichtung	1931		1938		Differenz	
	abs.	in %	abs.	in %	abs.	in %
Geisteswissenschaften	486	25,0	439	23,8	– 47	– 9,7
Medizin	465	23,9	453	24,5	– 12	– 2,6
Naturwissenschaften	403	20,7	386	20,9	– 17	– 4,2
Rechtswissenschaften	201	10,3	173	9,4	– 28	– 13,9
Evangelische Theologie	130	6,7	121	6,6	– 9	– 6,9
Katholische Theologie	76	3,9	67	3,6	– 9	– 11,8
Wirtschaftswiss.	83	4,3	79	4,3	– 4	– 4,8
Andere Fächer	99	5,1	129	7,0	+ 30	+ 30,3
Zusammen	1943	100,0	1847	100,0	– 96	– 4,9

[a] Ohne Emeriti.

Tabelle 26: Die Religionszugehörigkeit der Hochschullehrer an den einzelnen preußischen Universitäten, 1924[9]

Universität	evang.		kath.		jüdisch		konfessionslos		zusammen	
	abs.	in %	abs.	in %	abs.	in %	abs.	in %	abs.	in %
Berlin	317	70,6	42	9,4	82	18,3	8	1,8	449	100,0
Bonn	107	58,5	65	35,5	10	5,5	1	0,5	183	100,0
Breslau	127	66,8	38	20,0	23	12,1	2	1,1	190	100,0
Frankfurt	113	67,3	20	11,9	31	18,5	4	2,4	168	100,0
Göttingen	156	85,2	16	8,7	10	5,5	1	0,5	183	100,0
Greifswald	84	87,5	12	12,5	–	0,0	–	0,0	96	100,0
Halle	119	86,2	14	10,1	4	2,9	1	0,7	138	100,0
Kiel	123	84,2	15	10,3	6	4,1	2	1,4	146	100,0
Köln	65	54,6	50	42,0	3	2,5	1	0,8	119	100,0
Königsberg	116	85,3	9	6,6	8	5,9	3	2,2	136	100,0
Marburg	105	91,3	8	7,0	2	1,7	–	0,0	115	100,0
Münster	67	56,3	52	43,7	–	0,0	–	0,0	119	100,0
Gesamt	1499	73,4	341	16,7	179	8,8	23	1,1	2042	100,0

Tabelle 27: Juden und Jüdinnen im Lehrkörper der deutschen Universitäten, Wintersemester 1932/33[10]

Universität	Lehrkörper im Winter 1932/33[a]	Darunter Juden und Jüdinnen	
		absolut	in %
Berlin	797	123	15,4
Bonn	309	6	1,9
Breslau	330	40	12,1
Erlangen	121	0	0,0
Frankfurt	351	63	17,9
Freiburg	232	15	6,5
Gießen	195	6	3,1
Göttingen	253	9	3,6
Greifswald	164	0	0,0
Halle	245	7	3,6
Hamburg	309	25	8,1
Heidelberg	256	18	7,0
Jena	210	3	1,4
Kiel	222	3	1,4
Köln	250	11	4,4
Königsberg	212	12	5,7
Leipzig	398	13	3,3
Marburg	186	4	2,2
München	405	15	3,7
Münster	218	2	0,9
Rostock	125	3	2,4
Tübingen	200	0	0,0
Würzburg	152	2	1,3
Zusammen	6140	379[b]	6,2

[a] Professoren, Privatdozenten, Lektoren, Lehrbeauftragte und sonstige Lehrkräfte. Ohne nichthabilitierte Assistenten.

[b] Unter Berücksichtigung von Doppelnennungen.

Tabelle 28: Die Entlassung von Dozentinnen an den einzelnen deutschen Universitäten, 1933–1945[11]

Universität	Lehrkörper im Winter 1932/33	Darunter Dozentinnen[a]		Davon wurden entlassen
		absolut	in %	
Berlin	797	14	1,8	8
Bonn	309	1	0,3	0
Breslau	330	5	1,5	2
Erlangen	121	0	0,0	0
Frankfurt	351	3	0,9	1
Freiburg	232	1	0,4	1
Gießen	195	4	2,1	1
Göttingen	253	2	0,8	1
Greifswald	164	1	0,6	0
Halle	245	1	0,4	1
Hamburg	309	13	4,2	3
Heidelberg	256	5	2,0	2
Jena	210	5	2,4	3
Kiel	222	1	0,5	1
Köln	250	2	0,8	1
Königsberg	212	0	0,0	0
Leipzig	398	5	1,3	0
Marburg	186	2	1,1	0
München	405	5	1,2	1
Münster	218	0	0	0
Rostock	125	2	1,6	0
Tübingen	200	0	0	0
Würzburg	152	2	1,3	0
Zusammen	6140	74	1,2	26

[a] Professorinnen, Privatdozentinnen, Lektorinnen, Lehrbeauftragte und sonstige Lehrkräfte.

Tabelle 29: Die endgültigen Aufnahmeländer der emigrierten Lehrkräfte (bis 1945)[12]

Aufnahmeland	absolut	in %
Ägypten	6	0,8
Argentinien	7	1,0
Australien	4	0,6
Belgien	2	0,3
Bolivien	3	0,4
Brasilien	11	1,5
Chile	5	0,7
China, Shanghai	2	0,3
Frankreich	10	1,4
Großbritannien	117	16,3
Indien	4	0,6
Iran	3	0,4
Irland	4	0,6
Kanada	4	0,6
Kolumbien	2	0,3
Niederlande	23	3,2
Norwegen	2	0,3
Österreich	3	0,4
Palästina	38	5,3
Portugal	3	0,4
Schweden	17	2,4
Schweiz	55	7,6
Sowjetunion	6	0,8
Spanien	2	0,3
Tschechoslowakei	4	0,6
Türkei	32	4,5
Ungarn	3	0,4
USA	323	44,9
Venezuela	3	0,4
Andere Länder	21	2,9
Zusammen	719	100,0

Tabelle 30: Die Zerstörung der deutschen Universitäten im Zweiten Weltkrieg[13]

Universität	Grad der Zerstörung 1945
Berlin	70%
Bonn	60–80%
Breslau	67%
Erlangen	0%
Frankfurt	70%
Freiburg	65–80%
Gießen	60%
Göttingen	9–10%
Greifswald	9%
Halle	15%
Hamburg	75%
Heidelberg	0–3%
Jena	12%
Kiel	60–61%
Köln	49–54%
Königsberg	80%
Leipzig	62%
Marburg	15–25%
München	70–80%
Münster	80%
Rostock	50%
Tübingen	0–4%
Würzburg	80%

Tabelle 31: Die Einrichtung neuer Lehrstühle an der Universität Hamburg, 1933–1945[14]

1933	o. Lehrstuhl für Rassenbiologie
1933	a.o. Lehrstuhl für Kriegsgeschichte und Wehrwissenschaft
1934	o. Lehrstuhl für Vor- und Frühgeschichte
1934	a.o. Lehrstuhl für Orthopädie
1938	o. Lehrstuhl für Meereskunde
1938	a.o. Lehrstuhl für Physiologische Chemie
1938	a.o. Lehrstuhl für Zahnheilkunde
1941	o. Lehrstuhl für Ausländische und Koloniale Forstwirtschaft
1941	o. Lehrstuhl für Kolonial- und Wirtschaftsgeographie
1941	a.o. Lehrstuhl für Koloniale Bodenkunde und Kulturtechnik
1941	o. Lehrstuhl für Koloniale Tierzucht (nicht besetzt)
1941	a.o. Lehrstuhl für Hansische und Osteuropäische Geschichte
1942	a.o. Lehrstuhl für Philosophie und Psychologie

Tabelle 32: Die Einrichtung neuer Lehrstühle an der Universität Tübingen, 1933–1945[15]

1933	o. Lehrstuhl für Deutsche Volkskunde
1934	a.o. Lehrstuhl für Rassenkunde
1935	a.o. Lehrstuhl für Vor- und Frühgeschichte
1935	a.o. Lehrstuhl für Astronomie (nicht besetzt)
1939	a.o. Lehrstuhl für Weltpolitische Auslandskunde und Kolonialpolitik
1940	a.o. Lehrstuhl für Geschichte, historische Hilfswissenschaften und Landesgeschichte
1942	a.o. Lehrstuhl für Völkerkunde, insbesondere Kulturgeschichte Afrikas
1942	o. Lehrstuhl für Physikalische Chemie
1942	a.o. Lehrstuhl für Tropenmedizin
1943	a.o. Lehrstuhl für Angewandte Physik

Tabelle 33: Die Einrichtung neuer Lehrstühle an der Universität Göttingen, 1933–1945[16]

1934	o. Lehrstuhl für Agrarwesen und Agrarpolitik
1934	o. Lehrstuhl für Völkerkunde
1936	a. o. Lehrstuhl für Assyriologie und Arabistik
1936	o. Lehrstuhl für Tierernährungslehre
1937	a. o. Lehrstuhl für Volkswirtschaftslehre und Finanzwissenschaft
1937	o. Lehrstuhl für Deutsche Volkskunde
1937	a. o. Lehrstuhl für Organische Chemie und organische Technologie
1937	o. Lehrstuhl für Metallkunde
1938	o. Lehrstuhl für Forstpolitik und Forstliche Betriebswirtschaftslehre
1938	a. o. Lehrstuhl für Physiologische Chemie
1939	a. o. Lehrstuhl für Landmaschinen- und Gerätekunde
1939	a. o. Lehrstuhl für Medizinische Physik und Biophysik

Tabelle 34: Die Einrichtung neuer Lehrstühle an der Universität Gießen, 1933–1945[17]

1935	o. Lehrstuhl für Tierärztliche Nahrungsmittelkunde
1937	a. o. (ab 1940: o.) Lehrstuhl für Erb- und Rassenforschung
1937	a. o. Lehrstuhl für Musikwissenschaft
1937	a. o. Lehrstuhl für Agrarpolitik und Agrarbetriebslehre
1940	a. o. Lehrstuhl für Veterinärphysiologie
1940	a. o. Lehrstuhl für Landwirtschaftliche Bodenkunde

Tabelle 35: Die Einrichtung neuer Lehrstühle an der Universität Rostock, 1933–1945[18]

1934	o. Lehrstuhl für Neuere Deutsche Literaturgeschichte
1936	a.o. Lehrstuhl für Volkswirtschaftslehre
1936	a.o. Lehrstuhl für Geologie
1938	a.o. Lehrstuhl für Physiologische Chemie
1939	a.o. Lehrstuhl für Vorgeschichte
1939	a.o. Lehrstuhl für Innere Medizin
1939	a.o. Lehrstuhl für Betriebswirtschaftslehre
1942	a.o. Lehrstuhl für Physikalische Chemie
1942	o. Lehrstuhl für Acker- und Pflanzenbau
1942	o. Lehrstuhl für Landwirtschaftliche Betriebslehre
1942	a.o. Lehrstuhl für Werkstoffe und Landmaschinen (nicht besetzt)
1943	a.o. Lehrstuhl für Chirurgie und Orthopädie
1944	o. Lehrstuhl für Tierzuchtlehre
1944	o. Lehrstuhl für Agrikulturchemie (nicht besetzt)
1944	a.o. Lehrstuhl für Vererbungslehre

Tabelle 36: Die Studierenden der Evangelischen Theologie und ihre kirchenpolitische Orientierung, Sommersemester 1939[19]

Universität	Studierende der Theologie	Anhänger der Bekennenden Kirche	Anhänger der Deutschen Christen
Berlin	109	30	–
Bonn	25	–	–
Breslau	36	10	–
Erlangen	216	200	–
Gießen	15	10	–
Göttingen	96	50	16
Greifswald	38	22	–
Halle	142	120	15
Heidelberg	59	40	1
Jena	31	–	20
Kiel	13	9	–
Königsberg	26	13	–
Leipzig	127	100	2
Marburg	79	60	–
Münster	20	9	4
Rostock	29	23	5
Tübingen	269	120	–
Zusammen	1330	816	63

Verzeichnis der Abkürzungen

AStA	Allgemeiner Studentenausschuss
BA	Bundesarchiv
BBG	Gesetz zur Wiederherstellung des Berufsbeamtentums
BK	Bekennende Kirche
BNSDJ	Bund Nationalsozialistischer Deutscher Juristen
DAZ	Deutsche Allgemeine Zeitung
DC	Deutsche Christen
DDP	Deutsche Demokratische Partei
DFG	Deutsche Forschungsgemeinschaft
DNVP	Deutschnationale Volkspartei
DStP	Deutsche Staatspartei
DVP	Deutsche Volkspartei
DWEV	Deutsche Wissenschaft, Erziehung und Volksbildung. Amtsblatt des Reichserziehungsministeriums
EZA	Evangelisches Zentralarchiv
GLA	Generallandesarchiv Karlsruhe
GStA PK	Geheimes Staatsarchiv Preußischer Kulturbesitz Berlin
HHStA	Hessisches Hauptstaatsarchiv (Wiesbaden)
HStA Weimar	Landesarchiv Thüringen – Hauptstaatsarchiv Weimar
HUB	Humboldt-Universität zu Berlin
KAdH	Kulturpolitische Arbeitsgemeinschaft deutscher Hochschullehrer
KM	Kultusminister/ium
KPD	Kommunistische Partei Deutschlands
MR	Ministerialrat
MS	Maschinenschrift
nat.soz.	nationalsozialistisch/e/r
NKWD	Narodny Kommissariat Wnutrennich Del (Volkskommissariat für Innere Angelegenheiten), Sowjetunion
NL	Nachlass
NSDAP	Nationalsozialistische Deutsche Arbeiterpartei
NSDDB	Nationalsozialistischer Deutscher Dozentenbund; NS-Dozentenbund
NSDStB	Nationalsozialistischer Deutscher Studentenbund; NS-Studentenbund
NSLB	Nationalsozialistischer Lehrerbund
NSV	Nationalsozialistische Volkswohlfahrt
o. D.	ohne Datum
OKW	Oberkommando der Wehrmacht
o. O.	ohne Ort
ORR	Oberregierungsrat

PA	Personalakte
Pg.	Parteigenosse
Prot.	Protokoll
RdErl.	Runderlass
RdI	Reichsminister/ium des Innern
REM	Reichserziehungsminister/ium
RGBl.	Reichsgesetzblatt
RHO	Reichs-Habilitations-Ordnung
RM	Reichsmark
RS	Rückseite
RSHA	Reichssicherheitshauptamt
SA	Sturmabteilung der NSDAP
SD	Sicherheitsdienst der SS
SED	Sozialistische Einheitspartei Deutschlands
SoSe	Sommersemester
Sp.	Spalte
SPD	Sozialdemokratische Partei Deutschlands
SS	Schutzstaffel der NSDAP
StA	Staatsarchiv
StdF	Stellvertreter des Führers (Stab Heß)
StM.	Staatsminister
UA	Universitätsarchiv
UB	Universitätsbibliothek
uk	unabkömmlich
VB	Völkischer Beobachter
VfZ	Vierteljahrshefte für Zeitgeschichte
VO	Verordnung
WS	Wintersemester
ZBl.	Zentralblatt für die gesamte Unterrichts-Verwaltung in Preußen

Anmerkungen

Einleitung

1 Der Text der Erklärung ist auszugsweise abgedruckt in: Berliner Tageblatt, Nr. 237, 5.6.1919.
2 Heiber, Universität.
3 Ludwig, Technik, S. 241 ff.
4 Vgl. auch die Kritik am «voluntarist turn» bei Gregor, Nazism; Evans, Coercion; Hayes, Corporate Freedom.
5 Langewiesche, Universität Tübingen, S. 619 f.; Schwinges, Universitätsgeschichte.
6 Grüttner, Studenten.
7 Ash, Wissenschaft und Politik.
8 BA Berlin NS 38/5478.

1. Die Universitäten vor der nationalsozialistischen Machtübernahme

1 Vgl. die Protokolle der Hochschulkonferenzen in: GStA PK I Rep. 76 Va Sekt. 1 Tit. I Nr. 34 Bd. I–IV.
2 Berlin, Bonn, Breslau, Frankfurt am Main, Göttingen, Greifswald, Halle (Saale), Kiel, Köln, Königsberg, Marburg, Münster.
3 Ringer, Sociography, S. 252 f.
4 Zur Größe der einzelnen Universitäten vgl. Tabelle 24 (Anhang).
5 Baumgarten, Professoren, S. 272–275; Grüttner u. a., Berliner Universität, S. 116 ff.
6 Neuere Fallstudien: Dietel, Leipzig, S. 447; Grüttner u. a., Berliner Universität, S. 104 f.
7 John/Stutz, Jenaer Universität, S. 316–361.
8 Errechnet nach: Statistisches Jahrbuch für das Deutsche Reich 1933, S. 524; Tabelle 24 im Anhang.
9 Es gab jedoch stets Ausnahmen. An den Universitäten der Weimarer Republik waren etwa 11 Prozent der Ordinarien nicht habilitiert, an den Technischen Hochschulen sogar fast 50 Prozent. Vgl. Solger, Statistik, S. 2; Grüttner u. a., Berliner Universität, S. 109 f.
10 Köttgen, Universitätsrecht, S. 146 f.
11 Hahn, Mein Leben, S. 106.
12 Becker, Hochschulreform, S. 55.
13 Erlass vom 19.2.1922, in: Die Statuten der preußischen Universitäten und Technischen Hochschulen, Teil 1: Die grundlegenden Erlasse der Staatsregierung, Berlin 1929, S. 19 f.

14 Paletschek, Erfindung, S. 248–253; Grüttner u. a., Berliner Universität, S. 142.
15 Bock, Strukturgeschichte, S. 187–191; Vogt, Hintereingang, S. 164.
16 Van den Bussche, Im Dienste, S. 46; Forßmann, Selbstversuch, S. 126ff.
17 Löwith, Mein Leben, S. 117.
18 Lenger, Sombart, S. 472.
19 Haug, Kolleggeld.
20 Alle Angaben zur Berliner Universität nach: Grüttner u. a., Berliner Universität, S. 164–171.
21 Ferber, Entwicklung, S. 147f.; Ringer, Sociography, S. 272–275.
22 Zit. in: Schorcht, Philosophie, S. 141. Vgl. auch Marggraf, Sonderkonditionen.
23 Vgl. Tabelle 24 (Anhang).
24 Wobbe, Streit. Zum Hintergrund: John/Stutz, Jenaer Universität, S. 318–340.
25 Statistik des Deutschen Reichs, Bd. 402, Berlin 1927, S. 758. Vgl. auch Vogt, Hintereingang, S. 183.
26 Hintze/Hintze, Korrespondenz; Jütte, Hedwig Hintze.
27 F. Hartung an R. Fester, 22.12.1940, in: Hartung, Korrespondenz, S. 346.
28 Das gleiche Bild bieten nichtpreußische Universitäten wie Heidelberg oder Tübingen. Vgl. Jansen, Gelehrten, S. 25; Paletschek, Erfindung, S. 314.
29 Vgl. Tabelle 26 (Anhang).
30 Kahle, Bonn University, S. 5–9; Grüttner u. a., Berliner Universität, S. 172–175.
31 Quelle: GStA PK I Rep. 76 Va Sekt. 1 Tit. IV Nr. 28 Bd. II Bl. 156f.; eigene Berechnungen.
32 Köttgen, Universitätsrecht, S. 172–177.
33 Bernhard, Selbstverwaltung, S. 126.
34 Vgl. die Protokolle der Rektorenkonferenzen von 1919 und 1921 in: GStA PK I Rep. 76 Va Sekt. 1 Tit. III Nr. 10 Bd. III Bl. 65, 68, und: Stenographischer Bericht der Arbeitssitzungen des VII. Deutschen Hochschultages vom 5. bis zum 7. Oktober 1932 in Danzig, in: BA Berlin R 8088/86 Bl. 282f., 471f.
35 Meinecke, Straßburg, S. 176f.
36 Vgl. Tabelle 25 (Anhang).
37 Paletschek, Erfindung, S. 428–430, 442.
38 Grüttner u. a., Berliner Universität, S. 24–28 (Zitat: S. 26); Töpner, Politiker; Jansen, Professoren, S. 164–169.
39 Döring, Weimarer Kreis, S. 59f.; Kreutzberger, Studenten, S. 46f.
40 Die Erklärung der Berliner Universitätslehrer in: Vossische Zeitung, Nr. 594, 20.11.1918. Zum Kontext vgl. Grüttner u. a., Berliner Universität, S. 13f.
41 Schwarz, Studenten, S. 188–202.
42 John/Stutz, Jenaer Universität, S. 283.
43 Hehl, In den Umbrüchen, S. 73.
44 Grüttner u. a., Berliner Universität, S. 10ff.
45 Graf, Martin Dibelius, S. 140f.
46 Epstein, Hamburg, S. 60.
47 Zitate aus: Grüttner u. a., Berliner Universität, S. 28f.
48 Übersetzung: *Den Unbesiegten die Besiegten, die siegen werden.* Vgl. Grüttner u. a., Berliner Universität, S. 51–57.

49 Zit. in: Garbe, Theologe, S. 128.
50 Zit. in: Garbe, Theologe, S. 149 f.
51 Garbe, Theologe, S. 198, 214 f., 351.
52 Jansen, Professoren, S. 215–220.
53 Smend, Hochschule, S. 153.
54 Friedrich-Wilhelms-Universität zu Berlin, Bericht des Rektors Eduard Meyer über das Amtsjahr 1919/20, S. 17.
55 Hehl, In den Umbrüchen, S. 163, 166.
56 Niederschrift über die 22. außerordentliche außeramtliche Deutsche Rektorenkonferenz am 4. Dezember 1932, in: GStA PK I Rep. 76 Va Sekt. 1 Tit. XVIII No. 16 Bd. IX Bl. 106.
57 Jansen, Professoren, S. 92–95, 215–220.
58 Gegen die Politisierung der Hochschulen, in: Frankfurter Zeitung, Nr. 823, 4.11.1930. Zur Berufung Günthers vgl. Kaudelka, Berufung; John/Stutz, Jenaer Universität, S. 410–414.
59 Heiber, Universität, Teil I, S. 134–142; Weßelhöft, Von fleißigen Mitmachern, S. 64–95.
60 Harwood, Rise.
61 Löwith, Mein Leben, S. 67.
62 Grüttner u. a., Berliner Universität, S. 146–149; Schmid, «… treu und fest», S. 22; Marshall, Einfluß, S. 271; Höpfner, Bonn, S. 7; John/Stutz, Jenaer Universität, S. 402; Kess, Professorenschaft, S. 98.
63 Behnke, Semesterberichte, S. 103.
64 Zur DNVP vgl. Jones, The German Right; Ohnezeit, Opposition.
65 Hering, Professor, S. 88–91.
66 Zur DVP vgl. Richter, Deutsche Volkspartei; Jones, German Liberalism.
67 E. Everth, Universitäten und neuer Staat, in: Vossische Zeitung, Nr. 200, 28.4.1922.
68 Zur Geschichte der DDP vgl. Jones, German Liberalism.
69 Jansen, Professoren.
70 F. Meinecke, Die deutschen Universitäten und der heutige Staat, in: ders., Politische Schriften, S. 405.
71 H. Delbrück, Abschied, in: Preußische Jahrbücher 178 (1919), S. 372.
72 Höpfner, Bonn, S. 7; Kess, Professorenschaft, S. 98.
73 F. Meinecke, Die deutschen Universitäten und der heutige Staat, in: ders., Politische Schriften, S. 403.
74 Döring, Weimarer Kreis, S. 240 f.
75 Ein Hort der Reaktion, in: Vorwärts, Nr. 24, 20.2.1920.
76 Zitate aus: Eschenburg, Universitätsleben, S. 34–39.
77 Vgl. die zeitgenössische Analyse des liberalen Theologen Martin Dibelius: Graf, Martin Dibelius.
78 Weber, Not, S. 630–633.
79 Weber, Parlament und Regierung, S. 593.
80 Kuhn, Universität, S. 26.
81 Höpfner, Bonn, S. 7; Grüttner u. a., Berliner Universität, S. 147 ff.; Kess, Professorenschaft, S. 98; Hering, Professor, S. 92 f.; Nagel, Philipps-Universität, S. 46; Grundmann u. a., Entwicklung, S. 181.
82 Tagebucheintrag vom 16.2.1933, zit. in: Ditt, Kulturraumforschung, S. 99.
83 Zit. in: Heinzel, Theodor Mayer, S. 90.

84 Zit. nach: Müller, Bewunderung, S. 456. Zu Haller vgl. auch Hasselhorn, Johannes Haller.

85 Faust, Professoren, S. 47.

86 Niederschrift über die 22. außerordentliche außeramtliche Deutsche Rektorenkonferenz am 4. Dezember 1932, in: GStA PK I Rep. 76 Va Sekt. 1 Tit. XVIII No. 16 Bd. IX Bl. 107.

87 Ehni, Bollwerk Preußen, S. 56.

88 F. Meinecke an W. Goetz, 4.12.1931, in: Meinecke, Ausgewählter Briefwechsel, S. 131.

89 Quellen: Grüttner, Studenten, S. 496 f.; Statistisches Jahrbuch für das Deutsche Reich 1928–1933; Falter, Hitlers Wähler, S. 25; eigene Berechnungen.

90 Faust, Studentenbund, Bd. 2, S. 17–22.

91 Grüttner, Gewaltpolitik; Faust, Studentenbund, Bd. 2, S. 51–87.

92 Vgl. Tabelle 27 (Anhang). Als jüdisch gelten im Rahmen dieser Studie alle Personen, die sich auf offiziellen Personalblättern, Fragebogen, Karteikarten, Meldeunterlagen usw. als «mosaisch», «israelitisch» oder «jüdisch» identifizierten. Das schließt säkulare Juden ein. Nicht als jüdisch werden dagegen Personen jüdischer Herkunft bezeichnet, die einer christlichen Religionsgemeinschaft angehörten oder sich selbst als «Dissidenten» o. ä. bezeichneten. Vgl. auch Ash, Jüdische Wissenschaftlerinnen, S. 94–98.

93 Petzina u. a., Sozialgeschichtliches Arbeitsbuch III, S. 31.

94 Volkov, Ursachen, S. 317.

95 Statistik des Deutschen Reiches, Bd. 451, Heft 5, Berlin 1936, S. 10.

96 Leonhardt, Hermann F. Hoffmann, S. 47 f.

97 Zit. in: Adam, Hochschule, S. 30. Vgl. auch Paletschek, Erfindung, S. 314–317.

98 Rauh, Monarchisten, S. 194.

99 J. Stark, Die Verjudung der deutschen Hochschulen, in: Nationalsozialistische Monatshefte 1 (1930), S. 360–370.

100 Wissenschaft und Charakter. Zur Hochschulpolitik der Universität Köln, in: Kölnische Volkszeitung, Nr. 354 B, 14.7.1930.

101 Fischer/Sandner, Geschichte, S. 1201; John/Stutz, Jenaer Universität, S. 340–345; Hammerstein, Antisemitismus, S. 93.

102 Baumgardt, University Career, S. 241–244; Krebs, Deutschland, S. 357.

103 Kunkel, Professor, S. 109. Ähnlich: Behnke, Semesterberichte, S. 103.

104 Vgl. am Beispiel des Göttinger Biochemikers Adolf Windaus: Schauz, Kommunikation, S. 32 f.

105 Hammerstein, Antisemitismus, S. 68–75; Moser, Entwicklung, S. 486; Willstätter, Leben, S. 342 f., 398 f.

106 Weber, Wissenschaft, S. 80.

107 Pawliczek, Alltag, S. 490 (ohne Berücksichtigung der Theologischen Fakultät).

108 Oberling, Gelehrte, S. 162 f.; Eckert, Rechtsgelehrte, S. 176; Nicolaysen, Plädoyer, S. 316–326.

109 Quelle: Grüttner u. a., Berliner Universität, S. 174.

110 Vgl. Tabelle 1 (S. 23).

111 Vgl. die Zahlen bei Ebert, Jüdische Hochschullehrer, S. 550 f. und passim.

112 Vgl. S. 52.

113 Kampe, Jüdische Professoren.

114 Grüttner, Das Dritte Reich, S. 40. Siehe auch Friedländer, Das Dritte Reich, Bd. 1, S. 105–108.
115 Zit. in: Walker, Uranmaschine, S. 15.
116 Willstätter, Leben, S. 297 f.
117 Troeltsch, Spektator-Briefe, S. 233.
118 Dietrich Schäfer: Staat und Welt. Eine geschichtliche Zeitbetrachtung, Berlin 1922, S. 290 f.
119 Gerhards, Heinrich von Treitschke, S. 54–69, 118–134.
120 Zitate aus: v. Wilamowitz-Moellendorff, Erinnerungen, S. 41.
121 R. Seeberg, Zum Verständnis der gegenwärtigen Krisis in der europäischen Geisteskultur, Leipzig 1923, S. 102 ff.
122 E. R. Curtius, Deutscher Geist in Gefahr, Stuttgart 1932, S. 85 f.
123 Tilitzki, Universitätsphilosophie, Teil 2, S. 1057 f.
124 Eckert, Fakultät, S. 61.
125 Baumgardt, University Career, S. 243.
126 J. Stark an W. Gerlach, 7.12.1927 (Abschr.), in: BA Berlin R 4901/21409 Bl. 286 f. Siehe auch Schmidt-Böcking/Reich, Otto Stern, S. 154, 190.
127 Susskind, Heinrich Hertz, S. 184.
128 Grundlegend und detailreich hierzu: Pawliczek, Alltag.
129 Schappacher, Institut, S. 525.
130 Grüttner u. a., Berliner Universität, S. 151 f., 177.
131 Grüttner, Das Dritte Reich, S. 260.
132 E. Spranger an K. Hadlich, 16.10.1930, in: Spranger, Briefe, S. 138.
133 Jansen, Professoren, S. 252–257.
134 Eckel, Hans Rothfels, S. 165–168; Winkler, Hans Rothfels, S. 648.
135 Zu Deuchler vgl. die Personalakten in: StA Hamburg 361–6 I 0155 Bd. 1–6.
136 F. Hartung, Preußen und das Deutsche Reich seit 1871. Rede gehalten bei der Reichsgründungsfeier der Friedrich-Wilhelms-Universität Berlin am 18. Januar 1932, Berlin 1932, S. 3.
137 Zit. nach: Garbe, Theologe, S. 166.
138 Zahlen nach: Referat Ministerialrat Breuer auf der Preußischen Rektorenkonferenz am 15.12.1932, S. 8 f., in: GStA PK I Rep. 76 Va Sekt. 1 Tit. III Nr. 10 Bd. III Bl. 408 f.
139 Paletschek, Erfindung, S. 498.
140 Dietel, Leipzig, S. 640–650; Paletschek, Erfindung, S. 496.
141 Quelle: Pfetsch, Datenhandbuch, S. 120.
142 Paletschek, Erfindung, S. 496.
143 Lösch, Geist, S. 154 f., 107 f.
144 Becker, Wesen, S. 36 f.
145 Dainat, Germanistische Literaturwissenschaft, S. 72.
146 Löwith, Mein Leben, S. 68 f.
147 Jansen, Professoren, S. 80.
148 Becker, Hochschulreform, S. 5.
149 Grüttner u. a., Berliner Universität, S. 132 ff.
150 Ringer, Die Gelehrten, S. 344–358.
151 Zit. in: Chroust, Universität, Bd. 2, Teil 1.7.
152 Zu Feickert vgl. Grüttner, Lexikon, S. 46.
153 Feickert, Studenten, S. 17 ff.
154 Titze, Akademikerzyklus, S. 263–276.

155 Vgl. Grüttner, Machtergreifung, S. 344.
156 In den folgenden Zahlenangaben bleiben die Honorarprofessoren und Lehrbeauftragten unberücksichtigt, da die Lehre für sie in der Regel nur eine Nebentätigkeit war.
157 Zahlen nach: Grüttner, Machtergreifung, S. 342 f.
158 Becker, Hochschulreform, S. 40 f.; Lubarsch, Hochschulreform, S. 24.
159 Zahlen nach: Grüttner, Machtergreifung, S. 343.
160 Solger, Statistik, S. 2–7.
161 Stenographischer Bericht der Arbeitssitzungen des VII. Deutschen Hochschultages (Anm. 34), Bl. 293, 297, 311.
162 Ringer, Sociography, S. 264 f. Die Angaben beziehen sich auf Universitäten und Technische Hochschulen.
163 Kleinberger, Hochschulpolitik, S. 11 f.
164 Bessel, Weimar Republic, S. 123–132.
165 Quellen: Datenhandbuch zur deutschen Bildungsgeschichte, Bd. I: Hochschulen, 1. Teil, S. 29 f.; Ferber, Lehrkörper, S. 195; eigene Berechnungen.
166 Zum Folgenden vgl. GStA PK I Rep. 76 Va Sekt. 1 Tit. IV 65 Bd. 1 Bl. 307–311.
167 So 1932 der Vorsitzende der Frankfurter Nichtordinarienvereinigung, Kurt Rheindorf, zit. in: Hammerstein, Goethe-Universität, Bd. I, S. 97, 167 f.
168 Professoren in Not, in: Frankfurter Zeitung, Nr. 40, 16.1.1930.
169 Stenographischer Bericht der Arbeitssitzungen des VII. Deutschen Hochschultages (Anm. 34), Bl. 306 f.

2. Die nationalsozialistische Machtübernahme an den Universitäten

1 Nur in Sachsen stand ein Deutschnationaler, Wilhelm Hartnacke, von 1933 bis 1935 dem Volksbildungsministerium vor.
2 Grüttner, Machtergreifung.
3 Heiber, Universität, Teil II, 1, S. 43.
4 Golczewski, Kölner Universitätslehrer, S. 57.
5 Heiber, Universität, Teil II, 1, S. 41–49.
6 Rundschreiben der Deutschen Studentenschaft, 19.4.1933, in: BA Berlin NS 38/2075. Zu Krüger vgl. Grüttner, Lexikon, S. 100 f.
7 Rundschreiben der Deutschen Studentenschaft, 5.5.1933, in: BA Berlin NS 38/2075.
8 Grüttner u. a., Berliner Universität, S. 177.
9 Zit. in: Jahr, Machtübernahme, S. 301.
10 Zur Biografie vgl. Dannemann, Martin Wolff.
11 Adam, Hochschule, S. 71.
12 Kinas, Exodus, S. 31 f.
13 Hammerstein, Goethe-Universität, Bd. I, S. 240 f.
14 Huhn/Kilian, Briefwechsel, S. 155 f. Das Kultusministerium widerrief diese Maßnahme einige Tage später. Letztlich wurde Freund erst Ende 1935 in den Ruhestand versetzt; 1944 wurde er in Auschwitz ermordet.
15 Uhlig (Hg.), Vertriebene Wissenschaftler, S. 82.
16 Faksimile in: Schoeps/Treß (Hg.), Orte, S. 77.

17 In Freiburg, Jena, Leipzig und Tübingen fanden im Mai 1933 keine studentischen Bücherverbrennungen statt.
18 Vgl. Schoeps/Treß (Hg.), Orte.
19 Sauder, Bücherverbrennung, S. 235–239; Heiber, Universität, Teil II, 1, S. 88ff.; Golczewski, Kölner Universitätslehrer, S. 76–87.
20 O. Brandt an H. Oncken, 7.8.1934, zit. in: Heiber, Universität, Teil II, 2, S. 282f.
21 E. Klemt, Wir wollen die politische Hochschule, in: Die Leipziger Studentenschaft, Nr. 2, 21.6.1933, S. 26.
22 Rühle, Das Dritte Reich, S. 156. Zu Rühle vgl. Grüttner, Lexikon, S. 142.
23 M. Sandberger an Ministerialdirektor G. Gerullis, 27.6.1933, in: BA Berlin NS 38/2186.
24 Behnke, Semesterberichte, S. 133. Siehe auch dort, S. 122f.
25 Feickert, Studenten, S. 31f. Zu Feickert vgl. Grüttner, Lexikon, S. 46.
26 Rede vom 6.5.1933 in: Dokumente der Deutschen Politik, Reihe: Das Reich Adolf Hitlers, Bd. 1, S. 308f.
27 Zu Möllendorff vgl. GLA Karlsruhe 235/8936. Zum Rektorwechsel: Seidler/Leven, Fakultät, S. 433–442.
28 Niederschrift über die preußische amtliche Rektorenkonferenz am 15.12. 1932, S. 6, in: BA Berlin R 8088/235 Bl. 35.
29 Heiber, Universität, Teil II, 1, S. 75ff., 265 (dort das Zitat); Mish, «Führer», S. 35–38; Uhlig (Hg.), Vertriebene Wissenschaftler, S. 72ff.; Göllnitz, Student, S. 128–134.
30 Schoeps/Treß (Hg.), Orte, S. 77.
31 Vgl. die Dokumente in: D. St. Akademische Korrespondenz, Sonderdienst Nr. 10a, 25.4.1933, S. 1–3. Zu Kohlrausch siehe Karitzky, Eduard Kohlrausch.
32 Zit. in: Lösch, Geist, S. 165.
33 E. Fischer an B. Rust, 3.11.1933, zit. in: Lösch, Rasse, S. 264. Zu Fischer vgl. auch Schmuhl, Grenzüberschreitungen, S. 148–183 und passim; Bott, Haltung, S. 33.
34 H. Stieve, Luthers Einfluß auf die Entwicklung naturwissenschaftlicher Erkenntnis, Halle 1933, S. 22f.
35 Eberle, Martin-Luther-Universität, S. 27f., 52–55, 354; Heiber, Universität, Teil II, 2, S. 460–463; Schagen, Handlungsspielräume, S. 157ff.
36 Schorer/Riecke, Nationalsozialismus, S. 116. Zu Rein siehe Goede, Adolf Rein.
37 Augustin, «Fünfte Kolonne»; Hehl, In den Umbrüchen, S. 191–195, 206ff.
38 Eberle, Martin-Luther-Universität, S. 39.
39 Adam, Hochschule, S. 34f. Zu Bebermeyer siehe Besenfelder, «Wissenschaft».
40 Detjens, Abgrund, S. 64f.
41 Daniels/Michl, Strukturwandel, S. 43ff.; Besenfelder, «Wissenschaft», S. 43–49.
42 Vgl. die Biogramme der genannten Personen in: Grüttner, Lexikon.
43 Eberle, «Instrument», S. 76–87, 162–198.
44 Forsbach, Medizinische Fakultät, S. 362–376; Höpfner, Bonn, S. 309–312.
45 Ehlers, Institut. Zu Heinz siehe Grüttner, Lexikon, S. 73.
46 Droste, Institut, S. 790–799.

47 Eberle, «Instrument», S. 80–83.
48 Ferdinand, Medizinische Fakultät, S. 458–465 (Zitat: S. 458).
49 16 Professoren beurlaubt, in: Vossische Zeitung, Nr. 177/178, 14.4.1933.
50 Behnke, Semesterberichte, S. 118.
51 RdErl. des preußischen KM, 21.4.1933, in: BA Berlin R 4901/14 176.
52 Vgl. Heiber, Universität, Teil II, 1, S. 265–281.
53 Vgl. die Biogramme der genannten Personen in Grüttner, Lexikon.
54 Vgl. S. 212 f.
55 Erste Überblicksdarstellung: Oberdörfer, Verband.
56 Zit. in: Mitteilungen des Verbandes der Deutschen Hochschulen 12 (1932), S. 145 f.
57 Vgl. das Rundschreiben des Hochschulverbandes an die Rektoren der angeschlossenen Hochschulen, 7.12.1932, in: Landesarchiv Schleswig-Holstein Abt. 47 Nr. 1231 Bl. 344–352. Zum Braunschweiger Hochschulkonflikt siehe Weßelhöft, Von fleißigen Mitmachern, S. 64–95; Heiber, Universität, Teil I, S. 134–142.
58 Vgl. zum Folgenden: Stenographischer Bericht der Arbeitssitzungen des VII. Deutschen Hochschultages vom 5. bis 7. Oktober 1932 in Danzig, in: BA Berlin R 8088/86 Bl. 331–351, 370–372.
59 Stenographischer Bericht der Arbeitssitzungen des VII. Deutschen Hochschultages (Anm. 58), Bl. 332 f.
60 Mitteilungen des Verbandes der Deutschen Hochschulen 12 (1932), S. 150 f.
61 Vgl. den «Aufruf zum 6. November 1932» des Deutschen Ausschusses «Mit Hindenburg für Volk und Reich», in: GStA PK I Rep. 76 Va Nr. 10046 Bl. 75 f.
62 Spranger, Konflikt, S. 459.
63 Angaben zu den Parteimitgliedschaften nach: Grüttner, Lexikon.
64 Zitate aus: F. Tillmann an E. Spranger, 7.2.1933, in: BA Berlin R 8088/1145 Bl. 244 f.
65 F. Tillmann an L. von Köhler, 17.3.1933, in: BA Berlin R 8088/1145 Bl. 108 f.
66 Ebd.
67 Vgl. BA Berlin R 8088/1177 Bl. 8.
68 E. Spranger an K. Hadlich, 24.3.1933, zit. nach: Tenorth, Konflikt, S. 591.
69 Zitate aus: Erklärung vom 22.4.1933, in: BA Berlin R 43-II/936 Bl. 109. Zu dieser Erklärung und den durch sie ausgelösten Konflikten vgl. Tenorth, Konflikt; Spranger, Konflikt; Heiber, Universität, Teil II, 1, S. 110–125.
70 So Wehler, Gesellschaftsgeschichte, Bd. 4, S. 823.
71 Vgl. BA Berlin R 43-II/936 Bl. 123, 141–155.
72 Reichskanzlei an F. Tillmann, 19.5.1933, in: BA Berlin R 8088/24 Bl. 28.
73 Zum «Spionageerlass» vgl. S. 59; zu Baeumlers Berufung: Tilitzki, Universitätsphilosophie, Teil 1, S. 605 f.
74 Spranger, Konflikt, S. 469.
75 BA Berlin R 8088/1177 Bl. 20.
76 Zur Biographie vgl. Grüttner, Lexikon, S. 159. Zu Seidls Rolle auf dem Hochschultag: E. Krieck an Staatssekretär H. Pfundtner, 24.8.1933, in: BA Berlin R 1501/26 890 Bl. 188–191.
77 Mitteilungen des Verbandes Deutscher Hochschulen 13 (1933), S. 77.
78 Prot.-Auszug des a. o. Hochschultages in Erfurt am 1.6.1933, in: BA Berlin R 8088/76 Bl. 28 f.

79 Mitteilungen des Verbandes Deutscher Hochschulen 13 (1933), S. 103 f.
80 Zit. in: Rundschreiben Nr. 4 des Deutschen Nichtordinarien-Verbandes, 25.6.1933, in: BA Berlin R 8088/522 Bl. 48. Zu Schilling vgl. Buddrus/Fritzlar, Professoren, S. 351–354.
81 Heiber, Universität, Teil II, 1, S. 125–134.
82 Rundschreiben H. Stieve an die Rektoren sämtlicher Hochschulen, 21.6. 1933, in: UA Jena BA 2010.
83 Zu den «Dozentenschaften» vgl. S. 143–150.
84 Biogramm in: Grüttner, Lexikon, S. 49.
85 H. Fischer an M. Kloss, 23.5.1934, in: BA Berlin R 8088/1093 Bl. 124 f.
86 Zum Folgenden vgl. Heiber, Universität, Teil II, 1, S. 134–137.
87 Erklärung von 300 deutschen Universitäts- und Hochschullehrern, in: VB, Nr. 63, 4.3.1933.
88 Heiber, Universität, Teil II, 1, S. 18 ff.
89 Lohff, Grundgedanken, S. 217; Ratschko, Hochschulmediziner, S. 43 f.
90 Faust, Professoren, S. 32–40; Leaman, Heidegger, S. 99 f.
91 So in Halle und Bonn. Vgl. Eberle, Martin-Luther-Universität, S. 38; Höpfner, Bonn, S. 11 f.
92 Rundschreiben A. Esaus vom 27.2.1933, in: UA Jena BA 1828 a Bl. 3.
93 Text der Erklärung nach: UA Jena BA 1828 a Bl. 4.
94 E. Kohlrausch an F. Meinecke, 4.3.1933, in: UA der HUB Rektor und Senat 21/1.
95 Das gesamte hier zitierte Material in: UA Jena BA 1828 a.
96 Berliner Universitätslehrer für die nationale Regierung, in: Berliner Börsen-Zeitung, Nr. 107, 4.3.1933.
97 F. Meinecke an G. Lockemann, 3.3.1933 (Abschr.), in: UA der HUB Rektor und Senat 21/1.
98 Zit. in: Böhm, Selbstverwaltung, S. 72.
99 Zit. in: Wendehorst, Universität Erlangen-Nürnberg, S. 200.
100 Wendehorst, Universität Erlangen-Nürnberg, S. 200 f.
101 Bekenntnis der Professoren an den deutschen Universitäten und Hochschulen zu Adolf Hitler und dem nationalsozialistischen Staat, überreicht vom Nationalsozialistischen Lehrerbund Deutschland/Sachsen, Dresden o. J. [1934].
102 957 Unterzeichner laut Heiber, Universität, Teil II, 1, S. 30. Leaman, Heidegger, S. 100, zählte 961 Unterschriften.
103 Heiber, Universität, Teil II, 1, S. 28–32.
104 Ringer, Die Gelehrten, S. 391.
105 Heiber, Universität, Teil II, 1, S. 31 f.
106 Bekenntnis der Professoren (Anm. 101), S. 129 f.; Krause u. a. (Hg.), Hochschulalltag, Teil III, S. 1471–1490.
107 Hausmann, Anglistik, S. 46–48.
108 Zu Rohde und Krauss vgl. Auerbach, Catalogus, Bd. 2, S. 548 f., 595; Krauss, Romanist.
109 Gadamer, Nazis, S. 548.
110 Nagel (Hg.), Philipps-Universität, S. 185–188; Ritter, Historiker, S. 267 f.
111 Bekenntnis der Professoren (Anm. 101), S. 5.
112 Grüttner, Das Dritte Reich, S. 223 f., 550.
113 Zum Folgenden vgl. ausführlicher: Grüttner, Ausgegrenzt.

114 RGBl. 1933 I, S. 175ff. Vgl. auch Mommsen, Beamtentum, S. 39–61; Mühl-Benninghaus, Beamtentum; Kinas, Exodus, S. 35–45.
115 Erste VO zur Durchführung des BBG vom 11.4.1933, in: RGBl. 1933 I, S. 195.
116 Erste VO zum Reichsbürgergesetz vom 14.11.1935, in: RGBl. 1935 I, S. 1333 f.; Zweite VO zum Reichsbürgergesetz vom 21.12.1935, in: RGBl. 1935 I, S. 1524 f.
117 RdErl. des REM, 19.4.1937, in: BA Berlin R 4901/309 Bl. 255.
118 Vgl. die Namenslisten in: BA Berlin R 4901/312 Bl. 448 f., 604 f.
119 Grüttner, Ausgegrenzt, S. 8 f.
120 Unberücksichtigt bleiben nichthabilitierte Assistenten, die im Regelfall nicht dem Lehrkörper angehörten.
121 Ausführlicher zu diesen Kategorien: Grüttner/Kinas, Vertreibung, S. 131 ff.
122 Quelle: Grüttner, Ausgegrenzt, S. 14.
123 Zahlreiche entlassene Sozialdemokraten sind aufgelistet bei Gerstengarbe, Entlassungswelle, S. 35 f.
124 Graf, Universitätstheologie, S. 129; Lippmann, Theologie, S. 339 ff.
125 Grüttner, Das Dritte Reich, S. 423–448.
126 Liepach, Wahlverhalten.
127 Vgl. S. 341.
128 Grüttner/Kinas, Vertreibung, S. 147; Heiber, Universität, Teil II, 1, S. 537–540.
129 Pfahl-Traughber, Verschwörungsideologie.
130 Forsbach, Universität Bonn, S. 361 f.; Melzer, Konflikt, S. 206 f.
131 Quelle: Grüttner, Ausgegrenzt, S. 17.
132 Vgl. S. 302.
133 Vgl. die Namensliste in: Grüttner, Ausgegrenzt, S. 440.
134 Zitate aus: Heiber, Universität, Teil II, 1, S. 297.
135 Eintrag vom 12.4.1933, zit. in: Seidler/Leven, Fakultät, S. 447. Der Hinweis auf die «sieben Göttinger» bezieht sich auf sieben Göttinger Professoren, die 1837 öffentlich gegen den Bruch der Landesverfassung durch den König von Hannover protestierten und deswegen aus ihren Ämtern entlassen wurden.
136 Prot. über die Sitzung der Hamburger Philosophischen Fakultät, 29.4.1933, in: StA Hamburg Fakultäten/Fachbereiche der Universität, Protokollbuch der Philosophischen Fakultät 1.10.1932–30.9.1933.
137 Medizinische Fakultät Heidelberg an den badischen KM, 5.4.1933, in: GLA Karlsruhe 235/5007 Bl. 20–24.
138 Hartung, Korrespondenz, S. 237 f.
139 Henning, Max Planck.
140 Zit. in: Hahn, Mein Leben, S. 145.
141 H. Lietzmann an K. Müller, 16.5.1933, in: K. Aland (Hg.), Glanz, S. 740.
142 F. Hartung an S. A. Kaehler, 3.8.1933, in: Hartung, Korrespondenz, S. 240. Ähnlich: ebd., S. 236, 242.
143 Zit. in: Schagen, Freiheit, S. 222.
144 Zondek, Auf festem Fusse, S. 166 ff.
145 O. Koellreutter: Die deutschen Hochschulen im nationalen Rechtsstaat (MS), in: GStA PK I. HA Rep. 76 Va Sekt. 1 Tit. I Nr. 39 II Bl. 397 f.
146 Text in: Exodus Professorum, S. 22–24.
147 Böhm, Selbstverwaltung, S. 123–129.
148 Grundmann u. a., Entwicklung, S. 210–214.

149 Eberle, Martin-Luther-Universität, S. 82 f.; Stengel (Hg.), Ausgeschlossen, S. 193–201.
150 Zit. in: Buchholz, Margarete Bieber, S. 66.
151 Zit. in: Göllnitz, Student, S. 143.
152 Zit. in: Wiegandt, Norm, S. 33.
153 Zu Krebs vgl. die Personalakte in: GLA Karlsruhe 235/8893 und: Krebs, Deutschland, S. 357–377.
154 Zu H. Hintze vgl. Jütte, Hedwig Hintze; Kaudelka, Rezeption, S. 241–408; Walther, Werkstattbericht.
155 Cassirer, Leben.
156 Widmann, Exil; Guttstadt, Türkei, S. 212–234; Kubaseck/Günter (Hg.), Wissenschaftler; Orth, NS-Vertreibung, S. 133–186.
157 Vgl. Klemperer, Zeugnis.
158 Orth, NS-Vertreibung, S. 277–280.
159 Mohr, Erich Kamke, S. 870–874.
160 Vgl. die Namensliste in: Grüttner, Ausgegrenzt, S. 443.
161 Vgl. die Biogramme in: Grüttner, Ausgegrenzt.
162 Vgl. die Namensliste in: Grüttner, Ausgegrenzt, S. 444.
163 Pross, Enthauptung.
164 Deichmann, Biologen, S. 47 f.; Deichmann, Flüchten, S. 138–159; Fischer, Emigration, S. 541 ff.
165 Möller, Exodus, S. 70.
166 Vgl. S. 107 f., 308.
167 W. Süss, Die gegenwärtige Lage der deutschen Wissenschaft und der deutschen Hochschulen. Vortrag gehalten auf der Rektoren-Konferenz in Salzburg am 26.8.1943 (MS), S. 4, in: BA Berlin R 43-II/942b Bl. 82. Zu Süss vgl. Grün, Rektor, S. 526–584; Remmert, Problem.
168 Hammerstein, Forschungsgemeinschaft, S. 384 f.
169 Rhodes, Atombombe.
170 Eberle, «Instrument», S. 53 f., 124–127.
171 W. Köhler: Gespräche in Deutschland, in: DAZ, Nr. 197, 28.4.1933, Faksimile in: Graumann (Hg.), Psychologie, S. 305 f.
172 Vgl. S. 76.
173 Der Rücktritt Sprangers, in: DAZ, Nr. 195, 27.4.1933.
174 Reinhardt, Akademisches, S. 389 f.; Klute, Karl Reinhardt, S. 156 f.
175 Weisbach, Geist und Gewalt, S. 344. Ähnlich: Baumgardt, University Career, S. 261 und passim.
176 Hering, Professor, S. 100; Eberle, «Instrument», S. 228; Höpfner, Bonn, S. 14.
177 Die Zahlen beziehen sich auf den Lehrkörper im WS 1932/33. Sie wurden errechnet aufgrund einer Erhebung, die Jana Papke 2009 im BA Berlin und im Archiv der Humboldt-Universität durchgeführt hat.
178 Der Aufnahmeantrag datierte meist auf März 1933. Offizielles Aufnahmedatum war dann der 1. Mai 1933.
179 Hering, Professor, S. 96 f.; Eberle, «Instrument», S. 228 ff.; Höpfner, Bonn, S. 14 f.
180 C. Schmitt, Bericht über die Entwicklung der Reichsfachgruppe Hochschullehrer im BNSDJ und die Verhältnisse an den rechts- und wirtschaftswissenschaftlichen Fakultäten während des Wintersemesters 1933/34, Ms., S. 2 f., in: StA Hamburg 361–5 II Aa 38/2.

181 Zitate aus: Die Aufgaben der Hochschulen, in: VB, Nr. 158, 7.6.1933.
182 Zit. in: Langewiesche, Eberhard-Karls-Universität, S. 377. Zu Mergenthaler vgl. Stolle, Schulmeister; Braun, Kultministerium.
183 Vgl. S. 143 ff.
184 Alle Zitate aus: Jansen, Professoren, S. 277 f., 286 f.
185 Jansen, Professoren, S. 276.
186 Eberle, «Instrument», S. 250 f.
187 K. A. Eckhardt an den Bonner Universitäts-Kurator, 5.4.1933, in: UA Bonn PA K. A. Eckhardt.
188 Hoffmann, Pascual Jordan, S. 160 f.
189 Van den Bussche, Dienste, S. 58–65.
190 Grüttner, Lexikon, S. 42.
191 Jellinek wurde 1935 in den Ruhestand versetzt. Vgl. Kempter, Jellineks, S. 479–486.
192 Hausmann, Strudel, S. 157–161 (am Beispiel Walther Küchlers); Krauss, Romanist, S. 64.
193 Th. W. Adorno, Gesammelte Schriften, Bd. 18, Frankfurt/Main 1984, S. 795–799.
194 Th. W. Adorno, Gesammelte Schriften, Bd. 19, Frankfurt/Main 1984, S. 351 f. Vgl. auch Müller-Doohm, Adorno, S. 280 f., 792–795.
195 Zit. in: Klibansky, Erinnerung, S. 89.
196 Tilitzki, Universitätsphilosophie, Teil 1, S. 324 ff., 668–679.
197 W. Frank, Kämpfende Wissenschaft, Hamburg 1934, S. 31. Zu Frank vgl. Heiber, Walter Frank.
198 Heberle, Soziologie, S. 439.
199 So E. Krieck in einem Rundschreiben vom 3.10.1933, in: BA Berlin R 8088/1153 Bl. 65.
200 E. Krieck, Richtlinien für Vertrauensmänner, o. D., in: BA Berlin R 8088/1153 Bl. 46.
201 Richtlinien für die KAdH (März 1933), in: BA Berlin R 8088/1154 Bl. 50.
202 Vgl. das Mitgliederverzeichnis vom 15.9.1933, in: BA Berlin R 8088/1153 Bl. 66–69.
203 Vgl. den Bericht über die 1. Tagung der KAdH in Frankfurt am Main am 22./23.4.1933, in: BA Berlin R 8088/1153 Bl. 36. Zu den persönlichen Differenzen ferner: GStA PK I. HA Rep. 76 Va Sekt. 1 Tit. IV 71 Bl. 42 ff.
204 Vgl. S. 78.
205 Heiber, Universität, Teil I, S. 90–107.
206 G. Aubin an H. Aubin, 22.2.1933, zit. in: Mühle, Volk, S. 93.
207 Zit. in: Hausmann, Strudel, S. 128. Curtius, der wusste, «daß das Postgeheimnis in Deutschland abgeschafft» war, verschickte diesen und andere Briefe über Luxemburg nach Frankreich.
208 Zitate aus: K. Sobotka, Meine persönlichen Erfahrungen mit Herrn Prof. Dr. Albrecht, 12.12.1933, in: GStA PK I. HA Rep. 76 Va Sekt. 4 Tit. IV Nr. 34 IX Bl. 284. Zu Albrecht vgl. ferner Auerbach, Catalogus, Bd. 2, S. 75; John/Stutz, Jenaer Universität, S. 528 f.
209 Löwith, Mein Leben, S. 76.
210 M. Kloß, Die Stellung des deutschen Hochschullehrers zum Nationalsozialismus, in: Mitteilungen des Verbandes der Deutschen Hochschulen 13 (1933), S. 108.

211 K. Müller an H. Lietzmann, 2./3. Mai 1933, in: K. Aland (Hg.), Glanz, S. 734.
212 S. A. Kaehler an H. Aubin, 3.7.1933, in: Kaehler, Briefe, S. 243.
213 W. Andreas an E. Rothacker, 10.4.1933, zit. in: Stöwer, Erich Rothacker, S. 127. Zum Tag von Potsdam vgl. Kopke/Treß, Tag von Potsdam.
214 F. Hartung an R. Fester, 23.8.1933, in: Hartung, Korrespondenz, S. 242 f. Vgl. auch ebd., S. 256, 282.
215 Prof. Passarge über die nationale Revolution, in: Hamburger Nachrichten, Nr. 330, 18.7.1933.
216 Ash, Universität Wien, S. 167.
217 Rede vom 14. Juni 1933, zit. in: Reimann, Politisierung, S. 137 f.
218 Vgl. S. 73 ff.
219 A. Rein, Die Gestalt der politischen Universität, in: Hamburger Universitäts-Zeitung 15 (1933), S. 18.
220 E. Schwartz an H. Lietzmann, 28.4.1933, in: K. Aland (Hg.), Glanz, S. 733.
221 H. Lietzmann an E. Schwartz, 21.8.1933, in: K. Aland (Hg.), Glanz, S. 745.
222 H. Lietzmann an E. Schwartz, 16.5.1933, in: K. Aland (Hg.), Glanz, S. 738.
223 Vgl. Klemperer, Zeugnis, Bd. 1, S. 191 f., 251, 267, 279, 303.
224 A. Lampe, Einführungsvorlesung zum Sommersemester 1933, S. 2, in: Archiv für Christlich-Demokratische Politik Sankt Augustin 01–256–044/1.
225 F. Hartung an G. Aubin, 14.5.1933, in: Hartung, Korrespondenz, S. 234.

3. Nationalsozialistische Hochschulpolitik: Strukturen, Ziele und Akteure

1 Hitler, Mein Kampf, Bd. I, S. 629 und Bd. II, S. 1041 ff., 1083.
2 Zur Geschichte des NSDStB vgl. Faust, Studentenbund; Grüttner, Studenten.
3 Grüttner, Studenten, S. 63–75.
4 Düwell, Staat, S. 39 ff.
5 J. Stark an P. Lenard, 20.4.1933, in: Kleinert, Lenard, S. 36.
6 Goebbels, Tagebücher, Teil II, Bd. 8, S. 282 (12.5.1943).
7 Ullrich, Adolf Hitler, Bd. 1, S. 431 f., 944.
8 Grüttner, Studenten, S. 270 und 308.
9 Vgl. S. 193 f.
10 Heiber, Universität, Teil II, 1, S. 51–66.
11 Heiber, Universität, Teil II, 1, S. 205–214.
12 Grüttner, Studenten, S. 487 f.
13 Kleinberger, Hochschulpolitik, S. 27.
14 A. Derichsweiler, Student der Bewegung, in: Volk im Werden 3 (1935), S. 81.
15 Grüttner, Studenten, S. 317 f.
16 E. Krieck an G. A. Scheel, 8.5.1939, S. 3, in: BA Berlin NS 38/2259. Hervorhebung im Original.
17 H. Härtle, Geistige Kriegsführung (MS), 4.3.1943, S. 3, in: BA Berlin NS 8/241 Bl. 72.
18 S. Kubisch an den Amtschef W im REM, 28.1.1937, in: BA Berlin R 4901/667 Bl. 224.
19 So Hammerstein, Goethe-Universität, Bd. I, S. 174, 187 f. Siehe auch Kleinberger, Hochschulpolitik, S. 9–30, der implizit dieselbe Position vertritt.

20 Grüttner, Studenten, S. 206–227.

21 W. Groß, Betrifft: «Entpolitisierung» von Wissenschaft und Hochschule (MS), 20.10.1936, S. 1, in: BA Berlin NS 38/3636. Zu den Teilnehmern gehörten neben dem Leiter des Rassenpolitischen Amtes der NSDAP, Walter Groß, der Beauftragte des StdF für Hochschulfragen, Reichsärzteführer Gerhard Wagner, der Leiter der Hochschulkommission der NSDAP, Franz Wirz, der Direktor des Reichsgesundheitsamtes, Hans Reiter, und diverse Funktionäre des NS-Ärztebundes, die nebenamtlich an einer Universität lehrten.

22 Seit 1936 war dies die offizielle Abkürzung. Vgl. den RdErl. des REM, 9.6. 1936, in: DWEV 2 (1936), S. 295. In den Quellen und in der Literatur kursieren noch weitere Abkürzungen: Reichskultusministerium, Reichswissenschaftsministerium u. ä.

23 Heiber, Walter Frank, S. 641.

24 Zur Geschichte des REM vgl. Nagel, Bildungsreformer (mit anderen Einschätzungen).

25 Fest, Hitler, S. 331–339.

26 Krebs, Tendenzen, S. 227 f.

27 Zu Rusts Rolle bei Straßers Rücktritt vgl. Hinrich Lohse, Der Fall Strasser (MS), S. 23, in: Archiv der Forschungsstelle für Zeitgeschichte Hamburg, Ordner 9014; Grüttner, Studenten, S. 88, Anm. 123.

28 Reichsminister Rust 60 Jahre alt, in: DWEV 9 (1943), S. 30.

29 O. Wacker an B. Rust, 3.11.1938, Abschr. in: BA Berlin R 43-II/1154a Bl. 93 f.

30 Mentzel, Erinnerungen, S. 365.

31 Eilers, Schulpolitik, S. 112.

32 E. Rothacker an P. Kluckhohn, 30.3.1933, zit. in: Stöwer, Erich Rothacker, S. 118.

33 E. Spranger an H. Lietzmann, 20.2.1936, in: Aland (Hg.), Glanz, S. 849.

34 Zit. nach: Löwith, Leben, S. 54.

35 H. Drexler an W. Erxleben (Dienststelle Rosenberg), 9.3.1943, in: BA Berlin NS 15/239 Bl. 69.

36 Vgl. den SD-Bericht über die Rektorenkonferenz in Salzburg vom 26. bis 28.8.1942, in: BA Koblenz N 1263/431 Bl. 25.

37 Goebbels, Tagebücher, Teil II, Bd. 5, S. 365 (20.8.1942).

38 Rosenberg, Tagebücher, S. 308 (2.1.1940). Siehe auch: Rosenberg, Aufzeichnungen, S. 149.

39 Speer, Sklavenstaat, S. 48.

40 Fischer, Erinnerungen II, S. 80.

41 Krebs, Tendenzen, S. 228.

42 Schwerin von Krosigk, Staatsbankrott, S. 240 f.

43 Goebbels, Tagebücher, Teil II, Bd. 7, S. 141 (19.1.1943).

44 Vgl. auch Zierold, Forschungsförderung, S. 191. Zierold war seit 1934 als Ministerialrat im REM tätig.

45 Zit. nach: Nagel, Bildungsreformer, S. 111. Für Nagel ist diese durchaus zutreffende Einschätzung merkwürdigerweise ein «maliziös geführter Stich gegen die Ehre des Ministers» (ebd.).

46 Eckert, Gesellschaft, S. 167 ff.; Litten, Mechanik, S. 95–100. Vgl. auch: Kelly, National Socialism, S. 276 f.

47 J. Stark an P. Lenard, 29.4.1936, zit. in: Kleinert, Lenard, S. 38.

48 R. Heß, Die Hochschulkommission der NSDAP und das Reichserziehungs-

ministerium, 8.8.1935 (Denkschrift), S. 3–10, in: BA Berlin NS 10/53 Bl. 55–62.

49 Goebbels, Tagebücher, Teil I, Bd. 3, S. 26, 225, 379.

50 Rosenberg, Tagebücher, S. 308 (2.1.1940).

51 Ullrich, Adolf Hitler 1, S. 441.

52 Mentzel, Erinnerungen, S. 364.

53 1943 erklärte Rust, er sei seit vier Jahren von Hitler nicht mehr empfangen worden. Vgl. den SD-Bericht über die Rektorenkonferenz in Salzburg vom 26. bis 28.8.1942, in: BA Koblenz N 1263/431 Bl. 25.

54 M. Bormann, Aktenvermerk für Pg. Dr. Klopfer, 13.5.1943, in: BA Berlin NS 6/797 Bl. 1; G. Klopfer, Vorlage an Herrn Reichsleiter Bormann betr. Reichserziehungsminister, 12.1.1944, in: ebd. Bl. 4–10; Goebbels, Tagebücher, Teil II, Bd. 10, S. 511 f. (20.12.1943).

55 Hitlers «Politisches Testament» in: Domarus, Hitler II, S. 2236–2239.

56 Zitate aus: O. Wacker an B. Rust, 3.11.1938 (Anm. 29), Bl. 82–84.

57 Glum, Wissenschaft, S. 451; Eilers, Schulpolitik, S. 126 f.

58 Mentzel, Erinnerungen, S. 363 f. Zu Becker siehe Ciesla, Meister.

59 H. Huber, Aktennotiz vom 24.10.1940, in: BA Berlin R 4901/898 Bl. 49.

60 RdErl. des REM, 19.7.1934, in: BA Berlin R 4901/14 176 Bl. 128.

61 Reichs-Habilitations-Ordnung vom 13.12.1934, in: DWEV 1 (1935), S. 12–14.

62 Gesetz über die Entpflichtung und Versetzung von Hochschullehrern aus Anlaß des Neuaufbaus des deutschen Hochschulwesens vom 21.1.1935, in: RGBl. 1935 I, S. 23 f.

63 RdErl. des REM, 24.1.1935, in: BA Berlin R 4901/705 Bl. 6 f.

64 RdErl. des REM, 23.2.1935, in: BA Berlin R 4901/733 Bl. 11.

65 Parak, Hochschule, S. 90–94; Hanel, Normalität, S. 420.

66 Kultminister Württemberg an den REM, 20.8.1943, in: BA Berlin R 4901/734 Bl. 83.

67 Vgl. dazu die Denkschrift O. Wackers vom 10.5.1938, in: BA Berlin NS 6/815.

68 Text des Entwurfs in: BA Berlin R 4901/12 774 Bl. 38–40.

69 P. Körner an den REM, 23.4.1940, in: BA Berlin R 4901/668 Bl. 61.

70 H. H. Lammers an den Generalbevollmächtigten für die Reichsverwaltung, 29.3.1942, Abschr. in: BA Berlin R 4901/668 Bl. 165.

71 Nagel, Bildungsreformer, S. 69.

72 Zur Struktur des Ministeriums vgl. Nagel, Bildungsreformer, S. 75–78.

73 Kahle, Bonn University, S. 22.

74 Zur Mitgliedschaft der Beamten des REM in der NSDAP vgl. BA Berlin R 4901/13 122.

75 Stenographischer Bericht über die Rektorenkonferenz am 31.5.1935, in: BA Berlin R 4901/706 Bl. 16–19.

76 Die folgenden Angaben beruhen auf der Auswertung von 23 Biogrammen ehemaliger REM-Fachreferenten, die in Grüttner, Lexikon, abgedruckt sind.

77 K. W. Wagner an den Öffentl. Ankläger beim Spruchgericht Bielefeld, 31.1.1949, Kopie in: Archiv der TU Berlin NL Ebert 7. Vgl. auch H. Lietzmann an F. Schneider, 4.9.1935, in: Aland (Hg.), Glanz, S. 829.

78 Inachin, Märtyrer.

79 Zu Schumann vgl. Nagel, Wissenschaft, S. 452–504.

80 Heiber, Walter Frank, S. 645.
81 Zur Gründung des Reichsforschungsrats vgl. Flachowsky, Notgemeinschaft, S. 232–250.
82 Stenographischer Bericht über die Rektorenkonferenz am 31.5.1935 (Anm. 75), Bl. 68 f.
83 Dazu ausführlicher S. 239–242.
84 Gesetz über die Entpflichtung und Versetzung von Hochschullehrern aus Anlaß des Neuaufbaus des deutschen Hochschulwesens vom 21.1.1935, in: RGBl. 1935 I, S. 23.
85 Zierold, Forschungsförderung, S. 194.
86 So (Rust zitierend) O. Wacker an B. Rust, 3.11.1938, in: BA Berlin R 43-II/1154a Bl. 89.
87 Schrecke, Heimaterde; Engehausen, Otto Wacker; Lilla, Statisten, S. 693 f.
88 Zum badischen Kultusministerium während der NS-Zeit vgl. Engehausen, Ministerium.
89 Grüttner, Lexikon, S. 64, 80.
90 O. Wacker, Zusammenstellung über meine Einberufung, das Dienstverhältnis und mein Ausscheiden aus dem Reichserziehungsministerium, o. D., S. 6 f., in: GLA Karlsruhe N Wacker, Otto 1.
91 Vgl. S. 329–332.
92 Niederschrift über die Rektorenkonferenz am 15.12.1937, in: BA Berlin R 4901/708 Bl. 201–203.
93 Vgl. dazu S. 242 f.
94 Stenographischer Bericht über die Rektorenkonferenz am 31.5.1935, in: BA Berlin R 4901/706 Bl. 7–140.
95 Vgl. die stenographischen Protokolle der Rektorenkonferenzen von 1937 und 1939 in: BA Berlin R 4901/707 und R 4901/708.
96 Niederschrift über die Rektorenkonferenz vom 15.12.1937, in: BA Berlin R 4901/708 Bl. 121 f.
97 O. Wacker an B. Rust, 3.11.1938, in: BA Berlin R 43-II/1154a Bl. 80–102. Daraus die folgenden Zitate.
98 R. Heydrich an H. H. Lammers, 23.11.1938, in: BA Berlin R 43-II/1154a Bl. 79.
99 Grüttner, Studenten, S. 317–324.
100 Rebentisch, Führerstaat, S. 94 ff.
101 R. Heydrich an H. H. Lammers, 23.11.1938, in: BA Berlin R 43-II/1154a Bl. 79.
102 Vgl. BA Berlin R 43-II/1154a Bl. 112.
103 B. Rust an den Chef der Reichskanzlei, 5.4.1939, in: BA Berlin R 43-II/1154a Bl. 113.
104 Zu Mentzel vgl. Glum, Wissenschaft, S. 449 f.; Heiber, Walter Frank, S. 643–646, 815–821, 848–850; Zierold, Forschungsförderung, S. 190 f.; Fischer, Erinnerungen I, S. 127–130; außerdem: BA Berlin R 9361-III/543 024 und R 4901/25 065 sowie die Spruchkammerakte in: Archiv der TU Berlin NL Ebert 7.
105 Fischer, Erinnerungen I, S. 125 f.; Zierold, Forschungsförderung, S. 192.
106 Müller, Ernst Krieck, S. 146.
107 Zit. in: W. Groß, Vermerk für Stabsleiter Dr. Stellrecht, 13.4.1943, in: BA Berlin NS 8/241 Bl. 81.

108 Im Bericht der Habilitationskommission hieß es: «Dort, wo die Ursachen der beobachteten Erscheinungen zur Erörterung gelangen, geschieht dies mit verhältnismäßig primitiven Vorstellungen, die der weiteren Forschung keine klaren Richtlinien zu geben vermögen». Vgl. UA Greifswald Phil. Habil. Nr. 2.
109 Vgl. die Aussage von Mentzels früherem Lehrer A. Windaus gegenüber dem öffentlichen Ankläger beim Spruchgericht Bielefeld, 21.12.1948 (Kopie), in: Archiv der TU Berlin NL Ebert 7.
110 G. Jander an den öffentlichen Ankläger beim Spruchgericht Bielefeld, 7.1.1949 (Kopie), in: Archiv der TU Berlin NL Ebert 7.
111 A. Rosenberg an B. Rust, 30.5.1941, in: BA Berlin R 4901/631 Bl. 108–111.
112 Flachowsky, Notgemeinschaft, S. 188–198; Zierold, Forschungsförderung, S. 190–212.
113 Zit. in: Kleinert, Lenard, S. 38.
114 Beyerchen, Wissenschaftler, S. 204 f.
115 So die zutreffende Beobachtung eines ehemaligen SD-Offiziers: Fischer, Hitler, S. 42.
116 Vgl. dazu S. 164.
117 Goebbels, Tagebücher, Teil II, Bd. 8, S. 412 f. (3.6.1943).
118 Klemperer, Zeugnis, Bd. 1, S. 666 (17.9.1941); Goebbels, Tagebücher, Teil II, Bd. 13, S. 59 (7.7.1944).
119 Selbst nach 1945 wurde Wacker, der zu diesem Zeitpunkt längst verstorben war, noch ausgesprochen positiv beurteilt. Vgl. die Erklärungen von Prof. W. Mevius (20.11.1947) und von Prof. Franz Böhm (30.3.1949) in: Archiv der TU Berlin NL Ebert 7.
120 Bericht des SD Würzburg vom 24.3.1941, S. 2, in: StA Würzburg SD-Hauptaußenstelle Würzburg 33.
121 Nagel, Bildungsreformer, S. 359–362.
122 F. Hartung an S. A. Kaehler, 7.4.1944, in: Hartung, Korrespondenz, S. 409.
123 Feiten, Lehrerbund; Kelly, National Socialism, S. 111 f.
124 Biogramm in: Grüttner, Lexikon, S. 159.
125 Namensliste in: Nationalsozialistische Erziehung 2 (1933), S. 252.
126 E. Seidl, Entwurf einer Hochschulreform, in: Nationalsozialistische Erziehung 2 (1933), S. 325–327.
127 E. Seidl, Arbeit und Kampf für die Hochschulreform, in: Nationalsozialistische Erziehung 3 (1934), S. 50.
128 Die «Personalfragen» wollte Seidl ausdrücklich den Kultusbehörden der Länder überlassen. Vgl. Seidls Rede vom 27.10.1933, in: Nationalsozialistische Erziehung 2 (1933), S. 403.
129 E. Seidl, Arbeit und Kampf für die Hochschulreform (Anm. 127), S. 54.
130 E. Seidl, Wissenschaft – Ehre – Einigkeit, in: Nationalsozialistische Erziehung 2 (1933), S. 403.
131 E. Seidl, Arbeit und Kampf für die Hochschulreform (Anm. 127), S. 54.
132 RdErl. des preußischen KM, 11.10.1933, in: GStA PK I. HA Rep. 76 Va Sekt. 1 Tit. IV 70 Bl. 10.
133 E. Rothacker an H. Fischer, 23.12.1933, S. 3, in: BA Berlin R 8088/1113 Bl. 57.
134 Biogramm in: Grüttner, Lexikon, S. 63 f.
135 Rundschreiben 3/1933 der Preußischen Dozentenschaft, 28.10.1933, in: BA Berlin R 8088/1053 Bl. 6.
136 Im Gründungserlass hieß es: «Jede Interessenvertretung einzelner Gruppen

ist ... ausgeschlossen» (RdErl. des preußischen KM, 11.10.1933, in: GStA PK I. HA Rep. 76 Va Sekt. 1 Tit. IV 70 Bl. 10).

137 Glum, Wissenschaft, S. 404. Vgl. auch ebd., S. 410 und S. 444 f.

138 Zu Haupt vgl. Göllnitz, Student, S. 646 f. und passim; Grüttner, Lexikon, S. 71.

139 Es ist daher unzutreffend, Haupt als einen «in das Ministerium eingeschleusten NS-Lehrerbunds-Funktionär» zu charakterisieren (so Heiber, Universität, Teil II, 1, S. 83).

140 Grüttner, Studenten, S. 249 f.

141 H. Fischer an R. Mans, 13.12.1933 (Durchschr.), in: BA Berlin R 8088/1113 Bl. 12.

142 E. Rothacker an den Führer des Reichsverbandes der deutschen Hochschulen, 27.3.1934, in: BA Berlin R 8088/1113 Bl. 42 f.

143 H. Reischauer: «Kameradschaft!» Rede an die Mitglieder einer Dozentenschaft, in: Volk im Werden 2 (1934), S. 319–321.

144 R. Goering, Gemeinschaftsarbeit zwischen Staatsgewalt und NSLB, in: Nationalsozialistische Erziehung 2 (1933), S. 434 f.

145 Löwith, Mein Leben, S. 76 f. Löwith wurde 1935 als «Nichtarier» entlassen.

146 Jansen, Professoren, S. 244 und S. 394–397.

147 E. Seidl, Arbeit und Kampf für die Hochschulreform (Anm. 127), S. 50.

148 Kelly, National Socialism, S. 131.

149 M. Kloss an A. v. Arnim, 12.8.1934, in: BA Berlin R 8088/1021 Bl. 30.

150 W. Hartnacke an die Staatskanzlei, 3.1.1934 (Durchschr.), in: BA Berlin R 1501/26890 Bl. 586.

151 Zu Fehrle vgl. Grüttner, Lexikon.

152 E. Fehrle an MR J. D. Achelis, 30.12.1933, in: GStA PK I. HA Rep. 76 Va Sekt. 1 Tit. IV 70 Bl. 52 f.

153 Gründungserlasse in: GStA PK I. HA Rep. 76 Va Sekt. 1 Tit. IV 70; UA Jena BA 506; GLA Karlsruhe 235/4981.

154 Kelly, National Socialism, S. 160.

155 Deutsche Dozentenschaft an das REM, 5.12.1934, in: GStA PK I. HA Rep. 76 Va Sekt. 1 Tit. IV 70. Zu Tübingen vgl. Adam, Hochschule, S. 57 f.

156 Gründungserlass des badischen KM vom 27.2.1934, in: GLA Karlsruhe 235/4981.

157 Außerdem erhielt der Rektor hier gewisse Aufsichtsfunktionen gegenüber der «Dozentenschaft». Siehe die Satzung der Hamburger «Dozentenschaft» vom 19.2.1934, in: GStA PK I Rep. 76 Va Sekt. 1 Tit. IV 70 Bl. 98–100.

158 Vgl. die von Schemm und Greite unterzeichnete Übereinkunft vom 4.3.1934, in: GStA PK I. HA Rep. 76 Va Sekt. 1 Tit. IV 70 Bl. 101. Ferner: W. Greite an MR E. Fehrle, 5.3.1934, in: GLA Karlsruhe 235/4981.

159 Rundschreiben des Jenaer Rektors vom 31.5.1934, in: UA Jena BA Nr. 1797.

160 RdErl. des REM, 13.6.1935, in: DWEV 1 (1935), S. 282.

161 Vgl. dazu ausführlicher S. 345–348.

162 Biogramm in: Grüttner, Lexikon, S. 111.

163 Vgl. dazu die Unterlagen in: UA Jena N Nr. 51/2 und in: BA Berlin R 9361-III/527265.

164 Giles, Students, S. 152–160.

165 K. L. Wolf an den REM, 8.11.1934, in: GStA PK I. HA Rep. 76 Va Sekt. 1 Tit. IV 70 Bl. 164.

166 Abschr. aus dem Bericht eines namentlich nicht genannten Mediziners (1934), in: GStA PK I. HA Rep. 76 Va Sekt. 1 Tit. IV 70 Bl. 178. Ähnlich auch das Schreiben des Sächsischen Volksbildungsministeriums an die Staatskanzlei, 3.1.1934, in: BA Berlin R 1501/26890 Bl. 586f.
167 Die deutsche Hochschulverwaltung, Bd. 1, S. 34f.
168 RdErl. des REM, 18.7.1935, in: UA Jena BA Nr. 1797 Bl. 38.
169 NSLB-Reichskassenwalter an den NSDDB, 9.6.1936 (Durchschr.), in: BA Berlin NS 12/1206.
170 Feiten, Lehrerbund, S. 83.
171 Longerich, Stellvertreter; Rebentisch, Führerstaat, S. 68–91 und 441–463.
172 Zum Folgenden vgl. Grüttner, Hochschulkommission.
173 Lilla, Statisten, S. 699f.; Grüttner, Lexikon, S. 179.
174 Lilla, Statisten, S. 699.
175 Lösener, Rassereferent, S. 274f.
176 Rundschreiben vom 6.11.1933, in: StA Hamburg 361–5 II Aa 38/1.
177 Vgl. Kampfansage an Liberalismus und Reaktion an den Hochschulen, in: Deutsches Ärzteblatt 64 (1933), S. 60f.
178 Die Ernennung erfolgte auf Vorschlag der örtlichen Führung des NS-Ärztebundes. Vgl. das Rundschreiben der Hochschulkommission der NSDAP vom 19.2.1935, in: BA Berlin NS 15/324.
179 Biogramm in: Grüttner, Lexikon, S. 184.
180 E. Rothacker an J. Stark, 19.6.1934 (Durchschrift), S. 6, in: UB Bonn NL Rothacker IV.
181 Alle Zitate aus: Kampfansage an Liberalismus und Reaktion an den Hochschulen, in: Deutsches Ärzteblatt 64 (1933), S. 59–64. Siehe auch den Bericht über die Veranstaltung in: VB, 15.1.1934.
182 Klemperer, Zeugnis, Bd. 1, S. 88 (16.2.1934).
183 StdF an die Rektoren der Universitäten, 18.1.1934, in: StA Hamburg 361–5 II Aa 38/1.
184 RdErl. des REM, 29.1.1934, in: GStA PK I. HA Rep. 76 Va Sekt. 1 Tit. IV Nr. 58 Bl. 204.
185 RdErl. des REM, 23.4.1934, in: BA Berlin R 4901/733 Bl. 3.
186 Erlass des badischen KM, 17.2.1934, in: GLA Karlsruhe 235/4617.
187 H. Zeiß an den Dekan der Medizinischen Fakultät, 30.7.1934, in: UA der HUB UK PA Z 12a.
188 Adam, Hochschule, S. 57ff. und 128ff.; Vézina, «Gleichschaltung», S. 162.
189 Van den Bussche, Karrieren, S. 107ff.; Seidler/Leven, Medizinische Fakultät, S. 481f.
190 Verfügung des StdF betr. Hochschulkommission, 10.7.1934, in: GStA PK I. HA Rep. 76 Va Sekt. 1 Tit. IV Nr. 58 Bl. 219.
191 Die Sprachregelung war uneinheitlich. In einigen Quellen werden Wagner, Frank und Schemm als Mitglieder der Hochschulkommission bezeichnet, in anderen gelten die von ihnen benannten Referenten als die eigentlichen Mitglieder der Kommission.
192 Zu Carl Schmitt vgl. S. 361–365. Zu Fischer siehe Lilla, Statisten, S. 143.
193 Liste der Kommissionsmitglieder in: StdF an die Kultusministerien, 10.7.1934, in: GStA PK I. HA Rep. 76 Va Sekt. 1 Tit. IV Nr. 58 Bl. 221. Zu Gall siehe Grüttner, Lexikon, S. 55.
194 Schreiben von A. Rosenberg an M. Bormann, 21.6.1934 und an R. Heß,

2.10.1934, in: BA Berlin NS 8/177 Bl. 189 f. und Bl. 137. Zu Kloeber vgl. Schreiber, Walther Wüst, S. 80–83.

195 Grüttner, Lexikon, S. 18.

196 Schöbel, Hans Reinerth.

197 Heiber, Walter Frank.

198 Hüneke, Robert Scholz.

199 G. Urban an F. Wirz, 20.9.1934, in: BA Berlin NS 15/324. Zu Langenbucher vgl. Bähre, Hellmuth Langenbucher.

200 R. Heß, Hochschulkommission, 8.8.1935 (Anm. 48) Bl. 53; C. Schneider an den Rektor der Universität Heidelberg, 9.5.1935, Abschr. in: GLA Karlsruhe 235/4617; F. Wirz an Stabsleiter Strünck, 2.5.1935, in: BA Berlin NS 38/4091. Zu Meyer und Pieper vgl. Grüttner, Lexikon, S. 119 f. und 130.

201 P. Bouhler an A. Rosenberg, 12.6.1934, in: BA Berlin NS 8/177 Bl. 201 f.

202 A. Rosenberg an R. Heß, 15.6.1934, Durchschr. in: BA Berlin NS 8/177 Bl. 197 f.

203 M. Bormann an A. Rosenberg, 19.6.1934, in: BA Berlin NS 8/177 Bl. 194 f.

204 Bollmus, Amt Rosenberg, S. 265.

205 Tagung der Vertrauensmänner der NSDAP bei den medizinischen Fakultäten, in: Deutsches Ärzteblatt 64 (1934), S. 1194 (8.12.1934).

206 Vgl. die interne Meinungsbildung der zuständigen Beamten des REM von November und Dezember 1934 in: GStA PK I. HA Rep. 76 Va Sekt. 1 Tit. IV Nr. 58 Bl. 233–235.

207 RdErl. des REM, 22.9.1934, in: GStA PK I. HA Rep. 76 Va Sekt. 1 Tit. IV Nr. 58 Bl. 223.

208 Th. Vahlen, zitiert in: E. Krieck an W. Groh, 3.10.1934, in: GLA Karlsruhe 235/4617.

209 Vgl. den Auszug aus der Niederschrift über die Sitzung des preußischen Ministerrates vom 16.10.1934, in: GStA PK I. HA Rep. 76 Va Sekt. 1 Tit. IV Nr. 58 Bl. 229.

210 Van den Bussche, Im Dienste, S. 65–73.

211 Tagung der Vertrauensmänner der NSDAP bei den medizinischen Fakultäten, in: Deutsches Ärzteblatt 64 (1934), S. 1194 (8.12.1934).

212 In den Quellen und in der Literatur werden sie abwechselnd als Vertrauensleute der (Reichsleitung der) NSDAP – so die offizielle Bezeichnung – oder als Vertrauensleute der Hochschulkommission oder auch als Vertrauensleute des NS-Ärztebundes an den Medizinischen Fakultäten bezeichnet. Faktisch handelt es sich stets um dieselbe Personengruppe.

213 1937 übermittelte der Breslauer Pathologe Martin Staemmler (NSDAP-Mitglied seit 1931) dem REM eine Liste von zwölf medizinischen Ordinarien, die er ausdrücklich als «Fehlbesetzungen» einschätzte. Darunter befanden sich sieben frühere Vertrauensleute der Hochschulkommission. Vgl. Staemmler an den REM, 26.2.1937, in: BA Berlin R 4901/13 856 Bl. 236.

214 Vgl. die Liste der Vertrauensleute mit Angaben zur Parteimitgliedschaft und Karrieredaten in: Grüttner, Hochschulkommission, S. 43.

215 Vgl. HStA Weimar Volksbildungsministerium C 314. Siehe auch Hattenhauer (Hg.), Rechtswissenschaft.

216 Vgl. K. Meyer an das Thüringische Volksbildungsministerium, 24.11.1934, in: HStA Weimar Volksbildungsministerium C 241 Bl. 159; L. Fischer an das Thüringische Volksbildungsministerium, 6.12.1934, in: HStA Weimar

Volksbildungsministerium C 314 Bl. 29 f.; G. A. Walz (Breslau), Rechenschaftsbericht über die abgelaufene Rektoratsperiode, 25.3.1935, in: BA Berlin R 4901/1716 Bl. 20 f.

217 Rundschreiben an die Mitglieder und Referenten der Hochschulkommission, 19.2.1935 (streng vertraulich), in: BA Berlin NS 15/324.

218 H. Fischer an F. Sauerbruch, 6.2.1934, Durchschrift in: BA Berlin R 8088/1110 Bl. 85–89; BA Berlin R 9361-I/42490.

219 K. Meyer, Vorlage für den Minister, 2.11.1934, in: GStA PK I. HA Rep. 76 Va Sekt. 1 Tit. IV Nr. 58 Bl. 233.

220 Hochschulkommission und Hochschule (Entwurf eines Briefes von B. Rust an R. Heß), o. D. [ca. 1935], in: BA Berlin R 4901/11887/2 Bl. 141.

221 RdErl. des REM, 22.2.1935, in: BA Berlin R 4901/733 Bl. 6: «Die Hochschulkommission ... wird im Zuge des Berufungsverfahrens ausschließlich von mir um ihre Stellungnahme gefragt.»

222 Anordnung Rusts vom 28.2.1935, in: BA Berlin R 4901/14176 Bl. 146. Hitlers Erlass an die Reichsminister vom 27.7.1934 in: BA Berlin R 43-II/694 Bl. 83.

223 R. Heß, Hochschulkommission, 8.8.1935 (Anm. 48) Bl. 55 f.

224 RdErl. des REM, 4.5.1935, in: BA Berlin R 4901/733 Bl. 44.

225 Stenographischer Bericht über die Rektorenkonferenz am 31.5.1935 (Anm. 75) Bl. 53 und 63.

226 Ratschko, Hochschulmediziner, S. 100–109; M. Baur an H. Fischer, 27.7.1934, in: BA Berlin R 8088/1072 Bl. 7; G. A. Walz (Breslau), Rechenschaftsbericht, 25.3.1935 (Anm. 216) Bl. 20 f.

227 Stenographischer Bericht über die Rektorenkonferenz am 31.5.1935 (Anm. 75) Bl. 60 f. und 138.

228 F. Bachér (?) an den Minister, 6.12.1935, in: BA Berlin R 4901/11887/2 Bl. 313 f.

229 Zur Biografie vgl. Grüttner, Lexikon, S. 84.

230 Böhm, Selbstverwaltung, S. 529 ff.

231 Vgl. BA Berlin R9361-I/42490.

232 Reichsdozentenführung an A. Rosenberg, 25.2.1939, Anlage, S. 5, in: BA Berlin NS 15/297 Bl. 451. Dort heißt es, die Übernahme der Geschäftsführung der Hochschulkommission durch den Reichsdozentenführer sei vorgesehen.

233 In einer 1939 veröffentlichten Übersicht der verschiedenen Ämter im Stab Heß wird die Hochschulkommission nicht mehr erwähnt. Vgl. Münz, Führer, S. 8 f.

234 Zur Reichs-Habilitations-Ordnung von 1934 vgl. S. 344–351.

235 Reichhaltiges Material zu ähnlichen Konflikten bei Heiber, Walter Frank.

236 Zitate aus: R. Heß, Hochschulkommission, 8.8.1935 (Anm. 48) Bl. 67 f.

237 RGBl. 1935 I, S. 1203.

238 Vgl. vor allem den Erlass Hitlers über die Ernennung der Beamten und die Beendigung des Beamtenverhältnisses vom 10.7.1937 in: RGBl. 1937 I, S. 769 f. und die Durchführungsvorschriften vom 12.7.1937 in: RGBl. 1937 I, S. 771–776.

239 Vgl. S. 233 f.

240 Grüttner, Studenten, S. 212–227; Götz von Olenhusen, Studenten.

241 Vgl. S. 414–417.

242 M. Bormann an das REM, 29.1.1938, in: BA Berlin R 43-II/938c Bl. 27 f.

243 M. Bormann an den REM, 1.2.1941, in: BA R 4901/13832 Bl. 244.

244 Vgl. die Korrespondenz zwischen dem StdF und dem REM in: BA Berlin R 4901/13 856 Bl. 325 ff.
245 An der endgültigen Ernennung der Kuratoren war der StdF ohnehin beteiligt, da es sich um Beamtenstellen handelte.
246 Anweisung Mentzels an die Personalreferenten des Amtes W im REM vom 27.8.1941, in: BA Berlin R 4901/13 856 Bl. 433.
247 R. Mentzel an K. Krüger, 16.1.1941, in: BA Berlin R 4901/13 856 Bl. 331 ff.
248 Biogramm in: Grüttner, Lexikon, S. 101.
249 H. Härtle, Aktennotiz für den Reichsleiter, 2.4.1941, S. 2, in: BA Berlin NS 8/240 Bl. 157.
250 M. Bormann, Aktenvermerk für Pg. Dr. Klopfer, 13.5.1943, in: BA Berlin NS 6/797 Bl. 1; Goebbels, Tagebücher, Teil II, Bd. 10, S. 511 (20.12.1943).
251 Chroust, Universität, Bd. 1, S. 217.
252 Giles, Students, S. 155; Hammerstein, Goethe-Universität, Bd. I, S. 259.
253 Leist, Möglichkeiten, S. 197.
254 So Fischer, Erinnerungen I, S. 75.
255 Biogramm in: Grüttner, Lexikon, S. 55.
256 VO Schemms zur Gründung des NSDDB vom 1.12.1934, in: StA Hamburg Universität I T 10 H. 7 Bl. 2 ff.
257 L. Mühlhausen an A. Rein, 2.5.1935, in: StA Hamburg Universität I T 10 H. 7 Bl. 17.
258 S. Koeppen an den Rektor der Handelshochschule Leipzig, 5.6.1935, in: BA Berlin R 4901/1908 Bl. 81.
259 J. Haupt an H. Lohmann, 28.3.1935 (Abschr.), in: BA Berlin R9361-I/42 490.
260 Anordnung des StdF über den NS-Dozentenbund, 24.7.1935, in: VB, Nr. 206, 25.7.1935.
261 W. Schultze an die Reichsorganisationsleitung der NSDAP, 3.2.1941, in: BA Berlin NS 22/927; Haushaltsplan des NSDDB für das Rechnungsjahr 1945, in: BA Berlin R 187/225 Bl. 100.
262 M. Bormann an R. Ley, 16.1.1941, in: BA Berlin NS 22/927.
263 Lilla, Statisten, S. 597 f.; Grüttner, Lexikon, S. 156.
264 F. Kaufmann an H. Himmler, 2.4.1937, in: BA Berlin R 9361-III/555 444.
265 Zu Schultzes Charakter vgl. das aufschlussreiche Urteil des Obersten Parteigerichts der NSDAP gegen W. Schultze vom 5.4.1944, in: BA Berlin R 9361-III/555 444.
266 Rundschreiben des Reichsdozentenführers, 31.7.1937, in: BA Berlin NS 20/98 Bl. 65.
267 Zit. in: Möhler, Reichsuniversität Straßburg, S. 548.
268 Biogramme in: Grüttner, Lexikon, S. 26, 75.
269 Anordnung Nr. 14/35 des Reichsorganisationsleiters der NSDAP, 2.8.1935, in: BA Berlin R 187/526.
270 Rundschreiben des Reichsamtsleiters des NSDDB, 30.12.1935, in: BA Berlin NS 20/97 Bl. 20; Anschriftenliste der Reichsdozentenführung, o. D. [1944], in: BA Berlin R 187/225 Bl. 35–37.
271 Anschriftenliste der Reichsdozentenführung, o. D. [1944], in: BA Berlin R 187/225 Bl. 38–48.
272 Anordnung 14/35 des Reichsorganisationsleiters der NSDAP, 2.8.1935, in: BA Berlin R 187/526.
273 Anordnung des StdF über den NS-Dozentenbund, in: VB, Nr. 206, 25.7.1935.

274 Anordnung 86/36 des StdF, 26.6.1936, in: BA Berlin R 187/225 Bl. 66.
275 Dozenten in Fühlung mit dem Leben, in: Hamburger Tageblatt, Nr. 173, 28.6.1938.
276 W. Schultze an die Reichsorganisationsleitung der NSDAP, 3.2.1941, in: BA Berlin NS 22/927.
277 Vgl. Tabelle 20 (Anhang).
278 So Grunberger, Reich, S. 329.
279 So Kater, Machtergreifung, S. 54.
280 Giles, Professor und Partei, S. 115, 118 f.; Chroust, Universität, Bd. 1, S. 297, 301.
281 Quellen: UA Jena BA Nr. 1796 Bl. 59 ff.; Friedrich-Schiller-Universität Jena, Personal- und Vorlesungsverzeichnis, WS 1936/37 und SoSe 1937; UA Jena U IV 5; Anschriftenliste der Dozentenbundsmitglieder an der Universität Gießen, 1.9.1940, in: UA Frankfurt am Main Abt. 10 Nr. 131 Bl. 426–435; Vorlesungsverzeichnis der Ludwigs-Universität Gießen, 3. Trimester 1940; Anschriftenliste der Dozentenbundsmitglieder an der Universität Frankfurt a. M., 1.3.1942, in: BA Berlin NS 55/12; Johann Wolfgang Goethe-Universität, Personal- und Vorlesungsverzeichnis für das SoSe 1942; eigene Berechnungen.
282 H. Ochsenius an die Reichsstudentenführung, 23.7.1938 (Durchschr.), in: BA Berlin NS 38/5503.
283 W. Schering an den Rektor der Universität Berlin, 25.1.1944, in: UA der HUB Rektor und Senat 164.
284 K. F. Chudoba, Entwicklung, Wollen und Wirken des NSD-Dozentenbundes an der Rheinischen Friedrich-Wilhelms-Universität Bonn, in: Bonner Mitteilungen 18 (1939), S. 3–6; W. Busch, Wege und Aufbau der Arbeit des NSD-Dozentenbundes an der Rheinischen Friedrich-Wilhelms-Universität, Bonn, in: Deutschlands Erneuerung 24 (1940), S. 222–226.
285 Zu den Finanzproblemen der Dozentenbundführer vgl. das Rundschreiben Nr. 34/36 des Reichsamtsleiters des NSDDB, o. D., in: BA Berlin NS 20/97 Bl. 91 f.
286 RdErl. des REM, 24.4.1936, in: UA der HUB Rektor und Senat 164 Bl. 18.
287 Vgl. BA Berlin R 4901/13 853.
288 W. Schultze an den Reichsschatzmeister der NSDAP, 4.6.1936, in: BA Berlin R 187/225 Bl. 61 f.
289 RdErl. des REM, 13.6.1935, in: DWEV 1 (1935), S. 282.
290 Gadamer, Lehrjahre, S. 53.
291 Grüttner, Nationalsozialistische Wissenschaftler, S. 153 f.
292 Liste der Dozentenbundführer in: Schröders Allgemeiner Deutscher Hochschul-Führer, Winterhalbjahr 1937/38, Kirchhain 1937, S. 744. Angaben zum Status nach: Kürschners Gelehrten-Kalender.
293 Vgl. die Anschriftenliste der Reichsdozentenführung, o. D. [1944], in: BA Berlin R 187/225 Bl. 38 ff. Angaben zum Status nach: Kürschners Gelehrten-Kalender.
294 Zitate aus: W. Schultze an das REM, 14.11.1942, in: BA Berlin R 4901/13 853; W. Schultze an M. de Crinis, 13.5.1942, in: BA Berlin R 9361-VI/2807.
295 W. Finkelnburg an E. Anrich, 24.9.1940, zit. nach: Möhler, Reichsuniversität, S. 545. Vgl. auch Deichmann, Flüchten, S. 220 f. Zu Finkelnburg siehe Grüttner, Lexikon, S. 47 f.

296 W. Formel an F. Kubach, 31.8.1944 (Durchschr.), in: NS 38/5503.
297 A. Rosenberg an R. Heß, 8.3.1941 (Durchschr.), S. 4 f., in: BA Berlin NS 8/185 Bl. 148 f.
298 Prof. K. W. Wagner an den öffentlichen Ankläger beim Spruchgericht Bielefeld, 31.1.1949 (Kopie), in: Archiv der TU Berlin NL Ebert 7. Zu Willing vgl. Baganz, Diskriminierung, S. 64–69.
299 Zu Astel vgl. Weindling, «Mustergau»; Hoßfeld, Anthropologie, S. 231–238, ferner die Personalakte in: UA Jena D 53 und die SS-Personalakte in: BA Berlin R 9361-III/3796.
300 J. Jessen an den Dekan der Rechts- und Staatswissenschaftlichen Fakultät Göttingen, 9.4.1935, in: BA Berlin R 4901/25 423 Bl. 25. In späteren Jahren entwickelte Jessen sich zum Regimegegner.
301 Der Bevollmächtigte für das Sanitäts- und Gesundheitswesen. Der Beauftragte für medizinische Wissenschaft und Forschung, Personalnotizen betr. Max Clara, o. D., in: BA Berlin R 9361-II/143 230.
302 H. Drexler an E. Steinke, 25.9.1943 (Durchschr.), in: BA Berlin R 9361-II/86 041. Drexler war 1941–1945 Dozentenbundführer und 1943–1945 Rektor der Göttinger Universität.
303 Brednich, Volkskunde, S. 493.
304 Zwei Beispiele in: Hammerstein, Goethe-Universität, Bd. I, S. 420–425.
305 Vgl. den «Lebenslauf von Präsident Prof. Dr. Karl Astel», Juli 1934, in: BA Berlin R 9361-III/3796.
306 Zu Claras Berufung nach Leipzig vgl. BA Berlin R 4901/13 856 Bl. 249.
307 Bozsa, Eugen Mattiat, S. 97–111.
308 Die folgenden Angaben beruhen auf einer Analyse der Biographien von 93 Dozentenbundführern aller deutscher Universitäten – das sind sämtliche Dozentenbundführer, deren Namen mir aus den Quellen bekannt sind. Vgl. die Biogramme in: Grüttner, Lexikon.
309 Vgl. Jahreslagebericht 1938 des Sicherheitshauptamtes, in: Meldungen aus dem Reich, Bd. 2, S. 82.
310 Mertens, «Nur politisch Würdige», S. 131–146.
311 Albrecht/Klausnitzer, «Schwierigkeiten», S. 59.
312 Adam, Hochschule, S. 144.
313 Ratschko, Hochschulmediziner, S. 206 f., 232, 245 f.; van den Bussche, Karrieren, S. 100, 102; Hausmann, «Strudel», S. 132–136; Schreiber, Walther Wüst, S. 84–88, 100 ff.
314 Becker, Nahrungssicherung, S. 426.
315 Kelly, Personalpolitik, S. 71.
316 Vgl. S. 217–221.
317 Zu Schürmann vgl. die Personalakte des REM: BA Berlin R 4901/25 423 sowie Becker, Nahrungssicherung, S. 641–649; Schumann, Rechts- und Staatswissenschaftliche Fakultät, S. 103–106.
318 Zu Wetzel vgl. Adam, Hochschule, S. 70 f., 145 ff.; Scharer, Robert F. Wetzel.
319 Hammerstein, Goethe-Universität, Bd. I, S. 424.
320 E. Freerksen an W. Erxleben (Dienststelle Rosenberg), 1.9.1942, in: BA Berlin NS 15/243 Bl. 22.
321 Der Wille der Dozentenschaft, in: VB, Nr. 187, 6.7.1938.
322 Buddrus, Totale Erziehung, Teil 1, S. 324 (Anm. 80).

323 Vgl. die Tätigkeitsberichte in: Landesarchiv Berlin NL Willy Hoppe Nr. 66–68; HStA Weimar Reichsstatthalter Thüringen Nr. 370; BA Berlin R 187/526.
324 Rundschreiben des Reichsdozentenführers an alle Gauleiter, 8.1.1941, in: HStA Weimar Reichsstatthalter Thüringen Nr. 370 Bl. 29.
325 A. Rosenberg an M. Amann, 20.3.1939 (Durchschr.), in: BA Berlin NS 15/311 Bl. 180 ff.
326 Herausgeber waren Gustav Borger (Reichsdozentenführung) und die Dozentenbundführer Paul Ritterbusch (Kiel), Otto Streck (TH München), Robert Wetzel (Tübingen). Vgl. Deutschlands Erneuerung 24 (1940), S. 1.
327 G. Baumann, Durchbruch zur neuen Wissenschaft, in: Sonderdienst der NS-Presse, 21.3.1939, S. 2 (BA Berlin NS 15/311 Bl. 319).
328 W. Schultze an A. Rosenberg, 25.2.1939, in: BA Berlin NS 8/199 Bl. 73.
329 Text des Entwurfs in: BA Berlin NS 8/180 Bl. 4.
330 H. Uffenorde, Bericht über die Teilnahme an den Vorträgen und Besprechungen auf dem Dozentenlager Berlin, 1.4.1938, in: BA Berlin NS 38/3637.
331 Becker u. a. (Hg.), Universität Göttingen, S. 55 f. (Einleitung von H.-J. Dahms). Zu den übrigen Akademien siehe Göllnitz, Wissenschaftspolitik; Cornelißen, Universität Kiel, S. 23 f.; Adam, Hochschule, S. 181; Chroust, Universität, Bd. 1, S. 217 ff.
332 Bericht über die Zusammenkunft der Dozentenführer in den Gauen, Universitäten, Technischen Hochschulen und Medizinischen Akademien beim Reichsdozentenführer in München am 3. und 4. August 1942, S. 13, in: BA Berlin NS 15/330. Genaue Zahlen liegen nicht vor.
333 Bericht über Vorfälle bei der Führertagung des NSDB und NSDStB in Alt-Rehse am 11. und 12. Oktober 1935, in: BA Berlin R 4901/11 887/2 Bl. 135 f. Verfasser dieses Berichts war wahrscheinlich der damalige Leiter der Hochschulabteilung im REM, Franz Bachér.
334 W. Schultze an H. H. Lammers, 19.3.1941, in: BA Berlin R 43-II/941 Bl. 6.
335 Niederschrift über die Rektorenkonferenz am 15.12.1937, in: BA Berlin R 4901/708 Bl. 51.
336 RdErl. des REM, 27.8.1937, in: Die deutsche Hochschulverwaltung, Bd. 1, S. 18 f.
337 Grüttner, Studenten, S. 95 f.; Goebbels, Tagebücher, Teil II, Bd. 11, S. 473 f. (14.3.1944).
338 M. Bormann an das REM, 24.12.1937, in: BA Berlin R 4901/631 Bl. 69 ff.
339 REM an den StdF, 5.2.1938, in: BA Berlin R 4901/631 Bl. 73 ff.
340 A. Rosenberg an R. Heß, 23.12.1938, in: BA Berlin NS 8/180 Bl. 1 f.
341 M. Bormann an W. Schultze, 20.1.1939 (Abschr.), in: BA Berlin NS 8/181 Bl. 186.
342 Losemann, Nationalsozialismus, S. 94–108.
343 Vgl. Reichstagung der Wissenschaftlichen Akademien des NSD-Dozentenbundes, München 1940.
344 A. Rosenberg an den StdF, 30.11.1940, in: BA Berlin NS/184 Bl. 56–58.
345 M. Bormann an W. Schultze, 31.1.1941, in: BA Berlin NS 8/185 Bl. 185.
346 A. Rosenberg an W. Schultze, 8.2.1941 (Abschr.), in: BA Berlin NS 8/199 Bl. 29 f.
347 H. Härtle, Aktennotiz für den Reichsleiter, 2.4.1941, in: BA Berlin NS 8/240 Bl. 158 f.
348 Ebd., Bl. 159.

349 Grundsätze über das Verhältnis des NSD-Dozentenbundes zu dem Beauftragten des Führers für die Überwachung der gesamten geistigen und weltanschaulichen Schulung und Erziehung der NSDAP, 2.12.1941, Abschr. in: BA Berlin R 187/225 Bl. 88 f.
350 H. Härtle, Bericht über das Ergebnis der Verhandlungen mit dem NSD-Dozentenbund, 9.10.1941, S. 1, in: BA Berlin NS 8/240 Bl. 209. Katers Behauptung, der NSDDB sei Rosenberg seit Dezember 1941 «völlig hörig» gewesen (Kater, «Ahnenerbe», S. 280), ist daher nicht korrekt.
351 Bericht über die Zusammenkunft der Dozentenführer ... am 3. und 4. August 1942 (Anm. 332), S. 4, 13.
352 W. Schultze an A. Rosenberg, 3.11.1942, in: BA Berlin NS 15/330.
353 Zit. in: Hammerstein, Forschungsgemeinschaft, S. 385.
354 M. Bormann an W. Keitel (OKW), 27.1.1943, Abschr. in: BA Berlin R 43-II/663 Bl. 38 f.
355 W. Schultze an A. Rosenberg, 1.2.1943, in: BA Berlin NS 8/199 Bl. 10.
356 Anordnung A 45/43 der Parteikanzlei vom 18.7.1943, in: Reichsverfügungsblatt, NSDAP, Parteikanzlei, Ausgabe A, 26.7.1943.
357 Haushaltsplan des NSDDB für das Rechnungsjahr 1945, Anlage 1, in: BA Berlin R 187/225 Bl. 102.
358 W. M. Schering an den Rektor der Berliner Universität, 25.1.1944, in: UA der HUB Rektor und Senat 164.
359 W. Groß, Bericht über die Vortragsreihe des Hauptamtes Wissenschaft an deutschen Hochschulen im WS 1943/44, 1.3.1944, S. 5 f., in: BA Berlin NS 8/241 Bl. 158 f.
360 Schultze hatte als Vorsitzender der Stiftung «Mutter und Kind» einen Arzt aus persönlichen Gründen jahrelang drangsaliert und über diesen Konflikt Falschaussagen gegenüber verschiedenen Staats- und Parteistellen gemacht. Vgl. das Urteil des Obersten Parteigerichts der NSDAP, 5.4.1944, in: BA Berlin R 9361-III/555 444.
361 G. Klopfer, Vorlage an Reichsleiter Bormann, 12.1.1944, in: BA Berlin NS 6/797 Bl. 9.
362 Neuer Reichsdozentenführer beauftragt, in: Hamburger Tageblatt, Nr. 177, 30.6.1944.
363 Rundschreiben des Stabsführers der Reichsdozentenführung vom 12.1.1945, in: StA Hamburg Universität I T 10. H. 7.
364 Biogramm in Grüttner, Lexikon, S. 102.
365 Führungskreis der Reichsdozentenführung, in: VB, 8.7.1944 (Münchener Ausgabe).
366 Zur Biographie vgl. Piper, Alfred Rosenberg.
367 Bollmus, Amt Rosenberg, S. 25 f.
368 Vgl. die Liste der Unterzeichner des Kampfbund-Aufrufes «An die deutschen Universitäten und Hochschulen», in: VB, Nr. 121, 30.4.1932.
369 Bollmus, Amt Rosenberg, S. 54–60.
370 Schöbel, Hans Reinerth.
371 Lixfeld, Volkskunde, S. 192–205; Grüttner, Lexikon, S. 188 f.; Gailus, Kirchenkämpfer.
372 So Fritz Blättner, in: Pongratz (Hg.), Pädagogik, S. 39.
373 Zu Baeumler vgl. Heiber, Walter Frank, S. 586–590; Tilitzki, Universitätsphilosophie, Teil 1, S. 545–583, Teil 2, S. 935–963.

374 Dessoir, Buch, S. 74.
375 A. Baeumler an E. Rothacker, 12.6.1926, in: UB Bonn NL Rothacker I.
376 A. Baeumler, Daten im politischen Werdegang des Prof. Baeumler, o. D., in: BA Berlin NS 8/136 Bl. 13.
377 F. Kubach, Aktennotiz über die Besprechung ... mit Reichsleiter Rosenberg am 1.10.1937, in: BA Berlin NS 38/3719; H. Härtle, Aktenvermerk für den Reichsleiter betr. Leitung des Hauptamtes Wissenschaft, o. D., in: BA Berlin NS 8/240 Bl. 186–190; Heiber, Walter Frank, S. 588; Bollmus, Amt Rosenberg, S. 96.
378 Vgl. Hartung, Korrespondenz, S. 236, 248, 264 f.
379 Zur Gründung des Amtes Wissenschaft vgl. BA Berlin NS 15/298. Siehe auch Tilitzki, Universitätsphilosophie, Teil 2, S. 949–953.
380 «Hauptstelle Wissenschaft» [1938], in: NS 15/298.
381 «Die Aufgaben des Amtes Wissenschaft» (November 1939), in: BA Berlin NS 15/298.
382 Anordnung Rosenbergs vom 8.4.1941 (Abschr.), in: BA NS 8/264 Bl. 94.
383 Vgl. BA Berlin NS 8/128 Bl. 121.
384 Bollmus, Amt Rosenberg, S. 69. Zur Biographie vgl. Uhle, Neues Volk.
385 Vgl. S. 155.
386 Vgl. die Liste der von Rosenberg benannten Referenten auf S. 155.
387 Vgl. etwa Baeumlers Zustimmung zur Berufung Otto Höflers nach Kiel, 28.12.1934, in: BA Berlin R 4901/14798.
388 Wissenschaft und Weltanschauung. Blick in Aufgabe und Arbeit des «Amtes Wissenschaft» (MS), 29.1.1939, in: BA Berlin NS 15/298.
389 Einige Beispiele bei Heiber, Walter Frank, S. 123 f., 1249–1252.
390 Zur DFG vgl. Flachowsky, Notgemeinschaft; Orth/Oberkrome (Hg.), Forschungsgemeinschaft.
391 Zu Stark vgl. Beyerchen, Wissenschaftler, S. 146–171; Walker, Nazi Science, S. 5–63.
392 Zierold, Forschungsförderung, S. 187 f.; Heiber, Walter Frank, S. 800, 834.
393 Zierold, Forschungsförderung, S. 224.
394 Heiber, Walter Frank, S. 834.
395 J. Benecke, Erfolge der völkischen Vorgeschichtsforschung, in: VB, Nr. 30, 30.1.1938.
396 Bollmus, Amt Rosenberg, S. 163.
397 Bollmus, Amt Rosenberg, S. 231.
398 Vgl. S. 397 ff.
399 Deutsche Volkskunde im Schrifttum, Berlin 1938, S. 115.
400 Kater, «Ahnenerbe», S. 75. Zu Harmjanz vgl. Schmoll, Heinrich Harmjanz.
401 Vgl. dazu die Beschwerde Rosenbergs von 1942, zit. in: Heiber, Walter Frank, S. 651.
402 Lixfeld, Volkskunde, S. 281.
403 Lixfeld, Volkskunde, S. 286–294.
404 Eberle, Martin-Luther-Universität, S. 163–168. Zur Rolle des Gauleiters siehe Rosenberg, Aufzeichnungen, S. 156 f.
405 Eberle, Martin-Luther-Universität, S. 130.
406 J. Weigelt an das Hauptamt Wissenschaft der Dienststelle Rosenberg, 5.1. 1942 («vertraulich»), S. 1, in: BA Berlin R 9361-VI/3370. Zu Frauendienst siehe Eberle, Martin-Luther-Universität, S. 369.

407 Zu Brachmann vgl. Heiber, Universität, Teil II, 2, S. 473 f.
408 A. Baeumler, Aktennotiz für den Reichsleiter, 12.6.1944, in: BA Berlin NS 8/266 Bl. 9.
409 Aktennotiz von H. Harmjanz, 24.2.1943, in: BA Berlin R 4901/14778 Bl. 263 f.
410 Aktennotiz Harmjanz, 24.2.1943 (Anm. 409), Bl. 263. Zu Göhring vgl. Duchhardt, Karriere.
411 Vgl. S. 179 ff.
412 Vgl. H. Härtle an W. Koeppen, 15.6.1944, in: BA Berlin NS 8/241 Bl. 185 ff.
413 Die Übereinkunft bezog sich auf die folgenden Fachgebiete, an denen Rosenberg besonders interessiert war: Philosophie, Pädagogik, Psychologie, Sprachwissenschaft, Religionswissenschaft, Volkskunde und Völkerkunde, Rassenkunde, Kunstgeschichte, Musikwissenschaft, Archäologie, Vorgeschichte, Geschichte, Soziologie, Staatswissenschaften, Volkswirtschaftslehre, Rechtsphilosophie, Wehrwissenschaft, Zeitungswissenschaft, philosophische Grundlagen der Mathematik und der Naturwissenschaften, Philosophie der Technik. Vgl. A. Rosenberg an W. Schultze, 9.12.1938, in: BA Berlin NS 15/297 Bl. 488 f. 1941 kam auch noch die Biologie hinzu. Vgl. A. Baeumler an StdF, 10.2.1941, in: ebd. Bl. 268 f.
414 Einzelheiten zur Organisation des Berufungsverfahrens auf S. 236–239.
415 H. Härtle, Aktenvermerk für den Reichsleiter, 30.6.1941, in: BA Berlin NS 8/240 Bl. 182. Beispiele bei Losemann, Nationalsozialismus, S. 80–82.
416 BA Berlin R 43-II/1200 und 1200a.
417 Zit. in: Rosenberg, Tagebücher, S. 315 (7.2.1940).
418 A. Baeumler, Aktennotiz für den Reichsleiter, 14.7.1941, in: BA Berlin NS 8/264 Bl. 93. Zur «Hohen Schule» vgl. Bollmus, Projekt; Poliakov/Wulf, Denker, S. 127–164; Lixfeld, Volkskunde, S. 282–286.
419 Hitlers Gründungserlass vom 29.1.1940, in: Poliakov/Wulf, Denker, S. 131.
420 Anordnung A. Rosenbergs vom 30.10.1940, in: BA Berlin NS 8/265 Bl. 125.
421 Anordnung A. Rosenbergs vom 1.11.1940, in: BA Berlin NS 8/264 Bl. 97.
422 H.-W. Scheidt, Aktennotiz für Reichsleiter Rosenberg, 17.10.1941, in: BA Berlin NS 8/264 Bl. 67.
423 K. Wagner an die Parteikanzlei, 7.2.1943, in: BA R 187/386 Bl. 46–50.
424 Rupnow, Judenforschung, S. 85–100; Schiefelbein, Institut.
425 Moltmann, «Übersee- und Kolonialkunde»; Goede, Adolf Rein, S. 152–162.
426 Schott, Richard Harder; Losemann, Nationalsozialismus, S. 139–173.
427 Lixfeld, Volkskunde, S. 286–294.
428 A. Baeumler, Aktennotiz für den Reichsleiter, 14.7.1941, in: BA Berlin NS 8/264 Bl. 92.
429 Bollmus, Projekt, S. 141 f.
430 Bei den Außenstellen in München, Halle und Hamburg handelte es sich um Einmanninstitute, denen zwar einige Hilfs- und Bürokräfte, aber kein größerer Apparat zur Verfügung standen.
431 A. Rosenberg an B. Rust, 11.3.1943 (Abschr.), in: BA Berlin NS 15/243 Bl. 162.
432 Zur Haltung der Universität München vgl. A. Baeumler, Aktenvermerk für den Reichsleiter, 9.9.1940, in: BA Berlin NS 8/264 Bl. 103 f. Zur Position Mentzels vgl. Bollmus, Projekt, S. 140. Zur Politik des Reichsfinanzministers siehe B. Rust an A. Rosenberg, 7.10.1942 (Abschr.), in: BA Berlin NS 15/112.

433 Poliakov/Wulf, Denker, S. 132–139; Bollmus, Projekt, S. 141 f.; Lixfeld, Volkskunde, S. 285 f.
434 Bollmus, Amt Rosenberg, S. 145–152; Heuss, Kulturgutraub, S. 95–204; Piper, Alfred Rosenberg, S. 486–508.
435 K. Wagner, Vermerk für den Reichsleiter, 28.9.1944 (Abschr.), in: BA Berlin R 187/386 Bl. 102.
436 Rosenberg, Aufzeichnungen, S. 202.
437 Vgl. die Übersicht über die «Gesamtzahl der 1943 und 1944 freigemachten Mitarbeiter der Hohen Schule», o. D., in: BA Berlin R 187/386 Bl. 116.
438 Heiber, Walter Frank, S. 938–1150.
439 Heiber, Walter Frank, S. 187–216; Bollmus, Amt Rosenberg, S. 77 f., 199, 210.
440 W. Groß, Vermerk für H. Stellrecht, 13.4.1943 (Abschr.), in: BA Berlin NS 8/241 Bl. 81.
441 A. Baeumler, Aktennotiz für den Reichsleiter, 3.4.1944, in: Poliakov/Wulf, Denker, S. 99 f.
442 Biogramme in: Grüttner, Lexikon, S. 36, 42, 55, 70, 80, 84, 115, 119 f.
443 Biogramme in: Grüttner, Lexikon, S. 26, 75, 156.
444 Grüttner, Lexikon; Schreiber, Elite, S. 340–343.
445 Arnold, «Deutscher Student».
446 Kater, «Ahnenerbe», S. 139–144; Bollmus, Amt Rosenberg, S. 180, 223.
447 H. Härtle, Aktenvermerk für den Reichsleiter betr. Parteikanzlei und Amt Wissenschaft, 30.6.1941, in: BA Berlin NS 8/240 Bl. 182. Vgl. auch Härtles Aktennotiz vom 2.4.1941, in: ebd., Bl. 156 f.
448 Heiber, Walter Frank, S. 124, 655, 1131; Kater, «Ahnenerbe», S. 136.
449 Für den NSDDB lassen sich in dieser Hinsicht keine Aussagen machen, weil das Archiv der Organisation nicht mehr erhalten ist.
450 Dies betont zu Recht: Giles, Students, S. 204–207.
451 Heiber, Walter Frank, S. 915.
452 Longerich, Himmler, S. 286 f. Zur «Welteislehre» siehe Wessely, Welteis.
453 W. Schultze an H. H. Lammers, 19.3.1941, in: BA Berlin R 43-II/941 Bl. 6.
454 Kater, «Ahnenerbe», S. 280. Zu Wüst vgl. Schreiber, Walther Wüst.
455 W. Osenberg, Einige Vorgänge zur Charakterisierung der Arbeitsweise des Leiters des Geschäftsführenden Beirats des Reichsforschungsrates Ministerialdirektor Prof. Dr. Mentzel, 4.7.1944, in: BA Berlin R 26 III 112 Bl. 228–232; R. Mentzel an H. Himmler, 1.11.1944, in: BA Berlin R 26 II 185.
456 W. Osenberg an Ministerialdirigent F. Görnnert, 19.3.1945, in: BA Berlin R 26 III 49 Bl. 25 f.
457 Fischer, Erinnerungen II, S. 141.
458 Vgl. S. 244.
459 W. Best an den Chef des Sicherheitshauptamtes, 22.3.1935, in: BA Berlin R 9361-III/543 024.
460 Kater, «Ahnenerbe», S. 37, 68, 303, 368.
461 R. Mentzel an H. Himmler, 9.11.1942 (Auszug), in: BA Berlin R 9361-III/543 024.
462 Niederschrift über die Rektorenkonferenz am 15.12.1937, S. 85 f., in: BA Berlin R 4901/708 Bl. 121 f.
463 Vgl. S. 136 ff.
464 Vgl. zum Folgenden Bollmus, Amt Rosenberg, S. 215 ff.
465 Fünf Jahre später wurde Harmjanz nach Plagiatsvorwürfen schließlich doch

noch gestürzt. Vgl. Schmoll, Heinrich Harmjanz; Fischer, Erinnerungen I, S. 169–175.

466 Zur Geschichte des SD vgl. Browder, Hitler's Enforcers; Wildt (Hg.), Nachrichtendienst.

467 Browder, Numerical Strength.

468 Gerwarth, Reinhard Heydrich, S. 103–106; Herbert, Best, S. 142–147.

469 Zum hohen Anteil an Akademikern im SD vgl. Wildt, Generation. Zu Best siehe Herbert, Best. Zu Six: Hachmeister, Gegnerforscher.

470 Zu Höhn vgl. Müller, Reinhard Höhn; Wildt, Reinhard Höhn; Lösch, Geist, S. 320–334.

471 Zit in: Müller, Reinhard Höhn, S. 7.

472 Vgl. die eidesstattliche Erklärung von E. Krieck, Aufgaben und Ziele des SD (1946), in: GLA Karlsruhe NL Krieck No. 7; Wegeler, Altertumskunde, S. 354; Kater, «Ahnenerbe», S. 43; Adam, Hochschule, S. 76.

473 Schellenberg, Aufzeichnungen, S. 29 f.

474 Vgl. die Eidesstattliche Erklärung von Gerhard Ritter, 26.7.1946, in: Der Prozeß gegen die Hauptkriegsverbrecher vor dem Internationalen Militärgerichtshof, Bd. 42, Nürnberg 1949, S. 465–468.

475 Vgl. exemplarisch: Hoepke, SS.

476 Zu Eckhardt vgl. Nehlsen, Karl August Eckhardt; Heiber, Walter Frank, S. 857 ff.

477 Vgl. S. 364 f.

478 Ausführliche Darstellung dieses Konflikts bei Heiber, Walter Frank, S. 857–937.

479 Zu Spengler vgl. Wildt, Generation, S. 174 ff., 385–391; Grüttner, Lexikon, S. 163 f.

480 Nach Errichtung des Reichssicherheitshauptamtes wurde aus Spenglers Hauptabteilung II 21 die Gruppe III A, später die Gruppe III C.

481 Grüttner, Lexikon, S. 23, 141 f., 175 f.

482 Simon (Hg.), Germanistik; Lerchenmüller, Geschichtswissenschaft; Leaman/Simon, Philosophie-Professoren.

483 Vgl. S. 236 f.

484 Fischer, Erinnerungen I, S. 45 ff.

485 Vgl. Meldungen aus dem Reich.

486 Fischer, Erinnerungen II, S. 79 f.

487 Fischer, Erinnerungen II, S. 1 f., 11 f. Fischer war seit März 1944 Referent für die Naturwissenschaften in der Gruppe III C des RSHA.

488 Zu Osenberg vgl. Federspiel, «Endsieg»; Grüttner, Lexikon, S. 127. Zur Gründung des Planungsamtes siehe Flachowsky, Notgemeinschaft, S. 432–446; Fischer, Erinnerungen I, S. 176 ff.

489 Steuer, Herbert Jankuhn.

490 Zur Volkskunde vgl. Lixfeld, «Ahnenerbe».

491 Kater, «Ahnenerbe», S. 279 f.

492 Bollmus, Amt Rosenberg, S. 179; Kater, «Ahnenerbe», S. 73.

493 Die Neuorientierung wird skizziert in dem Schreiben des Reichsgeschäftsführers W. Sievers an T. Vahlen, 8.3.1944, in: BA Berlin NS 21/2570.

494 Zu Schneider, der nach 1945 unter einem anderen Namen eine neue Karriere als Hochschullehrer startete, vgl. König u. a. (Hg.), Vertuschte Vergangenheit.

495 Kater, «Ahnenerbe», S. 170–187.

496 Reitzenstein, Himmlers Forscher; Kater, «Ahnenerbe», S. 227–264.
497 Kater, «Ahnenerbe», S. 304, 306.
498 Kater, «Ahnenerbe», S. 287 f.; Lixfeld, «Ahnenerbe», S. 217–255.
499 Bollmus, Amt Rosenberg, S. 228 f.
500 Kater, «Ahnenerbe», S. 134 f.; Lerchenmueller, Geschichtswissenschaft, S. 99–111, 184 ff.
501 Vgl. Lerchenmueller, Geschichtswissenschaft, S. 101 f.
502 Vgl. UA Jena N 51/2. Zur Biographie von Greite siehe auch Grüttner, Lexikon, S. 63 f.
503 Behringer, Abwickler, S. 134; Schreiber, Walther Wüst, S. 242 f.
504 Gajek, Joseph Otto Plassmann, S. 126, 134–138.
505 Erfassung der Studenten der Universitäten und Technischen Hochschulen in den Gliederungen der NSDAP, WS 1937/38, Universitäten, in: BA Berlin NS 38/4009.
506 Giles, Professor, S. 115–121.
507 Chroust, Universität, Bd. 1, S. 296–301; Jansen, Professoren, S. 245.
508 Deichmann, Biologen, S. 225; Deichmann, Flüchten, S. 206. Diese Zahlen schließen auch Wissenschaftler ein, die an Kaiser-Wilhelm-Instituten tätig waren.
509 Botsch, «Politische Wissenschaft», S. 49–59, 64 f.
510 Möhler, Reichsuniversität, S. 698.
511 Vgl. S. 262.

4. Die Universität im Kraftfeld der Politik

1 RdErl. des badischen KM, 21.8.1933, in: GStA PK I. HA Rep. 76 Va Sekt. 1 Tit. I Nr. 39 II Bl. 423–425.
2 RdErl. des bayerischen KM, 28.8.1933, in: GStA PK I. HA Rep. 76 Va Sekt. 1 Tit. I Nr. 39 II Bl. 421.
3 Vorläufige Maßnahmen zur Vereinfachung der Hochschulverwaltung. RdErl. des Preußischen KM, 28.10.1933, in: ZBl. 75 (1933), S. 291. Zur Hamburger Regelung vgl. Gesetz über die Neuordnung der Universität, 19.1.1934, § 6, in: Hamburgisches Gesetz- und Verordnungsblatt 1934, S. 11–18, 12.
4 Richtlinien zur Vereinheitlichung der Hochschulverwaltung, 1.4.1935, in: Die Deutsche Hochschulverwaltung, Bd. 1, S. 34 f.
5 RdErl. des REM, 1.7.1935, in: Die Deutsche Hochschulverwaltung, Bd. 1, S. 35.
6 Jahr, «Führen», S. 26–28; Baumgart, Rektor, S. 30 f.; Heiber, Universität, Teil II, 2, S. 183–187, 463.
7 RdErl. des REM, 22.3.1938, in: BA Berlin R 4901/13 832.
8 Heiber, Universität, Teil II, 1, S. 326 f.
9 Eberle, Martin-Luther-Universität, S. 446 f.; Kretschmann, Einsatz.
10 RdErl. des REM, 24.1.1935, in: BA Berlin R 4901/13 832 Bl. 4 f.
11 RdErl. des REM, 13.2.1938, in: BA Berlin R 4901/13 832 Bl. 14.
12 Baumgardt, University Career, S. 261; Jahr, «Führen», S. 24 f.
13 Hoßfeld u. a., «Kämpferische Wissenschaft», S. 61, 111. Zu Meyer-Erlach siehe Postert, «Volk».

14 Vgl. BA Berlin R 4901/705.
15 Voss, Posener Tagebuch, S. 25.
16 Grün, Rektor, S. 398.
17 Handschriftliche Notiz von P. Ritterbusch, 23.9.1942, in: BA Berlin R 4901/1716 Bl. 212.
18 Adam, Hochschule, S. 66.
19 Giles, Students, S. 126.
20 Mish, Führer, S. 41.
21 Eckart u. a., Universitätsleitung, S. 16.
22 G. A. Walz, Rechenschaftsbericht über die abgelaufene Rektoratsperiode, 25.3.1935, S. 15, in: BA Berlin R 4901/1716 Bl. 17.
23 O. Wacker an den Rektor der Universität Königsberg, 25.10.1937, in: BA Berlin R 4901/13 832 Bl. 125.
24 Die Deutsche Hochschulverwaltung, Bd. 1, S. 34.
25 Vgl. exemplarisch die Leipziger Vorgänge in: BA Berlin R 4901/1908 Bl. 11–43.
26 Grün, Rektor, S. 284–287.
27 E. Krieck, Die Führungsfrage in den deutschen Hochschulen, in: Akademische Blätter 51 (1936/37), S. 225 f.; Heiber, Universität, Teil II, 1, S. 350.
28 Seier, Rektor, S. 143 f.
29 E. Freerksen an das REM, 18.12.1941, in: BA Berlin R 4901/13 853.
30 RdErl. des REM, 7.12.1936, in: BA Berlin R 4901/667 Bl. 145; Grüttner, Studenten, S. 317 f.
31 REM an den badischen Kultusminister, 27.8.1937, in: BA Berlin R 4901/631 Bl. 44. Irrtümliche Darstellung des Sachverhalts bei Seier, Rektor, S. 131.
32 Niederschrift über die Rektorenkonferenz am 15.12.1937, in: BA Berlin R 4901/708 Bl. 38. Vgl. auch Jahreslagebericht 1938 des Sicherheitshauptamtes, in: Meldungen aus dem Reich, Bd. 2, S. 83.
33 Baumgart, Rektor, S. 28 f.
34 L. Mühlhausen an die Reichsamtsleitung des NSDDB, 24.2.1936, in: BA Berlin NS 38/5449. Siehe auch Giles, Students, S. 151–160.
35 W. Schultze an O. Wacker, 20.10.1937, in: BA Berlin R 4901/1796 Bl. 411.
36 Grün, Rektor, S. 347–476.
37 Nämlich: Paul Ritterbusch (Kiel), Hans-Bernhard von Grünberg (Königsberg) und Artur Knick (Leipzig). Vgl. Verzeichnis der Rektoren (Stand: 1.11. 1938), in: BA Berlin R 4901/13 832 Bl. 191. Biogramme in: Grüttner, Lexikon, S. 65, 92 f., 140.
38 W. Schultze an Gauleiter R. Wagner, 22.12.1939, in: GLA Karlsruhe 465 d/1712.
39 Seier, Rektor, S. 119 f.
40 Vermerk W. Groh, 24.2.1937, in: BA Berlin R 4901/13 832 Bl. 98; G. A. Scheel an F. Kubach, 8.1.1937, in: BA Berlin NS 38/3714; F. Kubach an Reichsstudentenführer, 12.4.1937, in: ebd.
41 M. Bormann an den REM, 1.2.1941, in: BA R 4901/13 832 Bl. 244.
42 E. Obst an E. Ferber, 24.10.1941, in: BA Berlin R 4901/1716 Bl. 181.
43 Vermerk G. Kasper, 10.8.1937, in: BA Berlin R 4901/1256 Bl. 46. Siehe auch Jahr, «Führen», S. 26–28.
44 Ähnlich auch: Grün, Rektor, S. 604; Eberle, «Instrument», S. 156.
45 Eberle, Martin-Luther-Universität, S. 12.

46 Sievers, Rektor und Kurator, S. 41–49.
47 Zu Astel vgl. UA Jena D 53; BA Berlin R 9361-III/3796; Grüttner, Lexikon, S. 16; Weindling, «Mustergau» Thüringen, S. 1013–1026; Zimmermann, Jena, S. 31–33.
48 Zu Grünberg vgl. Heiber, Universität, Teil II, 2, S. 333–337; Grüttner, Lexikon, S. 65.
49 Heuß, De se ipse, S. 199.
50 Vgl. BA Berlin R 4901/1716 Bl. 155–212. Zu Henkel vgl. auch Grüttner, Lexikon, S. 74.
51 Hammerstein, Goethe-Universität, Bd. I, S. 538–541; Heiber, Universität, Teil II, 2, S. 169.
52 Golczewski, Kölner Universitätslehrer, S. 248–259, 265–269.
53 Hehl, In den Umbrüchen, S. 191–195. Zur Biographie: Grüttner, Lexikon, S. 59.
54 Heiber, Universität, Teil II, 2, S. 325–333.
55 Die Deutsche Hochschulverwaltung, Bd. 1, S. 34.
56 O. Sommer an O. Wacker, 11.11.1938, in: BA Berlin R 4901/708 Bl. 623 ff.
57 Stenogr. Niederschrift der Konferenz der Kuratoren, 28.5.1937, in: BA Berlin R 4901/703 Bl. 130–133.
58 Heiber, Universität, Teil II, 1, S. 387–434.
59 Vgl. z. B. das Referat von A. von Arnim, in: Prot. der Rektorenkonferenz vom 11.5.1937, in: BA Berlin R 4901/707 Bl. 200.
60 Niederschrift über die Rektorenkonferenz am 15.12.1937, in: BA Berlin R 4901/708 Bl. 54.
61 Zu Thüringen vgl. John/Stutz, Jenaer Universität, S. 334 f., 363 f.
62 Vgl. BA Berlin R 4901/2130.
63 Eingabe der Wiener Rektoren an das REM, 18.7.1941, Abschr. in: UA der HUB Rektor und Senat 151. Zum Hintergrund vgl. Müller, Adaptierung, S. 612–616.
64 Nagel, Führertum, S. 355–359; Míšková, Universität, S. 101–104.
65 So schon Seier, Rektor.
66 RdErl. des REM, 15.5.1935, in: Deutsche Hochschulverwaltung, Bd. 2, S. 10 f.
67 F. Pietrusky an MR J. Haupt, 8.3.1934, in: GStA PK I. HA Rep. 76 V Sekt. 1 Tit. IV Nr. 1 Beiheft Bl. 15–28.
68 Grün, Rektor, S. 561–563; Büchner, Pläne, S. 75 f. Zu Süss vgl. auch Remmert, Problem.
69 Schneider, Widerstand, S. 248–250. Zu Reinhardt siehe auch Heiber, Universität, Teil II, 2, S. 558 f. Krauss hatte sich an Widerstandsaktionen der «Roten Kapelle» beteiligt.
70 Mish, Führer, S. 40 f.; Grün, Rektor, S. 413 ff.; Nagel (Hg.), Philipps-Universität, S. 32–35.
71 E. Hirsch an H. Lietzmann, 10.12.1936, in: Aland (Hg.), Glanz, S. 866.
72 Eberle, «Instrument», S. 159 f. Zu den drei Rektoren siehe Grüttner, Lexikon, S. 43 f., 138, 183.
73 Borowsky, Fakultät, S. 447 f.; van den Bussche, Universitätsmedizin, S. 108; Böhm, Selbstverwaltung, S. 390, 400, 403, 589; Böhm, Fakultät, S. 694, 711 f.; Ratschko, Hochschulmediziner, S. 216, 371.
74 Eckart, Medizinische Fakultät, S. 643.
75 Vézina, «Gleichschaltung», S. 162.
76 Schreiber, Walther Wüst, S. 73–149.

77 J. Löhr an das KM, 27.11.1945, zit. in: Burkard, Entwicklung, S. 165.
78 Niederschrift über die Rektorenkonferenz am 15.12.1937, in: BA Berlin R 4901/708 Bl. 44. Vgl. auch Böhm, Selbstverwaltung, S. 494.
79 Vgl. die Daten für Hamburg, Greifswald und Jena in Tabelle 10 (S. 246).
80 Dietel, Leipzig, S. 445–500.
81 Hochschulbehörde Hamburg an das badische KM, 8.12.1925, in: GStA PK I. HA Rep. 76 Va Sekt. 1 Tit. IV Nr. 58 Bl. 90.
82 Grüttner u. a., Berliner Universität, S. 104 f.
83 RdErl. des preußischen KM, 28.6.1933, in: GStA PK I. HA Rep. 76 Va Sekt. 1 Tit. IV Nr. 58 Bl. 188.
84 Zit. in: Ratschko, Hochschulmediziner, S. 95.
85 Vgl. S. 143 ff. Siehe auch Böhm, Selbstverwaltung, S. 477.
86 H. Lohmann, Sinn und Aufgaben der Deutschen Dozentenschaft in der neuen Hochschule, in: Der Deutsche Student 2 (1934), S. 506. Vgl. auch Grüttner, Studenten, S. 83.
87 Grüttner, Studenten, S. 82 f.
88 Daniels/Michl, Strukturwandel, S. 52 f.
89 Vgl. die Korrespondenz von ORR C. H. Lange mit W. Friedrich in: BA Berlin NS 38/54 Bl. 29–34.
90 Siebe, Studenten, S. 189.
91 Chroust, Universität, Bd. 1, S. 199.
92 Prot. der Rektorenkonferenz vom 7. und 8. März 1939, in: BA Berlin R 4901/708 Bl. 483–491.
93 RdErl. des REM vom 1.8.1940, in: StA Hamburg Staatsverwaltung B V 92 b UA 51.
94 Erlaß über die Beteiligung des Stellvertreters des Führers bei der Ernennung von Beamten, 24.9.1935, in: RGBl. 1935 I, S. 1203.
95 Longerich, Hitlers Stellvertreter, S. 40–43, 73, 257.
96 Niederschrift über die Rektorenkonferenz am 15.12.1937, in: BA Berlin R 4901/708 Bl. 125.
97 R. Mentzel an den StdF, 18.11.1940 (Abschr.), in: BA Berlin R 4901/13 856 Bl. 305.
98 F. Bachér an die Personalreferenten bei W I, 12.11.1935, in: BA Berlin R 4901/14 354 Bl. 327–330.
99 Stenographischer Bericht über die Rektorenkonferenz am 31.5.1935, in: BA Berlin R 4901/706 Bl. 67 f.
100 Vgl. das Referat von ORR W. Studentkowski auf der Kuratorenkonferenz am 28.5.1937, in: BA Berlin R 4901/703 Bl. 71–76.
101 Daniels/Michl, Strukturwandel, S. 64–66; Hentschel/Renneberg, Karriere.
102 Ditt, Raum, S. 269–272; Fausser, Geschichtswissenschaft, S. 24–43.
103 Jena: UA Jena BA 1796 Bl. 22–25; Hamburg: Kleinberger, Hochschulpolitik, S. 17; Berlin: Rektor der Universität Berlin an W. Willing, 9.6.1936, in: UA der HUB Rektor und Senat 155. Zahl der Lehrstühle nach: BA Berlin R 4901/994 Bl. 154. Vgl. auch Eberle, Martin-Luther-Universität, S. 162.
104 Vgl. das Referat von L. Kölbl auf der Rektorenkonferenz vom 11.5.1937, in: BA Berlin R 4901/707 Bl. 362 f.
105 Vgl. Niederschrift über die Rektorenkonferenz am 15.12.1937, in: BA Berlin R 4901/708 Bl. 121–126 und die Korrespondenz zwischen REM und StdF 1937/38, in: BA Berlin R 4901/631 und R 4901/13 856.

106 Niederschrift über die Rektorenkonferenz am 15.12.1937, in: BA Berlin R 4901/708 Bl. 125.
107 REM an das Mecklenburgische Staatsministerium, Abt. Unterricht, 8.8. 1938, in: BA Berlin R 4901/13 856 Bl. 76f.
108 Fischer, Erinnerungen I, S. 45ff., 122f. Fischer war beim SD für Wissenschaftspolitik zuständig.
109 Der offizielle Verfahrensweg wird skizziert in: RdErl. des REM, 14.5.1938, in: Die Deutsche Hochschulverwaltung, Bd. 2, S. 38f.
110 K. T. Redenz an ORR G. Kasper, 10.8.1938, in: BA Berlin R 4901/13 856 Bl. 155–162; Aktenvermerk, 31.12.1938, in: ebd. Bl. 163; Kater, «Ahnenerbe», S. 435, Anm. 150.
111 Longerich, Hitlers Stellvertreter, S. 63f.
112 Brintzinger, Wirtschaftswissenschaftliche Abteilung, S. 210–215.
113 R. Mentzel an den StdF, 18.11.1940, in: BA Berlin R 4901/13 856 Bl. 305.
114 Vgl. A. Rosenberg an M. Bormann, 28.5.1941, in: BA Berlin NS 8/185.
115 Burkard, Kirchenpolitik, S. 62ff.; Haering, Voraussetzungen.
116 Süß, «Volkskörper», S. 76. Zu Brandt siehe auch Schmidt, Hitlers Arzt.
117 Zu Rostock vgl. Grüttner, Lexikon, S. 142.
118 K. Knoll an M. de Crinis, 9.2.1944, in: BA Berlin R 9361-VI/1539.
119 Bollmus, Amt Rosenberg, S. 228f.; Kater, «Ahnenerbe», S. 287f.
120 Dainat, Berufungspolitik, S. 77.
121 Böhm, Selbstverwaltung, S. 461–469; Michel, Berufungspolitik, S. 134–141.
122 Seidler/Leven, Fakultät, S. 498ff., 502.
123 Bayerisches KM an den Rektor der Universität München, 5.3.1935, in: UA München Senat 65.
124 Ratschko, Hochschulmediziner, S. 80f., 105–109, 112–116. Zu Holzlöhner und Löhr vgl. auch Grüttner, Lexikon, S. 78f., 111.
125 Dahms, Philosophie, S. 47.
126 Böhm, Selbstverwaltung, S. 495.
127 Heiber, Universität, Teil I, S. 445–460; Böhm, Selbstverwaltung, S. 507–514.
128 Heiber, Walter Frank, S. 485–492; Schorcht, Philosophie, S. 141–152; Böhm, Selbstverwaltung, S. 488f.
129 Schorcht, Philosophie, S. 196–206; Böhm, Selbstverwaltung, S. 514–528.
130 Zit. in: Böhm, Selbstverwaltung, S. 577f.
131 Heiber, Walter Frank, S. 490ff.; Schorcht, Philosophie, S. 203–206; Böhm, Selbstverwaltung, S. 506–528; Heiber, Universität, Teil I, S. 450–460.
132 Beyerchen, Wissenschaftler, S. 104f.; Deichmann, Flüchten, S. 210.
133 M. Staemmler an B. Rust, 26.2.1937, in: BA Berlin R 4901/13 856 Bl. 236.
134 W. Groß, Betrifft: «Entpolitisierung» von Wissenschaft und Hochschule (MS), 20.10.1936, S. 4f., in: BA Berlin NS 38/3636.
135 Konferenz der Leiter der Studentenschaften an den deutschen Hochschulen im REM, 26.5.1935, Stenographisches Prot., in: BA Berlin R 4901/708 Bl. 66f.
136 Kelly, National Socialism, S. 304f., 324f., 459f.; Geuter, Professionalisierung, S. 114f.; Dainat, Berufungspolitik, S. 80f.; Hammerstein, Goethe-Universität, Bd. I, S. 420; Walker, Uranmaschine, S. 86f.
137 Niederschrift über die Rektorenkonferenz am 15.12.1937, in: BA Berlin R 4901/708 Bl. 50.

138 F. Kubach an den Reichsstudentenführer, 12.4.1937 (Durchschr.), in: BA Berlin NS 38/3714.
139 R. Mentzel an MR K. Krüger, 16.1.1941, in: BA Berlin R 4901/13 856 Bl. 333 RS.
140 E. Freerksen an W. Erxleben, 1.9.1942, in: BA Berlin NS 15/243 Bl. 22. Zu Freerksen vgl. Ratschko, Hochschulmediziner, S. 364–371.
141 G. Borger an die Parteikanzlei, 19.11.1941, in: BA Berlin NS 15/244 Bl. 26.
142 Dainat, Berufungspolitik, S. 66; Ratschko, Hochschulmediziner, S. 259 f.; Hammerstein, Goethe-Universität, Bd. I, S. 500 f.
143 Nagel, Universität im Dritten Reich, S. 447.
144 REM an H. Göring, 21.7.1943, in: BA Berlin R 4901/14 528 Bl. 376. Vgl. auch Groß, Karl Häupl.
145 H. Himmler, zit. nach: Heiber, Walter Frank, S. 124.
146 Kater, «Ahnenerbe», S. 137 ff.; Bonk, Philologie, S. 324 f.; Schreiber, Walther Wüst, S. 121 ff.; Herber, Gerichtsmedizin, S. 134 f.; Zimmermann, Jena, S. 42.
147 Berg, Karl Alexander von Müller, S. 219 f.; Eberle, Martin-Luther-Universität, S. 118 f., 129 f.; Chroust, Universität, Bd. 1, S. 183; van den Bussche, Karrieren, S. 102; Ratschko, Hochschulmediziner, S. 112.
148 Bericht des SD-Abschnitts Frankfurt/Main, 8.3.1944, S. 9, in: BA Berlin R 58/96.
149 Niederschrift über die Rektorenkonferenz am 15.12.1937, in: BA Berlin R 4901/708 Bl. 121. Zu Hoppe vgl. Jahr, Rektor.
150 Zur Durchsetzung der Habilitation als Karrierestufe vgl. Paletschek, Erfindung, S. 226–232.
151 Paletschek, Erfindung, S. 231; Grüttner u. a., Berliner Universität, S. 109; eigene Berechnung.
152 Die Namen der neu Berufenen wurden durch einen Vergleich der Vorlesungsverzeichnisse des SoSe 1933 und des WS 1944/45 erhoben. Angaben zur Qualifikation nach: Kürschners Deutscher Gelehrten-Kalender; Neue Deutsche Biographie; Eberle, «Instrument», S. 620–855; F. Stier, Lebensskizzen der Dozenten und Professoren an der Universität Jena 1548/58–1958, Jena 1960 (MS), 4 Bde. (UA Jena); Personalakten im StA Hamburg und im UA Jena; Auskünfte des UA Greifswald und des UA Erlangen.
153 Grüttner, Hochschulpolitik, S. 189–192.
154 Dainat, Berufungspolitik, S. 83–86.
155 Vézina, «Gleichschaltung», S. 172.
156 NSDDB Frankfurt am Main an den REM, 25.5.1938. Zum George-Kreis vgl. Karlauf, Stefan George.
157 Weber, Max Kommerell, S. 425.
158 NSDDB Frankfurt am Main an K. Lieser, 25.5.1937, in: UA Frankfurt am Main Abt. 10 Nr. 118.
159 Reichsdozentenführer an H. Guthmann, 5.12.1940, in: UA Frankfurt am Main Abt. 10 Nr. 118.
160 In den Ausführungen zu Ritter folge ich: Sandkühler, Joachim Ritter; Thiel, «Zinnsoldaten», S. 185–193; Tilitzki, Universitätsphilosophie, Teil 2, S. 823–831. Dort werden auch alle Zitate belegt.
161 A. Baeumler an den Dozentenbundführer der Universität Graz, 28.6.1939, in: BA Berlin NS 15/311 Bl. 177. Für den Hinweis auf diese Quelle danke ich Hans Jörg Sandkühler.

162 Sandkühler, Joachim Ritter, S. 239; Thiel, «Zinnsoldaten», S. 190; Tilitzki, Universitätsphilosophie, Teil 2, S. 830 f.
163 Kahle, Bonn University, S. 18; Nagel, Gerd Tellenbach, S. 84–87.
164 Zu Erdmann vgl. Reichert, Fackel, Bd. 1, S. 164–223.
165 Vgl. Tabelle 13 (S. 301).
166 Zahlen nach: Grüttner, Studenten, S. 487; Statistisches Handbuch von Deutschland, S. 625 f. Zu den Ursachen des Rückgangs siehe Grüttner, Studenten, S. 101–109.
167 F. Bachér (?) an S. Kunisch, 23.1.1936, in: BA Berlin R 4901/11 887/2 Bl. 473 f.
168 J. Popitz an das preußische KM, 20.1.1934, in: GStA PK I. HA Rep. 151 C Nr. 6549.
169 Heiber, Universität, Teil II, 1, S. 148–173.
170 M. Bormann an den REM, 31.5.1939, Abschr. in: BA Berlin R 4901/15 046.
171 Niederschrift über die Rektorenkonferenz am 15.12.1937, in: BA Berlin R 4901/708 Bl. 209.
172 Zu den Gründen vgl. Grüttner, Studenten, S. 106 f.
173 Rathkolb (Hg.), Schatten.
174 Gehler, Korporationsstudenten, S. 13 ff.; Weingand, «Tempo», S. 349.
175 Ash, Hochschulen, S. 45 f.; Weingand, «Tempo», S. 352 f.; Goller, Lage, S. 369 f.; Erker, Wien, S. 200 f.
176 Ash, Universität Wien, S. 121.
177 Weinert, Maßnahmen, S. 128.
178 Prot. vom 24.3.1938 über die Sitzung im Amt W des REM, in: BA Berlin R 4901/681 Bl. 29.
179 H. Huber, Bericht über meine Tätigkeit in Österreich, 9.4.1938, in: BA Berlin R 4901/681 Bl. 85.
180 Goller/Tidl, Jubel, S. 47–88.
181 Nagel, Bildungsreformer, S. 303.
182 Beispiele bei Huber, Rückkehr, S. 118 ff.
183 Müller, Adaptierung, S. 600.
184 RGBl. 1938 I, S. 607–610.
185 Vgl. S. 415 f.
186 Namensliste in: Mühlberger, Vertriebene Intelligenz. Siehe auch Stadler (Hg.), Vertriebene Vernunft.
187 Huber, Rückkehr, S. 18. In anderen Publikationen finden sich abweichende Zahlen.
188 Huber, Rückkehr, S. 28, 111 f.; Ash, Universität Wien, S. 117.
189 Goller/Tidl, Jubel, S. 23–27. Für die Universität Graz, die 1938 drei Nobelpreisträger verlor, liegen keine vergleichbaren Daten vor.
190 O. Wacker an W. Schultze, 4.7.1938, in: BA Berlin R 4901/13 856 Bl. 70.
191 Huber, Hochschullehrerschaft, S. 674–677; eigene Berechnung.
192 Kniefacz/Posch, Vertreibungspolitik.
193 Grüttner, Studenten, S. 287–316.
194 Lichtenberger-Fenz, «Bahnen», S. 552 f.
195 Sechste VO über die Übertragung von Aufgaben und Befugnissen des Reichsstatthalters in Österreich (Österreichische Landesregierung) vom 11.1.1940, in: RGBl. 1940 I, S. 52–55
196 Nagel, Bildungsreformer, S. 304 f.
197 Saurer, Institutsneugründungen, S. 307 f.

198 Svatek, Forschungsraum, S. 94 ff.
199 Mattl/Stuhlpfarrer, Angewandte Wissenschaft, S. 291.
200 Saurer, Institutsneugründungen.
201 Berger, Wiener Hochschule, S. 188 f.
202 Lichtenberger-Fenz, «Bahnen», S. 558.
203 Müller, Adaptierung, S. 612 ff.; Mikoletzky, Technik, S. 68 f.; Ash, Hochschulen, S. 58.
204 Brandes, Protektorat, Teil I, S. 83–95.
205 Arlt, Samuel Steinherz. Steinherz starb 1942 im Ghetto Theresienstadt.
206 Lönnecker, Prager deutsche Studentenschaft, S. 171–179.
207 Pešek, Studenten, S. 220.
208 Míšková, Universität, S. 42.
209 Míšková, Universität, S. 256. Namensliste: ebd., S. 58–76.
210 Míšková, Universität, S. 62 f.
211 Míšková, Universität, S. 101–104.
212 W. Zschintzsch, an den RdI, 30.10.1939, in: BA Berlin R 4901/687 Bl. 18.
213 Míšková, Universität, S. 98, 110 ff., 161 f., 120.
214 Míšková, Universität, S. 270 f. Die dort ebenfalls aufgelisteten fördernden Mitglieder der SS bleiben hier unberücksichtigt.
215 Zit. nach: Wiedemann, Reinhard-Heydrich-Stiftung, S. 32 f.
216 Zu Saure und Thums vgl. Grüttner, Lexikon, S. 145 f., 174; zu Beyer, Müller und Hippius: Wiedemann, Heydrich-Stiftung, S. 55–67, Roth, Heydrichs Professor; zu Schultz: Droste, Bruno K. Schultz.
217 Míšková, Universität, S. 250.
218 A. Rühl an M. de Crinis, 31.3.1942, zit. in: Heiber, Universität, Teil II, 2, S. 107.
219 Wiedemann, Heydrich-Stiftung, S. 21, 60, 64 f.; Gerwarth, Heydrich, S. 304 f.
220 Gerwarth, Heydrich, S. 311.
221 Heiber, Universität, Teil II, 2, S. 107; Rosenberg, Tagebücher, S. 469 f. (25./26.1.1943); Reitzenstein, Himmlers Forscher, S. 257.
222 Heiber, Universität, Teil II, 1, S. 195–202.
223 Grüttner, Studenten, S. 487. Zu den Ursachen des Rückgangs vgl. ebd., S. 101–106.
224 So auch: M. Bormann an H. H. Lammers, 17.10.1940, in: BA Berlin R 43-II/940 Bl. 43.
225 Voss, Posener Tagebuch, S. 42 ff.
226 K. Wais an H. Schneider, 20.12.1941, zit. in: Hausmann, «Strudel», S. 401. Zu Wais vgl. ebd., S. 337–345.
227 Vgl. S. 414–417.
228 Białkowski, Utopie, S. 9–46.
229 Reichsuniversitäten waren auch die nach 1938 annektierten Universitäten in Wien, Graz, Innsbruck und Prag, obwohl dies nicht im Namen zum Ausdruck kam.
230 Streit, Reichsuniversität, S. 315 f.
231 H. H. Lammers an den REM, 31.1.1940, in: BA Berlin R 43-II/940 Bl. 84.
232 A. Greiser an B. Rust, 1.7.1940, in: BA Berlin R 43-II/940 Bl. 90 f.
233 H. H. Lammers an A. Greiser, 8.7.1940, in: BA Berlin R 43-II/940 Bl. 92.
234 Die Universität Poznań hatte ihrerseits die Gebäude der Königlichen Akade-

mie übernommen, einer Volksbildungsstätte, die 1903 vom preußischen Staat gegründet worden war. Vgl. Schaller, «Reichsuniversität Posen», S. 49–94.

235 R. Mentzel, Bericht vom 31.10.1939, in: BA Berlin R 4901/687 Bl. 45–53.

236 R. Mentzel, Bericht vom 31.10.1939, in: BA Berlin R 4901/687 Bl. 49.

237 Zu den Personen, die sich für die Freilassung der polnischen Wissenschaftler einsetzten, gehörten renommierte deutsche Hochschullehrer wie Max Vasmer, Max von Laue, Otto Hahn, Karl von Frisch und Johannes Stroux. Vgl. August, «Sonderaktion Krakau», S. 43 f.; Bott, Haltung, S. 150–153.

238 Kleßmann/Długoborski, Nationalsozialistische Bildungspolitik, S. 541.

239 Białkowski, Utopie, S. 118; Reichsuniversität Posen, Verzeichnis für das WS 1944/45, S. 24–31.

240 Gehrke, Deutschbalten, S. 395.

241 Schaller, «Reichsuniversität Posen», S. 149, 190.

242 Voss, Posener Tagebuch, S. 41.

243 Zur Biographie vgl. Grüttner, Lexikon, S. 170 f.

244 VO zur Regelung des Hochschulwesens in den Reichgauen Danzig-Westpreußen und Wartheland, 10.3.1941, in: RGBl. 1941 I, S. 139.

245 Voss, Posener Tagebuch, S. 46; Wróblewska, Rolle und Aufgaben, S. 175.

246 A. Greiser, Der Aufbau im Osten, Jena 1942, S. 15.

247 Streit, Reichsuniversität, S. 317.

248 Białkowski, Utopie, S. 152 f.

249 Schaller, «Reichsuniversität Posen», S. 167 f., 172 f.; Białkowski, Utopie, S. 151–154.

250 Fahlbusch, Wissenschaft, S. 151 f.

251 Schaller, «Reichsuniversität Posen», S. 229.

252 Streit, Reichsuniversität, S. 317.

253 Vgl. Rusts Rede in: Die Gründung der Reichsuniversität Posen, am Geburtstag des Führers 1941. Reden bei dem Staatsakt zur Eröffnung am 27. April 1941, Posen o. J., S. 23.

254 Streit, Reichsuniversität, S. 321.

255 Heinemann, Rasse, S. 612; Waller, Erschreckend einwandfrei, S. 67–70.

256 Białkowski, Utopie, S. 162 f.

257 Białkowski, Utopie, S. 158 f.

258 Hippius u. a., Volkstum, S. 19, 22, 62, 64, 113.

259 Hippius u. a., Volkstum, S. 18–20.

260 Voss, Posener Tagebuch, S. 54 (Fußnote von Götz Aly).

261 Piskorski, Reichsuniversität Posen, S. 261.

262 Zitate aus: Voss, Posener Tagebuch, S. 29, 32.

263 Streit, Reichsuniversität, S. 321.

264 Voss, Posener Tagebuch, S. 50.

265 Zit. in: Möhler, Reichsuniversität, S. 943.

266 RdI an den REM, 14.3.1941 in BA Berlin R 43-II/940a Bl 13. Vgl. auch Möhler, Reichsuniversität, S. 742.

267 H. Berve an R. Mentzel, 20.5.1941, in: BA Berlin R 4901/13856 Bl. 405; Heiber, Universität, Teil II, 1, S. 242; Schäfer, Lehre, S. 54 f.

268 Schaller, «Reichsuniversität Posen», S. 161; Hausmann, Wissenschaftsplanung, S. 214.

269 Craig, Scholarship, S. 195–225.

270 Raphael, Pariser Universität.
271 Möhler, Reichsuniversität, S. 717–738; Schäfer, Juristische Lehre, S. 17–19, 48 f.
272 W. Führer, Aktenvermerk vom 15.7.1940, in: BA Berlin R 4901/11 929 Bl. 3.
273 Zweiter Erlaß des Führers über die vorläufige Verwaltung im Elsaß und in Lothringen, 18.10.1940, in: Moll (Hg.), «Führer-Erlasse», S. 146 f. Vgl. auch Kettenacker, Volkstumspolitik, S. 59–64.
274 Hausmann, Wissenschaftsplanung, S. 195, der für die Anfänge von einer «Gauuniversität» spricht.
275 Kettenacker, Volkstumspolitik, S. 189.
276 Zitate aus: Der Neuaufbau der Universität Straßburg, in: BA Berlin R 4901/11 929 Bl. 77 f. Verfasser der Denkschrift war der badische Kultusminister Paul Schmitthenner.
277 Zu Anrich vgl. Möhler, Reichsuniversität, S. 37–64; Grüttner, Lexikon, S. 14 f.
278 R. Heydrich an H. Himmler, 10.4.1942, in: BA Berlin NS 19/2258 Bl. 29 f.
279 B. v. Schirach an H. Himmler, 19.5.1942, in: BA Berlin NS 19/2258 Bl. 35. Zu dem Konflikt zwischen Schirach und Anrich in den Jahren 1930/31 vgl. Faust, Studentenbund I, S. 153–163.
280 Möhler, Reichsuniversität, S. 102–141. Zu Schmidt siehe auch Forsbach, Fakultät, S. 266–273. Zu Scherberger und Stein vgl. Grüttner, Lexikon, S. 147 und 167.
281 E. Anrich an R. Ernst, 23.5.1941, S. 2, in: BA Berlin R 43-II/940a Bl. 41.
282 Hausmann, Wissenschaftsplanung, S. 202 f.; Möhler, Reichsuniversität, S. 57 ff., 187–200, 495 f.
283 Möhler, Reichsuniversität, S. 241–404.
284 Heiber, Universität, Teil II, 1, S. 225 f.; Möhler, Reichsuniversität, S. 71–76.
285 R. Heydrich an H. Himmler, 10.4.1942, in: BA Berlin NS 19/2258 Bl. 29 f.
286 H. H. Lammers an Reichsstatthalter R. Wagner, 9.4.1941, in: BA Berlin R 43-II/940a Bl. 23.
287 R. Wagner an A. Rosenberg, 5.5.1941 (Abschr.), in: BA Berlin NS 15/250. Zum Konflikt zwischen Wagner und dem REM vgl. Heiber, Universität, Teil II, 1, S. 229–234.
288 E. Anrich an R. Ernst, 23.5.1941, in: BA Berlin R 43-II/940a Bl. 43. Die Zahlen zur ursprünglichen Planung variieren in den Quellen.
289 Schmaltz, Kampfstoff-Forschung, S. 529.
290 Kant, Betrachtungen, S. 190, 196; Möhler, Reichsuniversität, S. 544–556.
291 Hausmann, Wissenschaftsplanung, S. 200.
292 Zu Huth vgl. Junginger, Religionswissenschaft, S. 248–268 (Zitat: S. 253).
293 Reichsuniversität Straßburg, Personal- und Vorlesungs-Verzeichnis WS 1944/45, S. 22–31.
294 E. Anrich an R. Ernst, 23.5.1941, in: BA Berlin R 43-II/940a Bl. 45 f.; Möhler, Reichsuniversität, S. 213 ff., 498–504.
295 Treß/Wettig, Göttingen, S. 383–388; Kaiser, Grenzverwirrungen, S. 148–154 und passim.
296 Behringer, Bauern-Franz; Lerchenmüller, Geschichtswissenschaft, S. 33 f. und passim.
297 Grüttner, Lexikon, S. 23 f.
298 Schmaltz, Kampfstoff-Forschung, S. 521–562.

299 Werther, Menschenversuche, S. 169 f.; Möhler, Reichsuniversität, S. 674–679.
300 Benzenhöfer, August Hirt; Reitzenstein, Himmlers Forscher, S. 105–149.
301 Reitzenstein, SS-Ahnenerbe. Eine andere Interpretation der Quellen bei: Lang, Namen.
302 Vgl. S. 210 f.
303 Möhler, Reichsuniversität, S. 125, 512–514, 699.
304 Zu Deuring vgl. S. 356 f. Siehe ferner: Białkowski, Utopie, S. 165.
305 Kant, Betrachtungen, S. 201; Lerchenmüller, Ende, S. 61–72.
306 Schaller, «Reichsuniversität Posen», S. 235–237.
307 Bericht der Außenstelle Berlin an die Badische Staatskanzlei, 9.9.1939, in: GLA Karlsruhe 235/4868.
308 Vgl. den Schnellbrief des REM an die Rektoren und Hochschulverwaltungen, 14.10.1939, in: BA Berlin R 43-II/940b Bl. 15 f.; RdErl. des REM, 8.12. 1939, in: BA Berlin 4901/14460 Bl. 48.
309 Grüttner, Studenten, S. 488. Die Zahlen beziehen sich nur auf das «Altreich».
310 Pöpping, Passion, S. 17, 228; Garbe, Theologe.
311 Hardenberg, Eberhard Schmidt, S. 255–279.
312 Ditt, Kulturraumforschung, S. 109 f.; Paech/Krampe, Fakultät, S. 895 f.
313 Schumann, Rechts- und Staatswissenschaftliche Fakultät, S. 86.
314 Ditt, Kulturraumforschung, S. 107–122.
315 Thimme, Percy Ernst Schramm, S. 473–486.
316 Hausmann, «Strudel», S. 403–407; Thiel, Lehrkörper, S. 517 f.; Reichert, Fackel, Bd. 1, S. 16 f.
317 Lerchenmueller, «Keltischer Sprengstoff», S. 401–410.
318 Böhm, Annäherungen, S. 44 f.
319 Eberle, Martin-Luther-Universität, S. 221.
320 Epple/Remmert, «Synthese»; Schappacher, Global Mathematics, S. 205 ff.; Thiel, Lehrkörper, S. 519.
321 B. Rust an H. H. Lammers, 25.7.1941, in: BA Berlin R 43-II/940a Bl. 117–121. Siehe auch Weidenhöfer, Tierärztliche Fakultät, S. 384–387; Thiel, Lehrkörper, S. 518.
322 Steuer, Herbert Jankuhn, S. 484–502; Schöbel, Hans Reinerth, S. 357 f. Allgemein zum Thema: Heuss, Kulturgutraub.
323 Míšková, Universität, S. 172.
324 Forsbach, Medizinische Fakultät, S. 576.
325 E. Rothacker an P. Kluckhohn, 24.8.1937, zit. in: Stöwer, Erich Rothacker, S. 197.
326 VO über Maßnahmen auf dem Gebiet des Beamtenrechts vom 1.9.1939, in: RGBl. 1939 I, S. 1603 f.
327 RdErl. des REM, 24.10.1939, in: Die Deutsche Hochschulverwaltung, Bd. 2, S. 11 f.; W. Groh an die Personalreferenten des Amtes W, 27.11.1939, in: BA Berlin R 4901/14253 Bl. 164.
328 Vgl. ORR Brandt an F. Kubach, 16.8.1944, in: BA Berlin R 4901/12851.
329 Bericht der SD-Hauptaußenstelle Karlsruhe, 23.10.1943, in: GLA Karlsruhe 235/4793. Vgl. auch Kater, Medizin und Mediziner, S. 342.
330 NSDDB an Parteikanzlei der NSDAP, 7.8.1942, zit. nach: Thiel, Dozent, S. 228.

331 Schreiber, Walther Wüst, S. 303–311.
332 GStA PK I. HA Rep. 151 IC Nr. 6542 Bl. 194.
333 Volkert/Jung, Mathematik, S. 1075; Günther, Niedergang, S. 189; Dageförde, Frauen, S. 260; Krähwinkel u. a., Krankenversorgung, S. 573 ff.
334 Bericht des SD-Abschnitts Frankfurt am Main, Förderung des wissenschaftlichen Nachwuchses durch Errichtung neuer Assistentenstellen, 26.6.1944, in: HHStA Wiesbaden 483/11267.
335 F. Stier an MR E. Breuer, 21.4.1942, in: HStA Weimar Volksbildungsministerium C 155/1.
336 Liermann, Rechtsgeschichte, S. 149; Tellenbach, Zeitgeschichte, S. 60.
337 Anordnung Nr. 211/39 des StdF, 26.10.1939, in: BA Berlin R 4901/312 Bl. 543; Kleinberger, Hochschulpolitik, S. 14; Bauer u. a., Universitätsklinik, S. 1036.
338 Zu Koch vgl. Mantel, Schicksale, S. 47–50; Eberle, Martin-Luther-Universität, S. 108 f., 295. Zu Tuckermann siehe Wardenga, Geographie, S. 1233 f.
339 Vgl. zu Jena: John/Stutz, Jenaer Universität, S. 581 f.; Halle: Eberle, Martin-Luther-Universität, S. 196; Greifswald: Barz, Zwangsarbeit, S. 273; Tübingen: Wiglusch/Schittenhelm, Zwangsarbeiter; Freiburg: Speck, Zwangsarbeit; Berlin: Rückl u. a., Zwangsarbeiter. Bei den Zahlenangaben ist zu berücksichtigen, dass wahrscheinlich nicht alle ausländischen Arbeitskräfte Zwangsarbeiter waren.
340 Grüttner, Studenten, S. 361–369.
341 Schreiber, Walther Wüst, S. 317 f.; Grüttner, Studenten, S. 385 f.
342 Grüttner, Studenten, S. 370–374, 386.
343 Flachowsky, Notgemeinschaft, S. 259–267.
344 Rusinek, Wald.
345 Vgl. Tabelle 22 (Anhang). Eine ähnliche Entwicklung zeigen auch die Finanzen der Kaiser-Wilhelm-Gesellschaft, deren Einnahmen zwischen 1936 und 1938/39 massiv angestiegen waren, dann aber bis Ende 1941 stagnierten. Vgl. Hachtmann, Wissenschaftsmanagement, Bd. 1, S. 198, Bd. 2, S. 1264 f.
346 Vgl. S. 388–392.
347 Hitler, Monologe, S. 181 (5./6.1.1941).
348 Brown, Imperatives; Handel, Arbeitsgemeinschaft Rotterdam.
349 Goebbels, Tagebücher, Teil II, Bd. 8, S. 295 (14.5.1943).
350 A. Speer an H. H. Lammers, 4.6.1942, in: BA Berlin R 43-II/1232b Bl. 9 f.
351 Hammerstein, Forschungsgemeinschaft, S. 348 ff.; Flachowsky, Notgemeinschaft, S. 293–297.
352 Vgl. Tabelle 22 (Anhang).
353 Zierold, Forschungsförderung, S. 251 f.
354 Deutscher Wochendienst, Nr. 8961, 18.6.1943.
355 Vgl. Tabelle 20 (Anhang).
356 Vgl. hierzu und zum Folgenden: Flachowsky, Notgemeinschaft, S. 432–446.
357 Vgl. S. 478 ff.
358 Schreiber, Walther Wüst, S. 287 f.
359 Eberle, Martin-Luther-Universität, S. 194; Schreiber, Walther Wüst, S. 288 ff.; Schlechter, Universitätsbibliothek, S. 108; John/Stutz, Jenaer Universität, S. 580 f.; Hendel u. a., Wege, S. 231–240.
360 Buddrus/Fritzlar, Professoren, S. 340.
361 Ratschko, Hochschulmediziner, S. 343–349; Hehl, In den Umbrüchen,

S. 317 f.; Hammerstein, Goethe-Universität, S. 533; Felz, Recht, S. 124 f.; Forsbach, Fakultät, S. 586–595; Grün, Rektor, S. 556 f.

362 Schreiber, Walther Wüst, S. 297–303; Walker, Uranmaschine, S. 162 f.; Fischer, Erinnerungen II, S. 30.

363 Schreiber, Walther Wüst, S. 293.

364 Grüttner, Studenten, S. 425 f.

365 Schnellbrief des REM, 12.10.1944, in: BA Berlin R 4901/12624 Bl. 230–237; Fernschreiben der Parteikanzlei an Gauleiter F. Sauckel, 1.11.1944, in: HStA Weimar Reichsstatthalter in Tübingen 393.

5. Der Lehrkörper

1 RdErle. A 1716 und A 1717 des preußischen KM vom 22.7.1933, in: ZBl. 75 (1933), S. 203 f.

2 Niederschrift über die Ergebnisse der Rektorenkonferenz in Berlin am 21. Oktober 1933, in: StA Hamburg Universität I C 10.8 Bd. 2.

3 Gesetz über die Vereidigung der Beamten und der Soldaten der Wehrmacht vom 20.8.1934, in: RGBl. 1934 I, S. 785.

4 Engehausen, Feiern, S. 130.

5 Eberle, Martin-Luther-Universität, S. 96 ff.

6 Böhm, Selbstverwaltung, S. 564.

7 H. Schneider an A. Heusler, 13.12.1933, zit. in: v. See/Zernack, Germanistik, S. 70.

8 GStA PK I. HA Rep. 76 Va Sekt. 13 Tit. IV Nr. 22 Bl. 140–157; Heiber, Universität, Teil I, S. 167 ff.; Flammer, Münster, S. 204 f.

9 Zit. in: Ebbinghaus, Ernst Zermelo, S. 151.

10 K. Barth an B. Rust, 16.12.1933, zit. in: Prolingheuer, Fall Karl Barth, S. 240.

11 Prolingheuer, Fall Karl Barth; Heiber, Universität, Teil I, S. 157–162.

12 Buddrus/Fritzlar, Professoren, S. 138 ff.

13 Müller, Josef Schmidlin, S. 325–333.

14 Eberle, Martin-Luther-Universität, S. 96 f.

15 A. Debrunner an die NSDAP-Kreisleitung Jena, 5.12.1934, in: HStA Weimar Personalakten aus dem Bereich Volksbildung Nr. 4222 Bl. 3.

16 UA Jena D 473; HStA Weimar Personalakten aus dem Bereich Volksbildung Nr. 4221, 4222, 4223.

17 Goebbels, Reden, Bd. 2, S. 243. Zum nationalsozialistischen Begriff des «Intellektuellen» vgl. auch Schmitz-Berning, Vokabular, S. 317–322.

18 Thiel, Dozent, S. 222; Seier, Hochschullehrerschaft, S. 261.

19 Schorer/Riecke, Nationalsozialismus, S. 121.

20 S. Kunisch, Rede auf der Arbeitstagung der deutschen Studentenschaft am 16.7.1935 (MS), S. 3, in: BA Berlin NS 38/3596. Ähnlich auch: W. Groß an W. Schultze, 21.11.1936, S. 2, in: BA Berlin NS 38/3636.

21 F. Wirz an Kultursenator W. v. Allwörden, 1.3.1934, zit. nach: van den Bussche, Universitätsmedizin, S. 69.

22 Grüttner u. a., Berliner Universität, S. 98 f.; Jansen, Gelehrten, S. 33; Adam, Hochschule, S. 123; van den Bussche, Universitätsmedizin, S. 68 f.; Parak, Hochschule, S. 193 f.; Böhm, Selbstverwaltung, S. 187, 363.

23 Böhm, Selbstverwaltung, S. 363. Siehe auch Hanel, Normalität, S. 94–106.

24 Gesetz über die Entpflichtung und Versetzung von Hochschullehrern aus Anlaß des Neuaufbaus des deutschen Hochschulwesens vom 21.1.1935, in: RGBl. 1935 I, S. 23 f.
25 RdErl. des REM, 15.5.1935, in: Die Deutsche Hochschulverwaltung, Bd. 2, S. 10 f.
26 § 5 des BBG, in: RGBl. 1933 I, S. 175.
27 Gesetz über die Entpflichtung und Versetzung von Hochschullehrern aus Anlass des Neuaufbaus des deutschen Hochschulwesens vom 21.1.1935, in: RGBl. 1935 I, S. 23 f.
28 Vgl. S. 343 f.
29 Vgl. für Preußen: Lösch, Geist, S. 154 ff.; Spenkuch, Wissenschaftspolitik, 1. Halbband, S. 20.
30 W. Hinz, Förderung und wirtschaftliche Sicherstellung des Hochschullehrer-Nachwuchses, in: DWEV 2 (1936), S. 95* (nichtamtlicher Teil).
31 Zur Zahl der Studierenden in den 1930er Jahren vgl. Grüttner, Studenten, S. 487. Zur Bedeutung der Vorlesungshonorare für das professorale Einkommen siehe Grüttner u. a., Berliner Universität, S. 164–169.
32 Morgenstern, Bürgergeist, S. 450.
33 Weiß, Würzburg, S. 302; Ditt, «Stoßtruppfakultät», S. 101. Siehe auch Kalkmann, Aachen, S. 62; Jung, «Begeisterung», S. 150 f.
34 Ringer, Sociography, S. 265, 279.
35 Quelle: v. Ferber, Entwicklung, S. 195.
36 Seier, Hochschullehrerschaft, S. 254 f. Siehe auch v. Ferber, Entwicklung, S. 177 f.
37 Vgl. Tabelle 24 (Anhang).
38 Laut Marggraf, Sonderkonditionen, S. 46 wurden 1933–1945 insgesamt 42 Frauen habilitiert.
39 Rundschreiben 54/37 des Reichsdozentenbundführers, 21.10.1937, S. 6, in: BA Berlin NS 20/90 Bl. 104.
40 H. Harmjanz (REM) an den Rektor der Universität Köln, 7.4.1937, in: UA Köln Zug. 27/75. Zu den Lagern für angehende Dozenten siehe S. 345–353.
41 Quelle: v. Ferber, Entwicklung, S. 239.
42 Albrecht u. a., «Zwischenvölkisches Verstehen».
43 Albrecht/Klausnitzer, «Schwierigkeiten».
44 Sommerfeld, Briefwechsel, Bd. 2, S. 437 f.
45 Zur Deutschen Kongress-Zentrale vgl. Herren, Conference Authority.
46 Vgl. etwa M. Kirschner, an den Dekan der Medizinischen Fakultät Heidelberg, 29.5.1937, in: GLA Karlsruhe 235/4670. Siehe auch die zahlreichen Klagen zu diesem Thema auf den Rektorenkonferenzen im Dezember 1937 und im März 1939: BA Berlin R 4901/708 Bl. 167–183 und Bl. 587–594.
47 Zit. nach: Moritz, Außenbeziehungen, S. 162.
48 Ferdinand, Medizinische Fakultät, S. 497 f.; Grün, Rektor, S. 418.
49 Höpfner, Bonn, S. 429 f.
50 Eberle, «Instrument», S. 148.
51 Cornelißen, Gerhard Ritter, S. 253–261. Ähnliche Fälle bei Heiber, Universität, Teil I, S. 304–307.
52 Gesetz über die besonderen Rechtsverhältnisse der beamteten Lehrer an den wissenschaftlichen Hochschulen vom 9. April 1938, in: RGBl. 1938 I, S. 377.

53 Gesetz über die Besoldung der Hochschullehrer vom 17.2.1939, in: RGBl. 1939 I, S. 252–255.
54 Vgl. S. 283 f.
55 Dozentinnen, in: Frankfurter Zeitung, 4.2.1938.
56 RdErl. des REM, 24.6.1938, in: HStA Weimar Volksbildungsministerium C 157 Bl. 48.
57 Informationsdienst der Reichsdozentenführung, Folge 6, August 1938, S. 156.
58 Bormann traf diese Anordnung in Auslegung einer Entscheidung Hitlers von 1940. Vgl. Aktenvermerk vom 30.11.1943, in: BA Berlin R 26 III 174.
59 DWEV 5 (1939), S. 75.
60 Deutscher Wochendienst, Nr. 9241 (20.8.1943).
61 Hehl, In den Umbrüchen, S. 260 f.; Schappacher, Institut, S. 537; Eberle, Martin-Luther-Universität, S. 146 ff.; Dageförde, Frauen, S. 259; John/Stutz, Jenaer Universität, S. 450; Eberle, «Instrument», S. 247.
62 Informationsdienst der Reichsdozentenführung, Folge 6, August 1938, S. 156.
63 Hausmann, Anglistik, S. 60.
64 Moritz, Außenbeziehungen, S. 159 f.
65 Albrecht/Klausnitzer, Schwierigkeiten, S. 64 ff.; Besier, Theologische Fakultät, S. 205.
66 Hausmann, «Musen».
67 Böhm, Selbstverwaltung, S. 68 f.
68 Vgl. S. 107.
69 Caplan, Government, S. 122.
70 Vgl. die «Liste der das Hochschulwesen betreffenden Anträge auf Aufnahme in die NSDAP», in: StA Hamburg 361–5 II Pa 4.
71 Vgl. die chronologische Übersicht bei Deichmann, Biologen, S. 226.
72 Quellen: Berlin: eigene Berechnungen aufgrund einer Erhebung, die Jana Papke 2009 im BA Berlin und im Archiv der Humboldt-Universität durchgeführt hat; Bonn: Höpfner, Bonn, S. 18; Greifswald: Eberle, «Instrument», S. 230; Halle: Eberle, Martin-Luther-Universität, S. 150; Hamburg: Giles, Students, S. 161; Jena: Jeskow, Entnazifizierung, S. 88; Münster: Heiber, Universität, Teil II, 2, S. 701, eigene Berechnungen; Straßburg: Reichsuniversität Straßburg, Personal- und Vorlesungsverzeichnis WS 1944/45, Möhler, Reichsuniversität, S. 949–1010, eigene Berechnungen; Tübingen: Zauner, Entnazifizierung, S. 950 f.
73 Die Angaben zu Berlin sind auch als Korrektur der niedrigeren Zahlen (46%) in: Thiel, Lehrkörper, S. 488, zu verstehen, die offenbar auf einem Rechenfehler beruhen.
74 Falter, Hitlers Parteigenossen, S. 475.
75 Deichmann, Biologen, S. 226 f.; Giles, Professor, S. 116 f.; Höpfner, Bonn, S. 14–17; Göllnitz, «Gelehrtenverzeichnis», S. 299; Deichmann, Flüchten, S. 207 f.; Chroust, Universität, Bd. 1, S. 303.
76 Herbert, «Generation der Sachlichkeit».
77 Grüttner, Machtergreifung, S. 347–351.
78 J. Stark an P. Lenard, 20.4.1933, zit. in: Kleinert, Briefwechsel, S. 258.
79 Jansen, Professoren, S. 243. Siehe auch v. Loewenich, Theologische Fakultät, S. 645.
80 Deichmann, Flüchten, S. 212 f.; Höpfner, Bonn, S. 14–17; Hering, Professor,

S. 96 f.; Eberle, Martin-Luther-Universität, S. 149 f.; Jansen, Professoren, S. 243; Jeskow, Entnazifizierung, S. 88.

81 Vgl. zu Berlin: Statistische Angaben des Dozentenführers, 20.1.1942, in: UA der HUB Kurator 1009; Bonn: Höpfner, Bonn, S. 18; Freiburg: Seemann, Selbstreinigung, S. 538; Gießen: Chroust, Universität, Bd. 1, S. 297 f.; Greifswald: Eberle, «Instrument», S. 229; Halle: Eberle, Martin-Luther-Universität, S. 149 f.; Hamburg: Giles, Professor, S. 115; Heidelberg: Carmon, Fortunes, S. 543 und Jansen, Professoren, S. 244 f.; Kiel: Göllnitz, «Gelehrtenverzeichnis», S. 302; München: Böhm, Selbstverwaltung, S. 68 f.; Münster: Heiber, Universität, Teil II, 2, S. 701; Rostock: Buddrus/Fritzlar, Professoren, S. 23; Straßburg: Möhler, Reichsuniversität, S. 697.

82 Breslau: G. A. Walz, Rechenschaftsbericht über die abgelaufene Rektoratsperiode, 25.3.1935, in: BA Berlin R 4901/1716 Bl. 16; Halle: Rektor J. Weigelt an das Amt Rosenberg, 5.1.1942, S. 3, in: BA Berlin R 9361-VI/3370.

83 Haupts, Köln, S. 43; Heiber, Universität, Teil II, 2, S. 110 f. (Theodor Litt über Leipzig).

84 Wendehorst, Erlangen, S. 181, 200 f.

85 Heiber, Universität, Teil II, 2, S. 701; Höpfner, Bonn, S. 18; Pfefferle/Pfefferle, Zwischenzeit, S. 413 f.

86 Mommsen, Beamtentum, S. 82–85; Longerich, Stellvertreter, S. 43–46.

87 BA Berlin R 4901/13 856 Bl. 184 (ein Rechenfehler in der Quelle wurde korrigiert).

88 Höpfner, Bonn, S. 16.

89 W. Groß, Betrifft: «Entpolitisierung» von Wissenschaft und Hochschule, 20.10.1936, S. 2, in: BA Berlin NS 38/3636; W. Groß an W. Schultze, 21.11. 1936, S. 3, in: ebd.

90 W. Schultze an W. Groß, 2.11.1936, S. 3, in: ebd.

91 J. Brodersen an Lisa W.-B., 26.5.1937 (Abschr.), in: StA Hamburg 361–6 IV 1180 Beiakte 4. Zu Brodersen vgl. auch van den Bussche, Universitätsmedizin, S. 342 f.

92 Zum Verhängnis wurde Brodersen vielmehr das hier zitierte Schreiben, aus dem seine Ablehnung des Nationalsozialismus hervorging. Der Brief war vom SD abgefangen worden und führte schließlich zur vorzeitigen Entpflichtung des Anatomen. Vgl. van den Bussche, Universitätsmedizin, S. 342 f.

93 Tellenbach, Zeitgeschichte, S. 38; Loewenich, Fakultät, S. 645; Voss, Tagebuch, S. 17 (Einleitung von G. Aly).

94 Grüttner, Nationalsozialistische Wissenschaftler, S. 162 f.

95 Deichmann, Biologen, S. 230–233; Deichmann, Flüchten, S. 212 f.; Bitterich/Groß, University teachers, S. 99.

96 Heiber, Universität, Teil I, S. 279. Zu Brinkmann siehe auch: Ehlers, Institut, S. 1224–1228, 1234–1238.

97 W. Mevius an K. Meyer, 20.10.1935, in: BA Berlin R 4901/14 893 Bl. 167.

98 Heilmeyer, Lebenserinnerungen, S. 57 f.; Tellenbach, Zeitgeschichte, S. 38.

99 Festinger, Theorie.

100 Horst Tietz, Studium mit Hindernissen (MS), März 1984 (im Besitz des Verfassers).

101 RdErl. des RdI vom 27.2.1936, in: Deutsche Hochschulverwaltung, Bd. 2, S. 211.

102 Schumann, Leidenschaft, S. 429.

103 Vgl. beispielsweise die Listen in: StA Hamburg Universität I D.10.10. Bd. I–II.
104 Zu Litt vgl. Horn, Erziehungswissenschaft, S. 283 f.; Schwiedrzik, Steine; Heinze, Verhältnisse. Zu Tellenbach siehe Nagel, Gerd Tellenbach; zu Mohr: Litten, Ernst Mohr.
105 Burkard, Entwicklung, S. 167.
106 Lippmann, Marburger Theologie, S. 260 f.
107 Vgl. S. 349 f.
108 VO über die Vorbildung und die Laufbahnen der deutschen Beamten vom 28.2.1939, in: RGBl. 1939 I, S. 371.
109 Vereinbarung vom 14.9.1933, Abschr. in: StA Hamburg Universität I L 30.9.
110 W. Raeke an den Dekan der Rechts- und Staatswissenschaftlichen Fakultät Hamburg, 31.10.1933, in: ebd.
111 C. Schmitt, Bericht über die Entwicklung der Reichsfachgruppe Hochschullehrer im BNSDJ und die Verhältnisse an den rechts- und wirtschaftswissenschaftlichen Fakultäten während des Wintersemesters 1933/34, 1.5.1934, S. 1, in: StA Hamburg 361–5 II Aa 38/2.
112 Vgl. S. 146 ff.
113 Vgl. Dekan der Philosophischen Fakultät Kiel an den KM, 14.2.1934, in: GStA PK I. HA Rep. 76 Va Sekt. 1 Tit. IV Nr. 72 Bl. 89 f.; Rektor K. L. Wolf an den REM, 15.6.1934, in: ebd., Bl. 150–152; Ratschko, Hochschulmediziner, S. 81 f.; Schroeter, Soziologie, S. 185–193. Zu Loeffler vgl. Grüttner, Lexikon, S. 111.
114 Vgl. S. 113–117.
115 A. Thiel, Denkschrift über Fragen des akademischen Nachwuchses, 10.8. 1936, S. 3, in: HHStA Wiesbaden 483/4648a.
116 Zitate aus: Voss, Tagebuch, S. 19–24.
117 Tellenbach, Zeitgeschichte, S. 44.
118 Deutschland-Berichte 2 (1935), S. 706.
119 Ritter, Historiker, S. 81 f. Zu Ritter vgl. Cornelißen, Ritter; Klein, Elite, S. 209–214.
120 Zit. in: Mühle, Volk, S. 114.
121 Zit. in: Jasper, Paul Althaus, S. 302.
122 Persönliche Aufzeichnung vom 16.10.1938, zit. in: Grolle, Percy Ernst Schramm, S. 33. Zu Schramm vgl. auch Thimme, Percy Ernst Schramm; Thieler, «Volksgemeinschaft», S. 383–393.
123 H. Aubin an A. Brackmann, 25.1.1939, in: Mühle (Hg.), Briefe, S. 255.
124 Zit. in: Schieder, Spitzenforschung, S. 44.
125 Voss, Tagebuch, S. 28.
126 Behnke, Semesterberichte, S. 140; Gadamer, Lehrjahre, S. 113; Lippmann, Theologie, S. 396 f. Zu den Studierenden vgl. Grüttner, Studenten, S. 392 f.
127 Anders Hachtmann, Wissenschaftsmanagement, Bd. 2, S. 808–813, der auf der Grundlage spärlicher und wenig überzeugender Quellen bei Kriegsbeginn nur «nationalistische Euphorie» erkennen kann.
128 Schieder, Spitzenforschung, S. 44.
129 Zitate aus: Mangelsdorf (Hg.), Greifswald, S. 76 f.
130 Tagebuch Ernst Brüche, Eintrag vom 29.10.1939, in: Nachlass Ernst Brüche, Technoseum Mannheim. Ich danke Dieter Hoffmann (Berlin), der mir diese Quelle zugänglich gemacht hat.

131 Tagebuch Ernst Brüche, Eintrag vom 25.12.1939, in: Nachlass Ernst Brüche, Technoseum Mannheim.
132 F. Hartung an S. A. Kaehler, 12.11.1939, in: Hartung, Korrespondenz, S. 333.
133 Zit. in: Mangelsdorf (Hg.), Greifswald, S. 107.
134 Schieder, Spitzenforschung, S. 45.
135 M. Planck an A. Sommerfeld, 23.5.1940, in: Sommerfeld, Briefwechsel, Bd. 2, S. 521.
136 Voss, Tagebuch, S. 28.
137 Heiber, Walter Frank, S. 279–293.
138 F. Meinecke an S. A. Kaehler, 4.7.1940, in: Meinecke, Briefwechsel, S. 364.
139 Zu Oncken vgl. Heiber, Walter Frank, S. 187–216.
140 Zit. in: Schönwälder, Historiker, S. 179.
141 D. H. Strathmann, Welch eine Wendung durch Gottes Führung! In: Theologische Blätter 19 (1940), S. 172.
142 D. Strathmann, Nationalsozialistische Weltanschauung? Nürnberg 1931.
143 Wendehorst, Geschichte, S. 206; Brennecke, Fakultät, S. 114 f.
144 Feier der 413. Wiederkehr des Jahrestages der Universitätsgründung, in: Mitteilungen Universitätsbund Marburg 1940, Heft 3, S. 62. Zu Mayer vgl. Heinzel, Theodor Mayer.
145 F. Hartung an S. A. Kaehler, 3.7.1940, in: Hartung, Korrespondenz, S. 341.
146 Herbert, Nationalsozialisten, S. 36.
147 Vgl. die «defaitistischen» Äußerungen des Historikers Johannes Haller und des Kunsthistorikers Albert Erich Brinckmann, zit. in: Müller, «Bewunderung», S. 475; Heiber, Universität, Teil I, S. 297.
148 C. Erdmann an G. Tellenbach, 8.3.1942, in: Reichert, Fackel, Bd. 2, S. 267 f.
149 Mangelsdorf (Hg.), Greifswald, S. 175 (31.12.1941).
150 Voss, Tagebuch, S. 52 (31.12.1941).
151 Vgl. Berg, Karl Alexander von Müller, S. 332–348; Königs, Joseph Vogt, S. 57 ff.
152 H. W. Beyer, Tagebucheintrag vom 29. November 1942, zit. nach: Pöpping, Passion, S. 180.
153 F. Hartung an W. Andreas, 14.2.1943, in: Hartung, Korrespondenz, S. 384.
154 Tagebucheinträge vom 19.10.1941 und vom 27.10.1941, zit. nach: Pöpping, Passion, S. 159 f. Zu Stelzenberger vgl. auch Weiß, Würzburg, S. 294 f.
155 Zit. nach: Petersen, Bevölkerungsökonomie, S. 121. Zu Seraphim vgl. auch Steinweis, Jews, S. 142–151.
156 P.-H. Seraphim, Zur Lage im Reichskommissariat Ukraine, 29.11.1941, in: BA Freiburg RW 30/103 Bl. 9, 17.
157 E. Schwinge an E. Wolf, 19.11.1942, zit. nach: Hausmann, «Deutsche Geisteswissenschaft», S. 21.
158 S. A. Kaehler an F. Meinecke, 1.3.1944, in: Meinecke, Briefwechsel, S. 444. Bei Katyn hatte der sowjetische NKWD 1940 etwa 4500 Polen, meist Offiziere, ermordet. Das Massengrab war 1943 von den Deutschen entdeckt und der Weltöffentlichkeit präsentiert worden.
159 Eintrag vom 31.5.1943, zit. in: Pöpping, Passion, S. 160.
160 Tagebucheintrag des Greifswalder Prähistorikers Carl Engel: «Abends Seraphims zu Tee bei uns: schauerliche Berichte aus der Ukraine». Zit. in: Mangelsdorf (Hg.), Greifswald, S. 175 (15.1.1942).

161 Petersen, Bevölkerungsökonomie, S. 204ff.
162 Dörner, Holocaust, S. 608ff.
163 Meldungen aus dem Reich, Bd. 14, S. 5311–5316.
164 Eberle, «Instrument», S. 582–591.
165 Schreiber, Walther Wüst, S. 271.
166 M. Mutschmann an B. Rust, 12.2.1943, in: BA Berlin R 4901/13 853.
167 Zit. nach: Mangelsdorf (Hg.), Greifswald, S. 235 (17.1.1945).
168 H. Härtle an Dr. Koeppen, 15.6.1944, in: BA Berlin NS 8/241 Bl. 185.
169 A. Baeumler, Aktennotiz für den Reichsleiter, 3.4.1944, in: Poliakov/Wulf, Denker, S. 99 f. Zu Plancks Haltung gegenüber dem Nationalsozialismus vgl. Henning, Max Planck; Hachtmann, Anpassung.
170 Rundschreiben RDF 3/44, 28.8.1944, in: BA Berlin R 26 III 42.
171 Bericht des SD-Abschnittes Frankfurt a. M. über «Stimmung und Haltung der Hochschullehrer», 8.3.1944, S. 9, in: HHStA Wiesbaden 483/11 269. Vgl. auch Chroust, Universität, Bd. 1, S. 219.
172 Hantke, Seminar, S. 404; Assel, Emanuel Hirsch, S. 53, Anm. 38.
173 Hausmann, «Strudel», S. 680.
174 Behnke, Semesterberichte, S. 143; Weizsäcker, Bewußtseinswandel, S. 367.
175 Zit. in: Schauz, Kommunikation, S. 333.
176 F. Meinecke an W. Goetz, 18.5.1943, in: Meinecke, Briefwechsel, S. 216. Ähnlich auch S. 436. Zu Meineckes Haltung gegenüber dem Nationalsozialismus vgl. Ritter (Bearb.), Friedrich Meinecke, S. 24ff.
177 Rede vom 10.11.1938, zit. nach: Domarus, Hitler, Bd. I, S. 975 f.
178 Zit. in: Fischer, Erinnerungen, Teil I, S. 178.
179 Zit. in: Thiel, Dozent, S. 233.
180 E. Rothacker an MR W. Haegert, 18.9.1934, in: UB Bonn NL Rothacker IV. Hervorhebungen im Original.
181 W. Schultze an W. Groß, 2.11.1936, in: BA Berlin NS 38/3636.
182 RdErl. des REM, 23.2.1938, in: Die deutsche Hochschulverwaltung, Bd. 1, S. 19.
183 Grüttner, Studenten, S. 356f.
184 Hoepke, SS.
185 Zit. nach: BA Berlin R 43-II/940b Bl. 28–36.
186 Goebbels, Tagebücher, Teil II, Bd. 8, S. 282 (12.5.1943), 303 f. (15.5.1943).
187 Rede vom 9.7.1943, in: Goebbels, Reden 1932–1945, Bd. 2, S. 250.
188 Goebbels, Tagebücher, Teil II, Bd. 9, S. 75 (10.7.1943).
189 W. Groß, Bericht über die Vortragsreihe des Hauptamtes Wissenschaft an deutschen Hochschulen im Wintersemester 1943/44, 1.3.1944, in: BA Berlin NS 8/241 Bl. 153.
190 Zum Begriff des Idealtypus vgl. Weber, «Objektivität», S. 202–222.
191 Zit. nach: Wendehorst, Geschichte, S. 192. Zur Biographie von Reinmöller vgl. Grüttner, Lexikon, S. 137f.
192 Zum Folgenden vgl. Grüttner, Nationalsozialistische Wissenschaftler. Die Gruppe umfasst sämtliche Vertrauensleute der Hochschulkommission der NSDAP und alle Dozentenbundführer bzw. Gaudozentenbundführer des NSDDB an den Universitäten, sofern die Namen bekannt waren.
193 Haffner, Geschichte, S. 21 f.; Herbert, Generationen, S. 97–102; Wildt, Generation, S. 45–52.
194 Weber, Wissenschaft als Beruf, S. 79 f.

195 Zitate aus: Rede des Vizekanzlers von Papen vor dem Universitätsbund Marburg am 17. Juni 1934, o. D.
196 Zur Reaktion der Zuhörer vgl. Orth, Amtssitz, S. 463; Klein (Hg.), Lageberichte, Teil II, S. 779 f.
197 Hassell-Tagebücher, S. 63 f. Zu Müller vgl. Berg, Karl Alexander von Müller.
198 Vgl. S. 240–245.
199 Olt/Ramge, «Außenseiter».
200 W. Heisenberg an A. Sommerfeld, 12.2.1938, in: Sommerfeld, Briefwechsel, Bd. 2, S. 447.
201 Hoffmann, Ramsauer-Ära, S. 188–199.
202 Hauptamt Wissenschaft [der Dienststelle Rosenberg] an das Hauptamt Weltanschauliche Informationen, 5.5.1944, in: BA Berlin NS 8/241 Bl. 176 f.
203 Rusinek, «Mr. DFG»; Herbert, Nationalsozialisten, S. 123–128.
204 Löwith, Mein Leben, S. 37.
205 Zu den Karrieredaten vgl. Eberle, «Instrument», S. 758 f.; Grüttner, Lexikon, S. 43 f.
206 Mangelsdorf (Hg.), Greifswald, S. 80 (2.10.1939), 83 (23.10.1939), 85 (7.11.1939).
207 Mangelsdorf (Hg.), Greifswald, S. 84 (29.10.1939).
208 Mangelsdorf (Hg.), Greifswald, S. 96 f. (6.2.1940).
209 Mangelsdorf (Hg.), Greifswald, S. 134 (26.12.1940).
210 Stenogramm der Rede in: BA Berlin NS 8/158 Bl. 110–115.
211 Heiber, Universität, Teil II, 2, S. 377–380; Mangelsdorf (Hg.), Greifswald, S. 245.
212 Hausmann, Anglistik, S. 46–50; Eberle, Martin-Luther-Universität, S. 96–100; Morgenstern, Bürgergeist, S. 439–457.
213 Eberle, «Instrument», S. 148, 755; Werner, Welt, S. 27–36; Lohse, Klassische Philologie, S. 793–800.
214 Hausmann, «Strudel», S. 117–129; Schreiber, Walther Wüst, S. 94 f.; Höpfner, Bonn, S. 372 f.
215 Vaupel, Netzwerke; Majer, Weltruhm, S. 592–594, 601–607; Deichmann, Flüchten, S. 83 f.; Schauz, Kommunikation.
216 Abschr. aus einem Semesterbericht für das WS 1938/39 der Gaustudentenführung Köln-Aachen, S. 2, in: BA Berlin NS 15/246.
217 Dr. Albert Suhr an den Verfasser, 16.6.1986. Suhr war ein oppositioneller Medizinstudent, der 1943–1945 aus politischen Gründen inhaftiert war («Weiße Rose Hamburg»). Zu Degkwitz und Brodersen siehe auch: van den Bussche, Universitätsmedizin, S. 342–354.
218 Grüttner, Studenten, S. 422; van den Bussche, Universitätsmedizin, S. 343, 349.
219 Opitz, Fakultät, S. 490.
220 Eberle, Martin-Luther-Universität, S. 230 f., 251 f., 424.
221 Litten, Ernst Mohr, S. 199.
222 Goldschmidt (Hg.), Wirtschaft; Maier (Hg.), Kreise; Heiber, Universität, Teil I, S. 188–196; Cornelißen, Gerhard Ritter, S. 335–362.
223 Einen Überblick liefern: Heiber, Universität, Teil I, S. 180–208; Thiel, Lehrkörper, S. 505–516.
224 Zu Düker vgl. Tent, Heinrich Düker; Szabó, Vertreibung, S. 205–209, 545 ff. Zu Krauss vgl. Krauss, Romanist.
225 Hannemann, Robert Havemann; Florath, Europäische Union.

226 Trott zu Solz, Hans Peters. Siehe auch BA Berlin R 4901/23 002. Zur Gruppe «Onkel Emil» vgl. Benz, Protest.
227 In den Akten des Ministeriums findet sich sein «Votum» zu dem jüdischen Mathematiker Edmund Landau: «Zionist, muss unter allen Umständen verschwinden.» (GStA PK I Rep. 76 Va Nr. 10081 Bl. 198).
228 Schlüter-Ahrens, Volkswirt; Heiber, Universität, Teil I, S. 197–206.
229 Strauß, Erinnerungen, S. 38. Siehe auch: Petersen, Wissenschaft.
230 Vgl. die Verhörprotokolle von 1943, abgedruckt in: Schumann, Leidenschaft, S. 480 f., 503–508.
231 RdErl. des preußischen KM, 26.7.1934, in: GStA PK I. HA Rep. 151 I C Nr. 6580.
232 Kelly, National Socialism, S. 262 f.
233 RdErl. des REM, 13.6.1935, in: DWEV 1 (1935), S. 281–284. Der Erlass wurde an die Hochschulreferenten der übrigen Länder «mit dem Ersuchen um entsprechende Veranlassung» weitergereicht.
234 Chroust, Universität, Bd. 1, S. 200.
235 Trittel, Hermann Rein, S. 189.
236 Schönbeck, Physik, S. 1109 f.; Ratschko, Hochschulmediziner, S. 111 f., 115 f.; Günther, Niedergang, S. 193; Eberle, «Instrument», S. 175.
237 Vgl. Dekan der Philosophischen Fakultät Kiel an den Preußischen KM, 26.2. 1934, in: GStA PK I. HA Rep. 76 Va Sekt. 1 Tit. IV Nr. 70 Bl. 107; Deichmann, Flüchten, S. 211; Höpfner, Bonn, S. 86; Forsbach, Fakultät, S. 378.
238 A. Thiel, Denkschrift über Fragen des akademischen Nachwuchses, 10.8. 1936, S. 3, in: HHStA Wiesbaden 483/4648a.
239 RdErl. des Preußischen KM, 7.7.1933, in: BA Berlin R 4901/14 176.
240 RdErl. des preußischen KM, 18.10.1933, in: BA Berlin R 1501/126 890 Bl. 176–178.
241 Vgl. die vorläufige Ergänzung der sächsischen Habilitationsordnung, 21.2. 1934, in: GStA PK I. HA Rep. 76 Va Sekt. 1 Tit. IV Nr. 72 Bl. 167 f.; RdErl. des badischen KM, 15.2.1934, in: GLA Karlsruhe 235/4971; Erl. des thüringischen Ministers für Volksbildung, 1.9.1934, in: UA Jena BA Nr. 506 Bl. 30; Losemann, Konzeption, S. 89.
242 RdErl. des REM, 18.12.1934, in: DWEV 1 (1935), S. 13.
243 Reichs-Habilitations-Ordnung vom 13.12.1934, in: DWEV 1 (1935), S. 13 f.
244 Losemann, Konzeption, S. 94.
245 Trillhaas, Vergangenheit, S. 162–169; Tellenbach, Zeitgeschichte, S. 43 f.; Thielicke, Gast, S. 98–101.
246 RdErl. des preußischen KM, 17.2.1934, in: GStA PK I. HA Rep. 76 Va Sekt. 1 Tit. IV Nr. 72 Bl. 16 f.
247 Zit. in: Schreiber, Walther Wüst, S. 180 f.
248 Die Professoren der Zukunft, in: Vossische Zeitung, Nr. 19, 23.1.1934, S. 7.
249 Vgl. GStA PK I. HA Rep. 76 Va Sekt. 1 Tit. IV Nr. 72 Bl. 39–42. Siehe auch Lösch, Geist, S. 231 f.
250 Göllnitz, Wissenschaftspolitik.
251 Losemann, Konzeption, S. 96. Zu den Biographien der genannten Personen siehe Grüttner, Lexikon.
252 Werner, Lage, S. 76 f.; Thielicke, Gast, S. 251.
253 Einige ausgefüllte Bewertungsbögen finden sich in: GStA PK I. HA Rep. 76 Va Sekt. 1 Tit. IV Nr. 71/72. Vgl. auch Losemann, Konzeption, S. 100 f.

254 W. Jander an die Leitung des NSDDB, 10.10.1937, in: UA Frankfurt am Main Abt. 10 Nr. 110 Bl. 273.
255 Rebenich, Eindrücke.
256 Rebenich, Alfred Heuß, S. 667; Göllnitz, Wissenschaftspolitik, S. 69 f.
257 Göllnitz, Wissenschaftspolitik, S. 70; Eberle, Martin-Luther-Universität, S. 382; Hausmann, Anglistik, S. 488 f.
258 Prot. der Rektoren-Konferenz vom 11. Mai 1937, in: BA Berlin R 4901/707 Bl. 300.
259 Eberle, Martin-Luther-Universität, S. 133 f., 382; Göllnitz, Wissenschaftspolitik, S. 69 f.; Rebenich, Alfred Heuß, S. 668.
260 Forsbach, Medizinische Fakultät, S. 150.
261 Eberle, Martin-Luther-Universität, S. 134 f.
262 Hantke, Geistesdämmerung, S. 287–295.
263 Gniss, Eugen Gerstenmaier, S. 81–89; Brauer, Freiheit, S. 184–195 (Zitat: S. 188).
264 Ott, Martin Heidegger, S. 262–265; Tilitzki, Universitätsphilosophie, Teil I, S. 736–739; Grün, Rektor, S. 205 ff.
265 Weiß, Würzburg, S. 308–317.
266 Tilitzki, Universitätsphilosophie, Teil I, S. 742.
267 Rundschreiben 23/37 des Reichsdozentenführers, 28.5.1937, in: BA Berlin NS 20/98 Bl. 39.
268 Diverse Hamburger Beispiele in: Renneberg, Fakultät, S. 1055 f.; Renneberg, Physik, S. 101, 103; Weyer, Chemie, S. 1128 f. Vgl. auch Weiguny, Physik, S. 862.
269 H. Guthmann an Gauleiter J. Sprenger, 12.6.1940, in: UA Frankfurt am Main Abt. 10 Nr. 143 Bl. 33; Thiel, «Zinnsoldaten», S. 188.
270 Niederschrift über die Rektorenkonferenz am 15.12.1937, S. 76, in: BA Berlin R 4901/708 Bl. 112.
271 Vgl. S. 307 f.
272 Schreiber, Walther Wüst, S. 80–83. Zu Kloeber siehe auch: Grüttner, Lexikon, S. 91 f.; Berg, Karl Alexander von Müller, S. 219 f.
273 Zu diesem Institut vgl. Rupnow, Judenforschung, S. 85–100.
274 Tilitzki, Universitätsphilosophie, Teil II, S. 855–859.
275 Roth, Tödliche Höhen; Grundmann u. a., Die Medizinische Fakultät während des Krieges, S. 558–562.
276 W. Krüger, Bericht über die Rektoratsperiode vom 1. April 1935 bis 31. März 1937, Friedrich-Wilhelms-Universität Berlin, Berlin 1937, S. 11, in: BA Berlin R 4901/1256 Bl. 38; H. Kulenkampff an den Dekan, 5.10.1938, in: UA Jena Abt. IV Nr. 13; Selbsthilfe der Dozentenschaft, in: DAZ, Nr. 468/69, 7.10.1936.
277 E. Krieck, Der Nachwuchs der Hochschullehrer, in: Volk im Werden 4 (1936), S. 111.
278 Buddrus/Fritzlar, Professoren, S. 186.
279 Vgl. S. 414–417.
280 Alle Angaben nach: Die unbesetzten und überaltert besetzten [...] Lehrstühle der wissenschaftlichen Hochschulen Großdeutschlands nach dem Stande vom 15.3.1943, in: UA der HUB Rektor und Senat 155.
281 Prot. der Rektoren-Konferenz vom 11. Mai 1937, in: BA Berlin R 4901/707 Bl. 289.
282 Bericht des SD-Abschnitts Halle, 19.7.1943, in: BA Berlin NS 6/129 Bl. 302.

283 Niederschrift über die Rektorenkonferenz am 15.12.1937, S. 38, in: BA Berlin R 4901/708 Bl. 66f.
284 Der Wille der Dozentenschaft, in: VB, Nr. 187, 6.7.1938.
285 Zit. nach: Adam, Hochschule, S. 151.
286 F. Hartung an G. Ritter, 5.2.1937, in: Hartung, Korrespondenz, S. 303.
287 Aktenvermerk ORR H. Huber (der Freerksens Position referiert), 12.11.1938, in: BA Berlin R 4901/636 Bl. 51.
288 RdErl. des REM, 18.2.1936, in: BA Berlin R 4901/12620 Bl. 82; RdErl. des REM, 11.5.1937, in: BA Berlin R 4901/14461.
289 Fischer, Erinnerungen, Teil I, S. 39f.
290 Rundschreiben des REM, 24.6.1938, in: HStA Weimar Volksbildungsministerium C 157 Bl. 48.
291 H. von Helms (StdF) an O. Wacker (REM), 16.12.1938 (Abschr.), in: BA Berlin R 4901/14253 Bl. 13.
292 StdF an das REM, 26.9.1939 (Abschr.), in: GLA Karlsruhe 235/4981.
293 Gesetz über die Besoldung der Hochschullehrer vom 17.2.1939, in: RGBl. 1939 I, S. 252–255.
294 Huber, Aufbau, S. 36f. Siehe auch Prot. der Rektorenkonferenz vom 7. und 8. März 1939, in: BA Berlin R 4901/708 Bl. 430–433.
295 Deutsches Beamtengesetz vom 26.1.1937 (§ 76), in: RGBl. 1937 I, S. 53.
296 Senger (Hg.), Reichs-Habilitations-Ordnung.
297 Vgl. S. 88.
298 Adam, Hochschule, S. 151, 215; Grün, Rektor, S. 76; Daniels/Michl, Strukturwandel, S. 19, 58.
299 Durchführung des Hochschullehrerbesoldungsgesetzes, 2.5.1939, in: DWEV 5 (1939), S. 317f.
300 KM Baden an Rektor der Universität Freiburg, 12.8.1939, in: GLA Karlsruhe 235/4803; Kurator E. Faßl an E. Barthel, 10.1.1940, in: UA Köln Zug. 44/55–57. Zahl der Dozenten nach: BA Berlin R 4901/994 Bl. 158. Die Berliner Zahlen nach: UA der HUB Kurator 1009.
301 Vierteljahreslagebericht 1939 des Sicherheitshauptamtes, in: Meldungen aus dem Reich, Bd. 2, S. 254.
302 Vgl. Tabelle 19 (Anhang).
303 Meldungen aus dem Reich, Bd. 10, S. 3960 (16.7.1942). Hervorhebung im Original. Ähnlich auch: Bd. 11, S. 4141–4144 (27.8.1942).
304 RdErl. des REM, 28.11.1942, in: BA Berlin R 4901/13850 Bl. 39.
305 W. Schultze an R. Mentzel, REM, 29.2.1944, in: BA Berlin R 4901/13850 Bl. 72.
306 Beispiele bei Heiber, Universität, Teil I, S. 238, 282ff.; Walker, Uranmaschine, S. 86f.; Schreiber, Walther Wüst, S. 138f.; Vézina, «Gleichschaltung», S. 172.
307 E. Tornier an das REM, 8.12.1935, in: BA Berlin R 4901/24417 Bl. 11. Zu Tornier vgl. Segal, Mathematicians, S. 149–157; Schappacher, Institut, S. 534–536.
308 Allgemeine Beurteilung durch F. Plattner und W. Grundig, 30.10.1937, in: BA Berlin R 4901/24417.
309 A. Esau an den Thüringischen Minister für Volksbildung, 29.6.1938, in: BA Berlin R 4901/24417 Bl. 48.
310 W. Hahland, Gutachten vom 11.11.1940, in: UA Jena Abt. IV Nr. 13.

311 Thiel, «Zinnsoldaten», S. 171.
312 Renneberg, Physik, S. 1103.
313 Zum Folgenden vgl. Grüttner, Scheitern.
314 Zu Heidegger vgl. Ott, Martin Heidegger; Martin (Hg.), Martin Heidegger; Trawny, Heidegger; Faye, Heidegger; Heiber, Universität, Teil II, 1, S. 480–510; Grün, Rektor, S. 147–267.
315 Heiber, Universität, Teil II, 1, S. 486.
316 Ott, Martin Heidegger, S. 201–213.
317 Tübinger Rede vom 30.11.1933, zit. in: Ott, Martin Heidegger, S. 231.
318 RdErl. des badischen KM, 21.8.1933, in: GStA PK I. HA Rep. 76 Va Sekt. 1 Tit. I Nr. 9 II Bl. 423–425.
319 Zit. nach: Ott, Martin Heidegger, S. 195.
320 M. Heidegger, Deutsche Studenten, in: Freiburger Studentenzeitung, Nr. 1, 3.11.1933, S. 1.
321 M. Heidegger an E. Heidegger, 18.10.1916, in: Heidegger, «Seelchen», S. 51.
322 Trawny, Heidegger.
323 M. Heidegger, Die Selbstbehauptung der deutschen Universität, Breslau 1933.
324 Grün, Rektor, S. 170.
325 G. Ritter an seine Eltern, 19.5.1934, in: Ritter, Historiker, S. 269. Zu Kern vgl. Grün, Rektor, S. 268–346.
326 E. Kern an den REM, 18.5.1935, in: BA Berlin R 4901/1796 Bl. 91.
327 Heiber, Universität, Teil II, 1, S. 125–134.
328 E. K[rieck], Germanischer Mythos und Heideggersche Philosophie, in: Volk im Werden 2 (1934), S. 248.
329 Zitate aus: E. Jaensch an E. Krieck, 16.2.1934, in: GStA PK I. HA Rep. 76 Va Sekt. 1 Tit. IV Nr. 71 Bl. 45–60.
330 Dienststelle Rosenberg, Amt Kunstpflege an den NSDDB, 24.5.1936, in: BA Berlin NS 15/36 Bl. 31.
331 Löwith, Leben, S. 58.
332 Zit. in: Leaman/Simon, Philosophie-Professoren, S. 10.
333 Zu Schmitt vgl. Koenen, Fall; Mehring, Carl Schmitt; Blasius, Carl Schmitt; Rüthers, Carl Schmitt; Niethammer, Anstrengung; Lösch, Geist, S. 187–190, 429–470.
334 Lösch, Geist, S. 187 f.
335 Carl Schmitt, Legalität und Legitimität, München 1932, S. 50 f.
336 Zit. bei Koenen, Fall, S. 24.
337 Vgl. Lokatis, Hanseatische Verlagsanstalt, S. 48–66.
338 C. Schmitt, Bericht über die Entwicklung der Reichsfachgruppe Hochschullehrer im BNSDJ und die Verhältnisse an den rechts- und wirtschaftswissenschaftlichen Fakultäten während des Wintersemesters 1933/34, vervielfältigtes Typoskript, 1.5.1934, in: StA Hamburg 361–5 II Aa 38/2.
339 C. Schmitt, Der Führer schützt das Recht, in: Deutsche Juristen-Zeitung 39 (1934), Sp. 945–950.
340 Zahlreiche Belege zur judenfeindlichen Grundeinstellung in: Schmitt, Tagebücher 1930 bis 1934. Vgl. ferner: Koenen, Fall, S. 313–323; Gross, Carl Schmitt. Zu Heidegger: Trawny, Heidegger.
341 Göppinger, Juristen, S. 153–163; Koenen, Fall, S. 708–715; Gross, Carl Schmitt, S. 120–134.

342 Felz, «Judentum», S. 92.
343 Zitate aus: C. Schmitt, Die deutsche Rechtswissenschaft im Kampf gegen den jüdischen Geist, in: Deutsche Juristen-Zeitung 41 (1936), Sp. 1195–1197.
344 Koenen, Fall, S. 527–530, 550f.; Mehring, Carl Schmitt, S. 339.
345 A. Rosenberg, Totaler Staat? In: ders., Gestaltung der Idee, München 1936[2], S. 20–22.
346 A. Rosenberg an M. Bormann, 21.6.1934 (Durchschr.), in: BA Berlin NS 8/177 Bl. 189.
347 Vgl. BA Berlin R 58/854.
348 Zu Höhn vgl. Müller, Reinhard Höhn; Wildt, Fall; Heiber, Walter Frank, S. 881–888.
349 Zu Eckhardt vgl. Nehlsen, Karl August Eckhardt; Niemann, Karl August Eckhardt.
350 Eine peinliche Ehrenrettung, in: Das Schwarze Korps, Nr. 49, 3.12.1936; Es wird immer noch peinlicher!, in: Das Schwarze Korps, Nr. 50, 10.12.1936.
351 Stolleis, Geschichte, Bd. 3, S. 389–392.
352 Zur Biographie vgl. Stöwer, Erich Rothacker.
353 E. Rothacker an H. Pfundtner (RdI), 18.3.1934, in: BA Berlin R 18/5445 Bl. 67.
354 Kahle, Bonn University, S. 10; Wiese, Leben, S. 140.
355 Stöwer, Erich Rothacker, S. 125f.
356 Zitate aus: Rothacker, Geschichtsphilosophie, S. 146–148.
357 E. Rothacker, Neue Aufgaben der Wissenschaft, in: Deutsches Bildungswesen 2 (1934), S. 650.
358 E. Rothacker an F. Kern, 8.2.1929 (Durchschr.), in: UB Bonn NL Rothacker I.
359 Rothacker, Geschichtsphilosophie, S. 137.
360 Ebd., S. 138.
361 Goebbels, Tagebücher, Teil I, Bd. 2/III, S. 167 (11.4.1933) und S. 171 (19.4.1933).
362 Stöwer, Erich Rothacker, S. 165–169.
363 E. Rothacker, Vertrauliche Denkschrift, 15.3.1934, in: BA Berlin R 18/5445 Bl. 69, 79.
364 E. Rothacker an H. Fischer, 27.3.1934, in: BA Berlin R 8088/1113 Bl. 42f.
365 E. Rothacker, Vertrauliche Denkschrift, 15.3.1934, in: BA Berlin R 18/5445 Bl. 69, 71, 79.
366 Vgl. Kahle, Bonn University, S. 10.
367 Zit. in: Dainat/Kolk, Forum, S. 132. Vgl. auch Stöwer, Erich Rothacker, S. 186–201; Spitzer, Zeitschriften, S. 477f.
368 Zit. in: Höpfner, Bonn, S. 343. Vgl. auch Heiber, Universität, Teil I, S. 282.
369 Kulturpolitisches Archiv in der Dienststelle Rosenberg an das Hauptamt Wissenschaft, 28.7.1944, in: BA Berlin NS 15/138a Bl. 64.
370 Bericht der Nachrichtenkommission der Universität über die Philosophische Fakultät, o. D. [Sommer 1945], S. 3ff., in: UA Bonn Rektorat Nachrichtenkommission WA 4.
371 Zu Freyer vgl. Muller, God; ders., Enttäuschung; Schäfer, Inszenierung; Üner, Soziologie.
372 Zitate aus: H. Freyer, Revolution von rechts, Jena 1931, S. 5, 61, 70f.
373 H. Freyer, Von der Volksbildung zur politischen Schulung, in: Die Erziehung 9 (1934), S. 9.

374 So Muller, God, S. 220, der die gründlichste und interessanteste Arbeit über Freyer geschrieben hat.
375 H. Freyer, Das politische Semester. Ein Vorschlag zur Universitätsreform, Jena 1933, S. 22.
376 Muller, God, S. 241 ff.
377 Oberkrome, Volksgeschichte, S. 111–116.
378 1936 schied Freyer aus der Redaktion der Zeitschrift aus. Vgl. Klingemann, Soziologie, S. 243 f.
379 Klingemann, Soziologie, S. 37; Muller, God, S. 287.
380 Bericht über Herrn Professor Dr. Hans Freyer, 6.6.1935, in: BA Berlin NS 15/202 Bl. 172–190.
381 Muller, God, S. 283 f.
382 Ebd., S. 290–305.
383 Hausmann, «Musen», S. 146–166.
384 Muller, God, S. 312 f.; Hausmann, «Musen», S. 163.
385 Zu Krieck vgl. Heiber, Universität, II, 1, S. 450–479; Müller, Ernst Krieck.
386 M. Heidegger an E. Heidegger, 9.6.1932, in: Heidegger, «Seelchen», S. 175.
387 E. Rothacker an H. Fischer, 10.8.1934, in: BA Berlin R 8088/1113 Bl. 34.
388 Klemperer, Leben sammeln, Bd. 1, S. 788 (2.3.1924).
389 Tellenbach, Zeitgeschichte, S. 44.
390 Krieck, Philosophie, S. 30.
391 A. Rosenberg an M. Bormann, 27.4.1941, in: BA Berlin NS 8/185 Bl. 107.
392 Krieck, Philosophie, S. 30.
393 W. Hartnacke, Bemerkungen zu Ernst Kriecks «Völkisch-politischer Anthropologie», in: Volk und Rasse 12 (1937), S. 391–394.
394 E. Krieck, Der Fall Hartnacke, vervielfältigtes Typoskript, in: BA Berlin NS 15/647.
395 W. Groß an E. Krieck, 25.10.1937, in: BA Berlin NS 15/290 Bl. 242 f.
396 A. Rosenberg an E. Krieck, 16.3.1936, in: GLA Karlsruhe 235/2245.
397 E. Krieck an A. Rosenberg, 19.3.1936 (Durchschr.), in: GLA Karlsruhe 235/2245.
398 Vgl. Hitlers Rede vor den Gauleitern am 2.2.1934, zit. in Broszat, Staat Hitlers, S. 266.
399 E. Krieck, Neues zum Fall Hartnacke. Lage des Prozesses Ende Februar [1938], vervielfältigtes Typoskript, S. 2, in: BA Berlin NS 15/289 Bl. 429.
400 E. Krieck an den REM, 6.10.1942, in: GLA Karlsruhe 235/2245. Vgl. auch Goebbels, Tagebücher, Teil II, Bd. 5, S. 151 (19.7.1942).
401 E. Krieck an den REM, 6.10.1942, in: GLA Karlsruhe 235/2245.
402 Lenger, Werner Sombart, S. 358–385; Schildt, Prophet, S. 565–568.
403 Politik den Berufenen, in: Das Schwarze Korps, Nr. 31, 31.7.1941, S. 4.
404 A. Rosenberg, Gegen Tarnung und Verfälschung, in: VB, Nr. 342, 8.12.1933.
405 Ringer, Die Gelehrten.

6. Wissenschaft

1 Jaspers, Antwort, S. 12.
2 P. Ritterbusch, Politik und Wissenschaft, in: Raumforschung und Raumordnung 6 (1942), S. 160.

3 Quelle: Pfetsch, Datenhandbuch, S. 64 f.
4 Trischler, Luft- und Raumfahrtforschung, S. 173–283, Zahlenangaben: ebd., S. 275.
5 Hachtmann, Wissenschaftslandschaft, S. 197 f.; ders., Wissenschaftsmanagement, Bd. 2, S. 1264 f.
6 Vgl. Tabelle 25 (Anhang).
7 O. Wacker, Denkschrift über die Verreichlichung des großdeutschen Hochschulwesens, 10.5.1938, S. 16 f., in: BA Berlin NS 6/815.
8 Zit. nach: v. Kempski, «Voraussetzungslosigkeit», S. 170 f.
9 Rosenberg, Mythus, S. 119.
10 Das nationalsozialistische Deutschland und die Wissenschaft. Heidelberger Reden von Reichsminister Rust und Prof. Ernst Krieck, Hamburg 1936, S. 14.
11 Rede vom 21.1.1938 in Kiel, abgedruckt in: Dokumente der Deutschen Politik. Reihe: Das Reich Adolf Hitlers, Bd. 6, Teil 2, Berlin 1941, S. 630–649, hier S. 634.
12 Huber, Aufbau, S. 24; Rust, Reichsuniversität, S. 5.
13 Becker, Wesen, S. 8 f. Siehe auch: Flexner, Universitäten, S. 224.
14 E. Krieck, Die Erneuerung der Universität, Frankfurt/Main 1933, S. 8.
15 Geschichte – richtig gesehen, in: Das Schwarze Korps, Folge 50, 10.12.1936, S. 6.
16 Deichmann, Biologen, S. 85; Eberle, Instrument, S. 510 f.
17 Beyerchen, Wissenschaftler, S. 253–259; Geuter, Professionalisierung, S. 464–470; Adam, Hochschule, S. 193.
18 Schleiermacher/Schagen, Forschung; Bower, Verschwörung, S. 285–304 und passim.
19 Rust, Reichsuniversität, S. 9.
20 Rosenberg, Freiheit der Wissenschaft, S. 209.
21 M. Kloss, Die Stellung des deutschen Hochschullehrers zum Nationalsozialismus, in: Mitteilungen des Hochschulverbandes 13 (1933), S. 113. Max Kloss (TH Berlin) war Vorstandsmitglied des Hochschulverbandes nach der Gleichschaltung im Juni 1933.
22 Heiber, Walter Frank, S. 350.
23 Guter Überblick: Rupnow, Judenforschung.
24 Ditt, «Stoßtruppfakultät», S. 209–220; Maier (Hg.), Gemeinschaftsforschung, S. 9–15 (Einleitung).
25 Oberkrome, Ordnung.
26 Heinemann, Wissenschaft; Rössler/Schleiermacher (Hg.), «Generalplan Ost»; Madajczyk (Hg.), Generalplan Ost.
27 Szöllösi-Janze/Trischler (Hg.), Großforschung.
28 Rhodes, Atombombe.
29 G. Baumann, Durchbruch zur neuen Wissenschaft, in: Sonderdienst der NS-Presse, 21.3.1939 (BA Berlin NS 15/311 Bl. 319).
30 W. Schultze, Der neue Dozent und sein Wissenschaftswerk, in: Münchner Neueste Nachrichten, 14.6.1939.
31 Zit. in: Frankfurter Zeitung, Nr. 565/6, 5.11.1940.
32 Gay, Außenseiter, S. 99.
33 Jansen, Professoren, S. 83.
34 Vgl. Becker, Hochschulreform, S. 2–9.

35 Vogel, Anpassung, S. 52–57; Goede, Adolf Rein, S. 100–128.
36 A. Baeumler, Wissenschaft und Hochschule, in: VB, 31.1.1934.
37 Bekenntnis zur zweckfreien Forschung, in: Berliner Börsen-Zeitung, Nr. 31, 19.1.1941.
38 Wolff, Ausgrenzung, S. 111; Stöwer, Erich Rothacker, S. 188; Sandner, «Geographische Zeitschrift», S. 76ff.
39 Heiber, Walter Frank, S. 279–298.
40 RdErl. des REM, 20.10.1939, in: DWEV 5 (1939), S. 534.
41 Barbian, Literaturpolitik, S. 553–561. Beispiele: Heiber, Walter Frank, S. 531; Müller, Ernst Krieck, S. 151–155; Hausmann, «Deutsche Geisteswissenschaft», S. 115.
42 Die Gründung erfolgte unter dem Namen «Notgemeinschaft der Deutschen Wissenschaft». Die Bezeichnung «Deutsche Forschungsgemeinschaft» setzte sich erst seit 1929 allmählich durch. Vgl. Flachowsky, Notgemeinschaft, S. 102f.
43 Flachowsky, Notgemeinschaft; Flachowsky, Reichsamt.
44 Niederschrift über die Rektorenkonferenz am 15.12.1937, in: BA Berlin R 4901/708 Bl. 35a, 45.
45 Beispiele: Bollmus, Amt Rosenberg; Lixfeld, Volkskunde, S. 255–268; Stolleis, Geschichte, Bd. 3, S. 316.
46 Fischer, Erinnerungen, Teil I, S. 74f.
47 Schagen, Handlungsspielräume.
48 Zit. in: Karlson, Adolf Butenandt, S. 87.
49 Ist der Vorrang der deutschen Forschung gefährdet? In: Wirtschaftspolitischer Dienst, Folge 11, 14.1.1939, Bl. 1–2.
50 W. Zschintzsch an den Reichspropagandaminister, 27.2.1939, in: BA Berlin R 4901/14356 Bl. 150.
51 C. Ramsauer an B. Rust, 20.1.1942, in: Hoffmann/Walker (Hg.), Physiker, S. 594–617, Zitate: S. 595, 601.
52 Ebd., S. 595ff.
53 C. Ramsauer, Über Leistung und Organisation der angelsächsischen Physik, mit Ausblicken auf die deutsche Physik («geheim»), Berlin 1942, S. 6, in: BA Berlin R 26 III 126.
54 A. Esau an R. Mentzel, 30.6.1943, Anlage, in: BA Berlin R 26 III 126. Zu Esau vgl. Hoffmann/Stutz, Grenzgänger.
55 Zitate aus: Goebbels, Tagebücher, Teil II, Bd. 8, S. 303 (15.5.1943). Der «Hohlkopf» war Reichserziehungsminister Rust.
56 W. Süss, Die gegenwärtige Lage der deutschen Wissenschaft und der deutschen Hochschulen. Referat auf der Rektoren-Konferenz in Salzburg am 26.8.43, S. 5ff., in: BA Berlin R 43-II/942b Bl. 83ff.
57 Meldungen aus dem Reich, Bd. 11, S. 4249 (28.9.1942). Hervorhebungen im Original.
58 H. H. Lammers an B. Rust, 1.9.1943, in: BA Berlin R 43-II/942b Bl. 15.
59 Goebbels, Tagebücher, Teil II, Bd. 8, S. 345 (22.5.1943).
60 Stenographischer Bericht über die Rektorenkonferenz am 31.5.1935, in: BA Berlin R 4901/706 Bl. 32; Böhm, Selbstverwaltung, S. 378f.; Engehausen, Ministerium, S. 392.
61 Tilitzki, Universitätsphilosophie, Teil 2, S. 849–852.
62 Berlin: Reichherzer, Front, S. 297f. Hamburg: Borowsky, Geschichtswissen-

schaft, S. 544 f. Heidelberg: Reichherzer, Front, S. 335 f. Jena: BA Berlin NS 10/550, HStA Weimar Reichsstatthalter in Thüringen 374.

63 Stenographischer Bericht über die Rektorenkonferenz am 31.5.1935, in: BA Berlin R 4901/706 Bl. 32 f.

64 Vgl. die Tabellen 31–35 (Anhang).

65 Hoßfeld, Geschichte, S. 212–266.

66 Weindling, Health; Weingart u. a., Rasse; Proctor, Racial Hygiene; Schmuhl, Rassenhygiene; ders., Grenzüberschreitungen; Andreassi Cieri, Compromiso.

67 Günther, Institutionalisierung.

68 Weingart u. a., Rasse, S. 240. Die bedeutendste Einrichtung dieser Art, das 1927 gegründete Kaiser-Wilhelm-Institut für Anthropologie, menschliche Erblehre und Eugenik, entstand außerhalb der Universitäten. Vgl. Schmuhl, Grenzüberschreitungen.

69 Rundschreiben des RdI, 21.2.1934, in: GStA PK I. HA Rep. 76 Va Sekt. 1 Tit. IV Nr. 1 Bd. XIV Bl. 143.

70 Vgl. Meldungen aus dem Reich, Bd. 2, S. 269.

71 Nämlich in Berlin, Frankfurt, Freiburg, Gießen, Greifswald, Hamburg, Jena, Köln, Königsberg, Leipzig, München, Rostock, Tübingen, Würzburg. Die Angaben in der Literatur und in den Quellen schwanken oft, vor allem weil die Grenzen zur Anthropologie fließend waren. Meine Angaben nach: Aktennotiz Scheer, 14.6.1939, in: BA Berlin R 4901/622 Bl. 337; Koch, Gesellschaft, S. 243–258; Weingart u. a., Rasse, S. 438 f.; Hoßfeld, Anthropologie, S. 213 f.

72 Koch, Gesellschaft, S. 251–257; Weingart u. a., Rasse, S. 438 f.

73 Leube (Hg.), Prähistorie; Steuer (Hg.), Wissenschaft; Halle, Ur- und Frühgeschichte.

74 Bollmus, Bemerkungen, S. 37.

75 Zur Biographie: Schöbel, Hans Reinerth; Grüttner, Lexikon, S. 136 f.

76 Zitate aus: Bollmus, Amt Rosenberg, S. 154 f.

77 Rosenberg, Mythus, S. 81.

78 Longerich, Heinrich Himmler, S. 87 f.

79 Grünert, Gustaf Kossinna, S. 304–311.

80 Chronik der Friedrich-Wilhelms-Universität zu Berlin, April 1931/März 1932, Berlin 1932, S. 20.

81 Pape, Entwicklung, S. 168.

82 Picker, Hitlers Tischgespräche, S. 446 (7.7.1942). Vgl. auch: Speer, Erinnerungen, S. 108.

83 Bausinger, Volksideologie; Gerndt (Hg.), Volkskunde; Jacobeit u. a. (Hg.), Völkische Wissenschaft.

84 Weitere Lehrstühle bestanden an der Deutschen Universität Prag (seit 1919) und an der TH Dresden (seit 1926).

85 M. Ziegler, Volkskunde auf rassischer Grundlage, in: Nationalsozialistische Monatshefte 5 (1934), S. 711–717, hier S. 715 f. Zu Ziegler vgl. Lixfeld, Volkskunde, S. 192–205; Gailus, Kirchenkämpfer.

86 Zit. in: Lixfeld, Volkskunde, S. 274 f.

87 Gajek, «Feiergestaltung».

88 Zit. in: Schmoll, Heinrich Harmjanz, S. 126.

89 In Berlin, Frankfurt, Heidelberg, Königsberg, Leipzig, München, Tübingen.

90 In Bonn, Breslau, Göttingen, Jena.
91 Angaben (teilweise errechnet) nach: Gajek, Volkskunde.
92 Biogramme in: Grüttner, Lexikon. Zu Wolfram: Bockhorn, Germanisch-Deutsche Volkskunde.
93 Faust, Studentenbund, Bd. 1, S. 96.
94 Ericksen, Kontinuitäten, S. 436; Böhm, Selbstverwaltung, S. 233–236, 607.
95 Detjens, Abgrund, S. 113–122; Reichherzer, Front, S. 196; Borowsky, Geschichtswissenschaft, S. 544.
96 Reichherzer, Front, S. 193 ff.
97 Eine Wehrwissenschaftliche Fakultät entstand jedoch seit 1933 an der TH Berlin.
98 Pyta, Walter Elze; Hartung, Korrespondenz, S. 256.
99 Jahr, Verbindung; Reichherzer, Front, S. 253–328.
100 Lennartz, «Preuße»; Heiber, Universität, Teil II, 2, S. 303–312; Reichherzer, Front, S. 328–365; Remy, Myth, S. 61 f., 66 f., 249 ff.
101 Borowsky, Geschichtswissenschaft, S. 544 f., 552–555.
102 Vgl. BA Berlin NS 10/550; HStA Weimar Reichsstatthalter in Thüringen 374; UA Jena Bestand D Nr. 1684; Hendel u. a., Wege, S. 181 ff.
103 Vgl. Erl. des Preußischen KM, 23.1.1934, in: UA Münster Bestand 4 Nr. 1341 Bl. 47.
104 Vgl. Jahr, Verbindung, S. 16; Eberle, Instrument, S. 250 ff.; Reichherzer, Front, S. 198 f., 203, 207 f.
105 Damit war der Entschluss verbunden, die zur Hochschule kommandierten Offiziere wieder abzuziehen. Vgl. Müller, Armee, S. 274–278.
106 Van den Bussche, Dienste, S. 134 f.; Remy, Myth, S. 95; Hinz, Wehrwissenschaften.
107 Oberkrome, Ordnung.
108 Detjens, Abgrund, S. 347–394; Lang, Fakultät; Białkowski, Utopie, S. 160–165; Rückl/Noack, Agrarökonomen; Höpfner, Bonn, S. 507–534. Von den ehemals drei Landwirtschaftlichen Hochschulen blieb nur Hohenheim unabhängig. Vgl. Waller, Erschreckend einwandfrei.
109 Vgl. die Tabellen 33 und 34 (Anhang). Siehe auch: Becker, Nahrungssicherung.
110 Flachowsky, Notgemeinschaft, S. 377 f.
111 Zu Meyer, dem Architekten des «Generalplans Ost», vgl. Fahlbusch u. a. (Hg.), Handbuch, S. 500–508; Jung, Zeit, S. 200 f.
112 Hehl, In den Umbrüchen, S. 252; Becker, Nahrungssicherung, S. 630; Höpfner, Bonn, S. 15, 508.
113 K. H. Pfeffer, Begriff und Methode der Auslandswissenschaften, in: Jahrbuch der Weltpolitik 1942, S. 896. Zu Pfeffer vgl. Fahlbusch u. a. (Hg.), Handbuch, Bd. 1, S. 592–595.
114 Friedrich-Wilhelms-Universität zu Berlin, Personal- und Vorlesungsverzeichnis, WS 1944/45, S. 48–52. Zur Geschichte der Fakultät vgl. Haiger, Politikwissenschaft; Botsch, «Politische Wissenschaft».
115 Daniels, Auslandskunde.
116 Mußgnug, Juristische Fakultät, S. 307.
117 Wolgast, Rektorat Schmitthenner, S. 27; Schultes, Fakultät, S. 585–589.
118 Stoecker, Afrikawissenschaften, S. 253–282.
119 Becker, Nahrungssicherung, S. 646 f.

120 Gesetz über die Neuordnung der Universität vom 19.1.1934, in: Hamburgisches Gesetz- und Verordnungsblatt 1934, S. 11.
121 Vgl. Tabelle 31 (Anhang).
122 Moltmann, «Übersee- und Kolonialkunde»; Linne, Deutschland, S. 54ff., 133–138; Goede, Adolf Rein, S. 137–147.
123 Hammerstein, Goethe-Universität, Bd. I, S. 508.
124 Meier, Fakultäten, S. 6f.
125 Falter, Hitlers Wähler, S. 169–186.
126 Vgl. die Auflistung in Tabelle 36 (Anhang).
127 Graf, Universitätstheologie, S. 137f.; Grüttner, Studenten, S. 53.
128 Scholder, Kirchen, Bd. 1, S. 525–539; Ericksen, Theologen.
129 Zit. in: Rieger, Entwicklung, S. 89.
130 E. Hirsch an H. Lietzmann, 22.10.1932, in: Aland (Hg.), Glanz, S. 718.
131 Zit. in: Ericksen, Theologen, S. 202f. Zu Hitlers Einstellung gegenüber dem Christentum vgl. Grüttner, Das Dritte Reich, S. 427f.
132 G. A. Walz (Breslau), Rechenschaftsbericht über die abgelaufene Rektoratsperiode, 25.3.1935, in: BA Berlin R 4901/1716 Bl. 14.
133 Garbe, Theologe, S. 478–492.
134 Heiber, Universität, Teil II, 2, S. 191, 761; Siegele-Wenschkewitz, Bollwerk, S. 517.
135 Beide Gutachten sind abgedruckt in: Schmidt (Hg.), Bekenntnisse, S. 178–186.
136 Höpfner, Bonn, S. 146–180; Lippmann, Marburger Theologie; Pauli, Geschichte.
137 Ericksen, Göttinger Theologische Fakultät, S. 77f.; Buss, Wissenschaft, S. 195.
138 Göllnitz, Karrieren, S. 71–75; Buss, Wissenschaft, S. 175f., 195. Zahl der Berufungen nach: Meier, Fakultäten, S. 171.
139 Vgl. die Biogramme in: Grüttner, Ausgegrenzt. Die BK-Mitgliedschaft war allerdings nicht immer der entscheidende Grund für die Vertreibung. Vereinzelt, so im Falle Günther Dehns, erfolgte der Anschluss an die BK erst nach der Entlassung.
140 Höpfner, Bonn, S. 148–177.
141 Alwast, Fakultät; Buss, Fakultät, S. 100–107; Göllnitz, Karrieren, S. 31–37.
142 Breslau: Provinzial-Kirchenausschuß Schlesien an den Landeskirchenausschuß Berlin-Charlottenburg, 29.9.1936, in: EZA Berlin 7/4384 Bl. 346. Jena: Heschel, Aryan Jesus, S. 201–241; Postert, Volk; Arnhold, Walter Grundmann.
143 Zu Münster vgl. Evangelisches Konsistorium Westfalen an den Landeskirchenausschuß für die evangelische Kirche der altpreußischen Union, 26.9.1936, in: EZA Berlin 7/4384 Bl. 349f.
144 Meier, Fakultäten, S. 237f.; Scholder, Kirchen, Bd. 1, S. 717ff.
145 Lippmann, Theologie, S. 204–210 und passim.
146 Zu Kittel vgl. Ericksen, Theologen, S. 77–103; Junginger, Verwissenschaftlichung; Gailus/Vollnhals (Hg.), Christlicher Antisemitismus.
147 E. Heinrich an Reichsstudentenführer G. A. Scheel, 27.7.1937, in: BA Berlin NS 38/21 Bl. 90.
148 Vgl. Tabelle 36 (Anhang).

149 Niemöller, Kirche, S. 335.
150 Meldungen aus dem Reich, Bd. 2, S. 83; Lippmann, Theologie, S. 252; Pauli, Institute, S. 352 f.; Neuser, Teilnahme, S. 324–334.
151 In Bonn, Breslau, Freiburg, München, Münster, Tübingen und Würzburg.
152 Scholder, Kirchen, Bd. 1, S. 166–170, 317–321.
153 Grüttner, Das Dritte Reich, S. 424.
154 Denzler, Katholische Zugänge.
155 M. Schmaus, Begegnungen zwischen katholischem Christentum und nationalsozialistischer Weltanschauung, Münster 1933, S. 3, 21, 25, 28, 42.
156 J. Lortz, Katholischer Zugang zum Nationalsozialismus, kirchengeschichtlich gesehen, Münster 1933, S. 3 f., 9, 17, 26.
157 Alle Zitate aus: K. Adam, Deutsches Volkstum und katholisches Christentum, in: Theologische Quartalschrift 114 (1933), S. 41 f., 61 f. Zu Adam vgl. auch: Scherzberg, Karl Adam.
158 Burkard, «Einbruch»; Denzler, Katholische Zugänge.
159 Höpfner, Bonn, S. 18; Heiber, Universität, Teil II, 2, S. 701; Burkard, Entwicklung, S. 167.
160 Weiß, Würzburg, S. 278–281.
161 Zit. in: Weiß, Würzburg, S. 302.
162 Baumgärtner, Weltanschauungskampf, S. 154–165.
163 Leugers, Mauer, S. 279.
164 Höpfner, Bonn, S. 189 f.; Wittstadt, Würzburg, S. 407, 433.
165 G. A. Walz, Rechenschaftsbericht über die abgelaufene Rektoratsperiode, 25.3.1935, in: BA Berlin R 4901/1716 Bl. 14.
166 Burkard, Braunsberg, S. 60–75.
167 Dokumente zur Kirchenpolitik des Dritten Reiches, Bd. 2, S. 179.
168 Anordnung Nr. 24/37 des StdF, 9.2.1937, in: BA Berlin NS 1/1117 Bl. 119.
169 Grüttner, Studenten, S. 442 f.; Meisiek, Theologiestudium, S. 301–323.
170 Rundschreiben 54/37 des Reichsdozentenbundführers, 21.10.1937, in: BA Berlin NS 20/98 Bl. 104.
171 E. Heinrich an den NSDDB, 29.3.1938, in: BA Berlin R 9361-VI/164 Bl. 15.
172 Rundschreiben von M. Fischer (Studentenamt der BK), 16.1.1937, S. 2, in: EZA Berlin 50/491.
173 Der gesamte Vorgang in: BA Berlin R 4901/12909. Vgl. auch Wolgast, Hochschulpolitik; Burkard, Kirchenpolitik, S. 72–81; Meier, Fakultäten, S. 436–456.
174 Amt Wissenschaft im REM, Denkschrift zur Frage der Aufrechterhaltung der deutschen Hochschulen im tschecho-slowakischen Staat, November 1938 («Geheim»), S. 11, in: BA Berlin R 43-II/1324 Bl. 74.
175 M. Bormann an den REM, 24.1.1939, in: BA Berlin R 4901/12909 Bl. 96.
176 Aktenvermerk MR H. Schwarz, 24.2.1939 («Geheim»), in: BA Berlin R 4901/12909 Bl. 98.
177 Liebmann, Graz; Rees, Innsbruck. Die Schließung der Grazer Fakultät wurde offiziell als «Zusammenlegung» mit der Katholisch-Theologischen Fakultät Wien deklariert.
178 Dokumente zur Kirchenpolitik des Dritten Reiches, Bd. VI/1, S. 53 f.
179 Der gesamte Vorgang in: BA Berlin R 4901/2085. Vgl. auch Weitlauff, München, S. 172–197.
180 Zit. in: Grüttner, Das Dritte Reich, S. 427.

181 StdF an den REM, 26.4.1940 («geheim»), in: BA Berlin R 4901/12909 Bl. 165 f.
182 Aktenvermerk ORR H. Schwarz, 6.6.1940 («geheim»), in: BA Berlin R 4901/12909 Bl. 167.
183 Grüttner, Studenten, S. 130 ff., 490.
184 Kleineidam, Breslau, S. 120; Ericksen, Fakultät, S. 90; Greschat, Gießen, S. 158.
185 Wolgast, Hochschulpolitik, S. 77.
186 Zit. in: Meier, Fakultäten, S. 350. Siehe auch Garbe, Theologe, S. 570 ff.
187 Vgl. die Auflistung der Mitarbeiter in: Arnhold, «Entjudung», Bd. 2, S. 852–861.
188 Arnhold, «Entjudung», Bd. 2; Heschel, Aryan Jesus.
189 Meier, Fakultäten, S. 419–435.
190 Denzler, Katholische Zugänge, S. 58 f.; Weisbach, Geist, S. 348.
191 Jasper, Paul Althaus, S. 308 f.
192 Ein Exemplar der Denkschrift «Innere Rüstung» in: BA R 43-II/154 Bl. 174–205.
193 Der gesamte Vorgang in: BA R 43-II/154 Bl. 83–276. Vgl. auch Meier, Fakultäten, S. 427–434.
194 Pöpping, Passion, S. 159 f.
195 Schmid, Insel, S. 117 f.
196 Höpel, «Säuberung», S. 447, 455.
197 Ditt, «Stoßtruppfakultät», S. 118, 128, 231; Eckert, Kieler Schule, S. 54.
198 Forschungsüberblick: Schumann, Die juristischen Fakultäten.
199 Ditt, «Stoßtruppfakultät», S. 86.
200 Eckhardt, Studium, S. 9.
201 Eckert, Kieler Schule, S. 39–46, 54. Zur Kieler Schule siehe ferner: Eckert, Fakultät; Meyer-Pritzl, Rechts- und Staatswissenschaften; Wiener, Fakultät; Morgenstern, Kiel.
202 Zu Eckhardt vgl. Nehlsen, Karl August Eckhardt; Niemann, Karl August Eckhardt. Zu Ritterbusch: Hausmann, «Deutsche Geisteswissenschaft», S. 30–48.
203 Angaben nach Wiener, Fakultät, S. 71–80, 99–105.
204 Zitate aus: F. Wieacker, Das Kitzeberger Lager junger Rechtslehrer, in: Deutsche Rechtswissenschaft 1 (1936), S. 80; K. A. Eckhardt, Zum Geleit, in: Deutsche Rechtswissenschaft 1 (1936), S. 3.
205 K. Larenz, Vorwort, in: Dahm u.a., Grundfragen, S. 5. Zu Larenz vgl. Hüpers, Karl Larenz.
206 Morgenstern, Kiel; Schäfer, Lehre, S. 235–238; Möhler, Straßburg, S. 420 f.
207 Grüttner, Lexikon, S. 37, 42, 140.
208 Grimm, «Neue Rechtswissenschaft», S. 32.
209 Bracher, Diktatur, S. 253.
210 Gruchmann, Justiz, S. 753–822.
211 Hattenhauer, NS-Volksgesetzbuch.
212 Rüther, Entartetes Recht, S. 27.
213 Henkel, Strafrichter, S. 7, 37 f. Zu Henkel vgl. Grüttner, Lexikon, S. 74.
214 Zitate aus: Carl Schmitt, Neue Leitsätze für die Rechtspraxis, in: Juristische Wochenschrift 62 (1933), S. 2793 f. Zum Einsatz von Generalklauseln in der Gerichtspraxis vgl. Rüthers, Auslegung, S. 216–270.

215 Rüthers, Auslegung, S. 121–136; Schröder, Rechtswissenschaft, S. 6–11.
216 Henkel, Unabhängigkeit, S. 21.
217 Huber, Verfassungsrecht, S. 278 f.
218 Michaelis, Wandlungen, S. 58 f.
219 Vgl. Rüthers, Auslegung, S. 138.
220 Michaelis, Wandlungen, S. 59.
221 Leitsätze über Stellung und Aufgaben des Richters, in: Deutsche Rechtswissenschaft 1 (1936), S. 123 f.
222 K. A. Eckhardt, Richteramt, in: Deutsche Rechtswissenschaft 1 (1936), S. 131.
223 Ditt, «Stoßtruppfakultät», S. 249–267. Siehe auch Rüthers, Entartetes Recht, S. 19.
224 Eckhardt, Studium, S. 23, 28.
225 Wolf, Privatrecht, S. 140 ff.; Ditt, «Stoßtruppfakultät», S. 263 ff.; Stolleis, Geschichte, Bd. 3, S. 338–341.
226 Zu Schmitts Entmachtung vgl. S. 363 ff. Zum Fall Eckardt siehe Heiber, Walter Frank, S. 857–911; Nehlsen, Karl August Eckhardt, S. 506–509.
227 Dahm/Schaffstein, Strafrecht, S. 37 f. Zu Dahm und Schaffstein vgl. Schäfer, Lehre, S. 70–74, 149–167.
228 Schaffstein, Recht, S. 43. Zur Verwendung des Gemeinschaftsbegriffs vgl. Lepsius, Begriffsbildung, S. 62–69.
229 Marxen, Kampf, S. 185 ff.
230 Schaffstein, Recht, S. 46.
231 G. Dahm, Die Erneuerung der Ehrenstrafe, in: Deutsche Juristen-Zeitung 39 (1934), Sp. 828.
232 Henkel, Strafrichter, S. 32.
233 Stolleis, Geschichte, Bd. 3, S. 320.
234 Stolleis, Geschichte, Bd. 3, S. 322.
235 Zu Walz vgl. Ditt, «Stoßtruppfakultät», S. 52–66; Grüttner, Lexikon, S. 180 f.
236 G. A. Walz, Deutsche Verfassungs- und Verwaltungsrechtswissenschaft, in: Deutsche Wissenschaft. Arbeit und Aufgabe, Leipzig 1939, S. 57 f.
237 Zu Huber vgl. Grothe, Umgang; Grothe (Hg.), Ernst Rudolf Huber.
238 Zitate aus: Huber, Verfassungsrecht, S. 194, 361.
239 Politik den Berufenen, in: Das Schwarze Korps, Nr. 31, 31.7.1941, S. 4. Vgl. auch Stolleis, Geschichte, Bd. 3, S. 318 f.
240 Grimm, «Neue Rechtswissenschaft», S. 47; Stolleis, Geschichte, Bd. 3, S. 330–335.
241 Stolleis, Geschichte, Bd. 3, S. 356 f.
242 Ditt, «Stoßtruppfakultät», S. 234–242.
243 So Stolleis, Geschichte, Bd. 3, S. 398. Ausführlicher zu Drost: Felz, Recht, S. 92–100.
244 Gauweiler, Rechtseinrichtungen, S. 209.
245 Jahreslagebericht 1938 des Sicherheitshauptamtes, in: Meldungen aus dem Reich, Bd. 2, S. 127.
246 Fraenkel, Doppelstaat.
247 Zitate aus: E. Kern, Die Entwicklung des Verhältnisses zwischen Rechtspflege und Verwaltung seit der Mitte des 18. Jahrhunderts, 28.4.1933 (MS), S. 25–37, in: BA Berlin R 3001/20013. Zur Denkschrift und ihrem Verfasser vgl. auch Grün, Rektor, S. 268–346.

248 Eberle, Instrument, S. 407. Zu Schinnerer vgl. Lösch, Geist, S. 339–343.
249 G. Dahm, Sühne, Schutz und Reinigung im neuen deutschen Strafrecht, in: Deutsches Recht 14 (1944), S. 4.
250 U. Scheuner, Die Gerichte und die Prüfung politischer Staatshandlungen, in: Reichsverwaltungsblatt 57 (1936), S. 441.
251 Grundlegend dazu: Schwegel, Polizeibegriff; Stolleis, Geschichte, Bd. 3, S. 365 f.
252 Herbert, Best, S. 153; Schwegel, Polizeibegriff, S. 178; Paech/Krampe, Fakultät, S. 891 f.
253 Richtlinien für das Studium der Rechtswissenschaft, 18.1.1935, in: Eckhardt, Studium, S. 7–11. Vgl. auch Frassek, Studienordnung.
254 Richtlinien für das Studium der Rechtswissenschaft (Anm. 253), S. 7.
255 Schröder, Rechtswissenschaft, S. 43 ff.
256 Richtlinien für das Studium der Rechtswissenschaft (Anm. 253), S. 7.
257 Bericht der Rechts- und Staatswissenschaftlichen Fakultät Hamburg über die Erfahrungen mit den «Richtlinien über das Studium der Rechtswissenschaft», 4.8.1937, S. 16, in: StA Hamburg Universität I N 1.10.
258 Akademie für Deutsches Recht, Beurteilung der juristischen Studienordnung vom 18.1.1935 (1938), in: BA Berlin R 3001/21729 Bl. 10–56. Siehe auch Felz, Recht, S. 80 f.
259 Grüttner, Studenten, S. 490.
260 Berufsaussichten der Rechtsstudenten, in: Volk im Werden 5 (1937), S. 272.
261 Bericht des SD-Abschnitts Halle über den «Neuaufbau der Justiz», 19.7. 1943, in: BA Berlin NS 6/129 Bl. 294. Siehe auch Gruchmann, Justiz, S. 312 ff.
262 Bericht des SD-Abschnitts Halle, 19.7.1943 (Anm. 261), Bl. 294.
263 Zit. in: Wolf, Privatrecht, S. 49.
264 Vgl. Die unbesetzten und überaltert besetzten […] Lehrstühle der wissenschaftlichen Hochschulen Großdeutschlands nach dem Stande vom 15.3. 1943, in: UA der HUB Rektor und Senat 155.
265 Vgl. insbesondere Hitlers Reichstagsrede vom 26.4.1942, zit. in: Domarus, Hitler, Bd. II, 2, S. 1874 f. Zur Resonanz in Juristenkreisen siehe Steinert, Krieg, S. 289–294.
266 Picker, Hitlers Tischgespräche, S. 225 (29.3.1942).
267 Hitler, Monologe, S. 140 (16.11.1941).
268 Lange, Privatrecht, S. 46.
269 Grüttner, Studenten, S. 491.
270 Gruchmann, Justiz, S. 318 f.
271 Über die Definition des Begriffs Geisteswissenschaften besteht in der Forschung keine Einigkeit. Hier bezeichnet er die klassischen Fächer der alten Philosophischen Fakultäten: Philosophie, Geschichtswissenschaft, die Philologien sowie Psychologie, Kunstgeschichte, Volkskunde und die Sozialwissenschaften.
272 Raphael, Ordnungsdenken; Oexle, «Zusammenarbeit».
273 Nolte, Typologie, S. 146; Hammerstein, Wissenschaftssystem, S. 221.
274 Zit. in: Die totale geistige Umgestaltung, in: Berliner Tageblatt, Nr. 102, 29.2.1936.
275 Bericht über die Wissenschaftsbesprechung in der Parteikanzlei am 17.3. 1944, S. 3, in: BA Berlin NS 8/241 Bl. 167.

276 Sandkühler (Hg.), Philosophie; Sluga, Heidegger's Crisis; Dahms, Philosophie; Schorcht, Philosophie; Leaman, Heidegger. Sehr materialreich, aber in der Interpretation problematisch: Tilitzki, Universitätsphilosophie (zur Kritik vgl. Wolters, Philosophie, S. 60–63).
277 Zahlen nach: Tilitzki, Universitätsphilosophie, Teil 2, S. 851.
278 Sieg, Neukantianismus; Stadler, Wiener Kreis; Jay, Dialektische Phantasie.
279 Tilitzki, Universitätsphilosophie, Teil 2, S. 1154.
280 E. Krieck an den REM, 26.6.1940, in: GLA Karlsruhe 235/2245.
281 Sluga, Heidegger's Crisis, S. 223–230; Dahms, Philosophie.
282 A. Baeumler, Nietzsche und der Nationalsozialismus, in: ders., Studien zur deutschen Geistesgeschichte, Berlin 1943³, S. 281–294.
283 Holub, Nietzsche.
284 E. Krieck, Die Ahnen des Nationalsozialismus, in: Volk im Werden 3 (1935), S. 184. Zu Stedings Position vgl. Langreder, Auseinandersetzung, S. 111–124.
285 Biogramm in: Eberle, «Instrument», S. 787.
286 H. Schwarz, Zur philosophischen Grundlegung des Nationalsozialismus, Berlin 1936, S. 20.
287 H. Heyse, Idee und Existenz, Hamburg 1935, S. 345, 347.
288 Dahms, Aufstieg, S. 304.
289 Leaman/Simon, Philosophie-Professoren, S. 9–11.
290 Zit. in: Lerchenmueller, Geschichtswissenschaft, S. 193.
291 Zu Müller vgl. Berg, Karl Alexander von Müller.
292 Wiggershaus-Müller, Nationalsozialismus, S. 95 f., 141 f., 203 f., 221, 265 f.
293 Schreiner, Führertum, S. 182–190; Schönwälder, Historiker, S. 113–117; Wolf, Litteris, S. 389 f.; Werner, NS-Geschichtsbild, S. 49; Lemberg, Historiker, S. 145–173, 442; Eckel, Geist, S. 73 ff.
294 Zit. nach Lerchenmueller, Geschichtswissenschaft, S. 215, 259 f.
295 Burleigh, Germany; Mühle, Volk; Nonn, Theodor Schieder; Ditt, Kulturraumforschung; Schöttler, «Westforschung»; Oberkrome, Volksgeschichte; Haar, Historiker; Fahlbusch, Wissenschaft.
296 Zitate aus: Nonn, Theodor Schieder, S. 87 f.; Haar, Historiker, S. 316 f.
297 Grüttner, Ostforschung.
298 H. Aubin an T. Frings, 5.2.1940, in: Mühle (Hg.), Briefe, S. 282.
299 Vgl. die Beiträge von E. Lämmert und K. O. Conrady in: Lämmert u. a., Germanistik, S. 20, 99.
300 Sauder, «Akademischer Frühlingssturm».
301 Kaiser, Grenzverwirrungen, S. 132–198.
302 Albrecht/Krumeich, Fritz Martini, S. 89–92.
303 Wilson, Pakt, S. 148 ff.
304 Sturm, Literaturwissenschaft; Hermand, Geschichte, S. 98–113.
305 Kaiser, Grenzverwirrungen; Dainat, Germanistische Literaturwissenschaft; Klausnitzer, Blaue Blume.
306 Simon (Hg.), Germanistik, S. 156.
307 Dainat, Germanistische Literaturwissenschaft, S. 73; Klausnitzer, Blaue Blume, S. 251–268; Kaiser, Grenzverwirrungen, S. 294–410.
308 Zit. in: Kaiser, Grenzverwirrungen, S. 337.
309 Hausmann, «Deutsche Geisteswissenschaft», S. 302 f.
310 Spitzer, Zeitschriften, S. 478.
311 Hausmann, «Strudel», S. 323–356.

312 Ebd., S. 360f.
313 Hausmann, «Hungersnot», S. VII.
314 Pfeiffer, Anglistik; Ackermann, Anglistik; Hausmann, Anglistik; Bode, Anglia.
315 Hausmann, Anglistik, S. 98–112.
316 R. Spindler, Englische Philologie, in: Deutsche Wissenschaft. Arbeit und Aufgabe, Leipzig 1939, S. 44. Zu Spindler vgl. Hausmann, Anglistik, S. 509 f.
317 Hausmann, Geisteswissenschaften, S. 585.
318 Hausmann, Anglistik, S. 127.
319 Spitzer, Zeitschriften, S. 477.
320 Almgren, Germanistik, S. 23–27, 105 f., 197 f.
321 Geuter, Professionalisierung; Ash, Psychologie.
322 E. Jaensch, Vom Geiste des Judentums in der Wissenschaft, in: Ziel und Weg 7 (1937), S. 211.
323 Hippius u. a., Volkstum, S. 15, 46.
324 Geuter, Professionalisierung, S. 229–269.
325 In diesem Sinne äußerte sich auch der SD. Vgl. Meldungen aus dem Reich, Bd. 2, S. 81. Siehe ferner: Ash, Psychologie; Raphael, «Ordnung», S. 124 f.; Dainat, Germanistische Literaturwissenschaft, S. 69; Sluga, Heidegger's Crisis, S. 228 f.
326 Siehe die interessante Analyse bei Eberle, «Instrument», S. 377–382.
327 Lemberg, Historiker, S. 315–319.
328 Beispiele: Hunger, Germanistik, S. 373 f.; Thiel, «Zinnsoldaten», S. 185–190; Rebenich, Alfred Heuß; Deglau, Franz Hampl, S. 76, 140.
329 E. Krieck an G. A. Scheel, 8.5.1939, S. 2 f., in: BA Berlin NS 38/2259.
330 C. Erdmann an G. Tellenbach, 21.1.1934, in: Reichert, Fackel, Bd. 2, S. 37. Vgl. aber auch ebd., S. 232.
331 OKW an den REM, 5.11.1943 (Abschr.), in: BA Berlin R 4901/12 623 Bl. 524.
332 Königs, Joseph Vogt, S. 45 f.; Cornelißen, Seminar, S. 238, 246; Schöttler, «Westforschung», S. 230.
333 Hausmann, «Musen»; Jäger, Seitenwechsel, S. 192–265.
334 Zu Gadamers umstrittenem Pariser Vortrag 1941 vgl. Grondin, Hans Georg Gadamer, S. 241–245; Hausmann, Unwahrheit; Wolin, Fascism, S. 122–126.
335 Bushart, Dienstreisen.
336 P. Ritterbusch, Wissenschaft im Kampf um Reich und Lebensraum, Stuttgart 1942, S. 16.
337 A. Baeumler an den Stab des StdF, 19.3.1941, in: BA Berlin NS 8/185 Bl. 136.
338 Hausmann, «Deutsche Geisteswissenschaft», S. 23.
339 Flasch, Mobilmachung; Berg/Thiel (Hg.), Wissenschaftsakademien; Mommsen (Hg.), Kultur; Böhme (Hg.), Aufrufe.
340 Hausmann, «Deutsche Geisteswissenschaft», S. 387, 390, 398.
341 Schönwälder, Historiker, S. 213.
342 Hausmann, «Deutsche Geisteswissenschaft», S. 44, 115, 289. Zum Kriegseinsatz der Geisteswissenschaften vgl. ferner die Spezialstudie von Sommer/Schmitt (Hg.), Hannibal.
343 Goede, Adolf Rein, S. 165 ff.
344 Schönwälder, Historiker, S. 248 f.
345 H. Heimpel, Die Erforschung des deutschen Mittelalters im deutschen Elsaß, in: Straßburger Monatshefte 5 (1941), S. 743.

346 Schönwälder, Historiker, S. 242.
347 Vgl. etwa: K. Huber, Der künftige Aufbau der Volksmusikforschung, in: DWEV 3 (1937), S. 127*–132*. Siehe auch: Petersen, Wissenschaft. Zu Krauss vgl. Jehle, Werner Krauss, S. 135–141.
348 So auch Thiel, «Zinnsoldaten», S. 178.
349 Zur Veränderung des Zitierverhaltens vgl. Stadler, Schicksal, S. 150f.; Heiber, Universität, Teil I, S. 227–230; Hausmann, «Deutsche Geisteswissenschaft», S. 242f.
350 Dainat, Germanistische Literaturwissenschaft, S. 68. Siehe auch Dahms, Aufstieg, S. 299–302.
351 Bollenbeck/Knobloch (Hg.), Semantischer Umbau.
352 Zit. in: Schreiber, Walther Wüst, S. 234. Vgl. Klute, Karl Reinhardt, S. 163.
353 Klemperer, LTI, S. 213–224.
354 Hoffmann, Juden, S. 278; Klausnitzer, Blaue Blume, S. 253–256; Tilitzki, Universitätsphilosophie, Teil 1, S. 430–433.
355 Jahreslagebericht des Sicherheitshauptamtes 1938, in: Meldungen aus dem Reich, Bd. 2, S. 89.
356 Vgl. Tabelle 25 (Anhang).
357 Vgl. den vervielfältigten Aktenvermerk von O. Wacker betr. den Ausbau der Universität Rostock, 5.4.1939, in: BA Berlin 4901/2130 Bl. 235.
358 W. Groß, Vermerk für Stabsleiter Dr. Stellrecht, 13.4.1943, in: BA Berlin NS 8/241 Bl. 81. Vgl. auch Fischer, Erinnerungen, Teil I, S. 174.
359 Nath, Studienratskarriere.
360 Grüttner, Studenten, S. 490.
361 Flachowsky, Notgemeinschaft, S. 377.
362 E. Krieck an den REM, 4.9.1940, in: GLA Karlsruhe 235/2245.
363 W. Frank, Wesen und Aufgabe der Geisteswissenschaften im deutschen Leben, in: Der Deutsche Hochschulführer. Lebens- und Studienverhältnisse an den Deutschen Hochschulen 23 (1941), S. 7–11, 9.
364 Vgl. S. 478ff.
365 Thiel, «Zinnsoldaten», S. 191.
366 Bericht des SD-Abschnitts Frankfurt am Main betr. Stimmung und Haltung der Hochschullehrer, 8.3.1944, in: HHStA Wiesbaden 483/11269. Als weitere zentrale Probleme benennt der Bericht die Sorge um den wissenschaftlichen Nachwuchs und um die kriegsbedingte Zerstörung der Bibliotheken.
367 Vgl. S. 393ff.
368 Diesen Eindruck erweckt u. a. Kater, Ärzte, S. 190.
369 Bashford/Levine (Hg.), History; Adams (Hg.), Science; Broberg/Roll-Hansen (Hg.), Eugenics.
370 Art. «Eugenics», in: Encyclopædia Britannica, Bd. 8, New York 1929, S. 806–809.
371 Müller-Hill, Tödliche Wissenschaft, S. 12; Hitler, Mein Kampf, Bd. I, S. 671, Bd. II, S. 1031–1035.
372 F. Lenz: Die Stellung des Nationalsozialismus zur Rassenhygiene, in: Archiv für Rassen- und Gesellschafts-Biologie 25 (1931), S. 307f.
373 E. Fischer an die Abteilung Volksgesundheit in der Reichsorganisationsleitung der NSDAP, 25.11.1932, in: BA Berlin R 9361-I/6831.
374 Bock, Zwangssterilisation, S. 80–94.

375 Vgl. S. 394 f.
376 Vgl. die Klagen diverser Institutsdirektoren in: BA Berlin R 4901/965 Bl. 122 ff., 145, 254 ff.
377 Müller-Hill, Tödliche Wissenschaft, S. 39.
378 Koch, Gesellschaft, S. 258 a; Grüttner, Lexikon, S. 16, 97, 111; Felbor, Rassenbiologie; Potthast/Hoßfeld, Entwicklungslehren, S. 464–471; Oehler-Klein, Maßstäbe, S. 513–538.
379 Roelcke, Programm, S. 41.
380 Grundmann u. a., Entwicklung, S. 141, 234–237, 454; Seidler/Leven, Freiburg, S. 533 f., 543; Oehler-Klein, Mensch, S. 299–303.
381 Grundmann u. a., Entwicklung, S. 477; Ratschko, Hochschulmediziner, S. 268 f.
382 Ratschko, Hochschulmediziner, S. 167–185; van den Bussche, Universitätsmedizin, S. 151–164; Grundmann u. a., Entwicklung, S. 450–485.
383 Eberle, Instrument, S. 447.
384 Cottebrune, Mensch.
385 Zum Folgenden vgl. van den Bussche, Universitätsmedizin, S. 195–237.
386 Zit. in: ebd., S. 209.
387 Van den Bussche, Universitätsmedizin, S. 204–207, 225–231.
388 Baumann, Verbrechen, insbesondere S. 60–113. Zu Többen vgl. Aulke, Sozialmedizin; Herber, Gerichtsmedizin, S. 240 ff.
389 Grüttner, Lexikon, S. 97 f.; Dalchow, Entwicklung; Oehler-Klein, Ausbau.
390 H. W. Kranz/S. Koller, «Die Gemeinschaftsunfähigen» (Ein Beitrag zur wissenschaftlichen und praktischen Lösung des sog. «Asozialenproblems»), Teil I–III, Gießen 1939/41.
391 Zitate aus: ebd.,Teil I, S. 74 f., Teil II/III, S. 160.
392 Jütte, Geschichte, S. 42–55.
393 Grüttner u. a., Berliner Universität, S. 126 ff.
394 Forsbach, Fakultät, S. 476–480; van den Bussche, Dienste, S. 193–198; Ferdinand, Gleichschaltung, S. 79–83.
395 Van den Bussche, Dienste, S. 135, 196.
396 John/Stutz, Jenaer Universität, S. 348 ff., 497 ff.; Grüttner u. a., Berliner Universität, S. 126 ff. Der Jenaer Lehrstuhl war seit 1937 unbesetzt.
397 Moser, Forschungsgemeinschaft, S. 130 f. Zur Krebsforschung ferner: Proctor, Blitzkrieg; van den Bussche, Universitätsmedizin, S. 246–250.
398 Guter Überblick: Eckart, Medizinische Forschung, S. 149–178.
399 Medizinische Studienordnung vom 22.12.1938, in: DWEV 5 (1939), S. 136 ff.
400 Seidler/Leven, Freiburg, S. 553 ff.; Ratschko, Hochschulmediziner, S. 354–357, 381–388; Neumann, Medizin und Krieg, S. 399–407.
401 Grüttner, Studenten, S. 361–364, 392–395.
402 Flachowsky, Notgemeinschaft, S. 261–266; Cottebrune, Erbforscher; van den Bussche, Universitätsmedizin, S. 213.
403 Forsbach, Medizinische Fakultät, S. 464–467; Ratschko, Hochschulmediziner, S. 470; Martin, Pathologie; Trittel, Hermann Rein.
404 Trittel, Hermann Rein.
405 Ratschko, Hochschulmediziner, S. 388–392.
406 Herber, Gerichtsmedizin, S. 293–298.
407 Riedesser/Verderber, «Maschinengewehre», S. 101–174; Forsbach, Fakultät,

S. 221 ff.; van den Bussche, Universitätsmedizin, S. 269 f.; Wagenblast, Militärpsychiatrie.

408 Herbert, Nationalsozialisten, S. 36 f.

409 Die Richtlinien sind abgedruckt in: Deutsche Medizinische Wochenschrift 57 (1931), S. 509. Vgl. auch Winau, Menschenversuch.

410 Überblick: Eckart, Humanexperimente. Ferner: Ebbinghaus/Dörner (Hg.), Vernichten; Eckart (Hg.), Man.

411 Roth, Höhen, S. 121, 136; Trittel, Hermann Rein, S. 248, 252, 259, 265, 288 f.; Ratschko, Hochschulmediziner, S. 407–410. Zu Holzlöhner vgl. Grüttner, Lexikon, S. 78 f.

412 Roelcke, Medizin, S. 30; Schmaltz, Kampfstoff-Forschung, S. 543 f.; Trittel, Hermann Rein, S. 246 ff.

413 K. Bindig/A. Hoche, Die Freigabe der Vernichtung lebensunwerten Lebens, Leipzig 1920, S. 54, 57.

414 Vgl. die Beiträge von V. Roelcke und E. Schumann in: Riha (Hg.), Freigabe.

415 Stenographischer Bericht der Arbeitssitzungen des VII. Deutschen Hochschultages vom 5. bis zum 7. Oktober 1932 in Danzig, in: BA Berlin R 8088/86 Bl. 298.

416 Zit. in: Schmuhl, Rassenhygiene, S. 180 f.

417 Süß, «Volkskörper», S. 311–369.

418 Klee, «Euthanasie», S. 226–229; Schmuhl, Rassenhygiene, S. 192.

419 Petersen/Zankel, Kinderarzt; Hohendorf u. a., Pädiater, S. 347–352.

420 Stobäus, «Euthanasie»; Beushausen u. a., Medizinische Fakultät, S. 222–227.

421 Schagen, Handlungsspielräume, S. 156; Möhler, Reichsuniversität, S. 610 f.; Gerrens, Ethos, S. 102–109; Leven, Franz Büchner; Neumann/Freisen, Ermordung, S. 355 ff.; Klee, «Euthanasie», S. 218 f.

422 Zit. in: Klee, «Euthanasie», S. 219.

423 Van den Bussche, Universitätsmedizin, S. 176 ff.; Seidler/Leven, Freiburg, S. 540–543.

424 Van den Bussche, Universitätsmedizin, S. 188–194.

425 Sommer, Anatomie, S. 660–663; Forsbach, Medizinische Fakultät, S. 527–560; Ratschko, Hochschulmediziner, S. 430–440; Beushausen u. a., Medizinische Fakultät, S. 232 ff.; Oehler-Klein, Radikalisierungen, S. 367–376; Grundmann, Medizinische Fakultät, S. 494 ff.; Blessing u. a., Anatomical Institute; Voss, Posener Tagebuch, S. 48 f.

426 Schönhagen, Stadt, S. 755.

427 Van den Bussche, Dienste, S. 157.

428 Ditfurth, Innenansichten, S. 167.

429 G. Borger an M. de Crinis, 1.10.1943, Anlage: Forschung, Lehre und zivile Krankenversorgung im 4. Kriegsjahr, in: BA Berlin R 9361-VI/235.

430 P. Rostock an den Dekan der Medizinischen Fakultät Gießen, November 1943. zit. in: Bericht des SD-Abschnitts Frankfurt/Main über Assistentenmangel und uk-Stellung wissenschaftlichen Nachwuchses innerhalb der Medizinischen Fakultäten, 5.6.1944, in: HHStA Wiesbaden 483/11 267. Zu Rostock vgl. Grüttner, Lexikon, S. 142.

431 Zur «Deutschen Physik» vgl. Beyerchen, Wissenschaftler, S. 115–194; Walker, Nazi Science, S. 5–63; Hentschel (Hg.), Physics, S. lxx–lxxviii.

432 Zu Bieberbach und zur «Deutschen Mathematik» vgl. Mehrtens, Ludwig

Bieberbach; Segal, Mathematicians, S. 334–418; Remmert, Mathematiker-Vereinigung, S. 160–170.

433 W. Schultze an R. Mentzel, 21.11.1940, in: BA Berlin R 4901/1256 Bl. 116.

434 Zitate aus: L. Bieberbach, Persönlichkeitsstruktur und mathematisches Schaffen, in: Forschungen und Fortschritte 10 (1934), S. 235 f.

435 Bechstedt, «Gestalthafte Atomlehre»; Deichmann, Flüchten, S. 221 ff.

436 Grüttner u. a., Berliner Universität, S. 67.

437 Beyerchen, Wissenschaftler, S. 150, 175; Mehrtens, Ludwig Bieberbach, S. 207.

438 Segal, Mathematicians, S. 387–410. Zu Vahlen vgl. Grüttner, Lexikon, S. 176 f.

439 H. Pfundtner an die Unterrichtsverwaltungen der Länder, 22.4.1933, in: BA Berlin R 1501/26 877 Bl. 42 f.

440 Beyerchen, Wissenschaftler, S. 232 f.

441 Remmert, Mathematiker-Vereinigung, S. 162 ff.

442 W. Groß an W. Schultze, 21.11.1936, in: BA Berlin NS 38/3636.

443 Jahreslagebericht 1938 des Sicherheitshauptamtes, in: Meldungen aus dem Reich, Bd. 2, S. 89.

444 F. Bachér an W. Schultze, 19.5.1936, in: BA Berlin R 4901/11 887/3. Zu Bachér vgl. Grüttner, Lexikon, S. 17.

445 Text des Memorandums in: Hoffmann, Physikdenkschriften, S. 206 ff.; Hentschel (Hg.), Physics, S. 138 ff.

446 Denkschrift Hitlers über die Aufgaben eines Vierjahresplans, in: VfZ 5 (1955), S. 204–210.

447 Flachowsky, Notgemeinschaft, S. 224–228.

448 Zu Becker vgl. Ciesla, Meister; Grüttner, Lexikon, S. 20.

449 Zu Schumann und zur Forschungsabteilung des Heereswaffenamtes vgl. Nagel, Wissenschaft.

450 Zitate aus: Ehrentag der deutschen Wissenschaft, S. 7, 45.

451 Flachowsky, Notgemeinschaft, S. 232–248.

452 Vgl. Tabelle 22 (Anhang).

453 Das Reichsamt für Wirtschaftsausbau hieß zunächst Amt für deutsche Roh- und Werkstoffe, seit 1938: Reichsstelle für Wirtschaftsausbau. Den endgültigen Namen erhielt es 1939.

454 Zu Krauch vgl. Weiß (Hg.), Lexikon, S. 276 f.; NDB; Grüttner, Lexikon, S. 98.

455 Luxbacher, Ersatzstoffe.

456 Flachowsky, Reichsamt, S. 203.

457 Ludwig, Technik, S. 224; Flachowsky, Reichsamt, S. 205–209.

458 C. Krauch, Rundschreiben an die Vertrauensmänner der Arbeitsgemeinschaften, 21.3.1941, in: BA Berlin R 3112/158. Vgl. auch: Meldungen aus dem Reich, Bd. 4, S. 1224 (6.6.1940).

459 Hanel, Normalität, S. 264–298; Flachowsky, Reichsamt, S. 209–215; Heilmann, Chemie, S. 1167–1171.

460 Prot. der Rektorenkonferenz vom 7./8. März 1939, in: BA Berlin R 4901/709 Bl. 521–533.

461 Meldungen aus dem Reich, Bd. 4, S. 1224 (6.6.1940).

462 Zitate aus: C. Krauch, Die Bemühungen des Reichsamtes für Wirtschaftsausbau um die Förderung der naturwissenschaftlichen Forschung [1941], in: BA Berlin R 26 III 243 Bl. 13–30.

463 Prot. der Rektorenkonferenz vom 7./8. März 1939, in: BA Berlin R 4901/709 Bl. 522.
464 Pulla, Raketentechnik, S. 111–117; eigene Berechnungen. Vgl. auch Neufeld, Rocket.
465 Hanel, Normalität, S. 266 f.; Heilmann, Chemie, S. 1167 f. Zu Freudenberg vgl. auch Deichmann, Flüchten, S. 230, 439.
466 Ludwig, Technik, S. 241 f.
467 Walker, Uranmaschine.
468 Walker, Uranmaschine, S. 30 f.; Rosenow, Physik, S. 570 f.
469 Vgl. die im Zuge der Entnazifizierung aufgestellte Liste in: StA Hamburg Universität I D 10.10. Bd. I. Ferner: Deichmann, Flüchten, S. 438.
470 Walker, Uranmaschine, S. 156 f.
471 Zit. in: Hoffmann (Hg.), Operation Epsilon, S. 68.
472 Zur Einschätzung der am Uranprojekt beteiligten Personen vgl. das aufschlussreiche Material in: Hoffmann (Hg.), Operation Epsilon.
473 Eberle, Martin-Luther-Universität, S. 229 ff., 251 f.; Hanel, Normalität, S. 225.
474 Glum, Wissenschaft, S. 555.
475 Zierold, Forschungsförderung, S. 190–212.
476 Kleinert, Briefwechsel, S. 259 f.
477 J. Stark an B. Rust, 8.12.1937, in: BA Berlin R 4901/21 409 Bl. 194.
478 Litten, Mechanik, S. 62–104; Eckert, Gesellschaft; Beyerchen, Wissenschaftler, S. 207–227.
479 Beyerchen, Wissenschaftler, S. 238–242.
480 Vgl. Personen- und Vorlesungsverzeichnis der Reichsuniversität Posen, Wintersemester 1941/42, S. 47. Zu Glaser siehe Litten, Mechanik, S. 110–114; Walker, Nazi Science, S. 55 ff.
481 Kant, Betrachtungen; Walker, Uranmaschine, S. 86.
482 Flachowsky, Notgemeinschaft, S. 390–411.
483 Zur Biographie vgl. Hoffmann, Ramsauer-Ära.
484 Zitate: C. Ramsauer, Über Leistung und Organisation der angelsächsischen Physik mit Ausblicken auf die deutsche Physik, Berlin 1942 («Geheim»), S. 1–6, 15 (zit. nach einem Exemplar in: BA Berlin R 26 III 126).
485 Zu Süss vgl. Grün, Rektor, S. 526–584; Heiber, Universität, Teil II, 2, S. 270–274; Remmert, Problem.
486 Zitate aus: W. Süss, Die gegenwärtige Lage der deutschen Wissenschaft und der deutschen Hochschulen. Referat, gehalten auf der Rektoren-Konferenz in Salzburg am 26.8.1943, in: BA Berlin R 43-II/942b Bl. 78–112.
487 Hoffmann, Ramsauer-Ära, S. 201 ff.
488 Goebbels, Tagebücher, Teil II, Bd. 8, S. 303 (15.5.1943).
489 Vgl. BA Berlin R 43-II/942b Bl. 115 ff.
490 Vgl. Tabelle 20 (Anhang).
491 Vgl. Osenbergs Denkschrift «Die Kriegslage als Folge unzureichender Auslastung verfügbarer Kapazitäten der deutschen Forschung», 28.12.1943, S. 3, 14, in: BA Berlin R 26 III 49 Bl. 145, 156. Als «kriegswichtig» galten dem Planungsamt Forschungsprojekte der Dringlichkeitsstufen DE und SS.
492 Erster Arbeitsbericht des Planungsamtes des Reichsforschungsrates, 7.12.1943, S. 1, in: BA Berlin R 26 III 112 Bl. 6.
493 Aktenvorlage W. Starke für M. Bormann, Januar 1944, in: BA NS 6/79 Bl. 4.

494 Zitate aus: K. Astel an F. Sauckel, 8.1.1944, in: Hendel u. a. (Bearb.), Wege, S. 290–293.
495 Geheimerlass des OKW, Wehrersatzamt, 18.12.1943, in: BA Berlin R 26 III 108 Bl. 2.
496 Quelle: BA Berlin R 26 III 44 Bl. 21 f.; eigene Berechnungen.
497 Flachowsky, Notgemeinschaft, S. 420–426; Schmaltz, Kampfstoff-Forschung, S. 178–188; Ludwig, Technik, S. 490; Fischer, Erinnerungen, Teil II, S. 99–104.
498 Havemann, Fragen, S. 89 f.; Litten, Ernst Mohr.
499 Walker, Uranmaschine, S. 162–166.

Ergebnisse und Schlussüberlegungen

1 Raphael, Ordnungsdenken; Grothe, Umgang, S. 219.
2 Ringer, Sociography, S. 254 ff.
3 Bericht des SD-Abschnittes Frankfurt a. M., 8.3.1944, S. 6 f., in: HHStA Wiesbaden 483/11269.
4 Ludwig, Technik, S. 210–271.
5 Hachtmann, Wissenschaftsmanagement, Bd. 1, S. 259–266.
6 Grüttner, Studenten.
7 Seier, Niveaukritik; Grüttner, Studenten, S. 370–375.

Epilog: Die Nachgeschichte

1 Zum Zerstörungsgrad der einzelnen Universitäten vgl. Tabelle 30 (Anhang).
2 Gimbel, Science; Mick, Forschen; Hall, Exploitation; Neufeld, Aerospace Exodus.
3 Hoffmann/Laitko, Peter Adolf Thiessen; Eibl, Peter Adolf Thiessen; Mick, Forschen, S. 152 ff.
4 Neufeld, Wernher von Braun.
5 Zit. in: Vollnhals (Hg.), Entnazifizierung, S. 7.
6 Guhl, Wege, S. 403 f. und passim; Seemann, Säuberungen, S. 61–69; Feige, Entnazifizierung, S. 799, 804.
7 Zit. in: Vollnhals (Hg.), Entnazifizierung, S. 10.
8 Niethammer, Mitläuferfabrik, S. 186 f.
9 Errechnet nach: Sellin, Universität Heidelberg, S. 99; Heinemann (Hg.), Hochschuloffiziere, Teil 2, S. 112.
10 Errechnet nach: StA Hamburg Universität I D 10.10. Bd. 1 Bl. 29. Zahl der planmäßigen Professoren nach: Hansische Universität Hamburg, Personal- und Vorlesungsverzeichnis Wintersemester 1944/45.
11 Heinemann (Hg.), Nordwestdeutsche Hochschulkonferenzen, Teil I, S. 17.
12 Schneider, Entnazifizierung, S. 339. Dort auch Zahlen zu weiteren Hochschulen der britischen Zone.
13 Heinemann (Hg.), Hochschuloffiziere, Teil 3, S. 238, Vgl. auch Zauner, Entnazifizierung; Seemann, Säuberungen.
14 Feige, Aspekte, S. 1173.
15 Henke, Besetzung, S. 761–776; Heydemann, Transformation, S. 352–356.

16 Heinemann (Hg.), Nordwestdeutsche Hochschulkonferenzen, Teil I, S. 71 f., 127, 268 f.; Guhl, Wege, S. 68.
17 Schael, Grenzen, S. 56 f.
18 Zit. in: Reid, Richard Courant, S. 310.
19 Vollnhals (Hg.), Entnazifizierung, S. 16.
20 Heinemann (Hg.), Nordwestdeutsche Hochschulkonferenzen, Teil I, S. 70.
21 Gesetz zur Befreiung von Nationalsozialismus und Militarismus, S. 8.
22 Guhl, Wege, S. 119 f., 330 f.
23 Ott, Martin Heidegger, S. 296, 302, 312.
24 Guhl, Wege, S. 38 f.; Klinger, Arnold Gehlen, S. 131.
25 Heiber, Walter Frank, S. 820 f.
26 Trillhaas, Vergangenheit, S. 206 ff.
27 Herbert, Nationalsozialisten, S. 248.
28 Guhl, Wege, S. 121–140; Custodis (Hg.), Herman-Walther Frey, S. 165–207.
29 Phillips, Universitätsreform, S. 80.
30 Dorn, Inspektionsreisen, S. 87.
31 Vollnhals (Hg.), Entnazifizierung, S. 61 f.
32 Adenauer, Teegespräche 1950–1954, S. 245 (2. April 1952).
33 Niethammer, Entnazifizierung, S. 125.
34 Fallstudien: Guhl, Wege; Seemann, Säuberungen.
35 Gesetz zur Regelung der Rechtsverhältnisse der unter Artikel 131 des Grundgesetzes fallenden Personen vom 11.5.1951, in: Bundesgesetzblatt I, S. 307.
36 Garner, Der öffentliche Dienst, S. 769–778; Frei, Vergangenheitspolitik, S. 69–100.
37 Garner, Der öffentliche Dienst, S. 774.
38 Raiser, Wiedereröffnung, S. 181.
39 Szabó, Vertreibung, S. 270–286.
40 Grüttner, Lexikon, S. 98 f.
41 Behringer, Bauern-Franz; Waller, Erschreckend einwandfrei, S. 252–261.
42 Aly, Menschenversuche; van den Bussche, Universitätsmedizin, S. 259–263; Guhl, Wege, S. 230 f.
43 Van den Bussche, Universitätsmedizin, S. 406 ff.; König, Leben, S. 189–193.
44 Errechnet nach: Rundschreiben Nr. 120 des Hochschulverbandes an die Rektoren und Dekane, 20.10.1953, in: StA Hamburg Universität I D 10.10. Bd. II Bl. 53 f.
45 Schael, Grenzen, S. 55–60; Rammer, «Sauberkeit», S. 361 ff.; Oehler-Klein, Maßstäbe, S. 506–513.
46 Grothe, «Zurückhaltung», S. 343 f.
47 Van Laak, Gespräche, S. 36.
48 Feige, Aspekte, S. 1174; Jeskow, Entnazifizierung, S. 78 f.
49 Rundschreiben vom 10.9.1947, zit. in: Ash, Umbrüche, S. 913.
50 Jessen, Akademische Elite, S. 301–309.
51 Ash, Umbrüche, S. 908.
52 Zit, nach: Jessen, Elite, S. 280.
53 Jessen, Elite, S. 291 f., 305 f.
54 Vollnhals (Hg.), Entnazifizierung, S. 7; Seemann, Säuberungen, S. 359.
55 Falter, Parteigenossen, S. 475.
56 Broszat, Plädoyer, S. 162; Herbert, Nationalsozialisten, S. 253 ff., 260 f.
57 Zu den drei genannten Personen vgl. Grüttner, Lexikon, S. 14 f., 65, 105.

58 2021 wurde der Grundgesetz-Kommentar vom Verlag C.H.Beck mit der 95. Ergänzungslieferung in *Dürig/Herzog/Scholz* umbenannt.
59 Stolleis, Theodor Maunz.
60 Kraushaar, Proteste, S. 305.
61 Menck, Brief; Hättich, Streit; Kraushaar, Proteste, S. 297–301.
62 Henne, Erich Lüth, S. 221–224.
63 Zum Folgenden: Marten, Ministersturz. Vgl. auch die dem Fall Schlüter gewidmete Titelgeschichte in: Der Spiegel, Nr. 25/1955, 14.6.1955.
64 Grüttner, Lexikon, S. 185.
65 Zit. in: Marten, Ministersturz, S. 7.
66 Wolfrum, Bundesrepublik Deutschland, S. 185.
67 Text der Erklärung u. a. in: Weizsäcker, Bewußtseinswandel, S. 384 ff.
68 Walker, Uranmaschine; Hoffmann, Operation Epsilon.
69 Wolfrum, Bundesrepublik Deutschland, S. 184–188.
70 Heinemann (Hg.), Nordwestdeutsche Hochschulkonferenzen, Teil I, S. 69 f.
71 Heinemann (Hg.), Nordwestdeutsche Hochschulkonferenzen, Teil I, S. 123–127; Rektor der Universität Hamburg an die Hamburger Schulverwaltung, 8.11.1945, in: StA Hamburg Universität I D 10.13 Bd. II Bl. 19.
72 Zum Folgenden vgl. Martin, Entlassung, S. 27 ff.; Phillips, Universitätsreform, S. 92.
73 Thannhauser an Dekan der Medizinischen Fakultät, 6.3.1946, zit. in: Seemann, Säuberungen, S. 269.
74 Vgl. Tabelle 8 (S. 99). Namensliste der Remigranten in: Grüttner, Ausgegrenzt, S. 441 f.
75 Krohn, Unter Schwerhörigen, S. 110 f.
76 Krohn, Unter Schwerhörigen, S. 114–116.
77 Krauss, «Gedankenaustausch»; Krämer, Westernisierung.
78 Vgl. als Überblick: Szabó, Vertreibung, S. 311–334; Gutachten des Hochschulverbandes «Der Hochschullehrer in der Wiedergutmachungsgesetzgebung» (1954), in: StA Hamburg Universität I D 10.13. Bd. II Bl. 92–100.
79 Wolgast, Wahrnehmung, S. 285–328.
80 Zit. in: Krohn, Unter Schwerhörigen, S. 106.
81 Wolbring, Trümmerfeld, S. 270–303.
82 Jaspers, Antwort, S. 18.
83 Seemann, Säuberungen, S. 350.
84 Seeliger u. a. (Hg.), Braune Universität.
85 Vgl. Der Deutsche Bundestag 1949 bis 1989 in den Akten des Ministeriums für Staatssicherheit (MfS) der DDR. Gutachten für den Deutschen Bundestag gemäß § 37 (3) des Stasi-Unterlagen-Gesetzes. Hg. von dem Bundesbeauftragten für die Unterlagen des Staatssicherheitsdienstes der ehemaligen Deutschen Demokratischen Republik, Berlin 2013, S. 188 f.
86 Flitner (Hg.), Geistesleben; Universitätstage 1966; Kuhn u. a., Universität.
87 Haug, Antifaschismus.
88 Bereits 1977 erschien die Pionierstudie von Adam, Hochschule.
89 Heiber, Walter Frank; Bollmus, Amt Rosenberg; Kater, «Ahnenerbe».
90 Halfmann, «Pflanzstätte», S. 135.
91 Dollinger (Hg.), Universität Münster; Baumgart (Hg.), Universität Würzburg.
92 Becker u. a. (Hg.), Universität Göttingen (1987), S. 9 (Vorwort).
93 Krause u. a. (Hg.), Hochschulalltag.

94 Schulze/Oexle (Hg.), Historiker.

95 König u.a. (Hg.), Vertuschte Vergangenheit; Leggewie, Von Schneider zu Schwerte; Jäger, Seitenwechsel.

Tabellen

1 Quelle: Grüttner, Ausgegrenzt, S. 12.

2 Quelle: BA Berlin R 4901/994 Bl. 154–163; eigene Berechnungen.

3 Quellen: BA Berlin R 4901/994 Bl. 154–165; GStA PK I. HA Rep. 151 IC Nr. 6574 Bl. 151; GStA PK I. HA Rep. 151 IC Nr. 6542 Bl. 194; eigene Berechnungen.

4 Quelle: Wolgast, Rektorat Schmitthenner, S. 27.

5 Quelle: Flachowsky, Notgemeinschaft, S. 375; eigene Berechnungen.

6 Quelle: Eingabe der Vorläufigen Leitung der Deutschen Evangelischen Kirche an Hitler, 28.5.1936, Anlage 16, in: EZA Berlin 1/A4/470 Bl. 131; eigene Berechnungen.

7 Quellen: Statistisches Jahrbuch für das Deutsche Reich 1933, S. 522–524; eigene Berechnungen.

8 Quelle: Ferber, Entwicklung, S. 195–198; eigene Berechnungen.

9 Quellen: GStA PK I Rep. 76 Va Sekt. 1 Tit. IV Nr. 28 Bd. II Bl. 156f.; eigene Berechnungen.

10 Quelle: Grüttner, Abschlussbericht, S. 5.

11 Quelle: Grüttner, Ausgegrenzt, S. 19.

12 Quelle: Grüttner, Ausgegrenzt, S. 31.

13 Quellen: Breslau: Davies/Moorhouse, Microcosm, S. 37; Frankfurt: Hammerstein, Universität, S. 550; Gießen: Chroust, Universität, Bd. I, S. 305; Köln: Haupts, Universität, S. 51; Königsberg: v. Selle, Geschichte, S. 362; Leipzig: Lambrecht, Studenten, S. 478; München: Huber, Universität, S. 156. Restliche Zahlen nach: Boch, Exponenten, S. 30f.; Phillips, Universities, S. 4.

14 Quelle: Universität Hamburg 1919–1969, Hamburg o.J. [1970], S. 203–214, 223–239, 287–298.

15 Quellen: Adam, Hochschule, S. 156; Daniels/Michl, Strukturwandel, S. 19.

16 Quelle: UA Göttingen K XVI VAa 55; Vorlesungsverzeichnisse der Universität Göttingen 1933–1945.

17 Quelle: Chroust, Universität, Bd. 1, S. 184–188.

18 Quellen: Buddrus/Fritzlar, Professoren, insbes. S. 478–485; Detjens, Abgrund; Catalogus Professorum Rostochiensium; Mitt. Dr. Michael Buddrus, 18.8.2010.

19 Quellen: M. Blankenburg, Bericht über die Arbeit des Studentenpfarramtes der Bekennenden Kirche Berlin [1939], S. 8, in: EZA 50/491 Bl. 107; Datenhandbuch zur deutschen Bildungsgeschichte, Bd. I, 2. Teil; eigene Berechnungen.

Quellen und Literatur

Ackermann, Zeno: Anglistik und Amerikanistik, in: Jürgen Elvert/Jürgen Nielsen-Sikora (Hg.), Kulturwissenschaften und Nationalsozialismus, Stuttgart 2008, S. 647–668.

Adam, Uwe Dietrich: Hochschule und Nationalsozialismus. Die Universität Tübingen im Dritten Reich, Tübingen 1977.

Adenauer, Konrad: Teegespräche 1950–1954, Bearb. Hanns Jürgen Küsters, Berlin 1984.

Aland, Kurt (Hg.): Glanz und Niedergang der deutschen Universität. 50 Jahre deutscher Wissenschaftsgeschichte in Briefen an und von Hans Lietzmann, Berlin 1979.

Albrecht, Andrea/Klausnitzer, Ralf: «Trotz mancher Schwierigkeiten». Zu den Auslandsreisen deutscher Geisteswissenschaftler zwischen 1933 und 1945, in: Berichte zur Wissenschaftsgeschichte 43 (2020), S. 48–73.

Albrecht, Andrea u. a.: «Zwischenvölkisches Verstehen»– Zur Ideologisierung der Wissenschaften zwischen 1933 und 1945, in: dies. u. a. (Hg.), «Zwischenvölkische Aussprache». Internationaler Austausch in wissenschaftlichen Zeitschriften 1933–1945, Berlin 2020, S. 39–82.

Albrecht, Andrea/Krumeich, Jens: Fritz Martini und die deutsche Literaturwissenschaft vor und nach 1945, Heidelberg 2022.

Almgren, Birgitta: Germanistik und Nationalsozialismus: Affirmation, Konflikt und Protest. Traditionsfelder und zeitgebundene Wertung in Sprach- und Literaturwissenschaft am Beispiel der Germanisch-Romanischen Monatsschrift 1929–1943, Uppsala 1997.

Alvermann, Dirk (Hg.): «... Die letzten Schranken fallen lassen». Studien zur Universität Greifswald im Nationalsozialismus, Köln 2015.

Alwast, Jendris: Die Theologische Fakultät unter der Herrschaft des Nationalsozialismus, in: Hans-Werner Prahl (Hg.), UNI-Formierung des Geistes. Universität Kiel im Nationalsozialismus, Bd. 1, Kiel 1995, S. 87–137.

Aly, Götz: Die Menschenversuche des Doktor Heinrich Berning, in: Angelika Ebbinghaus u. a. (Hg.), Heilen und Vernichten im Mustergau Hamburg, Hamburg 1984, S. 184–187.

Andreassi Cieri, Alejandro: El Compromiso Fáustico. La biologización de la política en Alemania, 1870–1945, Barcelona 2015.

Arlt, Peter: Samuel Steinherz (1857–1942) Historiker. Ein Rektor zwischen den Fronten, in: Monika Glettler/Alena Míšková (Hg.), Prager Professoren 1938–1948. Zwischen Wissenschaft und Politik, Essen 2001, S. 71–104.

Arnhold, Oliver: «Entjudung» – Kirche im Abgrund, Bd. 2: Das «Institut zur Erforschung und Beseitigung des jüdischen Einflusses auf das deutsche kirchliche Leben» 1939–1945, Berlin 2010.

Arnhold, Oliver: Walter Grundmann und das «Institut zur Erforschung und Besei-

tigung des jüdischen Einflusses auf das deutsche kirchliche Leben», in: Manfred Gailus/Clemens Vollnhals (Hg.), Für ein artgemäßes Christentum der Tat. Völkische Theologen im «Dritten Reich», Göttingen 2016, S. 203–217.
Arnold, Birgit: «Deutscher Student, es ist nicht nötig, daß Du lebst, wohl aber, daß Du Deine Pflicht gegenüber Deinem Volk erfüllst.» Gustav Adolf Scheel, Reichsstudentenführer und Gauleiter von Salzburg, in: Michael Kißener/Joachim Scholtyseck (Hg.), Die Führer der Provinz. NS-Biographien aus Baden und Württemberg, Konstanz 1997, S. 567–594.
Ash, Mitchell G.: Ein Institut und eine Zeitschrift. Zur Geschichte des Berliner Psychologischen Instituts und der Zeitschrift «Psychologische Forschung» vor und nach 1933, in: Carl-Friedrich Graumann (Hg.), Psychologie im Nationalsozialismus, Berlin 1985, S. 113–139.
Ash, Mitchell G.: Verordnete Umbrüche – Konstruierte Kontinuitäten: Zur Entnazifizierung von Wissenschaftlern und Wissenschaften nach 1945, in: Zeitschrift für Geschichtswissenschaft 43 (1995), S. 903–923.
Ash, Mitchell G.: Psychologie, in: Frank-Rutger Hausmann (Hg.), Die Rolle der Geisteswissenschaften im Dritten Reich 1933–1945, München 2002, S. 229–264.
Ash, Mitchell G.: Wissenschaft und Politik. Eine Beziehungsgeschichte im 20. Jahrhundert, in: Archiv für Sozialgeschichte 50 (2010), S. 11–46.
Ash, Mitchell G.: Jüdische Wissenschaftlerinnen und Wissenschaftler an der Universität Wien von der Monarchie bis nach 1945. Stand der Forschung und offene Fragen, in: Oliver Rathkolb (Hg.), Der lange Schatten des Antisemitismus. Kritische Auseinandersetzungen mit der Geschichte der Universität Wien im 19. und 20. Jahrhundert, Göttingen 2013, S. 93–122.
Ash, Mitchell G.: Die Universität Wien in den politischen Umbrüchen des 19. und 20. Jahrhunderts, in: ders./Josef Ehmer (Hg.), Universität – Politik – Gesellschaft (650 Jahre Universität Wien – Aufbruch ins neue Jahrhundert, Bd. 2), Göttingen 2015, S. 29–172.
Ash, Mitchell G.: Die österreichischen Hochschulen in den politischen Umbrüchen der ersten Hälfte des 20. Jahrhunderts, in: Johannes Koll (Hg.), «Säuberungen» an österreichischen Hochschulen 1934–1945, Wien 2017, S. 29–72.
Assel, Heinrich: Emanuel Hirsch. Völkisch-politischer Theologe der Luther-Renaissance, in: Manfred Gailus/Clemens Vollnhals (Hg.), Für ein artgemäßes Christentum der Tat. Völkische Theologen im «Dritten Reich», Göttingen 2016, S. 43–67.
Auerbach, Inge (Bearb.): Catalogus professorum academiae Marburgensis, Bd. 2: 1911 bis 1971, Marburg 1979.
August, Jochen: «Sonderaktion Krakau». Die Verhaftung der Krakauer Wissenschaftler am 6. November 1939, Hamburg 1997.
Augustin, Christian: Das Landwirtschaftliche Institut als «Fünfte Kolonne»? Zur Rolle der Agrarwissenschaft in der nationalsozialistischen «Machtergreifung» und Herrschaftssicherung an der Universität Leipzig, in: Günther Heydemann u. a. (Hg.), Sachsen und der Nationalsozialismus, Göttingen 2014, S. 131–145.
Aulke, Julian: Zwischen Sozialmedizin und Kriminalbiologie. Heinrich Többen und das Institut für gerichtliche und soziale Medizin in Münster, in: Hans-Ulrich Thamer u. a. (Hg.), Die Universität Münster im Nationalsozialismus, Bd. 2, Münster 2012, S. 1029–1054.
Bähre, Ralf: Hellmuth Langenbucher (1905–1980). Beschreibung einer literatur-

politischen Karriere, in: Archiv für Geschichte des Buchwesens 47 (1997), S. 249–308.
Baeumler, Alfred: Meine politische Entwicklung (1948), in: Marianne Baeumler u. a. (Hg.), Thomas Mann und Alfred Baeumler. Eine Dokumentation, Würzburg 1989, S. 192–201.
Baganz, Carina: Diskriminierung, Ausgrenzung, Vertreibung. Die Technische Hochschule Berlin während des Nationalsozialismus, Berlin 2013.
Barbian, Jan-Pieter: Literaturpolitik im «Dritten Reich». Institutionen, Kompetenzen, Betätigungsfelder, München 1995.
Barz, Sascha: Zwangsarbeit an der Universität Greifswald und auf den Universitätsgütern, in: Dirk Alvermann (Hg.), «... Die letzten Schranken fallen lassen». Studien zur Universität Greifswald im Nationalsozialismus, Köln 2015, S. 256–279.
Bauer, Axel W. u. a.: Die Universitätsklinik und Poliklinik für Mund-, Zahn- und Kieferkrankheiten, in: Wolfgang U. Eckart u. a. (Hg.), Die Universität Heidelberg im Nationalsozialismus, Heidelberg 2006, S. 1031–1041.
Bauer, Kurt: Schlagring Nr. 1. Antisemitische Gewalt an der Universität Wien von den 1870er- bis in die 1930er-Jahre, in: Regina Fritz u. a. (Hg.), Alma Mater Antisemitica. Akademisches Milieu, Juden und Antisemitismus an den Universitäten Europas zwischen 1918 und 1939, Wien 2016, S. 137–160.
Baumann, Imanuel: Dem Verbrechen auf der Spur. Eine Geschichte der Kriminologie und Kriminalpolitik in Deutschland 1880 bis 1980, Göttingen 2006.
Baumgärtner, Raimund: Weltanschauungskampf im Dritten Reich. Die Auseinandersetzungen der Kirchen mit Alfred Rosenberg, Mainz 1977.
Baumgardt, David: Looking Back on a German University Career, in: Leo Baeck Institute Year Book 10 (1965), S. 239–265.
Baumgart, Peter: Der Rektor als Führer? Die Würzburger Hochschulleitung während der NS-Zeit, in: ders. (Hg.), Die Universität Würzburg in den Krisen der ersten Hälfte des 20. Jahrhunderts, Würzburg 2002, S. 17–34.
Baumgart, Peter (Hg.): Vierhundert Jahre Universität Würzburg. Eine Festschrift, Neustadt an der Aisch 1982.
Baumgarten, Marita: Professoren und Universitäten im 19. Jahrhundert, Göttingen 1997.
Bausinger, Hermann: Volksideologie und Volksforschung. Zur nationalsozialistischen Volkskunde, in: Zeitschrift für Volkskunde 61 (1965), S. 177–204.
Bechstedt, Martin: «Gestalthafte Atomlehre» – Zur «Deutschen Chemie», in: Herbert Mehrtens/Steffen Richter (Hg.), Naturwissenschaft, Technik und NS-Ideologie, Frankfurt am Main 1980, S. 142–165.
Becker, Carl Heinrich: Gedanken zur Hochschulreform, Leipzig 1919.
Becker, Carl Heinrich: Vom Wesen der deutschen Universität, Leipzig 1925.
Becker, Heinrich u. a. (Hg.): Die Universität Göttingen unter dem Nationalsozialismus, München 1987, 1998².
Becker, Heinrich: Von der Nahrungssicherung zu Kolonialträumen: Die landwirtschaftlichen Institute im Dritten Reich, in: ders. u. a. (Hg.), Die Universität Göttingen unter dem Nationalsozialismus, München 1998², S. 630–656.
Behnke, Heinrich: Semesterberichte. Ein Leben an deutschen Universitäten im Wandel der Zeit, Göttingen 1978.
Behringer, Wolfgang: Der Abwickler der Hexenforschung im Reichssicherheitshauptamt (RSHA): Günther Franz, in: Sönke Lorenz u. a. (Hg.), Himmlers

Hexenkartothek. Das Interesse des Nationalsozialismus an der Hexenverfolgung, Bielefeld 1999, S. 109–134.

Behringer, Wolfgang: Bauern-Franz und Rassen-Günther. Die politische Geschichte des Agrarhistorikers Günther Franz (1902–1992), in: Winfried Schulze/Otto Gerhard Oexle (Hg.), Deutsche Historiker im Nationalsozialismus, Frankfurt am Main 1999, S. 114–141.

Benz, Wolfgang: Protest und Menschlichkeit. Die Widerstandsgruppe «Onkel Emil» im Nationalsozialismus, Ditzingen 2020.

Benzenhöfer, Udo: August Hirt – Verbrecherische Menschenversuche mit Giftgas und «terminale» Anthropologie, in: ders. (Hg.), Mengele, Hirt, Holfelder, Berner, von Verschuer, Kranz. Frankfurter Universitätsmediziner der NS-Zeit, Münster 2010, S. 21–41.

Berg, Matthias: Karl Alexander von Müller. Historiker für den Nationalsozialismus, Göttingen 2014.

Berg, Matthias/Thiel, Jens (Hg.): Europäische Wissenschaftsakademien im «Krieg der Geister». Reden und Dokumente 1914 bis 1920, Halle 2018.

Berger, Peter: Die Wiener Hochschule für Welthandel und ihre Professoren 1938–1945, in: Johannes Koll (Hg.), «Säuberungen» an österreichischen Hochschulen 1934–1945, Wien 2017, S. 153–195.

Bernhard, Ludwig: Akademische Selbstverwaltung in Frankreich und Deutschland. Ein Beitrag zur Universitätsreform, Berlin 1930.

Besenfelder, Sabine: «Staatsnotwendige Wissenschaft». Die Tübinger Volkskunde in den 1930er und 1940er Jahren, Tübingen 2002.

Besier, Gerhard: Die Theologische Fakultät, in: Wolfgang U. Eckart u. a. (Hg.), Die Universität Heidelberg im Nationalsozialismus, Heidelberg 2006, S. 173–260.

Bessel, Richard: Why did the Weimar Republic Collapse? In: Ian Kershaw (Hg.), Weimar: Why did German Democracy Fail? New York 1990, S. 120–152.

Beushausen, Ulrich u. a.: Die Medizinische Fakultät im Dritten Reich, in: Heinrich Becker u. a. (Hg.), Die Universität Göttingen unter dem Nationalsozialismus, München 1998², S. 183–286.

Beyerchen, Alan D.: Wissenschaftler unter Hitler. Physiker im Dritten Reich. Mit einem Vorwort von K. D. Bracher, Köln 1980.

Białkowski, Błażej: Utopie einer besseren Tyrannis. Deutsche Historiker an der Reichsuniversität Posen (1941–1945), Paderborn 2011.

Bitterich, Lisa A./Groß, Dominik: University teachers of dentistry in the Third Reich and post-war Germany. Social background, affinity to the Nazi Party and career development. A quantitative study, in: Sudhoffs Archiv 105 (2021), S. 89–111.

Blasius, Dirk: Carl Schmitt. Preußischer Staatsrat in Hitlers Reich, Göttingen 2001.

Blessing, Tim u. a.: The Würzburg Anatomical Institute and its supply of corpses (1933–1945), in: Annals of Anatomy 194 (2012), S. 281–285.

Boch, Ralph: Exponenten des «akademischen Deutschlands» in der Zeit des Umbruchs. Studien zu den Universitätsrektoren der Jahre 1945 bis 1950, Marburg 2004.

Bock, Gisela: Zwangssterilisation im Nationalsozialismus. Studien zur Rassenpolitik und Frauenpolitik, Opladen 1986.

Bock, Klaus Dieter: Strukturgeschichte der Assistentur. Personalgefüge, Wert- und Zielvorstellungen in der deutschen Universität des 19. und 20. Jahrhunderts, Düsseldorf 1972.

Bockhorn, Olaf: «Mit all seinen völkischen Kräften deutsch»: Germanisch-deutsche Volkskunde in Wien, in: Wolfgang Jacobeit u.a. (Hg.), Völkische Wissenschaft. Gestalten und Tendenzen der deutschen und österreichischen Volkskunde in der ersten Hälfte des 20. Jahrhunderts, Wien 1994, S. 559–575.
Bode, Christoph: Anglia 1933–45, in: Anglia 120 (2003), S. 319–338.
Böhm, Hans: Annäherungen: Carl Troll (1899–1975) – Wissenschaftler in der NS-Zeit, in: Matthias Winiger (Hg.), Carl Troll: Zeitumstände und Forschungsperspektive. Kolloquium im Gedenken an den 100. Geburtstag von Carl Troll, Sankt Augustin 2003, S. 1–99.
Böhm, Helmut: Die Theologische Fakultät der Universität München, in: Georg Schwaiger (Hg.), Das Erzbistum München und Freising in der Zeit der nationalsozialistischen Herrschaft, Bd. 1, München 1984, S. 648–738.
Böhm, Helmut: Von der Selbstverwaltung zum Führerprinzip. Die Universität München in den ersten Jahren des Dritten Reiches (1933–1936), Berlin 1995.
Böhme, Klaus (Hg.): Aufrufe und Reden deutscher Professoren im Ersten Weltkrieg, Stuttgart 2014[2].
Bollenbeck, Georg/Knobloch, Clemens (Hg.): Semantischer Umbau der Geisteswissenschaften nach 1933 und 1945, Heidelberg 2001.
Bollmus, Reinhard: Zum Projekt einer nationalsozialistischen Alternativ-Universität: Alfred Rosenbergs «Hohe Schule», in: Manfred Heinemann (Hg.), Erziehung und Schulung im Dritten Reich, Teil 2, Stuttgart 1980, S. 125–152.
Bollmus, Reinhard: Das «Amt Rosenberg», das «Ahnenerbe» und die Prähistoriker. Bemerkungen eines Historikers, in: Achim Leube (Hg.), Prähistorie und Nationalsozialismus. Die mittel- und osteuropäische Ur- und Frühgeschichtsforschung in den Jahren 1933–1945, Heidelberg 2002, S. 21–48.
Bollmus, Reinhard: Das Amt Rosenberg und seine Gegner. Studien zum Machtkampf im nationalsozialistischen Herrschaftssystem, München 2006[2].
Bonk, Magdalena: Deutsche Philologie in München. Zur Geschichte des Faches und seiner Vertreter an der Ludwig-Maximilians-Universität vom Anfang des 19. Jahrhunderts bis zum Ende des Zweiten Weltkrieges, Berlin 1995.
Borowsky, Peter: Die Philosophische Fakultät 1933 bis 1945, in: Eckart Krause u.a. (Hg.), Hochschulalltag im «Dritten Reich». Die Hamburger Universität 1933–1945, Berlin 1991, Teil II, S. 441–458.
Borowsky, Peter: Geschichtswissenschaft an der Hamburger Universität 1933 bis 1945, in: Eckart Krause u.a. (Hg.), Hochschulalltag im «Dritten Reich». Die Hamburger Universität 1933–1945, Berlin 1991, Teil II, S. 537–588.
Botsch, Gideon: «Politische Wissenschaft» im Zweiten Weltkrieg. Die «Deutschen Auslandswissenschaften» im Einsatz 1940–1945, Paderborn 2006.
Bott, Marie-Luise: Die Haltung der Berliner Universität im Nationalsozialismus. Max Vasmers Rückschau 1948, Berlin 2009.
Bower, Tom: Verschwörung Paperclip. NS-Wissenschaftler im Dienst der Siegermächte, München 1988.
Bozsa, Isabella: Eugen Mattiat (1901–1976). Vom «Deutschen Christen» zum Volkskundeprofessor und wieder zurück ins Pastorat. Fallstudie einer Karriere im Nationalsozialismus, Göttingen 2014.
Bracher, Karl Dietrich: Die deutsche Diktatur. Entstehung, Struktur, Folgen des Nationalsozialismus, erw. Ausgabe, Köln 1980.
Brandes, Detlef: Die Tschechen unter deutschem Protektorat, Teil I–II, München 1969/75.

Brauer, Karl: Für die Freiheit und Unabhängigkeit der Kirche. Eugen Gerstenmaiers religiöse und theologische Entwicklung im Spannungs- und Handlungsfeld von Kirche und Staat bis 1945, Göttingen 2020.

Braun, Jutta: Das Kultministerium in Württemberg 1933–1945, in: Frank Engehausen u. a. (Hg.), Die badischen und württembergischen Landesministerien in der Zeit des Nationalsozialismus, Stuttgart 2019, Bd. II, S. 845–917.

Brednich, Rolf Wilhelm: Volkskunde – die völkische Wissenschaft von Blut und Boden, in: Heinrich Becker u. a. (Hg.), Die Universität Göttingen unter dem Nationalsozialismus, München 1998², S. 491–498.

Brennecke, Hanns Christof: Die Evangelisch-Theologische Fakultät der Universität Erlangen im Nationalsozialismus, in: Erlangen in der Weimarer Republik und im Nationalsozialismus. Die Friedrich-Alexander-Universität Erlangen 1918–1945, Hg. Stadtarchiv Erlangen, Teil 1, Erlangen 2021, S. 105–134.

Brintzinger, Klaus-Rainer: Die Wirtschaftswissenschaftliche Abteilung, in: Urban Wiesing u. a. (Hg.), Die Universität Tübingen im Nationalsozialismus, Stuttgart 2010, S. 199–237.

Broszat, Martin: Der Staat Hitlers, München 1969.

Broszat, Martin: Plädoyer für eine Historisierung des Nationalsozialismus, in: ders., Nach Hitler. Der schwierige Umgang mit unserer Geschichte, Hg. Hermann Graml und Klaus-Dietmar Henke, München 1986, S. 159–173.

Browder, George C.: The Numerical Strength of the Sicherheitsdienst des RFSS, in: Historical Social Research/Historische Sozialforschung 28 (1983), S. 30–41.

Browder, George C.: Hitler's Enforcers. The Gestapo and the SS Security Service in the Nazi Revolution, New York 1996.

Brown, Louis: Technical and Military Imperatives. A Radar History of World War II, New York 1999.

Buchholz, Hans-Günter: Margarete Bieber (1879–1978). Klassische Philologin, in: Hans Georg Gundel u. a. (Hg.), Gießener Gelehrte in der ersten Hälfte des 20. Jahrhunderts, Teil 1, Marburg 1982, S. 58–73.

Buddrus, Michael: Totale Erziehung für den totalen Krieg. Hitlerjugend und die nationalsozialistische Jugendpolitik, 2 Bde., München 2003.

Buddrus, Michael/Fritzlar, Sigrid: Die Professoren der Universität Rostock im Dritten Reich. Ein biographisches Lexikon, München 2007.

Büchner, Franz: Pläne und Fügungen. Lebenserinnerungen eines deutschen Hochschullehrers, München 1965.

Burkard, Dominik: Kirchenpolitik in der Wissenschaftspolitik? Akteure und Faktoren, in: Dominik Burkard/Wolfgang Weiß (Hg.), Katholische Theologie im Nationalsozialismus, Bd. 1/1, Würzburg 2007, S. 55–103.

Burkard, Dominik: Die Entwicklung der Katholisch-Theologischen Fakultät, in: Urban Wiesing u. a. (Hg.), Die Universität Tübingen im Nationalsozialismus, Stuttgart 2010, S. 119–175.

Burkard, Dominik: Die Theologische Fakultät der Staatlichen Akademie Braunsberg, in: Dominik Burkard/Wolfgang Weiß (Hg.), Katholische Theologie im Nationalsozialismus, Bd. 1/2, Würzburg 2011, S. 24–123.

Burkard, Dominik: «... den Einbruch des NS vollkommen abgewehrt ...»? Die Katholisch-Theologischen Fakultäten im Nationalsozialismus, in: Friedrich Wilhelm Graf/Hans Günter Hockerts (Hg.), Distanz und Nähe zugleich? Die christlichen Kirchen im «Dritten Reich», München 2017, S. 81–117.

Burkard, Dominik/Weiß, Wolfgang (Hg.): Katholische Theologie im Nationalsozialismus, Bd. 1/1–2: Institutionen und Strukturen, Würzburg 2007/2011.
Burleigh, Michael: Germany Turns Eastwards. A study of Ostforschung in the Third Reich, Cambridge 1988.
Bushart, Magdalena: Dienstreisen in Zeiten des Krieges. Wilhelm Pinder als Kulturbotschafter des Deutschen Reiches, in: dies. u. a. (Hg.), Kunstgeschichte in den besetzten Gebieten 1939–1945, Köln 2016, S. 185–210.
Buss, Hansjörg: Die Kieler Theologische Fakultät im NS-Staat, in: Christoph Cornelißen/Carsten Mish (Hg.), Wissenschaft an der Grenze. Die Universität Kiel im Nationalsozialismus, Essen 2009, S. 99–117.
Buss, Hansjörg: Wissenschaft – Ausbildung – Politik. Die Göttinger Theologische Fakultät in der Weimarer Republik, dem Nationalsozialismus und der Nachkriegszeit, Göttingen 2021.
Bussche, Hendrik van den: Akademische Karrieren im «Dritten Reich», in: ders. (Hg.), Medizinische Wissenschaft im «Dritten Reich». Kontinuität, Anpassung und Opposition an der Hamburger Medizinischen Fakultät, Berlin 1989, S. 63–117.
Bussche, Hendrik van den: «Im Dienste der Volksgemeinschaft». Studienreform im Nationalsozialismus am Beispiel der ärztlichen Ausbildung, Berlin 1989.
Bussche, Hendrik van den: Die Hamburger Universitätsmedizin im Nationalsozialismus. Forschung – Lehre – Krankenversorgung, Berlin 2014.
Caplan, Jane: Government without Administration: State and Civil Service in Weimar and Nazi Germany, Oxford 1988.
Carmon, Arye: The diverse and changing fortunes of the University of Heidelberg under National Socialism, in: Minerva 16 (1978), S. 516–544.
Cassirer, Toni: Mein Leben mit Ernst Cassirer, Hamburg 2003.
Chroust, Peter: Gießener Universität und Faschismus. Studenten und Hochschullehrer 1918–1945, 2 Bde., Münster 1994.
Ciesla, Burghard: Ein «Meister deutscher Waffentechnik». General-Professor Karl Becker zwischen Militär und Wissenschaft (1918–1940), in: Rüdiger vom Bruch/Brigitte Kaderas (Hg.), Wissenschaften und Wissenschaftspolitik. Bestandsaufnahme zu Formationen, Brüchen und Kontinuitäten im Deutschland des 20. Jahrhunderts, Stuttgart 2002, S. 263–281.
Cornelißen, Christoph: Gerhard Ritter. Geschichtswissenschaft und Politik im 20. Jahrhundert, Düsseldorf 2001.
Cornelißen, Christoph: Die Universität Kiel im «Dritten Reich», in: Christoph Cornelißen/Carsten Mish (Hg.), Wissenschaft an der Grenze. Die Universität Kiel im Nationalsozialismus, Essen 2009, S. 11–29.
Cornelißen, Christoph: Das Kieler Historische Seminar in den NS-Jahren, in: Christoph Cornelißen/Carsten Mish (Hg.), Wissenschaft an der Grenze. Die Universität Kiel im Nationalsozialismus, Essen 2009, S. 229–252.
Cornelißen, Christoph/Mish, Carsten (Hg.): Wissenschaft an der Grenze. Die Universität Kiel im Nationalsozialismus, Essen 2009.
Cottebrune, Anne: Erbforscher im Kriegsdienst? Die Deutsche Forschungsgemeinschaft, der Reichsforschungsrat und die Umstellung der Erbforschungsförderung, in: Medizinhistorisches Journal 40 (2005), S. 141–168.
Cottebrune, Anne: Der planbare Mensch. Die Deutsche Forschungsgemeinschaft und die menschliche Vererbungswissenschaft 1920–1970, Stuttgart 2008.
Craig, John E.: Scholarship and Nation Building: The Universities of Strasbourg and Alsatian Society, 1870–1939, Chicago 1984.

Custodis, Michael (Hg.): Herman-Walther Frey: Ministerialrat, Wissenschaftler, Netzwerker. NS-Hochschulpolitik und die Folgen, Münster 2014.

Dageförde, Astrid: Frauen an der Hamburger Universität 1933 bis 1945: Emanzipation oder Repression? In: Eckart Krause u. a. (Hg.), Hochschulalltag im «Dritten Reich». Die Hamburger Universität 1933–1945, Berlin 1991, Teil I, S. 255–270.

Dahm, Georg u. a.: Grundfragen der neuen Rechtswissenschaft, Berlin 1935.

Dahm, Georg/Schaffstein, Friedrich: Liberales oder autoritäres Strafrecht? Hamburg 1933.

Dahms, Hans-Joachim: Aufstieg und Ende der Lebensphilosophie: Das philosophische Seminar der Universität Göttingen zwischen 1917 und 1950, in: Heinrich Becker u. a. (Hg.), Die Universität Göttingen unter dem Nationalsozialismus, München 1998², S. 287–317.

Dahms, Hans-Joachim: Philosophie, in: Jürgen Elvert/Jürgen Nielsen-Sikora (Hg.), Kulturwissenschaften und Nationalsozialismus, Stuttgart 2008, S. 19–51.

Dainat, Holger: Germanistische Literaturwissenschaft, in: Frank-Rutger Hausmann (Hg.), Die Rolle der Geisteswissenschaften im Dritten Reich 1933–1945, München 2002, S. 63–86.

Dainat, Holger: Zur Berufungspolitik in der Neueren deutschen Literaturwissenschaft 1933–1945, in: Holger Dainat/Lutz Danneberg (Hg.), Literaturwissenschaft und Nationalsozialismus, Tübingen 2003, S. 55–86.

Dainat, Holger/Kolk, Rainer: Das Forum der Geistesgeschichte. Die ‹Deutsche Vierteljahrsschrift für Literaturwissenschaft und Geistesgeschichte› (1923–1944), in: Robert Harsch-Niemeyer (Hg.), Beiträge zur Methodengeschichte der neueren Philologien, Tübingen 1995, S. 111–134.

Dalchow, Stephan: Die Entwicklung der nationalsozialistischen Erb- und Rassenpflege an der Medizinischen Fakultät der Ludwigs-Universität Gießen, Gießen 1998.

Daniels, Mario: Auslandskunde an der Universität Tübingen 1918–1945, in: Urban Wiesing u. a. (Hg.), Die Universität Tübingen im Nationalsozialismus, Stuttgart 2010, S. 351–384.

Daniels, Mario/Michl, Susanne: Strukturwandel unter ideologischen Vorzeichen. Wissenschafts- und Personalpolitik an der Universität Tübingen 1933–1945, in: Urban Wiesing u. a. (Hg.), Die Universität Tübingen im Nationalsozialismus, Stuttgart 2010, S. 13–73.

Dannemann, Gerhard: Martin Wolff (1872–1953), in: Jack Beatson/Reinhard Zimmermann (Hg.), Jurists Uprooted. German-speaking Émigré Lawyers in Twentieth-century Britain, Oxford 2004, S. 441–461.

Datenhandbuch zur deutschen Bildungsgeschichte, Bd. I: Hochschulen, Teil 1–2. Von Hartmut Titze u. a., Göttingen 1987/1995.

Davies, Norman/Moorhouse, Roger: Microcosm. Portrait of a Central European City, London 2002.

Deglau, Claudia: Der Althistoriker Franz Hampl zwischen Nationalsozialismus und Demokratie. Kontinuität und Wandel im Fach Alte Geschichte, Wiesbaden 2017.

Deichmann, Ute: Biologen unter Hitler. Vertreibung, Karrieren, Forschung. Mit einem Vorwort von Benno Müller-Hill, Frankfurt am Main 1992.

Deichmann, Ute: Flüchten, Mitmachen, Vergessen. Chemiker und Biochemiker in der NS-Zeit, Weinheim 2001.

Denzler, Georg: Katholische Zugänge zum Nationalsozialismus, in: Georg Denzler/Leonore Siegele-Wenschkewitz (Hg.), Theologische Wissenschaft im «Dritten Reich», Frankfurt am Main 2000, S. 40–67.

Dessoir, Max: Buch der Erinnerung, Stuttgart 1946.

Detjens, Florian: Am Abgrund der Bedeutungslosigkeit? Die Universität Rostock im Nationalsozialismus 1932/33–1945, Berlin 2020.

Deutschland-Berichte der Sozialdemokratischen Partei Deutschlands (Sopade) 1–7 (1934–1940), 7 Bde. (Reprint), Frankfurt am Main 1980.

Dietel, Beatrix: Die Universität Leipzig in der Weimarer Republik. Eine Untersuchung zur sächsischen Hochschulpolitik, Leipzig 2015.

Ditfurth, Hoimar von: Innenansichten eines Artgenossen, Düsseldorf 1989.

Ditt, Karl: Raum und Volkstum. Die Kulturpolitik des Provinzialverbandes Westfalen 1923–1945, Münster 1988.

Ditt, Karl: Die Kulturraumforschung zwischen Wissenschaft und Politik. Das Beispiel Franz Petri (1903–1993), in: Westfälische Forschungen 46 (1996), S. 73–176.

Ditt, Thomas: «Stoßtruppfakultät Breslau». Rechtswissenschaft im «Grenzland Schlesien» 1933–1945, Tübingen 2011.

Döring, Herbert: Der Weimarer Kreis. Studien zum politischen Bewußtsein verfassungstreuer Hochschullehrer in der Weimarer Republik, Meisenheim 1975.

Dörner, Bernward: Die Deutschen und der Holocaust. Was niemand wissen wollte, aber jeder wissen konnte, Berlin 2007.

Dokumente zur Kirchenpolitik des Dritten Reiches, Bd. I–VI, Bearb. Carsten Nicolaisen und Gertraud Grünzinger, München/Gütersloh 1971–2017.

Dollinger, Heinz (Hg.): Die Universität Münster 1780–1980, Münster 1980.

Domarus, Max: Hitler. Reden und Proklamationen 1932–1945, 2 Bde., Wiesbaden 1973.

Dorn, Walter L.: Inspektionsreisen in der US-Zone. Notizen, Denkschriften und Erinnerungen, Hg. Lutz Niethammer, Stuttgart 1973.

Droste, Daniel: Das Zoologische Institut der Westfälischen Wilhelms-Universität Münster im 20. Jahrhundert, in: Hans-Ulrich Thamer u. a. (Hg.), Die Universität Münster im Nationalsozialismus, Münster 2012, Bd. 2, S. 787–818.

Droste, Daniel: Der Fall Bruno K. Schultz. NS-Täter, ihre wissenschaftliche Reintegration und die Kontinuität nationalsozialistischer Netzwerke an der Universität Münster, in: Hans-Ulrich Thamer u. a. (Hg.), Die Universität Münster im Nationalsozialismus, Münster 2012, Bd. 2, S. 1055–1082.

Duchhardt, Heinz: Eine Karriere im Zeichen der Umbrüche. Der Historiker Martin Göhring (1903–1968) in seiner Zeit, Mainz 2018.

Düwell, Kurt: Staat und Wissenschaft in der Weimarer Epoche, in: Historische Zeitschrift, Beiheft 1: Beiträge zur Geschichte der Weimarer Republik, München 1971, S. 31–74.

Ebbinghaus, Heinz-Dieter: Ernst Zermelo (1871–1953), Schöpfer der axiomatischen Mengenlehre. Wegweisend in der Forschung, verfolgt in der Universität, in: 550 Jahre Albert-Ludwigs-Universität Freiburg, Bd. 4, Freiburg 2007, S. 145–154.

Ebbinghaus, Angelika/Dörner, Klaus (Hg.): Vernichten und Heilen. Der Nürnberger Ärzteprozeß und seine Folgen, Berlin 2001.

Eberle, Henrik: Die Martin-Luther-Universität in der Zeit des Nationalsozialismus 1933–1945, Halle 2002.

Eberle, Henrik: «Ein wertvolles Instrument». Die Universität Greifswald im Nationalsozialismus, Köln 2015.
Eckart, Wolfgang U. u. a.: Die Universitätsleitung, in: ders. u. a. (Hg.), Die Universität Heidelberg im Nationalsozialismus, Heidelberg 2006, S. 5–55.
Eckart, Wolfgang U.: Die Medizinische Fakultät, in: ders. u. a. (Hg.), Die Universität Heidelberg im Nationalsozialismus, Heidelberg 2006, S. 641–649.
Eckart, Wolfgang U.: Medizinische Forschung, in: Robert Jütte u. a., Medizin und Nationalsozialismus. Bilanz und Perspektiven der Forschung, Göttingen 2011, S. 106–178.
Eckart, Wolfgang U.: Verbrecherische Humanexperimente, in: Robert Jütte u. a.: Medizin und Nationalsozialismus. Bilanz und Perspektiven der Forschung, Göttingen 2011, S. 124–148.
Eckart, Wolfgang U. (Hg.): Man, Medicine, and the State. The Human Body as an Object of Government Sponsored Medical Research in the 20th Century, Stuttgart 2006.
Eckel, Jan: Hans Rothfels. Eine intellektuelle Biographie im 20. Jahrhundert, Göttingen 2005.
Eckel, Jan: Geist der Zeit. Deutsche Geisteswissenschaften seit 1870, Göttingen 2008.
Eckert, Jörn: Was war die Kieler Schule? In: Franz Jürgen Säcker (Hg.), Recht und Rechtslehre im Nationalsozialismus, Baden-Baden 1992, S. 37–70.
Eckert, Jörn: Die Juristische Fakultät im Nationalsozialismus, in: Hans-Werner Prahl (Hg.), UNI-Formierung des Geistes. Universität Kiel im Nationalsozialismus, Bd. 1, Kiel 1995, S. 51–85.
Eckert, Jörn: Der Kieler Rechtsgelehrte Max Pappenheim (1860–1934), in: Jörn Eckert/Kjell Å. Modéer (Hg.), Geschichte und Perspektiven des Rechts im Ostseeraum, Frankfurt am Main 2002, S. 169–197.
Eckert, Michael: Die Deutsche Physikalische Gesellschaft und die «Deutsche Physik», in: Dieter Hoffmann/Mark Walker (Hg.), Physiker zwischen Autonomie und Anpassung. Die Deutsche Physikalische Gesellschaft im Dritten Reich, Weinheim 2007, S. 139–172.
Eckhardt, Karl August: Das Studium der Rechtswissenschaft, Hamburg 1935.
Ehlers, Jürgen: Das Geologische Institut der Hamburger Universität in den dreißiger Jahren, in: Eckart Krause u. a. (Hg.), Hochschulalltag im «Dritten Reich». Die Hamburger Universität 1933–1945, Berlin 1991, Teil III, S. 1223–1244.
Ehni, Hans-Peter: Bollwerk Preußen? Preußen-Regierung, Reich-Länder-Problem und Sozialdemokratie 1928–1932, Bonn 1975.
Eibl, Christina: Der Physikochemiker Peter Adolf Thiessen als Wissenschaftsorganisator (1899–1990). Eine biographische Studie, Stuttgart, phil. Diss., 1999.
Eilers, Rolf: Die nationalsozialistische Schulpolitik. Eine Studie zur Funktion der Erziehung im totalitären Staat, Köln/Opladen 1963.
Ein Ehrentag der deutschen Wissenschaft. Die Eröffnung des Reichsforschungsrats am 25. Mai 1937, Hg. Pressestelle des Reichserziehungsministeriums, Berlin o. D.
Engehausen, Frank: Akademische Feiern an der nationalsozialistischen Universität, in: Wolfgang U. Eckart u. a. (Hg.), Die Universität Heidelberg im Nationalsozialismus, Heidelberg 2006, S. 123–146.
Engehausen, Frank: Das badische Ministerium des Kultus und Unterrichts, in: ders. u. a. (Hg.), Die badischen und württembergischen Landesministerien in der Zeit des Nationalsozialismus, Stuttgart 2019, Bd. I, S. 313–433.

Engehausen, Frank: Otto Wacker als nationalsozialistischer Spitzenpolitiker in Karlsruhe und Berlin, in: Martin Kintzinger u. a. (Hg.), Hochschule und Politik. Politisierung der Universitäten vom Mittelalter bis zur Gegenwart, Basel 2022, S. 255–278.

Epple, Moritz/Remmert, Volker: «Eine ungeahnte Synthese zwischen reiner und angewandter Mathematik». Kriegsrelevante mathematische Forschung in Deutschland während des II. Weltkrieges, in: Doris Kaufmann (Hg.), Geschichte der Kaiser-Wilhelm-Gesellschaft in Nationalsozialismus, Bd. 1, Göttingen 2000, S. 258–295.

Epstein, Fritz T.: Hamburg und Osteuropa. Zum Gedächtnis von Professor Richard Salomon (1884–1966), in: Jahrbücher für Geschichte Osteuropas NF 15 (1967), S. 59–98.

Ericksen, Robert P.: Theologen unter Hitler. Das Bündnis zwischen evangelischer Dogmatik und Nationalsozialismus, München 1986.

Ericksen, Robert P.: Die Göttinger Theologische Fakultät im Dritten Reich, in: Heinrich Becker u. a. (Hg.), Die Universität Göttingen unter dem Nationalsozialismus, München 1998², S. 75–101.

Ericksen, Robert P.: Kontinuitäten konservativer Geschichtsschreibung am Seminar für Mittlere und Neuere Geschichte: Von der Weimarer Zeit über die nationalsozialistische Ära bis in die Bundesrepublik, in: Heinrich Becker u. a. (Hg.), Die Universität Göttingen unter dem Nationalsozialismus, München 1998², S. 427–453.

Erker, Linda: Die Universität Wien im Austrofaschismus. Österreichische Hochschulpolitik 1933 bis 1938, ihre Vorbedingungen und langfristigen Nachwirkungen, Göttingen 2021.

Erlangen in der Weimarer Republik und im Nationalsozialismus. Die Friedrich-Alexander-Universität Erlangen 1918–1945, Hg. Stadtarchiv Erlangen, Teil 1, Erlangen 2021.

Eschenburg, Theodor: Aus dem Universitätsleben vor 1933, in: Andreas Flitner (Hg.), Deutsches Geistesleben und Nationalsozialismus, Tübingen 1965, S. 24–46.

Evans, Richard J.: Coercion and Consent in Nazi Germany, in: Proceedings of the British Academy 151, Oxford 2006, S. 53–81.

Exodus Professorum. Akademische Feier zur Enthüllung einer Ehrentafel für die zwischen 1933 und 1945 entlassenen und vertriebenen Professoren und Dozenten der Georgia Augusta am 18. April 1989, Göttingen 1989.

Fahlbusch, Michael: Wissenschaft im Dienst der nationalsozialistischen Politik? Die «Volksdeutschen Forschungsgemeinschaften» von 1931–1945, Baden-Baden 1999.

Fahlbusch, Michael u. a. (Hg.): Handbuch der völkischen Wissenschaften. Akteure, Netzwerke, Forschungsprogramme, 2 Bde., Berlin 2017².

Falter, Jürgen W.: Hitlers Wähler, München 1991.

Falter, Jürgen W.: Hitlers Parteigenossen. Die Mitglieder der NSDAP 1919–1945, Frankfurt am Main 2020.

Fausser, Katja: Geschichtswissenschaft im Nationalsozialismus. Ein Beitrag zur Geschichte der Historischen Institute der Universität Münster 1933–1945, Münster 2000.

Faust, Anselm: Der Nationalsozialistische Deutsche Studentenbund. Studenten und Nationalsozialismus in der Weimarer Republik, 2 Bde., Düsseldorf 1973.

Faust, Anselm: Professoren für die NSDAP. Zum politischen Verhalten der Hochschullehrer 1932/33, in: Manfred Heinemann (Hg.), Erziehung und Schulung im Dritten Reich, Teil 2, Stuttgart 1980, S. 31–49.

Faye, Emmanuel: Heidegger. Die Einführung des Nationalsozialismus in die Philosophie, Berlin 2009.

Federspiel, Ruth: Forschen für den «Endsieg». Werner Osenberg und die Mobilisierung der Forschung am Lehrstuhl Werkzeugmaschinen der TH Hannover, in: Michele Barricelli u. a. (Hg.), Ideologie und Eigensinn. Die Technischen Hochschulen in der Zeit des Nationalsozialismus, Göttingen 2017, S. 223–238.

Feickert, Andreas: Studenten greifen an. Nationalsozialistische Hochschulrevolution, Hamburg 1934.

Feige, Hans-Uwe: Aspekte der Hochschulpolitik der Sowjetischen Militäradministration in Deutschland (1945–1948), in: Deutschland-Archiv 25 (1992), S. 1169–1180.

Feige, Hans-Uwe: Zur Entnazifizierung des Lehrkörpers an der Universität Leipzig, in: Zeitschrift für Geschichtswissenschaft 42 (1994), S. 795–808.

Feiten, Willi: Der Nationalsozialistische Lehrerbund. Entwicklung und Organisation, Weinheim 1981.

Felbor, Ute: Rassenbiologie und Vererbungswissenschaft in der Medizinischen Fakultät der Universität Würzburg 1937–1945, Würzburg 1995.

Felz, Sebastian: Recht zwischen Wissenschaft und Politik. Die Rechts- und Staatswissenschaftliche Fakultät der Universität Münster 1902 bis 1952, Münster 2016.

Felz, Sebastian: «Das Judentum in der Rechtswissenschaft. Die deutsche Rechtswissenschaft im Kampf gegen den jüdischen Geist». Eine «wissenschaftliche» Tagung im Oktober 1936 in Berlin, in: Zeitschrift für Neuere Rechtsgeschichte 39 (2017), S. 87–99.

Ferber, Christian von: Die Entwicklung des Lehrkörpers der deutschen Universitäten und Hochschulen 1864–1954, Göttingen 1956.

Ferdinand, Ursula: Die Medizinische Fakultät der Westfälischen Wilhelms-Universität Münster von der Gründung bis 1939, in: Hans-Ulrich Thamer u. a. (Hg.), Die Universität Münster im Nationalsozialismus, Münster 2012, Bd. 1, S. 413–530.

Ferdinand, Ursula: Die Gleichschaltung an der Medizinischen Fakultät Münster – Selbstmobilisierung und Ausgrenzung 1933–1939, in: dies. u. a. (Hg.), Medizinische Fakultäten in der deutschen Hochschullandschaft 1925–1950, Heidelberg 2013, S. 69–102.

Festinger, Leon: Theorie der kognitiven Dissonanz, Bern 1978.

Fischer, Helmut Joachim: Erinnerungen, Teil I: Von der Wissenschaft zum SD, Teil II: Feuerwehr für die Forschung, vervielfältigtes Typokript, Ingolstadt 1984/85.

Fischer, Helmut Joachim: Hitler und die Atombombe, Asendorf 1987.

Fischer, Holger/Sandner, Gerhard: Die Geschichte des Geographischen Seminars der Hamburger Universität im «Dritten Reich», in: Eckart Krause u. a. (Hg.), Hochschulalltag im «Dritten Reich». Die Hamburger Universität 1933–1945, Berlin 1991, Teil III, S. 1197–1222.

Fischer, Klaus: Die Emigration von Wissenschaftlern nach 1933. Möglichkeiten und Grenzen einer Bilanzierung, in: VfZ 39 (1991), S. 535–549.

Flachowsky, Sören: Von der Notgemeinschaft zum Reichsforschungsrat. Wissenschaftspolitik im Kontext von Autarkie, Aufrüstung und Krieg, Stuttgart 2008.

Flachowsky, Sören: Das Reichsamt für Wirtschaftsausbau als Forschungsbehörde im NS-System. Überlegungen zur neuen Staatlichkeit des Nationalsozialismus, in: Technikgeschichte 82 (2015), S. 185–224.
Flammer, Thomas: Die Katholisch-Theologische Fakultät Münster, in: Dominik Burkard/Wolfgang Weiß (Hg.), Katholische Theologie im Nationalsozialismus, Bd. 1/1, Würzburg 2007, S. 199–216.
Flasch, Kurt: Die geistige Mobilmachung. Die deutschen Intellektuellen und der Erste Weltkrieg, Berlin 2000.
Flexner, Abraham: Die Universitäten in Amerika, England, Deutschland, Berlin 1932.
Flitner, Andreas (Hg.): Deutsches Geistesleben und Nationalsozialismus. Eine Vortragsreihe der Universität Tübingen, Tübingen 1965.
Florath, Bernd: Die Europäische Union, in: Johannes Tuchel (Hg.), Der vergessene Widerstand. Zur Realgeschichte und Wahrnehmung des Kampfes gegen die NS-Diktatur, Göttingen 2005, S. 114–139.
Forsbach, Ralf: Die Medizinische Fakultät der Universität Bonn im «Dritten Reich», München 2006.
Forßmann, Werner: Selbstversuch. Erinnerungen eines Chirurgen, Düsseldorf 1972.
Fraenkel, Ernst: Der Doppelstaat, in: Ernst Fraenkel, Gesammelte Werke, Bd. 2, Baden-Baden 1999, S. 33–266.
Frassek, Ralf: Die juristische Studienordnung, in: Thilo Ramm/Stefan Chr. Saar (Hg.), Nationalsozialismus und Recht. Erste Babelsberger Gespräche, Baden-Baden 2014, S. 324–342.
Frei, Norbert: Vergangenheitspolitik. Die Anfänge der Bundesrepublik und die NS-Vergangenheit, München 1996.
Friedländer, Saul: Das Dritte Reich und die Juden, 2 Bde., München 1998/2006.
Gadamer, Hans-Georg: Philosophische Lehrjahre. Eine Rückschau, Frankfurt am Main 1977.
Gadamer, Hans-Georg: «… die wirklichen Nazis hatten doch überhaupt kein Interesse an uns». Hans-Georg Gadamer im Gespräch mit Dörte von Westernhagen, in: Das Argument 182 (1990), S. 543–555.
Gailus, Manfred: Vom «gottgläubigen» Kirchenkämpfer Rosenbergs zum «christgläubigen» Pfarrer Niemöllers. Matthes Zieglers wunderbare Wandlungen im 20. Jahrhundert, in: Zeitschrift für Geschichtswissenschaft 54 (2006), S. 937–973.
Gailus, Manfred/Vollnhals, Clemens (Hg.): Christlicher Antisemitismus im 20. Jahrhundert. Der Tübinger Theologe und «Judenforscher» Gerhard Kittel, Göttingen 2020.
Gajek, Esther: Volkskunde an den Hochschulen im Dritten Reich. Eine vorläufige Datensammlung (MS), München 1986.
Gajek, Esther: Joseph Otto Plassmann. Eine akademische Karriere im Nationalsozialismus, in: Kai Detlev Sievers (Hg.), Beiträge zur Wissenschaftsgeschichte der Volkskunde im 19. und 20. Jahrhundert, Neumünster 1991, S. 121–155.
Gajek, Esther: «Feiergestaltung» – Zur planmäßigen Entwicklung eines «aus nationalsozialistischer Weltanschauung geborenen, neuen arteigenen Brauchtums» am Amt Rosenberg, in: Stefanie von Schnurbein/Justus H. Ulbricht (Hg.), Völkische Religion und Krisen der Moderne. Entwürfe «arteigener» Glaubenssysteme seit der Jahrhundertwende, Würzburg 2001, S. 386–408.

Garbe, Irmfried: Theologe zwischen den Weltkriegen. Hermann Wolfgang Beyer (1898–1942), Frankfurt am Main 2004.

Garner, Curt: Der öffentliche Dienst in den 50er Jahren: Politische Weichenstellungen und ihre sozialgeschichtlichen Folgen, in: Axel Schildt/Arnold Sywottek (Hg.), Modernisierung im Wiederaufbau. Die westdeutsche Gesellschaft der 50er Jahre, Bonn 1993, S. 759–790.

Gauweiler, Otto: Rechtseinrichtungen und Rechtsaufgaben der Gesamtbewegung, jur. Diss., München 1939.

Gay, Peter: Die Republik der Außenseiter. Geist und Kultur in der Weimarer Zeit 1918–1933, Neuausgabe, Frankfurt am Main 1987.

Gehler, Michael: Korporationsstudenten und Nationalsozialismus in Österreich. Eine quantifizierende Untersuchung, in: Geschichte und Gesellschaft 20 (1994), S. 1–28.

Gehrke, Roland: Deutschbalten an der Reichsuniversität Posen, in: Michael Garleff (Hg.), Deutschbalten, Weimarer Republik und Drittes Reich, Bd. 1, Köln 2008, S. 389–426.

Gerhards, Thomas: Heinrich von Treitschke. Wirkung und Wahrnehmung eines Historikers im 19. und 20. Jahrhundert, Paderborn 2013.

Internationales Germanistenlexikon 1800–1950, Hg. Christoph König, 3 Bde., Berlin 2003.

Gerndt, Helge (Hg.): Volkskunde und Nationalsozialismus. Referate und Diskussionen einer Tagung, München 1987.

Gerrens, Uwe: Medizinisches Ethos und theologische Ethik. Karl und Dietrich Bonhoeffer in der Auseinandersetzung um Zwangssterilisation und «Euthanasie» im Nationalsozialismus, München 1996.

Gerstengabe, Sybille: Die erste Entlassungswelle von Hochschullehrern deutscher Hochschulen aufgrund des Gesetzes zur Wiederherstellung des Berufsbeamtentums vom 7.4.1933, in: Berichte zur Wissenschaftsgeschichte 17 (1994), S. 17–39.

Gerwarth, Robert: Reinhard Heydrich. Biographie, München 2011.

Gesetz zur Befreiung von Nationalsozialismus und Militarismus vom 5. März 1946, mit Ausführungsvorschriften, Formblättern, der Anweisung für die Auswerter der Meldebogen und der Rangliste in mehrfarbiger Wiedergabe, München 1948.

Geuter, Ulfried: Die Professionalisierung der deutschen Psychologie im Nationalsozialismus, Frankfurt am Main 1984.

Giles, Geoffrey J.: Students and National Socialism in Germany, Princeton 1985.

Giles, Geoffrey J.: Professor und Partei: Der Hamburger Lehrkörper und der Nationalsozialismus, in: Eckart Krause u. a. (Hg.), Hochschulalltag im «Dritten Reich». Die Hamburger Universität 1933–1945, Berlin 1991, Teil I, S. 113–124.

Gimbel, John: Science, Technology and Reparations: Exploitation and Plunder in Postwar Germany, Stanford, CA 1990.

Glum, Friedrich: Zwischen Wissenschaft, Wirtschaft und Politik. Erlebtes und Erdachtes in vier Reichen, Bonn 1964.

Gniss, Daniela: Der Politiker Eugen Gerstenmaier 1906–1986. Eine Biographie, Düsseldorf 2005.

Goebbels, Joseph: Reden 1932–1945, Hg. Helmut Heiber, 2 Bde., Düsseldorf 1971/72.

Goebbels, Joseph: Die Tagebücher von Joseph Goebbels, Hg. Elke Fröhlich, Teil I: Aufzeichnungen 1923–1941, 9 Bde., München 1997–2006, Teil II: Diktate

1941–1945, 15 Bde., München 1993–1996, Teil III: Register 1923–1945, 3 Bde., München 2007/08.
Goede, Arnt: Adolf Rein und die «Idee der politischen Universität», Berlin 2008.
Göllnitz, Martin: Das «Kieler Gelehrtenverzeichnis» in der Praxis. Karrieren von Hochschullehrern im Dritten Reich zwischen Parteizugehörigkeit und Wissenschaft, in: Jahrbuch für Universitätsgeschichte 16 (2013), S. 291–312.
Göllnitz, Martin: Karrieren zwischen Diktatur und Demokratie. Die Berufungspolitik in der Kieler Theologischen Fakultät 1936 bis 1946, Frankfurt am Main 2014.
Göllnitz, Martin: Wissenschaftspolitik im Spannungsfeld von akademischer Tradition und Ideologie. Die nationalsozialistische Dozentenakademie der Universität Kiel (1934–1936), in: Zeitschrift für Geschichtswissenschaft 64 (2016), S. 50–72.
Göllnitz, Martin: Der Student als Führer? Handlungsmöglichkeiten eines jungakademischen Funktionärskorps am Beispiel der Universität Kiel (1927–1945), Ostfildern 2018.
Göppinger, Horst: Juristen jüdischer Abstammung im Dritten Reich. Entrechtung und Verfolgung, München 1990².
Götz von Olenhusen, Albrecht: Die «nichtarischen» Studenten an den deutschen Hochschulen. Zur nationalsozialistischen Rassenpolitik 1933–1945, in: VfZ 14 (1966), S. 175–206.
Golczewski, Frank: Kölner Universitätslehrer und der Nationalsozialismus, Köln 1988.
Goldschmidt, Nils (Hg.): Wirtschaft, Politik und Freiheit. Freiburger Wirtschaftswissenschaftler und der Widerstand, Tübingen 2005.
Goller, Peter: Die politische Lage an der Universität Innsbruck 1933/34–1938–1945/1950. Austrofaschismus – Nazismus – Restauration – Entnazifizierung, in: Johannes Koll (Hg.), «Säuberungen» an österreichischen Hochschulen 1934–1945, Wien 2017, S. 365–403.
Goller, Peter/Tidl, Georg: «Jubel ohne Ende …!» Die Universität Innsbruck im März 1938. Zur Nazifizierung der Tiroler Landesuniversität, Wien 2012.
Graf, Friedrich Wilhelm: Martin Dibelius über die Zerstörung der Bürgerlichkeit. Vortrag im Heidelberger Marianne-Weber-Kreis 1932, in: Zeitschrift für Neuere Theologiegeschichte 4 (1997), S. 114–153.
Graf, Friedrich Wilhelm: Protestantische Universitätstheologie in der «Deutschen Revolution», in: Friedrich Wilhelm Graf/Hans Günter Hockerts (Hg.), Distanz und Nähe zugleich? Die christlichen Kirchen im «Dritten Reich», München 2017, S. 119–164.
Graumann, C. F. (Hg.): Psychologie im Nationalsozialismus, Berlin 1985.
Gregor, Neil: Nazism – A Political Religion? Rethinking the Voluntarist Turn, in: ders. (Hg.), Nazism, War and Genocide. Festschrift Jeremy Noakes, Exeter 2005, S. 1–21.
Greschat, Martin: Die Evangelisch-Theologische Fakultät in Gießen in der Zeit des Nationalsozialismus (1933–1945), in: Bernhard Jendorff u. a. (Hg.), Theologie im Kontext der Geschichte der Alma Mater Ludoviciana, Gießen 1983, S. 139–166.
Grimm, Dieter: Die «Neue Rechtswissenschaft». Über Funktion und Formation nationalsozialistischer Jurisprudenz, in: Peter Lundgreen (Hg.), Wissenschaft im Dritten Reich, Frankfurt am Main 1985, S. 31–54.

Grolle, Joist: Der Hamburger Percy Ernst Schramm – ein Historiker auf der Suche nach der Wirklichkeit, Hamburg 1989.
Grondin, Jean: Hans-Georg Gadamer. Eine Biographie, Tübingen 2013².
Groß, Dominik: Karl Häupl (1893–1960) – His life and works with special consideration of his role in the Third Reich, in: Deutsche Zahnärztliche Zeitschrift, Nr. 4/2020, S. 95–101.
Gross, Raphael: Carl Schmitt und die Juden, Frankfurt am Main 2000.
Grothe, Ewald: Über den Umgang mit Zeitenwenden. Der Verfassungshistoriker Ernst Rudolf Huber und seine Auseinandersetzung mit Geschichte und Gegenwart 1933 und 1945, in: Zeitschrift für Geschichtswissenschaft 53 (2005), S. 216–235.
Grothe, Ewald: «Strengste Zurückhaltung und unbedingter Takt». Der Verfassungshistoriker Ernst Rudolf Huber und die NS-Vergangenheit, in: Eva Schumann (Hg.), Kontinuitäten und Zäsuren. Rechtswissenschaft und Justiz im «Dritten Reich» und in der Nachkriegszeit, Göttingen 2008, S. 327–348.
Grothe, Ewald (Hg.): Ernst Rudolf Huber. Staat – Verfassung – Geschichte, Baden-Baden 2015.
Gruchmann, Lothar: Justiz im Dritten Reich 1933–1940. Anpassung und Unterwerfung in der Ära Gürtner, München 1988.
Grün, Bernd: Der Rektor als Führer? Die Universität Freiburg i. Br. von 1933 bis 1945, Freiburg 2010.
Grün, Bernd: Die Medizinische Fakultät Tübingen im Nationalsozialismus, in: Urban Wiesing u. a. (Hg.), Die Universität Tübingen im Nationalsozialismus, Stuttgart 2010, S. 239–277.
Grünert, Heinz: Gustaf Kossinna (1858–1931). Vom Germanisten zum Prähistoriker. Ein Wissenschaftler im Kaiserreich und in der Weimarer Republik, Rahden 2002.
Grüttner, Michael: Studenten im Dritten Reich, Paderborn 1995.
Grüttner, Michael: Das Scheitern der Vordenker. Deutsche Hochschullehrer und der Nationalsozialismus, in: ders. u. a. (Hg.), Geschichte und Emanzipation. Festschrift Reinhard Rürup, Frankfurt am Main 1999, S. 458–481.
Grüttner, Michael: Machtergreifung als Generationskonflikt. Die Krise der Hochschulen und der Aufstieg des Nationalsozialismus, in: Rüdiger vom Bruch/Brigitte Kaderas (Hg.), Wissenschaften und Wissenschaftspolitik. Bestandsaufnahme zu Formationen, Brüchen und Kontinuitäten im Deutschland des 20. Jahrhunderts, Stuttgart 2002, S. 339–353.
Grüttner, Michael: Ostforschung und Geschichtswissenschaft im Dritten Reich, in: Archiv für Sozialgeschichte 43 (2003), S. 510–517.
Grüttner, Michael: Biographisches Lexikon zur nationalsozialistischen Wissenschaftspolitik, Heidelberg 2004.
Grüttner, Michael: Hochschulpolitik zwischen Gau und Reich, in: Jürgen John u. a. (Hg.), Die NS-Gaue. Regionale Mittelinstanzen im zentralistischen «Führerstaat», München 2007, S. 177–193.
Grüttner, Michael: Nationalsozialistische Wissenschaftler: ein Kollektivporträt, in: ders. u. a. (Hg.), Gebrochene Wissenschaftskulturen. Universität und Politik im 20. Jahrhundert, Göttingen 2010, S. 149–165.
Grüttner, Michael u. a.: Die Berliner Universität zwischen den Weltkriegen, 1918–1945 (Geschichte der Universität Unter den Linden 1810–2010, Bd. 2), Berlin 2012.

Grüttner, Michael: Die Hochschulkommission der NSDAP, in: Ursula Ferdinand u.a. (Hg.), Medizinische Fakultäten in der deutschen Hochschullandschaft 1925–1950, Heidelberg 2013, S. 29–43.
Grüttner, Michael: Das Dritte Reich 1933–1939 (Gebhardt. Handbuch der deutschen Geschichte, Bd. 19), Stuttgart 2014.
Grüttner, Michael: Nationalsozialistische Gewaltpolitik an den Hochschulen 1929–1933, in: Jahrbuch für Universitätsgeschichte 21 (2018), S. 179–201.
Grüttner, Michael: Abschlussbericht des DFG-Projekts «Die Vertreibung von Wissenschaftlerinnen und Wissenschaftlern aus den deutschen Universitäten 1933–1945» (MS), Berlin 2021.
Grüttner, Michael: The Expulsion of Academic Teaching Staff from German Universities, 1933–45, in: Journal of Contemporary History 57 (2022), S. 513–533.
Grüttner, Michael: Ausgegrenzt: Entlassungen an den Universitäten im Nationalsozialismus. Biogramme und kollektivbiographische Analyse, Berlin 2023.
Grüttner, Michael/Kinas, Sven, Die Vertreibung von Wissenschaftlern an deutschen Universitäten, 1933–1945, in: VfZ 55 (2007), S. 123–186.
Grunberger, Richard: Das zwölfjährige Reich. Der Deutschen Alltag unter Hitler, Wien 1972.
Grundmann, Kornelia u.a.: Die Entwicklung der Medizinischen Fakultät Marburg in den Jahren 1933 bis 1939, in: Gerhard Aumüller u.a. (Hg.), Die Marburger Medizinische Fakultät im «Dritten Reich», München 2001, S. 123–485.
Grundmann, Kornelia u.a.: Die Medizinische Fakultät während des Krieges, in: Gerhard Aumüller u.a. (Hg.), Die Marburger Medizinische Fakultät im «Dritten Reich», München 2001, S. 487–649.
Günther, Frieder: Ein unaufhaltsamer Niedergang? Die Rechtswissenschaftliche Abteilung in der Zeit des Nationalsozialismus, in: Urban Wiesing u.a. (Hg.), Die Universität Tübingen im Nationalsozialismus, Stuttgart 2010, S. 180–198.
Günther, Maria: Die Institutionalisierung der Rassenhygiene an den deutschen Hochschulen vor 1933, Mainz, med. Diss., 1982.
Guhl, Anton F.: Wege aus dem «Dritten Reich». Die Entnazifizierung der Hamburger Universität als ambivalente Nachgeschichte des Nationalsozialismus, Göttingen 2019.
Guttstadt, Corry: Die Türkei, die Juden und der Holocaust, Berlin 2008.
Haar, Ingo: Historiker im Nationalsozialismus. Deutsche Geschichtswissenschaft und der «Volkstumskampf» im Osten, Göttingen 2000.
Hachmeister, Lutz: Der Gegnerforscher. Die Karriere des SS-Führers Franz Alfred Six, München 1998.
Hachtmann, Rüdiger: Anpassung und Nonkonformität. Zur politischen Positionierung Max Plancks während der NS-Zeit, in: Monika Gibas u.a. (Hg.), Couragierte Wissenschaft. Festschrift Jürgen John, Jena 2007, S. 25–43.
Hachtmann, Rüdiger: Wissenschaftsmanagement im «Dritten Reich». Geschichte der Generalverwaltung der Kaiser-Wilhelm-Gesellschaft, 2 Bde., Göttingen 2007.
Hachtmann, Rüdiger: Die Wissenschaftslandschaft zwischen 1930 und 1949. Profilbildung und Ressourcenverschiebung, in: Michael Grüttner u.a. (Hg.), Gebrochene Wissenschaftskulturen. Universität und Politik im 20. Jahrhundert, Göttingen 2010, S. 193–205.

Haering, Stephan: Die staatskirchenrechtlichen Voraussetzungen der katholisch-theologischen Ausbildungsstätten in der Zeit des Nationalsozialismus, in: Dominik Burkard/Wolfgang Weiß (Hg.), Katholische Theologie im Nationalsozialismus, Bd. 1/1, Würzburg 2007, S. 19–37.

Hättich, Manfred: Der Streit um die demokratische politische Kultur: die Veit-Harlan-Demonstration 1952, in: Freiburger Universitätsblätter 145 (1999), S. 199–205.

Haffner, Sebastian: Geschichte eines Deutschen. Die Erinnerungen 1914–1933, Stuttgart 2000.

Hahn, Otto: Mein Leben, München 1968.

Haiger, Ernst: Politikwissenschaft und Auslandswissenschaft im «Dritten Reich». (Deutsche) Hochschule für Politik 1933–1939 und Auslandswissenschaftliche Fakultät der Berliner Universität 1940–1945, in: Gerhard Göhler/Bodo Zeuner (Hg.), Kontinuitäten und Brüche in der deutschen Politikwissenschaft, Baden-Baden 1991, S. 94–136.

Halfmann, Frank: Eine «Pflanzstätte bester nationalsozialistischer Rechtsgelehrter»: Die juristische Abteilung der Rechts- und Staatswissenschaftlichen Fakultät, in: Heinrich Becker u. a. (Hg.), Die Universität Göttingen unter dem Nationalsozialismus, München 1998², S. 102–155.

Hall, Charlie: British Exploitation of German Science and Technology, 1943–1949, London 2019.

Halle, Uta: Ur- und Frühgeschichte, in: Jürgen Elwert/Jürgen Nielsen-Sikora (Hg.), Kulturwissenschaften und Nationalsozialismus, Stuttgart 2008, S. 109–166.

Hammerstein, Notker: Die Johann Wolfgang Goethe-Universität Frankfurt am Main. Von der Stiftungsuniversität zur staatlichen Hochschule, Bd. I: 1914–1950, Neuwied 1989.

Hammerstein, Notker: Antisemitismus und deutsche Universitäten. 1871–1933, Frankfurt am Main 1995.

Hammerstein, Notker: Die Deutsche Forschungsgemeinschaft in der Weimarer Republik und im Dritten Reich. Wissenschaftspolitik in Republik und Diktatur 1920–1945, München 1999.

Hammerstein, Notker: Wissenschaftssystem und Wissenschaftspolitik im Nationalsozialismus, in: Rüdiger vom Bruch/Brigitte Kaderas (Hg.), Wissenschaften und Wissenschaftspolitik. Bestandsaufnahme zu Formationen, Brüchen und Kontinuitäten im Deutschland des 20. Jahrhunderts, Stuttgart 2002, S. 219–224.

Statistisches Handbuch von Deutschland 1928–1944. Hg. vom Länderrat des amerikanischen Besatzungsgebietes, München 1949.

Handel, Kai: Die Arbeitsgemeinschaft Rotterdam und die Entwicklung von Halbleiterdetektoren. Hochfrequenzforschung in der militärischen Krise 1943–1945, in: Helmut Maier (Hg.), Rüstungsforschung im Nationalsozialismus, Göttingen 2002, S. 250–270.

Hanel, Melanie: Normalität unter Ausnahmebedingungen. Die TH Darmstadt im Nationalsozialismus, Darmstadt 2014.

Hannemann, Simone: Robert Havemann und die Widerstandsgruppe «Europäische Union», Berlin 2001.

Hantke, Manfred: Das Philosophische Seminar: Deutsch bis in die Wurzeln, in: Urban Wiesing u. a. (Hg.), Die Universität Tübingen im Nationalsozialismus, Stuttgart 2010, S. 385–434.

Hantke, Manfred: Geistesdämmerung. Das Philosophische Seminar an der Eberhard-Karls-Universität Tübingen 1918–1945, Tübingen, phil. Diss., 2015.
Hardenberg, Simone von: Eberhard Schmidt (1891–1977). Ein Beitrag zur Geschichte unseres Rechtsstaats, Berlin 2009.
Hartung, Fritz: Korrespondenz eines Historikers zwischen Kaiserreich und zweiter Nachkriegszeit, Hg. Hans-Christof Kraus, Berlin 2019.
Harwood, Jonathan: The Rise of the Party-Political Professor? Changing Self-understandings among German Academics 1890–1933, in: Doris Kaufmann (Hg.), Geschichte der Kaiser-Wilhelm-Gesellschaft im Nationalsozialismus, Göttingen 2000, Bd. 1, S. 21–45.
Hassell, Ulrich von: Die Hassell-Tagebücher 1938–1944. Aufzeichnungen vom Andern Deutschland, revidierte und erweiterte Ausgabe, Hg. Friedrich Freiherr Hiller von Gaertringen, Berlin 1988.
Hasselhorn, Benjamin: Johannes Haller. Eine politische Gelehrtenbiographie, Göttingen 2015.
Hattenhauer, Hans: Das NS-Volksgesetzbuch, in: Arno Buschmann u.a. (Hg.), Festschrift Rudolf Gmür zum 70. Geburtstag, Bielefeld 1983, S. 255–279.
Hattenhauer, Hans (Hg.): Rechtswissenschaft im NS-Staat. Der Fall Eugen Wohlhaupter, Heidelberg 1987.
Haug, Volker: Das Kolleggeld – die Geschichte eines Leistungselements in der Hochschullehrerbesoldung, in: Zeitschrift für Beamtenrecht 47 (1999), S. 113–116.
Haug, Wolfgang Fritz: Der hilflose Antifaschismus. Zur Kritik der Vorlesungsreihen über Wissenschaft und Nationalsozialismus an deutschen Universitäten, Frankfurt am Main 1967, 3., überarb. und erg. Aufl. 1970.
Haupts, Leo: Die Universität zu Köln im Übergang vom Nationalsozialismus zur Bundesrepublik, Köln 2007.
Hausmann, Frank-Rutger: «Aus dem Reich der seelischen Hungersnot». Briefe und Dokumente zur romanistischen Fachgeschichte im Dritten Reich, Würzburg 1993.
Hausmann, Frank-Rutger: «Vom Strudel der Ereignisse verschlungen». Deutsche Romanistik im «Dritten Reich», Frankfurt am Main 2000.
Hausmann, Frank-Rutger: Unwahrheit als Methode? Zu Hans-Georg Gadamers Publikationen im «Dritten Reich», in: Internationale Zeitschrift für Philosophie Nr. 1/2001, S. 33–54.
Hausmann, Frank-Rutger: «Auch im Krieg schweigen die Musen nicht». Die Deutschen Wissenschaftlichen Institute im Zweiten Weltkrieg, Göttingen 2001.
Hausmann, Frank-Rutger: Anglistik und Amerikanistik im «Dritten Reich», Frankfurt am Main 2003.
Hausmann, Frank-Rutger: «Deutsche Geisteswissenschaft» im Zweiten Weltkrieg. Die «Aktion Ritterbusch» (1940–1945), Heidelberg 2007[3].
Hausmann, Frank-Rutger: Wissenschaftsplanung und Wissenschaftslenkung an der Reichsuniversität Straßburg (1940–1944), in: Noyan Dinçkal u.a. (Hg.), Selbstmobilisierung der Wissenschaft. Technische Hochschulen im «Dritten Reich», Darmstadt 2010, S. 187–230.
Hausmann, Frank-Rutger: Die Geisteswissenschaften im «Dritten Reich», Frankfurt am Main 2011.
Havemann, Robert: Fragen, Antworten, Fragen. Aus der Biographie eines deutschen Marxisten, München 1970.

Hayes, Peter: Corporate Freedom of Action in Nazi Germany, in: Bulletin of the German Historical Institute 45, Washington, D.C. 2009, S. 29–41.
Heberle, Rudolf: Zur Soziologie der nationalsozialistischen Revolution. Notizen aus dem Jahre 1934, in: VfZ 13 (1965), S. 438–445.
Hehl, Ulrich von: In den Umbrüchen der ersten Hälfte des 20. Jahrhunderts. Die Universität Leipzig vom Vorabend des Ersten bis zum Ende des Zweiten Weltkrieges 1909 bis 1945, in: Geschichte der Universität Leipzig 1409–2009, Hg. Senatskommission zur Erforschung der Leipziger Universitäts- und Wissenschaftsgeschichte, Bd. 3, Leipzig 2010, S. 16–329.
Heiber, Helmut: Walter Frank und sein Reichsinstitut für Geschichte des neuen Deutschlands, Stuttgart 1966.
Heiber, Helmut: Universität unterm Hakenkreuz, Teil I: Der Professor im Dritten Reich, München 1991, Teil II: Die Kapitulation der Hohen Schulen, 2 Bde., München 1992/94.
Heidegger, Martin: «Mein liebes Seelchen!» Briefe Martin Heideggers an seine Frau Elfride 1915–1970, München 2005.
Heilmann, Arnt: Chemie, in: Wolfgang U. Eckart u. a. (Hg.), Die Universität Heidelberg im Nationalsozialismus, Heidelberg 2006, S. 1151–1173.
Heilmeyer, Ludwig: Lebenserinnerungen, Hg. Ingeborg Heilmeyer, Stuttgart 1971.
Heinemann, Isabel: Rasse, Siedlung, deutsches Blut. Das Rasse- und Siedlungshauptamt der SS und die rassenpolitische Neuordnung Europas, Göttingen 2003.
Heinemann, Isabel: Wissenschaft und Homogenisierungsplanungen für Osteuropa: Konrad Meyer, der «Generalplan Ost» und die Deutsche Forschungsgemeinschaft, in: Isabel Heinemann/Patrick Wagner (Hg.), Wissenschaft – Planung – Vertreibung. Neuordnungskonzepte und Umsiedlungspolitik im 20. Jahrhundert, Stuttgart 2006, S. 45–72.
Heinemann, Manfred (Hg.): Hochschuloffiziere und Wiederaufbau des Hochschulwesens in Westdeutschland 1945–1952, Teil 1–3, Hildesheim 1990/91.
Heinemann, Manfred (Hg.): Nordwestdeutsche Hochschulkonferenzen 1945–1948, Bearb. Siegfried Müller, Teil I–II, Hildesheim 1990.
Heinze, Carsten: «Die Verhältnisse sind von Semester zu Semester unerträglicher geworden». Litt 1930 bis 1936, in: Theodor-Litt-Jahrbuch 1 (1999), S. 68–94.
Heinzel, Reto: Theodor Mayer. Ein Mittelalterhistoriker im Banne des «Volkstums» 1920–1960, Paderborn 2016.
Hendel, Joachim u. a. (Bearb.): Wege der Wissenschaft im Nationalsozialismus. Dokumente zur Universität Jena 1933–1945, Stuttgart 2007.
Henke, Klaus-Dietmar: Die amerikanische Besetzung Deutschlands, München 2009[3].
Henkel, Heinrich: Strafrichter und Gesetz im neuen Staat. Die geistigen Grundlagen, Hamburg 1934.
Henkel, Heinrich: Die Unabhängigkeit des Richters in ihrem neuen Sinngehalt, Hamburg 1934.
Henne, Thomas: Erich Lüth vs. Veit Harlan – Sechs Göttinger Beiträge zum Lüth-Urteil des Bundesverfassungsgerichts von 1958, in: Eva Schumann (Hg.), Kontinuitäten und Zäsuren. Rechtswissenschaft und Justiz im «Dritten Reich» und in der Nachkriegszeit, Göttingen 2008, S. 213–232.
Henning, Eckart: Max Planck – ein «armer Wirrkopf» als Kollaborateur der Nazis? In: Marc Schalenberg/Peter Th. Walther (Hg.), «... immer im Forschen bleiben». Festschrift Rüdiger vom Bruch, Stuttgart 2004, S. 351–371.

Hentschel, Klaus (Hg.): Physics and National Socialism. An Anthology of Primary Sources, Basel 1996.
Hentschel, Klaus/Renneberg, Monika: Eine akademische Karriere. Der Astronom Otto Heckmann im Dritten Reich, in: VfZ 43 (1995), S. 581–610.
Herber, Friedrich: Gerichtsmedizin unterm Hakenkreuz, Leipzig 2002.
Herbert, Ulrich: «Generation der Sachlichkeit». Die völkische Studentenbewegung der frühen zwanziger Jahre, in: ders., Arbeit, Volkstum, Weltanschauung, Frankfurt am Main 1993, S. 31–58.
Herbert, Ulrich: Best. Biographische Studien über Radikalismus, Weltanschauung und Vernunft 1903–1989, Bonn 1996.
Herbert, Ulrich: Drei politische Generationen im 20. Jahrhundert, in: Jürgen Reulecke u. a. (Hg.), Generationalität und Lebensgeschichte im 20. Jahrhundert, München 2003, S. 95–114.
Herbert, Ulrich: Wer waren die Nationalsozialisten? München 2021.
Hering, Rainer: Der «unpolitische» Professor? Parteimitgliedschaften Hamburger Hochschullehrer in der Weimarer Republik und im «Dritten Reich», in: Eckart Krause u. a. (Hg.), Hochschulalltag im «Dritten Reich», Berlin 1991, Teil I, S. 85–111.
Hermand, Jost: Geschichte der Germanistik, Reinbek bei Hamburg 1994.
Herren, Madeleine: «Outwardly ... an Innocuous Conference Authority»: National Socialism and the Logistics of International Information Management, in: German History 20 (2002), S. 67–92.
Heschel, Susannah: The Aryan Jesus. Christian theologians and the Bible in Nazi Germany, Princeton, NJ 2008.
Heuß, Alfred: De se ipse, in: Jochen Bleicken (Hg.), Colloquium aus Anlass des 80. Geburtstages von Alfred Heuß, Kallmünz 1993, S. 171–221.
Heuss, Anja: Kunst- und Kulturgutraub. Eine vergleichende Studie zur Besatzungspolitik der Nationalsozialisten in Frankreich und der Sowjetunion, Heidelberg 2000.
Heydemann, Günther: Sozialistische Transformation. Die Universität Leipzig vom Ende des Zweiten Weltkrieges bis zum Mauerbau 1945–1961, in: Geschichte der Universität Leipzig 1409–2009, Hg. Senatskommission zur Erforschung der Leipziger Universitäts- und Wissenschaftsgeschichte, Bd. 3, Leipzig 2010, S. 331–565.
Hintze, Otto/Hintze, Hedwig: «Verzage nicht, und laß nicht ab zu kämpfen». Die Korrespondenz 1925–1940. Bearbeitet von Brigitta Oestreich, Hg. Robert Jütte und Gerhard Hirschfeld, Essen 2004.
Hinz, W[alter]: Wehrwissenschaften auf den deutschen Hochschulen, in: DWEV 1 (1935), S. 109*–111*.
Hippius, Rudolf u. a.: Volkstum, Gesinnung und Charakter. Bericht über psychologische Untersuchungen an Posener deutsch-polnischen Mischlingen und Polen, Sommer 1942, Stuttgart 1943.
Hitler, Adolf: Mein Kampf. Eine kritische Edition, 2 Bde., Hg. Christian Hartmann u. a., München 2016.
Hitler, Adolf: Monologe im Führerhauptquartier 1941–1944. Die Aufzeichnungen Heinrich Heims, Hg. Werner Jochmann, Hamburg 1980.
Die Deutsche Hochschulverwaltung. Sammlung der das Hochschulwesen betreffenden Gesetze, Verordnungen und Erlasse. Hg. Gerhard Kasper u. a., 2 Bde., Berlin 1942/43.

Höpel, Stefan: Die «Säuberung» der deutschen Rechtswissenschaft – Ausmaß und Dimensionen der Vertreibung nach 1933, in: Kritische Justiz 26 (1993), S. 438–460.
Höpfner, Hans-Paul: Die Universität Bonn im Dritten Reich, Bonn 1999.
Hoepke, Klaus-Peter: Die SS, der «Führer» und die Nöte der deutschen Wissenschaft. Ein Meinungsbild aus dem Senat der T. H. Karlsruhe vom April 1942, in: Zeitschrift für die Geschichte des Oberrheins 135 (1987), S. 407–418.
Hoffmann, Christhard: Juden und Judentum im Werk deutscher Althistoriker des 19. und 20. Jahrhunderts, Leiden 1988.
Hoffmann, Dieter: Die Physikdenkschriften von 1934/36 und zur Situation der Physik im faschistischen Deutschland, in: Wissenschaft und Staat. Denkschriften und Stellungnahmen von Wissenschaftlern als Mittel wissenschaftspolitischer Artikulation, Berlin 1989, S. 185–211.
Hoffmann, Dieter: Die Ramsauer-Ära und die Selbstmobilisierung der Deutschen Physikalischen Gesellschaft, in: ders./Mark Walker (Hg.), Physiker zwischen Autonomie und Anpassung. Die Deutsche Physikalische Gesellschaft im Dritten Reich, Weinheim 2007, S. 173–215.
Hoffmann, Dieter: Pascual Jordan (1902–1980): Der gute Nazi, in: Gisela Boeck/Hans-Uwe Lammel (Hg.), Die Universität Rostock in den Jahren 1933–1945, Rostock 2012, S. 131–161.
Hoffmann, Dieter (Hg.): Operation Epsilon. Die Farm-Hall-Protokolle oder Die Angst der Alliierten vor der deutschen Atombombe, Berlin 1993.
Hoffmann, Dieter/Laitko, Hubert: Peter Adolf Thiessen (1899–1990). Diener vieler Herren, in: Johannes Feichtinger u. a. (Hg.), Wandlungen und Brüche. Wissenschaftsgeschichte als politische Geschichte, Göttingen 2018, S. 265–283.
Hoffmann, Dieter/Stutz, Rüdiger: Grenzgänger der Wissenschaft: Abraham Esau als Industriephysiker, Universitätsrektor und Forschungsmanager, in: Uwe Hoßfeld u. a. (Hg.), «Kämpferische Wissenschaft». Studien zur Universität Jena im Nationalsozialismus, Köln 2003, S. 136–179.
Hoffmann, Dieter/Walker, Mark (Hg.): Physiker zwischen Autonomie und Anpassung. Die Deutsche Physikalische Gesellschaft im Dritten Reich, Weinheim 2007.
Hohendorf, Gerrit u. a.: Der Pädiater Johann Duken im Dienst nationalsozialistischer Gesundheitspolitik, in: Sigrid Oehler-Klein (Hg.), Die Medizinische Fakultät der Universität Gießen im Nationalsozialismus und in der Nachkriegszeit: Personen und Institutionen, Umbrüche und Kontinuitäten, Stuttgart 2007, S. 323–357.
Holub, Robert C.: Nietzsche and the Jewish Question, in: New German Critique 66 (1995), S. 94–121.
Horn, Klaus-Peter: Erziehungswissenschaft in Deutschland im 20. Jahrhundert. Zur Entwicklung der sozialen und fachlichen Struktur der Disziplin von der Erstinstitutionalisierung bis zur Expansion, Bad Heilbrunn 2003.
Hoßfeld, Uwe u. a.: «Kämpferische Wissenschaft»: Zum Profilwandel der Jenaer Universität im Nationalsozialismus, in: ders. u. a. (Hg.), «Kämpferische Wissenschaft». Studien zur Universität Jena im Nationalsozialismus, Köln 2003, S. 23–121.
Hoßfeld, Uwe: Geschichte der biologischen Anthropologie in Deutschland, von den Anfängen bis in die Nachkriegszeit, Stuttgart 2005.
Huber, Andreas: Die Hochschullehrerschaft der 1930er und 1940er Jahre. Sozialstruktur und Karrierewege vor dem Hintergrund politischer Zäsuren, in: Mit-

chell Ash/Josef Ehmer (Hg.), Universität – Politik – Gesellschaft, Göttingen 2015, S. 649–696.
Huber, Andreas: Rückkehr erwünscht. Im Nationalsozialismus aus «politischen» Gründen vertriebene Lehrende der Universität Wien, Wien 2016.
Huber, Ernst Rudolf: Verfassungsrecht des Großdeutschen Reiches, Hamburg 1939.
Huber, Hans: Der Aufbau des deutschen Hochschulwesens. Vortrag gehalten auf der dritten fachwissenschaftlichen Woche für Universitätsbeamte der Verwaltungsakademie Berlin am 30. Januar 1939, Hg. Deutsche Forschungsgemeinschaft, Gräfenhainichen o. J.
Huber, Ursula: Die Ludwig-Maximilians-Universität im Münchener Kulturleben zwischen Kriegszerstörung, Umerziehung und Richtfesten, in: Friedrich Prinz (Hg.), Trümmerzeit in München. Kultur und Gesellschaft einer deutschen Großstadt im Aufbruch 1945–1949, München 1984, S. 149–160.
Hüneke, Andreas: Der Fall Robert Scholz. Kunstberichte unterm Hakenkreuz, Köln 2001.
Hüpers, Bernd: Karl Larenz – Methodenlehre und Philosophie des Rechts in Geschichte und Gegenwart, Berlin 2010.
Huhn, Ingeborg/Kilian, Ursula: «Es wird alles gut werden». Der Briefwechsel zwischen dem jüdischen Pharmakologen Hermann Freund und seinem Schüler Willy König 1925 bis 1939, Münster 2011.
Hunger, Ulrich: Germanistik zwischen Geistesgeschichte und «völkischer Wissenschaft»: Das Seminar für deutsche Philologie im Dritten Reich, in: Heinrich Becker u. a. (Hg.), Die Universität Göttingen unter dem Nationalsozialismus, München 1998², S. 365–390.
Inachin, Kyra T.: «Märtyrer mit einem kleinen Häuflein Getreuer». Der erste Gauleiter der NSDAP in Pommern Karl Theodor Vahlen, in: VfZ 49 (2001), S. 31–51.
Jacobeit, Wolfgang u. a. (Hg.): Völkische Wissenschaft. Gestalten und Tendenzen der deutschen und österreichischen Volkskunde in der ersten Hälfte des 20. Jahrhunderts, Wien 1994.
Jäger, Ludwig: Seitenwechsel. Der Fall Schneider/Schwerte und die Diskretion der Germanistik, München 1998.
Jahr, Christoph: Die «geistige Verbindung von Wehrmacht, Wissenschaft und Politik»: Wehrlehre und Heimatforschung an der Friedrich-Wilhelms-Universität zu Berlin 1933–1945, in: Jahrbuch für Universitätsgeschichte 4 (2001), S. 161–176.
Jahr, Christoph: Rektor ohne Führung? Willy Hoppe und die Wissenschaftspolitik an der Friedrich-Wilhelms-Universität zu Berlin in der NS-Zeit, in: Marc Schalenberg/Peter Th. Walther (Hg.), «... immer im Forschen bleiben». Rüdiger vom Bruch zum 60. Geburtstag, Stuttgart 2004, S. 179–198.
Jahr, Christoph: «Das ‹Führen› ist ein sehr schwieriges Ding.» Anspruch und Wirklichkeit der «Führeruniversität» in Berlin 1933–1945, in: ders. (Hg.), Die Berliner Universität in der NS-Zeit, Bd. I: Strukturen und Personen, Stuttgart 2005, S. 17–36.
Jahr, Christoph: Die nationalsozialistische Machtübernahme und ihre Folgen, in: Michael Grüttner u. a., Die Berliner Universität zwischen den Weltkriegen 1918–1945 (Geschichte der Universität Unter den Linden 1810–2010, Bd. 2), Berlin 2012, S. 295–324.

Statistisches Jahrbuch für das Deutsche Reich, Hg. Statistisches Reichsamt, 47–59 (1928–1942).

Jansen, Christian: Professoren und Politik. Politisches Denken und Handeln der Heidelberger Hochschullehrer 1914–1935, Göttingen 1992.

Jansen, Christian: Vom Gelehrten zum Beamten. Karriereverläufe und soziale Lage der Heidelberger Hochschullehrer 1914–1933, Heidelberg 1992.

Jarausch, Konrad H.: Deutsche Studenten 1800–1970, Frankfurt am Main 1984.

Jasper, Gotthard: Paul Althaus (1888–1966). Professor, Prediger und Patriot in seiner Zeit, Göttingen 2013.

Jaspers, Karl: Die Antwort an Sigrid Undset, mit Beiträgen über die Wissenschaft im Hitlerstaat und den neuen Geist der Universität, Konstanz 1947.

Jay, Martin: Dialektische Phantasie. Die Geschichte der Frankfurter Schule und des Instituts für Sozialforschung 1923–1950, Frankfurt am Main 1976.

Jehle, Peter: Werner Krauss und die Romanistik im NS-Staat, Hamburg 1996.

Jeskow, Jan: Die Entnazifizierung des Lehrkörpers an der Universität Jena von 1945 bis 1948, in: Uwe Hoßfeld u. a. (Hg.), Hochschule im Sozialismus. Studien zur Geschichte der Friedrich-Schiller-Universität Jena (1945–1990), Bd. 1, Köln 2007, S. 71–95.

Jessen, Ralph: Akademische Elite und kommunistische Diktatur. Die ostdeutsche Hochschullehrerschaft in der Ulbricht-Ära, Göttingen 1999.

Joas, Hans: Die Klassiker der Soziologie und der Erste Weltkrieg, in: ders./Helmut Steiner (Hg.), Machtpolitischer Realismus und pazifistische Utopie, Frankfurt am Main 1989, S. 179–210.

John, Eckhard u. a. (Hg.): Die Freiburger Universität in der Zeit des Nationalsozialismus, Freiburg 1991.

John, Jürgen/Stutz, Rüdiger: Die Jenaer Universität 1918–1945, in: Traditionen – Brüche – Wandlungen. Die Universität Jena 1850–1995, Hg. Senatskommission zur Aufarbeitung der Jenaer Universitätsgeschichte im 20. Jahrhundert, Köln 2009, S. 318–340.

Jones, Larry Eugene: German Liberalism and the Dissolution of the Weimar Party System, 1918–1933, Chapel Hill 1988.

Jones, Larry Eugene: The German Right, 1918–1930. Political Parties, Organized Interests, and Patriotic Associations in the Struggle against Weimar Democracy, Cambridge 2020.

Jütte, Robert: Hedwig Hintze (1884–1942). Die Herausforderung der traditionellen Geschichtswissenschaft durch eine linksliberale jüdische Historikerin, in: Walter Grab (Hg.), Juden in der deutschen Wissenschaft, Tel Aviv 1986, S. 249–278.

Jütte, Robert: Geschichte der alternativen Medizin. Von der Volksmedizin zu den unkonventionellen Therapien von heute, München 1996.

Jung, Michael: «Voll Begeisterung schlagen unsere Herzen zum Führer». Die Technische Hochschule und ihre Professoren im Nationalsozialismus, Norderstedt 2013.

Jung, Michael: Eine Neue Zeit. Ein Neuer Geist? Eine Untersuchung über die NS-Belastung der nach 1945 an der Technischen Hochschule Hannover tätigen Professoren unter besonderer Berücksichtigung der Rektoren und Senatsmitglieder, Petersberg 2020.

Junginger, Horst: Von der philologischen zur völkischen Religionswissenschaft.

Das Fach Religionswissenschaft an der Universität Tübingen von der Mitte des 19. Jahrhunderts bis zum Ende des Dritten Reiches, Stuttgart 1999.
Junginger, Horst: Die Verwissenschaftlichung der «Judenfrage» im Nationalsozialismus, Darmstadt 2011.
Kaehler, Siegfried A.: Briefe 1900–1963, Hg. Walter Bußmann und Günther Grünthal, Boppard am Rhein 1993.
Kahle, Paul E.: Bonn University in Pre-Nazi and Nazi-Times (1923–1939). Experiences of a German Professor, London 1945.
Kaiser, Gerhard: Grenzverwirrungen. Literaturwissenschaft im Nationalsozialismus, Berlin 2008.
Kalkmann, Ulrich: Die Technische Hochschule Aachen im Dritten Reich (1933–1945), Aachen 2003.
Kampe, Norbert: Jüdische Professoren im Deutschen Kaiserreich. Zu einer vergessenen Enquete Bernhard Breslauers, in: Rainer Erb/Michael Schmidt (Hg.), Antisemitismus und Jüdische Geschichte. Festschrift Herbert A. Strauss, Berlin 1987, S. 185–211.
Kant, Horst: Betrachtungen zur Physik an der Reichsuniversität Straßburg 1942–1944, in: Christian Baechler u. a. (Hg.), Les Reichsuniversitäten de Strasbourg et de Poznan et les résistances universitaires 1941–1944, Straßburg 2005, S. 185–203.
Karitzky, Holger: Eduard Kohlrausch – Kriminalpolitik in vier Systemen. Eine strafrechtshistorische Biographie, Berlin 2002.
Karlauf, Thomas: Stefan George. Die Entdeckung des Charisma, München 2007.
Karlson, Peter: Adolf Butenandt: Biochemiker, Hormonforscher, Wissenschaftspolitiker, Stuttgart 1990.
Kater, Michael H.: Das «Ahnenerbe» der SS 1935–1945. Ein Beitrag zur Kulturpolitik des Dritten Reiches, Stuttgart 1974.
Kater, Michael H.: Die nationalsozialistische Machtergreifung an den deutschen Hochschulen. Zum politischen Verhalten akademischer Lehrer bis 1939, in: Hans Jochen Vogel u. a. (Hg.), Die Freiheit des Anderen. Festschrift Martin Hirsch, Baden-Baden 1981, S. 49–75.
Kater, Michael H.: Medizin und Mediziner im Dritten Reich. Eine Bestandsaufnahme, in: Historische Zeitschrift 244 (1987), S. 299–352.
Kater, Michael H.: Ärzte als Hitlers Helfer, Hamburg 2000.
Kaudelka, Steffen: Rezeption im Zeitalter der Konfrontation. Französische Geschichtswissenschaft und Geschichte in Deutschland 1920–1940, Göttingen 2003.
Kaudelka, Steffen: Die Berufung Hans F. K. Günthers im Jahre 1930 – der Beginn der «Machtergreifung» an der Universität Jena?, in: Matthias Steinbach/Stefan Gerber (Hg.), «Klassische Universität» und «akademische Provinz». Studien zur Universität Jena von der Mitte des 19. bis in die dreißiger Jahre des 20. Jahrhunderts, Jena 2005, S. 103–126.
Kelly, Reece C.: National Socialism and German University Teachers: The NSDAP's Efforts to Create a National Socialist Professoriate and Scholarship, Ph.D., University of Washington, 1973.
Kelly, Reece C.: Die gescheiterte nationalsozialistische Personalpolitik und die mißlungene Entwicklung der nationalsozialistischen Hochschulen, in: Manfred Heinemann (Hg.), Erziehung und Schulung im Dritten Reich, Teil 2: Hochschule, Erwachsenenbildung, Stuttgart 1980, S. 61–76.

Kempski, Jürgen von: «Voraussetzungslosigkeit». Eine Studie zur Geschichte eines Wortes, in: Archiv für Philosophie 4 (1952), S. 157–174.
Kempter, Klaus: Die Jellineks 1820–1955. Eine familienbiographische Studie zum deutschjüdischen Bildungsbürgertum, Düsseldorf 1998.
Kess, Petra: Die Professorenschaft der Universität Münster zwischen Kaiserreich und «Drittem Reich», Magisterarbeit (MS), Universität Münster, 1993 (UA Münster).
Kettenacker, Lothar: Nationalsozialistische Volkstumspolitik im Elsaß, Stuttgart 1973.
Kinas, Sven: Akademischer Exodus. Die Vertreibung von Hochschullehrern aus den Universitäten Berlin, Frankfurt am Main, Greifswald und Halle 1933–1945, Heidelberg 2018.
Klassiker in finsteren Zeiten 1933–1945. Eine Ausstellung des Deutschen Literaturarchivs im Schiller-Nationalmuseum Marbach am Neckar, 2 Bde., Marbach 1983.
Klausnitzer, Ralf: Blaue Blume unterm Hakenkreuz. Die Rezeption der deutschen literarischen Romantik im Dritten Reich, Paderborn 1999.
Klee, Ernst: «Euthanasie» im NS-Staat. Die «Vernichtung lebensunwerten Lebens», Frankfurt am Main 1983.
Klein, Christa: Elite und Krise. Expansion und «Selbstbehauptung» der Philosophischen Fakultät Freiburg 1945–1967, Stuttgart 2020.
Klein, Thomas (Hg.): Die Lageberichte der Geheimen Staatspolizei über die Provinz Hessen-Nassau 1933–1936, Teilband II: C, Köln 1986.
Kleinberger, Aharon F.: Gab es eine nationalsozialistische Hochschulpolitik? In: Manfred Heinemann (Hg.), Erziehung und Schulung im Dritten Reich, Teil 2: Hochschule, Erwachsenenbildung, Stuttgart 1980, S. 9–30.
Kleineidam, Erich: Die Katholisch-Theologische Fakultät der Universität Breslau 1811–1945, Köln 1961.
Kleinert, Andreas: Lenard, Stark und die Kaiser-Wilhelm-Gesellschaft. Auszüge aus der Korrespondenz der beiden Physiker zwischen 1933 und 1936, in: Physikalische Blätter 36 (1980), S. 35–43.
Kleinert, Andreas: Der Briefwechsel zwischen Philipp Lenard (1862–1947) und Johannes Stark (1874–1957), in: Jahrbuch der Deutschen Akademie der Naturforscher Leopoldina 46 (2000), S. 243–261.
Klemperer, Victor: Leben sammeln, nicht fragen, wozu und warum. Tagebücher 1918–1924, Hg. Walter Nowojski unter Mitarbeit von Christian Löser, 2 Bde., Berlin 1996.
Klemperer, Victor: Ich will Zeugnis ablegen bis zum letzten. Tagebücher 1933–1945. Hg. Walter Nowojski unter Mitarbeit von Hadwig Klemperer, 2 Bde., Berlin 1995.
Klemperer, Victor: LTI. Notizbuch eines Philologen, Hg. Elke Fröhlich, Stuttgart 2010.
Kleßmann, Christoph/Długoborski, Wacław: Nationalsozialistische Bildungspolitik und polnische Hochschulen 1939–1945, in: Geschichte und Gesellschaft 23 (1997), S. 535–559.
Klibansky, Raymond: Erinnerung an ein Jahrhundert. Gespräche mit Georges Leroux, Frankfurt am Main 2001.
Klingemann, Carsten: Soziologie im Dritten Reich, Baden-Baden 1996.
Klinger, Gerwin: Arnold Gehlen – Theoretiker der Führung und Mitläufer, in: Helmut König (Hg.), Der Fall Schwerte im Kontext, Opladen 1998, S. 126–137.

Klute, Maren-Christine: Der klassische Philologe Karl Reinhardt im Nationalsozialismus, in: Roland Färber/Fabian Link (Hg.), Die Altertumswissenschaften an der Universität Frankfurt 1914–1950, Basel 2019, S. 153–166.
Kniefacz, Katharina/Posch, Herbert: Vertreibungspolitik an der Universität Wien in den 1930er und 1940er Jahren, in: Johannes Koll (Hg.), «Säuberungen» an österreichischen Hochschulen 1934–1945, Wien 2017, S. 123–151.
Koch, Gerhard: Die Gesellschaft für Konstitutionsforschung. Anfang und Ende 1942–1965, Erlangen 1985.
Koenen, Andreas: Der Fall Carl Schmitt. Sein Aufstieg zum «Kronjuristen des Dritten Reiches», Darmstadt 1995.
König, Helmut u. a. (Hg.): Vertuschte Vergangenheit. Der Fall Schwerte und die NS-Vergangenheit der deutschen Hochschulen, München 1997.
König, René: Leben im Widerspruch. Versuch einer intellektuellen Autobiographie, München 1980.
Königs, Diemuth: Joseph Vogt: Ein Althistoriker in der Weimarer Republik, Basel 1995.
Köttgen, Arnold: Deutsches Universitätsrecht, Tübingen 1933.
Kopke, Christoph/Treß, Werner: Der Tag von Potsdam, Berlin 2013.
Krähwinkel, Esther u. a.: Die Krankenversorgung, in: Gerhard Aumüller u. a. (Hg.), Die Marburger Medizinische Fakultät im «Dritten Reich», München 2001, S. 566–614.
Krämer, Matthias: Westernisierung der Geschichtswissenschaft. Transatlantische Gastprofessoren im Umfeld der Historischen Zeitschrift, Berlin 2021.
Krause, Eckart u. a. (Hg.), Hochschulalltag im «Dritten Reich». Die Hamburger Universität 1933–1945, Teil I–III, Berlin 1991.
Kraushaar, Wolfgang: Die Proteste gegen den *Jud Süß*-Regisseur Veit Harlan, in: Alexandra Przyrembel/Jörg Schönert (Hg.), «Jud Süß». Hofjude, literarische Figur, antisemitisches Zerrbild, Frankfurt am Main/New York 2006, S. 293–307.
Krauss, Marita: «Gedankenaustausch über Probleme und Methoden der Forschung». Transatlantische Gastprofessoren aus Emigrantenkreisen in Westdeutschland nach 1945, in: Berichte zur Wissenschaftsgeschichte 29 (2006), S. 243–259.
Krauss, Werner: Ein Romanist im Widerstand. Briefe an die Familie und andere Dokumente, Hg. Peter Jehle und Peter-Volker Springborn, Berlin 2004.
Krebs, Albert: Tendenzen und Gestalten der NSDAP. Erinnerungen an die Frühzeit der Partei, Stuttgart 1959.
Krebs, Hans: Wie ich aus Deutschland vertrieben wurde. Dokumente mit Kommentaren, in: Medizinhistorisches Journal 15 (1980), S. 357–377.
Kretschmann, Carsten: Einsatz für Deutschland? Die Historiker Walter Platzhoff und Paul Kirn im «Dritten Reich», in: Jörn Kobes/Jan-Otmar Hesse (Hg.), Frankfurter Wissenschaftler zwischen 1933 und 1945, Göttingen 2008, S. 5–32.
Kreutzberger, Wolfgang: Studenten und Politik 1918–1933. Der Fall Freiburg im Breisgau, Göttingen 1972.
Krieck, Ernst: Philosophie, in: Deutsche Wissenschaft. Arbeit und Aufgabe, Leipzig 1939, S. 29–31.
Krohn, Claus-Dieter: Unter Schwerhörigen? Zur selektiven Rezeption des Exils in den wissenschaftlichen und kulturpolitischen Debatten der frühen Nachkriegszeit, in: Bernd Weisbrod (Hg.), Akademische Vergangenheitspolitik. Beiträge zur Wissenschaftskultur der Nachkriegszeit, Göttingen 2002, S. 97–120.

Kubaseck, Christopher/Seufert, Günter (Hg.): Deutsche Wissenschaftler im türkischen Exil: Die Wissenschaftsmigration in die Türkei 1933–1945, Würzburg 2016.

Kürschners Deutscher Gelehrten-Kalender, 1.–13. Ausgabe, Berlin 1925–1980.

Kuhn, Helmut u. a.: Die deutsche Universität im Dritten Reich. Eine Vortragsreihe der Universität München, München 1966.

Kuhn, Helmut: Die deutsche Universität am Vorabend der Machtergreifung, in: ders. u. a., Die deutsche Universität im Dritten Reich. Eine Vortragsreihe der Universität München, München 1966, S. 13–43.

Kunkel, Wolfgang: Der Professor im Dritten Reich, in: Helmut Kuhn u. a., Die deutsche Universität im Dritten Reich. Eine Vortragsreihe der Universität München, München 1966, S. 103–133.

Laak, Dirk van: Gespräche in der Sicherheit des Schweigens. Carl Schmitt in der politischen Geistesgeschichte der frühen Bundesrepublik, Berlin 1993.

Lämmert, Eberhard u. a.: Germanistik – eine deutsche Wissenschaft, Frankfurt am Main 1967.

Lambrecht, Ronald: Politische Entlassungen in der NS-Zeit. Vierundvierzig biographische Skizzen von Hochschullehrern der Universität Leipzig, Leipzig 2006.

Lang, Emil: Die Landwirtschaftliche Fakultät an der Albertus-Universität Königsberg/Pr., in: Jahrbuch der Albertus-Universität zu Königsberg/Pr. 2 (1952), S. 267 f.

Lang, Hans-Joachim: Die Namen der Nummern. Wie es gelang, die 86 Opfer eines NS-Verbrechens zu identifizieren, Hamburg 2004.

Langewiesche, Dieter: Die Eberhard-Karls-Universität Tübingen in der Weimarer Republik: Krisenerfahrungen und Distanz zur Demokratie an deutschen Universitäten, in: Zeitschrift für württembergische Landesgeschichte 51 (1992), S. 345–381.

Langewiesche, Dieter: Die Universität Tübingen in der Zeit des Nationalsozialismus: Formen der Selbstgleichschaltung und Selbstbehauptung, in: Geschichte und Gesellschaft 23 (1997), S. 618–646.

Langreder, Hans: Die Auseinandersetzung mit Nietzsche im Dritten Reich, Kiel, phil. Diss., 1970.

Leaman, George: Heidegger im Kontext. Gesamtüberblick zum NS-Engagement der Universitätsphilosophen, Hamburg 1993.

Leaman, George/Simon, Gerd: SD über Philosophie-Professoren, o. O. o. D., https://homepages.uni-tuebingen.de/gerd.simon/philosophendossiers.pdf [zuletzt abgerufen am 8.8.2023].

Leggewie, Claus: Von Schneider zu Schwerte. Das ungewöhnliche Leben eines Mannes, der aus der Geschichte lernen wollte, München 1998.

Leist, Fritz: Möglichkeiten und Grenzen des Widerstandes an der Universität, in: Helmut Kuhn u. a., Die deutsche Universität im Dritten Reich. Eine Vortragsreihe der Universität München, München 1966, S. 175–213.

Lemberg, Joseph: Der Historiker ohne Eigenschaften. Eine Problemgeschichte des Mediävisten Friedrich Baethgen, Frankfurt am Main 2015.

Lenger, Friedrich: Werner Sombart 1863–1941. Eine Biographie, München 1994.

Lennartz, Ulrike: Ein badischer «Preuße». Paul Schmitthenner, Badischer Staatsminister, in: Michael Kißener/Joachim Scholtyseck (Hg.), Die Führer der Provinz. NS-Biographien aus Baden und Württemberg, Konstanz 1997, S. 623–653.

Leonhardt, Martin: Hermann F. Hoffmann (1891–1944). Die Tübinger Psychiatrie auf dem Weg in den Nationalsozialismus, Sigmaringen 1996.

Lepsius, Oliver: Die gegensatzaufhebende Begriffsbildung. Methodenentwicklung in der Weimarer Republik und ihr Verhältnis zur Ideologisierung der Rechtswissenschaft unter dem Nationalsozialismus, München 1994.

Lerchenmueller, Joachim: «Keltischer Sprengstoff». Eine wissenschaftsgeschichtliche Studie über die deutsche Keltologie von 1900 bis 1945, Tübingen 1997.

Lerchenmueller, Joachim: Die Geschichtswissenschaft in den Planungen des Sicherheitsdienstes der SS. Der SD-Historiker Hermann Löffler und seine Denkschrift «Entwicklung und Aufgaben der Geschichtswissenschaft in Deutschland», Bonn 2001.

Lerchenmüller, Joachim: Das Ende der Reichsuniversität Straßburg in Tübingen, in: Bausteine zur Tübinger Universitätsgeschichte, Folge 10, Tübingen 2005, S. 115–174.

Leube, Achim (Hg.): Prähistorie und Nationalsozialismus. Die mittel- und osteuropäische Ur- und Frühgeschichtsforschung in den Jahren 1933–1945, Heidelberg 2002.

Leugers, Antonia: Gegen eine Mauer bischöflichen Schweigens. Der Ausschuß für Ordensangelegenheiten und seine Widerstandskonzeption 1941 bis 1945, Frankfurt am Main 1996.

Leven, Karl-Heinz: Der Freiburger Pathologe Franz Büchner 1941 – Widerstand mit und ohne Hippokrates, in: Bernd Grün u. a. (Hg.), Medizin und Nationalsozialismus. Die Freiburger Medizinische Fakultät und das Klinikum in der Weimarer Republik und im «Dritten Reich», Frankfurt am Main 2002, S. 362–395.

Lichtenberger-Fenz, Brigitte: «Es läuft alles in geordneten Bahnen». Österreichs Hochschulen und Universitäten und das NS-Regime, in: Emmerich Tálos u. a. (Hg.), NS-Herrschaft in Österreich. Ein Handbuch, Wien 2000, S. 549–569.

Liebmann, Maximilian: Die Katholisch-Theologischen Fakultäten in Graz und Wien, in: Dominik Burkard/Wolfgang Weiß (Hg.), Katholische Theologie im Nationalsozialismus, Bd. 1/1, Würzburg 2007, S. 491–510.

Liepach, Martin: Das Wahlverhalten der jüdischen Bevölkerung. Zur politischen Orientierung der Juden in der Weimarer Republik, Tübingen 1996.

Liermann, Hans: Erlebte Rechtsgeschichte, Neustadt an der Aisch 1976.

Lilla, Joachim u. a.: Statisten in Uniform. Die Mitglieder des Reichstags 1933–1945. Ein biographisches Handbuch. Unter Einbeziehung der völkischen und nationalsozialistischen Reichstagsabgeordneten ab Mai 1924, Düsseldorf 2004.

Linne, Karsten: Deutschland jenseits des Äquators? Die NS-Kolonialplanungen für Afrika, Berlin 2008.

Lippmann, Andreas: Marburger Theologie im Nationalsozialismus, München 2003.

Litten, Freddy: Ernst Mohr – Das Schicksal eines Mathematikers, in: Jahresbericht der Deutschen Mathematiker-Vereinigung 98 (1996), S. 192–212.

Litten, Freddy: Mechanik und Antisemitismus. Wilhelm Müller (1880–1968), München 2000.

Lixfeld, Gisela: Das «Ahnenerbe» Heinrich Himmlers und die ideologisch-politische Funktion seiner Volkskunde, in: Wolfgang Jacobeit u. a. (Hg.), Völkische Wissenschaft. Gestalten und Tendenzen der deutschen und österreichischen Volkskunde in der ersten Hälfte des 20. Jahrhunderts, Wien 1994, S. 217–255.

Lixfeld, Hannjost: Nationalsozialistische Volkskunde und Volkserneuerung, in: Wolfgang Jacobeit u. a. (Hg.), Völkische Wissenschaft. Gestalten und Tendenzen der deutschen und österreichischen Volkskunde in der ersten Hälfte des 20. Jahrhunderts, Wien 1994, S. 175–331.

Lönnecker, Harald: «… freiwillig nimmer von hier zu weichen …» Die Prager deutsche Studentenschaft 1867–1945, Bd. 1: Verbindungen und Vereine des deutschnationalen Spektrums, Köln 2008.
Lösch, Anna-Maria von: Der nackte Geist. Die Juristische Fakultät der Berliner Universität im Umbruch von 1933, Tübingen 1999.
Lösener, Bernhard: Als Rassereferent im Reichsministerium des Innern, in: VfZ 9 (1961), S. 264–313.
Loewenich, Walther von: Die Erlanger Theologische Fakultät 1922–1972, in: Jahrbuch für Fränkische Landesforschung 34/35 (1975), S. 635–658.
Löwith, Karl: Mein Leben in Deutschland vor und nach 1933, Hg. Frank-Rutger Hausmann, Stuttgart 2007.
Lohff, Brigitte: «… die Grundgedanken des Nationalsozialismus aufsaugen und verarbeiten». Die politisch-ideologische Funktion der Medizinischen Fakultät der Christian-Albrechts-Universität zu Kiel 1933–1936, in: Jahrbuch für Universitätsgeschichte 8 (2005), S. 211–234.
Lohse, Gerhard: Klassische Philologie und Zeitgeschehen. Zur Geschichte eines Seminars an der Hamburger Universität in der Zeit des Nationalsozialismus, in: Eckart Krause u. a. (Hg.), Hochschulalltag im «Dritten Reich». Die Hamburger Universität 1933–1945, Berlin 1991, Teil II, S. 775–826.
Lokatis, Siegfried: Hanseatische Verlagsanstalt. Politisches Buchmarketing im «Dritten Reich», Frankfurt am Main 1992.
Longerich, Peter: Hitlers Stellvertreter. Führung der Partei und Kontrolle des Staatsapparates durch den Stab Heß und die Partei-Kanzlei Bormann, München 1992.
Longerich, Peter: Heinrich Himmler. Biographie, München 2008.
Losemann, Volker: Nationalsozialismus und Antike. Studien zur Entwicklung des Faches Alte Geschichte 1933–1945, Hamburg 1977.
Losemann, Volker: Zur Konzeption der NS-Dozentenlager, in: Manfred Heinemann (Hg.), Erziehung und Schulung im Dritten Reich, Teil 2, Stuttgart 1980, S. 87–109.
Lubarsch, Otto: Zur Frage der Hochschulreform, Wiesbaden 1919.
Ludwig, Karl-Heinz: Technik und Ingenieure im Dritten Reich, Düsseldorf 1974.
Luxbacher, Günther: Ersatzstoffe und Neue Werkstoffe. Metalle, Technik und Forschungspolitik in Deutschland im 20. Jahrhundert, Stuttgart 2020.
Madajczyk, Czesław (Hg.): Vom Generalplan Ost zum Generalsiedlungsplan, München 1994.
Maier, Hans (Hg.): Die Freiburger Kreise. Akademischer Widerstand und Soziale Marktwirtschaft, Paderborn 2014.
Maier, Helmut (Hg.): Gemeinschaftsforschung, Bevollmächtigte und der Wissenstransfer. Die Rolle der Kaiser-Wilhelm-Gesellschaft im System kriegsrelevanter Forschung des Nationalsozialismus, Göttingen 2007.
Majer, Ulrich: Vom Weltruhm der zwanziger Jahre zur Normalität der Nachkriegszeit: Die Geschichte der Chemie in Göttingen von 1930 bis 1950, in: Heinrich Becker u. a. (Hg.), Die Universität Göttingen unter dem Nationalsozialismus, München 1998², S. 589–629.
Mangelsdorf, Günter (Hg.): Zwischen Greifswald und Riga. Auszüge aus den Tagebüchern des Greifswalder Rektors und Professors der Ur- und Frühgeschichte, Dr. Carl Engel, vom 1. November 1938 bis zum 26. Juli 1945, Stuttgart 2007.
Marggraf, Stefanie: Sonderkonditionen. Habilitationen von Frauen in der Weima-

rer Republik und im Nationalsozialismus an den Universitäten Berlin und Jena, in: Feministische Studien 20 (2002), S. 40–56.

Marshall, Barbara: Der Einfluß der Universität auf die politische Entwicklung der Stadt Göttingen 1918–1933, in: Niedersächsisches Jahrbuch für Landesgeschichte 49 (1977), S. 265–301.

Marten, Heinz-Georg: Der niedersächsische Ministersturz: Protest und Widerstand der Georg-August-Universität Göttingen gegen den Kultusminister Schlüter im Jahre 1955, Göttingen 1987.

Martin, Bernd: Die Entlassung der jüdischen Lehrkräfte an der Freiburger Universität und die Bemühungen um ihre Wiedereingliederung nach 1945, in: Freiburger Universitätsblätter 129 (1995), S. 7–46.

Martin, Bernd: Die Freiburger Pathologie in Kriegs- und Nachkriegszeiten (1906–1963). Konstitutionspathologie – Wehrpathologie und Menschenversuche – Pathologie des Verdrängens, Ubstadt-Weiher 2018.

Martin, Bernd (Hg.): Martin Heidegger und das «Dritte Reich». Ein Kompendium, Darmstadt 1989.

Marxen, Klaus: Der Kampf gegen das liberale Strafrecht. Eine Studie zum Antiliberalismus in der Strafrechtswissenschaft der zwanziger und dreißiger Jahre, Berlin 1975.

Mattl, Siegfried/Stuhlpfarrer, Karl: Angewandte Wissenschaft im Nationalsozialismus. Großraumphantasien, Geopolitik, Wissenschaftspolitik, in: Gernot Heiß u. a. (Hg.), Willfährige Wissenschaft. Die Universität Wien 1938–1945, Wien 1989, S. 283–301.

Mehring, Reinhard: Carl Schmitt – Aufstieg und Fall. Eine Biographie, München 2009.

Mehrtens, Herbert: Ludwig Bieberbach and «Deutsche Mathematik», in: Esther R. Phillips (Hg.), Studies in the History of Mathematics, Washington, D. C. 1987, S. 195–241.

Meier, Kurt: Die Theologischen Fakultäten im Dritten Reich, Berlin 1996.

Meinecke, Friedrich: Straßburg, Freiburg, Berlin 1901–1919. Erinnerungen, Stuttgart 1949.

Meinecke, Friedrich: Politische Schriften und Reden, Hg. Georg Kotowski, Darmstadt 1958.

Meinecke, Friedrich: Ausgewählter Briefwechsel, Hg. Ludwig Dehio und Peter Classen, Stuttgart 1962.

Meinel, Florian: Der Jurist in der industriellen Gesellschaft. Ernst Forsthoff und seine Zeit, Berlin 2011.

Meisiek, Cornelius Heinrich: Evangelisches Theologiestudium im Dritten Reich, Frankfurt am Main 1993.

Meldungen aus dem Reich. Die geheimen Lageberichte des Sicherheitsdienstes der SS 1938–1945, Hg. Heinz Boberach, 17 Bde. und 1 Registerband, Herrsching 1984/85.

Melzer, Ralf: Konflikt und Anpassung. Freimaurerei in der Weimarer Republik und im «Dritten Reich», Wien 1999.

Mentzel, Rudolf: Erinnerungen an Bernhard Rust, in: Ulf Pedersen, Bernhard Rust: Ein nationalsozialistischer Bildungspolitiker vor dem Hintergrund seiner Zeit, Gifhorn 1994, S. 360–374.

Menck, Clara: Brief aus Freiburg. Studenten gegen Harlan, in: Der Monat 4 (1952), S. 573–583.

Meran, Josef: Die Lehrer am Philosophischen Seminar der Hamburger Universität während der Zeit des Nationalsozialismus, in: Eckart Krause u. a. (Hg.), Hochschulalltag im «Dritten Reich». Die Hamburger Universität 1933–1945, Berlin 1991, Teil II, S. 459–482.
Mertens, Lothar: «Nur politisch Würdige». Die DFG-Forschungsförderung im Dritten Reich 1933–1937, Berlin 2004.
Meyer-Pritzl, Rudolf: Die Kieler Rechts- und Staatswissenschaften. Eine «Stoßtruppfakultät», in: Christoph Cornelißen/Carsten Mish (Hg.), Wissenschaft an der Grenze. Die Universität Kiel im Nationalsozialismus, Essen 2009, S. 151–173.
Michaelis, Karl: Wandlungen des deutschen Rechtsdenkens seit dem Eindringen fremden Rechts, in: Georg Dahm u. a., Grundfragen der neuen Rechtswissenschaft, Berlin 1935, S. 9–61.
Michel, Ulrike: Zur Berufungspolitik der Greifswalder Medizinischen Fakultät zwischen 1933 und 1935, in: Dirk Alvermann (Hg.), «… Die letzten Schranken fallen lassen». Studien zur Universität Greifswald im Nationalsozialismus, Köln 2015, S. 129–143.
Mick, Christoph: Forschen für Stalin. Deutsche Fachleute in der sowjetischen Rüstungsindustrie 1945–1958, München 2000.
Mikoletzky, Juliane: «Mit ihm erkämpft und mit ihm baut deutsche Technik ein neues Abendland». Die Technische Hochschule in Wien in der NS-Zeit, in: Österreichische Zeitschrift für Geschichtswissenschaften 10 (1999), S. 51–70.
Mish, Carsten: «Führer der Universität». Die Kieler Rektoren in der NS-Zeit, in: Christoph Cornelißen/Carsten Mish (Hg.), Wissenschaft an der Grenze. Die Universität Kiel im Nationalsozialismus, Essen 2009, S. 33–55.
Míšková, Alena: Die Deutsche (Karls-)Universität vom Münchener Abkommen bis zum Ende des Zweiten Weltkrieges. Universitätsleitung und Wandel des Professorenkollegiums, Prag 2007.
Möhler, Rainer: Die Reichsuniversität Straßburg 1940–1944. Eine nationalsozialistische Musteruniversität zwischen Wissenschaft, Volkstumspolitik und Verbrechen, Stuttgart 2020.
Möller, Horst: Exodus der Kultur. Schriftsteller, Wissenschaftler und Künstler in der Emigration nach 1933, München 1984.
Mohr, Richard: Erich Kamke, 1890–1961, in: Urban Wiesing u. a. (Hg.), Die Universität Tübingen im Nationalsozialismus, Stuttgart 2010, S. 863–879.
Moll, Martin (Hg.): «Führer-Erlasse» 1939–1945. Edition sämtlicher überlieferter, nicht im Reichsgesetzblatt abgedruckter, von Hitler während des Zweiten Weltkrieges schriftlich erteilter Direktiven aus den Bereichen Staat, Partei, Wirtschaft, Besatzungspolitik und Militärverwaltung, Stuttgart 1997.
Moltmann, Günter: Die «Übersee- und Kolonialkunde» als besondere Aufgabe der Universität, in: Eckart Krause u. a. (Hg.), Hochschulalltag im «Dritten Reich». Die Hamburger Universität 1933–1945, Berlin 1991, Teil I, S. 149–178.
Mommsen, Hans: Beamtentum im Dritten Reich. Mit ausgewählten Quellen zur nationalsozialistischen Beamtenpolitik, Stuttgart 1966.
Mommsen, Wolfgang J. (Hg.): Kultur und Krieg. Die Rolle der Intellektuellen, Künstler und Schriftsteller im Ersten Weltkrieg, München 1996.
Morgenstern, Ulf: Bürgergeist und Familientradition. Die liberale Gelehrtenfamilie Schücking im 19. und 20. Jahrhundert, Paderborn 2012.
Morgenstern, Ulf: Kiel – Leipzig – Straßburg – Göttingen. Oder doch wieder nach Kiel? Über ein juristisches «Old-Boys-Network» und die vermeintlich zufälligen

Berufungswege befreundeter Wissenschaftler, in: Jahrbuch für Universitätsgeschichte 16 (2013), S. 313–339.
Moritz, Werner: Außenbeziehungen der Universität, in: Wolfgang U. Eckart u. a. (Hg.), Die Universität Heidelberg im Nationalsozialismus, Heidelberg 2006, S. 147–172.
Moser, Gabriele: Deutsche Forschungsgemeinschaft und Krebsforschung 1920–1970, Stuttgart 2011.
Moser, Helmut: Zur Entwicklung der akademischen Psychologie in Hamburg bis 1945, in: Eckart Krause u. a. (Hg.), Hochschulalltag im «Dritten Reich». Die Hamburger Universität 1933–1945, Berlin 1991, Teil II, S. 483–518.
Mühl-Benninghaus, Sigrun: Das Beamtentum in der NS-Diktatur bis zum Ausbruch des Zweiten Weltkrieges. Zu Entstehung, Inhalt und Durchführung der einschlägigen Beamtengesetze, Düsseldorf 1996.
Mühlberger, Kurt: Vertriebene Intelligenz. Der Verlust geistiger und menschlicher Potenz an der Universität Wien von 1938 bis 1945, Wien 1993².
Mühle, Eduard: Für Volk und deutschen Osten. Der Historiker Hermann Aubin und die deutsche Ostforschung, Düsseldorf 2005.
Mühle, Eduard (Hg.): Briefe des Ostforschers Hermann Aubin aus den Jahren 1910–1968, Marburg 2008.
Müller, Albert: Dynamische Adaptierung und Selbstbehauptung. Die Universität Wien in der NS-Zeit, in: Geschichte und Gesellschaft 23 (1979), S. 592–617.
Müller, Alexander O.: Reinhard Höhn. Ein Leben zwischen Kontinuität und Neubeginn, Berlin 2019.
Müller, Gerhard: Ernst Krieck und die nationalsozialistische Wissenschaftsreform, Weinheim 1978.
Müller, Heribert: «Eine gewisse angewiderte Bewunderung». Johannes Haller und der Nationalsozialismus, in: Wolfgang Pyta/Ludwig Richter (Hg.), Gestaltungskraft des Politischen. Festschrift Eberhard Kolb, Berlin 1998, S. 443–482.
Müller, Karl: Josef Schmidlin (1876–1944). Papsthistoriker und Begründer der katholischen Missionswissenschaft, Nettetal 1989.
Müller, Klaus-Jürgen: Armee und Drittes Reich 1933–1939, Paderborn 1987.
Müller-Doohm, Stefan: Adorno. Eine Biographie, Frankfurt am Main 2003.
Müller-Hill, Benno: Tödliche Wissenschaft. Die Aussonderung von Juden, Zigeunern und Geisteskranken 1933–1945, Reinbek bei Hamburg 1984.
Münz, Ludwig: Führer durch die Behörden und Organisationen, Berlin 1939.
Mulert, Hermann: Die deutschen evangelisch-theologischen Fakultäten seit 1933, in: Die Christliche Welt 50 (1936), Sp. 828–832.
Muller, Jerry Z.: Enttäuschung und Zweideutigkeit. Zur Geschichte rechter Sozialwissenschaftler im «Dritten Reich», in: Geschichte und Gesellschaft 12 (1986), S. 289–316.
Muller, Jerry Z.: The Other God That Failed. Hans Freyer and the Deradicalisation of German Conservatism, Princeton, NJ 1987.
Mußgnug, Dorothee: Die Juristische Fakultät, in: Wolfgang U. Eckart u. a. (Hg.), Die Universität Heidelberg im Nationalsozialismus, Heidelberg 2006, S. 261–317.
Nagel, Anne Chr.: Zwischen Führertum und Selbstverwaltung. Theodor Mayer als Rektor der Marburger Universität 1939–42, in: Winfried F. Speitkamp (Hg.), Staat, Gesellschaft, Wissenschaft. Festschrift Hellmut Seier, Marburg 1994, S. 343–364.
Nagel, Anne Chr. (Hg.): Die Philipps-Universität Marburg im Nationalsozialis-

mus. Dokumente zu ihrer Geschichte, Bearb. Anne Chr. Nagel und Ulrich Sieg, Stuttgart 2000.

Nagel, Anne Chr.: Gerd Tellenbach. Wissenschaft und Politik im 20. Jahrhundert, in: Ulrich Pfeil (Hg.), Das Deutsche Historische Institut Paris und seine Gründungsväter. Ein personengeschichtlicher Ansatz, München 2007, S. 79–99.

Nagel, Anne Chr.: Hitlers Bildungsreformer. Das Reichsministerium für Wissenschaft, Erziehung und Volksbildung 1934–1945, Frankfurt am Main 2012.

Nagel, Anne Chr.: Die Universität im Dritten Reich, in: Michael Grüttner u. a., Die Berliner Universität zwischen den Weltkriegen (Geschichte der Universität Unter den Linden 2), Berlin 2012, S. 405–464.

Nagel, Günter: Wissenschaft für den Krieg. Die geheimen Arbeiten der Abteilung Forschung des Heereswaffenamtes, Stuttgart 2012.

Nath, Axel: Die Studienratskarriere im Dritten Reich. Systematische Entwicklung und politische Steuerung einer zyklischen «Überfüllungskrise» – 1930 bis 1944, Frankfurt am Main 1988.

Nehlsen, Hermann: Karl August Eckhardt †, in: Zeitschrift der Savigny-Stiftung für Rechtsgeschichte (Germanistische Abteilung) 104 (1987), S. 497–536.

Neufeld, Michael J.: The Rocket and the Reich. Peenemünde and the Coming of the Ballistic Missile Era, New York 1995.

Neufeld, Michael J.: Wernher von Braun. Ingenieur des Weltraums – Visionär des Krieges, München 2009.

Neufeld, Michael J.: The Nazi Aerospace Exodus: Towards a Global, Transnational History, in: History and Technology 28 (2012), S. 49–67.

Neumann, Alexander: Medizin und Krieg: Freiburger Ordinarien im Dienst der Wehrmacht, in: Bernd Grün u. a. (Hg.), Medizin und Nationalsozialismus. Die Freiburger Medizinische Fakultät und das Klinikum in der Weimarer Republik und im «Dritten Reich», Frankfurt am Main 2002, S. 397–417.

Neumann, Alexander/Freisen, Astrid: Die Ermordung der psychisch Kranken in Freiburg und Umgebung 1933–1945, in: Bernd Grün u. a. (Hg.), Medizin und Nationalsozialismus. Die Freiburger Medizinische Fakultät und das Klinikum in der Weimarer Republik und im «Dritten Reich», Frankfurt am Main 2002, S. 331–361.

Neumeier, Gerhard: Die Habilitanden in der NS-Zeit, in: Eckhard Wirbelauer (Hg.), Die Freiburger Philosophische Fakultät 1920–1960, München 2006, S. 623–639.

Neuser, Wilhelm H.: Die Teilnahme der Professoren aus Münster an den kirchlichen Prüfungen – ein Stück westfälischer Kirchenkampf, in: Leonore Siegele-Wenschkewitz/Carsten Nicolaisen (Hg.), Theologische Fakultäten im Nationalsozialismus, Göttingen 1993, S. 317–345.

Nicolaysen, Rainer: Plädoyer eines Demokraten. Ernst Cassirer und die Hamburgische Universität 1919 bis 1933, in: István M. Fehér/Peter L. Oesterreich (Hg.), Philosophie und Gestalt der Europäischen Universität, Stuttgart 2008, S. 285–328.

Niemann, Martin: Karl August Eckhardt, in: Mathias Schmoeckel (Hg.), Die Juristen der Universität Bonn im «Dritten Reich», Köln 2004, S. 159–184.

Niemöller, Wilhelm: Die Evangelische Kirche im Dritten Reich. Handbuch des Kirchenkampfes, Bielefeld 1956.

Niethammer, Lutz: Die Mitläuferfabrik. Die Entnazifizierung am Beispiel Bayerns, Berlin 1982.

Niethammer, Lutz: Entnazifizierung. Nachfragen eines Historikers, in: Hajo Funke (Hg.), Von der Gnade der geschenkten Nation, Berlin 1988, S. 115–131.
Niethammer, Lutz: Die polemische Anstrengung des Begriffs. Über die exemplarische Faszination Carl Schmitts, in: Hartmut Lehmann/Otto Gerhard Oexle (Hg.), Nationalsozialismus in den Kulturwissenschaften, Bd. 2, Göttingen 2004, S. 41–82.
Nolte, Ernst: Zur Typologie des Verhaltens der Hochschullehrer im Dritten Reich, in: ders., Marxismus, Faschismus, Kalter Krieg, Stuttgart 1977, S. 136–152.
Nonn, Christoph: Theodor Schieder. Ein bürgerlicher Historiker im 20. Jahrhundert, Düsseldorf 2013.
Oberdörfer, Eckhard: Der Verband der Deutschen Hochschulen in der Weimarer Republik, in: Karl Strobel (Hg.), Die deutsche Universität im 20. Jahrhundert, Vierow bei Greifswald 1994, S. 69–88.
Oberkrome, Willi: Volksgeschichte. Methodische Innovation und völkische Ideologisierung in der deutschen Geschichtswissenschaft 1918–1945, Göttingen 1993.
Oberkrome, Willi: Ordnung und Autarkie. Die Geschichte der deutschen Landbauforschung, Agrarökonomie und ländlichen Sozialwissenschaft im Spiegel von Forschungsdienst und DFG (1920–1970), Stuttgart 2009.
Oberling, Ines: Gelehrte aus jüdischen Familien an der Universität Greifswald im 19. Jahrhundert, in: Werner Buchholz (Hg.), Die Universität Greifswald und die deutsche Hochschullandschaft im 19. und 20. Jahrhundert, Stuttgart 2004, S. 145–167.
Oehler-Klein, Sigrid (Hg.): Die Medizinische Fakultät der Universität Gießen im Nationalsozialismus und in der Nachkriegszeit: Personen und Institutionen, Umbrüche und Kontinuitäten, Stuttgart 2007.
Oehler-Klein, Sigrid: Auf- und Ausbau der Rassenhygiene unter Heinrich Wilhelm Kranz, in: dies. (Hg.), Die Medizinische Fakultät der Universität Gießen im Nationalsozialismus und in der Nachkriegszeit: Personen und Institutionen, Umbrüche und Kontinuitäten, Stuttgart 2007, S. 223–246.
Oehler-Klein, Sigrid: «... Als gesunder Mensch kam ich nach Gießen, krank kam ich wieder nach Hause ...» – Zwangssterilisationen in Gießen, in: dies. (Hg.), Die Medizinische Fakultät der Universität Gießen im Nationalsozialismus und in der Nachkriegszeit: Personen und Institutionen, Umbrüche und Kontinuitäten, Stuttgart 2007, S. 279–322.
Oehler-Klein, Sigrid: Radikalisierungen während des Krieges: Auswirkungen auf Institutionen, Personal und Patienten, in: dies. (Hg.), Die Medizinische Fakultät der Universität Gießen im Nationalsozialismus und in der Nachkriegszeit: Personen und Institutionen, Umbrüche und Kontinuitäten, Stuttgart 2007, S. 361–376.
Oehler-Klein, Sigrid: Kollegiale Maßstäbe und akademisches Selbstverständnis: Der Umgang mit den «Altlasten», in: dies. (Hg.), Die Medizinische Fakultät der Universität Gießen im Nationalsozialismus und in der Nachkriegszeit: Personen und Institutionen, Umbrüche und Kontinuitäten, Stuttgart 2007, S. 502–538.
Oexle, Otto Gerhard: «Zusammenarbeit mit Baal». Über die Mentalitäten deutscher Geisteswissenschaftler 1933 – und nach 1945, in: Historische Anthropologie 8 (2000), S. 1–27.
Ohnezeit, Maik: Zwischen «schärfster Opposition» und dem «Willen zur Macht». Die Deutschnationale Volkspartei (DNVP) in der Weimarer Republik, Düsseldorf 2011.

Olt, Reinhard/Ramge, Hans: «Außenseiter». Otto Behaghel, ein eitel Hirngespinst und der Nationalsozialismus, in: Zeitschrift für Literaturwissenschaft und Linguistik 14 (1984), S. 194–223.

Opitz, Jörg: Die Rechts- und Wirtschaftswissenschaftliche Fakultät der Universität Jena und ihr Lehrkörper im «Dritten Reich», in: Uwe Hoßfeld u. a. (Hg.), «Kämpferische Wissenschaft». Studien zur Universität Jena im Nationalsozialismus, Köln 2003, S. 471–518.

Orth, Karin: Die NS-Vertreibung der jüdischen Gelehrten. Die Politik der Deutschen Forschungsgemeinschaft und die Reaktionen der Betroffenen, Göttingen 2016.

Orth, Rainer: «Der Amtssitz der Opposition»? Politik und Staatsumbaupläne im Büro des Stellvertreters des Reichskanzlers in den Jahren 1933–1934, Köln 2016.

Ott, Hugo: Martin Heidegger. Unterwegs zu seiner Biographie, Frankfurt am Main 1988.

Paech, Norman/Kampe, Ulrich: Die Rechts- und Staatswissenschaftliche Fakultät – Abteilung Rechtswissenschaft, in: Eckart Krause u. a. (Hg.), Hochschulalltag im «Dritten Reich». Die Hamburger Universität 1933–1945, Berlin 1991, Teil II, S. 867–912.

Paletschek, Sylvia: Die permanente Erfindung einer Tradition. Die Universität Tübingen im Kaiserreich und in der Weimarer Republik, Stuttgart 2001.

Pape, Wolfgang: Zur Entwicklung des Faches Ur- und Frühgeschichte in Deutschland bis 1945, in: Achim Leube (Hg.), Prähistorie und Nationalsozialismus, Heidelberg 2002, S. 163–226.

Parak, Michael: Hochschule und Wissenschaft in zwei deutschen Diktaturen. Elitenaustausch an sächsischen Hochschulen 1933–1952, Köln 2004.

Pauli, Sabine: Geschichte der theologischen Institute an der Universität Rostock, in: Wissenschaftliche Zeitschrift der Universität Rostock. Gesellschafts- und sprachwissenschaftliche Reihe 17 (1968), S. 310–365.

Pawliczek, Alexandra: Akademischer Alltag zwischen Ausgrenzung und Erfolg. Jüdische Dozenten an der Berliner Universität 1871–1933, Stuttgart 2011.

Pedersen, Ulf: Bernhard Rust: Ein nationalsozialistischer Bildungspolitiker vor dem Hintergrund seiner Zeit, Gifhorn 1994.

Pešek, Jiří: Jüdische Studenten an den Prager Universitäten 1882–1939, in: Marek Nekula u. a. (Hg.), Franz Kafka im sprachnationalen Kontext seiner Zeit, Köln 2007, S. 213–223.

Petersen, Hans-Christian: Bevölkerungsökonomie – Ostforschung – Politik. Eine biographische Studie zu Peter-Heinz Seraphim (1902–1979), Osnabrück 2007.

Petersen, Hans-Christian/Zankel, Sönke: «Ein exzellenter Kinderarzt, wenn man von den Euthanasie-Dingen einmal absieht» – Werner Catel und die Vergangenheitspolitik der Universität Kiel, in: Hans-Werner Prahl u. a. (Hg.), UNI-Formierung des Geistes. Universität Kiel und der Nationalsozialismus, Bd. 2, Kiel 2007, S. 133–178.

Petersen, Peter: Wissenschaft und Widerstand. Über Kurt Huber (1893–1943), in: Brunhilde Sonntag u. a. (Hg.), Die dunkle Last. Musik und Nationalsozialismus, Köln 1999, S. 111–129.

Petzina, Dietmar u. a.: Sozialgeschichtliches Arbeitsbuch III. Materialien zur Statistik des Deutschen Reiches 1914–1945, München 1978.

Pfahl-Traughber, Armin: Die freimaurerfeindliche Verschwörungsideologie der

Nationalsozialisten, in: Helmut Reinalter (Hg.), Freimaurerei und europäischer Faschismus, Innsbruck 2009, S. 32–51.
Pfefferle, Roman/Pfefferle, Hans: «Eine peinliche Zwischenzeit». Entnazifizierung und Rehabilitierung der Professorenschaft an der Universität Wien, in: Johannes Koll (Hg.), «Säuberungen» an österreichischen Hochschulen 1934–1945, Wien 2017, S. 405–432.
Pfeiffer, K. Ludwig: Anglistik, in: Frank-Rutger Hausmann (Hg.), Die Rolle der Geisteswissenschaften im Dritten Reich 1933–1945, München 2002, S. 39–62.
Pfetsch, Frank R.: Datenhandbuch zur Wissenschaftsentwicklung. Die staatliche Finanzierung der Wissenschaft in Deutschland, 1850–1975, Köln 1985².
Phillips, David: Zur Universitätsreform in der britischen Besatzungszone 1945–1948, Köln 1983.
Phillips, David (Hg.): German Universities after the Surrender – British Occupation Policy and the Control of Higher Education, Oxford 1983.
Picker, Henry: Hitlers Tischgespräche im Führerhauptquartier 1941–1942, Hg. Percy Ernst Schramm, Stuttgart 1963.
Piper, Ernst: Alfred Rosenberg. Hitlers Chefideologe, München 2005.
Piskorski, Jan M.: Die Reichsuniversität Posen (1941–1945), in: Hartmut Lehmann/Otto Gerhard Oexle (Hg.), Nationalsozialismus in den Kulturwissenschaften, Bd. 1, Göttingen 2006², S. 241–271.
Pöpping, Dagmar: Passion und Vernichtung. Kriegspfarrer an der Ostfront 1941–1945, Göttingen 2019.
Poliakov, Léon/Wulf, Joseph: Das Dritte Reich und seine Denker. Dokumente und Berichte, Berlin 1959 (Nachdruck Wiesbaden 1989).
Pongratz, Ludwig J. (Hg.): Pädagogik in Selbstdarstellungen, Hamburg 1975.
Postert, André: «Lieber fahre ich mit meinem Volk in die Hölle als ohne mein Volk in Deinen Himmel.» Wolf Meyer-Erlach und der Antiintellektualismus, in: Manfred Gailus/Clemens Vollnhals (Hg.), Für ein artgemäßes Christentum der Tat. Völkische Theologen im «Dritten Reich», Göttingen 2016, S. 219–238.
Potthast, Thomas/Hoßfeld, Uwe: Vererbungs- und Entwicklungslehren in Zoologie, Botanik und Rassenkunde/Rassenbiologie: Zentrale Forschungsfelder der Biologie an der Universität Tübingen im Nationalsozialismus, in: Urban Wiesing u. a. (Hg.), Die Universität Tübingen im Nationalsozialismus, Stuttgart 2010, S. 435–482.
Proctor, Robert N.: Racial Hygiene. Medicine under the Nazis, Cambridge, Mass. 1988.
Proctor, Robert N.: Blitzkrieg gegen den Krebs. Gesundheit und Propaganda im Dritten Reich, Stuttgart 2002.
Prolingheuer, Hans: Der Fall Karl Barth 1934–1935. Chronographie einer Vertreibung, Neukirchen-Vluyn 1977.
Pross, Helge: Die geistige Enthauptung Deutschlands: Verluste durch Emigration, in: Universitätstage 1966. Nationalsozialismus und die deutsche Universität, Veröffentlichung der Freien Universität Berlin, Berlin 1966, S. 143–155.
Pulla, Ralph: Raketentechnik in Deutschland. Ein Netzwerk aus Militär, Industrie und Hochschulen, 1930 bis 1945, Frankfurt am Main 2006.
Pyta, Wolfram: Walter Elze und Preußen – Preußische Geschichte aus dem Geiste des George-Kreises, in: Hans-Christof Kraus (Hg.), Das Thema «Preußen» in Wissenschaft und Wissenschaftspolitik vor und nach 1945, Berlin 2013, S. 119–132.

Raiser, Ludwig: Wiedereröffnung der Universitäten – Ansätze zum Neubeginn, in: Universitätstage 1966. Nationalsozialismus und die deutsche Universität, Veröffentlichung der Freien Universität Berlin, Berlin 1966, S. 174–188.
Rammer, Gerhard: «Sauberkeit im Kreise der Kollegen». Die Vergangenheitspolitik der Deutschen Physikalischen Gesellschaft, in: Dieter Hoffmann/Mark Walker (Hg.), Physiker zwischen Autonomie und Anpassung. Die Deutsche Physikalische Gesellschaft im Dritten Reich, Weinheim 2007, S. 359–420.
Raphael, Lutz: Die Pariser Universität unter deutscher Besatzung 1940–1944, in: Geschichte und Gesellschaft 23 (1997), S. 507–534.
Raphael, Lutz: Radikales Ordnungsdenken und die Organisation totalitärer Herrschaft: Weltanschauungseliten und Humanwissenschaftler im NS-Regime, in: Geschichte und Gesellschaft 27 (2001), S. 5–40.
Raphael, Lutz: «Ordnung» zwischen Geist und Rasse: Kulturwissenschaftliches Ordnungsdenken im Nationalsozialismus, in: Hartmut Lehmann/Otto Gerhard Oexle (Hg.), Nationalsozialismus in den Kulturwissenschaften, Bd. 2, Göttingen 2004, S. 115–137.
Rathkolb, Oliver: Der lange Schatten des Antisemitismus. Kritische Auseinandersetzungen mit der Geschichte der Universität Wien im 19. und 20. Jahrhundert, Göttingen 2013.
Ratschko, Karl-Werner: Kieler Hochschulmediziner in der Zeit des Nationalsozialismus. Die Medizinische Fakultät der Christian-Albrechts-Universität im «Dritten Reich», Essen 2014.
Ratschko, Karl-Werner: Prof. Dr. med. Dr. phil. Enno Freerksen, im «Dritten Reich» und (nach 1945) als Institutsdirektor des Forschungsinstituts Borstel, in: Heimatkundliches Jahrbuch für den Kreis Segeberg 64 (2018), S. 81–104.
Rauh, Philipp: Reaktionäre Monarchisten, völkische Propagandisten und beinahe ein kleiner Hitler. Die Erlanger Universitätsmediziner 1918–1945, in: Erlangen in der Weimarer Republik und im Nationalsozialismus. Die Friedrich-Alexander-Universität Erlangen 1918–1945, Hg. Stadtarchiv Erlangen, Teil 1, Erlangen 2021, S. 175–221.
Rebenich, Stefan: Alfred Heuß: Ansichten seines Lebenswerkes. Mit einem Anhang: Alfred Heuß im Dritten Reich, in: Historische Zeitschrift 271 (2000), S. 661–673.
Rebenich, Stefan: Deutsche Eindrücke. Alfred Heuß über das Dritte Reich im August 1934, in: Zeitschrift für Ideengeschichte 6/I (2012), S. 85–94.
Rebentisch, Dieter: Führerstaat und Verwaltung im Zweiten Weltkrieg. Verfassungsentwicklung und Verwaltungspolitik 1939–1945, Stuttgart 1989.
Rees, Wilhelm: Die Katholisch-Theologische Fakultät der Universität Innsbruck, in: Dominik Burkard/Wolfgang Weiß (Hg.), Katholische Theologie im Nationalsozialismus, Bd. 1/1, Würzburg 2007, S. 511–544.
Reichert, Folker: Fackel in der Finsternis. Der Historiker Carl Erdmann und das «Dritte Reich», Bd. 1: Die Biographie, Bd. 2: Briefe 1933–1945, Darmstadt 2022.
Reichherzer, Frank: «Alles ist Front». Wehrwissenschaft in Deutschland und die Bellifizierung der Gesellschaft vom Ersten Weltkrieg bis in den Kalten Krieg, Paderborn 2012.
Reid, Constance: Richard Courant 1888–1972. Der Mathematiker als Zeitgenosse, Berlin 1979.
Reimann, Bruno W.: Die Politisierung der Ludwigs-Universität im Zeichen des Nationalsozialismus, in: Frontabschnitt Hochschule. Die Gießener Universität

im Nationalsozialismus. Mit Beiträgen von Hans Jürgen Böhles u. a., Gießen 1982, S. 116–158.
Reinhardt, Karl: Akademisches aus zwei Epochen, in: ders., Vermächtnis der Antike. Gesammelte Essays zur Philosophie und Geschichtsschreibung, Göttingen 1960, S. 380–401.
Reitzenstein, Julien: Himmlers Forscher. Wehrwissenschaft und Medizinverbrechen im «Ahnenerbe» der SS, Paderborn 2014.
Reitzenstein, Julien: Das SS-Ahnenerbe und die «Straßburger Schädelsammlung» – Fritz Bauers letzter Fall, Berlin 2019.
Remmert, Volker R.: Die Deutsche Mathematiker-Vereinigung im «Dritten Reich», in: Mitteilungen der Deutschen Mathematiker-Vereinigung 12 (2004), S. 159–177, 223–245.
Remmert, Volker R.: Das Problem der Kriegsforschung in Mathematik und Naturwissenschaften: Wilhelm Süss als Rektor und als Vorsitzender der Deutschen Mathematiker-Vereinigung, in: 550 Jahre Albert-Ludwigs-Universität Freiburg, Bd. 3, Freiburg 2007, S. 485–502.
Remy, Steven P.: The Heidelberg Myth. The Nazification and Denazification of a German University, Cambridge, Mass. 2002.
Renneberg, Monika: Zur Mathematisch-Naturwissenschaftlichen Fakultät der Hamburger Universität im «Dritten Reich», in: Eckart Krause u. a. (Hg.), Hochschulalltag im «Dritten Reich». Die Hamburger Universität 1933–1945, Berlin 1991, Teil III, S. 1051–1074.
Renneberg, Monika: Die Physik und die physikalischen Institute an der Hamburger Universität im «Dritten Reich», in: Eckart Krause u. a. (Hg.), Hochschulalltag im «Dritten Reich». Die Hamburger Universität 1933–1945, Berlin 1991, Teil III, S. 1097–1118.
Rhodes, Richard: Die Atombombe oder die Geschichte des 8. Schöpfungstages, Nördlingen 1988.
Richter, Ludwig: Die Deutsche Volkspartei 1918–1933, Düsseldorf 2002.
Riedesser, Peter/Verderber, Axel: «Maschinengewehre hinter der Front». Zur Geschichte der deutschen Militärpsychiatrie, Frankfurt am Main 1996.
Rieger, Reinhold: Die Entwicklung der Evangelisch-theologischen Fakultät im «Dritten Reich», in: Urban Wiesing u. a. (Hg.), Die Universität Tübingen im Nationalsozialismus, Stuttgart 2010, S. 77–117.
Riha, Ortrun (Hg.): «Die Freigabe der Vernichtung lebensunwerten Lebens». Beiträge des Symposiums über Karl Binding und Alfred Hoche am 2. Dezember 2004 in Leipzig, Aachen 2005.
Ringer, Fritz K.: Die Gelehrten. Der Niedergang der deutschen Mandarine 1890–1933, Stuttgart 1983.
Ringer, Fritz K.: A Sociography of German Academics, 1863–1938, in: Central European History 25 (1992), S. 251–280.
Ritter, Gerhard: Ein politischer Historiker in seinen Briefen. Hg. Klaus Schwabe und Rolf Reichardt, Boppard am Rhein 1984.
Ritter, Gerhard A. (Bearb.): Friedrich Meinecke. Akademischer Lehrer und emigrierte Schüler. Briefe und Aufzeichnungen 1910–1977, München 2006.
Roelcke, Volker: Programm und Praxis der psychiatrischen Genetik an der Deutschen Forschungsanstalt für Psychiatrie unter Ernst Rüdin: Zum Verhältnis von Wissenschaft, Politik und Rasse-Begriff vor und nach 1933, in: Medizinhistorisches Journal 37 (2002), S. 21–55.

Roelcke, Volker: Medizin im Nationalsozialismus: Historische Kenntnisse und einige Implikationen, in: Sigrid Oehler-Klein (Hg.), Die Medizinische Fakultät der Universität Gießen im Nationalsozialismus und in der Nachkriegszeit: Personen und Institutionen, Umbrüche und Kontinuitäten, Stuttgart 2007, S. 13–32.

Rössler, Mechtild/Schleiermacher, Sabine: Der «Generalplan Ost». Hauptlinien der nationalsozialistischen Planungs- und Vernichtungspolitik, Berlin 1993.

Rosenberg, Alfred: Der Mythus des 20. Jahrhunderts. Eine Wertung der seelisch-geistigen Gestaltenkämpfe unserer Zeit, 115.–118. Aufl., München 1937.

Rosenberg, Alfred: Freiheit der Wissenschaft, in: ders., Gestaltung der Idee. Reden und Aufsätze von 1933–1935 (Blut und Ehre, Bd. II), München 1936², S. 197–218.

Rosenberg, Alfred: Letzte Aufzeichnungen, Göttingen 1955.

Rosenberg, Alfred: Die Tagebücher von 1934 bis 1944, Hg. Jürgen Matthäus und Frank Bajohr, Frankfurt am Main 2015.

Rosenow, Ulf: Die Göttinger Physik unter dem Nationalsozialismus, in: Heinrich Becker u. a. (Hg.), Die Universität Göttingen unter dem Nationalsozialismus, München 1998², S. 552–588.

Roth, Karl Heinz: Heydrichs Professor. Historiographie des «Volkstums» und der Massenvernichtungen. Der Fall Hans Joachim Beyer, in: Peter Schöttler (Hg.), Geschichtsschreibung als Legitimationswissenschaft 1918–1945, Frankfurt am Main 1997, S. 262–342.

Roth, Karl Heinz: Tödliche Höhen: Die Unterdruckkammer-Experimente im Konzentrationslager Dachau und ihre Bedeutung für die luftfahrtmedizinische Forschung des «Dritten Reichs», in: Angelika Ebbinghaus/Klaus Dörner (Hg.), Vernichten und Heilen. Der Nürnberger Ärzteprozess und seine Folgen, Berlin 2001, S. 110–151.

Rothacker, Erich: Geschichtsphilosophie, München 1934.

Rückl, Steffen u. a.: Zwangsarbeiter- und Kriegsgefangeneneinsatz an der Berliner Universität 1933 bis 1945, in: Christoph Jahr (Hg.), Die Berliner Universität in der NS-Zeit, Bd. I: Strukturen und Personen, Stuttgart 2005, S. 205–225.

Rückl, Steffen/Noack, Karl-Heinz: Agrarökonomen der Berliner Universität 1933–1945. Von der Vertreibung unerwünschter Hochschullehrer bis zur Ausarbeitung des «Generalplan Ost», in: Rüdiger vom Bruch (Hg.), Die Berliner Universität in der NS-Zeit, Bd. II: Fachbereiche und Fakultäten, Stuttgart 2005, S. 73–91.

Rühle, Gerd: Das Dritte Reich. Dokumentarische Darstellung des Aufbaus der Nation. Das erste Jahr 1933, Berlin 1934.

Rüthers, Bernd: Die unbegrenzte Auslegung. Zum Wandel der Privatrechtsordnung im Nationalsozialismus, Heidelberg 1997⁵.

Rüthers, Bernd: Entartetes Recht. Rechtslehren und Kronjuristen im Dritten Reich, München 1989².

Rüthers, Bernd: Carl Schmitt im Dritten Reich. Wissenschaft als Zeitgeist-Verstärkung? München 1989.

Rupnow, Dirk: Judenforschung im Dritten Reich. Wissenschaft zwischen Politik, Propaganda und Ideologie, Baden-Baden 2011.

Rusinek, Bernd-A.: «Wald und Baum in der arisch-germanischen Geistes- und Kulturgeschichte» – Ein Forschungsprojekt des ‹Ahnenerbe› der SS 1937–1945, in: Albrecht Lehmann/Klaus Schriewer (Hg.), Der Wald – Ein deutscher Mythos? Perspektiven eines Kulturthemas, Berlin 2000, S. 267–363.

Rusinek, Bernd-A.: «Mr. DFG». Walther Gerlach (1889–1979) – Physiker, Wissenschaftsfunktionär und öffentlicher Repräsentant, in: Karin Orth/Willi Oberkrome (Hg.), Die Deutsche Forschungsgemeinschaft 1920–1970. Forschungsförderung im Spannungsfeld von Wissenschaft und Politik, Stuttgart 2010, S. 443–459.
Rust, Bernhard: Reichsuniversität und Wissenschaft. Zwei Reden, gehalten in Wien am 6. November 1940, Hg. Deutsche Forschungsgemeinschaft, Berlin 1940.
Sandkühler, Hans Jörg: Joachim Ritter: Über die Schwierigkeiten 1933–1945 Philosoph zu sein, in: ders. (Hg.), Philosophie im Nationalsozialismus, Hamburg 2009, S. 219–252.
Sandkühler, Hans Jörg (Hg.): Philosophie im Nationalsozialismus, Hamburg 2009.
Sandner, Gerhard: Die «Geographische Zeitschrift» 1933–1944. Eine Dokumentation über Zensur, Selbstzensur und Anpassungsdruck bei wissenschaftlichen Zeitschriften im Dritten Reich, in: Geographische Zeitschrift 71 (1983), S. 65–87, 127–149.
Sauder, Gerhard: Akademischer «Frühlingssturm». Germanisten als Redner bei der Bücherverbrennung, in: Ulrich Walberer (Hg.), 10. Mai 1933. Bücherverbrennung in Deutschland und die Folgen, Frankfurt am Main 1983, S. 140–159.
Sauder, Gerhard (Hg.): Die Bücherverbrennung. Zum 10. Mai 1933, München 1983.
Saurer, Edith: Institutsneugründungen 1938–1945, in: Gernot Heiß u. a. (Hg.), Willfährige Wissenschaft. Die Universität Wien 1938–1945, Wien 1989, S. 301–328.
Schäfer, Gerhard: Wider die Inszenierung des Vergessens. Hans Freyer und die Soziologie in Leipzig 1925–1945, in: Jahrbuch für Soziologiegeschichte 1990, S. 121–175.
Schäfer, Herwig: Juristische Lehre und Forschung an der Reichsuniversität Straßburg 1941–1944, Tübingen 1999.
Schael, Oliver: Die Grenzen der akademischen Vergangenheitspolitik: Der Verband der nicht-amtierenden (amtsverdrängten) Hochschullehrer und die Göttinger Universität, in: Bernd Weisbrod (Hg.), Akademische Vergangenheitspolitik. Beiträge zur Wissenschaftskultur der Nachkriegszeit, Göttingen 2002, S. 53–72.
Schaffstein, Friedrich: Das subjektive Recht im Strafrecht, in: Deutsche Rechtswissenschaft 1 (1936), S. 39–49.
Schagen, Udo: Von der Freiheit – und den Spielräumen – der Wissenschaft(ler) im Nationalsozialismus: Wolfgang Heubner und die Pharmakologen der Charité 1933 bis 1945, in: Sabine Schleiermacher/Udo Schagen (Hg.), Die Charité im Dritten Reich, Paderborn 2008, S. 207–227.
Schagen, Udo: Handlungsspielräume und Handlungsalternativen der Wissenschaft(ler) im Nationalsozialismus zwischen Anpassung, Kollaborationsverhältnis und Widerstand, in: Ursula Ferdinand u. a. (Hg.), Medizinische Fakultäten in der deutschen Hochschullandschaft 1925–1950, Heidelberg 2013, S. 153–167.
Schaller, Helmut: Die «Reichsuniversität Posen» 1941–1945. Vorgeschichte, nationalsozialistische Gründung, Widerstand und polnischer Neubeginn, Frankfurt am Main 2010.
Schappacher, Norbert: Das Mathematische Institut der Universität Göttingen

1929–1950, in: Heinrich Becker u. a. (Hg.), Die Universität Göttingen unter dem Nationalsozialismus, München 1998², S. 523–551.

Schappacher, Norbert: Framing Global Mathematics. The International Mathematical Union between Theorems and Politics, Cham 2022.

Scharer, Philip: Robert F. Wetzel (1898–1962) – Anatom, Urgeschichtsforscher, Nationalsozialist. Eine biografische Skizze, in: Urban Wiesing u. a. (Hg.), Die Universität Tübingen im Nationalsozialismus, Stuttgart 2010, S. 809–831.

Schauz, Désirée: Vergangenheitspolitische Kommunikation im Privaten. Aufzeichnungen und Korrespondenzen des Biochemikers Adolf Windaus (1945–1949), in: Petra Terhoeven/Dirk Schumann (Hg.), Strategien der Selbstbehauptung. Vergangenheitspolitische Kommunikation an der Universität Göttingen (1945–1965), Göttingen 2021, S. 310–354.

Schellenberg, Walter: Aufzeichnungen. Die Memoiren des letzten Geheimdienstchefs unter Hitler, Wiesbaden 1979.

Scherzberg, Lucia: Karl Adam und der Nationalsozialismus, Saarbrücken 2011.

Schieder, Wolfgang: Spitzenforschung und Politik. Adolf Butenandt in der Weimarer Republik und im «Dritten Reich», in: ders./Achim Trunk (Hg.), Adolf Butenandt und die Kaiser-Wilhelm-Gesellschaft, Göttingen 2004, S. 23–77.

Schiefelbein, Dieter: Das «Institut zur Erforschung der Judenfrage Frankfurt am Main». Antisemitismus als Karrieresprungbrett im NS-Staat, in: «Beseitigung des jüdischen Einflusses …». Antisemitische Forschung, Eliten und Karrieren im Nationalsozialismus, Hg. Fritz Bauer Institut, Frankfurt am Main 1999, S. 43–71.

Schildt, Axel: Ein konservativer Prophet moderner nationaler Integration. Biographische Skizze des streitbaren Soziologen Johann Plenge (1874–1963), in: VfZ 35 (1987), S. 523–570.

Schlechter, Armin: Die Universitätsbibliothek, in: Wolfgang U. Eckart u. a. (Hg.), Die Universität Heidelberg im Nationalsozialismus, Heidelberg 2006, S. 95–122.

Schleiermacher, Sabine/Schagen, Udo: Medizinische Forschung als Pseudowissenschaft. Selbstreinigungsrituale der Medizin nach dem Nürnberger Ärzteprozess, in: Dirk Rupnow u. a. (Hg.), Pseudowissenschaft. Konzeptionen von Nichtwissenschaftlichkeit in der Wissenschaftsgeschichte, Frankfurt am Main 2008, S. 251–278.

Schlüter-Ahrens, Regina: Der Volkswirt Jens Jessen. Leben und Werk, Marburg 2001.

Schmaltz, Florian: Kampfstoff-Forschung im Nationalsozialismus. Zur Kooperation von Kaiser-Wilhelm-Instituten, Militär und Industrie, Göttingen 2005.

Schmid, Friedrich: «Eine Insel des Friedens»: die Jahre 1943–1945, in: Siegfried Hermle u. a. (Hg.), Im Dienst an Volk und Kirche. Theologiestudium im Nationalsozialismus, Stuttgart 1988, S. 117–124.

Schmid, Manfred: «… treu und fest hinter dem Führer». Die Anfänge des Nationalsozialismus an der Universität Tübingen 1926–1934. Begleitheft zu einer Ausstellung des Universitätsarchivs Tübingen, Tübingen 1983.

Schmidt, Kurt Dietrich (Hg.): Die Bekenntnisse und grundsätzlichen Äußerungen zur Kirchenfrage des Jahres 1933, Göttingen 1934.

Schmidt, Ulf: Hitlers Arzt Karl Brandt. Medizin und Macht im Dritten Reich, Berlin 2009.

Schmidt-Böcking, Horst/Reich, Karin: Otto Stern. Physiker, Denker, Nobelpreisträger, Frankfurt am Main 2011.

Schmitt, Carl: Tagebücher 1930 bis 1934, Hg. Wolfgang Schuller, Berlin 2010.

Schmitz-Berning, Cornelia: Vokabular des Nationalsozialismus, Berlin 2007[2].
Schmoll, Friedemann: Heinrich Harmjanz. Skizzen aus der nationalsozialistischen Wissenschaftspolitik, in: Jahrbuch für Europäische Ethnologie 3 (2008), S. 105–130.
Schmuhl, Hans-Walter: Rassenhygiene, Nationalsozialismus, Euthanasie, Göttingen 1987.
Schmuhl, Hans-Walter: Grenzüberschreitungen. Das Kaiser-Wilhelm-Institut für Anthropologie, menschliche Erblehre und Eugenik 1927–1945, Göttingen 2005.
Schneider, Ullrich: Zur Entnazifizierung der Hochschullehrer in Niedersachsen 1945–1949, in: Niedersächsisches Jahrbuch für Landesgeschichte 61 (1989), S. 325–346.
Schneider, Ulrich: Widerstand und Verfolgung an der Marburger Universität 1933–1945, in: Dieter Kramer/Christina Vanja (Hg.), Universität und demokratische Bewegung. Ein Lesebuch zur 450-Jahrfeier der Philipps-Universität Marburg, Marburg 1977, S. 219–256.
Schöbel, Gunter: Hans Reinerth. Forscher – NS-Funktionär – Museumsleiter, in: Achim Leube (Hg.), Prähistorie und Nationalsozialismus, Heidelberg 2002, S. 321–396.
Schönbeck, Charlotte: Physik, in: Wolfgang U. Eckart u. a. (Hg.), Die Universität Heidelberg im Nationalsozialismus, Heidelberg 2006, S. 1087–1149.
Schönhagen, Benigna: Stadt und Universität Tübingen in der NS-Zeit, in: Urban Wiesing u. a. (Hg.), Die Universität Tübingen im Nationalsozialismus, Stuttgart 2010, S. 731–758.
Schönwälder, Karen: Historiker und Politik. Geschichtswissenschaft im Nationalsozialismus, Frankfurt am Main 1992.
Schoeps, Julius H./Treß, Werner (Hg.): Orte der Bücherverbrennungen in Deutschland 1933, Hildesheim 2008.
Schöttler, Peter: Die historische «Westforschung» zwischen «Abwehrkampf» und territorialer Offensive, in: ders. (Hg.), Geschichtsschreibung als Legitimationswissenschaft 1918–1945, Frankfurt am Main 1997, S. 204–261.
Scholder, Klaus: Die Kirchen und das Dritte Reich, Bd. 1: Vorgeschichte und Zeit der Illusionen, Frankfurt am Main 1977; Bd. 2: Das Jahr der Ernüchterung 1934, Barmen und Rom, Berlin 1985.
Scholtyseck, Joachim/Studt, Christoph (Hg.): Universitäten und Studenten im Dritten Reich. Bejahung, Anpassung, Widerstand, Berlin 2008.
Schorcht, Claudia: Philosophie an den bayerischen Universitäten 1933–1945, Erlangen 1990.
Schorer, Friedrich/Riecke, Heinz: Nationalsozialismus als Geist und Organisation in der Hamburger Studentenschaft der Jahre 1930–33, in: Hamburger Universitäts-Zeitung 15 (1933/34), S. 113–122.
Schott, Gerhard: Richard Harder, Klassischer Philologe, erster Interpret der Flugblätter der «Weißen Rose», und das «Institut für Indogermanische Geistesgeschichte», in: Elisabeth Kraus (Hg.), Die Universität München im Dritten Reich. Aufsätze, Teil II, München 2008, S. 413–500.
Schrecke, Katja: Zwischen Heimaterde und Reichsdienst. Otto Wacker, Badischer Minister des Kultus, des Unterrichts und der Justiz, in: Michael Kißener/Joachim Scholtyseck (Hg.), Die Führer der Provinz. NS-Biographien aus Baden und Württemberg, Konstanz 1997, S. 705–732.

Schreiber, Carsten: Elite im Verborgenen. Ideologie und regionale Herrschaftspraxis des Sicherheitsdienstes der SS und seines Netzwerks am Beispiel Sachsens, München 2008.

Schreiber, Maximilian: Walther Wüst. Dekan und Rektor der Universität München 1935–1945, München 2007.

Schreiner, Klaus: Führertum, Rasse, Reich. Wissenschaft von der Geschichte nach der nationalsozialistischen Machtergreifung, in: Peter Lundgreen (Hg.), Wissenschaft im Dritten Reich, Frankfurt am Main 1985, S. 163–252.

Schröder, Jan: Rechtswissenschaft in Diktaturen. Die juristische Methodenlehre im NS-Staat und in der DDR, München 2016.

Schroeter, Klaus R.: Kieler Soziologie im Nationalsozialismus. Akademisches Wirken im Spannungsfeld von Anpassung und Widerstand, in: Christoph Cornelißen/Carsten Mish (Hg.), Wissenschaft an der Grenze. Die Universität Kiel im Nationalsozialismus, Essen 2009, S. 175–193.

Schultes, Kilian: Die Staats- und Wirtschaftswissenschaftliche Fakultät, in: Wolfgang U. Eckart u. a. (Hg.), Die Universität Heidelberg im Nationalsozialismus, Heidelberg 2006, S. 557–624.

Schulze, Winfried/Oexle, Otto Gerhard (Hg.): Deutsche Historiker im Nationalsozialismus, Frankfurt am Main 1999.

Schumann, Eva: Die Göttinger Rechts- und Staatswissenschaftliche Fakultät 1933–1945, in: dies. (Hg.), Kontinuitäten und Zäsuren. Rechtswissenschaft und Justiz im «Dritten Reich» und in der Nachkriegszeit, Göttingen 2008, S. 65–121.

Schumann, Rosemarie: Leidenschaft und Leidensweg. Kurt Huber im Widerspruch zum Nationalsozialismus, Düsseldorf 2007.

Schwarz, Jürgen: Studenten in der Weimarer Republik. Die deutsche Studentenschaft in der Zeit von 1918 bis 1923 und ihre Stellung zur Politik, Berlin 1971.

Schwegel, Andreas: Der Polizeibegriff im NS-Staat, Tübingen 2005.

Schwerin von Krosigk, Lutz: Staatsbankrott. Die Geschichte der Finanzpolitik des Deutschen Reiches von 1920 bis 1945, Göttingen 1974.

Schwiedrzik, Wolfgang Matthias: Lieber will ich Steine klopfen. Der Philosoph und Pädagoge Theodor Litt in Leipzig (1933–1947), Leipzig 1996.

Schwinges, Rainer Christoph: Universitätsgeschichte: Bemerkungen zu Stand und Tendenzen der Forschung (vornehmlich im deutschsprachigen Raum), in: Livia Prüll u. a. (Hg.), Universitätsgeschichte schreiben. Inhalte – Methoden – Fallbeispiele, Göttingen 2019, S. 25–45.

See, Klaus von/Zernack, Julia: Germanistik und Politik in der Zeit des Nationalsozialismus. Zwei Fallstudien: Hermann Schneider und Gustav Neckel, Heidelberg 2004.

Seeliger, Rolf u. a. (Hg.): Braune Universität. Deutsche Hochschullehrer gestern und heute, 6 Bde., München 1964–1968.

Seemann, Silke: Die politischen Säuberungen des Lehrkörpers der Freiburger Universität nach dem Ende des Zweiten Weltkrieges (1945–1957), Freiburg 2002.

Segal, Sanford L.: Mathematicians Under the Nazis. Princeton, NJ 2003.

Seidler, Eduard/Leven, Karl-Heinz: Die Medizinische Fakultät der Albert-Ludwigs-Universität Freiburg im Breisgau. Grundlagen und Entwicklungen, überarb. und erw. Neuauflage, Freiburg 2007.

Seier, Hellmut: Der Rektor als Führer. Zur Hochschulpolitik des Reichserziehungsministeriums 1934–1945, in: VfZ 12 (1964), S. 105–146.

Seier, Hellmut: Niveaukritik und partielle Opposition. Zur Lage an den deutschen Hochschulen 1939/40, in: Archiv für Kulturgeschichte 58 (1976), S. 227–246.
Seier, Hellmut: Die Hochschullehrerschaft im Dritten Reich, in: Klaus Schwabe (Hg.), Deutsche Hochschullehrer als Elite 1815–1945, Boppard am Rhein 1988, S. 247–295.
Selle, Götz von: Geschichte der Albertus-Universität zu Königsberg in Preußen, Würzburg 1956².
Sellin, Volker: Die Universität Heidelberg im Jahre 1945, in: Jürgen C. Heß u. a. (Hg.), Heidelberg 1945, Stuttgart 1996, S. 91–106.
Senger, Franz (Hg.): Reichs-Habilitations-Ordnung. Amtliche Bestimmungen über den Erwerb des Dr. habil. und der Lehrbefugnis an den deutschen wissenschaftlichen Hochschulen, Berlin 1939.
Siebe, Daniela: Studenten an der Medizinischen Fakultät in Gießen 1933–1945, in: Sigrid Oehler-Klein (Hg.), Die Medizinische Fakultät der Universität Gießen im Nationalsozialismus und in der Nachkriegszeit: Personen und Institutionen, Umbrüche und Kontinuitäten, Stuttgart 2007, S. 163–221.
Sieg, Ulrich: «Deutsche Wissenschaft» und Neukantianismus. Die Geschichte einer Diffamierung, in: Hartmut Lehmann/Otto Gerhard Oexle (Hg.), Nationalsozialismus in den Kulturwissenschaften, Bd. 2, Göttingen 2004, S. 199–222.
Siegele-Wenschkewitz, Leonore: Die Theologische Fakultät im Dritten Reich. Bollwerk gegen Basel, in: Wilhelm Dörr u. a. (Hg.), Semper Apertus. Sechshundert Jahre Ruprecht-Karls-Universität Heidelberg 1386–1986, Bd. III, Berlin 1985, S. 504–543.
Siegele-Wenschkewitz, Leonore/Nicolaisen, Carsten (Hg.): Theologische Fakultäten im Nationalsozialismus, Göttingen 1993.
Sievers, Kristina: Rektor und Kurator der Universität Münster, in: Hans-Ulrich Thamer u. a. (Hg.): Die Universität Münster im Nationalsozialismus, Münster 2012, Bd. 1, S. 27–59.
Simon, Gerd (Hg.), Germanistik in den Planspielen des Sicherheitsdienstes der SS. Ein Dokument aus der Frühgeschichte der SD-Forschung, Tübingen 2010².
Sluga, Hans: Heidegger's Crisis. Philosophy and Politics in Nazi Germany, Cambridge, Mass. 1993.
Smend, Rudolf: Hochschule und Parteien, in: Michael Doeberl u. a. (Hg.), Das Akademische Deutschland, Bd. III, Berlin 1930, S. 153–162.
Solger, Friedrich: Die Statistik des Hochschulverbandes über den akademischen Nachwuchs, in: Mitteilungen des Hochschulverbandes 11 (1931), S. 2–11.
Sommer, Felix: Anatomie, in: Wolfgang U. Eckart u. a. (Hg.), Die Universität Heidelberg im Nationalsozialismus, Heidelberg 2006, S. 651–670.
Sommer, Michael/Schmitt, Tassilo (Hg.): Von Hannibal zu Hitler. «Rom und Karthago» 1943 und die deutsche Altertumswissenschaft im Nationalsozialismus, Darmstadt 2019.
Sommerfeld, Arnold: Wissenschaftlicher Briefwechsel, Hg. Michael Eckert und Karl Märker, Bd. 2: 1919–1951, Berlin 2004.
Sontheimer, Kurt: Antidemokratisches Denken in der Weimarer Republik. Die politischen Ideen des deutschen Nationalismus zwischen 1918 und 1933 (EA 1962), München 1978.
Speck, Dieter: Zwangsarbeit an der Universität und im Universitätsklinikum. Spurensuche, Fragen, Verstrickungen, in: Bernd Grün u. a. (Hg.), Medizin und Nationalsozialismus. Die Freiburger Medizinische Fakultät und das Klinikum in

der Weimarer Republik und im «Dritten Reich», Frankfurt am Main 2002, S. 418–448.

Speer, Albert: Erinnerungen, Berlin 1969.

Speer, Albert: Der Sklavenstaat. Meine Auseinandersetzungen mit der SS, Stuttgart 1981.

Spenkuch, Hartwin (Bearb.): Wissenschaftspolitik in der Weimarer Republik. Dokumente zur Hochschulentwicklung im Freistaat Preußen und zu ausgewählten Professorenberufungen in sechs Disziplinen (1918 bis 1933), 2 Halbbände, Berlin 2016.

Spitzer, Leo: Die romanistischen Zeitschriften im Deutschen Reich, in: Mass und Wert 1 (1937/38), S. 473–478.

Spranger, Eduard: Mein Konflikt mit der national-sozialistischen Regierung 1933, in: Universitas 10 (1955), S. 457–473.

Spranger, Eduard: Briefe 1901–1963, Hg. Hans Walter Bähr (Gesammelte Schriften VII), Tübingen 1978.

Stadler, Friedrich: Der «Wiener Kreis», in: Claus-Dieter Krohn u. a. (Hg.), Handbuch der deutschsprachigen Emigration 1933–1945, Darmstadt 1998, Sp. 813–823.

Stadler, Friedrich (Hg.): Vertriebene Vernunft. Emigration und Exil österreichischer Wissenschaft, 2 Bde., Wien 1987/88.

Stadler, M.: Das Schicksal der nichtemigrierten Gestaltpsychologen im Nationalsozialismus, in: C. F. Graumann (Hg.), Psychologie im Nationalsozialismus, Berlin 1985, S. 139–164.

Steinert, Marlis G.: Hitlers Krieg und die Deutschen. Stimmung und Haltung der deutschen Bevölkerung im Zweiten Weltkrieg, Düsseldorf 1970.

Steinweis, Alan E.: Studying the Jew. Scholarly Antisemitism in Nazi Germany, Cambridge, Mass. 2006.

Stengel, Friedemann (Hg.): Ausgeschlossen. Die 1933–1945 entlassenen Hochschullehrer der Martin-Luther-Universität Halle-Wittenberg, Halle 2016.

Steuer, Heiko (Hg.): Eine hervorragend nationale Wissenschaft. Deutsche Prähistoriker zwischen 1900 und 1995, Berlin 2001.

Steuer, Heiko: Herbert Jankuhn – SS-Karriere und Ur- und Frühgeschichte, in: Hartmut Lehmann/Otto Gerhard Oexle (Hg.), Nationalsozialismus in den Kulturwissenschaften, Bd. 1, Göttingen 2004, S. 447–529.

Stobäus, Ricarda: «Euthanasie» im Nationalsozialismus: Gottfried Ewald und der Protest gegen die «Aktion T4», in: Andreas Frewer/Clemens Eickhoff (Hg.), «Euthanasie» und die aktuelle Sterbehilfe-Debatte, Frankfurt am Main 2000, S. 177–192.

Stoecker, Holger: Afrikawissenschaften in Berlin von 1919 bis 1945. Zur Geschichte und Topographie eines wissenschaftlichen Netzwerkes, Stuttgart 2008.

Stöwer, Ralph: Erich Rothacker. Sein Leben und seine Wissenschaft vom Menschen, Göttingen 2012.

Stolle, Michael: Der schwäbische Schulmeister Christian Mergenthaler, Württembergischer Ministerpräsident, Justiz- und Kulturminister, in: Michael Kißener/Joachim Scholtyseck (Hg.), Die Führer der Provinz. NS-Biographien aus Baden und Württemberg, Konstanz 1997, S. 445–477.

Stolleis, Michael: Geschichte des öffentlichen Rechts in Deutschland, Bd. 3: 1914–1945, München 1999.

Stolleis, Michael: Theodor Maunz – Ein Staatsrechtslehrerleben, in: ders., Recht im Unrecht. Studien zur Rechtsgeschichte des Nationalsozialismus, Frankfurt am Main 2016[3], S. 306–317.

Strauß, Franz Josef: Die Erinnerungen, Berlin 1989.

Streit, Hanns: Die Reichsuniversität in Posen, in: Deutschlands Erneuerung 25 (1941), S. 313–322.

Sturm, Peter: Literaturwissenschaft im Dritten Reich, Germanistische Wissensformationen und politisches System, Wien 1995.

Süß, Winfried: Der «Volkskörper» im Krieg. Gesundheitspolitik, Gesundheitsverhältnisse und Krankenmord im nationalsozialistischen Deutschland 1939–1945, München 2003.

Susskind, Charles: Heinrich Hertz. A Short Life, San Francisco, CA 1995.

Svatek, Petra: «Das südöstliche Europa als Forschungsraum». Wiener Raumforschung und «Lebensraumpolitik», in: Sören Flachowsky u. a. (Hg.), Ressourcenmobilisierung. Wissenschaftspolitik und Forschungspraxis im NS-Herrschaftssystem, Göttingen 2016, S. 82–120.

Szabó, Anikó: Vertreibung, Rückkehr, Wiedergutmachung. Göttinger Hochschullehrer im Schatten des Nationalsozialismus, Göttingen 2000.

Szöllösi-Janze, Margit/Trischler, Helmuth (Hg.): Großforschung in Deutschland, Frankfurt am Main 1990.

Tellenbach, Gerd: Aus erinnerter Zeitgeschichte, Freiburg 1981.

Tenorth, Heinz-Elmar: Eduard Sprangers hochschulpolitischer Konflikt 1933. Politisches Handeln eines preußischen Gelehrten, in: Zeitschrift für Pädagogik 36 (1990), S. 573–596.

Tent, Lothar (Hg.): Heinrich Düker. Ein Leben für die Psychologie und für eine gerechte Gesellschaft, 2 Bde., Lengerich 1999.

Thiel, Jens: Akademische «Zinnsoldaten»? Karrieren deutscher Geisteswissenschaftler zwischen Beruf und Berufung (1933/1945), in: Rüdiger vom Bruch u. a. (Hg.), Kontinuitäten und Diskontinuitäten in der Wissenschaftsgeschichte des 20. Jahrhunderts, Stuttgart 2006, S. 167–194.

Thiel, Jens: Der Dozent zieht in den Krieg. Hochschulkarrieren zwischen Militarisierung und Kriegserlebnis (1933–1945), in: Matthias Berg u. a. (Hg.), Mit Feder und Schwert. Militär und Wissenschaft – Wissenschaftler und Krieg, Stuttgart 2009, S. 211–240.

Thiel, Jens: Der Lehrkörper der Friedrich-Wilhelms-Universität im Nationalsozialismus, in: Michael Grüttner u. a., Die Berliner Universität zwischen den Weltkriegen (Geschichte der Universität Unter den Linden 2), Berlin 2012, S. 465–538.

Thieler, Kerstin: «Volksgemeinschaft» unter Vorbehalt. Gesinnungskontrolle und politische Mobilisierung in der Herrschaftspraxis der NSDAP-Kreisleitung Göttingen, Göttingen 2014.

Thielicke, Helmut: Zu Gast auf einem schönen Stern. Erinnerungen, Hamburg 1984.

Thimme, David: Percy Ernst Schramm und das Mittelalter. Wandlungen eines Geschichtsbildes, Göttingen 2006.

Tilitzki, Christian: Die deutsche Universitätsphilosophie in der Weimarer Republik und im Dritten Reich, 2 Bde., Berlin 2002.

Titze, Hartmut: Der Akademikerzyklus. Historische Untersuchungen über die Wiederkehr von Überfüllung und Mangel in akademischen Karrieren, Göttingen 1990.

Töpner, Kurt: Gelehrte Politiker und politisierende Gelehrte. Die Revolution von 1918 im Urteil deutscher Hochschullehrer, Göttingen 1970.

Trawny, Peter: Heidegger und der Mythos der jüdischen Weltverschwörung, Frankfurt am Main 2015³.

Treß, Werner/Wettig, Klaus: Göttingen, in: Julius H. Schoeps/Werner Treß (Hg.), Orte der Bücherverbrennungen in Deutschland 1933, Hildesheim 2008, S. 377–391.

Trillhaas, Wolfgang: Aufgehobene Vergangenheit. Aus meinem Leben, Göttingen 1976.

Trischler, Helmuth: Luft- und Raumfahrtforschung in Deutschland 1900–1970. Politische Geschichte einer Wissenschaft, Frankfurt am Main 1992.

Trittel, Katharina: Hermann Rein und die Flugmedizin. Erkenntnisstreben und Entgrenzung, Paderborn 2018.

Troeltsch, Ernst: Spektator-Briefe. Aufsätze über die deutsche Revolution und die Weltpolitik 1918/22, Tübingen 1924.

Trott zu Solz, Levin von: Hans Peters und der Kreisauer Kreis. Staatslehre im Widerstand, Paderborn 1997.

Üner, Elfriede: Soziologie als «geistige Bewegung». Hans Freyers System der Soziologie und die «Leipziger Schule», Weinheim 1992.

Uhle, Roger: Neues Volk und reine Rasse. Walter Gross und das Rassenpolitische Amt der NSDAP (RPA), 1934–1945, RWTH Aachen, Diss., 1999.

Uhlig, Ralph (Hg.): Vertriebene Wissenschaftler der Christian-Albrechts-Universität zu Kiel (CAU) nach 1933, Frankfurt am Main 1991.

Ullrich, Volker: Adolf Hitler. Biographie, 2 Bde., Frankfurt am Main 2013/18.

Universitätstage 1966. Nationalsozialismus und die deutsche Universität, Veröffentlichung der Freien Universität Berlin, Berlin 1966.

Vaupel, Elisabeth: Nützliche Netzwerke und «kriegswichtige» Forschungsprojekte: Die Handlungsspielräume des Chemie-Nobelpreisträgers Heinrich Wieland (1877–1957) im Dritten Reich, in: Elisabeth Kraus (Hg.), Die Universität München im Dritten Reich. Aufsätze, Teil II, München 2008, S. 331–380.

Vézina, Birgit: «Die Gleichschaltung» der Universität Heidelberg im Zuge der nationalsozialistischen Machtergreifung, Heidelberg 1982.

Vogel, Barbara: Anpassung und Widerstand. Das Verhältnis Hamburger Hochschullehrer zum Staat 1919 bis 1945, in: Eckart Krause u.a. (Hg.), Hochschulalltag im «Dritten Reich». Die Hamburger Universität 1933–1945, Berlin 1991, Teil I, S. 3–83.

Vogt, Annette: Vom Hintereingang zum Hauptportal. Lise Meitner und ihre Kolleginnen an der Berliner Universität und in der Kaiser-Wilhelm-Gesellschaft, Stuttgart 2007.

Volkert, Klaus/Jung, Florian: Mathematik, in: Wolfgang U. Eckart u.a. (Hg.), Die Universität Heidelberg im Nationalsozialismus, Heidelberg 2006, S. 1047–1086.

Volkov, Shulamit: Soziale Ursachen des Erfolgs in der Wissenschaft – Juden im Kaiserreich, in: Historische Zeitschrift 245 (1987), S. 315–341.

Vollnhals, Clemens (Hg.): Entnazifizierung. Politische Säuberung und Rehabilitierung in den vier Besatzungszonen 1945–1949, München 1991.

Voss, Hermann: Das Posener Tagebuch des Hermann Voss. Erläutert von Götz Aly, in: Götz Aly u.a.: Biedermann und Schreibtischtäter. Materialien zur deutschen Täter-Biographie, Berlin 1987, S. 15–66.

Wachs, Philipp-Christian: Der Fall Theodor Oberländer (1905–1998), Frankfurt am Main 2000.
Wagenblast, Jörg: Die Tübinger Militärpsychiatrie im Zweiten Weltkrieg, Stuttgart 2016.
Walker, Mark: Die Uranmaschine. Mythos und Wirklichkeit der deutschen Atombombe. Mit einem Vorwort von Robert Jungk, Berlin 1990.
Walker, Mark: Nazi Science. Myth, Truth, and the German Atomic Bomb, New York 1995.
Waller, Anja: Erschreckend einwandfrei. Die NS-Zeit und ihre Folgen an der Universität Hohenheim, Stuttgart 2018.
Walther, Peter Th.: Werkstattbericht: Hedwig Hintze in den Niederlanden 1939–1942, in: Marc Schalenberg/Peter Th. Walther (Hg.), «... immer im Forschen bleiben». Festschrift Rüdiger vom Bruch, Stuttgart 2004, S. 415–433.
Wardenga, Ute: Geographie, in: Wolfgang U. Eckart u. a. (Hg.), Die Universität Heidelberg im Nationalsozialismus, Heidelberg 2006, S. 1213–1244.
Weber, Alfred: Die Not der geistigen Arbeiter (1923), in: Alfred-Weber-Gesamtausgabe, Bd. 7, Marburg 1999, S. 601–639.
Weber, Christian: Max Kommerell. Eine intellektuelle Biographie, Berlin 2011.
Weber, Max, Die «Objektivität» sozialwissenschaftlicher und sozialpolitischer Erkenntnis (1904), in: ders., Gesamtausgabe, Abt. 1, Bd. 7, Tübingen 2018, S. 142–234.
Weber, Max: Parlament und Regierung im neugeordneten Deutschland (1918), in: ders., Gesamtausgabe, Abt. I, Bd. 15, Tübingen 1984, S. 432–596.
Weber, Max: Wissenschaft als Beruf (1919), in: ders., Gesamtausgabe, Abt. I, Bd. 17, Tübingen 1992, S. 71–111.
Wegeler, Cornelia: Das Institut für Altertumskunde der Universität Göttingen 1921–1962, in: Heinrich Becker u. a. (Hg.), Die Universität Göttingen unter dem Nationalsozialismus, München 1998^2, S. 337–364.
Wehler, Hans-Ulrich: Deutsche Gesellschaftsgeschichte, Bd. 4: 1914–1945, München 2003.
Weidenhöfer, Veronika: Die Münchener Tierärztliche Fakultät im Dritten Reich, in: Elisabeth Kraus (Hg.), Die Universität München im Dritten Reich. Aufsätze, Teil I, München 2006, S. 345–403.
Weiguny, Achim: Die Physik an der Universität Münster im Spannungsfeld des Nationalsozialismus, in: Hans-Ulrich Thamer u. a. (Hg.), Die Universität Münster im Nationalsozialismus, Münster 2012, Bd. 2, S. 847–870.
Weindling, Paul: Health, Race and German Politics between National Unification and Nazism, 1870–1945, Cambridge 1989.
Weindling, Paul: «Mustergau» Thüringen. Rassenhygiene zwischen Ideologie und Machtpolitik, in: Uwe Hoßfeld u. a. (Hg.), «Kämpferische Wissenschaft». Studien zur Universität Jena im Nationalsozialismus, Köln 2003, S. 1013–1026.
Weinert, Willi: Die Maßnahmen der reichsdeutschen Hochschulverwaltung im Bereich des österreichischen Hochschulwesens nach der Annexion 1938, in: Helmut Konrad/Wolfgang Neugebauer (Hg.), Arbeiterbewegung – Faschismus – Nationalbewusstsein, Wien 1983, S. 127–134.
Weingand, Hans-Peter: «[...] in möglichst beschleunigtem Tempo und mit einem Schlag». Die «Säuberungen» 1938/39 am Beispiel der Grazer Hochschulen, in: Johannes Koll (Hg.), «Säuberungen» an österreichischen Hochschulen 1934–1945, Wien 2017, S. 345–363.

Weingart, Peter u. a.: Rasse, Blut und Gene. Geschichte der Eugenik und Rassenhygiene in Deutschland, Frankfurt am Main 1988.
Weisbach, Werner: Geist und Gewalt, Wien 1956.
Weiß, Wolfgang: Die Katholisch-Theologische Fakultät Würzburg, in: Dominik Burkard/Wolfgang Weiß (Hg.), Katholische Theologie im Nationalsozialismus, Bd. 1/1, Würzburg 2007, S. 277–326.
Weitlauff, Manfred: Die Katholisch-Theologische Fakultät München, in: Dominik Burkard/Wolfgang Weiß (Hg.), Katholische Theologie im Nationalsozialismus, Bd. 1/1, Würzburg 2007, S. 167–197.
Weizsäcker, Carl Friedrich von: Bewußtseinswandel, München 1988.
Wendehorst, Alfred: Geschichte der Universität Erlangen-Nürnberg 1743–1993, München 1993.
Werner, J[oachim]: Zur Lage der Geisteswissenschaften in Hitler-Deutschland, in: Schweizerische Hochschulzeitung 19 (1945/46), S. 71–81.
Werner, Jürgen: «Die Welt hat nicht mit den Griechen angefangen». Franz Dornseiff (1888–1960) als Klassischer Philologe und Germanist, Stuttgart 1999.
Werner, Karl Ferdinand: Das NS-Geschichtsbild und die deutsche Geschichtswissenschaft, Stuttgart 1967.
Werther, Thomas: Menschenversuche in der Fleckfieberforschung, in: Angelika Ebbinghaus/Klaus Dörner (Hg.), Vernichten und Heilen. Der Nürnberger Ärzteprozeß und seine Folgen, Berlin 2001, S. 152–173.
Wessely, Christina: Welteis. Eine wahre Geschichte, Berlin 2013.
Weßelhöft, Daniel: Von fleißigen Mitmachern, Aktivisten und Tätern. Die Technische Hochschule Braunschweig im Nationalsozialismus, Hildesheim 2012.
Weyer, Jost: Das Fach Chemie an der Hamburger Universität im «Dritten Reich», in: Eckart Krause u. a. (Hg.), Hochschulalltag im «Dritten Reich». Die Hamburger Universität 1933–1945, Berlin 1991, Teil III, S. 1119–1140.
Widmann, Horst: Exil und Bildungshilfe. Die deutschsprachige akademische Emigration in die Türkei nach 1933, Bern 1973.
Wiedemann, Andreas: Die Reinhard-Heydrich-Stiftung in Prag (1942–1945), Dresden 2000.
Wiegandt, Manfred H.: Norm und Wirklichkeit. Gerhard Leibholz (1901–1982) – Leben, Werk und Richteramt, Baden-Baden 1995.
Wiener, Christina: Kieler Fakultät und «Kieler Schule». Die Rechtslehrer an der Rechts- und Staatswissenschaftlichen Fakultät zu Kiel in der Zeit des Nationalsozialismus und ihre Entnazifizierung, Baden-Baden 2013.
Wiese, Benno von: Ich erzähle mein Leben. Erinnerungen, Frankfurt am Main 1982.
Wiggershaus-Müller, Ursula: Nationalsozialismus und Geschichtswissenschaft. Die Geschichte der Historischen Zeitschrift und des Historischen Jahrbuchs 1933–1945, Hamburg 1998.
Wiglusch, Agnes/Schittenhelm, Judith: Zwangsarbeiter an der Universität Tübingen 1940–1945, in: Urban Wiesing u. a. (Hg.), Die Universität Tübingen im Nationalsozialismus, Stuttgart 2010, S. 629–684.
Wilamowitz-Moellendorff, Ulrich von: Erinnerungen 1848–1914, Leipzig 1928.
Wildt, Michael: Generation des Unbedingten. Das Führungskorps des Reichssicherheitshauptamtes, Hamburg 2002.
Wildt, Michael: Der Fall Reinhard Höhn. Vom Reichssicherheitshauptamt zur Harzburger Akademie, in: Alexander Gallus/Axel Schildt (Hg.), Rückblickend

in die Zukunft. Politische Öffentlichkeit und intellektuelle Positionen in Deutschland um 1950 und um 1930, Göttingen 2011, S. 254–271.
Wildt, Michael (Hg.): Nachrichtendienst, politische Elite und Mordeinheit. Der Sicherheitsdienst des Reichsführers SS, Hamburg 2003.
Willstätter, Richard: Aus meinem Leben. Von Arbeit, Muße und Freunden, Hg. Arthur Stoll, Weinheim 1949.
Wilson, W. Daniel: Der Faustische Pakt. Goethe und die Goethe-Gesellschaft im Dritten Reich, München 2018.
Winau, Rolf: Der Menschenversuch in der Medizin, in: Angelika Ebbinghaus/Klaus Dörner (Hg.), Vernichten und Heilen. Der Nürnberger Ärzteprozess und seine Folgen, Berlin 2001, S. 93–109.
Winkler, Heinrich August: Hans Rothfels – ein Lobredner Hitlers? In: VfZ 49 (2001), S. 643–652.
Deutsche Wissenschaft, Erziehung und Volksbildung (DWEV). Amtsblatt des Reichsministeriums für Wissenschaft, Erziehung und Volksbildung und der Unterrichtsverwaltungen der Länder 1–11 (1935–1945).
Wittstadt, Klaus: Die Katholisch-Theologische Fakultät der Universität Würzburg während der Zeit des Dritten Reiches, in: Peter Baumgart (Hg.), Vierhundert Jahre Universität Würzburg, Neustadt (Aisch) 1982, S. 399–435.
Wobbe, Theresa: Ein Streit um die akademische Gelehrsamkeit: Die Berufung Mathilde Vaertings im politischen Konfliktfeld der Weimarer Republik, Berlin 1991.
Wolbring, Barbara: Trümmerfeld der bürgerlichen Welt. Universität in der gesellschaftlichen Reformdiskussion der westlichen Besatzungszonen (1945–1949), Göttingen 2014.
Wolf, Ursula: Litteris et Patriae. Das Janusgesicht der Historie, Stuttgart 1996.
Wolf, Wilhelm: Vom alten zum neuen Privatrecht. Das Konzept der normgestützten Kollektivierung in den zivilrechtlichen Arbeiten Heinrich Langes (1900–1977), Tübingen 1998.
Wolff, Stefan L.: Die Ausgrenzung und Vertreibung von Physikern im Nationalsozialismus, in: Dieter Hoffmann/Mark Walker (Hg.), Physiker zwischen Autonomie und Anpassung. Die Deutsche Physikalische Gesellschaft im Dritten Reich, Weinheim 2007, S. 91–138.
Wolfrum, Edgar: Die Bundesrepublik Deutschland 1949–1990 (Gebhardt. Handbuch der Deutschen Geschichte, Bd. 23), Stuttgart 2005.
Wolgast, Eike: Nationalsozialistische Hochschulpolitik und die evangelisch-theologischen Fakultäten, in: Leonore Siegele-Wenschkewitz/Carsten Nicolaisen (Hg.), Theologische Fakultäten im Nationalsozialismus, Göttingen 1993, S. 45–79.
Wolgast, Eike: Die Wahrnehmung des Dritten Reiches in der unmittelbaren Nachkriegszeit (1945/46), Heidelberg 2001.
Wolgast, Eike: Das Rektorat Schmitthenner 1938–1945, in: Wolfgang U. Eckart u. a. (Hg.), Die Universität Heidelberg im Nationalsozialismus, Heidelberg 2006, S. 23–30.
Wolin, Richard: Fascism and Hermeneutics: Gadamer and the Ambiguities of «Inner Emigration», in: Wolfgang Bialas/Anson Rabinbach (Hg.), Nazi Germany and the Humanities, Oxford 2007, S. 101–139.
Wolters, Gereon: Philosophie im Nationalsozialismus, in: Hans Jörg Sandkühler (Hg.), Philosophie im Nationalsozialismus, Hamburg 2009, S. 57–81.

Wróblewska, Teresa: Die Rolle und Aufgaben einer nationalsozialistischen Universität in den sogenannten östlichen Reichsgebieten am Beispiel der Reichsuniversität Posen 1941–1945, in: Pädagogische Rundschau 32 (1978), S. 173–189.
Zauner, Stefan: Die Entnazifizierung (Epuration) des Lehrkörpers, in: Urban Wiesing u.a. (Hg.), Die Universität Tübingen im Nationalsozialismus, Stuttgart 2010, S. 937–997.
Zierold, Kurt: Forschungsförderung in drei Epochen. Deutsche Forschungsgemeinschaft. Geschichte, Arbeitsweise, Kommentar, Wiesbaden 1968.
Zimmermann, Susanne: Die Medizinische Fakultät der Universität Jena während der Zeit des Nationalsozialismus, Berlin 2000.
Zondek, Hermann: Auf festem Fusse. Erinnerungen eines jüdischen Klinikers, Stuttgart 1973.

Personenregister

Ortsregister